Homo Strategicus

전략으로
승부하다

호모 스트라테지쿠스

Homo Strategicus

전략으로

승부하다

호모 스트라테지쿠스

게임이론으로 풀어 쓴 세상사 100선

김재한 지음

아마존의나비

    현생 인류는 '슬기롭고 슬기롭다'는 뜻의 호모 사피엔스 사피엔스라 불린다. 그 슬기로움은 경제적 합리성에 따라 행동하는 호모 이코노미쿠스에서 관찰될 때가 많지만 그렇지 않을 때도 있다. 경제적 합리성뿐 아니라 경제적 비합리성까지 고려하는 인류는 호모 스트라테지쿠스 homo strategicus라 명명할 수 있을 것이다. 인공지능도 호모 스트라테지쿠스를 벤치마킹할 때 비약적으로 발전한다.

    같은 상황의 같은 전략을 그 결과의 성공과 실패에 따라 다르게 평가하는 경향이 있다. 결과가 좋으면 그 전략이 신속했다고 표현하고, 결과가 나쁘면 같은 상황의 같은 전략이 성급했다고 표현하기도 한다. 같은 전략을 결과에 따라 신중 vs 우유부단, 과감 vs 경솔, 인내 vs 무감각, 민감 vs 일희일비, 일관 vs 경직, 유연 vs 무원칙, 용기 vs 만용 등 다르게 평가하기도 한다.

    최선의 전략이라고 사후적 성공을 보장하지 않는다. 현실에서는 불확실성이 동반되기 때문이다. 최선의 전략은 사전 전망의 관점에서 최선의 결과를 가져다줄 뿐이다. 진짜 최선의 전략은 이전에 이미 실패한 상황이 다시 올 때도 같을 수밖에 없다. 다만 여러 비슷한 사례에 비춰보았을 때 다른 선택보다 더 나은 결과를 가져다줘야 최선의 전략이라고 말할 수 있다.

    상대의 선택 등 다른 변수와 상관없이 늘 유리한 우위의 선택이 있을 수 있고 또 늘 불리한^{열위의} 선택이 있을 수 있다. 선택지가 이렇게 주어진다면 전략의 계산은 비교적 간단하다. 대부분 간단하지 않기 때문에 복잡한 계산 또는 직관에 따라 선택이 이뤄진다.

여러 요소를 반영하려면 복합적 사고가 필요하다. 오서오능^{梧鼠五能} 또는 오서기궁^{梧鼠技窮}은 날다람쥐가 날기, 나무타기, 헤엄치기, 굴 파기, 달리기 등 다섯 가지 행위를 잘해도 사실상 제대로 하는 게 없음을 뜻하는 사자성어다. 제대로 하는 게 하나도 없는 어정쩡한 복합은 잘못된 결과를 가져다줄 수 있다.

반대로 만일 제대로 하는 게 있고 다른 것과 함께 융합적으로 보는 식견까지 갖추면 금상첨화다. 그래서 '제너럴 스페셜리스트' 또는 '스페셜 제너럴리스트'라는 용어도 있다. 제너럴 스페셜리스트가 타 분야를 이해할 수 있는 특정 분야 전문가라면, 스페셜 제너럴리스트는 특정 전문 분야가 없으나 여러 분야의 이해 수준이 꽤 높은 제너럴리스트라고 할 수 있다. 예술과 과학을 넘나든 레오나르도 다빈치, 정치와 과학 분야에서 다양한 업적을 남긴 벤저민 프랭클린, 색과 음을 함께 느끼는 공감각을 했다는 빈센트 반 고흐 등이 융합적 식견을 지닌 인물의 예다.

오늘날 융합이 대세이지만, 융합이라는 명칭을 쓰는 대다수는 병렬에 가까울 뿐, 녹여 합하는 진정한 융합이 아니다. 융합적 식견은 전략적 사고에도 연결된다. 특정 분야를 뛰어넘은 보편성에 기초하기 때문이다. 전략의 략^略은 '꾀'라는 뜻도 있지만 '간략하다'는 뜻도 있다. 전략은 함축적으로 간단하게 정리될 수 있어야 보편적 법칙이 될 수 있다. 물론 간략하다고 해서 그 추론 과정이 간단한 것은 결코 아니다.

고대 그리스 때부터 지식인 간 이성적 추론과 대중 설득술은 구분되었다. 마찬가지로 논리와 레토릭도 구분되었다. 복잡한 전문적, 논리적 추론의 결과는 사람들이 알고 있거나 알고 있어야 하는 상식과 정반대일 때도 있다. 이처럼 전략적 사고가 상식에서 벗어나기도 하지만, 전략은 기발한 묘수_{전문성}뿐 아니라 상식_{보편성} 속에도 함의되어 있다.

이 책 역시 묘수와 상식 사이를, 또 대중과 전문가 사이를 오가며, 100개의 짧은 전략 스토리 하나하나를 각각의 연구 논문으로 쓴다는 생각으로 구성하였다. 연구 논문 100편의 작성에 필요한 시간과 노력이 전략 스토리 100개의 집필에 투입되었다. 비록 가독성을 위해 각주를 달지 않았지만 철저하게 근거에 따라 논지를 전개하였다. 또 기존 문헌에서 찾기 힘든 독창적 발견과 해석을 담았다. 그러다 보니 이 책의 내용 가운데 쉽게 읽히지 않는 부분도 있을 것이다. 심산유곡에 있는 보배처럼, 전략 한 수를 얻기 위해 대가를 치러야 할 때도 있다. 전략 자체가 난해할 수도 있음을 이해해주면 좋겠다.

역사적 근거에 충실하면서 동시에 전략적 사고가 가미된 오리지널 콘텐츠를 구성하는 작업이 쉽지는 않았다. 각기 다른 시대, 나라, 인물, 주제, 소재 등이 포함된 긴 호흡의 저술은 2014년부터 2018년까지 중앙선데이 '세상을 바꾼 전략'을 연재했기 때문에 가능했다. 이에 중앙일보 관계자들께 깊이 감사드린다. 이 저서는 2017년 교육부 한국연구재단의 지원으로 발간되었다_{NRF-2017S1A6A4A01021445}. 과중한 다른 업무로 출판을 미루던 저자에게 재정 지원뿐 아니라 기한을 부여하여 이 책이 세상에 나오게 해 준 점에도 감사드린다.

시류에 영합한 베스트셀러 대신 오래 세월 지나서 읽어도 또 세계 어디에서 읽어도 얻을 게 있는 스테디셀러를 의도했다.

코로나19가 전 세계를 삼킨 2021년 여름의 끝자락에서
김재한

날마다의 역사, 역사 속의 전략

동서고금의 365일 역사 속에서 크건 작건 오늘을 만든 사건과 그 사건에서 찾을 수 있는 전략적 교훈을 다음과 같이 월별 날짜별로 정리하였다.

(발생 연도, 사건_전략 | 목차 | 쪽)

목차

제4장 **개방과 공개**_ 지속 가능성

제5장 **거점과 중위**_ 사통팔달의 소통

제1장
죄수 딜레마 게임

_ 상호 협력 끌어내기

1. 「자유부인」 논쟁_자유주의 역설

1954년 3월 11일, 정비석 작가는 그해 1월부터 『서울신문』에 연재하던 소설 「자유부인」이 비판받자 "탈선적 시비를 박함"이라는 반론을 발표했다. "대학 교수를 상대로 귀하는 도하 일류 신문의 연재소설에서 갖은 재롱을 다 부려가면 서 모욕"한다는 황산덕 서울대 교수 _{훗날 법무부장관, 문교부장관 역임}의 공개 비판에 정 작가는 다음과 같이 반박했다.

첫째, 귀하는 「자유부인」을 "아직 읽어본 일도 없으면서" 뜬소문에 의하여 "'스토리'만 안다"는 정도의 비난을 퍼부으셨다는 점입니다. 이것은 참말 기막힌 말씀입니다. 적어도 남의 작품을 비난(비평이 아님)하자면 그 작품을 한번쯤은 충실히 읽어보고 붓을 드는 것이 작가에 대한 예의일 뿐만 아니라 귀하의 의무이기도 할 터인데 귀하는 읽어보지도 않고 노발대발하면서 「자유부인」을 중단하라는 호령을 내리셨으니 이 무슨 탈선적 발언입니까. … 가령 귀하는 '대학교수를 양공주에게 굴복'시켰다고 개탄하셨는데, 본인이 지금 쓰고 있는 「자유부인」에 양공주가 등장한 일은 한 번도 없었습니다. 이 무슨 허무맹랑한 허위날조이십니까. 추측컨대 미군부대에 영문 '타이피스트'로 다니는 '박은미'이라는 여성을 가리켜 그렇게 말씀하신 것 같은데 귀하는 설마 미군부대에 다니는 직업여성을 모조리 양공주라고 생각하지는 않으시겠지요? … 이제부터나마 「자유부인」을 애독해주신다면 매우 다행이겠습니다.

『서울신문』은 논쟁의 장을 이어갔다. 3월 14일자에 황산덕 교수의 "다시 「자유부인」 작가에게 – 항의에 대한 답변"이, 3월 21일자에 홍순엽 변호사의 "「자유부인」 작가를 변호함"이, 3월 29일자에 백철 평론가의 "문학과 사회와의 관계"가 실리면서 사회적 관심이 주목되었다.

논쟁 중에는 '중공군 50만 명에 해당하는 적'이라는 표현도 나왔다. 6·25전쟁이 휴전된 지 8개월이 채 지나지 않은 시점에서 그런 표현은 온 국민에게 악영향을 끼친다는 비유였다. 급기야 「자유부인」이 한국 사회의 어두운 면을 드러냄으로써 이적 행위를 했는지 당국의 조사가 이루어졌다. 특히 문제가 된 소설 내용은 6월 21일자 다음 표현이었다.

국록을 먹는 공무원이 도장 하나 찍어 주고도 수천만금의 뇌물을 예사로 받아먹는 이 세상에서, 주인아주머니의 화장품을 잠깐 도용하다 불시에 나타난 손님에게 겁을 집어먹는 아이라면 그처럼 양심적인 아이가 어디 있겠는가 말이다. 우리나라의 공무원들이 이 계집아이만큼만 양심적이었다면, 오늘의 현실은 훨씬 명랑해졌을런지도 모를 일이다.

결국 정비석 작가는 선정적 내용이 아닌, 공무원 부패에 관한 표현 때문에 6월 24일자 신문에 다음과 같은 사과문을 실었다.

실상은 일부 부정 공무원들의 양심적 반성을 촉구하자는 의도에서 쓴 것이었으나, 일단 발표해 놓고 보니 표현이 조홀했던 관계로 전체 공무원들의 위신을 손상케 하는 의외의 결과를 초래케 되었사와 심히 죄송스럽기에 자에 지상을 통하여 깊이 석명하는 바입니다.

1956년 개봉된 영화 「자유부인」의 포스터

오늘날 기준에서 보자면 선정적이랄 것도 거의 없었지만, 「자유부인」은 한국 문학에서 선정성 논란을 가져다 준 첫 번째 작품이라 할 수 있다. 서울신문의 구독률은 이 논쟁이 일 무렵 치솟다가 1954년 8월 연재 종료 직후 현격히 떨어졌다. 연재 종료를 앞두고 발간된 단행본 『자유부인』은 한국 최초로 10만 부 판매를 기록했다. 영화 「자유부인」 역시 1956년 10만 명 이상의 관객을 기록한 이래 1990년 속편까지 여섯 차례나 제작 상영되었다. 화제가 됨으로써 대중의 인지도가 높아졌고 아울러 판매도 늘었다. 이른바 노이즈 마케팅의 성공 사례로 볼 수 있다.

자유부인 논쟁에서 노이즈 마케팅보다 더 중요하게 작동한 가치 전략은 자유주의이다. 황산덕 교수 등은 「자유부인」이 인격권과 명예를 훼손했다고 비판했으며, 「자유부인」 옹호론자들은 표현의 자유를 거론했다. 인격권과 표현권 모두 자유주의에 기초한 권리다. 여러 고전들은 '자유주의 원칙이 최선의 결과를 가져다준다'고 주장한다. 1991년 노벨 경제학상 수상자인 로널드 코즈Ronald Coase가 1960년에 발표한 "사회적 비용의 문제The Problem of Social Cost"에서 제시한 '코즈 정리'도 그런 예다. 재산권이 분명하게 확립되어 있으면 남에 의해 발생하는 외부 효과 문제도 합의될 수 있다는 것이다.

하지만 현실에서는 자유주의가 최선의 결과를 보장하지 않는다. 코즈 정리만 해도 몇 가지 조건이 충족되어야 성립한다. 정 작가와 황 교수 모두 자유주의 원칙을 지지했더라도 구체적인 내용에서는 조금 달랐다. 황 교수는 『자유평론』 1951년 12월 1일 송년호 기고문처럼 자유민주주의라는 체제를 옹호하는 입장이었다. 반면 정 작가의 경우 친일 활동 때문에 오늘날 비판받기도 하지만 「자유부인」을 통해 서구 자유주의의 세태를 풍자했다. 자유부인 논쟁은 자유주의의 가치뿐 아니라 자유주의의 한계 역시 노정했다고 볼 수 있다.

후생경제학에 대한 공헌으로 1998년 노벨 경제학상을 수상한 오모르트 센Amartya Kumar Sen은 1970년에 발표한 논문에서 '자유주의 역설'을 예시했다. 그는 로렌스의 소설 『채털리 부인의 연인』을 소재로 상황을 설정하였는데, 여기서는 『자유부인』을 소재로 다음 [전략 결정 게임] 예시에서 '자유주의 역설'을 설명한다.

전략 결정 게임

자유주의 역설_금욕주의자와 쾌락주의자의 딜레마 게임

1인의 금욕주의자와 1인의 쾌락주의자가 있다. 소설 『자유부인』을 누가 읽을지 결정하는 가상적 상황이다.

▶ 각자의 관점과 선호도

· 금욕주의자 관점

① 사회적으로 나쁜 영향을 주므로 아무도 읽게 해선 안 된다.

② 만일 누군가는 읽어야 한다면 쾌락주의자보다 도덕적으로 무장된 자신이 읽는 게 낫다.

· **쾌락주의자 관점**

① 삶에 재미를 선사해주므로 모두 읽는 게 낫다.

② 만일 모두 읽을 수는 없다면 자신보다 삶의 재미를 느끼지 못하는 금욕주의자라도 읽는 게 낫다.

· **읽을 사람에 대한 선호도**

금욕주의자	아무도 〉 **금욕주의자** 〉 **쾌락주의자** 〉 모두
쾌락주의자	모두 〉 **금욕주의자** 〉 **쾌락주의자** 〉 아무도

전형적인 죄수 딜레마 게임이다.

금욕주의자의 입장에서는 쾌락주의자가 읽을 때든 쾌락주의자모두 읽지 않을 때든 아무도〉금욕주의자 자신은 읽지 않는 게 더 낫다. 또 쾌락주의자의 입장에서는 금욕주의자가 읽을 때든 모두〉금욕주의자 읽지 않을 때든 쾌락주의자〉아무도 자신은 읽는 게 더 낫다. 따라서 각자의 행동은 본인이 결정한다는 자유주의 원칙에 따르면, 쾌락주의자만 읽게 되는 결과로 귀결된다. 그런데 쾌락주의자만 읽게 된 결과보다는 차라리 금욕주의자만 읽게 된 결과가 쌍방 모두에게 더 낫다. 이처럼 자유주의 원칙을 기초로 당사자의 뜻대로 정한다고 할 때 당사자 모두가 덜 선호하는 결과를 얻게 되기도 한다. 센은 이러한 상황을 '자유주의 역설'이라고 규정했다.

앞의 예시에서는 자유주의의 한계가 과장된 면이 있다. 소설 『자유부인』 한 권을 두고 누가 읽을 것인지 결정하는 상황에서, 쾌락주의자는 선택의 마지막 순간에 '아무도 읽지 않으면 내가 읽겠다'고 나설 것이다. 따라서 금욕주의자 입장에서는 가장 선호하는 결과인 '아무도 읽지 않는 것'이 불가능함을 알 수도 있다. 그렇다면 금욕주의자는 차선의 결과를 얻기 위해 '차라리 내가 읽을 거야'라며 나설 수도 있다. 따라서 자유주의 역설은 흔한 현상이 아니다.

사실 '자유'라는 말은 참으로 '자유롭게' 해석된다. 때와 장소에 따라 달리 받아들여진다. 같은 문화적 뿌리를 가진 유럽과 미국이 서로 다르고, 한국에서도 시대에 따라 다르다. 1970년대 권위주의 정권에 대항했던 세력의 주요 가치는 자유였다. 정치적 권력자는 자유주의를 억압하는 경향이, 경제적 기득권자는 자유주의를 강조하는 경향이 있다.

한국 사회에서 헌법과 역사 교과서에 '자유'라는 단어를 넣니 빼니 하는 진영 간 논란은 새삼스런 일이 아니다. 같은 시공간에서도 진영마다 또 사람마다 달리 주장한다. 아직도 자유권이 제대로 확립되지 않은 탓이다. 자유는 정치적 왜곡 없이 본래 의미 그대로 해석되어야 한다. 남의 자유를 빼앗는 일방의 방종은 정당화되지 않는다. 자유를 제한할 때 더 나아질 수 있다는 기대가 있을 때 비로소 그 제한을 논의할 수 있는 것이다.

2. 그린벨트 지정과 과외 금지_규제의 취지

지배와 권위에 대한 배격, 자치와 자유에 대한 갈망은 자존적 인간의 본질적 감정이다. 고대 그리스어 '안(ἀν, 無)'과 '아르코스(ἀρχός, 지배자)'의 결합어에서 온 '아나키즘anarchism'은 그런 감정에 충실한 대표적 정치 철학이다. 그럼에도 통치 기구와 통치는 원초적 인간 사회부터 있어 왔고, 근대에 들어 '사회 계약'이라는 개념으로 설명되고 있다. 국가 또는 규제가 모두를 위한 더 나은 세상을 만들 수 있다는 주장이다. 7월 30일의 역사에 기록된 한국 사회 두 가지 행정 규제를 들어 살펴보자.

1971년 7월 30일, 박정희 정부의 건설부는 서울 외곽에 그린벨트^{개발제한구역}를 지정하여 고시했다. '난개발과 투기 억제'를 위한다는 취지였다. 이후 1977년까지 총 8차례에 걸쳐 국토의 약 5%가 그린벨트로 지정됐다.

법제화의 실제 사례로는 1938년의 런던, 개념적으로는 구약성서까지 역사를 거슬러 기원을 찾을 수 있는, 그린벨트의 지정은 어떤 효과를 지닐까? 다음의 전략 결정 게임 예시를 통해 살펴보자.

 전략 결정 게임

난개발과 그린벨트 지정

A와 B는 보전 가치가 있는 토지를 각각 소유하고 있다. 각자 자신의 토지에 대해 개발 또는 보전 가운데 하나를 선택한다.

▶ **선호도**

내 땅만 개발 〉 환경 보전_{둘 다 보전} 〉 환경 훼손_{둘 다 개발} 〉 내 땅만 보전

		B	
		개발	보전
A	개발	· 심각한 환경 훼손 · A와 B의 개발 이익	· 보통의 환경 훼손 · A의 개발 이익
	보전	· 보통의 환경 훼손 · B의 개발 이익	· 환경 보전 · 개발 이익 없음

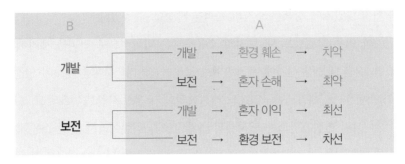

B의 선택에 따른 A의 전략적 관점

B가 어떤 선택을 하건 A의 입장에선 '개발'이 자신에게 늘 유리한 선택이다. 이는 B의 입장에서도 마찬가지이다. 결국 A와 B 모두 개발을 선택함으로써 '환경 훼손'이라는 모두에게 차악의 결과를 가져오게 되는 것이다. 전형적인 죄수 딜레마 상황이다.

이때 정부가 보전을 강제하면 A와 B 모두 '환경 보전'이라는 차선의 결과를 얻는다. 외부의 규제가 없었더라면 모두에게 차악인 '환경 훼손' 결과를 얻었을 터인데 외부 규제 덕에 '환경 보전'을 얻는다. 이게 바로 상호 윈–윈 을 이끄는 개발 제한 조치의 취지다.

이제 A와 B뿐 아니라 보전 가치가 없는 토지를 소유한 C가 있다고 하자. C가 소유한 토지의 개발 여부는 환경에 아무런 영향을 미치지 않고 A와 B가 보유한 토지의 개발 여부에 따라서만 훼손이냐 보전이냐가 좌우된다고 하자. 정부 규제가 없으면 세 명 모두 개발을 선택해 환경이 훼손된다. 정부가 환경 보전을 위해 A와 B의 토지에 개발을 제한하면 환경 보전의 편익은 세 명 모두 누리지만, 개발 이익은 C 혼자 누리게 된다.

그린벨트 내 토지의 소유주들은 그린벨트 지정이 재산권 침해라고 반발했다. 그린벨트는 박정희 대통령이 지정과 해제에 사전 재가를 받으라고 지시하는 등 '보상' 방식이 아닌 '징발' 방식으로 엄격하게 관리됐다. 역설적으로 민주화 되지 않았기에 정책은 소기의 목적을 달성할 수 있었다.

민주화 이후 그린벨트 내 토지의 소유주들은 적극적으로 민원을 제기했다. 1997년 12월 대통령 선거에서 그린벨트 조정을 공약한 김대중 후보가 당선됐다. 1998년 11월 '개발제한구역제도 개선협의회'가 개선 시안을 발표하고, 1998년 12월 24일 헌법재판소는 도시계획법 제21조가 위헌이라는 헌법 소원에 대해 헌법 불합치를 선고했다. 1989년 9월 19일 헌법 소원 심판이 청구된 후 무려 111개월이라는 역대 최장의 시간이 지나 내린 판결의 주요 내용은 다음과 같다.

> 개발제한구역제도 그 자체는 원칙적으로 합헌적인 규정인데, 다만 개발제한구역의 지정으로 말미암아 일부 토지소유자에게 사회적 제약의 범위를 넘는 가혹한 부담이 발생하는 예외적인 경우에 대하여 보상규정을 두지 않은 것에 위헌성이 있는 것이고, … 입법자가 보상입법을 마련함으로써 위헌적인 상태를 제거할 때까지 위 조항을 형식적으로 존속케 하기 위하여 헌법불합치결정을 하는 것인바, 입법자는 되도록 빠른 시일내에 보상입법을 하여 위헌적 상태를 제거할 의무가 있고, 행정청은 보상 입법이 마련되기 전에는 새로 개발제한구역을 지정하여서는 아니되며, 토지소유자는 보상입법을 기다려 그에 따른 권리행사를 할 수 있을 뿐, 개발제한구역의 지정이나 그에 따른 토지재산권의 제한 그 자체의 효력을 다투거나 위 조항에 위반하여 행한 자신들의 행위의 정당성을 주장할 수는 없다.

1999년 7월 22일 건설교통부는 '개발제한구역제도 개선안'을 발표하여 7개 중소 도시권 전면 해제와 7개 대도시권 부분 조정을 실시했다. 2000년 1월 '개발제한구역의 지정 및 관리에 관한 특별조치법'을 제정하여 같은 해 7월부터 시행하고 있는데, 이에 따라 그린벨트 소유자는 정부에 토지 매수를 청구할 수 있게 되었다.

전체 공익보다 개인 희생의 합이 더 큰 결과를 초래하는 규제는 해서는 안 되고, 공익이 큰 규제일지라도 개인의 희생은 보상해줘야 한다. 그린벨트 내 토지를 싸게 구입했다가 지정 해제 후 비싸게 되팔아 큰 이득을 취한 경우도 적지 않다. 규제 조치는 이런 불공정을 막고 사회적 효과를 극대화하는 전략적 계산에서 기획되어야 한다.

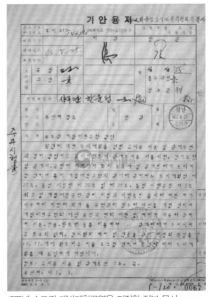

1972년 수도권 개발제한구역을 지정한 정부 문서
국가기록원 기록정보서비스

7월 30일자에 발표된 다른 역사적 행정 규제는 과외교습 금지다. 1980년 이날 국가보위비상대책위원회는 재학생의 과외 교습 및 입시 학원 수강 금지를 포함한 '교육 정상화 및 과열 과외 해소 방안'을 발표했다. 과외 금지 조치는 모두에게 나은 교육 환경을 만들려는 취지였을 것이다.

전략 결정 게임

과외 수강의 딜레마

과외 금지가 어떻게 정당화되는지 보기 위해 간단한 모델을 만들어 보자. 대학 입학 정원은 고정되어 있다고 가정한다.

▶ 학생의 선호도

혼자만 과외 수강 〉 과외 금지 〉 모두 과외 〉 혼자만 과외 불참

		E	
		과외 수강	과외 불참
D	과외 수강	중간⁻(모두 과외)	D의 성적 양호, E의 성적 저조
	과외 불참	D의 성적 저조, E의 성적 양호	중간⁺(과외 금지)

역시 전형적인 죄수 딜레마 게임이다. 상대의 선택에 관계 없이 자신은 과외를 수강하는 것이 그러지 않는 것보다 더 나은 결과를 가져다주므로 너도나도 과외를 수강하게 된다. '과외 금지'와 '모두 과외'의 입시 결과는 '중간'으로 서로 비슷하지만, 과외비와 삶의 질 등 여러 비용을 감안하면 '모두 과외'보다 '과외 금지'가 모두에게 더 낫다. 즉, 그냥 두면 너도나도 과외를 받는 '중간⁻'가 되는데, 강제적으로 과외를 금지시키면 '중간⁺'의 결과가 된다는 점에서 과외 금지는 모두에게 '윈-윈' 결과를 가져다주는 바람직한 규제가 될 수도 있다.

하지만 사교육 금지 조치는 실제로 그렇게 나은 세상을 만들지는 못했다. 금지된 사교육을 비밀리에 받은 수험생이 큰 혜택을 봤다는 점에서 공정하지 못했다. 2000년 4월 27일 헌법재판소는 사교육 금지 법률 조항에 대해 다음과 같은 이유로 헌법에 위배된다고 결정했다.

> 사교육의 영역에 관한 한, 우리 사회가 불행하게도 이미 자정능력이나 자기조절 능력을 현저히 상실했고,…사교육에서의 과열경쟁으로 인한 학부모의 경제적 부담을 덜어주고…균등한 정도의 사교육을 받도록 하려는…정당한 공익이라고 하

수능 외 전형의 비중을 높이면 사교육 문제가 해결된다는 주장이 있었지만, 내신, 스펙 쌓기, 논술, 입시 원서 작성 등으로 인한 비싼 사교육 서비스만 유발했다. 다양한 입시 유형은 오히려 학생들의 개인적 준비를 어렵게 만듦으로써 사교육 서비스의 효과만 증대시켰고 가정 환경에서 오는 입시 불평등을 심화시켰다. 실력과 무관하게 대학 간판이 통하는 학벌 구조가 존속하는 한 입시 경쟁은 과열될 수밖에 없다.

정부는 학벌을 철폐하기 위해 블라인드 방식으로 채용하라는 지침을 내리기도 했다. 진학이나 취업 과정에서 출신 학교 이름을 노출하지 않으면 간판의 효능이 현격히 감소할 것이라는 기대에서다. 학벌 등 간판의 비중을 실제로 배제하려면 지원자의 실력과 자질을 확인할 수 있는 대안적 기준이 활용 가능해야 된다. 그렇지 않다면 '로또의 일상화'에 불과할 수도 있다.

사회 발전에 역행하는 적폐의 척결 대신, 열심히 일한 사람들의 성과를 빼앗는 방식은 오히려 불공정 분배로 이어져 체제 경쟁력을 줄일 뿐이다. 세수 증대 및 입시 개혁 등 각종 규제는 평등권, 교육권, 재산권, 소급 금지 등의 헌법 조항을 충족시켜 위헌 소지가 생기지 않게 조치해야 한다. 이해관계나 정서에 기초한 여론을 넘어 정합성과 일관성을 충족하는 체계적 조치여야 한다. 규제란 공정한 윈-윈 결과를 얻기 위한 수단이다.

3. 지구 온난화 대응_의무 없는 미사여구 합의

인간은 협력에 목말라 한다. 협력하면 서로가 좋을 텐데 그렇지 못해 답답해 한다. 암세포는 한계 없는 욕심 때문에 숙주를 죽이고 자신도 결국 소멸되므로 암세포와의 협력은 불가능에 가깝다.

지구 온난화는 세계 각국이 온실가스 배출을 감축하면 해결될 문제다. 1997년 12월 11일 일본 교토에서 열린 기후변화협약 3차 당사국 총회에서 '지구 온난화'라는 딜레마를 해결하기 위해 이른바 교토 의정서를 체결했다. 의정서 제15조에 따라, 55개국 이상이 비준하고 또 비준국의 1990년 기준 배출량 합계가 지구 전체 배출량의 55% 이상이 된 90일 후인, 2005년 2월 16일에 발효되었다. 세계 대부분 국가들이 지구 온난화 방지에 공감하고 합의했다는 점에서 교토 의정서는 '세계를 바꾼 선언'으로 기록되고 있지만, 지구 온난화 문제를 해결하지는 못했다. 간단한 예시를 들어 교토 의정서와 온실가스 배출에 대한 대응 전략을 살펴보자.

 전략 결정 게임

온실 가스 배출의 딜레마

설명의 편의상, 이 세상에 두 국가만 있고 온실가스 배출을 유지할지 아니면 감축할지를 각자 결정한다고 하자. 두 나라 모두 자국 경제의 성장을 원하며 지구 온난화의 심각성도 중요하게 인지하고 있다.

		B국	
		배출량 유지	배출량 감축
A국	배출량 유지	온난화 심각	중간 A (A 성장, B 침체)
	배출량 감축	중간 B (A 침체, B 성장)	온난화 양호

▶ **두 국가의 선택에 따라 도출되는 네 가지 결과에 대한 선호도**

A국: 중간 A 〉 온난화 양호 〉 온난화 심각 〉 중간 B

B국: 중간 B 〉 온난화 양호 〉 온난화 심각 〉 중간 A

B국의 선택에 따른 A국의 전략적 관점

B국의 선택에 관계없이 A국으로선 배출량을 감축하지 않는 결정이 자신에게 유리한 선택이다. B국 역시 동일한 전략적 계산을 할 수 있다. 그렇다면 실제 결과는 쌍방이 배출량을 감축하지 않아 지구 온난화는 심각해진다. 양국 모두 훼손된 지구 환경보다 양호한 지구 환경을 더 선호함에도 '온난화 심각'의 결과로 도출된다.

예시는 각자 자기 이익에 맞게 행동했지만 모두에게 손해인 결과로 도출되는 결정 과정을 보여준다. 그래서 이를 딜레마로 부른다. 죄수 딜레마 게임이 이런 딜레마의 전형적 스토리다. 노벨상 수상자를 포함해 수많은 연구자들이 수십 년 간 이 딜레마를 해결하기 위한 방안을 연구해왔는데, 지속적인 관계에서는 먼저 협력한 후 '눈에는 눈, 이에는 이tit-for-tat' 혹은 보상 보복을 하는 전략이 상호 협력을 유도한다는 사실을 밝혔다.

지구 온난화 방지에도 이러한 전략을 적용할 수 있다. 예컨대, A국이 먼저 자국의 배출량을 감축하되 그 후 B국의 선택을 그대로 따르는 전략이다. B국은 자국이 온실가스 배출을 감축하면 A와 B 모두 감축하여 '양호'한 환경이 되고, 만일 자국이 감축하지 않으면 A와 B 모두의 비협력으로 '심각'한 결과로 이어짐을 알게 된다. 쌍방의 비협력에 의한 '심각'보다 상호 협력에 의한 '양호'를 더 선호하는 B국은 배출량 감축을 선택하게 되는 것이다. 이런 전략적 사고가 지구 온난화 방지에 기여한다.

교토 의정서 발효 후 10년을 돌이켜봤을 때 지구 온난화 방지의 실제 성과는 미미하다. 강제적 의무가 별로 없고 미사여구로 가득 차 있어 많은 국가가 동의했을 뿐이다. 말로는 어느 나라나 지구 온난화의 해결을 강조한다. 문제는 실천이 없다는 데 있다. 교토 의정서는 상호 관계의 지속성을 담보하지 못했고, 상대국의 행동에 따른 보상이나 보복을 유도할 수도 없었으므로 상호 협력적 성과를 내는 데 한계를 드러냈다.

2015년 12월 프랑스 파리에서 열린 21차 당사국 총회는 교토 의정서 이후를 논의했다. 총회 폐막일인 12월 12일, 196개국은 법적 구속력을 강화하기로 합의했고, 이 합의에 따라 파리기후협정이 2016년 11월 4일 발효되었다. 파리기후협정은 전략적 측면을 고려하긴 했지만 여전히 충분한 의무 조항을 담지 못해 보완되어야 할 과제를 지니고 있다.

4. 대북 상호주의_눈에는 눈, 이에는 이

2010년 5월 24일, 대한민국 정부는 천안함 폭침을 북한 소행으로 결론 내리고 북한에 대한 제재 조치를 발표했다. 이른바 5.24조치다. 한편으로 대북 민간 비료 지원이 5.24조치에 위배된 일관성 없는 정책이라고 비난하는 사람들이 있었는가 하면, 다른 한편으로는 5.24조치를 해제하지 않는 정부를 성토하는 사람들도 있었다. 5.24조치를 그대로 유지 혹은 강화하라고 주장하면 반(反)통일 세력, 당장 해제하라고 주장하면 종북(從北) 세력으로 간주되었다.

추구하는 목표가 다르면 전략도 달라져야 하는 게 당연하

2010년 5월 24일 전쟁기념관에서 이명박 대통령이 대북 제재 조치를 발표하고 있다(연합뉴스).

다. 하지만 목표는 비슷함에도 목표를 향한 전략에 있어 극심한 이견을 보이는 경우가 적지 않다. 대북 강경 정책을 주장하거나 온건 정책을 주장하는 측 모두 남북 상호 대립보다 상호 협조가 더 낫다고 생각한다. 즉 북한의 협조 유도라는 같은 목표를 공유하지만 추진 전략에서 상반되는 입장을 취하는 것이다.

전자는 대북 제재로 북한의 협력을 유도할 수 있으므로 북한이 협조할 때까지 제재를 유지해야 한다는 입장, 후자는 제재로 북한 협력을 유도할 수 없으니 먼저 협력해야 한다는 입장인 듯 보인다. 한반도 평화 추진 전략 역시 마찬가지다. 대북 유화론자들은 전쟁을 막기 위해서는 상대와 친해야 한다고 주장하고, 대북 강경론자들은 "평화를 원하면 전쟁을 준비하라"는 베게티우스의 고전적 경구에 충실하다.

상호 협력을 유도하는 대표적인 전략은 '상대가 협조하면 나도 협조하고, 상

대가 배반하면 나도 배반한다'는 상호주의 전략이다. 상대가 상호주의 전략을 채택할 때, 내가 협조하면 상호 협조, 내가 배반하면 상호 배반이 되므로 결국 상호 협조 아니면 상호 배반 중 하나의 길을 선택하게 되는 것이다. 상호 배반 보다 상호 협조를 선호하는 행위자는 당연히 배반보다 협조를 선택할 것이다.

상호주의는 흔히 '티포태tit-for-tat' 혹은 '보상 보복'이라고 한다. 상호주의는 20세기 후반 게임이론을 비롯한 여러 문헌에서 깊이 있게 논의되기 시작했지만, 이미 인류 사회 태초부터 있어 왔다. 구약성서 출애굽기 21장은 "생명에는 생명, 눈에는 눈, 이에는 이, 손에는 손, 화상에는 화상, 외상에는 외상, 타박상에는 타박상으로 대가를 치러야 한다"고 서술하고 있다. 함무라비 법전이나 탈무드에서도 탈리오talio, 보복에 관한 비슷한 문구를 담고 있다. 고대 한반도에서도 유사한 제도가 시행되었다. '남을 죽인 자는 죽여서 되갚는 것'이 고조선 8금법의 첫 조항이었다. 이 모두가 타인에게 행한 짓 그대로 앙갚음함으로써 나쁜 행위를 억제하는 형벌 방식이다.

티포태 방식은 세탁과 같은 일상의 화학 반응에서도 관찰된다. 옷감에 묻은 오염물은 같은 성질의 세제로 잘 제거되기도 한다. 예컨대 잘 지워지지 않는 레드와인 얼룩은 바로 화이트 와인으로 제거할 수 있고, 유성 물감 얼룩도 다른 유성 용제로 제거할 수 있다.

자기 생존을 위협하는 타인의 행위에 대한 보복은 진화의 결과이기도 하다. 특정 유전자는 자신을 위협하는 요인에 대한 앙갚음으로 위협을 감소시켜 존속을 꾀한다. 인간을 포함한 동물 집단에서 복수를 통해 집단 정체성이 유지되는 현상은 쉽게 관찰된다.

앙갚음 제도는 감정을 억제시키고 이성으로 해결하려는 역설적 노력이다. 이런 법제도가 도입되기 전의 앙갚음은 과도했다. 과도한 보복을 자제시키기 위한 취지에서 '눈에는 눈, 이에는 이', 더 정확히 표현하면 '눈알 하나에 눈알 하나,

이 하나에 이 하나' 방식이 적절하다고 판단한 것이다.

현대 사회는 이런 앙갚음에 대체로 비판적이다. '눈에는 눈, 이에는 이'로 대응하다 보면 모두가 이 빠진 장님이 된다는 이유에서다. '한쪽 뺨을 맞으면 다른 뺨을 내밀라'는 태도가 더 바람직하다는 주장이다. 앙갚음과 관용, 어느 것이 나은지는 따져봐야 한다.

그런데 한국 사회에서 견해차를 논리로 해소하려는 노력은 관찰하기 어렵다. 따지고 들면 '잘났어 정말'이라는 반응이 오히려 일반적이다. 정치 사회 갈등 다수는 양극화 결집과 다름이 없다. 민주 국가일수록 여러 정책 대안의 비용과 효과를 객관적으로 따져 실제 정책을 선택한다.

대북 정책 역시 공유된 정책 목표와 정책 환경에서 출발하여 엄격한 논리로 추론해야 남한 사회 내 합의 가능성이 높아진다. 사회적 합의를 위한 엄격한 논리라는 맥락에서 남한과 북한이 각각 협조와 제재라는 두 가지 대안 가운데 하나를 선택하는 간단한 남북한 게임 모델을 만들어보자.

 전략 결정 게임

남북한이 각각 협조와 제재라는 두 개의 대안 중 하나를 선택한다. 협조와 제재 가운데 어떤 선택이 나은지는 ①, ②, ③, ④ 결과에 달려 있다.

		북한	
		협조	제재
남한	협조	①	②
	제재	③	④

▶ 남한의 입장과 선호도

남북한 상호 협력(①)을 최선의 결과로 인식하고, 북한만의 협력(③)을 차선의 결과로 인식한다고 하자.

① 〉 ③ 〉 ④ 〉 ②   일방적 양보를 최악으로 인식
① 〉 ③ 〉 ② 〉 ④   대립을 최악으로 인식

①〉③〉②〉④의 선호도에서는 북한이 협조하건 않건 남한은 협조하는 게 자신에게 유리한 전략이다. 이처럼 상대의 선택에 관계없이 늘 유리한 전략을 '우위 전략'으로 부른다.

▶ 북한의 입장과 선호도

남한만의 양보 · 협력(②)을 최선의 결과로 인식하고, 남북 대립(④)이나 북한만의 양보 · 협력(③)보다 쌍방의 양보 · 협력(①)을 더 선호한다고 하자.

② 〉 ① 〉 ③ 〉 ④   대립을 최악으로 인식
② 〉 ① 〉 ④ 〉 ③   일방적 양보를 최악으로 인식

②〉①〉④〉③의 선호도에서는 남한이 협조하건 않건 북한은 협조하지 않는 것이 자신에게 나은 우위 전략이다.

남북 각각의 2개 선호도에서 네 가지 선호도 조합이 가능하다.

상황	북한의 선호도	남한의 선호도
A	② 〉 ① 〉 ④ 〉 ③	① 〉 ③ 〉 ② 〉 ④
B		① 〉 ③ 〉 ④ 〉 ②
C	② 〉 ① 〉 ③ 〉 ④	① 〉 ③ 〉 ② 〉 ④
D		① 〉 ③ 〉 ④ 〉 ②

A, B, C, D 네 가지 상황을 살펴보자.

- 상황 A : 북한은 협조하지 않는 것이 유리하고, 남한은 협조하는 것이 유리하다. 이런 선호도를 서로가 인지하고 있는 상황에서 남한이 최악의 가능성을 열어둔 채 상호주의로 최선을 추구하기는 어렵다. 이미 최선의 결과를 얻은 북한이 남한의 상호주의에 호응하여 상호 협력으로 갈 동기는 작다.

- 상황 B : 북한은 일단 협조하지 않는 것이 유리하다. 이를 인지하는 남한은 자신에게 최악의 결과보다 차악을 추구할 수밖에 없다. 만일 이 상황에서 남한이 확고한 상호주의 전략을 취할 수 있다면 상호 배반보다 상호 협력을 선호하는 북한은 이에 호응할 가능성이 크다.

- 상황 C : 남한은 북한이 협조하건 않건 자신은 협조하는 것이 유리하다. 이를 인지하는 북한은 협조하지 않음으로써 차선 대신 최선의 결과를 얻을 수 있다. 북한은 이미 최선의 결과를 얻을 가능성이 큰 상황에서 굳이 상호주의에 호응할 동기가 작다.

- 상황 D : 상대 선택에 관계없이 유리한 우위 전략은 존재하지 않는다. 만일 남한이 확고한 상호주의 전략을 고수할 수 있다면 북한은 남한의 상호주의에 호응하여 최악을 피하고 상호 협력이라는 차선을 받아들이려 할 것이다.

대북 정책에 있어 강경론과 온건론 사이의 의견 일치는 쉽지 않다. 상황 인식이 다르기 때문에 바람직한 대북 전략에 합의되지 않을 때도 있지만, 종종 상황 인식이 다르지 않음에도 서로 다른 주장을 강변하기도 한다. 앞의 예시와 같은 A, B, C, D 상황이나 또 있을지 모를 다른 상황 가운데 어디에 해당하는지는 사안에 따라 달라질 수 있겠지만, 특정 사안이 어디에 해당하는지는 별 이견 없이 정리된다고 볼 수 있다. 이렇게 공유된 상황 인식과 논리적 추론이 대북 전략 방향에 대한 합의를 가능하게 한다.

대응의 정도가 반드시 상대의 행동과 동일할 때, 즉 등가(等價)적일 때만 상호주의의 효과를 보는 것은 아니다. '이 하나에 이 하나' 대신에 '이 두 개에 이 하나'처럼 비례적으로 대응할 때도 상호 협조의 결과가 나올 수 있다. 또 반드시 즉각적으로 대응해야 하는 것도 아니다. 반응에 시차가 있더라도 상대 행동에 따라 행동한다는 일관성만 유지된다면 상호 협력의 결과는 가능하다.

상호주의 전략은 철저한 이행이 중요하다. 유연하게 운용되는 상호주의는 상호 협력이라는 본연의 효과를 얻지 못하게 만들기도 한다. 상대가 나의 상호주의 전략이 확고하다고 믿을 때 자신의 협력이 곧 상호 협력, 또 자신의 배반은 곧 상호 배반이라고 인식하므로 협력을 택하려 한다.

상호주의 전략은 자칫 갈등을 심화시킬 수도 있다. 적절한 타협선에 대한 판단 기준이 다를 때, 즉 나의 양보를 상대가 양보로 간주하지 않고 오히려 배신으로 보는 경우 서로가 상대를 제재함으로써 갈등이 증폭될 여지가 있다.

상호주의는 상대의 마음을 변화시키는 전략이 아니라 상대의 행동에 영향을 주려는 시도다. 감흥을 통한 상대 마음 변화시키기는 오히려 상호주의보다 일방적 양보로 가능하다. 상대가 좋건 싫건 자신에게 유리한 상대 행동을 유도하는 것이 전략적 태도다.

친구와도 깨질 수 있고 적이라도 이해관계가 맞으면 성사될 수 있는 것이 협상이다. 적대적 관계에서는 '좋다' '미안하다'고 말하지 않는다. 적대적 관계에서 사과는 일종의 굴복으로 인식된다. 적대적 상대에게 요구할 것은 사과가 아니라 협조적 행동이다.

잘못이 없다고 주장하는 자는 잘못을 인정하지 않는다. 잘못을 인정하지 않는 상대에게 요구해야 할 것은 과거 행위에 대한 사과를 넘는 '미래 행위에 대한 안전장치'이다. 과거 잘못을 저지르지 않았다고 강변하는 상대에게는 앞으로 그런 오해를 받지 않게 행동하도록 강제하는 전략이 더 중요하다. 모든 도발적 행동을 자제하고 감시받겠다는 것이야말로 사과보다 훨씬 중요한 협조적 행동이다.

상호 협력은 쌍방이 상호 배반보다 상호 협력을 더 선호해야 그 의미를 갖는다. 상호 협력에 상호주의가 효과적임은 부인할 수 없는 사실이다. 물론 상호주의가 상호 협력을 가져다주지 못하는 상황도 있다. 상호주의에 따른 상호 협력의 실현은 무엇보다 당사자들이 당장의 이득뿐 아니라 미래에 얻을 이득도 중히 여길 때 가능하다. 각 상황에 맞는 전략의 정확한 계산은 남북 간, 그리고 남남 간 갈등 해소에 필요하다. 전략의 엄격한 계산은 최선의 결과뿐 아니라 사회적 합의도 가능하게 만든다.

5. 의리 스포츠_내부 고발

어떻게 협력을 구현할 수 있을까 하는 것이 개인주의를 전제로 하는 미국과 유럽 사회의 오래된 문제의식이었다면, 동아시아에서는 거꾸로 왜 특정 집단의 담합이 지속되며 또 어떻게 그 담합을 깰 수 있을까 하는 것이 중요한 화두다. 사회에 나쁜 범죄를 저질렀지만 서로 협력하여 처벌되지 않는다면 사회적으로는 바람직하지 않다. 죄수 딜레마의 게임에서도 범죄자가 서로 배반하여 적절한 처벌을 받게 함으로써 범죄를 줄이는 게 공익이다.

협력이나 담합은 일회성 접촉보다는 지속적 접촉에서 일어난다. 의리는 그런 지속적 관계에서 발생하는 협력이며 말이 아니라 행동으로 실천하는 가치이다. 사회 정의가 이 사람 저 사람 차별하지 않는 '탈 공간적' 협력 가치라면, 집단 의리는 이 사람 저 사람을 차별하는 배타적 가치이자 특정 시기에 국한되지 않는 '탈시간적' 협력 가치다. 지속적인 관계에서는 배반보다 의리가 더 보편적인 현상이다.

오늘날 '의리'라는 수식어가 붙은 복합어는 대개 부정적이다. 의리 인사, 의리 산악회, 의리 축구, 의리 야구, 의리 쇼트트랙, 모두 부정적 어감이다. 소셜네트워크서비스의 발달로 한국 사회가 더 투명해지면서 집단 의리를 사회 정의보다 우선시하는 경향은 약해졌다고 볼 수 있다.

2014년 2월 15일, 소치 동계 올림픽 쇼트트랙 1,000m 결선에서 러시아 대표 빅토르 안안현수이 금메달을 땄다. 안현수는 500m와 5,000m 계주에서도 금메달을 러시아에 안겨줬다. 이에 비해 한국 남자 대표팀 성적은 노메달이었다. 러시아 대표로 출전한 안현수가 한국 선수와 레이스를 펼칠 때 적지 않은 한국 사람들이 안현수를 응원했다. 중국 사람들이 타국으로 귀화한 선수들을 비난하던 모습과는 사뭇 다른 반응이었다.

당시 여론은 안현수가 한국 대표 선발전의 시기 및 방식 등에 있어 불공정 과정의 피해자라는 인식이 강했다. 사람들은 공정성을 중시하는 스포츠 정신에 배치되는 것으로 인식했다. 쇼트트랙은 경기의 특성상 자신이 승리할 수 없다 해도 상대의 승리도 가로막을 수 있는 종목이다. 그러니 유독 담합이나 '짬짜미'가 많다. 국가 대항 경기에서 한국 선수들이 선두에 서서 타국 선수들의 레이스를 막는 행위도 담합의 일종으로 볼 수 있지만, 이때의 담합은 정당한 팀워크로 인정된다. 하지만 국가 대표 선발이 담합으로 이뤄지면 본선에서 좋은 성적을 얻을 가능성은 떨어진다. 그러므로 대표 선발

2014년 2월 24일 안현수 선수가 푸틴 러시아 대통령으로부터 훈장을 받고 있다(러시아연방대통령실).

전에서는 자신의 성적을 위해 상대의 진로를 막는 레이스는 허용되지만, 특정의 선수를 탈락시켜 다른 선수를 선발시킬 목적으로 자기 성적의 불리함을 감수하는 행위는 금지되어야 한다. 국가 대표 선발이 불공정하다는 당시 여론에 정부도 가세해 '비정상의 정상화'라는 슬로건하에 체육계 개혁을 추진하였다. 이후 개최된 쇼트트랙 대회들에서 한국 남자 대표팀은 과거 실력을 되찾았다.

안현수는 국가 대표로 선발되지 못하자 내부 고발성 글을 사이버 공간에 올렸다. 안현수 부친도 여러 차례 내부 고발을 시도했다. 한국 국가 대표로 선발되지 못한 상황에서 러시아의 포상금 제의를 받은 안현수는 러시아 귀화를 선택했다. 한국에 있더라도 향후 국가 대표 선발 가능성이 거의 없다고 판단한 안현수의 선택이었다. 한국 빙상계를 내부 고발할 의도가 없었다 하더라도 러시아 귀화는 일종의 내부 고발로 작동했다.

내부 고발이 배반으로 낙인되지 않고 정의로운 행동으로 인정되려면, 자신은 수혜자가 아니었으며 자신의 고발이 도덕적 양심에 따른 것이고 고발한 집단 내부의 행위가 사회악이라는 사실을 증빙해야 한다. 소치 올림픽 경기 결과는 한국 국가 대표 선발이 공정하지 않았을 가능성을 내비쳤다.

의리 체육계 내에서야 병역 특혜 등을 고루 분배하기 위한 선발이었다고 정당화할 수도 있겠지만 국가적 기준에서 보았을 때 이는 분명 부당한 행위다. 현행 법령은 체육 병역 혜택의 근거로 국위 선양을 들고 있는데, 군필자나 미필자를 구분하지 않고 최우수 선수들로 국가 대표를 구성한 후 국위 선양의 성적을 내면 미필자에게 그 특기를 활용하여 병역 의무를 수행하게 한다는 취지다. 유능한 군필자보다 무능한 미필자를 우선 선발하는 행위는 군필자를 차별하는 동시에 국위 선양이라는 취지에도 맞지 않다.

군필자에 대한 차별보다 더 추악한 담합도 있다. 실제로 집단의 비윤리적 가치관과 행동에 동참하지 않아 따돌림을 당하는 경우가 많다. 왕따는 그 대상에게 커다란 심리적 충격을 안겨준다. 그런데 콤플렉스는 왕따를 자행하는 사람들이 더 크다. 스스로는 자신이 없으니 무리에 기대어 나쁜 짓을 해서라도 콤플렉스를 해결하려는 심리이다.

오랜 세월 진화를 거친 사회에서는 파벌들이 있게 마련이고 파벌끼리 서로 경쟁한다. 파벌에서 이탈한 자를 상대 파벌이 이용하기도 하지만, 파벌에서 벗어나면 어디로 가든 피해를 입게 된다. 기존의 파벌들은 서로 경쟁하면서도 탈파벌 세력을 공동의 적으로 여겨 담합도 한다. 그런 점에서 경쟁적 혹은 적대적 상호 의존이 파벌 간에 작동한다.

양심선언과 내부 고발처럼 조직에 대한 배반이 사회적으론 오히려 긍정적인 경우가 많다. 그럼에도 지속적인 담합 구도로부터 이득을 얻는 자가 이탈할 동기는 크지 않다. 대신, 담합으로 피해를 입은 자의 고발이 훨씬 더 현실적이다. 고발이 외부로 알려질 때 담합으로부터 얻는 혜택 또한 감소하므로 담합은 대부분 와해된다.

소집단의 이익으로 인해 전체 이익이 훼손되지 않으려면, 내부 고발자 whistle-blower, 공익신고자를 제도적으로 보호해 불이익을 해소시켜야 한다. 담합 사실을 자진 신고하면 과징금을 면제해주는 '리니언시leniency', 사건 규명과 범인 체포에 기여한 공범에게 형량을 감면하거나 기소하지 않는 제도도 그런 취지에 서다.

지구 온난화 방지처럼 모두가 참여하는 게 좋은 '협력'도 있고, 또 패거리처럼 다수에게 피해를 주어 와해되어야 할 '담합'도 있다. '눈에는 눈, 이에는 이'는 죄수 딜레마 상황에서의 상호 협력을 유도하는 전략이고, 내부 고발은 담합을 와해시키는 전략 가운데 하나다.

6. 국가 보훈_미래를 위한 과거 보답

1918년 11월 11일 새벽, 콩피에뉴 숲에 정차된 열차에서 독일이 정전 합의 문에 서명했다. 이로써 당일 오전 11시를 기해 제1차 세계대전 정전이 발효되었다. 미국에서는 정전 기념일이던 11월 11일을 1954년부터 '재향 군인의 날'로 부르다 오늘날 아예 법정 공휴일로 지정하여 준수한다. 그날이 토요일이거나 일요일이면 전날 또는 다음 날이 법정 공휴일이 된다. 1971~1977년 기간에는 10월 네 번째 월요일로 지정하기도 했었다.

미국 정부는 이 날을 '재향 군인들에게만 해당되는 날'이라는 의미의 소유격 'Veteran's Day' 대신에, '재향 군인에게 경의를 표하는 날'이라는 의미의 'Veterans Day'로 표기한다. 미국은 제1차 세계대전 참전 미군 중 마지막 생존자인 퇴역 사병 프랭크 버클스가 사망하여 치른 2011년 장례식에 현직 대통령과 부통령이 직접 참석할 정도로 재향 군인에 대한 존중을 강조한다. 재향 군인뿐 아니라 전쟁 포로와 실종자의 확인과 유해 송환에도 미국 정부는 많은 예산과 노력을 투입하고 있다. 미국 국방부 산하 DPAA Defense POW/MIA Accounting Agency가 그 중심 기관이다.

2011년 3월 15일 미국 알링턴 국립묘지 교회에서 버락 오바마 대통령과 조 바이든 부통령이 제차 세계대전 참전 군인 가운데 마지막으로 사망한 프랭크 버클스의 딸에게 애도를 표하고 있다.

11월 11일 정전일은 미국뿐 아니라 제1차 세계대전의 다른 승전 연합국에서도 준수되고 있다. 영국 재향 군인회는 매년 10월 말부터 11월 11일까지 개양귀비 꽃 4천만 송이를 시민들에게 제공한다. 11월 두 번째 일요일_{Remembrance Sunday}에 전사자를 추모하고 11월 11일 11시에 영국 전역에서 2분간 묵념을 실시한다. 묵념 시간은 본래 1분이었으나 제2차 세계대전 이후 2분으로 늘었다. 캐나다와 호주 등 영연방 국가들뿐 아니라 프랑스와 벨기에 등도 11월 11일에 다양한 추모 행사를 거행한다. 자유 민주 국가들이 전제주의 국가들보다 전사자를 더 추모하고 재향 군인을 더 존중하는 이유는 뭘까?

국가 안보 혹은 국가 존립은 그 나라 국민에게 일종의 공공재다. 그런 공공재는 그냥 얻어지는 게 아니다. 누군가가 생산의 비용을 부담해야 한다. 특히, 외국의 침공에 대항하여 참전하는 행위에는 큰 자기희생이 수반된다. 공헌하거나 그렇지 않은 사람 모두 국가 안보나 국가 존립에 관한 한 동일한 혜택을 받으므로 자신은 나서지 않으면서 다른 사람의 희생과 공헌을 바라는 동기가 발생한다. 만일 다수의 타인이 희생과 공헌의 대열에 있다면 혼자 빠져도 국가는 여전히 존립할 것이므로 대열에 참여하지 않아도 된다는 유혹에 빠질 수 있다. 만일 다수의 사람들이 그 대열에 참여하지 않는데 혼자 참여한들 국가 멸망을 막을 수 없으므로 혼자만의 헛된 희생을 피하려 한다. 결국 남들이 어떤 선택을 하건 자신은 무임승차하고자 하는 유혹에 빠지기 쉽다. 모두가 희생하거나 공헌한 결과인 국가 존립은 모두가 무임승차한 결과인 국가 멸망보다 모두에게

제1차 세계대전 발발 100주년을 기념해 2014년 7~11월 영국 런던탑 남문에 전시된 폴 커민스의 설치 미술 작품. 제1차 세계대전 참전 무명용사의 시 첫 구절인 "피는 대지와 바다를 붉게 휩쓸었고_{Blood Swept Lands and Seas of Red}"가 작품 제목이다. 제1차 세계대전의 영연방 참전 사망자 수 888,246에 해당하는 개양귀비 꽃송이로 장식했다.

낮다. 이것이 바로 전형적인 '공공재 무임승차 문제'로서 죄수 딜레마 게임이다.

패전이나 국가 패망의 역사에서는 병역 기피 현상을 쉽게 찾아볼 수 있다. 체제 주도 세력의 병역 면제가 공공연하면 체제의 대외 경쟁력은 심각하게 저하된다. 고대 로마 공화국과 로마 제국은 동원된 병력이 전쟁에서의 승리를 자신의 혜택으로 여길 때 흥했고, 그렇지 않을 때 쇠하였다. 그러한 현상은 가까이 조선의 역사에서도 관찰된다. 양인개병良人皆兵 제도를 채택한 15세기 조선에서 승려와 학생은 군역 의무가 면제되었다. 따라서 위장 승려와 위장 학생이 많았으며, 한편으론 권력과 뇌물을 동원해 군역을 피하거나 대신해 줄 대립군代立軍을 구하는 일이 공공연했다. 선조와 인조 때에는 양반이 군역에서 면제되면서 전투력이 약화될 수밖에 없었다. 19세기에 흥선대원군은 일반 양인에게만 부과되던 군포를 양반에게도 부과하는 호포제戶布制를 도입했다. 하지만 양반층의 불만과 저항으로 제대로 시행해보지도 못한 채 체제는 붕괴 직전에 이르렀다.

자유민주주의 국가에서 집단의 공공 이익을 위해 개인 희생을 강요하는 일은 전제 국가에서보다 어렵다. 그렇기 때문에 역설적으로 집단과 공공 이익을 중시하는 국가 보훈 제도가 자유민주주의 국가에서 더욱 필요했고 발달된 것이다.

보훈은 조직 공헌에 대한 일종의 보답 시스템이다. 과거 행동에 대한 보답報勳과 보복은 미래의 공헌을 유도하기 위한 수단이기도 하다. 비록 충분치는 않더라도 과거 공헌에 대한 인정이나 보상은 있어야 미래의 공헌 가능성이 커진다는 취지다. 그런데 과거 행동에 대한 정리가 말처럼 간단치만은 않다. 보훈이 가장 발달됐다는 미국에서도 정책이 자리 잡는 데까지는 긴 세월이 필요했다.

전쟁으로 통일한 베트남에서도 통일 후 남베트남 군인에게는 북베트남 군인과 달리 보훈 혜택이 제공되지 않았다. 실제 남베트남 군인들 일부는 전쟁 후 처형되었고 수십만 명은 수용소에서 재교육과 강제 노역에 처해졌다. 호치민의 유훈에 따라 전면적인 보복과 배척이 금지된 것만으로 만족해야 하는 상황이다.

통합을 위해, 자신에게 총을 겨눈 상대까지도 보훈 대상에 포함시켜야 한다고 말할 수는 있어도 당장 실행에 옮기기는 어렵다. 미국이나 베트남과 달리 6 · 25전쟁이 어느 일방의 승리로 완결되지 않은 채 각종 도발로 70년 이상의 세월을 보내고 있는 한반도에서 당장 남북한 통합 보훈은 기대하기 어려운 일이다.

자유민주주의 국가들은 보훈 목적의 여러 국가 기념일을 지정하고 있다. 11월 정전일을 현충일처럼 기리는 영국은 매년 6월 마지막 토요일을 '국군의 날 Armed Forces Day'로 정해 재향 군인과 현역 군인의 공헌을 치하하고 있다. 반면 영국군의 무력 진압으로 수백 명이 사망한 역사를 경험한 북아일랜드는 국군의 날 기념에 반대한다. 미국은 재향 군인의 날 외에도 매년 5월 마지막 월요일을 법정 공휴일인 현충일Memorial Day로 지정해 전몰장병을 기린다. 또 5월의 세 번째 토요일은 국군의 날로 지정되어 있다.

대한민국에서 현충일은 법정 공휴일이다. 10월 8일 재향 군인의 날과 10월 1일 국군의 날은 국가 기념일이다. 법정 공휴일로 기념하고 있는 미국 등과 달리, 한국 재향 군인의 날은 법정 공휴일이 아니라 법정 기념일국가 기념일일 뿐이다. 국군의 날은 공휴일이 아니지만 현행 법규에 국기를 게양하는 날로 정해져 있다. 2017년 9월 국회에는 국군의 날을 9월 17일로 변경하자는 결의안이 발의되었었다. 1950년 국군이 38선을 처음 돌파한 날인 10월 1일을 대신해 1940년 임시 정부 광복군 창설일로 바꾸자는 제안에 보수 야당이 반발했다. 건국일에 대한 첨예한 이견은 해마다 되풀이된다.

국경일 지정이 국민 통합을 이끄는 구심력이 아니라 국민 분열을 조장하는 원심력으로 작동하는 것이다. 국가 보훈이 국민 통합에 기여하지 못하고 오히려 분열시키는 까닭은 일부 계층의 과거 잘못과 자기 합리화에 더불어 국가 정체성에 대한 서로 다른 인식 때문이기도 하다. '뭣이 중헌디?'라면서도 양극화된 진영 논리에 제 목소리를 내지 못하는 사람도 많다. 하나의 국가 체제로 존속하려면 국가 정체성이 공유돼야 한다. 안고 가는 게 통합에 도움될 수도 있고, 반대로 통합에 걸림돌이 될 수도 있다. 국가 정체성을 도저히 공유할 수 없다면 갈라서는 게 차라리 나을 수도 있다.

내부 분열의 정도가 외부 위협보다 강하면 멸망의 길로 가게 되어 있다. 과거사 정리와 보훈은 진정한 국민 통합을 이루는 방향으로 추진돼야 한다. 국가 보훈의 대상은 과거 행동이지만 목적은 미래 공헌을 유도하는 데 있다.

 전략과 상식의 세계사

미국의 남북 내전과 보훈의 역사

미국의 국가 보훈 체계가 본격화하게 된 계기는 1861년 발발하여 수십만 명의 사상자가 발생한 남북 내전이다. 1862년 미국 연방 정부는 전몰자를 예우할 국립묘지를 조성하기 시작했는데, 땅이 모자라자 새로운 장소를 물색했다. 남부군 지도자 로버트 리 가족의 소유지이자 거주지였던 알링턴 지역은 그중 하나였다. 내전으로 로버트 리 가족이 알링턴 지역을 비웠을 때 연방 의회는 반란 지역에서의 직접세 징수를 강화하고 땅을 몰수하기 위한 법률안을 통과시켰다. 1864년 알링턴 지역은 국방성에 의해 국립묘지로 지정되었다.

알링턴뿐 아니라 당시의 모든 국립묘지는 북부군 희생자만을 위한 공간이었다. 내전 종식 후에도 남부군의 추모는 금지됐다. 남부군은 반란에 실패한 폭도로 취급되었을 뿐이다. 특히 남부에 대한 관용을 주장하던 에이브러햄 링컨 대통령이 1865년 남부 출신 배우의 총격에 사망하자 그 관용은 연기될 수밖에 없었다.

1877년 로버트 리의 아들 커스티스 리가 알링턴 소유권 반환 소송을 냈다. 1882년 연방 대법원은 알링턴 땅을 몰수할 당시 토지 소유주를 대신해 대리인이 세금을 납부하고자 했으나 연방 정부가 수령을 거부했던 사실을 인정하고 커스티스에게 소유권 반환을 결정했다. 1883년 연방 정부는 커스티스에게 토지 대금 15만 달러를 준 후에야 알링턴 묘지 소유권을 유지할 수 있었다.

1870년대와 1880년대에 이르러 연방 세력이 분열되면서 연방과 남부 간의 유대가 빈번해지기 시작했다. 이 무렵부터 군인이기 때문에 전투 행위를 수행할 수밖에 없었던 남부군에 대한 동정론이 등장했다. 내전 종식 후 20년이 지나서야 비로소 남부가 미국 연방의 주요 구성원으로 인정될 수 있었던 것이다.

남북 간에 연방 정체성 강화는 외부 위협으로부터 왔다. 스페인과의 전쟁을 계기로 남북이 내전 후 처음으로 '성조기 아래 결집rally around the Flag'하였던 것이다. 1898년 쿠바에서 벌어진 일련의 사건으로 미국은 스페인과 전쟁을 벌였다. 수많은 남부 사람들이 미국 연방군의 주축으로 참전했다. 이로써 남북 간 화합을 위한 각종 행사가 치러졌고 이때 남부군 내전 전몰자에 대한 연방 정부 차원의 예우가 시작됐다.

1900년 남부군 유해를 알링턴 국립묘지에 매장할 수 있도록 허용하는 법안이 연방 의회를 통과하면서 1901년 들어 남부군 유해의 매장이 시작되었다. 남부를 배척하던 상징적 장소가 남부를 포용하기 시작했다. 1906년에는 남부군 전몰자 유해를 미국 전역에서 조사하는 법률안도 통과되었다. 남부군 전몰자들은 사망 후 40년이 지나서야 '반역자'의 딱지를 떼고 미합중국의 추모를 받을 수 있었다. 남부군 출신자에 대한 국가 보훈 혜택은 거의 100년이 지난 1950년대 후반에 가서야 이뤄졌다. 극소수의 생존자와 유족에게 보훈 혜택을 제공하여 남북 통합의 상징 효과를 보았다. 물론 최근 로버트 리 동상 등 남부군 상징물의 철거를 두고 전개된 과격한 찬반 시위에서 보듯 과거사에 대한 일부의 이견은 여전히 존재한다.

7. 휴전 협상_합의 부재 상황과 합의 가능 범위

무릇 싸움이나 전쟁은 시작만큼이나 끝내는 것도 매우 중요하다. 일방이 이긴 경우에 강화, 종전, 평화 등의 조약으로 상황을 정돈하고, 당장에 승부를 가리기 어려운 경우는 정화, 정전, 휴전 등의 이름으로 중단을 모색한다. 승리한 전쟁조차 큰 피해를 주는 마당에 하물며 승리할 수 없는 전쟁은 하루라도 일찍 끝내고 싶은 동기가 있게 마련이다. 휴전이 이뤄지려면 무엇보다 쌍방 모두 휴전을 원해야 한다. 물론 이 조건만으로 휴전이 성사되는 것은 아니다. 서로 상대가 더 절박하다는 오판으로 더 큰 양보를 요구하다 합의에 이르지 못하기도 한다.

6·25전쟁만 해도 여러 휴전안이 전쟁 기간 내내 제시되었지만 휴전은 3년 동안 성사되지 못하고 1953년 7월 27일에서야 이뤄졌다. 휴전이 일찍이 성사되지 못하고 3년이나 지나서야 이뤄진 까닭을 시기별로 분석해보자.

개전부터 휴전 회담 개최 이전까지의 시기

1950년 7월 10일, 미국 국무장관 애치슨은 영국이 소련의 의중을 감안하여 제시한 휴전안을 거부했다. 북한군이 38선 이북으로 돌아가는 대가로 미국은 타이완 방어를 포기하고 유엔에서의 중화인민공화국 대표권을 인정해야 할 것 같다는 영국 외상 베빈의 의견에 대한 답신에서였다. 미국으로서는 장제스 체제의 전략적 가치가 이승만 체제에 못지않고 무엇보다 자신들이 군사적 우위에 있다고 생각했기 때문이었다. 이후 미군을 주축으로 구성된 유엔군은 38선을 돌파하고 북진하여 승기를 잡았다고 판단한 상황이라 1950년 가을에는 휴전을 도모할 이유가 없었다. 중국군이 참전하여 남진하던 1950년 겨울은 상황이 역전되어 공산군 측이 그런 입장이었다. 즉, 6·25전쟁 초기 1년은 쌍방 모두 휴전을 간절히 원했던 시점이 없었고 따라서 휴전은 이뤄지지 못했다.

지지부진한 휴전 회담의 시기

1951년 7월 10일, 개성 송악산 기슭 내봉장에서 드디어 휴전 본회담이 개최되었다. 당시 전선은 교착 상태였고 유엔군 측과 공산군 측 모두 휴전 필요성을 인식하던 차였다. 이승만 정부를 제외한 거의 모든 당사국은 휴전 의사를 내비쳤다. 휴전이 쌍방 모두에게 호혜적 대안으로 인식되었던 것이다. 쌍방은 온갖 어려움 속에 전쟁을 수행하고 있어 휴전을 바라면서도 한편으론 상대가 더 휴전 의지가 절실할 것이라는 기대 때문에 합의가 성사되지 않았다. 이 시기 휴전 협상은 쌍방 모두 적절한 조건을 찾기보다 상대에게 굴복을 강요하는 방식으로 일관하였다. 비록 회담 진행 방식 일부는 유엔군 측 제안으로 합의된 것이었지만 공산군 측은 자신들이 승자임을 보여주려는 태도로 일관했다.

예컨대, 공산군 측은 유엔군 대표단이 회담 장소인 공산군 측 구역에 들어갈 때 차량에 백기를 게양하게 만들었고, 회담장 좌석을 자신들은 승전국 상징의 남향으로, 유엔군 측 대표단의 좌석을 낮은 의자로 배치하길 고집했으며, 중무장한 공산군 측 경비병들이 유엔군 대표단을 위협하기도 했다. 회담장 탁자 위 깃발을 서로 더 큰 것으로 바꾸는 등 기 싸움은 이후 전개된 휴전 회담에서도 지속되었다.

휴전 회담에서 억지 주장을 지속적으로 펼친 것은 자신들은 휴전에 안달하고 있지 않다는 배짱을 과시하려는 의도였다. 공산군 측은 서방 참전국들 내부의 휴전 요구를 간파하고 있었다. 영국 등을 비롯한 여러 서방 참전 국가 내에서 벌어진 반전 운동은 공산군 측으로 하여금 휴전 협상에서 유엔군 측에 더 큰 양보를 요구하게 만들었다.

특히 미국 정부의 여러 온건 정책은 휴전 협상에 지장을 초래하였다. 강경파 맥아더가 해임되자 공산군 측은 미국이 핵무기 사용의 옵션을 배제했다고 해석했다. 휴전 회담이 시작되면서 유엔군의 군사 작전을 제한시킨 미국 정부 조치 또한 휴전 협상에 불리한 여건을 조성했다. 휴전을 앞두고 불필요한 인명 손실을 줄이기 위해 군사 작전을 당연히 제한해야 한다는 주장에 대해, 유엔군 측 협상 대표였던 터너 조이는 회고록에서 "대규모 군사 작전으로 압박하여 일찍 휴전에 합의했더라면 발생했을 인명 손실이 실제 휴전 회담 2년 동안 발생한 인명 손실보다 훨씬 적었을 것"이라고 주장했다. 하여튼 공산군 측은 휴전 협상에서 유엔군 측이 양보할 여지가 크다고 판단하고 있었다.

1951년 7월 개성 회담장 밖에서 비무장 상태의 유엔군 측 대표단을 바로 옆에 둔 채 무력시위하는 북한 인민군

1951년 8월 23일 개성에서 중단된 휴전 회담이 10월 25일에 재개되면서 새로운 회담장이 된 판문점 건물

종종 온건한 속내의 공개가 협상에서의 곤란으로 이어진다. 예컨대, 포로 문제와 비행장 건설 문제로 합의에 이르지 못하고 있을 때, 유엔군 측은 '비행장 건설 금지 조건을 철회하라는 공산군 측 요구를 수용하는 대가로 포로 문제에 관한 공산군 측의 양보를 얻는다'는 계획을 갖고 있었다. 그런데 '미국 정부가 비행장 건

설 금지 조건을 철회하기로 했다'는 내용이 미국 언론에 보도되는 바람에 포로 문제에서의 양보를 끌어내기 위한 협상 카드로 비행장 문제를 사용할 수 없게 되었다. 대체로 협상은 협상 일선보다 후방이 강경해 보일 때 유리한 결과를 얻는다.

여러 의제들을 합의했음에도 불구하고 1952년 10월 8일 회담을 끝으로 결국 휴회되었고 1953년 4월 26일에 재개될 때까지 무려 반년 이상을 기다려야 했다. 스탈린이 소련 국익을 위해 고의적으로 휴전을 지연시켰건, 미국이 포로 문제를 이념 공세로 활용했건, 이미 트루먼 행정부는 제한전 개념으로 전쟁에 임했기 때문에 쌍방 모두 휴전 동기가 절박한 것은 아니었다. 트루먼이 1952년 3월 재선 포기를 선언할 정도로 낮았던 미국 내 정부 지지도 또한 최종 타결에 장애로 작용했다. 휴전 회담이 시작된 지 2년이 경과했어도 실제 휴전에는 이르지 못했다.

휴전이 본격적으로 진척된 시기

1953년 7월 10일 재개된 휴전 회담에서 쌍방은 특정 휴전 조건을 내세우기보다 기존 합의를 전제로 상대에게 휴전을 압박하는 전략을 구사했다. 이미 1953년에 접어들면서 휴전을 둘러싼 상황은 판이하게 달라졌다. 1월 아이젠하워 행정부의 등장과 3월 스탈린의 사망으로 휴전 분위기는 무르익었다. 4월 유엔군 측과 공산군 측은 부상 포로 교환을 합의하고 실행에 옮겼다. 6월 8일에는 포로 교환에 합의했다.

6월 18일 이승만 정부의 반공 포로 석방 조치는 공산군 측의 반발을 불러 일으켜 협상을 일단 결렬시켰으나, 결과적으론 쌍방으로 하여금 최종 합의를 서둘게 만들었다. 어디에 물을 부어야 할지 밀고 당기는 지루한 협상 국면에서 아예 물을 한 곳에 엎어 되돌릴 수 없게 만들어 버림으로써 해당 사안이 더 이상 협상에서의 난제가 되지 않았던 것이다. 공산군 측은 석방된 포로를 전원 다시 수용할 것을 유엔군 측에 요구했지만 애초 실현 가능성이 적었기 때문에 대신 휴전의 확실한 이행을 요구하였다. 공산군 측은 아울러 이승만 정부가 다시 새로운 장애물을 만들기 전에 휴전을 마무리 지어야 할 필요성도 느꼈다. 그리하여 7월 10일 판문점에서 휴전 회담을 재개하였다.

다른 한편으로 공산군은 6월과 7월에 걸쳐 이른바 금성 돌출부 지역에 대규모 공세를 전개하였다. 이 지역에 있던 화천 발전소를 확보하겠다는 의도보다는 국군이 주로 방어하던 지역을 공격함으로써 실상은 이승만 정부로 하여금 휴전의 필요성을 체감하게 만들려는 의도가 더 컸다. 공세는 휴전 회담이 재개된 7월 10일에 최고조에 이르렀다. 7월 11일 이승만 정부는 마침내 휴전에 반대하지 않는다는 의사를 밝혔다. 동시에 한미 정부는 이승만 정부가 휴전에 찬성하는 조건으로 '한미 상호방위조약'을 추진한다는 공동 성명을 발표했다. 7월 한 달 유엔군과 공산군의 사상자 수는 각각 3만 명과 7만 명에 이르렀다. 정전 협정 서명 직전에 이처럼 대규모 사상자를 감수하며 군사 작전을 감행한 것은 군사 분계선을 유리하게 획정하겠다는 의도도 있었지만, 그만큼 휴전이 절실하다는 본심의 다른 표현이었다.

정전 협정 체결 후 아이젠하워를 비롯한 미국 당국자들은 휴전하지 않으면 핵무기를 사용하겠다는 미국의 의지가 인도를 통해 공산군 측에 전달되었기 때문에 휴전이 성사되었다고 평가하였다. 물론 인도는 그런 메시지를 중국에게 전달한 바 없다고 밝혔다. 그렇다 하더라도 합의되었을 때의 유불리뿐 아니라 합의되지 않았을 때의 유불리가 합의 내용과 협의 여부에 영향을 미침은 분명한 사실이다.

호혜적 대안의 존재는 협력의 필요조건이지 충분조건은 아니다. 호혜적 대안의 존재에도 전혀 실천되지 못하고 기 싸움 수준에 머무르는 오늘날 남북 관계에서는 합의 가능한 범위를 우선 찾되 선택의 여지가 없는 절박한 상황을 합의 타결로 승화시키는 전략이 더욱 필요하다.

합의 부재 상황과 합의 가능 범위 그리고 앵커링 효과

합의 부재의 상황과 합의 가능의 범위를 파악하는 것이 합의를 위한 첫 과제다. 판매자와 구매자가 특정 물건의 가치를 각각 80원과 70원으로 받아들인다고 하자. 합의 부재의 상황에서 판매자는 80원의 가치를 갖고 있다고 말할 수 있다. 여기서 합의 가능 범위는 존재하지 않고, 따라서 거래는 성사되지 않는다. 만일 판매자와 구매자가 그 물건의 가치를 각각 50원과 100원으로 생각한다면, 판매자에게 합의 부재의 가치는 50원이고 50~100원이 합의 가능 범위이다. 그런데 합의 가능 범위가 존재한다고 해서 거래가 반드시 성사되는 것은 아니다. 판매자는 구매자의 의향을 간파해 99원을 고집할 수도 있고, 구매자 역시 51원에 팔아도 손해 보지 않는 판매자의 입장을 인지해 51원을 요구할 수 있다. 쌍방이 이런 태도를 견지하는 한 거래는 성사되지 않는다. 어떤 경우에는 합의 가능 범위가 좁을 때 오히려 쉽게 합의에 이른다.

이승만 정부의 반공 포로 석방은 정전 협상에서 '앵커링anchoring, 정박 효과'도 지녔다. 앵커링 효과는 처음 제시된 안을 중심으로 합의 가능 범위가 정해지는 현상을 말한다. 이는 여러 심리 실험으로 설명되어 왔다. 예컨대, 한 집단에게는 1 × 2 × 3 × 4 × 5 × 6 × 7 × 8을 5초 안에 계산하라고 했고, 다른 집단에게는 8 × 7 × 6 × 5 × 4 × 3 × 2 × 1을 같은 시간 안에 계산하라고 했더니. 작은 숫자부터 곱한 집단이 계산한 평균값이 큰 숫자부터 곱한 집단보다 훨씬 작았다는 것이다.

다른 실험에서도 유사한 결과가 나왔다. 먼저, 실험 참가자에게 신분증 번호 끝 두 자리를 종이에 쓰라고 하였다. 다음, 정확한 가격이 알려지지 않은 특정 물건의 구매 여부를 생각하라고 하였다. 끝으로, 그 물건의 구매 가격을 제시하라고 했다. 그 결과, 종이에 쓴 숫자가 큰 참가자일수록 구매 가격을 크게 제시했다는 것이다. 그래서 판매자는 자신이 생각하는 적정 가격보다 훨씬 더 높게, 구매자는 자신이 생각하는 적정 가격보다 훨씬 더 낮게 먼저 제안하기도 한다. 물론 과도한 제안은 협상 자체를 결렬시키기도 한다.

선택하기 싫은 대안의 존재도 다른 대안의 선택 가능성을 높인다. 누더기 차림의 불쌍한 모습의 거지가 구걸 받은 총액은 혼자 구걸할 때보다 바로 옆에서 말쑥한 양복 차림의 다른 사람이 구걸할 때 더 늘었다.

대안 가운데 양극단을 피하려는 경향인 극단 회피 효과도 앵커링 효과와 연관되어 있다. 크기가 A, B, C, D, E의 순서일 때 만일 선택 대안이 A, B, C의 세 가지로 제시된다면 B가 더 선택되고, 만일 선택 대안이 C, D, E의 세 가지로 제시되면 D가 더 선택되는 경향을 보인다. 실제 선택은 제공되는 대안에 따라 달라질 수 있는 것이다.

만족도는 실제 성과보다 기대치 대비 성과에 따라 정해질 때가 많다. 그래서 기대가 크면 실망도 크고, 만족도는 기대가 작을 때 크다. 반공 포로 석방은 합의 부재 상황을 악화시켜 합의 가능성을 높였다. 대조 효과만큼 중요한 반공 포로 석방의 전략적 가치는 돌이킬 수 없는, 이른바 불가역적 상황으로 만들어버린 것이다. 이는 다음 장에서 다룰 치킨 게임 상황에서 자주 등장하는 전략이기도 하다.

8. 올림픽 휴전_싸움은 남이 말려주면 더 좋다

승부가 나지 않는 전쟁을 지속하는 일은 쌍방 모두에게 고역이다. 그렇다고 먼저 나서서 휴전을 강하게 밀어붙일 수도 없는 노릇이다. 자칫 항복으로 비치거나 휴전 협상에서 불리할 수 있기 때문이다. 제3자가 나서 휴전이나 종전을 추진해준다면 당사자는 리스크를 덜게 된다.

유엔은 평화적 분쟁 해결을 주요 업무로 창설된 기구다. 올림픽 역시 평화를 모토로 재건된 행사이자 조직이다. 올림픽과 평화를 연결하는 가장 오래된 개념이 '에케히리아ekecheiria', 즉 올림픽 휴전이다. 고대 그리스 도시 국가는 일종의 군사 국가였고 도시 국가 간 전쟁은 일상이었다. 기원전 776년 도시 국가 간 전투를 휴전하려는 목적으로 첫 올림픽 경기가 개최됐다. 그리스 남부 도시 국가 엘리스, 스파르타, 피사 등 3개국은 협약을 맺고, 그 내용을 이른바 '이피토스의 원반'에 새겼다. 올림피아 지역을 중립 및 불가침 지역으로 규정하고 올림픽 경기 동안 적대 행위 중지를 선포했다. 사형도 중지하고 사면을 실시했다. 올림픽 경기에 자국 선수를 출전시키고 타국 선수의 이동을 존중하는 행위는 휴전 약속을 지키겠다는 의지의 표현이었다. 올림픽 휴전은 가끔 준수되지 않기도 했지만 1,200년 이상 대체로 잘 지켜졌다고 볼 수 있다.

하지만 근대 올림픽 창설 이후 100년 동안 올림픽은 평화는커녕 휴전조차 제대로 성사시키지 못했다. 1916년 올림픽은 독일의 호전성을 억제하고 유럽 평화를 실현할 목적으로 베를린 개최를 결정하였으나 제1차 세계대전으로 취소되었다. 또 1940년 올림픽도 본래 도쿄에서 열기로 하였으나 중일전쟁으로 자의 반 타의반 개최권을 반납하여 헬싱키로 변경되었으나 제2차 세계대전으로 결국 취소되었다. 런던에서 개최하기로 결정하였던 1944년 올림픽 역시 제2차 세계대전으로 취소됐다.

1980년 모스크바 올림픽을 앞둔 1979년 12월, 소련이 아프가니스탄을 침공했다. 미국 지미 카터 행정부는 소련이 30일 이내 아프가니스탄에서 철수하지 않으면 모스크바 올림픽을 보이콧하겠다고 천명했다. 소련이 철수하지 않자 결국 모스크바 올림픽은 62개국이 불참한 반쪽 대회로 치러졌다. 이에 소련 등 14개국은 4년 후인 1984년 로스앤젤레스 올림픽에 불참했다. 19세기 말 올림픽이 재건된 이후 냉전 종식까지 올림픽은 전쟁을 막지도, 화해를 유도하지도 못했다. 오히려 전쟁으로 대회가 취소되거나, 냉전 때문에 반쪽으로 치러졌다.

탈냉전 시대에 와서야 올림픽 휴전은 다시 이뤄졌다. 1993년 10월 25일 유엔 총회는 121개국 만장일치로 올림픽 휴전에 관한 결의문을 채택했다. 1994년 수단 인민 해방군과 정부군 사이의 휴전이 성사됐고, 조지아와 아브하지아 간의 무력 충돌도 중지됐으며, 보스니아에서도 짧은 휴전으로 약 1만 명 어린이의 예방 접종이 이뤄졌고, 구 유고슬라비아 출신 선수들의 올림픽 참가가 허용됐다. 1998년 나가노 동계 올림픽 경기 때에는 재발 위기에 놓였던 이라크 전쟁이 유엔 주도로 억제되었다.

올림픽과 평화 운동

고대 올림픽의 출범 목적에는 휴전뿐 아니라 종교도 있었다. 올림피아 종교 의식은 제물을 바치는 방식이었다. 운동 경기 역시 강인한 신체의 인간을 뽑아 신에게 상징적으로 바치는 일종의 제사 의식이었다. 운동 경기는 사람들을 올림피아로 모을 수 있는 좋은 계기지만, 공식 휴전 없이는 선수고 심판이고 관중이고 모을 수 없었다. 그래서 휴전이 필요했던 것이다.

1892년 피에르 드 쿠베르탱Pierre de Coubertin, 1863~1937은 유럽 평화의 수단으로 올림픽 재건을 주창했다. 유럽 각국 국민들이 갖고 있던 증오와 긴장을 스포츠로 해소하려는 취지였다. 쿠베르탱은 "사람들에게 서로 사랑하라는 요구는 유치하며, 서로 존중하라는 요구도 바람직하지 않다. 서로를 존중하게 만들려면 먼저 서로를 알게 해야 한다"고 언급했다. 상호 이해가 평화의 기초라는 맥락에서 올림픽이 재건되었다. 올림픽 헌장 제1조는 평화 추구를 올림픽과 IOC의 주요 목표라고 천명한다. 이를 반영하듯 1894년 소르본 IOC 출범 회의에 당시 평화 운동 단체 대표들이 대거 참가했다.

사실 IOC는 분쟁의 완전한 해결보다 휴전을 더 중시한다. 국제 분쟁에서 일방의 주장이 더 타당하고 다른 일방의 주장이 부당할 때에도 그 분쟁이 올림픽에서 표출되지 않기를 요구할 뿐이다. 전투를 멈추고 올림픽이나 월드컵의 경기를 청취하는 군인들 모습이 상징하듯, 전쟁의 완전 종식보다는 완화가 더 가능하다고 보는 것이다. 어떤 전쟁이 올림픽을 계기로 일시적이라도 멈출 수 있다면 영구 평화로 다가갈 가능성은 증대될 수 있다.

고대부터 현재까지의 올림픽 역사에서 올림픽의 평화 효과는 분명 존재하지만 제한적임을 알 수 있다. 고대 그리스에서의 올림픽 평화는 안으로는 그리스 도시 국가들의 종교적 유사성, 밖으로는 페르시아 등 외부 세력의 위협이 있었기에 가능했다. 근대 올림픽 첫 100년 동안 올림픽 평화가 제대로 조성되지 못한 이유는 당시의 국제 관계 때문이었으며, 마찬가지로 탈냉전 시대 올림픽 휴전이 비교적 잘 성사된 이유 또한 당시의 국제 관계 때문이었다. 따라서 올림픽 자체가 평화를 가져다주는 것은 아니며, 교류와 휴전을 통해 간접적인 평화 효과만 갖는다고 말할 수 있다.

특히 국제 사회는 분단 민족의 통일 갈망을 무조건 지지하지는 않는다. 베를린은 통일 후 2000년 올림픽을 유치하려 했지만 실패했다. 2000년 올림픽 유치를 신청한 중국 베이징도 대만에서의 일부 종목 분산 개최를 제안했지만 유치에 성공하지 못하고, 오히려 대만과의 공동 개최에 대한 언급이 없었던 2008년 올림픽 유치에 성공했다. 평창 동계 올림픽도 세 차례의 신청서 가운데 유일하게 분단을 강조하지 않은 2018년 올림픽 유치 신청서로 개최권을 얻었다.

1988년 서울 올림픽을 앞두고 북한은 한반도가 아직 전시 상태라는 이유로 개최지 변경을 요구한 바 있다. 개최지 변경이 이뤄지지 않자 북한은 1985년부터 남북한 공동 개최를 주장하기 시작했다. 한국 내에서도 종교 단체, 시민 단체, 대학생들 가운데 일부는 남북한 공동 개최를 주장했다. 공동 개최 논의 자체가 평화의 길이라는 주장이었다. 한국과 IOC는 4개 종목을, 추후에는 5개 종목을 북한에서 개최할 수 있도록 허용한 반면, 북한은 초기에 전체 23개 종목 중 절반이 북한에서 개최돼야 한다고 주장하다 1986년 6월부터 인구 비례에 따라 적어도 8개 종목의 개최를 주장했다. 1988년 올림픽은 결국 한국 단독으로 개최되었다.

2018년 동계 올림픽 역시 일부에서 남북 공동 개최 또는 분산 개최가 주장되기도 했지만, 남한 단독으로 개최되었으며 일부 종목에서 남북 단일팀이 구성되었다. 남북 단일팀은 1991년 일본 지바 세계탁구선수권대회와 포르투갈 세계청소년축구선수권대회에서 처음 구성된 바 있다. 그때 한반도기가 남북 단일팀의 기장으로 처음 사용되었다. 하지만 북한 내부에서 핵 무장화를 비밀리에 추진하는 등 진정한 정치 군사 협력으로까지 진전되지는 못했다. 스포츠 협력이 이뤄지더라도 정치 군사 관계의 진전은 보장되지 않음을 다시 경험한 계기였다.

올림픽으로 통일과 평화가 바로 이뤄지는 것은 아니다. 올림픽이 전쟁을 종식시킨 적은 없다. 1971년 미국과 중국 간의 핑퐁 교류도 앞서 이뤄진 정치 군사 관계 변화에 따라 성사된 이벤트였지, 핑퐁 교류가 정치적 갈등 관계를 바꾼 것은 아니다.

그렇다고 올림픽의 평화 효과를 전혀 무시할 수는 없다. 고대 그리스와 탈냉전 시대에는 올림픽이 개최되는 동안은 휴전이 이루어지기도 했다. 그런 계기로 전쟁이 종식 될 수도 있음은 물론이다.

드록바의 호소와 올림픽 남북 동시 입장

2005년 10월 디디에 드록바 선수는 모국 코트디부아르의 독일 월드컵 본선 진출 확정 경기 직후 TV 카메라 앞에서 무릎 꿇고 일주일만이라도 전쟁 중단을 호소했다. 그의 호소로 코트디부아르 내전은 일주일 동안 실제 휴전했고 2007년 3월 마침내 평화 협정이 체결되었다.

2000년 9월 10일, 후안 안토니오 사마란치 국제올림픽위원회⍺ 위원장은 닷새 후 열리는 시드니 올림픽 개막식에 남북한 선수단이 한반도기를 앞세우고 동시 입장하기로 합의했다고 밝혔다. 이때 처음 성사된 남북한 올림픽 개막식 동시 입장은 2004년 아테네 올림픽과 2006년 토리노 동계 올림픽을 거쳐 각종 국제 대회 개막식으로 이어지다 2008년 베이징 올림픽 때부터 중단되었으나 2018년 평창 올림픽에서 다시 이뤄졌다. 평화 올림픽이니 통일 올림픽이니 하는, 말하자면 스포츠 교류가 평화와 통일에 도움될 거라는 기대에서다. 평화나 통일의 목적으로 올림픽을 활용하려면 보다 전략적 고려가 있어야 함은 물론이다.

2005년 10월 드록바를 비롯한 코트디부아르 축구 대표팀 선수들이 무릎 꿇고 내전 중단을 호소하고 있다(유튜브 캡처).

제2장
치킨 게임

_ 상대 양보 끌어내기

9. 노벨 평화상_진짜 평화를 만들려면

노벨상 역대 수상자 수는 2020년 기준으로 약 1,000개인 및 단체에 이른다. 매우 드물지만 노벨상을 거절한 경우도 있다. 1973년 10월 16일에 발표된 노벨 평화상 수상자가 그 드문 예의 하나다. 베트남민주공화국북베트남의 공산당 정치국원 레둑토Le Duc Tho, 1911~1990는 미국과 베트남공화국남베트남이 파리 평화 협정을 제대로 준수하지 않는다는 이유로 노벨상 수상을 거부했다. 공동 수상자였던 미국의 국가안보보좌관 키신저Henry Alfred Kissinger도 시상식에 참석하지 않았다.

1973년의 노벨 평화상은 시사 주간지『타임』이 노벨상의 10대 논란거리 중 하나로 꼽을 정도로 혹평을 받는다. 키신저의 노벨상 수상에 대한 당시의 문제 제기는 주로 평화주의자들로부터 나왔다. 키신저가 캄보디아 등에서 각종 비밀 군사 작전을 직접 지시하여 전쟁을 주요 외교 수단으로 활용했고, 특히 파리 평화 협정 협상 과정에서도 북베트남을 폭격하여 협정에 합의하도록 압박한 권력 정치가라는 점에서였다.

평화주의자뿐 아니라 반공주의자와 보수주의자도 키신저가 평화에 별로 기여하지 않았다고 비판했다. 파리 평화 협정 체결 당시 키신저는 미군 철수 후 북베트남이 남베트남을 침공하면 미국 공군력으로 북베트남을 응징하겠다고 남베트남에게 약속했다. 그러나 그 약속은 지켜지지 않았고 남베트남은 동남아시아 지도에서 사라지고 말았다. 키신저는 미국 내 반전 여론이 비등한 상황에서 미국의 국익을 비교적 잘 챙긴 외교관으로 평가될 뿐이다. 키신저와 레둑토의 합의는 결과적으로 북베트남에 의한 무력 통일을 허용했다. 실제 레둑토는 1975년 남베트남 침공을 결정한 북베트남 정부의 정책 라인에 있었다.

48년을 거슬러 1925년 10월 16일은 스위스 로카르노에서 전후 국경선 획

1973년 파리 평화협정 협상 당시의 레둑토(왼편)와 키신저

정과 참전국 간 관계 정상화가 합의된 날이다. 영국의 오스틴 체임벌린Austen Chamberlain, 1863~1937은 로카르노 조약의 타결에 기여한 공로로 1925년 노벨 평화상을 수상하였다. 히틀러와 뮌헨 협정을 체결한 네빌 체임벌린이 노벨 평화상을 수상한 것으로 잘못 알려져 있기도 한데, 오스틴의 이복동생인 네빌은 노벨 평화상을 수상하지 못했다. 그런데 평화 조성 공로에 대한 당시의 평가에서는 오스틴보다 네빌이 한 수 위였다. 오늘날의 평가와 전혀 다른 분위기였던 것이다. 그만큼 평화 조성이 어렵고 또 객관적인 평가도 어렵다는 의미다.

평화는 쌍방의 양보로 실현되기도 하고, 일방의 양보로 이루어지기도 한다. 두 경우는 죄수 딜레마 게임과 치킨 게임으로 설명될 수 있다.

양국 간 평화 모색 전략

두 개의 국가가 죄수 딜레마 게임 상황과 치킨 게임 상황에서의 평화 전략을 모색한다.

		B국	
		협력	비협력
A국	협력	R, R	S, T
	비협력	T, S	P, P

① 죄수 딜레마 게임 상황에서의 평화 모색 전략

자신은 협력하지 않으면서 상대의 일방적 협력T, temptation을 끌어내는 게 최선의 결과다. 쌍방의 상호 협력R, reward은 쌍방 모두에게 차선의 결과이고, 쌍방의 비협력P, punishment은 쌍방 모두에게 차악의 결과다. 상대 비협력에도 행하는 자신만의 일방적 협력S, sucker은 최악의 결과다. 즉 죄수 딜레마 게임은 쌍방 모두 T〉R〉P〉S의 선호도를 갖는 게임이다. 1회만 실시되는 죄수 딜레마 게임에서는 상대가 협력할 때 협력하면 R차선, 협력하지 않으면 T최선를 얻으므로 비협력을 선택한다. 또 상대가 협력하지 않을 때 협력하면 S최악, 협력하지 않으면 P차악를 얻으므로 역시 비협력을 선택한다. 따라서 모두가 비협력을 선택하는 상황이 지속될 수 있다. 이른바 내쉬 균형Nash Equilibrium이다. 여기서는 혼자만 선택을 바꿔 더 나은 결과를 얻을 수 없으므로 차악의 상황이 지속된다.

그래서 규제예건대 그린벨트 지정, 과외 금지, 온실가스 배출 규제, 국가 보훈 등 또는 상호주의를 통해 모두에게 차악의 결과 대신 차선의 결과를 도모한다. 쌍방 협력R이 쌍방 비협력P 보다 모두에게 더 나은 결과라는 점에서 쌍방 협력이 파레토 최적인 반면, 쌍방 비협력은 파레토 최적이 아니다. 죄수 딜레마 상황에서의 평화 모색은 상대의 일방적 양보 대신에, 쌍방 비협력의 파레토 비 최적 결과를 쌍방 협력의 파레토 최적 결과로 바꾸려는 것이다.

② 치킨 게임 상황에서의 평화 모색 전략

치킨 게임에서의 평화 모색은 죄수 딜레마 게임과 매우 다르다. 치킨 게임은 상대의 일방적 양보가 최선의 결과이고 쌍방 양보가 차선의 결과라는 점에서는 죄수 딜레마 게임과 동일하다. 죄수 딜레마 게임과의 근본적 차이는 최악과 차악의 순서가 뒤바뀐다는 점이다. 치킨 게임에서는 쌍방 비협력이 최악의 결과이고, 자기만의 일방적 협력이 차악의 결과다.

즉 선호도는 T〉R〉S〉P의 순서이다.

치킨 게임에서의 내쉬 균형은 일방이 협력하고 다른 일방은 협력하지 않는 것이다. 협력하지 않는 일방은 이미 최선의 결과를 확보한 상황에서 굳이 자신의 선택을 바꿀 전략적 동기가 없다. 협력하고 있는 일방 역시 혼자서 자신의 선택을 바꾸면 차악의 결과가 최악의 결과로 바뀌기 때문에 선택을 바꿀 동기가 작다. 치킨 게임에서 쌍방이 비협력하는 결과는 모두에게 최악이고 따라서 파레토 최적이 아니다. 모두에게 최악인 결과를 피하기 위해서는 누군가 양보해야 하는데 대체로 그 누군가는 배짱이 부족하거나 또는 최악의 결과에서 잃을 게 더 많은 측이다.

평화 모색의 방법론으로 죄수 딜레마 게임이나 치킨 게임을 이용하려면 먼저 그 게임이 현실에 잘 들어맞는지 확인해야 한다. 실제로 죄수 딜레마 상황에 치킨 게임을 적용하거나, 반대로 치킨 게임 상황에 죄수 딜레마 게임을 적용하여 잘못 설명하는 경우가 비일비재하다. 강경한 대립 상황을 치킨 게임으로, 그렇지 않은 상황을 죄수 딜레마 게임으로 설명하는 경향이 있는데, 올바르게 적용한 경우도 있지만 잘못 적용한 경우도 많다. 최악을 피하기 위해 양보한다는 전략적 논리는 치킨 상황에서 맞지만, 죄수 딜레마 상황에서는 최악을 피하고 또 유리한 결과를 얻기 위해서 일방적으로 양보하지는 않는다는 것이 전략적 논리다.

10. 뮌헨 협정_전쟁 스위치

1938년 나치 독일이 체코슬로바키아 내 독일인 거주 지역의 병합을 시도하면서 전쟁 위기에 놓이자, 영국 총리 네빌 체임벌린Arthur Neville Chamberlain, 1869~1940은 협상을 주도하여 히틀러의 요구를 수용했다. 뮌헨 협정이 그 결과였다. 1938년 9월 30일 런던의 헤스턴 비행장에서 네빌 체임벌린은 열렬히 환호하는 군중 앞에서 뮌헨 합의문을 흔들며 '우리 시대의 평화'를 이루었다고 연설하였다.

뮌헨 협정 체결 직후 체임벌린은 히틀러에게 조금 양보하여 유럽을 전쟁의 위기에서 구한 영웅으로 칭송되었다. 뮌헨 협정으로 일부 영토를 잃게 된 체코슬로바키아와 영국 내 일부만이 체임벌린을 비판했을 뿐이다. 체임벌린은 노벨 평화상 후보로 거론되었지만 선정되지는 못했다. 뮌헨 협정의 서명자로는 체임벌린뿐 아니라 달라디에프랑스, 무솔리니이탈리아, 히틀러독일도 있어서 공동 수상을 해야 했는데, 당시 독일은 독일인의 노벨상 수상을 법률로 금지하고 있었다. 독일의 군축 위반 사실을 폭로하여 정치범으로 수감 중이던 카를 폰 오시에츠키Carl von Ossietzky, 1889~1938가 1935년 노벨 평화상 수상자로 발표되자 그의 노벨상 수상이 '독일인 전체에 대한 모독'이라 비판하며 히틀러가 내린 조치였다.

1938년 9월 30일 런던의 헤스턴비행장에서 연설하는 영국 총리 네빌 체임벌린

결국 2차 세계대전이 발발하자 체임벌린이 자랑한 히틀러와의 합의문은 종잇조각에 지나지 않았음이 확인되었다. 체임벌린의 유화적 리더십은 2차 세계대전의 발발 원인의 하나로 비판받기 시작했다. 사실, 체임벌린은 전쟁을 무조건 피하지는 않았다. 1939년 독일에 선전 포고한 지도자는 다름 아닌 체임벌린이었다. 다만 영국과 프랑스는 먼저 선전 포고했지만 독일을 봉쇄하는 데에만 주력했다. 실제 군사적 침공은 독일이 먼저 감행했으며 프랑스는 한 달 반도 버티지 못하고 항복했다. 독일을 응징하려면 일찍 했어야 했는데, 독일에게 재무장 시간을 충분히 준 후에야 제재 국면에 들어감으로써 결과적으로 자기 나라를 포함한 세계를 심각한 전쟁터로 만들었다는 비판이다. 이는 역설적으로 체임벌린이 너무 민주적이어서 발생한 상황이기도 하다. 독일에게 양보, 선전 포고, 비전투적 봉쇄 등을 결정했을 때 모두 국민 다수의 의견을 따랐을 뿐이다.

영어 단어 pay의 어원이 평화pax이듯이 평화를 얻으려면 지불해야 할 대가가 있다. 그런데 양보, 헌신, 봉사, 희생 등의 평화적 심성만으로 평화가 유지되는 것은 아니다. 쌍방이 모두 평화적 심성을 지닌다면 평화가 유지될 수 있겠지만, 평화적이지 않은 상대를 둔 상황에서는 싸울 의지가 충만할 때 오히려 평화가 보전되는 경향이 있다. 이를 함축하는 대표적인 경구가 4~5세기 로마 제국의 군사 전략가 베게티우스Publius Flavius Vegetius Renatus의 글에서 처음 발견된 "평화를 원하면 전쟁을 준비하라"는 말이다. 전쟁을 잘 준비함으로써 상대가 도발하지 못하도록 만들어야 전쟁을 피할 수 있다는 의미다. 전쟁을 두려워하여 절대 전쟁에 나설 수 없다고 판단되는 상대에게는 양보할 필요를 느끼지 못하며 도발을 자제하지도 않는다.

심지어 힘이 뒷받침되지 않은 채 평화를 내세우는 국가는 오히려 선제공격에 노출될 불안이 내재한다는 주장도 있다. 평화주의적 약소국은 힘에 의해 좌우되는 협상의 속성상 유리한 협상 결과를 기대하지 않는다. 또 평화주의적 약소국은 상대국이 힘의 우위를 확고히 하기 위해 평화적 해결 제의를 거부하고 무력을 선제적으로 사용할까 우려한다. 따라서 확전을 원치 않아 상대의 선제 무력 도발에 굴복할 가능성이 있는 평화주의적 약소국은 차라리 선제공격의 이점을 활용하기 위해 먼저 공격할 가능성이 있다는 것이다. 이것이 바로 '평화 비둘기 가설'이다.

누구를 위한 평화냐 하는 관점도 중요하다. 설사 협상을 통해 전쟁이 발발하지 않았거나 종식되었다 하더라도 그 평화가 일부 국가에는 최악의 결과일 때도 있다. 체임벌린은 약소국을 희생시켰다. 영국은 1차 세계대전 후 신생 체코슬로바키아의 건국을 도왔지만, 영국과 프랑스는 히틀러의 요구를 받아들여 뮌헨 회의 공식 참가국 명단에서 영토 분할 당사국인 체코슬로바키아를 제외했다. 체코슬로바키아는 뮌헨 회의에서 동맹국 프랑스로부터 어떠한 지원도 받지 못해 독일에 영토 일부를 빼앗겼다 이듬해에는 결국 전 국토를 점령당하고 말았다. 헨리 키신저 역시 강대국의 이해로 만들어진 남베트남이라는 국가를 너무 늦게 포기하면서 전쟁과 통일의 과정에서 수많은 베트남인을 희생시켰다. 동맹은 행동으로 실천되지 못하면 종이에 적힌 글귀에 불과하게 될 수도 있다. 동맹국은 권리를 포기하지 않으면서 동시에 발목을 잡히지 않으려 하기 때문이다.

북한 핵무기 개발에 따라 대한민국이 극단적으로 1930년대 체코슬로바키아

또는 1970년대 남베트남 또는 2000년대 아프가니스탄의 처지로 되지 않을까 하는 우려까지 등장한다. 북한의 요구에 끌려가다 더 이상 양보할 수 없어 전쟁으로 이어지는 상황이라면 체임벌린식 해법으로 볼 수 있다. 반면에 북한 핵의 완전 철폐를 포기하는 대신 북한을 인정해주는 전략은 키신저식 해법으로 볼 수 있다. 어떤 해법이든 한국이 1930년대 체코슬로바키아나 1970년대 남베트남 신세가 되어서는 안 된다. 한국을 제외한 주변국이 모두 합의하면 그것은 한국의 체제 존속을 위협하는 모습일 수도 있다. 그 가능성은 작으나 전략적 관점을 지니지 못하면 그런 비극이 벌어지지 않을 것이라고 장담할 수는 없다. 주변국들과 국익의 공통부분을 증대시키고 조율하는 국가 전략이 필요하다.

한반도 전쟁 시나리오도 가끔 등장한다. 북한의 선제 도발이든 아니면 한국과 미국의 예방·선제 공격이든 또는 우발적 에스컬레이션이든. 타협 가능한 옵션의 존재에도 불구하고 쌍방에게 손해인 전쟁은 약속의 신뢰성 문제 때문에 발생하기도 한다. 그래서 민주 국가에서는 약속의 신뢰도를 높이기 위해 구두 발표뿐 아니라 법제화를 추구한다. 자위적 핵무장이 불가피하다는 북한의 주장은 중국의 확장 억지가 제공되는 한 인정되지 않는다. 또 핵무기를 먼저 사용하지 않겠다는 북한의 주장 역시 신뢰할 수 없으므로 상대는 예방 전쟁이라는 대안을 검토할 수밖에 없는 것이다.

북한 핵무장을 막기 위한 예방 전쟁의 적절한 시점은 미국이 실제로 심각하게 고려했던 1994년이었다는 주장이 있다. 당시가 북한의 무장화가 덜 된 시기였기 때문이다. 합리적 행위자는 최적의 시점이 이미 지났다 하더라도 공격하는 게 하지 않는 것보다 더 나으면 공격을 선택한다. 예방·선제 공격의 비용과 효과는 충분히 분석되어야 한다. 각종 미사일, 장사정포, 화생방 무기, 특수·사이버 부대 등 상대의 반격 능력을 상당 부분 파괴할 수 있을 때 가능한 옵션이다. 킬체인과 사드 등의 하드웨어 부문은 그렇다 치더라도 치밀한 전략적 계산을 스스로 수행할 수 있어야 한다. 탄두 수, 발사대 수와 위치, 다른 운반 체계 등을 모두 따져 최적의 경로를 추출하는 운영 분석OR 계산뿐 아니라 실패의 비용을 추정하는 리스크 계산도 할 수 있어야 한다.

국가가 지향해야 할 목적이나 국가 이익은 밑으로부터 수렴하되, 정책이나 전략은 역량 있는 지도자가 위에서 수립하여 추진하는 것이 효과적이다. 야구에서 작전은 선수의 투표에 의해 결정하는 게 아니라 실력 있는 감독이 판단해 선택하는 것이다. 지금 대한민국에는 체임벌린과 같은 민주적 지도자보다 차라리 현실주의 전략가가 더 필요하다. 미사여구를 곁들인 미봉책보다 냉철한 이성에 근거한 지속 가능한 평화를 추구해야 한다.

11. 루비콘강 건너기_공멸 가능성으로 투항을 강요하다

"작타 알레아 에스트Jacta alea est, 주사위는 던져졌다!"

기원전 49년 1월 10일로마 율력 율리우스 카이사르가 루비콘강을 건너며 했다는 말이다. 라틴어가 아니라 당시 아테네 문학 구절을 원용하여 그리스어로 했다는 주장부터 애초에 그

러 말은 하지 않았다는 주장까지 다양한 의견이 있다. 그럼에도 당시 카이사르의 절박함과 결의가 이 말에 함

루비콘강을 건너는 율리우스 카이사르 군단. 프란체스코 그라나치 그림. 1494년

로마로 입성하는 율리우스 카이사르, 아돌프 이본의 그림. 1875년

축되었음은 미뤄 짐작할 수 있다.

　로마의 귀족 세력은 갈리아 총독 카이사르를 로마로 소환했다. 갈리아에서 로마로 들어갈 때에는 그 길목인 루비콘강을 무장한 채 건널 수 없는 것이 당시 관례였다. 루비콘강을 건너기 전 카이사르에게는 역적도 권력자도 아닌, 일개 변방의 장수로 지내건 로마에서 한직을 맡건 굳이 목숨을 걸지 않아도 될 몇 몇 대안이 존재했다. 실제 카이사르 진영 내에서 루비콘 도하에 대한 우려와 이견이 있었다.

　루비콘 도하는 무장을 해제한 채 로마에 입성하면 처형당할 것을 우려했던 카이사르에겐, 실패하여 역적으로 몰리는 한이 있더라도 무장 정예군을 이끌고 진격하여 로마를 장악할 것인지 아니면 포기할 것인지를 가름 짓는 경계였다. 결국 무장한 채 강을 건넌 카이사르 진영은 승리를 위해 목숨 걸고 일치단결했다. 로마 집권 세력에 불만을 갖던 계층들은 카이사르를 당시 집권 세력에 대한 유일한 대항마로 받아들였다.

　루비콘 도하는 상대 진영의 선택에도 영향을 주었다. 카이사르와 맞서 싸우거나 새로운 권력자로 받아들이는 두 가지 가운데 하나의 선택을 강요당했다. 도하를 강행하여 원로원을 장악한 카이사르는 이전 권력자들과는 달리 반대파에 대한 숙청을 단행하지 않았다. 이러한 카이사르의 조치는 전면전에 따른 치명적 손실을 우려한 로마 집권층 일부를 투항하게 만들었다. 공멸이라는 최악 대신 투항이라는 차악을 로마 귀족들에게 강요하였고, 이에 폼페이우스를 비롯한 반 카이사르 세력은 로마를 버리고 다른 지역으로 피신해야 했다.

루비콘강 도하와 관련된 카이사르와 원로원의 선택

▶ 카이사르의 선호도

카이사르의 로마 장악_{최선} 〉 쌍방 타협_{차선} 〉 원로원의 카이사르 처벌_{차악} 〉 로마 내전_{최악}

▶ 원로원 주류의 선호도

원로원의 카이사르 처벌_{최선} 〉 쌍방 타협_{차선} 〉 카이사르의 로마 장악_{차악} 〉 로마 내전_{최악}

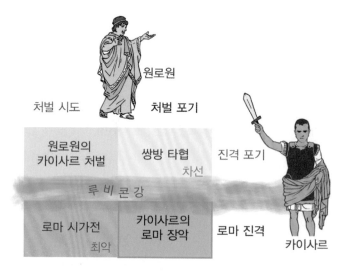

이는 서로 마주보고 자동차를 몰아 먼저 피하는 쪽이 지는, 전형적인 치킨 게임이다.

치킨 게임은 배짱 싸움인데, 상대의 일방적 양보를 이끌어내는 게 관건이다. 돌진한다는 의지를 상대에게 확신시켜 양보를 강제하려고 상대가 보는 앞에서 자기가 잡은 자동차 운전대를 아예 파괴해버린다. 이 모습을 본 상대는 자신이 더 단호한 의지를 갖고 있음을 확인시켜 주려고 운전대뿐 아니라 아예 브레이크까지 파괴해 버린다. 미친개에 물리지 않으려면 피해야 되는데, 미치지 않았음에도 상대에게 미친 걸로 인식시켜 피하게 만드는 전략이다. 이는 비합리적 이미지를 합리적으로 활용한다는 의미에서 '비합리성의 합리성', '미치광이 이미지', '벼랑 끝 전략brinkmanship'이라고도 한다.

치킨 게임에서 선택을 바꿀 여지가 있는 자는 패하고, 자신의 선택은 결코 바뀌지 않을 거라는 사실을 상대에게 인지시킨 배짱 센 자는 승리한다. 배짱은 대개 잃을 게 없으니 '배 째!'라 하는 불리한 처지에서 오는 경우가 많다. 사소한 것에 목숨 걸고 덤비는 상대에게 그것에 목숨 걸지 않아도 될 만큼 더 큰 것을 갖고 있는 자는 양보할 수밖에 없다. 그러므로 벼랑 끝 전략은 잃을 게 별로 없는 쪽에서 구사하기 쉽다. 잃을 게 많은 쪽의 무모한 행동은 상대가 믿지 않으므로 잘 통하지 않는다.

누구도 피하지 않는 파국적 '충돌'이 서로에게 최악인 치킨 게임에서는 상대에게 확실하게 인지시키면서 먼저 돌진하는 쪽이 이긴다. 상대가 자신이라도 먼저 피해 '죽음死亡' 대신 '치킨겁쟁이, 차악'이라는 결과를 감수하려 하기 때문이다. 파국적 '충돌'이 아니라 '굴욕'이 쌍방에게 최악으로 인식되는 죄수 딜레마 게임에서는 이 같은 벼랑 끝 전략이 통하지 않는다. 죄수 딜레마 게임에서는 쌍방이 '최악'인 굴욕보다 '차악'인 충돌을 선택하기 때문이다.

'루비콘강을 건너다'는 표현은 '돌아오지 않는 다리를 건너다'는 의미로 사용된다. 되돌릴 수 없는 불가역不可逆적 행위라는 뜻이다. 불가역 전략은 '자신의 선택을 속박함으로써 상대의 선택을 속박하는 것'이다. 카이사르는 먼저 무장하여 루비콘강을 건넘으로써 원로원 주류에게 로마 시가전_최과 카이사르의 로마 장악_{장악} 가운데 하나를 선택하게 했고, 원로원 주류는 후자를 선택했다. 만일 원로원 측이 먼저 군대를 동원했더라면 카이사르가 굴복했을 가능성도 배제하지 못한다.

이처럼 치킨 게임에서는 돌이킬 수 없는 강경한 옵션을 먼저 시행하는 전략이 상대 양보를 이끌어 내는 데 유리하다. 다만 시간적으로 먼저 행동했다고 성공이 보장되지는 않는다. 내 행동이 '되돌릴 수 없는 최종적 선택'이라는 사실을 상대방이 최종 선택 이전에 인식해야 성공한다. 원로원 측이 전투태세를 갖추기 전에 카이사르가 루비콘강을 먼저 건넜고, 그러한 행위가 불가역적이라는 사실을 원로원 측에게 각인시키는 데 성공함으로써 승기를 잡을 수 있었다.

서로 맞부딪쳐 싸우는 게 쌍방에게 최악의 결과일 때, 치킨 게임이 성립된다. 일방적 양보가 최악의 선택인 경우는 죄수 딜레마 게임이다. 상대의 일방적 양보를 얻기 어려운 죄수 딜레마 상황에서는 선제적 강경책이 도움되지 않는다. 만일 원로원이 자신들의 투항 여부에 상관없이 카이사르가 로마 장악 후 자신들을 모두 죽일 것이라고 확신하는 상황이라면 이는 치킨 게임이 아니다. 투항한들 목숨 걸고 끝까지 싸우는 것보다 나을 게 없으므로 굳이 투항할 이유가 없다.

'루비콘 도하'는 동서고금에 걸쳐 종종 발생한다. 고려 말 이성계가 압록강을 건넌 위화도 회군, 1961년 5월 16일 새벽 한강을 건너 서울의 주요 기관을 점령한 박정희 군부의 한강 도하, 1979년 12월 12일 밤 국방부와 육군본부를 장악한 전두환 군부의 한강 도하 등이 그런 예다.

쉽게 되돌아올 수 없는 강을 건너 싸우는 행위와 마찬가지로 강을 등 뒤에 두고 싸우는 행위 또한 불가역적 선택이다. 기원전 205년 10월 한나라 한신이 강을 등 뒤에 두고 조나라와 싸워 이긴 '정형_{井陘} 전투'는 배수진의 성공 사례로 언급된다. 성 밖으로 나온 조나라 대군을 맞아 배수진으로 죽기를 각오하고 싸우는 한편, 잠복한 군대로 조나라 성을 함락시키자 조나라 군은 투지를 잃고 지리

정형 전투와 한중 전투 그리고 탄금대 전투

사실, 정형 전투에서의 배수진은 한나라 군대가 죽기를 각오하고 싸우게 만들었다기보다 조나라 군대로 하여금 무모한 배수진을 친 한나라 군을 잡을 수 있다고 착각하고 성 밖으로 나오게 만든 전략이다. 오늘날 사용되고 있는 배수진 전략의 의미와는 조금 다르다.

정사가 아닌 『삼국지연의』에서도 배수진이 등장한다. 한중漢中 전투에서다. 조조의 부하 서황은 한수漢水를 건너 영채를 세웠다가 유비 군대의 협공으로 자신의 부하들 다수가 한수로 몰려 빠져 죽는 결과를 얻었다. 목숨을 버려야 산다는 배수진이 통하지 않았다고 서황은 한탄했다. 이에 조조가 친히 대군을 이끌고 참전했고, 유비 군대는 제갈공명의 조언에 따라 한수를 건너 물을 등지고 영채를 세웠다. 조조 군대의 공격에 유비 병사들이 한수로 도주하자, 조조는 급히 징을 울려 군대를 철수시켰다. 배수진이 함정이라고 생각했기 때문이다. 전투 승리 후 유비가 조조의 패전 이유를 묻자 공명은 조조가 의심이 많아 패했다고 답했다. 정사의 기록에는 한중 전투에 제갈량이 등장하지 않기 때문에 배수진을 둘러싼 제갈량의 계책은 사실과 다른 것으로 보인다. 배수진이 승리를 가져다준 실제 사례는 많지 않고 몇 가지 조건이 충족되어야 승리 전략이 된다.

한국사에서 배수진 전략의 실패 사례로 종종 언급되는 사건이 임진왜란 중의 1592년 탄금대 전투다. 신립申砬, 1546~1592은 서쪽의 달천과 북쪽의 남한강을 배후로 탄금대 벌판에 진지를 구축했다. 전투 경험이 부족한 병졸들이라 사생결단의 투지가 필요했다는 점은 한신의 배수진 상황과 유사했다. 그렇지만 왜군이 조총으로 기선機先을 제압할 수 있었다는 점은 배수진이 부적절했던 이유 가운데 하나다. 그래서 신립의 군대는 죽기를 각오하고 싸우지 못했다. 신립 군대는 정형 전투의 한신 군대 대신에 그 상대였던 조나라 군대처럼 충주성이 함락되자 우왕좌왕하다 대패했다. 왜군에게 살상된 수보다 물에 빠져 죽은 수가 더 많았다는 기록이 그 사실을 말해준다. 아군 투지를 다지지 못하는 배수진은 아군을 공황 속에 빠트린다.

멸렬했다. '죽으려 각오하면 살고, 살려고 하면 죽는다必死即生 生即必死', '솥을 깨고 배를 침몰시키기破釜沈船', '군량미를 버리고 배를 침몰시키기棄糧沈船, 捨糧沈船' 모두 배수진의 다른 표현이다.

죽기를 각오한 나의 투지를 상대에게 확신시키려면 그만큼 대가를 치러야 한다. 정형 전투에서 한신은 적지 않은 인명을 잃었다. 아군 병사들을 후퇴하지 못하게 장치하여 결사 항전한들 늘 승리하는 것은 아니다. 병사들이 진지에 묶인 채 사투를 벌여 한 번 이겼다 한들 다음 전투에서의 사기와 전투력은 감퇴할 수밖에 없다. 상대가 아군의 기에 눌려 피할 상황이 아니거나 또는 아군의 양적 열세를 투지로 극복할 상황이 아니라면, 벼랑 끝 배수진 전략으로 오히려 벼랑 끝에 몰려 떨어지거나 물에 빠져 죽을 수도 있다. 바둑에서 자기가 놓은 돌이 오히려 자기의 수를 줄여 결국 패하게 되는 자충수自充手, 또는 자기 줄로 자기 몸을 묶는 자승자박自繩自縛의 결과가 될 수도 있다.

12. 쿠바 미사일 위기와 연평도 포격_청중 비용

독재 국가와 민주 국가가 전쟁을 하면 누가 이길까. 또 독재자와 민주 국가 지도자 가운데 누구의 위협이 더 통할까. 사람들은 독재자의 호전적 위협이 더 통하고 또 독재 국가가 이길 가능성이 높다고 생각하기 쉽다. 사실은 정반대다. 역사 통계에 따르면, 민주 국가의 승률이 독재 국가보다 훨씬 높았다. 또 전쟁 일보 직전의 위기 상황에서도 민주 국가보다 독재 국가가 더 자주 굴복했다.

소련이 미국을 견제할 의도로 쿠바에 미사일을 설치하려 하던 1962년 10

월 22일, 미국 대통령 존. F. 케네디는 전국에 방송된 대국민 연설을 통해 미국의 의지를 밝혔다. 케네디 정부에 의해 취해진 쿠바 해상 봉쇄로 미국과 소련은 일촉즉발의 위기에 처했다. 미국이 소련의 요구를 비밀리에 수용한 부분도 있었지만, 전체적으론 소련이 미국의 봉쇄에 굴복하여 쿠바에서 미사일을 철수시켰다. 그로부터 20년이 지난 1983년 11월 23일, 이번에는 미국이 소련을 겨냥해 서독에 미사일을 배치했다. 소련은 강하게 반발했지만 철회시키지는 못했다.

냉전 시대 미국과 소련의 대치 상황에서 얻었던 미국의 승리는 종종 국가 지도자가 대외 경고를 행동으로 실천하지 못했을 때 국내 정치에서 부담해야 할, 이른바 청중 비용audience cost으로 설명된다. 청중 비용을 회피하고자 하는 민주 국가 지도자는 다음 선거를 위해서라도 공개적으로 행한 대외 경고를 실천할 수밖에 없기 때문에 상대국은 그 경고를 심각하게 받아들일 수밖에 없다는 주장이다. 이에 비해 독재자는 국내 정치에 따른 청중 비용을 덜 심각하게 감안하고, 따라서 상대국이 독재자의 경고를 덜 심각하게 받아들인다는 것이다. 2010년 발생한 연평도 포격 사건은 쿠바 미사일 사건에 종종 비교된다.

1962년 10월 22일 대국민 담화를 통해 쿠바 봉쇄를 선언하는 케네디 대통령

미국이 소련을 겨냥한 미사일을 서독에 배치한 지 정확히 27년 지난 2010년 11월 23일 오후, 점심 식사 후 일상의 평온한 분위기에 있던 연평도 주민들은

'아닌 밤중에 홍두깨' 격으로 북한의 포탄 세례를 받아야 했다. 1953년 정전 협정 체결 이래 처음으로 북한이 남측 영토와 민간인을 향해 포탄을 퍼부은 것이다.

연평도 포격 8개월 전에는 인근 해상에서 천안함이 침몰하는 사건이 발생했다. 이 사건으로 이명박MB 대통령은 이른바 '5 · 24조치' 담화문을 통해 북한이 "우리의 영해, 영공, 영토를 무력 침범한다면 즉각 자위권을 발동할 것"이라고 밝혔다. MB는 천안함 사건 직후 백령도를 방문한 데 이어 10월 연평도를 방문하여 서해 영토 · 영해의 수호 의지를 대내외에 천명했다.

11월에 남측은 서해 북방한계선NLL 이남 해상에서 사격 훈련을 실시한다고 북측에 통보했다. 22일과 23일 아침, NLL을 인정치 않는 북측은 자국 영해로 남측이 사격할 경우 즉각적인 물리적 조치를 가하겠다는 통지문을 남측에 발송했다. 남측으로서는 연례적으로 실시하던 훈련이라 통보한 예정대로 오전 10시 조금 넘어서부터 약 4시간에 걸쳐 사격 훈련을 실시했다. 남측 사격 훈련이 끝난 직후인 오후 2시 반 경부터 약 1시간에 걸쳐 북측은 연평도 군부대 및 민가에 무차별 포격을 감행했다. 북측의 포격이 시작된 10~20분 후 남측의 대응 포격이 있었다.

2010년 11월 23일 북한이 연평도를 포격한 직후의 모습 국방화보

양국 간 위기 상황에서의 대응 전략 결정

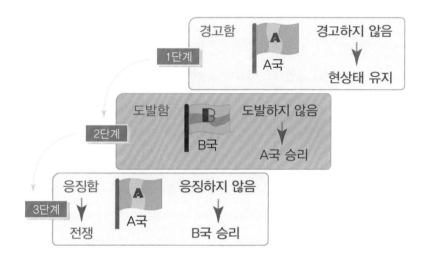

제1단계에서 A국은 상대국이 도발할 때 강하게 응징하겠다고 천명할지 말지를 선택한다. 경고가 없다면 상황은 A와 B 양국 간 대세에 따라 흐른다고 볼 수 있다. A국이 B국에 경고하고 제2단계에서 B국이 이를 수용하여 도발하지 않는다면, A국의 승리이다. A국의 바람과 달리 B국이 도발한다면, 결정권은 다시 A국으로 넘어간다. 제3단계에서 응징할 것인지 응징하지 않을 것인지의 두 가지 선택지가 A국에 주어진다. 응징하면 전쟁이고 응징하지 않으면 B국의 승리다. 제2단계에서 B국의 도발 여부는 제3단계에서 A국이 어떻게 나올지에 대한 B국의 추정에 달려 있다. B국은 'A국이 감히 전쟁까지 나아가길 원하지 않을 것'이라고 판단할 때 도발을 선택하게 된다.

연평도 포격 사건에서 쌍방은 상대의 경고를 대수롭지 않게 여겼다. MB의 5월 경고를 북측은 무시했고, 남측도 포격 사건 전날과 당일의 북측 경고를 심각하게 받아들이지 않았다.

포격 사건 직후 청와대 벙커 회의에서 MB는 "단호하게 대응하되 확전되지 않도록 하라"고 합참의장에게 지시했다. 오후 3시 반 경 청와대 대변인은 "대통령이 확전 방지를 지시했다"고 언론에 알렸다. 이후 청와대는 언론에 배포한 대통령 지시 사항을 수차례 변경하다 저녁 6시엔 청와대 홍보수석이 나서 "확전 자제"라는 표현은 전혀 없었다고 발표했다. 북한의 포격 직후 남측은 항공기 출격 여부, 출격 항공기의 공대지 미사일 장착 여부에 대해 한동안 우왕좌왕했고, 또 교전 규칙의 국제법적 해석을 두고 한미연합사에 수차례 전화하는 등 장시간 갈팡질팡했다.

앞의 [전략 결정 게임] 위기 대응 전략 그림 제3단계에서 좌응징와 우응징하지 않음를 명확히 선택하지 못하고 우왕좌왕했다는 얘기는 우로 갈 가능성이 높다는 사실을 내포한다. 전쟁은 남측에게 결코 바람직하지 않은 결과이기 때문이다. 만일 북한이 이런 남측의 전개 상황을 미리 예상하고 연평도 포격을 감행한 것이라면, 북한 입장에서의 전략적 선택은 옳은 것이었다.

만일 제3단계에서 A국이 좌우 선택을 고민하지 않고 자동으로 좌응징를 선택하는 시스템이라면 어떨까. 그렇다면 B국은 도발을 주저하게 된다. 예컨대 남한 당국이 정치적 고려 없는 즉각적 대응 매뉴얼로 대북 공격에 나설 것으로 예상했다면, 북한은 아예 도발하지 않았을 것이다. 전쟁은 북한, 특히 북한 정권에게 매우 심대한 결과를 초래할 수 있는 선택이기 때문이다.

자동적으로 에스컬레이트되는 사안에서 북한이 도발한 적은 없다. 연평도 포격 사건, 판문점 도끼 사건 등은 모두 즉시 가동될 남측 응징이 없다고 판단했을 때 일으킨 사건들이다. 역설적으로 자동 에스컬레이트되는 응징 시스템이 도발을 억지하는 것이다.

국민 지지에 의존하는 민주 국가 지도자는 스스로 천명한 대외 경고를 실천하지 못할 때 정치 생명을 보장받을 수 없다. 그러므로 외부에 대한 응징을 천명했으면 그대로 실천할 가능성이 크다. 연평도 포격을 당하고도 우왕좌왕하는 모습을 보이며 강력 대응하지 못한 MB의 지지도는 당시 가파르게 하락했다.

포격 사건 1개월 후 한국군은 연평도 앞바다에서 사격 훈련을 다시 실시했다. 일부 언론에서는 "우리의 주권을 쏘았다"고 보도했다. 연평도 포격 당시 북한이 발끈했던 K-9 자주포는 딱 1발 쏜 것이라 동일한 수준의 훈련이 아니라는 주장도 있지만, 일단 굴복하지는 않았다는 대내적 모양새는 갖추었다.

북한 조선중앙TV는 12월 사격 훈련을 남측이 북한을 두려워 한 나머지 사격 훈련 장소와 타격 지점을 변경했다고 주장하며 "우리 혁명 무력은 앞에서 얻어맞고 뒤에서 분풀이하는 식의 비열한 군사적 도발에 일일이 대응할 일고의 가치도 느끼지 않는다"고 보도했다. 독재자의 청중 비용이 적다는 맥락에서, 북한 정권은 자신의 대남 경고를 꼭 실천할 필요가 없고, 따라서 12월 사격 훈련을 응징하지 않았다.

배후에 있는 국민을 이용하는 전략은 민주 정부만이 구사할 수 있다. 예컨대 정부 간 합의가 최종적으로 의회의 비준을 받아야 발효되는 국가는 그렇지 않은 국가보다 협상에서 상대국 양보를 얻기가 더 쉽다. 독재자보다 민주 지도자가 국민을 핑계로 상대를 더 잘 설득할 수 있는 것이다.

가격 흥정에서도 대리인을 내세우는 측이 유리할 때가 많다. 예컨대 자동판매기는 주인이 입력한 가격으로만 판매한다. 주인이 아닌, 대리인에 불과한 자판기에서 가격을 깎은 소비자는 없다. 오히려 돈을 먹고 상품을 내놓지 않는 자판기를 흔들다 넘어져 깔려죽거나 다치는 경우가 훨씬 많다. 실제 미국에서 일어난 사건들의 통계다.

치킨 게임에서 나의 강경한 의지를 상대가 받아주지 않으면 원하는 결과를 얻지 못한다. 치킨 상황에서는 자신의 강경함 또는 무모함을 상대로 하여금 믿게 하는 것이 중요하다. 상대가 행위의 강경함이나 무모함을 전혀 안 믿는데 밀어붙이는 경우 모두가 원치 않았던 최악의 결과가 발생한다. 상대의 강경한 의지가 쇼일 뿐 결국 양보할 것이라고 쌍방이 확신하는 상황은 매우 위험하다.

상대를 압박하여 주도하건 상대에게 밀려 양보하건, 밀리는 판을 뒤집거나 주도권을 잡기 위해 수차례의 파국을 감수하건 최적의 전략을 선택하는 판단은 때와 장소에 따라 다르다.

13. 반공 포로 석방과 SALT II _ 가역과 불가역

가역可逆, reversible 또는 비가역불가역, irreversible 이라는 일상에서 익숙지 않은 단어가 가끔 등장한다. 이 단어들은 물질이 본래의 상태로 돌아갈 수 있는지 없는지를 뜻하는 과학 용어, 또는 상황을 되돌릴 수 없게 만드는 협상 용어였다. 21세기에 들어 북한 핵 문제 합의에 대한 미국 정부의 강경한 입장과 박근혜 정부에서 있었던 한일 정부의 종군 위안부 문제 합의에 등장하면서 일반인들에게도 익숙한 용어가 되었다. 이후 문재인 정부가 전 정부에서 행해진 위안부 문제에 대한 한·일 외무장관 합의와 미국의 고고도미사일방어체계THAAD, 사드 한반도 배치 문제를 어떻게 처리할 것인지를 두고 갑론을박하며 한국 사회를 달군 뜨거운 감자가 되었다. 가역과 불가역의 전략적 개념을 6월 18일의 역사에 등장하는 두 가지 사건을 예를 들어 살펴보자.

휴전 협정을 위한 회담이 한창이던 1953년 6월 18일 새벽 0시, 이승만 대통령은 8개 포로수용소에 수용되어 있던 반공 포로를 전격 석방했다. 포로수용소에서 근무 중이던 소수의 유엔군을 제압하거나 전력 공급을 끊어 수용소 문을 개방했는데, 남·북한 출신 반공 포로 35,698명 가운데 27,389명이 탈출했다. 61명은 탈출 과정에서 사망했고, 나머지 8,248명은 탈출하지 못했다. 친공산 포로가 많은 거제도 수용소에서는 석방을 아예 시도하지 않았다.

1951년 7월에 시작해 만 2년을 끌어 오던 휴전 회담 합의의 큰 장애물 하나는 포로 문제였다. 양측이 주장하는 포로 수의 차이가 컸고, 또 공산군 측에 잡혔지만 실종 처리된 포로의 문제도 있었다. 포로 협상 관련 무엇보다도 첨예한 대립을 보인 문제는 송환 문제였다. 공산군 측으로의 송환을 거부하는 반공 포로들은 개인 의사에 따라 송환되지 않아야 한다는 것이 유엔군 측 애초의

1953년 석방된 북한 출신 반공 포로들이 서울에서 태극기를 흔들고 있다미국 국립문서보관청 NARA.

입장이었던 반면, 공산군 측은 포로 전부를 무조건 송환해야 한다는 입장이었다. 1953년 6월 8일 판문점에서 유엔군과 공산군은 합의에 이르렀는데, 본국 송환에 반대하는 포로를 일단 중립국관리위원회의 감독하에 두고 귀환 의사를 재확인한 후 조치한다는 내용이었다. 공산 진영과 가까운 걸로 여겨지던 인도 등 이른바 중립국에서의 포로 송환 관리 방식에 반대하던 이승만 정부는 유엔군·공산군 간 합의를 뒤집고 전격적인 포로 석방을 단행했다.

1953~1954년 남한에서 석방된 중공군 출신 반공 포로들이 대만행 항공기를 탑승하기 전에 서울에서 환송받고 있다.

일방적 포로 석방은 남한에도 시련을 가져다주었다. 북측이 남측 포로를 억류하는 빈도와 정도는 7월 정전 협정 전후로 더 많아졌다. 또 6~7월에 거쳐 중공군과 북한군은 국군이 방어하고 있던, 이른바 금성 돌출부에 대한 공격을 대규모로 감행했다. 일방적 포로 석방 후 미군은 국군의 방어 전투에 소극적으로 대처했고 결과적으로 남측은 북쪽으로 깊숙이 점령해 들어갔던 지역을 잃게 되었다. 마침내 7월 11일 이승만 정부는 휴전에 반대하지 않는다는 공식 입장을 밝혔다.

이승만 대통령의 완고한 태도로 교착된 휴전 협상을 타결하기 위해 미국 정부는 이승만을 제거하는 이른바 '에버레디everready 계획'을 검토한 바 있다. 미국 대통령 보좌관 셔먼 애덤스의 회고에 따르면, 아이젠하워 대통령은 이승만 제거를 검토했으나 이승만 정권의 국내 지지 기반을 확인한 후 해당 계획을 포기했다. 포로 석방 후 이승만의 국내 인기는 치솟았다. 또한 제2차 세계대전 포로들이 본국 송환 후 겪고 있던 반인권적 탄압이 국제 사회에 알려지면서 이승만의 포로 석방은 당시 국제 여론에도 부합했다. 이미 수많은 자국민을 전장에서 잃은 미국으로서는 얻는 것도 없이 철수하여 한반도가 공산권 수중에 들어가게 놔둘 수도 없는 상황이었기에 결국 이승만이 요구한 한미 동맹을 받아들였다.

이승만의 포로 석방은 다시 주워 담지 못하게 물을 엎질러 버리는 불가역성을 십분 활용한 한 수였다. 당시 반공 포로들의 수용소는 대체로 인구 밀집 지역에 있었고, 따라서 달아난 포로를 다시 잡아들이기도 매우 어려운 상황이었다. 이런 불가역성은 미국을 비롯한 유엔군 참전국들과 북한·중국 등에게 남한이 일방적으로 휴전 협정을 깰 수도 있음을 인식시켜 '남한을 배제한 휴전 합의'를 재고하게 만드는 효과가 있었다. 국내외 사정으로 무조건 전쟁을 끝내려 하던 미국 정부가 남한의 휴전 동의를 얻기 위해 상호 방위 조약과 경제 원조 등을 약속하게 만들었다. 포로 석방은 적어도 남한이 북한 김일성 정권하에 들어가지 않기를 간절히 바라는 사람들에게는 탁월한 한 수였다. 그 이면에는 불가역이라는 속성이 존재했기 때문에 가능했다.

그렇다고 이승만이 미국 이익을 배제하고 남한만의 이익을 추구한 것은 아니었다. 이는 1953년 11월 이승만 대통령을 예방한 미국 부통령 리처드 닉슨의 출장 보고서 및 회고록에서 확인된다. 닉슨이 전하는 이승만의 발언은 다음과 같다.

> 미국이 이승만을 통제한다고 공산주의자들이 확신하는 순간 당신네는 가장 효과적인 협상 포인트 하나를 이미 잃은 게 되고 우리도 모든 희망을 잃은 게 된다. 내가 도발적 행동을 할지 모른다는 우려가 공산주의자들에게 지속적인 견제가 된다. … 미국은 평화를 몹시도 원하기 때문에 뭐든 평화적이면 할 것이라고 공산주의자들은 생각한다. … 그러나 내가 있는 한 그들은 그렇게 생각하지 않는다. … 내일 아이젠하워 대통령에게 답신을 보내겠다. 내 편지는 아이젠하워 대통령이 직접 펴 읽어본 후 없애버렸으면 한다. … 수많은 신문 기사들은 이승만이 일방적으로 행동하지 않기로 약속했다고 보도한다. 그런 인상은 우리 선전과 맞지 않다. … 한국의 일방적 행동에 관한 내 발언 모두가 미국을 도와주기 위함이었다. 한국은 그렇게 독자적으로 행동하는 게 가능하지 않음을 마음속으로 알고 있다.

닉슨은 귀국 후 미국 국가안전보장회의NSC에 이승만의 공개적 행동과 속내를 구분해야 한다고 보고했다. 닉슨은 회고록에서 이승만의 전략을 높게 평가한 바 있다.

> 나는 한국인들의 용기와 인내, 그리고 이승만의 강인함과 총명함에 감명을 받고 한국을 떠났다. 공산주의자를 다룰 때 스스로를 예측 불가능하게 만드는 것이 중요하다고 한 이승만의 식견을 많이 되새겨 보았다. 나는 훗날 세계를 많이 돌아다닐수록 또 많이 배울수록 이 노인이 매우 지혜로웠음을 더욱 인정하게 되었다.

'투캅스' 영화에서 보여주듯 온건파good guy는 자기 내부의 강경파bad guy 존재를 적절히 활용해 상대에게 양보를 얻을 수 있다.

이제 불가역성과는 반대되는 가역적 행위를 역사의 전략 스토리로 살펴보자. 반공 포로 석방 26년 후인 1979년 6월 18일, 오스트리아 빈에서 지미 카터 미국 대통령과 레오니트 브레즈네프 소련 서기장이 '전략무기제한협정SALT Ⅱ'에 서명했다. 미국은 군비 경쟁에서 소련이 앞서 나가는 걸 우려하고, 소련은 미·중 관계 개선을 우려하던 차에 이뤄진 합의였다.

SALT Ⅱ 체결 후 미국 내 반응은 좋지 않았다. 온건파는 실제적 군축 내용을 담고 있지 않다고 비판했으며, 강경파는 소련을 견제할 무기 개발이 제한받는다고 비판했다. 9월에는 소련 군대가 쿠바 미사일 위기 직후 쿠바에서 철수하지 않고 계속 주둔해왔다는 사실이 밝혀졌다. 12월 20일 미국 상원 군사위원회는 찬성 10, 반대 0, 기권 7로 SALT Ⅱ가 미국 안보에 이익이 되지 않는다는 보고서를 채택했다. 12월 하순에는 소련이 아프가니스탄을 침공하여 하피줄라 아민 대통령을 살해하는 등 내정에 관여함으로써 국제적 비난을 받았다. 1980년 1월 3일 카터 대통령은 소련의 아프가니스탄 침공을 이유로 SALT Ⅱ의 비준 요청

을 철회했다. 물론 양
국은 SALT Ⅱ에서 정
한 1985년 말까지 합
의 내용을 대체로 준수
했지만 의미 있는 합의
이행은 별로 없었다.

비준은 대외적 약
속을 국내에서 뒤집을
수 있는 가역적 제도
가운데 하나다. 가역

1979년 오스트리아 빈에서 카터 미국 대통령과 브레즈네프 소련 서기장이
SALT Ⅱ에 서명하고 있다. 이 협정은 양국의 국내 비준을 받지 못했다.

성은 자신에게 나쁜 협상 결과를 무효로 만들 수 있게 하고 동시에 그렇기 때문
에 나은 협상 결과를 상대가 동의하도록 만들기도 한다. 미국은 외국과의 합의
가 자국에게 불리하다고 판단하면 상원 비준 절차에서 그 합의를 무효화시킨다.
가역성이 불리한 합의를 깨게 하는 것이라면, 불가역성은 유리한 결과에 대
못을 박아 바꾸지 못하게 만드는 것이다.

가역이건 불가역이건 대내적으로 행동이 엇갈려도 지향하는 가치가 같아야
성공한다. 1953년의 이승만 대통령은 부산 정치 파동 등 정치적 어려움을 겪던
시절이었고, 1979년의 카터 대통령 역시 당내 경선에서 도전받을 정도로 인기
가 없어 재선이 힘든 시절이었다. 그렇지만 두 상황 모두 적전 분열은 없었
기에 국익에 맞는 결과를 얻었다. 뒤집어 말하면 국민 다수의 뜻을 중시했다는
말이다.

한국의 대외 관계에는 여러 위기와 압력이 전개된다. 이런 상황일수록 협상
에 따라 결과가 좌우된다. 국내 절차를 강조하는 것은 주요한 대외 협상 전략이
다. 국회 비준과 같은 국내 절차를 국익에 맞게 활용하려면 국민 다수의 이익을

따라야 한다. 국민의 뜻이 대외 관계에서 제일 강력한 압박 수단이기 때문이다. 정파의 이념적 지향을 목적으로 국내 절차를 운용하는 것은 바람직하지 못하다. 국민 다수가 받아들이지 못하는 특정 계층만의 선호에 맞는 정책은 사실 오래 가지도 못한다. 만일 국민 다수가 수용하지 못하지만 정말 국익에 필요한 정책 방향이라면 엘리트 다수라도 설득할 수 있어야 한다.

2015년 말에 이뤄진 한일 정부 간 위안부 문제 합의는 양국 내에서 논란을 불러 일으켰다. 논란거리 가운데 하나가 '최종적, 불가역적'이라는 표현이다. 청와대는 "벼랑 끝에 선 심정"으로 협상에 임했다고 하고, 일본 정부는 "이번 타결로 일본과 한국이 같은 배를 탔다"고 밝혔다. 모두 치킨 게임 전략에나 고려할 표현들이다.

한국과 일본이 상대의 말 바꾸기 행태에 서로 불만을 표하다 더 이상 상대가 변심하지 못하게 추가한 문구로 보인다. 흔히 니블nibble이나 살라미salami로 얘기되는, 작고 잦은 양보의 요구를 원천적으로 막아 합의 파기를 미연에 막으려는 취지였던 것 같다.

양보rcia가 파국ions보다 더 나은 치킨 게임 상황에서는 불가역적 행위를 선제적으로 하는 쪽이 유리한 결과를 얻는다. 그런데 위안부 문제는 치킨 게임이 아니다. 가위바위보 게임처럼 상대가 이긴 만큼 내가 지고, 내가 이긴 만큼 상대가 지는 제로섬 상황에서는 선제적 행위가 오히려 불리하다. 만일 양보보다 차라리 파국이 낫다면, 되돌릴 수 없는 선택은 패착일 뿐이다.

과거사 문제는 본래의 상태로 되돌리는 게 거의 불가능하다. 시간 자체가 불가역이기 때문이다. 되돌릴 수 없는 과거의 상처를 치유하는 길은 현재 합의의 불가역이 아니라 과거에 대한 진정성이다. 일본과 협력적 관계를 구축해야 함은 옳은 방향이지만, 불가역의 전략적 의미를 숙지하지 못한 채 추진했다고 평가할 수 있다.

그렇지만 이미 불가역으로 규정된 합의를 간단히 변경할 수 있는지도 따져봐야 한다. 위안부 할머니들이 사망한 이후에는 그야말로 불가역일 수 있다. 국민이 하나의 목소리를 낼 수 있느냐가 가역의 관건이다.

북한의 핵과 미사일 문제가 대두될 때마다 벼랑 끝 전략과 불가역적 비핵화가 거론되어 왔다. 북한의 벼랑 끝 전략과 불가역적 비핵화의 효능과 한계를 인지하고 접근해야 한다.

사실 사드 배치 문제도 국민이 단결되어 있으면 중국의 사드 보복이든 미국의 사드 비용 청구든 가능하지 않다. 국내의 경쟁 집단을 국외 세력보다 더 미워하면 그 체제는 종식될 가능성이 크다. 먼 곳으로 갈 것 없이 고구려나 조선의 멸망만 봐도 그렇다.

대외 정책의 방향이 달라도 목적은 같다면, 강경한 내부 이견이 대외 협상에서 오히려 좋은 결과를 가져다주기도 한다. 대외 문제엔 궁극적으로 하나가 되어 가역과 불가역의 양날을 잘 활용하는 외교가 전략적이다.

제3장
기만과 기댓값

_ 확신과 불확실성

14. 도발 직전의 평화 통일 제안_믿음을 주고 속이다

1. 8월 5일 – 8일에 우리조국 남북반부의 전역을 통하여 총선거를 실시하고 통일적 최고립법기관을 창설할 것 …

2. 8월 15일 일제통치로부터 해방된 5주년기념일에 이 총선거에 의하여 선거된 최고립법기관 회의를 서울에서 소집할것 …

3. 6월 15일~17일에 긍하여 조국의 평화적 통일을 원하는 사회단체대표자 협의회를 38연선 해주시 혹은 개성시 어느한 도시에서 소집할것 …

…

5. 남북 대표자 협의회 사업기간과 총선거 실시기간에 우리조국 남북반부의 량정권 당국은 사회질서 보장에 대한 책임을질것 …

평화 통일 방안을 천명한 이 문구는 1950년 6월 7일에 북한 정권이 조국통일민주주의전선 중앙위원회 이름으로 "우리조국 남북반부의 전체민주주의정당 사회단체들"과 "전체조선인민들에게" 제의한 원문이다.

평화 통일 호소문 발표 18일 후인 6월 25일, 북한 인민군은 38선을 넘어 기습적으로 침공했다. 도발 직전의 평화 호소를 어떻게 해석할 수 있을까. 북측은 평화 통일을 위한 최후의 노력이었다고 강변하겠지만, 남측으로서는 북측의 철저한 속임수로 볼 수밖에 없다.

남북 총선 및 평화 통일 제의가 있었던 6월 초순은 김일성 정권이 남한을 무력 침공하기로 이미 결정해둔 상황이었다. 1949년 3월 스탈린을 면담한 김일성은 무력 침공에 관한 소련의 의견을 물었다. 스탈린은 이에 소극적인 반응을 보이

1950년 6월 8일자 로동신문 1면에 보도된 조국통일민주주의전선의 대남 평화통일 호소문 출처(상사) 서관

다 중국 내전 종식 및 미국의 애치슨 선언 이후인 1950년 4월에서야 무력 침공에 동의했다. 5월 김일성은 마오쩌둥과의 회담에서 중국 동의도 얻었고, 또 남한 내 좌파의 전폭적 지원도 기대했다.

스탈린, 마오쩌둥, 김일성 모두 미국 개입을 차단하기 위해 단기간에 전쟁을 끝내야 한다고 믿었다. 그러려면 남측이 기습에 대비하지 않도록 만드는 것이 필요했다. 1950년 6월 북한의 대남 정책은 바로 그런 맥락에서 이뤄졌다.

북한 정권은 7일 조국통일민주주의전선 중앙위원회의 호소문에 이어, 10일에는 북한에서 연금 중인 조만식 부자를 남한에서 체포된 남로당 출신 사형수 김삼룡·이주하와 교환하자고 제안했다. 이승만 정부가 교환을 수락하자 북한

정권은 20~23일 여러 차례에 걸쳐 교환 장소와 일시를 제시하기도 했다. 또 북한 최고인민회의 상임위는 21일 서울에서 남한 국회와 협상을 갖겠다고 제의했다.

북한의 이러한 제안들에 대해 남한은 처음에 경계하는 모습을 보였으나 오래가지 못했다. 채병덕 참모총장 명의로 11일 오후 4시부터 경계령을 내렸지만 23일 자정을 기해 해제했고 25일 새벽 인민군은 38선을 넘어 전쟁을 시작했다.

북한 정권은 남측 지도부와 협력할 생각이 없었고 또 협력을 제의한들 남측이 받아들일 거라고 생각하지 않았다. 이러한 생각은 6월 7일 조국통일민주주의전선 호소문에서 이승만 정권을 적대시하고 배제하는 다음의 문구로 분명히 드러났다.

· 조국의 평화적 통일을 파탄시킨 범죄자들인 리승만 리범석 김성수 신성모 조병옥 채병덕 백성욱 윤치영 신흥우 등 민족반역자들을 남북대표자협의회에 참가시키지말것

· 조국통일사업에 『유엔조선위원단』의 간섭을 용허하지말것

· 조선인민은 외국의 간섭이없이 반드시 자력으로 조국의 통일문제를 해결할것

성문을 열어달라는 요구를 남측의 사회단체에게 제안한 것이다. 그러나 실제 전쟁을 원했거나 전쟁 중 북측에 부역한 남측 주민들은 북한의 기대와 달리 소수였다.

6·25 전쟁은 북한의 기습으로 시작됐다. 20세기 동아시아에서 선전 포고 없이 시작된 전쟁은 적지 않다. 일본이 1904년 뤼순 러시아 함대, 그리고 1941년 하와이 진주만 미국 함대를 공습할 때 모두 선전 포고는 없었다. 일본은 진주만을 공격하던 순간까지도 평화적 해결 방안을 미국 정부에 거론했다. 마찬가지로

1950년 6월 북한도 그랬다. 이런 평화 제의들은 진정성이 없기 때문에 평화 공세 혹은 거짓임을 강조하여 위장 평화 공세로 불린다.

36계 등 전략론 문헌 다수는 주로 속고 속이는 것을 다룬다. 손자병법 행군편은 상대의 표면적 행동을 그대로 받아들여서는 안 된다며 다음과 같이 경고한다.

辭卑而益備者進也 辭强而進驅者退也 無約而請和者謀也

겸손한 말로 더욱 준비하는 자는 공격하려는 것이고,

강경한 말로 더욱 공격하는 자는 퇴각하려는 것이며,

아무런 약속 없이 강화하자는 자는 속이려는 것이다.

이 경구에 따르면 북한 매체의 대남 발언도 과거나 지금이나 액면 그대로 받아들여서는 안 된다. 물론 손자병법의 경구와 같이 의도와 초기 행동을 늘 정반대로 해석할 수만은 없다. 언행일치하는 방식으로 행동하는 경우도 적지 않기 때문이다. 실제 공격할 의도 없이 온건하게 표현하는 자도 있고, 또 강경한 말을 구사하면서 실제로 공격하는 자도 있다. 적대적 상대의 발언을 정확히 해석할 수 없을 때에는 차라리 아예 무시하는 것이 상대 의도에 말리지 않는 길이다.

겉으로 드러난 행동으로 의도를 속단하지 말라는 경구는 손자병법뿐 아니라 여러 고전에 등장한다. 소리장도笑裏藏刀, 구밀복검口蜜腹劍, 포장화심包藏禍心 등이 그런 사자성어의 예다. 당나라 때 재상을 지낸 이의부는 '늘 미소를 짓지만 남을 해치려는 마음으로 가득 찬笑中有刀' 인물로 평가됐다. 이의부는 당태종과 당고종의 신임으로 온갖 권력을 누리다 유배지에서 생을 마감했다. 당나라 현종 때 재상을 지낸 이임보 역시 '말은 달콤하지만 마음은 위험한口蜜腹劍' 인물로 평가됐다. 이의부와 마찬가지로 말년과 사후가 좋지 않았다.

상대의 나쁜 의도가 의심되면 확인하고 대비해야 한다. 춘추 시대 강대국인 초나라의 공자와 약소국인 정(鄭)나라의 대부 딸이 정략결혼을 하게 되었다. 초나라는 혼례에 참가하는 병력을 이용해 정나라를 쉽게 점령하려 했다. 초나라는 성 밖에서 혼례를 치르자는 정나라의 제의를 거부하고 예법에 맞게 성 안에서 혼례를 치르자고 하였다. 초나라는 정나라가 자신을 믿지 못한다며 오히려 불만을 표했다. 이에 정나라는 초나라가 '나쁜 마음을 감추고(包藏禍心)' 있는지 정면으로 묻고, 나쁜 마음이 없으면 혼례에 비무장으로 참가할 것을 제의하였다. 결국 초나라 사람들은 비무장으로 정나라 성 안으로 들어가게 되었다. 상대가 불신에 불쾌감을 표하면 표할수록 안전장치를 마련할 필요가 있는 것이다.

불신은 기만에 대한 대비책이기도 하다. 믿지 못하는 상대를 둔 상황에서 생존과 관련하여 아무런 안전장치를 갖추지 않는 것이야말로 어리석은 행동이다. 적대적 관계에서 상대를 무조건 신뢰하도록 강요하는 방식은 바람직하지 않다. 속은 것도 억울한데 속았다는 조롱까지 받기도 한다. 기만당한 결과의 심각성은 대체로 남을 믿었을 때지 불신했을 때가 아니다.

국내 정치에서도 민주주의 자체는 불신에 기초한다. 전권을 받은 국가 지도자 1인 통치가 훨씬 더 효율적이고 생산적인 시스템이나, 그런 1인자의 행동을 믿을 수 없으니 민주주의가 등장한 것이다. 남을 속이는 데 성공해봤자 얻을 게 크지 않다면 굳이 속이려 들지 않는다. 따라서 진정으로 화해나 평화를 위한 제안도 상대방이 기만으로 받아들이지 않을 만한 안전장치가 필요하다.

상대뿐 아니라 자신까지 속일 수 있을 때 기만의 성공 가능성은 크다. 설사 기만이 단기적으로 성공하더라도 종국에는 패망에 이른 경우가 적지 않다. 사회 신뢰는 사회적 자본으로 기능하고, 국가 신뢰 역시 외교적 자본으로 활용된다. 신뢰를 지속적으로 받는 것이 한 차례의 기만 성공보다 나음은 말할 나위 없다.

15. 인천 및 노르망디 상륙_동쪽에 소란 떨어 서쪽을 급습하다

동쪽에서 소리치며 서쪽을 공격하는, 이른바 성동격서聲東擊西는 일종의 기만 전략이다. 1950년 9월 15일의 인천 상륙 작전은 북한군이 눈치 채지 못하도록 유엔군과 국군이 전개한 양동 작전에 의해 성공할 수 있었다. 유엔군과 국군은 군산, 인천, 평양 등의 서해안 지역뿐 아니라 삼척 등의 동해안 지역에 폭격을 실시하였다. 인천 상륙일 전날인 14일에는 국군의 장사동오늘날 경북 영덕 상륙 시도가 있었다. 특히 광활한 갯벌과 큰 조수간만 차이 등 인천의 자연 환경이 결코 대규모 군대가 상륙하기에 적합하지 않았기 때문에 북한군을 기만할 수 있었다. 인천 상륙 작전에 성공함으로써 북한군의 군수 지원을 차단하여 남한 지역을 수복하고 북진하였다.

규모에 있어 세계적으로 더 유명한 상륙 작전은 연합군이 제2차 세계 대전의 승기를 잡게 된 1944년 6월 6일 노르망디 상륙 작전이다. 당시에도 성공적인 작전 수행을 위해 위장 작전이 치밀하게 추진되었다. 독일군이 연합군 상륙의 때와 장소를 정확하게 알지 못하도록 기만하는 보디가드 작전은 1943년 7월 14일 런던통제소London Controlling Section가 기획하여 11월 말 테헤란 회담에 참석한 3국 정상루스벨트, 처칠,

노르망디 상륙 작전을 속이기 위해 투하된 공수부대 인형. 프랑스 머빌 벙커 박물관에 전시되어 있다.

스탈린에게 제출되고 12월 6일 승인받아 1944년 6월 6일 노르망디 상륙 때까지 실행되었다. 이중간첩과 암호를 역이용하는 것은 기본이었고, 서류상으로만 존

재하는 가짜 군대, 고무로 만든 가짜 탱크, 드럼통으로 만든 가짜 상륙함, 합판으로 만든 가짜 전투기, 특정 장성을 닮은 대역 등을 다른 지역에 배치하거나 노르망디 상륙 직전에 공수부대 모습의 인형을 여러 곳에 투하시키는 등 다양한 기만 작전이 수행되었다.

정찰 인공위성이 발달한 오늘날에는 풍선으로 가짜 미사일 발사대, 가짜 전투기, 가짜 탱크 등이 제작되고 있다. 적이 미사일 1기를 쏘아 아군의 풍선 하나를 파괴한다면 가짜 풍선 모형은 군사적으론 아주 효과적인 무기가 된다.

고전에 등장하는 기만적 사건은 기원전 13세기에 발생하였다. 트로이군과

선물 든 그리스 사람을 조심해라. 앙리 모뜨의 그림, 1874년

오랜 전투를 벌이던 그리스군이 목마를 둔 채 일단 철수한 것이다. 트로이의 사제 라오콘은 무슨 물건인지 모르니 목마를 성 안으로 들여서는 안 된다고 주장했다. 그러나 트로이에 위장 투항해 있던 그리스 첩자 시논이 '목마는 전쟁 승리의 영물이

며 트로이가 가져가지 못하도록 일부러 크게 만든 것'이라고 주장하며 목마를 성 안으로 들여와야 트로이가 안전하게 될 것이라며 기만했다. 이를 반대하던 사제 라오콘이 갑자기 나타난 뱀에 물려 죽는 사고가 발생하자, 트로이 사람들은 목마를 성 안으로 가져갔다. 감시가 느슨한 틈을 타 그리스 병사들은 목마에서 나와 성문을 열고 그리스 정규군을 맞았다. 결국 그리스군은 트로이를 점령하고 파멸시켰다. 여기서 "호의적인 태도를 보이는 적을 조심해라"는 뜻인 "선물 든 그리스 사람을 조심해라Beware of Greeks bearing gifts"는 표현이 나왔다.

목우사자와 만화 『타짜』

트로이 목마와 비슷한 물건이 『삼국사기』에도 등장한다. 512년신라 지증왕 13년 이사부가 나무로 된 목우사자木偶師子를 배에 싣고 우산국 해안으로 가서 항복하지 않으면 목우사자를 풀어놓겠다고 협박하여 우산국의 복속을 받았다. 이사부의 목우사자 역시 기만 전략의 스토리다.

더 전략적인 기만 스토리는 영화로 제작되어 인기를 끈 만화 『타짜』에 등장한다. 주인공 곤은 화투를 돌리면서 밑장빼기 속임수를 행했고 최고의 고수 아귀는 곤의 눈빛에서 무엇인가 속임수를 쓰고 있다고 읽어낸다. 아귀는 곤이 정 마담곤의 동료 것에 못 미치는 패를 돌려 자기 돈을 따려 한다고 직감한다. 아귀는 곤이 밑장빼기로 정마담에게 준 마지막 패가 10이라며 패를 까 확인시켜 준다. 또 아직 보지도 않은 자신이 받은 마지막 패는 9일 거라며 패를 까 확인시킨 후 자신에게 9땡9, 9을 줘 고액 배팅을 하게 만들고, 정 마담에게는 장땡10, 10을 만들어 판돈을 싹쓸이 할 수작이라고 주장한다. 곤이 반박하자, 아귀는 정 마담이 이미 받은 패가 10이라는 것에 자신의 모든 돈과 손목을 거니 곤에게 10이 아니라는 것에 자신과 같이 걸라고 강요한다. 완강히 거부하던 곤은 "만일 밑장빼기를 하지 않았다면 10일 가능성은 10%이고, 10이 아닐 가능성은 90%나 된다"는 아귀의 강요에 못 이겨 선택의 여지가 없는 내기에 응한다. 그렇게 확인한 패는 10이 아니라, 3이었다. 결국 아귀가 패배한다.

아귀는 곤이 사용한 밑장빼기라는 일차 속임수는 정확히 파악했지만, 그것을 기회로 아귀가 더 큰 내기를 걸고 나올 것이라는 것까지 곤이 예측하고 있다는 점은 미처 알아채지 못했다. 즉, 곤의 첫 번째 속임수는 들킬 목적의 미끼였고, 자신이 구상한 큰 그림은 파트너인 정 마담조차 모르게 함으로써 누구에게도 들키지 않고 성공할 수 있었다.

기습은 도발자에게 큰 이점을 제공한다. 반격할 여지를 상대에게 주지 않고 싸움을 일찍 끝낼 수 있기 때문이다. 기습 작전은 시간과 공간 가운데 하나를 집중 공략함으로써 상대의 공간적 혹은 시간적 반격 여지를 없애는 전략이다.

기습의 유형 하나는 특정 지역, 예컨대 접경 지역이나 수도를 성공적으로 점령하여 상황을 종료하는 방식이다. 제한적 공간의 성공적 점령은 더 이상의 확전을 원치 않는 상대에게서 반격할 시간타이밍을 뺏는다. 기습의 다른 유형 하나는 상대의 공격력을 파괴시켜 아예 반격의 빌미를 주지 않는 방식이다. 장악한 지역이 거의 없다 하더라도 제한된 시간 안에 상대의 대량살상무기를 전멸시킨다면 상대는 반격할 공간베이스을 잃게 된다. 이 유형에서의 기습 공격의 목표물은 주로 민간 시설보다 군사 시설에 해당한다.

기습에 대한 대비책으로는 먼저 방어를 생각할 수 있다. 그렇지만 완벽한 방어가 어려워 결국 억지 기능으로 대비할 때가 대부분이다. 자국 피해를 최소화하려는 방어 시스템보다 도발자에게 피해를 최대화하는 반격 시스템으로 도발을 억지하는 것이다. 억지가 작동하려면 무엇보다 상대에 반격할 수 있는 군사력이 기습 공격을 받은 후에도 남아 있어야 한다. 반격할 때의 목표물은 상대의 군사 시설보다 정책 결정자 거주지나 주요 민간 시설에 더 큰 비중을 둔다.

기습에 잘 견디는 장치 하나는 동맹이다. 왜냐하면 동맹국은 지리적으로 떨어져 있어 선제공격으로 무장 해제시키기 어렵기 때문이다. 한반도는 1953년 정전 이후 전쟁이 재발되지 않고 있다. 전쟁이 완전히 종식되지 못하고 근현대 전쟁 가운데 가장 오래 지속되고 있는 현재의 정전 상황은 한반도 안보 상황이 여전히 불안정하다는 사실뿐 아니라, 억지 시스템으로 반세기 이상 전쟁 재발 방지에 성공하고 있다는 사실을 동시에 보여준다. 그 억지의 주요 구성 요소는 미국 및 중국의 개입 가능성이었다.

기습은 기습에 대한 대비책의 하나이기도 하다. 기습당하기 전에 먼저 기습하는 것이다. 내가 기습할 동기가 충분하다고 상대가 인식할수록 그만큼 내가 기습받을 가능성은 커진다.

16. 공성계_성을 비워 적을 내몰다

평화를 위장한 후 기습하는 전략뿐 아니라 자신의 힘을 과장하는 허장성세虛張聲勢 전략도 있다. 단순한 과장이 아니라 오히려 강한 힘을 숨기고 있다고 상대가 오인하게 하는 방식이다. 『36계』의 제32계로 등장하는 공성계空城計다.

공성계는 성을 방어하기 어려운 상황에서 아예 공성空城 성을 비움으로 상대에게 함정과 매복이 있다고 판단하게 만들어 공성攻城 성을 공격함을 주저하게 만드는 전략적 개념이다. 『삼국지연의』에는 제갈량이 성문을 열어둔 채 성루에서 거문고를 연주함으로써 사마의의 판단을 흐리게 만들어 격퇴한 일화가 나온다. 아마도 사마의는 평소 신중한 작전을 구사하는 제갈량이기에 대책 없는 공성계 대신 매복이라고 판단했을 것이다. 사실 이런 심리전은 소설에서나 나올 법한 이야기로 실전에서는 통할 가능성이 희박하다. 상대가 정찰을 수행할 수 없고 불확실성을 회피하는 경우에만 성공 가능한 전략이다.

진수의 역사서『삼국지』와『위서』에서는 195년 조조가 여포를 상대로 구사한 전략으로 공성계가 기술되어 있다. 조조의 군사 다수가 농산물 수확을 위해 성 밖으로 나간 사이 성 근처에 도착한 여포 군대는 조조의 매복을 염려하여 공격을 미루다 돌아온 조조 군대의 매복에 당했다. 『조운별전』에는 219년 한중漢中 전투에서 유비의 장군 조운이 조조의 군대를 만나 싸우다 열세를 느껴 성으로 퇴각했는데, 성문을 닫지 말라는 조운의 조치에 조조 군대는 입성을 주저하였다. 이어 조운 군대가 반격하여 승리를 거뒀다는 이야기다. 또 1573년 미카타가하라 전투에서 도쿠가와 이에야스는 하마마츠 성으로 도망간 후 성문을 닫지 않음으로써 오히려 더 이상 공격을 받지 않아 살아남았다는 기록도 있다. 공성계는 조조가 처음 구사한 전략인데 소설에 의해 주인이 바뀌었다는 주장부터, 그 시절 공성계다운 사건은 아예 없었다는 주장까지 다양하게 제기된다.

공성계와 관련된 전략 개념 하나는 청야입보다. 들판을 비우고 산성에 들어와 지킨다는 청야입보는 성을 지킨다는 점에서 공성계와 반대이지만, 비운다는 점에서는 공성계와 유사한 전략이다. 그래서 공성계를 청야 전략의 뜻으로 사용하기도 한다. 612년영양왕 23 고구려가 수나라에 도움될 여러 물자를 없애버려 수나라를 격퇴한 사건도 공성계 사례로 들 수 있다.

불타는 모스크바에서의 나폴레옹. 아담 알브레히트 그림. 1841년

근대 역사에 등장하는 공성계 사례로 나폴레옹과 히틀러의 공격을 격퇴한 러시아소련의 전략을 들 수 있다. 1812년 9월 나폴레옹 1세의 군대는 모스크바를 점령했지만 텅 빈 모스크바에서 방화에 의한 화재로 보급과 병참에 어려움을 겪어 오래 머물 수 없었다. 모스크바 점령은 2~3년 후 예정된 나폴레옹 패망의 시작이었다. 또 1942년 1월에는 나치 독일군이 모스크바 근방에서 소련군의 반격을 받고 퇴각했는데, 모스크바 진격 실패는 히틀러의 전투 일정에 큰 차질을 주어 나치 패망의 시작으로 평가된다. 모스크바를 성공적으로 점령한 사례는 13세기 몽골이 유

일한데, 보급에 문제가 없던 몽골군은 오히려 도시를 불태워버렸다.

보급은 전투력의 주요 구성 요소이다. 예컨대 기갑부대의 전투에서 탱크 연료 보급은 탱크 수만큼이나 중요하다. 펜싱 경기에서는 손뿐 아니라 발도 빠른 선수가 유리한데, 펜싱 선수의 손과 팔이 전투병이라면 발은 보급병에 해당한다고 할 수 있다. 바둑에서도 상대 돌을 잡으려면 내 돌부터 살아야 하고, 살려면 내 다른 돌과 연결되어야 한다. 공성계는 주로 상대의 보급 능력을 차단하기 위해 펼쳐진다.

한반도 역사에도 공성계가 등장한다. 고려 무신 정권 때 개성을 비운 적이 있고 또 조선 시대 임진왜란과 병자호란 때 한양을 비운 적이 있다. 6·25 전쟁 중에도 서울을 두 차례나 비웠다. 1951년 1월 4일 국군과 유엔군은 서울을 비우고 임시 수도를 부산으로 옮겼는데, 이미 1950년 12월 24일에 서울 시민 피난령을 공표하여 차근차근 철수를 진행하였다. 1월 5일 서울에 입성한 중국 인민지원군은 매우 기뻐했지만, 그 기쁨은 오래가지 못했다. 전선의 북진보다 적군 전투력 박멸에 주력한 유엔군의 반격으로 중국군은 1~2월에만 10만 명의 병력을 잃었다.

군사 거점으로 활용되는 고지와 달리, 낮은 지대의 도시는 공격에 취약하여 군사 전략적 가치는 작다. 물론 적군에게 수도를 뺏겼다는 사실은 군대 사기에 부정적으로 작용하겠지만, 완전히 비운 서울은 먼 중국 지역에서 보급을 받고 있던 중국군과 북한군의 자원 소모를 더욱 가속화시켰다. 유엔군과 국군은 평양, 흥남, 서울 등지에서 철수할 때 사람뿐 아니라 물자까지 적의 수중에 들어가지 않도록 조치하면서 철수했다.

이런 1·4 후퇴에 비해, 6·25 전쟁 초기의 서울 철수는 아무런 준비 없이 이루어졌다. 특히 철수 과정에서 6월 28일 발생한 한강 인도교 폭파가 그런 예다. 많은 시민을 서울에 남겨둔 채 너무 일찍 폭파시켰고, 또 폭파 작전이 인근 국군 부대들과 소통하지 않은 채 진행되는 바람에 병력 손실이 많았으며, 또 폭파 작전을 수행한 공병감을 '이적 행위' 죄목으로 8월에 체포하여 바로 9월에 총살함으로써 의혹을 키웠는데1962년 무죄로 판결되어 사후 복권되었음, 이 철수 과정은 군사적 측면뿐 아니라 정치적 측면에서도 이승만 정부에 큰 손실을 가져다주었다. 철수도 내용에 따라 그 결과가 바뀌기 때문에 작전으로 불린다. 1 · 4 후퇴가 성공한 작전이었다면, 6 · 28 철수는 충분한 전략적 계산 없이 이뤄진 후퇴였다.

최종 패배를 피하기 위해 일시적으로 후퇴하는 공성계는 단기적으론 손해를 최소화하면서 지는 전략이고, 장기적으론 결국 이기기 위한 전략이라고 말할 수 있다.

17. 전격전_허 찌르기

프랑스 마지노선과 독일의 지그프리트선

1940년 5월 10일, 독일군은 이른바 전격전blitzkrieg으로 서유럽 침공을 시작했고, 프랑스는 한 달 반도 버티지 못하고 항복했다. 영국과 프랑스는 독일에 선전 포고한 1939년 9월 이후 8개월 동안 독일 봉쇄에 주력했는데 마지노Maginot선이 주요 봉쇄선이었다. 독일의 서유럽 침공에는 돌아가기, 허 찌르기, 섞기, 길 빌리기 등의 전략적 키워드가 깔려 있었다.

돌아가기우회

참호전으로 수많은 장병들이 살상된 제1차 세계대전의 경험에서 프랑스군 지도부는 방어가 최선의 전략이라고 인식했다. 1927년 프랑스 육군 장군 마지노 Andre Maginot, 1877~1932는 독일과의 국경에 철옹성을 세울 것을 건의했고 1936년 부터 지붕이 덮인 포대 요새들이 모습을 드러내기 시작했다.

전격전으로 불리는 독일의 프랑스 침공은 그 신속성으로 인해 성공한 것으로 생각하기 쉽지만, 사실은 우회했기에 가능했다. 독일군은 난공불락의 마지노 요새를 우회했다. 이후 독일군이 마지노 요새를 점령하고 있던 동안에는 연합군이 마지노 요새를 우회하여 독일로 진군했다. 철옹성은 피하는 것이 상책이다. 손자병법을 빌려 말하자면, 우회도 싸우지 않고 이기는 전략이다.

허 찌르기

독일군의 프랑스 침공은 우회뿐 아니라 상대의 허를 찔렀기 때문에 성공했다. 프랑스는 독일과의 국경에 마지노 요새를 구축하고 베네룩스 3국벨기에, 네덜란드, 룩셈부르크과의 국경, 특히 저지대에 주력 부대를 배치했다. 프랑스는 벨기에 아르덴 삼림 지역이 탱크와 같은 중무장군의 통과가 어렵다고 판단해 독일군 침투로로 예상하지 않았다. 하지만 실제 독일군의 주 침공로는 바로 아르덴 삼림 지역이었다. 독일군은 프랑스가 예상치 못한 루트를 선택하여 프랑스 깊숙이 침투했고 프랑스군을 전방과 후방으로 분리시켜 승리를 거뒀다.

섞기

최선책이 상대 선택에 따라 달라진다면 최선책은 돌고 돈다. 예컨대 가위바위보 게임에서 상대 '가위'에 대한 나의 최적 전략은 '바위', 나의 '바위'에 대한 상대의 최적 전략은 '보', 상대 '보'에 대한 나의 최적 전략은 '가위'다. 이런 상황에서는 가위, 바위, 보를 적절하게 섞는 것이 최적 전략이다. 가위바위보 게임에서 유독 특정 선택을 많이 하는 사람은 그런 습관이 상대에게 읽혀 패배할 가능성이 크다.

선택과 집중, 기만과 방어

여러 전선에서 전투를 동시에 수행하는 데는 부담이 따른다. 초강대국 미국조차 동시에 수행할 수 있는 국지전을 몇 개로 한정하느냐에 따라 행정부마다 군사 전략을 다르게 수립했다. 각자가 한정된 자원으로 공격과 방어를 수행하는 상황에서는 일부 지역에 집중할 수밖에 없다. 축구 승부차기에서 골키퍼는 슛의 예상 방향을 좁혀 방어하고, 야구에서도 타자는 투수의 예상 구질을 좁혀 볼을 노린다.

스포츠를 포함한 대부분의 경쟁에서 유리한 선택은 상대 선택에 따라 달라진다. 가위바위보 게임에서 상대가 가위, 바위, 보를 낼 때 내가 이길 수 있는 전략은 각각 바위, 보, 가위다. 상대의 선택을 미리 알 수 있다면 백전백승이다. 가위바위보 게임에서 상대 선택을 본 후 자신의 선택을 낼 수 있을 정도의 빠른 눈과 손을 가진 사람은 이길 가능성이 크다. 축구의 승부차기나 야구의 투타 대결에서도 상대 선택을 관찰한 후에 자신의 선택을 정할 수 있을 정도로 빠른 선수는 승률이 높다.

내 선택을 상대가 잘못 알아도 이기기 쉽다. 도박과 스포츠 등 각종 게임은 주로 상대를 속여야 이긴다. 도박에서 상대가 내 패를 잘못 읽으면 내가 이득을 보고, 축구에서 드리블은 주로 페인트로 돌파하는 것이며, 야구에서도 투수의 투구나 주자의 도루 모두 상대 예상의 허점을 찔러야 성공 가능성이 크다.

손자병법 용간用間 편은 간첩의 필요성과 방법에 대해 강조하고 있는데, 상대에 관한 정확한 정보는 승리 가능성을 높인다. 물론 상대가 나의 수를 정확하게 읽어주는 것이 오히려 나에게 유리할 때도 있다. 치킨 게임의 배수진이 그런 예다. 그런 득실 구조를 제외한 대부분 상황에서는 내게 여러 선택지가 있고 또 상대가 내 선택을 알 수 없는 것이 내게 유리하다.

공격 및 방어 루트의 최적 조합

1940년 독일의 프랑스 공격 루트에 '고지대'와 '저지대' 두 가지가 있다고 단순화해보자. 프랑스가 방어력을 고지대에 집중하는 동안 독일군이 광활한 저지대를 통과하는 선택은 독일에게 최상의 결과를, 프랑스에게는 최악의 결과를 가져다줄 것으로 유추할 수 있다. 만일 프랑스가 저지대 방어에 집중해 있는 동안 독일군이 좁은 고지대를 통해 돌격하면 독일은 차선의 결과를, 프랑스는 차악의 결과를 얻을 수 있었다고 말할 수 있다. 또 독일군이 저지대 루트를 선택하고 프랑스가 이를 정확히 대비한 경우는 프랑스가 어느 정도 방어에 성공한 차선의 결과를 얻고 독일은 어느 정도 피해가 불가피한 차악의 결과로 가정할 수 있다. 만일 독일군이 고지대 험로를 통과하고 프랑스가 그 길목을 기다리고 있었다면 이는 독일군에는 최악이고 프랑스군에는 최상이었을 것이다. 이를 도식화하면 다음과 같다.

		독일의 공격 루트	
		고지대(q)	저지대(1-q)
프랑스의 군 배치	고지대(p)	-2 +2	+2 -2
	저지대(1-p)	+1 -1	-1 +1

프랑스는 독일의 공격 루트에 자국 군대를 배치하려 하고 독일은 프랑스군이 없는 곳으로 공격하려 하기 때문에 최적 전략은 돌고 돈다. 상대에게 전혀 들키지 않고 군을 이동하는 일, 그리고 상대 선택을 관찰하자마자 자국의 군대 이동을 신속히 완료하는 일 모

두 쉽지 않다. 결국 상대 선택과 관계없이 스스로의 결단으로 자국 군대를 분산 배치할 수밖에 없다.

고지대와 저지대를 어떤 비율로 공략하고 방어해야 하는지에 대한 계산은 다음의 방식으로 고민할 수 있다. 고지대에 배치할 독일 공격력의 비율을 q라고 하면, 저지대에 배치할 비율은 1-q이다. 마찬가지로 프랑스 전력의 고지대 배치 비율을 p라고 하면 저지대 배치 비율은 1-p이다.

독일의 최적 공격 전략은 고지대와 저지대를 1:1의 비율로 나누는 것이다. 반면 프랑스의 최적 방어 전략은 고지대와 저지대에 각각 1:2의 비율로 군사력을 배치하는 것이다. 최적의 혼합 비율은 다음 방정식으로 계산할 수 있다.

프랑스의 득실 = p [(+2) (q) + (-2) (1-q)] + (1-p) [(-1) (q) + (+1) (1-q)]

= p (6q-3) + (1-2q)

독일의 득실 = q [(-2) (p) + (+1) (1-p)] + (1-q) [(+2) (p) + (-1) (1-p)]

= q (2-6p) + (3p-1)

위 계산을 말로 하자면, 독일이 어떤 루트를 선택해 공략해도 그 효과를 동일하게 만드는 방어선 구축이 프랑스의 최적 전략이다. 즉 아르덴 삼림 지역과 같은 고지대에도 저지대 배치 군사력 규모의 절반 정도를 배치하는 것이 프랑스의 최적 전략이란 것이다. 그렇지만 프랑스는 아르덴 지역을 소홀히 했고 결국 방어에 실패했다.

독일과 프랑스가 고지대 대 저지대 비율을 각각 1:1과 1:2로 결정한 선택은 독일과 프랑스 어느 한쪽도 혼자 선택을 바꿔 더 나아질 수 없는 상황이다. 만일 프랑스가 1:2보다 훨씬 더 저지대에 치중한 선택을 한다면 독일은 고지대로 공략할 것이므로 저지대에 대한 지나친 치중은 프랑스가 취해서는 안 되는 작전이었다. 반면에 1대 2라는 프랑스의 선택은 독일에 그대로 읽혀도 더 나빠질 이유는 없다. 이 상황에서는 독일이 고지대와 저지대를 1 : 1 비율로 공략하고, 이에 프랑스는 고지대와 저지대를 1 : 2의 비율로 방어하는 것이 내쉬 균형이다. 여기서 내쉬 균형이란 '혼자만 선택을 바꾼다고 더 나아질 수 없는 상태'를 말한다.

길 빌리기

벨기에는 국가 형성기인 19세기부터 제2차 세계대전까지 중립국으로 인정받았다. 1914년 제1차 세계대전 발발 때 독일은 프랑스를 치기 위해 벨기에에 길을 빌려달라고 요구하면서 빌려주지 않으면 벨기에를 점령하겠다고 통고했다. 이에 벨기에는 거부했고 곧 독일에게 점령됐다. 독일이 패배해 제1차 세계대전이 끝나면서 벨기에는 중립국 위치와 왕정을 복원했다.

이와 유사한 사건이 1940년에 다시 발생했다. 차이가 있다면 독일이 길을 빌려달라는 요구 없이 벨기에를 바로 침공했다는 점이다. 영국에서 벨기에 망명 정부를 이끌지 않고 독일에 항복했던 벨기에의 레오폴드 3세는 전후 권좌에 복귀하지 못했고 대신 아들이 즉위했다. 제1차 세계대전과 제2차 세계대전당시 벨기에는 프랑스 원정의 길을 쓰겠다는 독일에 어떻게 대응해야 했을까.

기원전 658년, 진晉 나라는 우虞 나라에게 괵虢 나라 정벌을 위해 길을 빌려달라고 했다. 우나라가 길을 빌려주자 진나라는 괵나라를 정벌한 후 돌아오는 길에 우나라도 정벌해버렸다. 이것이 가도멸괵假道滅虢의 출처다.

가도멸괵의 역사 때문인지 역사상의 가도 요구는 대부분 거절됐다. 여진을 정벌하기 위한 거란의 가도 요구는 고려가 거부했고, 명을 정복하기 위한 왜의 가도 요구는 조선이 거부했다. 거부한 대가로 고려와 조선은 각각 거란과 왜와 참혹한 전쟁을 겪었다.

길을 빌려줘도 되는지는 특히 약소국에게 생존과 관련된 고민이다. 마키아벨리는 군주론 제21장에서 두 세력이 싸울 때 중립을 지키는 약자는 승자의 먹이가 될 수 있다고 보았다. 도와주지 않은 자에게 승자는 관용을 베풀지 않을 것이고, 패배자는 관심을 가질 이유가 없기 때문이다. 반대로 누구를 도와 승리를 이끌면 그 승리자는 도움을 갚으려 할 것이며, 도움을 받은 측이 패배하더라도 자신을 도운 자를 배척할 이유가 없기 때문이다. 마키아벨리는 중립보다 개입을 권고했다.

도움을 줘 성공한 경우도, 도움을 줘 망한 경우도 있다. 신라의 삼국 통일은 성공 사례, 가도멸괵의 우나라와 토사구팽의 구사냥개는 실패 사례이다. 길을 빌려주지 않은 경우도 마찬가지다. 빌려주건 빌려주지 않건 고래 싸움에 새우 등은 터지기 십상이다. 고래 싸움이 시작되기 전에만 새우의 역할이 있을 뿐이다. 그 역할이라 해봐야 승패를 뒤바꿀 정도의 강한 힘이 없으니 쌍방이 받아들일 수 있는 중간적 입장에 의할 뿐이다.

오늘날 공격과 방어의 경쟁은 종종 목도된다. 군사 안보뿐 아니라 경제와 문화 등 다양한 분야에서 창과 방패 간 게임이 벌어진다. 창은 상대의 허를 찌르려 하고, 방패는 창이 향할 곳에 있으려 한다. 대개 공격에는 우회와 기습이, 방어에는 혼합적 대응과 예방적 중재가 효과적이다. 모든 걸 뚫는 창, 모든 걸 막는 방패는 존재하지 않는다.

18. 구정 공세_더 잃을 게 없다

1968년 1월 29일, 남베트남의 주요 도로는 설 전날이라 이동하는 사람들로 붐볐다. 그 인파 속에는 남베트남민족해방전선, 즉 베트콩越共 전사들도 섞여 있었다. 무신년 설날에 발생한 사건이라 베트남에서는 스끼엔텟마우탄事件節戊申이라 불리는 구정 공세Tet Offensive를 펴려고 잠입 중이었다.

설 연휴 동안의 휴전은 당시 베트남의 관례였다. 남베트남 정부는 설을 맞이하여 북베트남과 합의 없이 일방적으로 휴전을 선포하고 일부 군인들의 귀향을 허용했다. 북베트남과 베트콩은 이를 틈타 설날 밤부터 남베트남 정부와 미군 시설을 상대로 기습 공격을 감행했다. 구정 공세로 시작된 전투는 3월까지 지속되다 5~6월, 그리고 8~9월에 다시 치러졌다.

1968년 1월 베트콩이 뚫은 사이공 주재 미국 대사관 담장 구멍 사이로 전투 현장을 정리하는 미군의 모습이 보인다.

구정 공세의 주요 공격 대상 중 하나는 사이공 주재 미국 대사관이었다. 베트콩은 대사관 담장 벽을 로켓포로 뚫고 침입하여 대사관에 대규모 인명 피해를 입혔다. 이런 장면들이 미국 국민들에게 생생히 보도되면서 전쟁 승리를 목전에 두고 있다는 정부의 설명에 의문을 갖던 미국민들의 베트남전 철수 주장에 힘을 보태게 되었다.

이런 미국 내 반전反戰 분위기는 1968년 2월 1일 AP 사진기자 에디 애덤스가 촬영하여 세상에 알린 '사이공식 처형'이라는 이름의 사진으로 더욱 고조되었다. 애덤스의 사진엔 남베트남 치안 책임자 응우옌 곡 로안이하 로안이 권총으로 베트콩 포로 응우엔 반 렘<del>이하 렘</del>을 총살하는 장면이 담겨 있었다. 양손이 뒤로 묶인 채 서 있는 민간인 복장의 렘, 그리고 주저 없이 무표정하게 방아쇠를 당기는 군복 차림 로안의 모습은 남베트남군과 미군의 잔혹성을 부각시켰다. 이 사진은 다음해 애덤스에게 퓰리처상을 안겨주며 큰 반향을 불러일으켰다. 1975년 남베트남이 패망하면서 미국에 망명한 로안은 미국 내에서도 추방 압력을 받는 등 1998년 사망할 때까지 줄곧 비난에 시달렸다.

정확히 말해 즉결 총살된 렘이 무고한 시민은 아니었다. 렘이 남베트남 경찰 가족의 학살에 직접 가담했는지에 대해 엇갈린 의견도 있지만, 그가 구정 공세에 참전한 베트콩 대원임은 확인된 바 있다. 렘은 민간인 복장이었으므로 전쟁 포로의 대우에 관한 제네바 협약의 보호 대상이 아니었다. 수많은 남베트남 경찰과 가족들이 베트콩에 의해 참살된 직후라 로안은 렘을 즉결 처형했을 것이다. 훗날 애덤스는 로안을 직접 찾아 사과했고, 1998년 시사주간지 『타임』에 기고한 글에서 그를 다음과 같이 추도했다.

> 내 사진에서 두 사람이 죽었다. 총살된 사람과 응우엔 장군. 베트콩을 죽인 장군은 내가 카메라로 죽였다. … 사진은 조작 없이도 거짓말을 한다. 절반만 진실일 뿐이다. 사진이 말하지 않은 것은 '이미 여러 미국인을 죽인 악당이 그때 그곳의 장군 대신 당신에게 잡혔다면 당신은 어떻게 했을까?'이다. … 내 사진은 그의 인생을 엉망으로 만들어버렸다. 그는 한 번도 나를 비난하지 않았다. 그는 내가 촬영하지 않았더라도 다른 누군가 했었을 것이라고 나에게 말했다. 오랫동안 그와 그의 가족에게 미안했다. 그가 죽었다는 소식을 듣고 조화를 보내면서 '미안하고 눈물이 난다'고 전했다.

언론은 여론을 주도하기도 하지만 동시에 여론을 따라가는 경향도 있다. '사이공식 처형' 사진도 당시 반전 분위기에 따라 보도된 것이지 사회적 흐름을 뒤집는 특종 사진은 아니었다. 구정 공세에서 베트콩이 사살한 민간인 사진들 역시 보도되었으나 큰 관심을 끌지는 못했다. 당시 베트콩의 만행은 미국 대중이 그렇게 듣고 싶은 소식이 아니었다.

1968년 2월 1일 로안이 렘을 총살하고 있다. 퓰리처상을 수상한 이 사진으로 미국 내 반전 분위기는 고조되었다

사상자 수로만 구정 공세의 결과를 따지면 베트콩과 북베트남의 패배였다. 베트콩 조직은 치열한 전투로 거의 와해되어 이후 북베트남에서 파견된 인사가 지도를 맡아야 했다. 미국과 남베트남이 군사적·전술적 승리를 거뒀음에도 불구하고 정치적·전략적 승리는 북베트남에 돌아갔다. 구정 공세 이후 미국의 반전 여론이 매우 높아졌기 때문이다. 그리하여 북베트남이 수세에 몰리던 전세는 돌변했고, 결국 미군은 1973년 베트남에서 철수했다. 많은 희생을 감수하며 미국을 쫓아내고 통일과 독립을 이룬 베트남은 오늘날 미국을 우방으로 여기고 있다. 이러려고 그런 희생을 감수하고 전쟁을 수행했는가 하는 자기모순을 느낄 정도로 세월의 흐름 속에 상황은 변했다.

북베트남의 정치적 승리는 절박함과 대의명분이라는 두 가지 전략적 요인으로 설명할 수 있다.

절박함

북베트남과 베트콩은 여러 전투에서 승리를 얻지 못해 수세적이고 절박한 상황에서 구정 공세의 필요성이 절절했다.

필사즉생必死即生의 태도는 우위에 있을 때보다 궁지에 몰렸을 때 관찰된다. 궁지에 몰린 약자가 무모하게 강자에게 도전하는 얘기는 여러 고전에 등장한다. 『춘추좌씨전』에서는 곤수유투困獸猶鬪, 즉 "곤경에 처한 짐승일수록 싸우려 한다"고 하고, 『염철론』에는 궁서설리窮鼠齧狸, 즉 "궁지에 몰린 쥐가 살쾡이를 물고, 필부도 천자의 군대를 칠 수 있으며, 신하도 활을 꺾을 수 있는데, 난을 일으킨 진승과 오광이 그렇다窮鼠齧狸 匹夫奔萬乘 舍人折弓 陳勝吳廣是也"고 기록되어 있다.

실패하더라도 더 이상 잃을 게 없는 측은 도박을 주저할 이유가 없다. 궁지에 몰린 쥐가 고양이에게 덤비는 건 합리적 선택이다. 때로는 무모하게 보이는 행동이 합리적 선택일 수 있다. 이를 '부활 가설'로 설명하기도 한다. 성공 가능성이 낮아도 성공할 때 얻을 게 매우 크다면 도전하게 된다. 성공(실패) 가능성과 성공(실패)의 결과로 계산한 기대 효용 값이 큰 쪽을 선택하는 게 합리성이다.

더 저항하지 못할 것 같았던 상대가 죽기 살기로 덤비면 치러야 할 대가가 작지 않다. 그래서 궁서막추窮鼠莫追, 즉 궁지에 몰린 쥐를 쫓지 말라는 경구가 나온다. 박멸이 목적이 아니라면 상대를 쫓을 때 도망갈 구멍을 만들어주고 몰아야 한다.

대의명분

구정 공세 잠입일로부터 710년 전인 1258년 1월 29일은 북베트남 지역의 대월大越, 안남국이 남베트남 지역 참파국과 함께 몽골 제국을 기습하여 몰아낸 날이다. 베트남은 조공 관계를 맺는 등 온건하게 대응한 시기도 있었지만 세 차례1258년, 1285년, 1287~8년에 걸친 몽골의 침공을 격퇴한 바 있다. 베트남인에게 구정 공세는 세계 패권국을 격퇴하여 독립한다는 의미를 지녔던 것이다. 동시에 미국의 개입이 부당하고 잘못되었음을 드러내어 미국 내 반전과 철군의 여론을 불러일으켰다.

궁지에 몰려 반격을 도모했을 때 대의명분이 부족하면 대부분 실패한다. 제2차 세계대전 막바지인 1944년 12월 패색이 짙어진 독일은 아르덴 지역에서 대규모 공세를 전개했다. 전쟁과 패전의 책임에서 벗어날 수 없는 히틀러가 군사력을 총동원해 기습 공세를 시도했다는 점에서 아르덴 공세벌지 전투는 부활 가설의 사례로 언급되고 있다. 독일군은 사상자 수가 연합군보다 많지 않아 단기적으로는 승리한 것처럼 보였지만 지나친 출혈로 결국 패전의 길로 접어들게 되었다. 아르덴 공세가 역전의 결과를 가져다주지 않은 이유는 무엇보다도 세계 여론이 독일로부터 멀어졌기 때문이다.

미국은 베트남에 부당하게 개입했다고 비판받아 결국 패전했지만 명분을 중시할 때가 더 많았다. 2002년 1월 29일, 조시 W 부시 미국 대통령은 의회 국정연설에서 이라크, 이란, 북한을 악의 축으로 명명했다. 제2차 세계대전의 추축국에서 따온 명칭이었다. 8월 도널드 럼스펠드 미 국방장관은 사담 후세인 이라크 대통령을 제2의 히틀러로 불렀다. 상대를 악마로 묘사함으로써 지지나 동원을 받아 승리할 가능성을 키운 것이다.

후세인은 대량살상무기WMD 개발에 관한 유엔의 사찰을 받아들이지 않았다. WMD를 보유하고 있는 것처럼 행동해야 침공을 받지 않을 것이라고 판단한 것일까. 미국으로서는 이라크가 WMD를 보유하고 있다면 더 늦기 전에 제거해야 한다고 생각했을 것이고, 또 실제 보유하지 않았더라도 후세인이 사찰을 거부했으므로 침공할 때 오는 부담이 적다고 생각했을 것이다. 2003년 미국은 이라크를 침공했다. 물론 이라크에 WMD는 존재하지 않았지만 미국이 책임질 일은 없었다. 상대를 악마로 만듦으로써 정치적 승리와 군사적 승리를 동시에 거두었던 것이다.

대한민국의 안과 밖은 자주 불안하다. 절체절명의 궁지에 처한 측도 있다. 궁지에 몰린 자는 실패를 무릅쓰고 부활하려 할 수도 있고 아니면 박멸될 수도 있다. 상대를 악마로 묘사하는 이유는 상대를 박멸하려는 의도 때문이다. 북한을 포함한 누구나 악당으로 규정되지 않을 필요가 있다. 구악舊惡이 제거되더라도 새로운 더 큰 악이 등장할 수도 있다. 함께할 상대라면 굳이 궁지로 내몰 필요가 없고, 박멸할 상대라면 박멸을 넘어 더 큰 악의 등장을 방지해야 한다.

19. 베트남 철군_승패가 전부 아니다

1973년 3월 29일은 미국이 베트남 주둔 전투 부대를 철수하고 종전終戰을 선언한 날이다. 이는 미국이 베트남에서 손을 뗀다는 의미뿐 아니라 미국 정부 스스로 패전을 인정한다는 의미였다. 미국은 질 전쟁에 왜 개입했을까? 근본적인 대답은 질 줄 몰랐기 때문이다. 돌이켜보면 미국은 1960년대 베트남에서 다른 길을 선택했어야 했다.

전쟁은 적어도 패전국에, 때론 승전국에도 손해인 선택이다. 쌍방에 손해인 전쟁조차 쌍방 모두 최선을 선택한 결과일 때도 있다. 각 선택이 실제 어떤 결과를 가져다줄지 불확실하기 때문에 사전事前의 판단에 최선의 선택이다 하더라도 실제 최선의 결과를 보장하지는 않는다.

불확실성을 감안하여 각 선택별로 향후 결과를 사전에 전망하는 기법 가운데 하나가 기댓값 계산이다. 전쟁 수행에서 오는 기대 이익이 현상 유지보다 더 크면 전쟁을 수행하고, 그렇지 않으면 수행하지 않는다는 전제하에 전쟁의 기대 효용을 다음 식으로 계산하기도 한다.

$$\text{전쟁 수행 기대 효용}_{EUw} = (\text{성공 가능성}_P \times \text{성공의 효용}_{US})$$
$$+ (\text{실패 가능성}_{1-P} \times \text{실패의 효용}_{UI})$$

1960년대 미국의 베트남 군사 개입 결정으로 거슬러 올라가 보자. 당시 상황에 대한 미국의 만족도는 지극히 낮았다. 미국은 베트남이 공산화되면 도미노처럼 다른 아시아 지역도 공산화될까 봐 우려했고, 이에 베트남에서 공산 세력을 봉쇄할 필요성을 느꼈다. 다만 미국에는 인도차이나 지역의 가치가 중남미나 유럽보다 작았기 때문에 베트남전 승리의 효용US이 매우 큰 것은 아니었다.

대신에 미국은 베트남 전쟁 성공 가능성P을 매우 높게 인식했다. 중국과 소련이 북베트남을 지원한다 해도 막강한 군사력을 갖춘 미국은 최소한 지지는 않을 것으로 확신했다. 미국의 베트남 개입은 처음부터 도덕이나 당위의 측면에서 줄곧 비판받았지만, 개입 초기에 초강대국 미국이 북베트남에 패전할 것으로 내다본 분석은 거의 없다. 실제 베트남 전쟁 동안 미군 측 사망자는 약 5만 명으로, 백만 명을 상회하는 공산 측 사망자보다 훨씬 적다. 미국은 성공 가능성P을 크게 인식한 탓에 전쟁 수행에서 올 기대 효용EUw 또한 크게 나와 전쟁에 나서게 되었다.

북베트남의 기대 효용도 동일 방식으로 계산할 수 있다. 북베트남은 자국의 승리 가능성P을 미국만큼 크게 평가하지는 않았을 것이다. 대신에 성공의 효용US은 미국과 비교되지 않을 정도로 크다고 인식했을 것이다. 다수의 희생을 무릅쓰고 독립을 쟁취해야 한다는 지고의 가치가 공유되었다. 전쟁 승리에서 얻을 효용US의 값이 워낙 컸기에 성공 가능성P이 작더라도 전쟁 수행으로 기대되는 효용EUw이 컸다. 따라서 북베트남은 미국의 참전에도 전쟁을 주저할 이유가 없었다. 이처럼 군사력에서 압도적으로 열세였던 북베트남이 미국과 치열하게 싸운 것은 기댓값 계산에 기초한 전략적 선택이었고, 이는 인도차이나를 뛰어넘어 국제 질서를 바꾼 전략이기도 했다.

북베트남과의 평화 협정에 따라 1973년 3월 존 매케인(후에 미국 상원 의원 및 대통령 후보, 오른쪽 손 맨 위)을 포함한 미군 포로들이 미군 측에 인계되고 있다.

1973년 3월 29일 사이공 베트남군사지원사령부MACV 해산식의 모습

이제 1973년 평화 협정 체결과 미군 철수라는 선택의 전략적 측면을 살펴보자. 미국은 무언가를 더 얻기 위해서라기보다 덜 잃기 위해 철군을 결정했다고 볼 수 있다. 북베트남의 레둑토가 공동 수상을 거부한 키신저의 노벨 평화상이 미국의 유일한 전리품이라는 평가가 있을 정도다. 1973년 1~3월 미국의 여러 정책은 패전을 인정하지 않고 대신에 인도차이나 안정에 기여했다는 명분으로 포장되었지만 실상 베트남에서 발을 빼는 수순에 불과했다.

지는 일에도 전략이 필요하다. 결과적으로 철군할 거였다면 더 일찍 결정했어야 했다. 철군을 주저하게 만든 것은 매몰sunk 비용의 함정, 즉 본전 생각이었다. 이미 수많은 인명과 재원을 투입한 미국이 그냥 철군하기에는 아쉬움이 매우 컸다. 1960년대 말 미국은 증군과 철군 가운데 성공 가능성을 더 높여주는 증군을 선택했다. 그러나 베트남 주둔 군사력을 증강했어도 실제 성공 가능성은 증대되지 않았다. 오히려 한 발 한 발 더 개입하면서 깊은 수렁에 빠져들고 있었다.

비즈니스에서는 기왕에 투자한 돈을 회수하기 위해 추가로 투자가 이뤄지는 경우가 많다. 또는 가격이 떨어질 것으로 예상될 때에도 보유 물건을 매도하지 않는 경우가 적지 않다. 가격이 하락할 것으로 전망되어도 확실하지 않다고 현상을 유지하기도 한다. 회수할 수 없는 투자를 매몰 비용으로 부르는데, 기존 투자금의 회수 가능성이 크지 않을 때에는 기존 투자금을 잊어버리고 선택하는 것이 더 큰 돈을 잃지 않는 방법이다. 주가가 앞으로 더욱 하락할 것으로 예상하여 보유한 주식을 매입가 이하로 매도하는 이른바 손절이 그런 예다. "자신이 구덩이에 빠져 있음을 알게 되었을 때 해야 할 가장 중요한 일은 구덩이 파기를 멈추는 것이다"는 워런 버핏의 경구도 같은 맥락이다. 현재 시점의 전략적 의사결정은 과거에 이미 발생한 비용 및 효과를 참고만 하고, 주로 향후 발생할 비용 및 효과를 비교하여 정하는 방식이다. 일단 선택한 후에는 선택 이전의 원래 상태로 되돌릴 수 없기 때문에 여러 기간에 걸쳐 매번 최선의 결과를 가져다주도록 선택됐다고 가정하고 전략을 구상하는 것은 비현실적이다.

1968년 초 공산 측의 대공세 이후 미국은 베트남에 승리할 가능성이 작다고 인지하게 되었다. 동시에 중소 분쟁 등으로 봉쇄의 필요성이 대폭 감소되었고 부당한 전쟁이라는 미국 내 반전 여론 또한 어느 때보다 득세했기 때문에 성공에서 오는 미국의 효용도 작다고 판단되었다. 따라서 전쟁 수행에서 기대되는 효용 또한 감소하여 결국 철군에 이르게 되었다. 1973년 철군은 더 이른 철군보다 못한 선택이었지만 조기 철군 옵션이 이미 지나가 버린 상황에서 선택 가능한 여러 대안 가운데 가장 나은 선택이었다.

미국 철군의 전략적 효과는 추후 베트남과의 관계 개선에서 확인되었다. 다른 개발도상국들처럼 남베트남 정부도 부패와 쿠데타로 정권이 불안정했다. 미국으로서는 분단된 남베트남 대신 통일 베트남을 관리하는 것이 더 효과적이었다. 1976년 통일된 베트남은 1977~1978년 캄보디아와, 1979년에는 중국과 전쟁을 치렀다. 1985년 부분적 시장 경제를 도입한 베트남은 1988년 서울 올림픽에 참가했고, 1992년 한국, 1995년에는 미국과 국교를 수립했다. 미국이 베트남에서 철수한 후 우호 관계를 수립하는 데 걸린 시간은 적대적으로 개입했던 기간보다 더 짧았다.

현실주의 국제 정치 이론인 세력균형론은 이길 가능성과 질 가능성을 매우 중시한다. '손자병법' 지형 편에도 다음의 구절이 언급되어 있다.

戰道必勝 主曰無戰 必戰可也 戰道不勝 主曰必戰 無戰可也
싸워서 반드시 이기면 주군이 싸우지 말라고 해도 반드시 싸울 수 있고,
싸워 이기지 못하면 주군이 반드시 싸우라고 해도 싸우지 않을 수 있다.

성공 가능성에 따라 행동을 선택하라는 이런 고전적 경구가 늘 옳은 것만은 아니다. 어떤 경우에는 달걀로 바위를 깨려는 시도, 그리고 물에 빠졌을 때 지푸라기라도 잡는 시도가 최선의 전략일 때가 있다. 왜소한 다윗은 무모해 보였지만 거구의 골리앗과 싸웠다. 실패하더라도 더 나빠질 게 없거나 혹은 성공할 때 정말 좋아질 수 있다면 실패 가능성이 매우 큰 일에도 도전할 수 있다. 잃을 것이 별로 없는 자가 강한 자와의 싸움으로 자기 위상을 높일 수 있을 때 특히 그렇다.

반대로 골리앗은 다윗을 피하는 게 더 나은 선택일 수 있다. 이긴들 나을 게 없을뿐더러 실패하면 엄청난 피해를 입게 되는 상황에서는 성공 가능성이 아무리 커도 피하는 게 상책이다. 성공 가능성과 실패 가능성이 얼마나 크고 작

으며 성공과 실패가 얼마나 좋고 나쁜지를 함께 계산해야 한다. 이러한 기댓값 계산은 더 나은 선택을 위한 기초 자료다.

사람들은 전략을 이기기 위한 도구이지 지기 위한 것은 아니라고 생각한다. 하지만 쉽게 이기는 일뿐 아니라 잘 지는 일, 즉 덜 지는 데에도 전략이 필요하다. '일보 후퇴 이보 전진'처럼 좀 더 멀리 보고 당장에는 지는 게, 그리고 지는 게 확실할 때 적게 지는 전략이 바로 그런 예이다. '적자생존'은 '적게 진 자가 살아남는다'는 의미이기도 하다.

다윗은 기습적인 돌팔매질로 골리앗을 쓰러트렸다. 결과적으로 다윗의 선택은 옳았다고 평가되지만, 사실 결과만으로 그 선택의 옳고 그름이 평가되는 것은 아니다. 이겼기 때문에 무조건 옳은 선택이고 졌기 때문에 무조건 잘못된 선택이라고 말할 수는 없다. 다윗의 돌팔매질이 성공할 거라는 보장은 애초 없었다. 불확실성이 수반되는 선택에는 운이 작용할 수밖에 없다. 어떤 경우엔 결과가 좋았지만 전략은 나빴을 수도 있고, 또 결과가 나빴더라도 좋은 전략이었을 수 있다.

골리앗의 머리를 든 다윗. 카라바조 그림. 17세기 초. 카라바조가 자신의 젊은 모습을 다윗의 얼굴에 자신의 나이든 모습을 골리앗에 대입하여 그렸다고 해석된다.

제4장
개방과 공개
_지속 가능성

20. 포츠담 칙령_부국강병의 길

세계사는 주요 국가의 흥망성쇠로 기술된다. 세계사의 대표적 부국강병 사례로 언급되는 나라가 독일이다. 독일의 부국강병은 1685년 11월 8일그레고리력에 시작되었다고 말할 수 있다. 이 날은 브란덴부르크-프로이센 공국의 선제후인 프리드리히 빌헬름이 포츠담 칙령을 공표한 날이기 때문이다.

포츠담 칙령이 공표되기 직전 시기는 종교 자유를 허용한 낭트 칙령이 프랑스 루이 14세에 의해 폐지됨에 따라 프랑스의 개신교 신자들, 즉 위그노들이 외국으로 망명하려던 차였다. 프로이센 발전을 위해 무엇보다도 인재가 필요하다고 생각한 프리드리히 빌헬름은 이들을 적극적으로 유치하고자 각종 혜택을 약속했다. 이 포츠담 칙령으로 약 2만 명의 위그노와 유대인이 브란덴부르크로 이주했고, 이들에 의해 브란덴부르크 공국은 급속히 발전하게 되었다.

프리드리히 빌헬름 사망 후 그의 아들 프리드리히 3세가 개방 정책을 계승하여 이어갔다. 1701년 브란덴부르크-프로이센 공국은 프로이센 왕국으로 승격했고, 공국의 프리드리히 3세가 프로이센의 초대 국왕 프리드리히 1세로 즉위했다. 베를린 헌병 광장에서 오늘날에도 위용을 자랑하는 프랑스 성당은 이때

포츠담에서 프랑스 위그노들을 환영하는 프리드리히 빌헬름. 휴고 포
겔 그림. 1884년

위그노들에게 제공한 여러 혜택 가운데 하나였다.

이런 외국 문물의 수용은 흔히 프리드리히 대왕으로 불리는 프리드리히 2세 때 극에 달했다. 그는 프랑스인 가정교사의 교육 때문인지 프랑스 문화를 동경했다. 외국 문화 예술에 대한 관심은 젊었을 때 아버지 프리드리히 빌헬름 1세와 심각한 불화를 가져올 정도로 지대했다.

프리드리히 2세는 자신이 직접 그린 도면으로 포츠담에 '근심 없는'이라는 뜻을 가진 프랑스어 이름의 상수시Sanssouci 궁전을 짓게 했다. 상수시 궁전은 18세기 프랑스를 중심으로 발달한 로코코 양식으로 언덕 위에 조성되었다는 점뿐 아니라 정원, 숲, 조각상 등이 프랑스 궁전의 모습을 연상시킨다. 프리드리히 2세는 궁전이 완성되자 오래전부터 친하게 지낸 프랑스의 계몽주의 철학자 볼테르를 초청했다. 프리드리히 2세는 자신의 궁전에서 볼테르의 편지를 낭독했고 볼테르는 프리드리히 2세의 편지를 파리에서 낭독하기도 했다. 볼테르는 상수시 궁전에 머물면서 역사서 『루이 14세기』를 완성했다.

프리드리히 2세는 볼테르뿐 아니라 루소 등 다른 프랑스인들과도 교류했다. 상수시 궁전 서재에는 2천여 권의 책들이 보관되어 있는데 대부분 프랑스어로 되어 있다. 프랑스어를 사용하던 당시 유럽의 귀족들처럼 프리드리히 2세도 독일어보다 프랑스어에 훨씬 익숙했다. 그가 쓴 저서들도 프랑스어로 되어 있다.

부국강병을 이룬 프리드리히 2세는 당시 민족 국가라는 의식이 없던 독일의 여러 작은 공국들로 하여금 독일 민족의 자긍심을 심어주었다. 히틀러를 비롯한 독일의 여러 정치인들은 프리드리히 2세를 자신의 롤모델로 내세우면서 국민 지지를 동원했다. 그러나 프리드리히 2세 등 독일 민족주의의 상징적 인물 다수는 당시 프랑스 문물의 추종자였다. 프로이센은 프랑스와 전쟁을 통해 독일 통일을 이루었는데 역설적으로 그 독일 힘의 원천은 프랑스 선진 문물의 적극적 수용이었던 것이다.

프랑스풍 상수시궁전에서 프리드리히 대왕(테이블 맨 왼쪽에서 다섯 번째로 앉은 사람)이 프랑스의 볼테르(맨 왼쪽에서 세 번째로 앉은 보라색 코트 맨)의 말에 경청하고 있다. 아돌프 폰 멘첼 그림, 19세기

외국의 선진 문물을 무작정 받아들인다고 부국강병이 될까? 바이에른 왕국은 프로이센 왕국과 더불어 독일의 대표적인 큰 영방이었다. 바이에른의 루트비히 2세는 프랑스 문화에 대한 동경심에서 그 누구에도 뒤지지 않았다. 독일 통일을 두고 프랑스와 전쟁이 일어났을 때에도 루트비히 2세는 프랑스풍 궁전 건축에 몰두했다. 루트비히 2세가 지은 궁전 가운데 킴 호수의 작은 섬에 건축된 헤렌킴제 궁전은 그가 얼마나 프랑스 궁전을 좋아했는지를 잘 보여준다. 자금 부족으로 본관만 지어진 헤렌킴제 궁전은 전쟁 홀, 거울 홀, 평화 홀의 홀 배치 순서를 포함해 베르사유 궁전을 거의 그대로 재현한 건물이다.

루트비히 2세의 재위 시절 바이에른 왕국은 프로이센-오스트리아 전쟁 때 오스트리아 편에 참전했다가 패전했으며, 프로이센–프랑스 전쟁 때에는 프로이센에 가담하여 독일 제국 성립 후 연방에 편입되었다. 바이에른의 국력은 프로이센에 전혀 미치지 못했다.

프로이센의 외국 문물 수용이 궁극적으로 새로운 생산자로서의 자리매김이었던 반면, 바이에른 루트비히 2세의 외국 문물 수용은 소비자로서 머문 행위였다. 무조건 외국 문물을 받아들인다 해서 부국강병이 되는 것은 아니다. 소비 차원에 그치지 않고 생산 차원으로도 내재화해야 부국강병이 된다.

외국 문물의 적극적 수용으로 부국강병의 길로 가던 독일의 위기는 아이러니하게도 외국 문물의 배척에서 왔다. 포츠담 칙령 공표 꼭 252년 후인 1937년 11월 8일, 나치 정권은 유대인을 인간 세계에 가장 위험한 존재로 단정하는 '영원한 유대인' 전시회를 개최했다.

다시 1년 후인 1938년 11월 9일, 독일과 오스트리아에서 유대인들은 무차별 공격을 받았다. 깨진 유리 파편들이 크리스털처럼 빛나던 밤이라 해 흔히 '크리스털 밤'으로 불리는 날이다. 거의 100명에 이르는 유대인이 살해되었고 약 3만 명의 유대인이 체포되었으며 약 7,000곳의 유대인 가게가 파손되었다. 특히 독일에 살던 폴란드 국적의 유대인들은 외국으로 추방되었다.

나치 정권이 출범한 1933년부터 1941년까지 독일에서 해외로 망명

유대인 추방의 일환으로 1937년 11월 8일 독일 뮌헨에서 시작된 '영원한 유대인' 전시회의 포스터

한 인원은 줄잡아 10만 명을 넘었다. 이는 독일의 국부 유출이었고, 이로 말미암아 독일은 핵무기와 같은 첨단 군사 기술에서 뒤쳐지며 세계대전에서 패하고 말았다. 독일의 흥성이 외국 인재의 국내 유입에서 왔다면, 쇠퇴는 국내 인재의 외국 유출에서 왔던 것이다.

프로이센이 독일 통일을 위한 예비 전쟁으로 오스트리아와 전쟁을 벌인 1866 년병인년, 한반도에서도 종교적 사건이 발생했다. 프랑스에서 종교 박해를 받던 위그노를 프로이센으로 유치한 프리드리히 빌헬름과 달리, 조선의 흥선대원군은 천주교 금압령을 내려 프랑스 신부와 수천 명의 조선인 천주교도를 처형했다. 이에 프랑스는 조선을 응징하기 위해 7척의 군함을 출정시켰고 어려움 없이 강화도를 점령했다. 그 후 조선군은 프랑스군에 발각되지 않고 정족산성에 잠입하는 데 성공했다. 1866년 11월 9일, 프랑스군은 우세한 화력을 내세워 정족산성을 공략했지만 양헌수를 수성장으로 한 조선군이 이를 격퇴시켰다. 다음 날 프랑스 함대는 철수했다.

양헌수 부대가 정족산성으로 잠입할 때 이용했던 경로가 덕진진이다. 덕진진 남쪽 끝 덕진돈대 해안가에 이른바 '경고비'로 불리는 비석이 하나 있고 다음과 같은 문장이 새겨져 있다.

海門防守 他國船愼勿過
바다 문을 지키고 있으니 타국 선박은 삼가 통과할 수 없다

흥선대원군은 경고비뿐 아니라 전국 곳곳에 척화비를 세웠다. 척화비에 새겨진 12자의 큰 글과 옆에 새겨진 작은 글은 다음과 같다.

洋夷侵犯 非戰則和 主和賣國

서양 오랑캐 침범에 싸우지 않으면 화친인데 화친 주장은 매국이다

戒我萬年子孫 丙寅作 辛未立

우리 만년 자손에게 알림 병인년에 만들고 신미년에 세움

'병인년에 만들어 신미년에 세웠다'는 척화비 문구는 병인양요와 신미양요 1871년 를 외적을 물리친 전쟁이라고 해석한 자신감의 표현일 수 있다. 그런 무모한 착각이 아니라면, 이긴 전쟁인 양 백성을 호도한 행위이다.

멀리 갈 것 없이 오늘날 경고비 근처에는 프랑스와 미국과의 전투에서 전사한 참혹한 조선인 사진들이 전시되어 있다. 조선과의 전투에서 실제 승리한 프랑스와 미국은 큰 이해관계가 없어 철수한

병인양요 이듬해 흥선대원군이 강화도 해안가에 세운 경고비

것인데, 조선 위정자들은 이를 승리라 우겨 개방 대신 쇄국을 고수했고, 결국 인접국 일본에 굴복하는 결과로 이어졌다. 정세 오판에 따른 쇄국이 나라를 식민지로 전락시킨 것이다. 이웃 강대국의 종교 탄압을 자국 성장의 기회로 삼아 개방한 프로이센의 프리드리히 빌헬름과 달리, 조선의 지배 세력은 기득권 유지를 위해 쇄국하여 자국 내 종교 자유를 탄압했고 결국 매국적 결과로 매듭지어졌다.

루이 14세나 히틀러의 예를 넘어 누군가에 의해 퇴출되었다고 다른 누군가에게마저 불필요한 존재는 아니다. 남이 버린 것 중 내게 가치 있는 것이 있다. 고물상이나 헌책방에서 골동품이나 희귀본 서적을 건질 수 있다. 한나라 유방

이 등용한 인재 대부분은 당시 세상이 버린 인물들이었다. 옥석을 가릴 수 있는 안목이 매우 중요하다.

유치가 늘 성공적으로만 정착하는 것이 아님은 물론이다. 지방자치 도입 이래 수십 년 추진되어 온 지방의 각종 유치 사업은 대체로 근시안적이다. 공공 기관이나 대기업, 그리고 대규모 행사 등을 유치하려는 경우 장기적 안목에서 이주하는 측의 입장을 감안해야 한다. 지방으로 이전한 기관들 가운데 무늬만 지방 이전인 경우도 많다. 장기적 안목에서 이전이 해당 기관에게도 나은 선택이 아니라면 강제해봤자 오래 가지 못한다.

모든 분야에서 열악한 국가도 비교 우위의 분야는 있게 마련이다. 개방은 비교 열위의 분야를 수입하고 비교 우위의 분야를 수출하는 것이다. 다만 위정자들이 개방을 제대로 관리하지 못하거나 정치적으로 이용하여 나라가 구조적 종속에 빠지는 경우도 있다. 그럼에도 불구하고 개방이 쇄국보다 훨씬 더 나았음은 역사가 증빙한다.

21. 베를린 장벽_영원히 가두는 담은 없다

1961년 8월 13일 일요일, 독일 베를린에서는 도시를 가로지르는 철조망 방벽이 아무런 예고 없이 세워지기 시작했다. '철조망 일요일Barbed Wire Sunday'로 불리는 이날, 지상뿐 아니라 지하에서도 동·서 베를린 간 통행이 금지됐다. 서베를린 지하철은 환승역 하나를 빼곤 아예 동베를린에 정차할 수 없었고, 동베를린 지하철역 15개는 유령 역ghost station이 되었다. 1945년부터 1960년까지 무려 250만 명 이상의 동독인들이 서독으로 탈주하자 독일민주공화국동독 정부

가 내린 조치였다. 이후 철조
망 방벽은 콘크리트 장벽으로
바뀌었고 이중 장벽, 완충 지
대, 감시탑 등이 동서독 경계
선 곳곳에 추가로 설치됐다.

동독 정권은 이 장벽을 파
시즘 방지벽antifaschistischer Schut-
zwall으로, 또 이날을 독일민주
공화국의 실질적 건국일로 불

베를린 장벽은 동베를린과 서베를린 사이뿐 아니라 서베를린과 다른 동독 지역 간의 경계선도 포함한다.

렀다. 베를린 장벽과 붙어 있던 서베를린 폐허 건물 하나가 비밀국가경찰게슈타포, 나치스친위대SS, 제국보안본부RSHA 등 1933~1945년 나치 정권 공포정치 기관들의 본부였기 때문에 그런 선전이 더욱 통했다.

엄격히 말하자면 분단 시절 베를린은 나머지 독일 지역과 법적 지위가 달랐다. 동독 지역 한 가운데에 위치한 베를린의 주권 관할권은 제2차 세계대전의 전승 연합국인 미국, 영국, 프랑스, 소련에게 있었다. 그래서 155km의 베를린 장벽을 다른 지역의 1,400km 동서독 경계선과 구분하기도 한다. 베를린을 동과 서로 나누는 경계선은 43km이었다. 이 경계선 외에도 베를린 외곽의 동독 지역과 서베를린 사이의 112km 담도 베를린 장벽으로 불렸다. 당연히 베를린 외곽의 동독 지역과 동베를린 사이에는 장벽이 없었다. 그래서 '베를린을 둘러싸거나 나누는 담'을 의미하는 '베를린 장벽'보다는 '서베를린을 둘러싼 담'이라는 의미의 '서베를린 장벽'이 더 정확한 명칭이라고 볼 수 있다.

이렇게 등장한 동서독 간 높은 장벽은 이삼십 년 동안 그 견고함을 자랑했다. 베를린 장벽 근방에서 사망한 약 250명을 포함한 거의 1,000명의 동독인들이 동서독 간 장벽을 넘다가 죽었다. 동독 정부는 실내 벽에 각종 도청 장치를, 또

1961년 8월 13일 브란덴부르크문 앞에서 동독 군인들이
베를린 장벽 축조를 위해 통행을 금지시키고 있다.

실외 담에 각종 감시 시설을 설치했다. 동독 국가안보국 슈타지Stasi는 약 30만 명의 요원이 약 600만 명에 관한 첩보 파일을 갖고 체제 유지에 온 힘을 쏟았다.

다른 한편으로는 이 견고한 장벽을 무너뜨리려는 두드림이 계속되었다. 1971년 동독에서 탈출한 미카엘 가르텐슐래거Michael Gartenschläger는 1976년 3월과 4월 동서독 경계선에 설치된 동독의 대인 지뢰 SM-70을 탈취하여 세상에 공개했는데, 5월의 탈취 시도 때에는 동독 국경수비대 총격에 즉사하고 말았다. SM-70의 비인도적 잔혹성은 국제 사회의 지탄을 받았고, 당시 외환 부족을 겪던 동독 정부는 국제 사회의 압력에 따라 SM-70을 동독 철조망에서 철거했다.

1982년 6월 서베를린을 방문한 로널드 레이건 미국 대통령은 다음과 같이 말했다.

왜 장벽이 거기 있는지 소련 지도자에게 묻고 싶다.

다시 1987년 6월 12일 베를린 장벽 앞에서 레이건 대통령은 다음과 같이 연설했다.

Mr. Gorbachev, open this gate. Mr. Gorbachev, tear down this wall.
고르바초프 서기장, 이 문을 여시오. 고르바초프 서기장, 이 벽을 허무시오.

베를린 장벽의 수명은 30년을 넘기지 못했다. 1989년 5월 헝가리 정부는 글라스노스트(개방)를 표방한 소련 고르바초프 정부의 지원하에 오스트리아와의 국경, 즉 철의 장막 일부를 개방했다. 9월

베를린 장벽이 모두에게 즉시 개방된다는 오해를 줘 실제로 그런 결과를 가져온 동독 정부의 1989년 11월 9일 기자회견

동독인 수십만 명이 동독, 체코슬로바키아, 헝가리, 오스트리아, 서독을 차례로 거쳐 탈출하기 시작했다. 체코슬로바키아 정부는 이를 차단하려 동독인의 체코슬로바키아 입국을 금지했다. 10월 동독 지도부가 교체된 후에 동독—체코슬로바키아 국경은 다시 개방됐지만 동독인의 쇄도로 양국은 어려움을 겪고 있었다.

이런 어수선한 시절 동독 정권이 전혀 의도치 않은 사건이 발생했다. 11월 9일 동독 정부는 일부 여행객에 한해 서독으로 바로 갈 수 있게 하는 조치를 발표했는데, 발표 현장에 있던 기자의 질문을 받은 동독 관리가 출국을 즉시 허용한다고 얼떨결에 말하게 되었고, 이에 언론은 베를린 장벽을 포함한 동서독 경계선이 모두에게 즉시 개방된다고 보도했다. 이날 밤 수천 명의 동독 사람들이

오늘날 몇 개 되지 않는 긴 베를린 장벽의 한 곳 틈 사이로 테러전시관이 보인다.

가장 길게 남아 있는 베를린 장벽인 이스트사이드 갤러리 벽화

베를린 장벽에 모였고 동독 국경수비대는 이들의 출국과 귀국을 허용할 수밖에 없었다. 국경 개방 4일 동안 전체 동독 인구의 약 4분의 1이 서독을 방문했다. 1990년 7월 1일 동서독 분단선은 설정된 지 꼭 45년 만에 공식적으로 철폐됐고, 10월 동서독은 마침내 하나의 독일로 재통일됐다.

그렇게 넘기 어렵던 베를린 장벽은 파시스트가 아니라, 자유와 인권을 갈망하던 동독 시민들이 무너뜨렸다. 담이 아무리 높더라도 내부 변화까지 막을 수는 없었던 것이다.

무너진 장벽은 오늘날 기념석으로 존재하고 있을 뿐이다. 베를린 장벽이 철거된 후 그 터의 절반은 두 줄의 붉은 돌로 표시되어 있다. 장벽 위에 건물이 들어서서 표시할 수 없는 구간도 많다. 베를린 장벽 잔해는 주로 도로 건설 등에 재활용되다 소장 가치가 알려지면서 세계의 여러 박물관과 기념품 제작업체에서 수집해갔다. 베를린 시정부는 뒤늦게 장벽 조각을 사들여 일부 장벽을 복원하였다.

오늘날에는 몇 곳에서만 길게 세워진 베를린 장벽을 볼 수 있다. 슈프레 강변 따라 가장 길게 보존된 1,300m의 베를린 장벽인 이스트사이드 갤러리는 그라피티graffiti로 유명하다. 분단 시절 베를린 장벽 벽화는 서베를린 쪽에만 있었다. 동베를린 쪽 벽면은 접근 자체가 허용되지 않았기 때문이다. 장벽 붕괴 직후인 1990년 2월부터 세계 여러 나라 예술가들이 이스트사이드 갤러리 장벽의 동쪽 벽면에 그림을 그렸다.

통일 직후 독일은 한때 통일 후유증을 겪었다. "왜 중국인은 늘 싱글거리며 웃고 있는지 아는가? 그들은 아직도 장벽萬里長城을 가지고 있기 때문이다"는 풍자가 독일 사회에 돌 정도였다. 동서독 경계선은 파시스트로부터 사회주의를 보호하는 벽이 아니라, 발전된 자본주의 사회를 저低발전 공산주의로부터 보호하는 벽이었다가 갑자기 무너졌다는 주장이었다. 하지만 장기적으로는 베를린 장벽 철폐로 평화와 공영共榮의 길로 가게 되었다고 평가되고 있다.

사실, 담은 보호 기능을 수행한다. 하지만 외부와 단절하는 담은 대체로 '우물 안 개구리내부의 지배 집단'를 보호하기 위한 것일 때가 많다. 자신을 보호하려고 세운 담이 결국엔 자신을 구속하여 패가망신에 이르게 만들기도 한다. 즉, 담은 단기적으로 소기의 목적을 이루기도 하지만 장기적으론 그렇지 못하다.

서독 정부는 베를린 장벽이 세워져 있던 28년 동안 4만 명에 가까운 동독 정치범과 25만 명에 이르는 그들의 가족을 데려오기 위해 약 2조 원의 돈을 동독에게 지불했다. 이른바 프라이카우프Freikauf다. 동독에 돈을 줘도 서독을 위협할 동독 군사력 증강은 없을 것이라는 믿음에서나 가능한 일이었다. 3년간의 치열한 전쟁과 수십 년의 각종 도발을 겪은 남북한 관계는 동서독과 다른 상황임은 물론이다. 남북한 간의 담은 살아서는커녕 죽어서도 넘지 못할 정도로 높다.

파주 적성면 답곡리 37번 국도변에는 북한군 묘지가 있다. 6·25 전쟁이나 이후 도발에서 사망한 북한군의 유해가 묻힌 곳이다. 무장공비 침투 사실을 부인하는 북한 정권은 유해 인수를 거부하고 있다. 북한은 잠수함 등 결정적 증거가 있었던 1996년 강릉 무장공비의 유해만 인수해갔을 뿐이다. 북한 정권은 잠수함 승조원들이 무장공비가 아니라 잠수함 고장으로 임시 상륙한 난파 선원이었고 남측이 이들을 무참히 사살했다고 주장했다. 그 외의 북한군은 죽어서도 북한으로 돌아가지 못하고 있다.

이와 달리 중공군 유해 437구는 2014년 3월 중국으로 송환됐다. 남한 내에서 발굴되어 확인된 중공군 유해 가운데 본국으로 송환되지 못한 유해는 없다. 발굴된 미군의 유해도 본국으로 돌아갔다. 1996년부터 2005년까지 함경남도 장진호 인근과 평북 운산 지역에서 발굴된 225구의 미군 유해는 약 3만 달러의 돈이 북한에게 지급된 후 미국으로 송환된 바 있다.

북한 지역에서 발굴된 대한민국 국군의 유해는 2012년 5월 처음으로 남한으로 돌아왔다. 그러나 북한이 바로 보내준 것은 아니었다. 미국·북한 간의 협약에 의해 미국이 북한에게 발굴 비용을 주고 미국으로 전달받은 유해 가운데 국군의 것으로 판명된 유해가 남한으로 돌아왔을 뿐이다. 남북한 간에는 죽어서도 넘지 못하는 담이 존재한다. 자유 왕래, 이산가족 상봉, 유해 송환 등이 불가능한 이 높은 담은 무엇보다도 북한 정권이 쌓은 것이다.

북한의 담이 얼마나 견고할까가 오늘날 주요 관심사 가운데 하나다. 동독에 155km 베를린 장벽과 1,400km의 동서독 경계선이 병존했듯, 북한에는 155마일의 남·북 군사분계선과 1,400km의 북·중 국경선이 존재한다. 동독과 마찬가지로 북한의 폐쇄와 개방은 주변국에 큰 영향을 미친다. 현재 북한의 대량살상무기WMD 개발을 우려하는 주변국들은 북한 봉쇄를 통해 북한을 개방시키려는 매우 역설적인 전략을 취하고 있다. 그러나 북한과 가장 긴 경계선을 가진 중국의 비협조로 완전 봉쇄가 되지 못했기 때문에 효과가 별로 없었다. 중국 역시 정치적으론 닫힌 체제라는 사실에서 기인하는 면이기도 하다.

불완전한 대북 봉쇄는 북한 개방을 더욱 어렵게 만든다. 만일 완전한 봉쇄가 어렵다면 차라리 반대의 전략을 선택해야 한다. 베를린 장벽을 포함한 모든 철옹성은 우회나 내부 이탈에 유난히 약했다. 어떤 체제든 쇄국 일변도로 오래 유지하기란 결코 쉽지가 않다.

봉쇄에는 전략적 고려가 필요하다. 제1차 세계대전 당시 영국의 해상 봉쇄로 어려움을 겪던 독일은 영국에 대해 같은 해상 봉쇄로 맞섰다. 이는 전쟁 물자 수출로 이득을 보던 미국의 이해와 충돌했다. 미국의 참전을 원치 않았던 독일은 제대로 된 해상 작전을 실시하지 못하다 1917년 2월 1일 적국에 전쟁 물자를 수송하는 것으로 의심되는 모든 선박을 잠수함으로 격침하겠다고 선언했다. 독일은 해상 봉쇄로 미국의 참전 이전에 영국이 항복할 것으로 기대했다. 이런 독일의 기대와 달리, 영국은 항복하지 않았고 미국은 2개월 후 참전했다. 적국과 제

3국 간의 해로를 차단하여 자신의 해로를 확보하려는 시도는 거꾸로 제3국인 미국의 참전을 가져와 자국의 패전을 가져다주었다. 남의 길을 끊는 행위도 전략적으로 선택해야 한다.

감염의 확산과 차단

2020년은 세계사에 바이러스 대유행을 기록한 해다. 치사율이 너무 높은 바이러스는 숙주를 빨리 사망하게 하여 다른 숙주로 옮겨가기 어려워 감염이 잘 확산되지 않는다. 또 증상 없는 잠복기가 너무 짧은 바이러스 역시 감염의 기회가 줄어 확산이 잘 이뤄지지 않는다. 잠복기도 길지 않고 치사율도 낮지 않은 코로나바이러스는 모기 등의 매개체 없이도 공기나 비말을 통해 지구촌 곳곳에서 대유행하였다.

코로나바이러스 대유행 때 백신이나 치료제가 개발되지 못한 단계에서의 주요 대응은 감염 차단이었다. 감염을 차단하려면 먼저 감염 확산에 대한 이해가 있어야 한다. 감염 의심Suspectible, 노출Exposed, 감염Infectious, 회복Removed 간의 상호 작용을 설명하려는 SIR 또는 SEIR은 감염 확산에 대한 그 대표적인 모델이다.

연결 수단에 대한 충분한 이해는 감염의 경로와 정도를 추론할 수 있게 해준다. 또 데이터 축적으로 접촉의 빈도와 연결 정도, 감염률, 잠복 기간, 치사율 등으로 확산 정도와 사망자 수를 예상할 수 있을 것이다. 다만 완벽한 예측이 불가능하기 때문에 그 또한 한계가 있다. 질환뿐 아니라 감정도 전염됨은 물론이다. 활성화된 교류로 감염에 훨씬 취약한 오늘날, 봉쇄 역시 전략적 고려가 필수적이다.

22. 부엌 논쟁_최선의 선전은 개방

닉   슨: 이제 부엌을 소개하고 싶습니다. 캘리포니아의 일반 가정에 있는 것과 같은 겁니다.

흐루쇼프: 이런 것 우리도 갖고 있습니다.

닉   슨: … 미국에서는 여성들을 편하게 해줍니다.

흐루쇼프: 공산주의에선 당신들과 같은 자본주의의 여성 문제가 없습니다.

닉   슨: 여성 문제는 어디나 똑같다고 생각합니다. 우리가 원하는 건 가정주부들이 편했으면 하는 겁니다. … 파업 중인 우리 철강 노동자들도 이런 집을 살 수 있습니다. …

흐루쇼프: 우리 철강 노동자와 농민도 이런 집에 살 수 있습니다. 당신 미국의 집들은 건축업자가 새 집을 팔기 위해 20년 만 가도록 짓습니다. 우리는 우리 아이 · 손자를 위해 튼튼하게 짓습니다.

닉   슨: 미국 집들은 20년 이상 갑니다만 그렇더라도 미국인 다수는 20년이 지나면 새 집과 새 부엌을 원합니다. … 새로운 발명과 기술을 이용할 수 있도록 설계한 것이 미국 체제입니다. …

흐루쇼프: 이런 집을 얻으려면 소련에서 태어나기만 하면 됩니다. 미국에서는 돈이 없으면 노숙해야 하지만요. …

닉   슨: … 다양성과 선택권이 가장 중요한 겁니다. 우리는 최고 관료 혼자서 결정하지 않습니다. 이게 차이입니다.

흐루쇼프: 정치 문제로는 당신과 의견 일치를 볼 수 없을 겁니다. 미코얀 부주석은 후추 맛 수프를 매우 좋아합니다. 난 그렇지 않습니다. 그러나 우리 두 사람이 함께 지낼 수 없다는 의미는 아닙니다.

닉   슨: … 사람들이 원하는 걸 스스로 선택하게 합시다. …

위 대화는 1959년 7월 24
일 모스크바에서 소련 총리
니키타 흐루쇼프와 미국 부
통령 리처드 닉슨이 나눈 내
용이다. 1958년 말 미국과 소
련은 문화 교류의 일환으로
상대국에서 박람회를 열기로
합의했다. 그리하여 1959년
6월 뉴욕에서 소련 박람회를,

1959년 7월 24일 모스크바에서 흐루쇼프(왼쪽에 모자 쓴 사람)와 닉슨(오른쪽에 키 큰 사람)이 서로 삿대질을 해가며 자신의 체제를 선전하고 있다.

7월에는 모스크바에서 미국 박람회를 열었다. 모스크바 박람회의 개막 전야제 때
닉슨은 흐루쇼프를 안내했다. 모스크바 박람회 직전에 미국 의회는 매년 7월 셋
째 주를 '포로 국가의 주Captive Nations Week'로 결의했다. 당시 명단에 포함된 포로
국가 대부분은 소련 위성 국가였다. 박람회를 참관한 흐루쇼프는 미국 정부의
조처를 비난했다. 그러는 와중에 전시된 부엌 시설 앞에서 닉슨과 흐루쇼프 간
에 언쟁이 벌어진 것이다. 그래서 부엌 논쟁으로 부른다. 복지, 노동, 여성 등 체
제 경쟁의 주요 관점들이 녹아 있는 토론이었다.

자본주의와 공산주의 가운데 어떤 체제가 더 낫냐는 논쟁은 소련의 붕괴로
결론지어졌다. 하지만 소련의 급속한 성장을 목도한 1959년 당시만 해도 한쪽
체제가 붕괴되기 전이라 치열한 체제 선전이 불가피했다. 부엌 논쟁에서도 상대
에게 지지 않으려는 가시 돋친 설전이 전개되었다. 흐루쇼프가 닉슨의 말을 자
주 끊고 닉슨은 흐루쇼프에게 삿대질을 반복하여 통역들이 진땀을 뺐다. 다음
은 그들이 부엌 전시실을 떠나 다음 투어 장소인 박람회 내 TV스튜디오에서 주
고받은 대화다.

흐루쇼프: 당신, 매우 화가 난 것 같습니다. 마치 나와 싸우고 싶어 하는 것 같군요. 아직도 화났습니까?

닉 슨: 그렇습니다.

흐루쇼프: 닉슨, 당신은 변호사였죠? 지금 신경과민입니다.

닉 슨: 오 예스, 지금도 변호사입니다.

흐루쇼프: (참관 소감의 질문을 받고)이번 박람회는 노동자들이 작업을 잘 마무리하지 않아서 정돈되어 있지 못합니다. 이것이 미국입니다. 미국은 얼마나 오래되었죠? … 우리는 42년도 채 되지 않았지만 7년 후 미국 수준이 될 거고 그 이후 더 나아갈 겁니다. 우리는 당신네들 추월하면서 "하이"하고 손 흔들 건데, … 자본주의로 살고 싶으면 계속 그렇게 지내십시오. 당신 문제이고 국내 문제이기 때문에 우린 별 관심이 없습니다. …

닉 슨: … 우리를 앞지르려는 당신의 계획, 특히 소비재 생산에 있어서의 경쟁이 양국 국민과 세계 사람들에게 최선이 되려면 아이디어를 자유롭게 교류해야 합니다. … 아이디어를 너무 두려워 마십시오.

흐루쇼프: 두려워하지 말아야 할 쪽은 당신들이오. 우리는 아무것도 두려워하지 않습니다.

닉 슨: 그렇다면 더 교류합시다. 우리 합의한 것 맞죠?

흐루쇼프: 좋습니다. (통역을 보면서)지금 내가 뭘 합의했다는 거지?

닉 슨: … 지금 저 테이프는 우리 대화를 바로 방송하고 있습니다. … 소통 증대는 우리와 당신에게 가르침을 줍니다. 왜냐하면 당신이 모든 걸 알지는 못하기 때문입니다.

흐루쇼프: 내가 모든 걸 다 알지 못한다면, 당신은 두려움 말고는 공산주의에 대해 아는 게 하나도 없어요. 그러나 지금 토론은 불공정합니다. 방송 장비는

당신 것이고, … 내 말은 통역되지 않아 당신 나라 사람들은 못 들을 겁니다. 이는 불평등한 조건입니다.

닉   슨: 지금 여기서 당신이 하는 말은 미국에 다 알려집니다. 미국에 알려지지 않을 거라고 생각하고 말하진 마십시오.

흐루쇼프: … 부통령, 내 발언이 영어로도 방송될 것을 약속하십시오.

닉   슨: 그럼요. 마찬가지로 내가 말하는 모든 것이 통역되어 소련 전역에 전달돼야 합니다. 그게 공평한 거래입니다.

사실 체제 내부의 정보를 갖고 있는 최고 지도자들은 체제 경쟁의 판세를 대체로 잘 인지한다. 흐루쇼프도 소련 체제의 한계를 잘 알고 있었을 것이다. 다만, 오늘날 기업 CEO처럼 국가 지도자 또한 자기 임기 중의 실적을 부풀리고 실패를 숨기려는 동기를 갖는다. 국제 관계가 체제 경쟁으로 점철되던 상황에서 체제 선전은 체제 지도자의 주요 과업 가운데 하나다. 부엌 논쟁에서 흐루쇼프가 닉슨에게 "당신은 자본주의를 변호하는 변호사이고, 나는 공산주의의 변호인입니다"라고 말했듯이, 국가 지도자는 자신의 체제를 옹호할 수밖에 없다. 물론 닉슨은 흐루쇼프가 상대 말을 자주 끊는다는 사실을 지적하며, 유능한 변호사의 자질이 보인다고 비꼬았지만 미국 체제가 소련보다 한 수 위임을 강변했다.

열악한 자신의 체제가 우월하다고 선전하기 위해서는 주관적 해석에 의존할 수밖에 없다. 발견되는 사실뿐 아니라 만들어지는 사실도 있다. 실제 수학적 진위는 만들어진 것이 많다. 예컨대 '1+1=10'은 십진법에서는 틀린 진술이지만 이진법에서 바라보면 옳은 진술인 것이다. 관점을 다수의 시각에서 내 자신의 시각으로 바꿀 수 있다면, 손으로 하늘도 가릴 수 있다. 남들이 멀쩡히 바로 보는 하늘을 작은 손으로 보이지 않게 만들 수 있는 이치이다. 주체사상이나 '우리식 사회주의론'도 그런 맥락에서나 가능하다.

닉슨과 흐루쇼프의 부엌 논쟁 장면

주관적 해석에 의존한 논증은 어떤 면에서 다원주의에 의존한다고 볼 수 있다. 다만, 사실이나 진실이 그 가정에 따라 바뀔 수 있더라도 일관성은 유지되어야 한다. 실증주의나 일원주의에 반대한 주관적 관점을 받아들일 수는 있으나, 그것만 옳다고 강변하거나 그 이탈된 체제 내에서 또 다른 이탈을 허용하지 않는 주관적 관점은 자기모순이다. 실증적 사실보다 주관적 해석이 더 중요하다고 주장하면서 다른 주관적 해석을 인정하지 않는 것은 잘못된 것이다. 그런 면에서 일인 또는 일당의 독재만을 인정하는 자신의 체제를 선전하는 것은 모순된 주장일 뿐이다.

대체로 선전은 과장 광고를 지향한다. 특히 체제 선전은 글자 그대로 '아무 내용 없이 목소리만 높인' 허장성세 또는 '말로만 매우 많은' 호왈백만㌽曰百萬 또는 '꽃 없는 나무에 조화로 꽃 피우는' 수상개화樹上開花의 방식이다. 그런데 『삼국지연의』의 주인공들이 자주 사용한 허장성세의 전략, 예컨대 소수의 인원이 나뭇가지를 끌고 다니며 먼지를 일으켜 군대 규모를 크게 보이도록 하거나, 또는 성문을 활짝 열어 놓음으로써 상대가 함정이라고 생각하여 오히려 공격하지 못하도록 하는 등의 전략은 투명하게 검증할 수 없는 상황에서만 통한다. 개방되어 노출되었을 때 과장되거나 주관적 선전은 통하지 않는다.

부엌 논쟁에서 닉슨과 흐루쇼프 공히 공존과 교류를 강조했지만, 미국 체제와 달리 소련 체제는 그 속성상 전면적 개방이 불가능했다. 1964년 흐루쇼프는 실각했고, 그 후 소련 체제가 당장은 안정적 모습을 보이는 것 같았지만 실질적 체제 경쟁력은 더욱 떨어졌다. 1966년에 소련이 미국을 추월할 것이라는 흐루쇼프의 공언은 실현되지 않았고, 오히려 1991년 소련은 역사 속으로 사라지고 말았다.

　개방은 체제 경쟁의 객관적 평가를 가능하게 하고 또 체제 경쟁력을 제고시킨다. 미국이라는 패권국의 지속은 개방에 기초한다. 고대 로마의 흥성도 마찬가지이다. 중국의 이른바 G2 등극도 고양이 색깔보다 쥐를 잘 잡는 것이 중요하다는 흑묘백묘론黑猫白猫論을 받아들이면서 가능해졌다. 열악한 체제도 주관적 해석을 입혀 선전할 수는 있겠지만, 개방에 처하게 되면 그런 주관적 선전은 오래가지 못한다. 체제 우위는 개방을 통해 모색할 수밖에 없다.

　남북한 간 체제 선전전은 아직 끝나지 않은 것 같다. 북한 문제를 둘러싼 남한 내의 갈등이 강도와 빈도에 있어 더욱 증대되고 있다는 점에서 그렇다. 오늘날 대한민국을 떠들썩하게 만든 여야 간, 계층 간, 지역 간, 이념 간, 남녀 간, 세대 간 갈등에서도 체제 선전 수준의 관념적 공방이 전개되고 있다. 개방과 교류를 통해 자연스럽게 사실에 기초한 실증적 공감대를 넓혀야 한다.

23. 위키리크스_감추려 할수록 널리 드러나다

　… 대통령 측근은 부패의 연결점 또는 일종의 마피아로 인용되고 있다. … 측근은 국민의 극심한 분노를 사고 있다. 측근의 수많은 부패 의혹은 그들의 낮은 교육 수준, 낮은 사회적 지위, 사치스러운 소비 행태와 함께 거론된다. … 대통령이 부패의 심각성조차 몰랐다고 믿기는 어렵다. … 측근은 … 국유지를 무상으로 받고 … 추가로 정부 지원을 받았다가 … 팔아 치웠다. 측근은 … 넘기라고 강요하기도 했다. 측근은 원하는 건 뭐든지 할 수 있고 … 자신에게 전화만 하면 알아서 처리해 주겠다는 말도 했다. … 측근이 챙기는 봉사 단체에 기부하면 일이 순조롭게 돌아

간다. … 국회의원조차 … 기부를 거부했다가 여러 압력을 받았다. … 측근은 수수료를 받고 학교 입학이나 공직 취업을 알선해주던 브로커였다. … 측근의 부패에 관한 수많은 이야기는 많은 국민들을 분통 터지게 하고 있다. 측근은 … 법규에 따라 의무가 부과되자 분노한 채 도지사 사무실에 난입해 … 행패를 부렸다. … 오히려 도지사가 파면되었다. 정부의 강력한 언론 검열로 측근의 부패 스토리는 보도되지 않는다. 언론이 측근의 부패를 보도하려면 위험을 감수해야 한다. 한 개그맨의 구속은 표면적으로 마약 관련이었지만 대통령과 측근을 풍자한 30분짜리 1인 쇼 때문인 것으로 인권 단체들은 보고 있다. … 맥도날드가 측근과 연결된 업체에게 프랜차이즈를 주지 않자 이에 정부는 맥도날드에게 관련 행정 조치를 해주지 않아 맥도날드의 국내 진출은 무산되었다. … 국민 분노를 자아낸 것은 측근의 지나친 부패다. 높은 인플레와 실업에다 측근의 과시적인 부와 지속적인 부패 소문은 불에 기름을 부은 격이다. …

2010년 11월 28일, 위키리크스는 미국 국무부가 세계 274개국 주재 미국 대사관과 주고받은 기밀 전문을 공개하기 시작했다. 위 인용문은 공개된 국무부 기밀 전문 가운데 하나로, 튀니지 주재 미국 대사가 튀니지 정세에 대해 2008년 6월 23일 본국에 보고한 내용이다.

인터넷과 해외 언론을 통한 위 전문의 공개는 튀니지 사회에 엄청난 파문을 몰고 왔다. 당시 튀니지 대통령은 2009년 10월 선거에서 90%의 득표율로 다섯 번째 임기를 시작한 지네 엘 아비디네 벤 알리였다. 벤 알리 대통령 패밀리의 전횡을 이미 소문으로 듣고 있던 튀니지 국민들 가운데에는 소문일 뿐이라고 일축하던 사람들도 있었다. 그러다 위 기밀문서의 내용이 알려지면서 대부분의 튀니지 국민들은 대통령 패밀리의 국정 농단을 사실로 받아들이게 되었다.

이런 분위기 속에서 일련의 튀니지 국민 저항이 발생했고, 그 과정에서 여러 사람이 죽거나 다쳤다. 먼저, 대학 졸업 후 취직을 못 하고 9인 가족의 생계를 책임지기 위해 청과물 노점상을 하던 한 청년이 2010년 12월 17일 경찰과 시청의 단속에서 청과물과 수레를 빼앗기자 분신자살을 시도하여 다음해 1월 4일

2011년 1월 14일 벤 알리 튀니지 대통령이 망명하기 몇 시간 전의 튀니지 시위 모습

사망한 사건이 발생했다. 이 외에 2010년 12월 하순만 해도 배고픔, 미취업, 신용불량 등으로 송전탑에서 감전사한 사건을 포함한 여러 자살 사건, 그리고 경찰 총격에 의해 피살되는 사건들이 연이어 발생했다.

같은 해 12월 28일 벤 알리 대통령은 분신 청년이 입원한 병원을 방문하는 한편, 기자회견에선 튀니지에 적대적인 외국 방송사들이 증거 없이 거짓 정보를 퍼트린다고 비난했다. 2011년 1월 17일에는 리비아의 독재자 무아마르 알카다피도 위키리크스의 폭로 내용이 미국에 적대적인 국가를 전복하기 위한 미국 국무부의 의도에서 시작된 것이고 튀니지 시위도 그와 관련된 서방 세계의 음모라고 주장했다. 정작 카다피 본인은 내전에 패전하면서 비참하게 사살되고 말았지만.

튀니지 정부가 일부 지역의 통행금지령과 언론 및 인터넷의 검열을 강화했으나 시위 확산을 막지는 못했다. 이에 벤 알리 대통령은 더 이상 대통령 선거에 출마하지 않고 2014년 임기 만료일에 은퇴하겠다고 1월 10일 발표했다. 국민의 반발이 계속되자 1월 14일 대통령은 국가 비상사태를 선포하여 야간 통행금지령을 전국으로 확대했고 내각 해산과 조기 총선 실시를 발표했다. 하지만 대통령직에서 당장 물러나라는 국민의 요구를 꺾을 수는 없었다. 군부 역시 대통령

보다 국민의 편에 섰다. 같은 날 오후, 벤 알리 대통령은 23년의 통치를 종식하고 사우디아라비아로 망명했다.

2010년 12월 중순부터 2011년 1월 중순까지 전개된 튀니지 국민에 의한 정권 교체 과정은 '재스민 혁명'으로 불린다. 튀니지 국화(國花)에서 따온 재스민 혁명 명칭은 주로 서방 언론에서 사용되고 있다. 튀니지 국민들은 '존엄성 혁명'으로 불리기를 선호한다. 왜냐하면 벤 알리가 총리로 재직하던 중 정권을 장악한 1987년 혁명도 재스민 혁명 또는 튀니지 혁명으로 불리기 때문이다. 튀니지 국민들은 시디부지드 항쟁으로 부르기도 한다. 청년의 분신자살이 있었고 그에 따라 본격적인 시위가 처음 발생한 도시 이름을 따온 명칭이다.

명칭이 무엇이든 2010년 말에서 2011년 초까지 전개된 튀니지 정권 교체 운동은 북아프리카와 아랍에서 쿠데타 없이 민중이 독재 정권을 무너뜨린 첫 번째 사례다. 따라서 주변국에 큰 파장을 불러일으켰다. 이집트, 리비아, 예멘 등에서 길게는 42년 동안 장기 집권한 독재 정권이 축출되었다. 이른바 아랍의 봄 사건이다. 2011년 중국의 민주화 시위도 튀니지 혁명에서 영향을 받아 재스민 혁명으로 불린다. 그런 일련의 혁명들은 위키리크스의 폭로에 일부 기인했다고 볼 수 있는 것이다.

힐러리 클린턴 미국 대통령 후보와 박근혜 대통령과 관련해서도 위키리크스 자료가 인용된 바 있다. 위키리크스가 미국 국무부 기밀 전문을 폭로했을 당시 미국 국무부 장관은 힐러리 클린턴이었다. 2016년 미국 대통령 선거를 앞두고는 클린턴 후보에게 불리한 여러 이메일을 위키리크스가 공개했고 클린턴 후보는 낙선하고 말았다.

박근혜 대통령 탄핵 때에도 위키리크스에 의해 공개된 미국 국무부 기밀문서가 언급되었다. 박근혜–최순실 관계에 관해 서울 주재 미국 대사관이 직접 국무부에 보고한 전문 구절은 다음과 같이 서술하고 있다

박근혜 대통령의 비선에 관한 소문은 이미 오래전부터 돌던 차에 JTBC가 최순실씨의 것으로 추정된다는 태블릿 PC의 파일 내용을 폭로하고 연이은 여러 언론의 후속 보도가 이어지자 대한민국 국민은 격하게 반응했다. 대통령 지지도는 한 자릿수로 곤두박질쳤다. 국정 농단이라는 막연한 이미지가 구체화되었고 또 행동으로 연결된 것이다. 무릇 정치는 동원으로 세력화하고, 정치적 동원은 감성으로 동력화하며, 원초적 감성은 보이는 걸로 증폭하기 때문이다.

위키리크스의 폭로 문서가 많은 주목을 받는 이유 가운데 하나는 기밀 자료로 분류된 문서이기 때문이다. 그렇다고 일급비밀까지는 아니고, 공개하는 게 부적절한 정도가 대부분이었다. 미국을 비롯한 관련 국가들에서 정부 주도로 위키리크스 사이트를 폐쇄하자 네티즌이 그 내용을 실어 날라 더 많이 알려지게 되기도 했다.

실험 참가자들에게 특정 내용을 생각하지 말라고 주문하고 실험을 진행하면 참가자들이 오히려 그 내용을 더 많이 떠올린다는 여러 실험 결과들이 있다. 삭제를 요구한 내용일수록 조회 수가 오히려 많은 법이다. 2003년 가수 바브라 스트라이샌드는 어떤 인터넷 사이트의 캘리포니아 해안가 사진에 자신의 집이 포함되어 있음을 발견한 후 사생활이 침해되었다면서 삭제를 요구했다. 이 사실이 알려지자 수많은 사람들이 해당 인터넷 사이트를 방문했고 자연스럽게 스트라이샌드 집의 위치와 모습을 알게 되었다. 이 사건을 계기로 숨기려 할수록 널리 드러나는 현상은 '스트라이샌드 효과' 혹은 '욕개미창欲蓋彌彰'으로 불린다.

박근혜 대통령의 행적 및 비선과 관련한 각종 내용은 숨겨져 있었기 때문에 폭로와 의혹 제기의 파급 효과가 배가되었다. 애초 숨겨진 게 아니었더라면 폭

2002년에 촬영된 바브라 스트라이샌드 저택의 항공 사진 대부분의 사람들은 스트라이샌드의 저택에 대해 전혀 몰랐는데 2003년 스트라이샌드가 사진 삭제를 주장하면서 자세히 알게 되었다.

로 효과는 거의 없었을 것이다. 세월호 사건 발생 당시 7시간의 대통령 행적도 감추려고 하니 국민들이 더 많은 관심을 갖게 되었다. 감출 수 없다면 일찍 실토하는 게 더 나음은 너무나도 당연하다. 불신을 받을 때에는 공개하지 않을수록 최악의 경우로 의심받을 수밖에 없다. 모든 걸 있는 그대로 밝히고 감수하겠다는 태도가 진정성을 얻는 길이다.

24. 마키아벨리주의_위선이냐 위악이냐

1527년 6월 21일 마키아벨리Niccolò Machiavelli, 1469~1527가 세상을 떠났다. 그의 저작 대부분은 사망 후에야 출간됐는데 그마저도 1557년부터 19세기 중반까지 교황청의 금서 목록에 포함됐었다. 신을 부정하고 권모술수를 조장할 뿐 아니라 정치를 종교로부터 독립시키고 교황·추기경을 비롯한 지도자의 위선(偽善)을 폭로한다고 봤기 때문이다.

마키아벨리의 글들은 생전에 자기를 알아주지 않던 명분적인 중세 세상을 실리적인 근대 세상으로 바꾸는 물꼬를 텄다. 미국 건국 아버지, 프랑스 혁명 지도자, 소련 공산당 지도자 등이 마키아벨리의 조언을 받아들였다. 죽은 제갈량이 살아 있는 사마의 군대를 한 차례 쫓아낸 것과는 비교되지 않을 정도로, 죽은 마키아벨리는 결코 쇠퇴할 것 같지 않던 전 근대적 질서를 해체해버렸다.

마키아벨리주의, 마키아벨리주의자, 올드 닉 등 마키아벨리에서 따온 용어는 각각 권모술수, 권모술수자, 악마 등 모두 그 의미가 부정적이다. 부자와 빈자 모두 각각 자신의 부와 자유를 빼앗는 방법을 마키아벨리가 가르쳤고, 또 선인과 악인 모두 자신의 행동을 마키아벨리가 각각 위선과 악행으로 매도하거나 노출시켰다고 생각했던 것 같다.

마키아벨리와 마키아벨리주의는 별개의 의미다. 마키아벨리는 권모술수를 권고한다는 점에서 위선의 효용을 인정했다. 위선이 통하는 세상이라고 주장하면 위선자일까? 마키아벨리의 저술 행위 자체는 마키아벨리적이지 않다. 위선을 노골적으로 언급하는 행위 자체는 위선이라기보다 겉모습만 악에 가까운 위악(僞惡)으로 볼 수 있다.

이런 위악은 단순화된 표현에서 연유할 때가 많다. 일부에게 맞을 수 있지만 모두에게는 맞지 않는 말임에도 단정적으로 표현하는 수사이기 때문이다. 이런 노골적 표현들은 하나 마나 한 말 대신에 명확한 메시지를 전달하려는 마키아벨리의 의도에서 나온 것으로 보인다. 오늘날에도 너무 솔직하게 발언했다가 곤경에 처한 경우는 허다하다.

마키아벨리 글을 비판하면 마키아벨리주의자가 아닐까? 마키아벨리 글들을

마키아벨리는 사망 다음날 피렌체 산타크로체성십자가 성당에 묻혔다. 조각가 이노센조 스피나치가 만든 묘비명1834년 제작은 "어떤 찬사도 그 이름보다 못하다"고 쓰고 있지만 마키아벨리에 대한 정반대의 평가도 적지 않다.

금서 목록에 올린 교황청 외에도 마키아벨리를 공개적으로 비판한 지도자는 적지 않다. 『반反마키아벨리론』을 집필한 프로이센의 프리드리히 2세프리드리히 대왕가 대표적이다. 사람들이 욕하면서도 따라하는 것처럼 프리드리히 2세의 통치 스타일은 세월이 갈수록 『군주론』 방식이었다.

진짜 위선자는 위선이 통한다고 주장하지도, 또 동의한다고 말하지도 않는다. 선과 악을 늘 구분하여 말하고, 사심 없이 헌신하겠다고 말하며, 위선이라는 단어 자체는 입에 올리지도 않고 그냥 묵묵히 위선을 실천할 뿐이다. 위선에 대해 언급해야 할 상황이라면 자신은 그냥 사람들을 존경하고 믿는다고만 대답할 것이다. 염치없고 뻔뻔한 철면피鐵面皮 또는 얼굴이 두껍고 속은 시커먼 후흑厚黑 가운데에서도 최고 경지는 스스로를 '그렇지 않다'고 생각하는 상태다. 그래야 위선의 효과가 극대화된다.

마키아벨리는 인간의 본성을 탐욕, 변덕, 배신, 기만, 위선 등으로, 즉 성악설에 가깝게 보았다. 그렇기 때문에 도덕률을 초월하여 행동할 것을 주문했다. 이런 주문을 비판하는 측에서는 마키아벨리를 반反도덕주의자로 부르고, 옹호하는 측에서는 초超도덕주의자로 부른다.

위선과 위악 중 무엇이 선이고 무엇이 악일까? 노골적으로 악한 행위보다 차라리 위선적이더라도 겉으로 선한 행위가 사회적 선의 실천 가능성을 대체로 높인다. 특히 마키아벨리 글을 탐독하여 사소한 일에도 온갖 권모술수를 쓰는 사람도 있으니 이는 마키아벨리론의 부작용이다.

행동의 차원과 달리, 분석의 차원에서는 위선을 드러내는 것이 사회적 선의 실천 가능성을 높인다. 설사 위선이더라도 선을 강조하는 리더가 일반 대중의 호감을 대체로 더 받는데, 만일 리더의 위선적 행위가 드러나면 위선의 효능은 감소한다. 마키아벨리 덕분에 지도자의 위선적 행태를 파악할 수 있게 되어 마키아벨리주의의 부작용을 줄일 수 있게 되었다고 할 수 있다.

마키아벨리는 '모던 정치학의 아버지'로 불린다. 인간은 대체로 이기적이다. 생존에 유리한 이기적 인간은 진화의 결과이기도 하다. 인간 본성은 이기적이라고 전제한다는 점에서, 경제학 또한 마키아벨리의 후예다. 그러다보니 정치경제적 사고를 가진 사람일수록 이기적인 행동을 할 것이라는 선입관이 많다.

이런 선입관에 대해 일부 경제학자가 실증적으로 반박했다. 말로 하는 이기주의, 그리고 행동으로 하는 이기주의는 별개의 것임을 보여줬다. 한 조사에서 이기심을 전제한 대학 교과목의 수강생, 그리고 그렇지 않은 교과목의 수강생을 대상으로 돈을 습득했을 때 돌려줄 의사를 물었더니, 돌려준다는 비율은 이기심 전제 과목의 수강생들이 낮았다. 그런데 실제 10달러가 든 봉투에 주소를 적고 우표를 붙여 강의실에 놓아둔 후의 회수율은 오히려 이기심 전제 과목의 수강생이 그렇지 않은 과목 수강생보다 거의 두 배 가까이 높았다.

유사한 결론은 다른 조사에서도 확인된다. 미국 대부분 학회의 회비는 회원 본인이 자기 소득에 따라 회비 액수를 선택하여 납부하도록 하고 있다. 실제 소득에 합당한 학회비를 납부한 비율은 이기심을 전제하는 학문에서 더 높았다.

이 두 조사가 엄격하게 수행된 것이라면, 이기심을 인간의 본성으로 공개적으로 받아들일수록 정직한 행동을 한다는 의미다. 권모술수에 대해 말한다고 권모술수의 행동을 반드시 행한다고 볼 수는 없다. 마키아벨리의 저작은 권모술수로 가득 차 있지만 마키아벨리 본인의 권모술수 행동은 별로 전해지지 않는다. 이와 반대로 권모술수자로 평가되는 인물들은 막상 권모술수를 남에게 권고하지 않았다.

음모에 대해 공공연하게 분석하는 사람들은 음모를 행하지 않는 경향이 있다. 흔히 '동양의 마키아벨리'로 불리는 한비자가 그런 예다. 한비자의 세 가지 통치 개념 가운데 하나인 술術은 주로 권모술수 기법에 관한 것이다. 진시황은 한비자를 중용하려 했다. 하지만 순자 밑에서 동문수학한 이사가 한비자는 한韓나라 왕족이므로 진나라에 충성하지 않을 것이라고 모함하는 바람에 투옥되어 자결에 이르게 되었다. 음모론 전문가가 음모에 희생된 것이다. 한비자의 법가적 통치 방식을 따랐다고 볼 수 있는 진이 망하고 한漢나라가 들어서자 유교가 법가를 대체하게 되었다. 이로써 동아시아에서는 노골적인 것보다 위선이 한 수 위로 작동하게 되었다.

마키아벨리가 메디치가에 발탁되기 위해『군주론』을 집필했다는 사실은 마키아벨리의 이미지를 부정적으로 만들기도 한다. 그렇지만『군주론』의 헌정사는 발탁되어 일하고 싶음을 드러낸 솔직한 글이지 권모술수는 아니다. 자신의 소신과 관찰력을 그대로 보여준 것뿐이다.

마키아벨리가『군주론』을 처음 헌정하려 시도했던 메디치가의 지도자는 교황 레오네 10세의 동생인 줄리아노 데 메디치였다. 마키아벨리는 친구였던 파올로 베토리가 줄리아노 데 메디치의 새 보좌관이 될 것으로 예상했다. 그러나 1516년 줄리아노 데 메디치가 사망하는 바람에『군주론』은 정작 피렌체의 새로운 지도자 로렌초 데 메디치1492년생에게 헌정됐다. 물론 로렌초가『군주론』을 읽었다는 얘기는 없다.

로렌초가 1519년 사망하자 레오네 10세의 사촌이자 로렌초의 오촌 당숙인 줄리오 데 메디치 추기경이 피렌체를 통치하게 되었다. 줄리오는 공화주의적 성향을 가끔씩 드러낸 마키아벨리를 그다지 신뢰하지 않았다. 마키아벨리에게 정무직 대신에 『피렌체 논고』와 『피렌체 역사』를 집필하는 직책을 맡긴 이유도 여기에 있다.

마키아벨리는 메디치가에 중용되기를 원했지만, 메디치가는 마키아벨리를 중용하지 않았다. 실제 권모술수에 반대되는 통치를 한 것도 아닌 메디치가는 마키아벨리의 제안들을 이미 익히 알고 있었거나 아니면 저렇게 노골적으로 말하는 자와 가까이하는 것을 부담스럽게 느꼈을 수도 있다.

줄리오는 교황 클레멘스 7세로 즉위한 후 1526년 스페인과의 전쟁에서 패배함으로써 반메디치 소요를 겪었고 결국 피렌체는 공화정으로 돌아갔다. 공화정은 마키아벨리의 본래 구상이었기에 공화정 피렌체는 마키아벨리가 국정에 적극적으로 참여할 수 있는 환경이었다. 하지만 마키아벨리는 클레멘스 7세 때 봉직했다는 이유로 공화정에서 배제됐고 이에 충격을 받아 앓다가 세상을 떴다.

각종 처세술 문헌에서 마키아벨리를 자주 언급하고 있지만 정작 마키아벨리 본인은 처세에 능하지

성 미카엘이 사탄을 땅으로 떨어뜨려 무찌르고 있는 모습. 라파엘로 그림. 1518년. 메디치가 교황 레오네 10세의 명령에 따라 로렌초 데 메디치가 주문하여 메디치가 후견인인 프랑스 왕에게 증정된 그림이다.

못했다. 마키아벨리는 명예를 중시했다고 평가되기도 한다. 마키아벨리는『전술론』에서 프로스페로 콜론나의 사촌 파브리치오를 호평한 바 있는데, 그래서 그런지 파격적인 조건으로 콜론나의 중용 제의를 받았다. 마키아벨리는 콜론나의 서기장 대신 낮은 보수의『피렌체 역사』집필 업무를 맡았다. 즉 그의 삶은 자의든 타의든 마키아벨리적이지 않았다.

마키아벨리, 한비자, 사마천 등 권력 정치를 강조했던 사상가들 모두 처세를 잘하지 못해 고문을 당하기도 했다. 마키아벨리, 사마천, 정약용, 김만중 등은 모두 세상에서 버려졌을 때 집필에 집중하여 후세에 남을 고전을 대거 저술했다. 억울하게도 인정받지 못한 자신의 진정성을 남의 위선으로 대신 드러내려는 다소 역설적인 행동이었을 수도 있다.

『군주론』헌정사는 다음의 문장으로 끝맺는다.

> 만일 전하께서 높은 곳에서 낮은 곳으로 눈을 돌리시면 제가 그동안 부당하게도 지속적인 큰 악운에 시달려왔음을 아시게 되실 것입니다.

마키아벨리는 본인이 출세하지 못한 이유를 불운으로 표현했다. 운運을 의미하는 마키아벨리의 개념 '포르투나Fortuna'는 결국 능력이나 실력으로 어찌할 수 없는 부분을 설명하기 위해 만든 용어다. 운칠기삼運七技三이니 운칠복삼運七福三이니 하는 표현처럼 전략에는 한계가 있을 수밖에 없다.

바둑이나 장기에서 묘수를 많이 쓰면 대개 진다. 간혹 쓸 때 묘수이지 자주 쓰면 그 일부는 패착일 수밖에 없다. 기발한 전략일수록 아주 드물게 써야 효과적이다. 묘책을 여러 번 써야 할 정도로 운이 나쁘면 헤어나기 어렵다. 세상을 바꿀 수 있는 전략도 운때가 맞아야 한다. 운때가 맞지 않으면 어떤 전략으로도 세상을 바꿀 수 없다. 결국 대부분은 기본에 충실한 자가 승리한다.

오늘날에도 세상사에는 여러 고난이 있다. 마키아벨리는 고난의 사다리를 탈수록 더 높이 올라갈 수 있다고 봤다. 천재天災가 포르투나의 탓이라면 인재人災는 정책이나 전략으로 해결할 몫이다. 인재가 자주 발생하는 요즘, 우리 스스로 나아질 수 있는 여지는 크다.

25. 선거 운동 36계_정치공학

정치공학이니 선거공학이니 하는 것을 혐오한다는 정치인일수록 자기에게 도움이 되는지 따져 행동하는 경향이 있다. 정말 혐오하는 사람은 아예 정치를 하지 않는다. 말 타고 전쟁터에 나가는, 이른바 출마에 임한 후보는 유·불리를 계산할 수밖에 없다.

그러한 타산에 관한 대표적 문헌인 『36계』는 인간사의 다양한 영역에 응용되어 왔다. 2017년 5월 9일 실시된 제19대 대통령 선거에서의 각 후보 전략을 『36계』 가운데 14개의 계로 점검해봤다. 후보의 입에서 간간이 나오는 말은 36계를 의식하고 행한 발언이 아니더라도 선거 운동 방향의 추론에 활용할 수 있다. 개중엔 의도한 대로 적중한 경우도 있었으나, 반대로 의도치 않은 역효과를 불러온 경우도 있었다.

금적금왕擒賊擒王_제18계_ 도적을 잡으려면 그 왕부터 잡는다.

제19대 대통령 선거의 조기 실시는 박근혜 대통령의 탄핵에 따른 것인데, 더불어민주당 문재인 후보는 제1야당의 실질적 대표로 탄핵 국면을 주도하면서 대통령 선거 기간 내내 거의 선두를 달렸다. 문 후보는 "촛불 혁명의 완성", "최순실을 비롯해 국가 권력을 이용한 부정 축재 재산 모두 국가가 환수하겠다", "대통령이 되면 적폐청산특별조사위원회를 만들겠다", "파사현정破邪顯正, 그동안 잘못된 것을 깨트리고 고치고 올바름을 실천하는 그런 정신이 함께 가야 한다"고 발언하였다.

타초경사打草驚蛇, 제13계_풀을 쳐서 숨은 뱀을 나오게 한다

바른정당 유승민 후보와 자유한국당 홍준표 후보는 문 후보의 북한관을 노출시키기 위해 2007년 유엔 북한 인권 결의안 기권, 북한 주적, 고고도미사일 방어체계THAAD, 사드 배치 등의 이슈를 집요하게 제기했다. 특히 유·홍 후보는 문 후보에게 '북한 인권 결의안 찬성 여부를 사전에 김정일에게 미리 물어봤느냐'고 따졌다.

가치부전假痴不癲, 제27계_똑똑하지 않게 보이더라도 미치게는 보이지 않는다

후보가 TV 토론을 잘했다고 지지로 바로 연결되는 것은 아니다. 특히 1위를 달리는 후보는 기존 판세 유지를 위해 방어에 치중하여 불분명한 태도를 취할 때가 많다. 문 후보는 답변하지 않았다고 재차 묻는 유 후보에게 "이미 답했지 않습니까?"라고, 또 아들 특혜 의혹에 관한 국민의당 안철수 후보의 질문에는 "저는 이미 해명 끝났고요. 안철수 후보님 열심히 해명하십시오"라고 넘겨버렸다.

혼수모어混水摸魚, 제20계_물을 흐려 고기를 잡는다

'성소수자 권리 보호를 위한 포괄적 차별 금지법' 발의를 대선 공약에 넣을 것이냐는 물음에, 문·안·유 후보는 '무응답'으로 회신했다. 인수위원회 없이 선거 직후 바로 출범할 내각 구성에 대해서도 후보들은 구체적인 인물을 언급하지 않는 모호한 태도를 취했다. 안 후보는 호남과 보수가 충돌하는 이슈에 대해 분명하게 자신의 입장을 밝히지 않았다. 김대중 정부의 대북 송금이 잘됐다고 보느냐는 유 후보의 질문에 안 후보는 "모든 역사에는 공과 과가 있다"고, 또 햇볕 정책을 계승하느냐는 홍 후보의 질문에도 "공과가 있다. 100% 다 옳거나 옳지 않거나 한 것은 아니다"고 답했다.

부저추신 釜底抽薪, 제19계_뜨거운 솥 밑 장작을 치운다

문 후보는 다른 후보들이 무엇보다도 자신의 안보관을 문제 삼고 나서자 국방 안보 분야 지지자 1,000명으로 구성된 '천군만마 특보단'을 출범시켰다. 문 후보는 "자칭 보수 정치 세력은 병역을 면탈하고 특권을 누렸다", "이명박·박근혜 정권은 끊임없는 색깔론으로 국민을 분열시키고 안보를 허약하게 한 가짜 안보 세력이고 끝없는 방산 비리로 국민 혈세를 도둑질하고 안보를 구멍 낸 파렴치한 세력으로", "안보를 장사처럼 다루는 가짜 안보 세력과 단호하게 맞서겠다"며 역공을 취해 예봉을 피하려 하였다. 문 후보는 북한 정권이 적폐냐는 홍 후보의 질문에 "적폐"라고 답했으며 북한 정권을 청산해야 하느냐는 홍 후보의 질문에도 "그렇다"고 답했다.

원교근공 遠交近攻, 제23계_먼 곳과 친교하고 가까운 곳을 공략한다

지지층이 겹치는 후보 가운데 자신이 일단 선두가 되어야 하고 또 지지층이 겹치지 않는 후보와는 적대적 공생이 가능하다는 계산에서 가까운 후보를 공격한다. 유·홍 후보는 보수층 지지를 빼앗는 안 후보를 비판했다. 홍 후보는 "안 후보가 대통령이 되면 실질적인 대통령은 대북 송금 사건에 연루된 박지원 대표가 된다"고 말했다. 유 후보 역시 "사드를 반대하다가 경선 후 찬성으로 돌아서고, 당론은 여전히 반대인 그런 당의 후보가 안보 후보라고 이야기하는 것은 대선을 코앞에 두고 국민을 거짓말로 속이는 행위"라고 말했다. 유·홍 후보는 또 서로를 집중 공격했다. 유 후보는 "(홍 후보가)너무나 결핍 사항이 많아서 도저히 보수의 품격을 유지할 수 없다"며 "전국의 보수 유권자들께서 이제는 정말 사람을 제대로 가려주셔야 한다"고 했다. 홍 후보는 "(유 후보가)정치적으로 배신하고, 정책적으로 배신하고, 인간적으로 배신했다"며 "바른정당 의원들을 만나보니 (유)후보가 덕이 없어서 (당에서)나온다고 한다"고 받아쳤다.

차도살인借刀殺人, 제3계_남의 칼로 다른 남을 없앤다

홍 후보는 안철수·심상정이라는 칼로 문 후보의 표를 줄이겠다는 전략을 노골적으로 드러냈다. 홍 후보는 "수도권과 호남에서 문재인, 안철수가 양분하고 있는데 안 후보가 사퇴해 나로 단일화되더라도 그 표가 전부 문 후보에게 간다"며 "안철수 후보를 데리고 끝까지 가야 한다"고 말했다. 홍 후보는 정의당 심 후보에게도 "포기 말고 끝까지 하시라"고 말했다. 안 후보 진영 역시 문재인이라는 칼로 홍 후보 지지표를 공략했다. 국민의당 손학규 상임 공동 선대위원장은 "홍준표 찍으면 누가 돼요?", "문재인 찍으면 문재인은 누구한테 먼저 가요?"라고 연설했다. 국민의당 박지원 상임 선거대책위원장도 "사람들은 홍준표를 찍으면 국민이 파면하고 감옥 보낸 박근혜가 상왕이 될 것이고 (아니면) 불안한 문재인이 대통령 되니 안철수밖에 없다 한다"고 거들었다.

반객위주反客爲主, 제30계_손님으로 왔다가 주인 노릇을 한다

안 후보는 2012년 무소속 출마 선언 당시의 공약집과 달리 안보·외교 공약을 맨 앞쪽에 배치했다. 문 후보의 안보관을 우려하는 유권자의 지지를 얻으려 했다. 안 후보는 "북한이 저를 두고 차악을 선택하는 것이라고 했다", "김정은 정권이 저를 두려워하고 있다. 굳건한 한미 동맹과 튼튼한 자강 안보를 두려워하는 것이다", "북한 김정은 정권에 분명하게 경고한다. 핵을 버려라. 도발을 멈춰라", "안희정 충남지사의 '분권과 통합'의 정신을 저 안철수가 함께 실현하겠다", "집권하면 자유한국당과 민주당에서 인재를 등용해 쓰겠다", "유승민은 훌륭한 보수 후보다. 내가 당선되면 유 후보와 꼭 함께할 것이다", "대통령이 되면 반 전 총장을 외교 특사로 임명하겠다" 등의 표현으로 보수·중도의 대표 주자로 자리매김하려 한 것이다.

격안관화隔岸觀火, 제9계_강 건너 불구경한다

문 후보는 다른 후보들 간의 주도권 경쟁이 진행되는 상황에서 새로운 공격이나 언급을 자제했다. 주 전선이 자신에 대해 구축되지 않도록 하여 타 후보들의 전력 소모를 기다린 셈이다.

차시환혼借屍還魂, 제14계_시신을 빌려 혼을 부른다

TV 토론에서 "자신의 리더십과 닮은 역사적 인물이 누구냐"는 질문에 문·안 후보는 세종대왕, 유 후보와 심 후보는 각각 정약용과 정도전, 홍 후보는 박정희 전 대통령을 들었다. 문·안·홍 후보는 각각 이미 고인이 된 특정 전직 대통령 그리고 대형 사건의 희생자에 대한 기억을 불러일으키며 지지를 호소했다. 안 후보는 "김대중 전 대통령처럼 20년 먹거리를 만들겠다"고 하였다. 홍 후보는 "5,000만 국민들을 5,000년 가난에서 해방시켜준 분이 박정희 전 대통령"이나 "기념관이 김대중 전 대통령 기념관보다 상당히 초라한데 집권하면 박정희 전 대통령 기념관을 새롭게 하는 사업을 하겠다"고 약속했다. 동시에 "어린애들 죽은 거 이용하려고 3년 넘게 그 배지 달고 세월호 인양 시점도 자기 대선 때 한다"고 문 후보를 공격했다.

욕금고종(欲擒故縱, 제16계)_잡으려고 고의로 풀어준다

상대 진영의 지지를 얻으려면 그만큼 풀어줘야 한다. 문 후보는 "총리부터 시작해 대탕평 내각을 구성하는 게 중요하다. 진영을 가리지 않고, 당 안팎 가리지 않고 좋은 분들이 있으면 언제든지 모시겠다."(적폐 대상으로 언급했던 자유한국당에 대해)선거가 끝나면 함께 협치해야 할 대상이다. 당선된다면 야당 당사를 직접 찾아가겠다"고 발언했다.

수상개화(樹上開花, 제29계)_나무 위에 꽃을 피운다

철수(撤收, 쇠나무)에 꽃을 피우는 게 어렵다는 표현이 '철수개화'다. '수상개화'는 만일 조화라도 붙인다면 그 어려운 일이 가능하다는 병법이다. 선거에서는 세를 과장하여 득표력을 증진시키려는 전략이다. 문 후보는 제1당이라는 정당 조직과 친노·친문 진영의 적극적 참여로 오프라인 유세뿐 아니라 SNS 캠페인에서도 우월적 지위를 십분 활용했다. 특히 편승적 성향의 유권자들이 문 후보로 집결하게 하는 효과를 갖는다. 안·홍 후보 역시 각각 자신을 반 문재인 성향의 대표 주자로 자리매김하려 했다. 특히 홍 후보는 "초반의 불리함을 딛고 급속히 따라붙어 이제 양강 구도를 형성했다", "이미 국민 의사로 단일화가 됐다", "지난 미국 대선 때 오로지 구글 트렌드만 트럼프가 이긴다고 했다. 그런데 구글 트렌드는 제가 1등이다", "홍준표를 찍으면 홍준표가 된다"고 주장했다.

이대도강(李代桃僵, 제11계)_자두나무가 복숭아나무를 대신하여 희생한다

자신의 당선이나 특정 후보의 낙선보다는 자신의 완주가 더 가치 있는 것으로 인식하기도 한다. 유 후보는 "민주주의의 기본을 파괴하는 행위(후보 단일화 및 사퇴 강요)에 대해 가만히 있지는 않겠다", "유승민을 찍으면 사표는 절대 없다", "보수가 바뀌면 대한민국이 바뀔 것이라고 믿는다", "어렵고 힘들고 외롭지만, 나 유승민은 끝까지 간다", "정치는 세력이기 이전에 가치라고 생각한다"며 완주의 가치를 부각했다. 심 후보도 "될 사람 밀어주자며 대세에 휩쓸린 표가 바로 사표로 되고 그렇게 투표해서 지금까지 대한민국과 우리 삶이 얼마나 바뀌었느냐", "대한민국 개혁의 키를 쥐고 있는 저에게 주는 한 표는 대한민국을 바꾸는 표가 될 것"이라고 강조했다.

연환계連環計, 제36계_옭아맨다

조조의 대규모 군함들을 강물에 흔들리지 않게 서로 묶도록 유도한 후 화공을 통해 격파시킨 전략이다. 상대를 악의 연대라고 옭아맬 수 있으면 그 지지를 약화시킬 수 있다. 문 후보는 "더 무서운 것은 부패 기득권 나라를 만든 세력과 손잡고 새 부패 기득권 나라를 꿈꾸는 세력", "(국민의당이)자유한국당, 바른정당과 권력을 나누는 것은 오로지 선거에만 이기고 보자는 정치공학적이고 적폐 연대일 뿐", "촛불 민심과 함께하는 정권 교체냐, 부패 기득권 세력의 정권 연장이냐의 대결 구도이기 때문에 정권 교체에 자신 있다"고 주장했다. 홍 후보는 문·안 후보를 "좌파 1중대, 좌파 2중대에 불과하다"고 했으며, 안 후보는 "문·홍 후보는 서로를 필요로 하는 적대적 공생 관계다. 두 분이 1·2중대"라고 받아쳤고 "기호 1,2번은 과거다"라고 명명했다.

선거가 끝난 후 승자의 전략은 모두 탁월한 선택이고 패자의 전략은 모두 잘못된 선택이라고 말하는 경향이 있다. 만일 선거 전략이 달랐다면 선거 결과를 바꾸지 않았을까.

제5장
거점과 중위

_사통팔달의 소통

26. 운하와 고속도로_없는 길을 뚫어라

사람이 다니던 곳에 길이 생기는 것은 매우 자연스러운 현상이다. 수요에 따라 공급이 만들어지기 때문이다. 이와 반대되는 선후(先後) 관계도 있다. 공급이 수요를 창출하기도 한다. 길이 없던 곳에 길이 생기면 그 길 따라 사람이나 물건이 다니게 되는 현상이다. 종종 공공시설의 엄청난 조성 비용은 그 시설로 발생할 새로운 수요에 대한 기대로 정당화된다. 그런 기대와 달리 공급이 실제 수요를 창출하지 않을 때도 있음은 물론이다. 여하튼 길 만들기 자체가 전략이고 따라서 전략적 고려가 필수다.

지구상의 길 가운데 전략적인 연결 가운데 하나는 파나마 운하다. 파나마 운하는 출발 및 도착 지역에 따라 다르겠지만 대서양과 태평양 간의 연결 거리를 약 15,000km 단축했다. 수에즈 운하가 단축한 약 10,000km보다 훨씬 긴 거리다.

태평양과 대서양의 연결은 그 자체로 거대 전략이다. 그 루트는 파나마뿐만은 아니었다. 미국은 파나마 운하 굴착권 매입 이전에 니카라과 운하를 추진하다 포기한 바 있다. 중국은 대양 연결이라는 거대 전략을 추진하고 있으며 니카

우여곡절의 파나마 운하 개통

파나마 운하는 수에즈 운하 건설에 참여한 프랑스인이 당시 파나마를 지배한 콜롬비아 정부와 계약을 맺고 운하 공사를 시작했지만 난공사와 재정난으로 1889년 공사를 중단하고 말았다.

파나마 운하의 완공은 미국이 주도했다. 1898년 쿠바에서 스페인과 일전을 벌인 미국은 미국 서부 해안에 정박 중이던 자국 함대들을 쿠바 전투에서 전혀 활용하지 못했다. 태평양과 대서양을 연결하는 운하의 필요성을 절실히 체감한 미국은 콜롬비아 정부에 돈을 주고 건설과 운영을 승인받았지만 콜롬비아 상원은 이를 비준하지 않았다. 이에 미국은 파나마 독립을 부추기는 한편 군사 지원도 단행했다. 마침내 독립한 파나마의 양해하에 미국은 1903년 프랑스 회사로부터 운하 굴착권을 매입하여 공사를 재개했다. 파나마 운하는 1914년 완공되어 그해 8월 15일에 정식으로 개통했다. 운하 개통은 미국 패권 시대의 개시를 의미했다. 파나마 운하는 우여곡절 끝에 미국이 운영하다 1999년 12월 31일 파나마에 이양됐다.

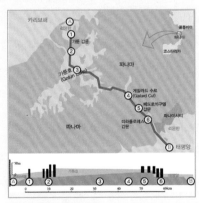

파나마 운하의 경로와 구조

라과 운하 프로젝트에도 관련되어 있다. 중국은 태평양-대서양 루트 확보뿐 아니라 태평양-인도양 루트 확보를 위해 인도양 곳곳에 항구를 건설하고 있다. 같은 맥락에서 육상 해상 실크로드 구상인 일대일로One Belt One Road 정책을 추진하고 있다. 이에 미국과 인도가 경계하고 있음은 물론이다.

수로뿐 아니라 육로, 또 국외뿐 아니라 국내에서도 전략적 연결은 시도되어 왔다. 대한민국이 처음으로 조성한 전국적 단위의 도로는 1968년 2월 1일 착공하여 1970년 7월 7일 완공한 경부고속도로다. 사실, 경부선은 고속도로보다 철로가 먼저였다. 경부선과 경의선 철로는 한일 강제 병합 이전에 일본과 중국 대륙을 연결하기 위해 일본 자본에 의해 건설된 루트다. 당시 러시아와 지역 패권 경쟁을 벌이던 일본은 러시아의 한반도 접근을 차단하면서 일본의 만주 접근을 쉽게 만들 필요가 있었는데, 그런 전략적 의도가 철도 건설 노선 선택에 영향을 주었던 것이다. 노선뿐 아니라 철길 궤도 너비와 레일 종류도 누구를 견제하고 누구의 진출을 활성화하느냐에 따라 선택되었다.

경부선은 부관선부산-시모노세키, 경의선서울-신의주, 만주선 등과 연결되어 아시아 철도로 기능했다. 제국주의 시대의 연결망과 그 속성을 달리하지만 오늘날에도 유사한 연결망에 대한 갈구가 있다. 경부고속도로에는 아시안 하이웨이 1호선이라는 의미의 AH1 표지판이 설치되어 있다. 일본, 남한, 북한, 중국, 동남아, 인도, 터키를 경유하는 AH1 하이웨이를 터키에서 유럽 하이웨이 E80에 연결한다는 구상이다. AH1은 아직 개통되지 않았지만 그러한 전략적 연결에 아시아 국가들이 공감하고 있다.

남북한 분단선과 바다로 둘러싸여 일종의 섬으로 불리는 대한민국 내에서도 지역 간 연결은 전략적으로 추진돼야 한다. 지역 간 연결 루트는 늘 논란을 불러일으킨다. 경부고속도로 노선 설정에서도 심각한 갈등을 겪은 바 있다. 1968년 2월 1일 착공일 이전에 노선이 확정된 구간은 서울~대전 노선뿐이었다. 대구~부산 구간 노선은 경주·언양, 밀양·마산, 창녕·마산 등의 각론으로 이견이 대두되다 4월에 확정되었으며, 특히 대전~대구 구간 노선은 10월에서야 확정되었다.

　서울과 부산을 연결하는 루트는 유행가 가사의 "서울, 대전, 대구, 부산 찍고"를 포함해 매우 다양하다. 설명의 편의상 서울, 부산, 대전, 광주의 네 도시만을 생각해보자. 이 네 도시 가운데 두 도시만을 뽑아내는 경우의 수는 6이고, 두 도시 간 직통 연결 여부에 따라 구분할 수 있으니 네 도시 간 연결 시스템은 64[2]가지나 된다. 네 도시 간 모두에 직통로 6개가 건설된 연결 시스템은 여러 좋은 효과를 낼 것이나 연결로 개설 및 운용에 비용이 많이 들어가기 때문에 늘 좋은 선택은 아니다. 또 네 도시 간 아무런 연결이 없는 시스템 또한 건설 비용은 들지 않으나 효과 또한 없을 터이니 좋은 선택이 아니다. 전략적으로 고려되는 네 가지 유형만 예시를 들어 살펴보자.

전략 결정 게임

서울, 대전, 광주, 부산의 연결

① 방사형 연결

대전이나 광주를 중심 도시로 삼고 나머지 3개 도시와 연결하는 방식이다. 육로가 아닌 항공로는 현재 서울을 중심으로 한 방사형 네트워크다.

방사형은 허브(hub)에서 시작하여 스포크(spoke)를 통해 각 주변(tail, rim)으로 연결되는 방식이다. 네트워크 참여자가 많다면 몇 개의 서브(sub) 네트워크가 구성될 수도 있고 각 서브 네트워크에는 서브 허브가 존재하기도 한다.

여러 곳으로 연결되는 곳이 허브라면, 그 반대는 쿨데삭(cul de-sac 또는 맹로(盲路, 막다른 길, dead end)라고 불린다. 쿨데삭에는 통과할 수 있는 물리적 길이 아예 없는 경우도 있고, 통과할 수 있는 물리적 길이 있어도 실제로는 출입이 통제되는 경우도 있다.

허브는 협력의 거점일 수도 있고 또 갈등의 거점일 수도 있다. 마찬가지로 쿨데삭 또는 맹로는 저(低) 발전의 장소일 수도 있고 또 『정감록』의 십승지(十勝之地)처럼 난을 피해 살기 좋은 곳일 수도 있다.

② 일자형 연결

서울, 대전, 광주, 부산의 순서로 연결하는 것은 그 예다. 물론 다른 일자형 네트워크도 있으나 연결 거리가 더 길다. 이 유형에서 허브는 존재하지 않고 2개의 서브 허브, 2개의 쿨데삭, 3개의 스포크가 설정되어 있다. 방사형과 마찬가지로, 일자형도 다른 유형에 비해 네트워킹(스포크 구축) 비용이 크지 않다.

③ 순환형 연결

서울, 대전, 부산, 광주, 서울로 연결하는 루트가 그 예다. 허브와 쿨데삭은 존재하지 않고 지점 수만큼의 스포크가 구축되는 유형이다.

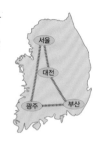

④ 교차형 연결

방사형에서 관찰되는 전략적 거점 없이 4개 지역 간 모두 총 6개의 루트(route)를 설치하는 방식이다. 로컬과 로컬 간 연결은 전략적 거점이 없기 때문에 균형 발전을 도모한다. 특히 루트 구축(construction) 비용이 크지 않은 부문에서 효과적이다.

예시와 같이 다양한 연결 가운데 가장 나은 방식을 선택하기 위해서는 비용과 효과를 계산해야 한다. 연결의 비용은 주로 도로 길이와 지형, 그리고 도로 부지의 기회 가치에 따라 좌우되는 반면, 연결 효과는 주로 운용의 부가가치에 따라 좌우된다. 대체로 동선(動線)이 짧을수록 그 비용이 적게 든다. 가장 짧은 동선은 운영 분석(OR) 기법으로 계산될 수 있는데, 가장 짧은 동선을 위주로 연결하는 것이 기본 접근이다.

물론 동선 길이 외에도 감안해야 할 다른 조건들이 있다. 분배도 그런 조건 가운데 하나이다. 경부고속도로 건설에 반대했던 사람들도 고속도로 건설 자체에 반대했다기보다 루트에 대한 이견이었고 자기 지역이 소외되는 것에 대한 반발이었다.

지역감정 완화를 위한 지역 간 연결도 강조된다. 1968년 2월 7일 경상도와 전라도를 연결하는 철로인 경전선이 개통되었다. 경사 및 곡선 구간 때문에 느리게 운행되는 경전선은 전라도와 경상도 간의 교류를 기대만큼 활성화하지 못했다. 좀 더 빠른 영호남 간 연결 도로는 1973년과 1984년에 각각 개통한 남해고속도로와 88올림픽고속도로다. 남해고속도로는 1990년대 4차선으로 확장되었고, 88올림픽고속도로는 2015년 12월에 4차선으로 확장되면서 '광주대구고속도로'로 명칭을 바꾸었다. 광주와 대구를 연결하는 고속철도는 대구 달구벌과 광주 빛고을에서 따온 '달빛고속철도' 명칭으로 추진 중이다.

공급이 수요에 따라 생기는 동시에 수요를 창출한다는 맥락에서 지역 간 교류, 화합, 동질화, 균형 발전 등을 위해선 지방 사이의 연결이 필요하다. 이는 주변 간 연결, 즉 L2Llocal to local이라 부를 수 있다.

L2L 확대에는 비용이 들게 마련이다. 예컨대 5개 지역 간 모두에 직접 연결시키려면 10$_{5C_2}$개의 연결로가 필요하다. 이에 비해 한 지역을 중앙으로 정하면 그곳에서 나머지 4곳으로의 4개 연결로로 5개 지역이 모두 연결된다. 지역의 수가 100개일 때 직접 연결하려면 4,950$_{100C_2}$개의 연결로가 있어야 하지만, 중앙 지역을 설정하면 99개의 연결로만 필요하다. 이처럼 연결로의 전체 건설비용은 중앙을 두는 방식이 훨씬 저렴하다. 그래서 주변과 주변을 직접 연결하지 않고 중앙을 경유하는 경우가 많다.

연결만으로 교류가 이뤄지는 것은 아니다. 2007년 5월 17일 남북한은 공동으로 경의선 및 동해선 철로의 시험 운행을 실시하였다. 동해선에서는 북한 열차가 군사 분계선을 넘어 제진역까지 운행했고, 경의선에서는 남한 열차가 문산역에서 개성역까지 운행하였다. 2007년 10월 남북 정상 회담에서 문산~봉동 간 화물 열차의 정례 운행을 합의하고 12월 11일 개통하였다. 주중 5회씩 220회연도 440회 운행되었으나 화물 컨테이너가 달린 운행 회수는 17회에 불과하였다. 결국 2008년 12월부터 운행이 중단되었다. 동해선은 시험 운행 후 개통조차 되지 않았다. 2018년 남북 정상 회담 이후 철도 연결이 다시 추진되었으나 아무런 진척이 없이 "낡은 레코드판을 다시 돌린다"는 비판을 받은 바 있다. 이벤트 목적만으로는 진정한 연결 효과를 내기 어려운 것이다.

전략적 연결이 늘 물리적으로 가장 짧은 루트를 의미하지는 않는다. 때로는 우회가 좋은 전략이다. 산과 강이 있으면 돌아가는 육로가, 또 암초나 조수 간만 때문에 직선거리 10배의 수로가, 또 통과비용이 크거나 난기류가 심한 영공에서는 우회하는 항로가 더 전략적이다.

27. 수도 이전_거점을 뒤집다

거점의 입지 선택에는 갈등이 따른다. 공항 유치 등을 둘러싼 지역 갈등에서 쉽게 관찰된다. 정치적으로 가장 민감하게 반응하는 입지 대상은 수도다. 수도를 정하고 바꾸는 일은 정치, 경제, 사회 모든 면에서 매우 중요하다. 수도 이전은 오늘날의 용어로 표현하자면 '표준 변경'에 해당한다. 표준은 그 자체가 일종의 권력이므로 표준 변경은 곧 권력 교체다. 따라서 수도 이전이 아무런 저항 없이 이루어진 예는 별로 없고 주로 정변의 결과로 이루어졌다.

1135년 1월 4일_{율력} 고려의 수도 이전이 발표되었다. 묘청은 개경_{개성} 대신에 서경_{평양}을 수도로 하여, '대위국'이라는 국호와 '천개'라는 독자 연호로 칭제건원_{稱帝建元}하였다. 이른바 묘청의 난이다. 서경 천도는 묘청뿐 아니라 태조 왕건을 위시한 고려의 여러 국왕들도 검토했었다. 대표적으로 제3대 국왕 정종은 지지 기반인 서경으로 천도하려 했으나 5년도 채우지 못한 짧은 재위 기간으로 실천하지 못했다.

천도론은 기존 수도와 비교되는 새 수도의 풍수적 입지나 지역 간 대립 구도로 대두된다. 서경 천도론에서도 개경파와 서경파의 대립, 그리고 두 도시의 풍수지리 비교가 등장했다. 국제 정세의 이용은 천도 추진과 천도 저지 모두에 필요하다. 대외 위상을 높이는 칭제건원에는 다수가 공감하더라도 막상 강력한 군사력을 지닌 주변국을 정벌하자는 주장에는 선뜻 동의하지 않는다. 묘청의 금나라 정벌론은 천도 반대론자들을 결집시켜 결국 서경 천도는 실패했다. 이에 비해 이성계의 한양 천도는 명이라는 새로운 패권국의 등장과 함께 성공했다. 물론 국제 정세를 정확히 파악했다고 해서 천도나 정권의 성공이 보장되지는 않는다. 조선 광해군과 소현세자가 그런 예다.

분단에 의한 수도 이전도 있다. 제2차 세계대전 말 독일 수도 베를린은 소련

군에 의해 먼저 점령되었다. 소련이 점령한 동독 지역 한가운데에 위치한 베를린은 수도라는 이유로 전승 연합국인 미국, 영국, 프랑스, 소련에 의해 다시 분할 점령되었다. 1949년 서독 정부FRG와 동독 정부GDR가 출범한 이후에도 베를린은 동서독 정부의 주권 관할에 있지 않고 법적으론 전승 연합 4개국이 관할했다. 1990년 통일이 되어서야 동서 베를린은 하나로 합쳐졌고 다시 독일의 수도가 되었다. 서독의 옛 수도 본에도 일부 수도 기능을 남겼다.

통일 후 새 수도 베를린에 건립된 제국의회 의사당

패전국 독일 관리를 위한 분할 점령이 시작된 1945년, 한반도에도 패전국 일본군의 무장 해제를 위한 분할 점령선이 공포되었다. 그 분할선 위치는 수도의 위치에 크게 영향을 받았다. 소련에 비해 병력이 한반도로부터 멀리 있었던 미국은 서울이 북위 38도선 이남에 있고 또 38선이 대략 한반도를 절반씩 나누기 때문에 38선을 분할 점령선으로 소련에게 제의했고, 이에 소련은 동의했다. 만일 대한제국 수도나 조선 총독부가 평양에 있었더라면 평양 바로 남쪽에 위치한 39도선을 미소 간 분할선으로 하고 또 평양을 다시 남북으로 분할하는 방안을 미국은 제안했을지도 모른다. 또 만일 수도가 세종, 공주, 부여 등지에 위치했더라면 37도선으로 제안했을 수도 있다.

　수도와 같이 표준을 두고 각축하는 시장은 독점을 전제한 경쟁이다. 새로운 표준을 도입하려는 측은 단기적으론 출혈을 감수하면서 대내외 다수의 호응을 유도하려 한다. 기존의 표준을 보유한 측 역시 도전자가 제공할 수 없을 정도의 혜택을 대내외 다수에게 제공하고, 또 규제를 만들어 표준 시장의 진입 장벽을 높이는 전략을 구사할 수 있다. 만일 도저히 자신의 독점적 지위를 고수할 수 없거나 또는 획득할 수 없다면, 경쟁자의 표준까지 무용하게 만들어 아무도 독점하지 못하게 만들 수도 있다. 정치권의 수도 이전 목소리는 국민 불만을 돌리려고 나오기도 한다.

표준의 다양화는 비효율을 감수해야 한다. 수도 이전도 아니고 수도 고수도 아닌, 수도 분할은 그런 예다. 실제 행정 중심 복합 도시 세종특별자치시는 행정 수도로 불리지 않는다. 수도 이전이 아니고 행정 기관 분산이기 때문이다. 무릇 정치적 타협 대부분은 비효율적이다. 민주주의에서는 효율성보다 교착되더라도 타협을 더 중시한다. 만일 타협을 중시한다면 비효율적인 표준 분할을 감수해야 하고, 효율을 중시한다면 표준 독점을 받아들여야 한다. 타협과 효율이라는 두 마리 토끼를 동시에 잡는 것은 높은 신뢰 수준의 민주주의에서나 가능하다.

거점과 루트는 가장 효율적인 대안으로 결정하고 분배의 문제는 다른 메커니즘을 통해 해결하는 것이 옳다. 연결 자체를 효율성 외의 다른 기준에 지나치게 의존하면 연결의 전략적 가치는 훼손된다. 활용도가 지극히 낮더라도 공항을 유치하는 것이 유치하지 않은 것보다 지역 사회에 훨씬 도움된다고 인식하는 한 핌피(Please In My From Yard) 갈등은 발생할 수밖에 없다. 우는 아이한테 젖 주는 상황에서 아이는 의도적으로 과하게 우는 전략적 행동을 취하기도 한다. 적절한 장소에 시설을 두는 것이 다른 지역들에도 도움되도록 분배의 메커니즘이 작동해야 한다. 여기에는 공정한 전문가의 관여와 수혜 지역의 비용 부담이 포함되어야 한다.

전략적 연결에는 확산 효과가 큰 거점과의 연결도 포함된다. 거점은 사람과 물건의 유통뿐 아니라 문화 전파에서도 효과적이다. 20세기 최고 인기 록그룹인 비틀즈 흥행의 기폭 계기는 세계 시장의 중앙인 미국에 진출한 것이었다. 1964년 2월 7일 비틀즈가 탑승한 팬암 항공기가 뉴욕 케네디공항에 착륙했다. 이른바 '영국의 침입'이 시작됐다. 군사 공격의 의미가 아니라, 비틀즈를 위시한

영국 록이 미국, 나아가 세계의 대중음악 시장을 장악하기 시작했다는 의미다. 이어 2월 9일 비틀즈는 〈에드 설리번 쇼〉에 출연했다. 시청률 조사업체 닐슨에서 추산한 시청률은 40%를 넘었고

1964년 2월 7일 뉴욕 케네디공항에서 열렬한 환호를 받고 있는 비틀즈

시청자 수는 7,370만 명으로 미국 인구 10명 중 4명이 비틀즈 출연을 봤다.

사실 비틀즈는 이미 1963년 영국에서 최고 인기를 누리고 있었다. 다만 해외에서의 인기가 불확실했다. 비틀즈는 미국에 가기 직전에 영국의 이웃나라 프랑스에서 공연을 가졌다. 1월 14일 비틀즈가 프랑스 르 브르제 공항에 도착했을 때 환영 인파는 수십 명에 불과했다. 1월 16일 파리 올림피아극장 공연에서 미국의 트리니 로페즈와 프랑스의 실비 바르탕이 주연처럼 공연했고 비틀즈는 거의 조연에 가까웠다. 비틀즈는 밋밋한 반응에 실망했다.

1월 17일 저녁 비틀즈의 신곡 'I want to hold your hand'가 미국 캐시박스 차트에 1위로 올랐다는 소식이 파리로 전해졌다. 2월 1일에는 빌보드 차트에서도 1위를 기록했다. 이 소식이 알려지자 파리 관객의 반응이 갑자기 뜨거워졌다. 2

월 4일까지 진행된 올림피아극장 공연뿐 아니라 숙소와 길거리에서 파리 시민들은 열렬한 환호를 보냈다. 이듬해 파리 공연은 훨씬 넓은 장소인 실내 경기장에서 열렸고 많은 관중이 열광했다.

영국에서의 비틀즈 인기가 이웃 나라 프랑스로 바로 전파되지 못하다 미국에서의 인기가 확인된 후 비로소 프랑스에서도 인기가 치솟았던 것이다. 비틀즈의 성공적인 미국 데뷔는 프랑스뿐 아니라 전 세계에서 위상을 높였다. 덴마크, 네덜란드, 홍콩, 호주, 뉴질랜드, 이탈리아, 스페인, 독일, 일본 등지에서의 흥행도 미국에서의 성공에 따른 자연스러운 현상이었다. 세계 시장의 중심 미국에서의 실적이 하나의 지표로 기능했던 것이다.

문학이나 예술처럼 논리보다 감성을 중시하는 분야에서는 타인의 반향이 중요하다. 온라인에서 조회 횟수나 '좋아요'가 많은 기사는 그렇지 않은 기사보다 더 읽힌다. 영화도 남들이 많이 본 것을 보고, 음식점을 고를 때에도 손님이 많은 곳을 선택하는 경향이 있다. 모두 리스크를 줄이려는 선택이라고 볼 수 있다.

이런 소비자 성향을 이용한 마케팅도 있다. '좋아요'가 많은 페이스북 페이지를 구입하여 마케팅에 활용하기도 한다. 또 도서 판매 순위를 매기는 서점에서 자신이 출간한 도서를 대량 구입하여 순위를 올리기도 한다. 또 음원 사재기나 반복 재생 스트리밍

비틀즈가 미국 흥행에 성공하기 직전인 1964년 1월 파리 공연 안내장. 출연진 명단에서 첫 번째가 아닌 세 번째다.

작업 등으로 차트를 조작하기도 한다. 모두 광고비보다 더 적은 비용으로 하는 마케팅이며, 대중들이 상품의 가치를 모르고 있으니 관심을 끌기 위한 마중물이라고 합리화하겠지만, 떳떳한 마케팅이 아님은 물론이다.

문학, 예술, 흥미, 감동에 대한 평가는 주관적일 수밖에 없는데, 각종 문화 평론은 주관적 판단을 객관적으로 받아들이게 만든다. 그런 착각 때문에 각종 평가나 실적 자체가 이후의 실적에도 영향을 미치는 것이다.

비틀즈가 미국 시장에 진출했기 때문에 무조건 성공한 것은 아니다. 비틀즈보다 먼저 미국에 진출한 클리프 리처드는 영국에서만큼의 인기를 누리지는 못했다. 비틀즈의 미국 진출은 타이밍이 좋았다. 같은 음악이라도 때와 장소에 따라 반응은 다르다. 너무 앞서가는 것은 대중성이 떨어지고, 조금 앞서는 것이 히트치기도 한다. 사람이든 물건이든 때가 맞아야 출세할 수 있고 또 히트할 수 있다.

1950년대 중반부터 1960년대 초반까지 영국은 제2차 세계대전의 참화에서 벗어나면서 국가 경제가 나아졌다. 여성들은 세탁기와 가스레인지의 보급으로 손빨래와 땔감 마련이라는 가사 노동에서 벗어날 수 있어 여가 시간이 늘었다. 또 1957년 병역 의무 폐지로 젊은 남성들의 여가 시간이 늘었다. 이 시기 비틀즈를 포함한 영국 뮤지션들에게 극성팬들이 생겼다. 비틀즈의 극성팬인 비틀매니아를 기존 억압에 저항한 세대라고 말하기도 한다.

같은 시기 미국의 대중음악계 또한 큰 변화를 겪었다. 1950년대 중반 미국 시장을 주름잡던 엘비스 프레슬리는 1958년 군 복무를 위해 연예계를 떠났다. 1960년 제대하여 연예계에 복귀했으나 예전의 반항아 이미지가 퇴색된 그에게 젊은 층의 인기는 시들했다. 프레슬리 외에 미국 젊은이들이 열광한 로큰롤 뮤지션은 몇몇 있었다. 버디 홀리, 리치 밸런스, 빅 바퍼가 대표적이었는데, 모두 1959년 비행기 추락 사고로 같은 날 사망했다. 돈 맥클린이 '아메리칸 파이' 가사에서 이 사고를 "음악이 죽은 날"로 표현했듯, 당시 로큰롤 가수는 기근이었다.

무엇보다도 1963년 11월 존 F 케네디 대통령의 암살 사건으로 미국 사회는 충격에 빠졌다. 비틀즈는 이런 회색 분위기에 해맑은 혜성처럼 등장했다. 물론 비틀즈 자신도 성공 후 염세주의를 피할 수는 없었다.

타이밍만으로 비틀즈 성공을 설명할 수는 없다. 같은 장소, 같은 시간에 수많은 다른 뮤지션이 있었기 때문이다. 비틀즈의 음악이 월등해 그랬다는 설명 또한 불충분하다. 대신에 전략적 기획이 큰 차이를 가져다주었다고 설명할 수 있다. 이런 기획은 매니저인 브라이언 엡스타인이 주도했다. 흔히 4인조 그룹 비틀즈의 제5멤버로 불리는 엡스타인은 그 이전의 미국 진출 실패 사례를 반복하지 않았다.

엡스타인은 비틀즈 음반 일부를 비제이 레코드와 스완 레코드를 통해 미국에 발매하면서도 메이저 음반사인 캐피틀 레코드와 계약을 체결하려 노력했다. 브라이언은 캐피틀에게 관행적인 홍보비 규모 5천 달러의 10배에 이르는 돈을 쓰라고 요구하여 관철시켰다. 캐피틀은 비틀즈의 미국 방문을 앞두고 포스터와 자동차 스티커를 미국 곳곳에 뿌렸다. 캐피틀 회사 전화 착신 멘트가 "캐피틀 레코드입니다. 비틀즈가 오고 있습니다"였다. 엡스타인이 계약한 미국의 비틀즈 상품 판촉 회사는 케네디공항에 나온 모든 팬에게 1달러와 티셔츠를 제공한다고 약속했다. 이후 비틀즈는 케네디공항에서 열렬한 환호를 받았고 대규모 공연도 성황리에 해냈다.

문화 전파뿐 아니라 외교에서도 전략적 거점이 필요하다. 1989년 2월 1일, 한국과 헝가리는 대사급 공식 외교를 맺었다. 헝가리는 한국과 국교를 수립한 최초의 공산권 국가였다. 1988년 8월 양국은 극비리에 접촉하여 상주 대표부를 설치하고 수교 교섭을 개시한다는 합의서에 서명하고 한국은 헝가리에 6억5천만 달러의 경제 협력을 제공하기로 했다. 다시 4개월 후 한국은 헝가리 중앙은행에

1억2천5백만 달러의 차관을 제공한다는 계약을 체결했다. 한국은 헝가리를 연결 거점으로 다른 공산권 국가와 연이어 수교를 맺었다. 이런 맥락에서 헝가리와의 수교는 전략적 연결이었다.

넓은 세계에 이르려면 사통팔달의 중원에 진출해야 한다. '모든 길이 로마로 통할' 때에는 로마를 경유하는 것이 효과적이다. 예컨대 한국과 일본 간의 연결보다 한국과 미국 간, 그리고 미국과 일본 간 연결이 더 잘되어 있다면 미국을 통한 일본 접근이 나은 전략이다. 그렇다고 중원 진출을 무조건 고집할 필요는 없다. 사안에 따라 연결로를 살펴보고 진출 방향을 정하면 된다. 어디로 향하든 타이밍과 사전 준비는 필요하다.

29. 한글과 8자 춤_의사 전달

인간 간 연결의 대표적 매개는 언어다. 조선실록에 한글은 세종 25년1443년 12월음력에 임금이 친히 지었고, 1446년 9월음력 이루어졌다成는 문장이 등장한다. 이후 한글이 사람과 사람을 연결하여 한민족 정체성에 엄청난 영향을 주었음은 굳이 설명할 필요가 없다. 한글날이 기념되고 있는 다른 한편으로 기념일 지정과 관련된 다른 인식이 제기되기도 한다.

훈민정음 반포 8회갑8회 × 60년 = 480년인 1926년 음력 9월 29일, 조선어연구회는 '가갸날'로 부르고 처음 기념하기 시작했다. 이날은 1926년의 경우 양력 11월 4일이었다. 1928년부터는 가갸날이라는 명칭이 한글날로 바뀌었다. 1930년대 초반에는 음력 대신 양력으로 기념하기로 하여 1446년 음력 9월 29일을 양력그레고리력으로 환산한 10월 29일로 정했다가, 1934년 다시 계산하여 10월 28

일로 수정하여 기념하였다.

1940년 훈민정음 해례본 서문 말미에 "정통明나라 영종의 연호 11년 9월 상한上澣"이라는 기록이 발견되었다. 그리하여 1945년 조선어학회는 1446년 음력 9월 상한의 마지막 날 10일을 양력그레고리력으로 환산하여 10월 9일을 한글날로 지정하여 현재까지 내려오고 있다.

1446년 당시는 그레고리력이 시행되지 않았고 음력 9월 10일은 율리우스력 기준으론 9월 30일이므로 한글 기념일을 그날로 바꾸어야 한다는 주장도 제기된다. 아울러 반포일보다 창제일이 기념되어야 한다는 주장도 있다. 실제 북한이 조선글날로 부르고 있는 기념일은 창제일 기준으로 정한 것으로 알려져 있다. 1443년 음력 12월의 중간 날인 12월 15일을 양력그레고리력으로 환산한 1월 9일을 조선글날로 기념하다 1963년부터는 1월 15일에 기념하고 있다. 또 1443년 12월에 지었다는 실록 기록이 음력 12월 30일자라는 점에 주목하여 음력 12월 30일을 양력으로 환산하여 기념해야 한다는 주장도 있다. 한글 창제의 주체와 시기에 대해서도 여러 해석이 있다. 당시 다른 표음문자 또는 발음 기호가 존재했음도 사실이다.

창제보다 전략적으로 더 중요한 행위는 반포다. 한글 반포가 지배층—백성 간 소통, 그리고 백성—백성 간 소통에 일종의 고속도로를 구축한 것이기 때문이다. 한글은 한국인의 발음 대역帶域 범위을 정하는 표준으로도 기능하게 되었다.

동물 사회에서도 의사가 전달된다. 1973년 노벨 생리의학상 공동 수상자인 카를 폰 프리슈Karl von Frisch, 1886~1982와 그의 후학들은 이른바 8자 춤이 꿀벌들의 의사소통 행위라는 점을 1944년에 밝힌 바 있다. 먹이원을 발견한 꿀벌은 벌통으로 돌아가 두 원, 즉 8자를 그리는 춤을 춘다. 두 원의 가운데를 엉덩이춤을 추며 이동하는 길이와 방향으로 동료들에게 먹이원의 위치를 알려준다. 벌통의 수직 방향을 태양 방향이라고 전제한 채 엉덩이춤을 추는 방향에 먹이원이 있다고 말

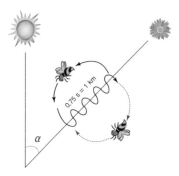

하는 것이다. 예컨대, 수직에서 오른쪽으로 30° 기울어진 방향으로 날개와 엉덩이를 흔들고 나아가면, 태양을 기준으로 오른쪽 30°의 각도(1시 방향)에 먹이원이 있다는 의미다. 또 엉덩이춤의 동선이나 시간이 길면 길수록 먹이원이 멀리 있다고 말하는 것이다. 예컨대, 1cm 또는 0.75초의 엉덩이춤 동작은 약 1km 떨어진 곳에 먹이가 있다는 뜻이다.

벌통으로 돌아온 꿀벌은 수직에서 기준으로 지그재 그 엉덩이 춤 방향에 먹이원이 있음을 동료에게 알린다. 또 8자의 동선 가운데 엉덩이 춤 구간에서 0.75초 동안 춤추면 먹이원이 약 1km 떨어져 있다는 의미다.

개체 차원에서 관찰되지 못하는 효능이 집단 차원에서 관찰될 때, 이를 '떼 지능' 또는 '집단 지능'이라고 한다. 누구나 읽거나 잘못을 고칠 수 있는 위키피디아 등 여러 인터넷 사이트는 집단 지능의 예다. 더 나아가 집단이 하나의 개체처럼 행동하는 것은 '초유기체'라고도 한다. 물론 집단을 위해 스스로 죽음을 선택한다는 초유기체적 설명은 이제 잘 인정되지 않는다.

꿀벌과 같은 무리에서 집단 지능이 발현되려면 의사소통은 필수적이다. 꿀벌 사회의 의사소통은 관찰한 대로 보고하는 방식이다. 8자 춤은 바깥 세상을 다녀온 정찰 벌이 동료에게 던지는 메시지다. 만일 자신이 관찰한 대로 공개 보고하지 않고 대신에 다른 정찰 벌의 입장에 동조하거나 아예 공개 보고를 하지 않는 경우 집단을 잘못된 장

1952년경에 촬영된 카를 폰 프리슈(운전석 도어쪽)와 그의 제자들(맨 왼쪽이 수제자 마르틴 린다우어)

동물의 무리짓기

꿀벌은 먹이가 벌집에 가까이 있을 때 낫형, 더 가까이 있을 때에는 원형의 춤을 추는데, 그런 춤 유형의 전이는 단 하나의 유전자가 결정한다는 사실 등이 밝혀졌다. 또 서식하는 벌통의 온도에 따라 꿀벌의 8자 춤 빈도가 다르다. 차가운 벌통에서 자란 꿀벌 집단은 낮은 학습 빈도로 먹이 위치를 잘 전달하지 못하고 먹이를 잘 공급받지 못해 벌통 온도가 계속 낮게 유지되는 악순환에 빠진다. 최근에는 꿀벌의 의사소통에서 후각이 8자 춤보다 더 중요하다는 연구가 제시되기도 했다.

꿀벌이 고대 그리스의 아리스토텔레스 이래 자주 문헌에 등장하는 이유는 사회적 동물이기 때문이다. 무리 짓기는 진화의 결과이기도 하다. 혼자보다 뭉치는 게 생존에 더 나음은 여러 동물들의 행태에서 나타난다. 희생양, 역사적으론 희생 염소scapegoat가 의식 후 황야에 버려졌을 때 생존을 기대하기는 어렵다. 아프리카 초원의 초식 동물 대부분은 무리를 짓고 살아간다. 큰 무리를 구성하면 포식자가 주눅들 수 있고, 또 포식자가 많이 몰려도 초식 동물 개체가 더 많기 때문에 자신이 공격받을 확률은 그만큼 작아 생존 가능성이 크다. 포식자 역시 혼자서는 사냥이 어려워 집단생활을 하게 되었다. 일대일로 싸워 이기지 못하는 동물이 있음에도 수사자가 백수의 왕이 될 수 있는 이유는 무리 생활 때문이다.

동물을 연구하는 아리스토텔레스. 1791년경 작가 미상의 그림. 동물 사회성에 대한 관심은 고대부터 있었지만 엄격한 관찰과 분석은 현대에 와서야 이뤄졌다.

소로 이끌 수 있음을 보여주는 컴퓨터 시뮬레이션 연구도 있다. 집단 내 의사소통에서 정보의 독립, 공개, 공유가 중요한 이유다. 독립되지 않은 정보 및 판단은 집단 지능의 오류 가능성을 높인다.

꿀벌 사회에서는 여러 개체가 각각 전달하는 메시지가 대부분이고 지도적 개체의 하달식 명령 메시지는 별로 없다. 여왕벌이 던지는 메시지는 선 분비물을 통해 건재를 알려 새로운 여왕을 키우지 않도록 하는 정도뿐이다.

의사소통은 메시지를 전달하는 데 그치지 않고 서로의 생각이 소통되는 것을 의미한다. 꿀벌 집단이 분봉할 때 새로운 정착지를 정하는 결정은 한곳으로만 정해야 하는 승자 독식 방식이다. 이사할 장소에 관한 여러 정찰 벌의 다양한 정보를 접한 후 꿀벌 집단은 다수결 방식으로 한 장소를 선택한다. 처음에는 다양한 장소가 제기되더라도 시간이 지나면서 하나의 장소로 합의하는 방식이다.

꿀벌의 8자 춤은 꽃밭이나 새로운 보금자리의 질에 따라 그 강도가 달라진다. 좋은 곳을 정찰한 꿀벌의 8자 춤은 오래 여러 바퀴를 도는 반면, 좋지 않은 곳을 다녀온 정찰 벌의 8자 춤 횟수와 시간은 적고 짧다. 이들의 춤을 본 다른 꿀벌이 추가로 해당 지역을 정찰한 후 8자 춤을 춘다. 중립적인 개체들이 특정 정찰 벌의 8자 춤을 따라 추면서 합의는 무르익는다. 초기 정찰 벌의 8자 춤 빈도는 갈수록 현격히 줄어든다. 최초 정찰 벌조차 지속적으로 8자 춤을 추는 경우는 없다. 최초 주창자의 의견보다 동료의 지지 행동이 집단 전체의 의사로 받아들여지는 것이다. 승자든 패자든 누구나 자신의 의견을 끝까지 고집하지 않기 때문에 합의가 가능한 것이다.

그렇다고 집단 지능이 최선의 결과를 보장하지는 않는다. 인공 지능이든 집단 지능이든 어떻게 알고리즘을 짜느냐에 따라 그 성능이 달라진다. 바둑 게임에서 세계 최고의 프로 기사에게 이기는 인공 지능도 있지만 그렇지 못하는 인공 지능도 있다. 만일 미래 주가가 주식 투자자의 평균 전망과 일치한다면 미래 주가는 현재 주가와 비슷해야 한다. 왜냐하면 현재 주가는 현재 투자자의 전망을 크게 반영하기 때문이다. 즉 실제 주가가 급등하고 급락한다는 사실은 집단 지능적 주가 전망이 정확하지 않음을 의미한다. 잘못된 집단 지능은 종종 참변으로 귀결된다. 해변에서 떼로 죽은 동물 무리가 그런 예다.

특히 전문적 식견이 필수적인 사안에서는 일반인 다수의 집단 지능이 소수 전문가의 판단보다 못하다. 공론화 결정 방식이 적합한 사안과 그렇지 않은 사안이 구별되는 것이다. 물론 공론화 결정 방식에서도 전문가 의견이 반영될 수 있다. 다만 개인의 이해관계에 따라서만 행동하는 전문가, 전문가인양 하지만 실제로는 전문적 식견이 없는 사람, 전문적 식견이 없음에도 그럴듯한 말로 공감을 이끌어내는 사람 등은 숙의 민주주의나 공론화에서 경계의 대상이다.

전문적 식견이 요구되지 않는 사안에서도 집단적 선택은 한계가 있다. 집단 구성원의 다양한 선호에서 집단의 의사를 결정하는 완벽한 방법은 존재하지 않는다. 케네스 애로우는 여러 개인으로 구성된 집단이 파레토 최적 등의 효율적 결과를 얻으려면 집단의 최종 결정과 동일한 선호를 가진 특정인이 존재해야 함을 증명했다. 프리드리히 니체 역시 집단의 문화와 행동을 부정적으로 평가했다. 독일 나치와 중국 문화 대혁명 모두 부정적 집단행동의 예다.

생각이 같을 때 합의가 더 쉽다는 사실은 당연하다. 분봉할 때 좋은 장소로 이사하는 것에 모든 꿀벌의 이해관계는 일치한다. 같은 이해관계를 갖고 있음에도 방법론에서 갈등을 겪는 상황에서는 효과적인 의사소통이 해결책이다.

집단 구성원의 이해관계가 서로 다를 때는 의사소통만으로 갈등을 해결할 수 없다. 자신의 입장을 거짓으로 전달하고 남의 의견을 자신의 이해관계에 따라 왜곡하는 구성원은 정확한 의사소통을 원하지 않는다.

꿀벌 사회의 이해관계와 달리, 인간 사회의 이해관계는 구성원끼리 늘 일치하지는 않는다. 집단 내 다른 구성원과 대립된 이해관계를 가진 자도 있고, 우두머리를 교체하려는 욕심을 지닌 자도 있으며, 집단적 불행 속에 일신의 영달을 꾀하는 자도 있기 마련이다. 오늘날 인간 사회에서 의사소통이 문제라고 지적된 사안 가운데 일부는 소통의 문제가 아니다. 서로의 목표가 확연하게 다른 경우 의사소통이 실현되기 어렵고 만일 실현되더라도 그 효과는 미미하다. 그런 경우에는 집단의 분리가 더 나은 선택일 수 있다.

무리를 이루면 훨씬 나은 영향력을 갖는다. 집단이 효율적으로 존속하려면 집단 내 의사소통이 활성화되어야 한다. 동질적 집단의 경우, 편중된 표본이라는 한계 때문에 집단 사고의 오류 위험성은 늘 내재되어 있다. 조직 구성원의 목표가 동일한 경우 자신이 아는 대로 다른 구성원에게 알리고 지도자를 포함한 모두가 다른 구성원의 의견을 존중한다면 합의는 자연스럽게 이뤄진다. 이해관계가 서로 다를 때에는 무리를 함께 짓지 않는 것 또한 대안이다. 기존 집단에서 이탈하면 누구나 어려움을 겪는다. 다만 기존 집단에서 벗어나 새롭게 얻을 기대 이득이 크다면 기존 집단에 연연치 않고 새로운 집단을 구성할 뿐이다. 주지가 싫으면 절을 떠나야 할지, 아니면 주지를 내쫓아야 할지는 갈등을 겪는 모든 국가, 사회, 집단의 고민이다.

동물 사회의 기만과 불신 그리고 다수결 결정

하늘에서 떼로 나는 새, 그리고 바닷속에서 떼로 헤엄치는 물고기를 관찰하면 일사불란한 움직임에 감탄하게 된다. 보이지 않는 무언가에 의해 하나의 방향으로 간다는 해석이 한때 지배적이었다. 신경 전달 물질 세로토닌이 뇌에 분비되면서 메뚜기가 집단성을 띤다는 연구도 있다. 로마 하늘을 나는 찌르레기 무리를 고성능 카메라로 관찰한 결과, 실제로는 바로 옆 동료의 이동 방향에 매우 민감하게 반응한다는 사실이 밝혀졌다. 더 센 반대 방향의 움직임을 만나면 방향을 바꾸는 방식이다. 이는 대체로 다수결 방식으로 부를 수 있다.

붉은 사슴 집단은 60% 정도의 개체가 일어서면 이동을 시작하고, 고릴라 집단은 60% 정도의 개체가 소리치면 이동하기 시작하며, 인도네시아 술라웨시에 서식하는 톤키안마카크 원숭이 무리는 다수가 줄 선 쪽으로 함께 이동하고, 아프리카 물소 무리 또한 다수가 쳐다보는 방향으로 이동하는 것으로 관찰된 바 있다. 미어캣 집단도 한 마리가 울음소리로 먹이 쪽 방향을 표현하고, 울음소리로 동의하는 개체 수가 증가하면 나머지 개체들도 서열과 관계없이 다수 의견을 따르겠다는 울음소리를 낸다. 아프리카 들개도 재채기를 통해 사냥에 동의하는 절차를 갖는다고 해석되고 있다. 집단을 위해 자살을 선택한다고 한때 알려진 나그네쥐의 떼죽음이 오늘날에는 선도자의 잘못된 인도의 결과로 밝혀져 있다. 지도자 오류는 집단 지능으로 개선될 여지가 있는 것이다.

한편, 거짓과 배신의 행동 역시 인간뿐 아니라 동물에게서도 관찰할 수 있다. 제비의 경고음을 관찰한 연구에 따르면, 제비 수컷은 자기 짝이 혼외정사를 할 때 포식자가 출현했다는 경고음을 내어 상대 수컷이 도망가게 만든다. 경고음은 짝짓기 시기에 많았던 반면에 포란 시기에는 적었다. 둥지 짓는 시기의 경고음은 포란 시기보다 많았지만 짝짓기 시기보다는 훨씬 적었다. 거짓 경고음이 빈발하면 경고음에 대한 동물들의 반응, 즉 신뢰성이 떨어지는 현상은 여러 관찰 연구에서 밝혀졌다. 기만과 불신의 행위 모두 이기심과 마찬가지로 진화의 결과인 것이다.

30. 핫라인_소통으로 위기를 해소하다

The quick brown fox jumped over the lazy dog's back, 1234567890.

민첩한 갈색 여우는 나태한 개 위로 점프했다. 1234567890.

1963년 8월 30일 핫라인긴급 직통 라인으로 소련 정부에 보낸 미국 정부의 메시지다. 기존 팬그램A부터 Z까지 모든 알파벳이 포함된 문장에 아라비아 숫자와 아포스트로피'를 더해 만든 문구였다.

이 메시지를 보내기 10개월 전, 미국은 쿠바행 소련 선박을 해상 봉쇄하면서 소련과의 전면전까지 염두에 둔 일촉즉발의 위기를 겪었다. 인류가 제3차 세계 대전의 가능성을 가장 심각하게 체감한 순간으로 평가되는 쿠바 미사일 위기다. 당시 일분일초를 다투는 긴박한 상황임에도 미국과 소련이 상대국으로부터 공식 외교 문서를 받는 데 반나절이나 걸렸다. 이처럼 늘어진 연락 시스템으로는 조속히 위기를 해결할 수 없다는 판단에 미국과 소련 정부는 위기관리 방안의 일환으로 1963년 6월에 핫라인 개통을 합의하고 2개월 후 개통했다.

핫라인이 모든 글자들을 제대로 타이핑하고 프린트하는지 테스트하기 위해 개통 당일 '여우'와 '개'가 등장하는 팬그램을 보낸 것이다. 미국의 테스트 메시지에 소련은 모스크바 석양을 묘사한 서정적 러시아어 글로 답변했다.

미소 간 핫라인의 공식 명칭은 직통 연결direct communications link, DCL이었고, 미국의 관련 부서에서는 MOLINKMoscow-link로 불렸다. 미국 대중에게는 '레드폰'으로 알려졌는데, 그러다보니 다이얼도 버튼도 없는 붉은 전화기가 영화 등 여러 매체에서 미소 간 핫라인 소품으로 자주 등장했다. 그러나 다이얼링 없이 수화기만 들면 국가 정상 간에 바로 통화할 수 있는 붉은 전화기는 미소뿐 아니라 어떤 우방국 간에도 존재하지 않았다. 오늘날 정상 간 통화는 특정 국제 전화

번호를 통해 이뤄진다.

1963년 개통된 미소 핫라인은 텔레타이프였다. 미국은 영문 텔레프린터 4대를 모스크바에 보냈고, 소련은 러시아어 텔레프린터 4대를 워싱턴에 보냈다. 미국은 모스크바 소련 공산당 본부에 설치된 영문 텔레프린터로, 소련은 워싱턴 인근 국방부에 설치된 러시아어 텔레프린터로 각각 메시지를 보냈다. 1980년대에 미소 간 핫라인 방식은 텔레타이프에서 팩시밀리로 교체되었고, 2000년대 들어 이메일 시스템으로 바뀌었다.

미소 간 핫라인은 백악관과 크렘린을 직접 연결하는 선이 아니었다. 대서양과 여러 나라를 경유하는 유선이다 보니 중간에 지하 공사 등으로 케이블이 단절되어 불통되는 사고도 종종 발생했다.

이러저러한 한계에도 미소 간 핫라인은 가공할 힘을 가진 적대 세력 간의 의사소통을 가능하게 한 전략적 아이디어로 평가되고 있다. 그래서 그런지 핫라인의 아이디어를 제공했다고 주장하는 사람이 여럿이다. 노벨상위원회의 공식 홈페이지는 노벨 경제학상 수상자 토마스 쉘링Thomas Crombie Schelling, 1921~2016이 핫라인 설치에 기여했다고 인정한다.

당시 케네디 정부는 여러 전략가들을 중용했고, 토마스 쉘링과 같은 게임 이론가들의 아이디어가 미국 정책에 많이 반영되었다. 핫라인이라는 직통 채널도 그런 전략적 효과를 고려하여 추진되었다.

전쟁의 결과는 누가 먼저 공격하느냐에 따라 달라질 수 있다. 반격의 파괴력은

1963년 8월 30일 미국 국방성에서 미소 핫라인을 설치하고 테스트하고 있다_AP 통신.

동일한 군사력으로 기습 선제공격할 때의 파괴력에 미치지 못한다. 상대의 도발이 확실하다면 도발 전 선제공격으로 미리 초토화하는 것이 피해를 줄이는 방안이다. 이를 예방 전쟁이라고 한다.

선제공격이라 하더라도 상대의 반격으로 전쟁 자체를 피할 수 없고 또 핵전쟁처럼 승리가 평화보다 못할 때도 있다. 이런 경우조차 상대의 도발을 오인하는 경우 먼저 공격해서라도 전쟁 피해를 줄이려 한다. 핫라인은 이런 우발적 전쟁을 미연에 방지하기 위한 의사소통 수단이다.

미소 간 핫라인의 첫 공식 교신은 이른바 6일 전쟁 때였다. 1967년 6월 이스라엘은 아랍 국가를 상대로 예방 전쟁을 일으켰다. 정말 아랍 국가들이 전쟁을 먼저 시작하려고 했는지는 여전히 논란이다. 6일 전쟁은 잘못된 정보에 따라 시작된 예방 전쟁이라는 주장도 있기 때문이다. 하여튼 이 6일 전쟁으로 소련 흑해 함대와 미국 제6함대가 지중해로 출동했다. 이때 미소 간 핫라인이 가동됐는데, 소련 총리 코시긴이 미국 대통령 존슨에게 메시지를 보냈다. 전투 행위가 즉각 중지되도록 미소가 행동해야 한다는 내용이었다. 6일 전쟁은 더 이상 확전 없이 이름 그대로 6일 만에 종식되었다.

핫라인이 더욱 필요한 관계가 있다.

먼저 적대적인 관계에서다. 신뢰가 쌓여 오해가 없고 또 설사 오해가 있다 해도 바로 적대적 행동으로 옮기지 않을 관계에서는 굳이 핫라인이 필요 없다. 이와 달리 오해가 심각하여 바로 적대적 행동을 취하기 쉬운 관계에서는 핫라인이 큰 의미를 갖는다.

둘째, 어느 정도 대등한 관계에서다. 힘의 우열이 분명한 관계에서는 우발적 전쟁 가능성이 높지 않다. 더구나 선제공격인지 반격인지의 여부가 전쟁 결과에 크게 영향을 미치지 못한다. 이에 비해 힘이 비슷할 때에는 공격/반격 시점의 미세한 차이가 승패를 가르기도 한다. 따라서 핫라인의 효능은 경쟁국 간에서 빛을 발한다.

셋째, 인접국 간의 관계에서다. 한반도처럼 야포만으로도 주요 시설들을 타격할 수 있는 사정거리 내에서는 기습 여부가 승패를 좌우하므로 기습 가능성뿐 아니라 기습을 제거하려는 예방 공격 가능성 또한 높다. 따라서 핫라인의 역할이 중요하다. 남북한 관계는 이런 핫라인이 필요한 관계다. 특히 일방이 속전속결의 군사 독트린을 채택할수록 타방에 의한 예방 전쟁의 가능성 또한 낮지 않기 때문이다.

1971년 9월 20일 남북한 적십자 회담에서 양측은 남북 직통 전화 개설에 합의했다. 9월 22일 판문점 공동 경비 구역 내 남측의 자유의 집과 북측의 판문각을 연결하는 2개의 회선이 개통되었다. 1972년에도 여러 남북 간 접촉으로 전화선이 운영되기 시작했다가 1976년 판문점 도끼 만행 사건으로 단절되었다. 2000년 6월 남북 정상 회담 직후 정상 간 핫라인이 국정원–통일전선부 간에 설치되었는데, 이 핫라인을 통한 정상 간 실제 통화는 없었던 것으로 알려져 있다. 남북 직통 전화와 함정 간 국제 상선 주파수 연결은 개통과 단절을 반복하여 왔다. 2005년에는 남북 간 광케이블이 연결되어 이후 개성 공단의 주요 전화선으로 운영된 바 있다. 연평도 포격 등으로 촉발된 일련의 긴장 조성 행위들은 남북 간 핫라인이 없어 악화된 측면이 크다. 2016년 2월 개성 공단 가동 중단으로 판문점 연락 채널과 군 통신선도 차단되었다.

다시 2018년 1월부터 판문점 연결을 시작으로 국정원–통일전선부 연결을 복원했고 또 4월 20일 청와대 여민1관 3층 회의실에서 송인배 제1부속실장이 평양의 국무위원회 담당자와 통화하여 정상 집무실 간 직통 전화를 연결시켰다고 청와대는 밝혔다. 다른 정상 간 핫라인처럼 음성 신호를 음어로 바꿔 도청을 방지했다고 한다. 존 볼턴 전 백악관 국가안보좌관의 회고록에 따르면, 2019년 6월 판문점에서 열린 남북미 정상회담에서 문재인 대통령은 트럼프 미국 대통

령에게 남북 정상 간 핫라인의 북한쪽 전화가 조선노동당 본부에 있어 김정은 위원장은 핫라인 전화에 간 적이 없다고 말했다고 한다.

2018년 6월 남북 장성급 회담 합의에 따라 7월과 8월에 각각 서해지구와 동해지구 군사 통신 연락선을 복구

2018년 4월 20일 15시 41분 대통령 집무실 책상에서 송인배 제1부속비서관이 북측 국무위원회와 통화하고 있다. 남측이 전화를 건 통화 시간은 3분 2초, 북측이 건 통화 시간은 1분 17초였으며, 총 시험 통화 시간은 4분 19초였다.청와대.

했다. 또 4 · 27 판문점 선언의 연락사무소 개설 합의에 따라 9월 14일 남북공동연락사무소 통신선을 개통했다. 2년 후인 2020년 6월 9일, 북한은 남북 정상 간 직통 전화, 남북공동연락사무소 통신선, 남북 동 · 서해 군사 통신 연락선, 통신 시험 연락선남북 기계실 간 시험 통신선을 완전 차단한다고 선언했다. 다음해인 2021년 7월 27일 남북은 통신 연락선 복구를 발표하였다. 2주 후 북한은 다시 통신을 거부했다. 남북 직통 연결은 소통의 필요성에 의해 이뤄지는 것이 아니라 주로 이벤트로 진행되고 있다.

냉전 시대 미국과 소련은 실무진 간의 연결을 단절시키지 않고 자국 메시지를 늘 상대국에게 전달했다. 이에 비해 북한은 접촉 여부를 전략적 선택지로 삼고 행동하고 있다. 벼랑 끝 전략에서 자주 나오는 전략이다.

1963년 존 케네디Kennedy와 니키타 흐루쇼프Khrushchev가 개설한 핫라인은 그들의 이름 이니셜을 딴 'K-K 라인'으로도 불린다. 이참에 이벤트성 연결이 아닌, 두 코리아의 이니셜을 딴 진짜 'K-K 라인'을 만들어보면 어떨까?

한반도 K-K 라인은 같은 언어를 사용하기 때문에 연결이 복잡하지 않다. 동일한 언어를 사용하여 잦은 접촉을 갖는 외국의 우방국 정상 간 국제 전화처럼

말이다. 물론 여기서 말하는 한반도 K–K 라인이 청와대 대통령 집무실과 북한 최고 지도자 집무실 간 직통 전화를 의미하지는 않는다. 그런 핫라인은 영화 장면으로 매력적이지만 위기관리가 그렇게 운영되는 것은 아니다. 백악관과 크렘린이 바로 연결되지 않은 것처럼 남북 두 지도자 집무실 간 직통 연결은 적절한 방식이 아니다.

북한 정권의 절대적 호전성을 믿는 사람들은 남북 간 핫라인 설치에 동의하지 않을 수 있다. 핫라인이 상대의 대비나 반격을 늦추기 위한 시간 벌기용으로 활용될 수도 있기 때문이다. 1963년 당시 미국 내 야당이었던 공화당은 핫라인을 뮌헨 회담에 비유했다. 뮌헨 회담은 주변국들이 히틀러에게 끌려 다니다 결과적으로 오히려 히틀러에게 전쟁 동기를 부여했다고 평가되는 만남이다.

인권 등 여러 측면에서 북한 지도자를 비판하는 사람들도 남북 간 핫라인 개설에 동의하지 않을 수 있다. 그러나 북한을 실제로 통치하는 북한 지도자는 그 정통성과 민주성에 관계없이 매우 중요한 협상 파트너다. 파트너로 불인정한다고 해서 도발이 방지되는 것은 아니다.

도발 원점 타격은 도발 방지에 효과적이다. 전략적 그림에서 도발 원점이란 화력이 발사된 총구보다 도발 명령을 내린 지휘부다. 도발이 너무 자주 발생하기 때문에 희생을 치르더라도 아예 도발의 뿌리를 선제적으로 뽑는 게 낫다고 생각할 때도 있다. 상대가 그렇게 판단하지 않도록 신중한 행동과 의사소통이 필요하다.

일방이 진정 전쟁을 원한다면 핫라인이 별 의미가 없겠지만, 쌍방이 전쟁을 원치 않을 때에는 의사소통이 매우 중요하다. 한반도에 전쟁이 일어나면 전투는 북한 정권을 종식시킬 방식으로 전개될 수밖에 없기 때문에 북한 정권은 전쟁을 원치 않을 것이다. 북한에 비해 번영을 구가하고 있는 남한으로서도 전쟁으로 잃을 게 너무나 크기 때문에 전쟁을 원할 리 없음은 물론이다. 의사소통이 잘못되어 쌍방이 원치 않는 결과가 도래하는 것을 막기 위한 핫라인이 필요하다.

남북 간 이벤트가 아닌, 실질적인 교류 증대로 대외비 공문 방식의 핫라인이 개통되면 첫 메시지는 테스트 문장이 될 것이다. 오늘날 MS 윈도우에서 자판 및 폰트의 테스트 팬그램 문구로도 사용되고 있는 1963년 미소 간 핫라인 테스트 메시지에 한 음절 '큰'을 추가하면 ㄱ부터 ㅎ까지 한글 기본 자음이 다 들어간 팬그램이 된다.

민첩한 갈색 여우는 나태한 큰 개 위로 점프했다. 1234567890.

일시적인 연결이 아니라 지속적인 교류가 되어야 한다.

31. 유엔 동시 가입_판세에 따라

회의체 의사결정, 국제 협상, 선거 등은 양자 대결로 전개될 때가 많다. 상대와 일대일로 경쟁할 때에는 제3자 특히 중간에 있는 세력으로부터 도움을 받을 수 있는지 여부가 승패를 결정하기도 한다. 이른바 중간으로 가기 또는 중도 클릭이다.

1973년 9월 18일, 동독과 서독은 유엔에 동시 가입했다. 그로부터 정확히 18년 후인 1991년 9월 18일 한국 시각에는 남한과 북한이 유엔에 동시 가입했다. 동서독은 1949년에 각각 정부를 수립한 후 24년 만에, 그리고 남북한은 1948년 정부 수립 후 43년 만에 유엔 정식 회원국이 된 것이다. 자국만이 해당 민족 국가를 대표한다고 주장하면서 상대가 국가로 인정되는 것에 반대한 분단국의 이전 관례에서 크게 벗어난 사건이었다.

남한은 1948년부터 유엔 총회에 옵서버로 참가했다. 서독은 1955년에 유엔 옵서버 자격을 얻었다. 남한과 서독의 옵서버 자격은 당시 미국이 유엔을 주도했기 때문에 가능했다. 1960년대 들어 유엔은 더 이상 미국이 주도하는 국제기구가 아니었다. 1971년 중공이 대만 대신 중국을 대표하게 되면서 동독과 북한은 각기 1972년과 1973년에 유엔 옵서버 자격을 취득했다.

냉전 시대 분단국들은 스스로를 합법적 유일 정부라고 주장해 왔기 때문에 유엔에 자국만 가입하고 상대국은 가입해서는 안 된다고 주장해 왔다. 이런 남한의 입장은 1970년대부터 변화하기 시작했다. 남한 정부는 남북한도 유엔에 동시 가입할 수 있음을 비추었다. 이는 1972년 7·4 남북 공동 성명 직후 이후락 중앙정보부장의 발언과 1973년 박정희 대통령의 6·23 선언에 포함되었다. 1973년 6월 22일은 유엔 안전보장이사회가 제335호 결의로 동서독의 유엔 정회원 가입을 총회에 권고한 날이기도 하다. 공산 진영은 동서독과 달리 베트남공화국남베트남과 베트남민주공화국북베트남 그리고 남북한의 유엔 동시 가입에는 반대했다.

국제 관계는 1970년대 데탕트와 1980년대 신냉전을 거친 후, 1990년대 탈냉전의 시대로 들어섰다. 1990년 북한은 남북한이 유엔에 개별 의석으로 가입하면 분단이 고착화되니 단일 의석으로 가입해야 한다고 주장하며 동시 가입에 반대했다. 이에 남한은 동서독이나 남북 예멘이 개별 의석으로 가입한 후 통일되었다면서 남북한의 동시 가입을 제안했다. 북한이 동시 가입에 계속 반대하자 남한은 남한만의 단독 가입을 추진하겠다고 밝혔다. 1991년 5월 28일 북한은 단일 의석 가입을 포기하고 개별 의석으로 가입한다는 의사를 처음으로 발표했으며, 7월 8일 가입 신청서를 유엔에 제출했다. 남한도 8월 5일 유엔 가입 신청서를 제출했으며, 8월 8일 유엔 안전보장이사회는 제702호 결의로 남북한의 동

1973년 9월 동독과 서독이 유엔에 동시 가입한 며
칠후 유엔본부 앞에 게양된 서독기맨 왼쪽에서 첫
번째와 동독기두 번째

시 가입을 총회에 권고했다.

　동서독과 남북한의 유엔 동시 가입은 각각 서독 동방 정책과 남한 북방 정책의 성과로 평가되기도 하고 또 분단국이 민족 정통성을 독점하지 않고 민족 공존의 길을 선택한 것으로 설명되기도 한다. 정확히 말하면 유엔 동시 가입은 분단국의 정책이나 결심에서 시작된 것이라기보다 데탕트 또는 탈냉전의 당시 국제 정세를 분단국이 적극적으로 활용한 결과다. 동서독이나 남북한의 유엔 동시 가입은 그에 관한 주변 강대국의 선호 분포가 변했기 때문에 가능했다. 힘 분포에 따라 좌우되는 국제 관계에서는 유엔 가입 문제도 관련 국가들의 선호로 전망할 수 있고 또 특정 국가와의 협력을 통해 추진하거나 또는 반대로 저지할 수 있다.

　남북한이 동시 가입하는 안이 현상 유지를 포함한 어떤 대안과 경쟁해도 더 큰 지지를 얻기 때문에 남북한 동시 가입이 실현될 것으로 가입 이전에 예측된 바 있다. 이 예측은 중간 투표자 정리median voter's theorem를 이용한 모델에 기초한 것이다. 각 가능한 대안들을 하나의 기준으로 일직선 위에 배열할 수 있고 또 각 행위자는 자신이 가장 선호하는 점대안에서 멀리 떨어진 대안일수록 덜 선호한다고 할 때, 최종적으로 합의되기 쉬운 대안은 중간 입장이다. 여러 대안이 있어도 결국 협상은 일대일의 대안 비교로 진행되기 때문에 다른 모든 대안과 일대일로 경쟁하여 더 큰 지지를 받는 대안이 최종적으로 받아들여진다는 것이다.

　예컨대 A, B, C의 세 가지 대안 가운데 하나를 선택해야 하는 상황에서, A안을 지지하는 비율이 45%, B안과 C안은 각각 20%와 35%를 얻고 있다고 하자. 만일 A안 지지자가 B안을 차선으로, C안을 최악의 대안으로 여기고, 또 C안 지지자는 B안을 차선으로, A안을 최악의 대안으로 여긴다면, 최종적으로 채택될 대안은 B안일 가능성이 크다. 왜냐하면 B안은 A안과 일대일로 경쟁하면 B안 지지자20%와 C안 지지자45%의 도움으로 55:45로 승리하고, 또 B안이 C안과 일대일로 대결하면 B안 지지자20%와 A안 지지자45%의 지원으로 B안이 65:35로 승리하기 때문이다.

1973년 9월 동서독이 유엔에 가입한 다음날 동서독 국기 게양식 모습

전략 결정 게임

남북한 유엔 가입

1991년 당시 남북한 유엔 가입을 둘러싼 관련 6개국의 입장을 이슈 스펙트럼 위에 표시할 수 있다.

| 남한 | 미국 | 일본 | 소련 | 중국 | | 북한 |

남한만 가입   남북한 가입   남북한 불참   북한만 가입

▶ 남북한의 선호도

남한: 남한만 가입 〉 남북한 가입 〉 남북한 불참 〉 북한만 가입

북한: 북한만 가입 〉 남북한 불참 〉 남북한 가입 〉 남한만 가입

▶ 남북한 유엔 가입에 대한 각국의 영향력 비교

(영향력 = 국력 × 중요도(%))

	남한	미국	일본	소련	중국	북한
국력	15	100	40	70	60	10
중요도(%)	100	50	30	40	40	100
영향력	15	50	12	28	24	10

※ 가장 높은 국가의 점수를 100으로 두고 5점 단위로 추정한 각국의 국력 및 중요도

이슈에 따라 각국이 받아들이는 중요도가 달라지고 또 각국의 영향력도 달라지며 따라서 영향력을 계산한 중간 입장의 위치도 달라진다. 유엔 가입 이슈에서 각국이 행사할 영향력은 군사력 및 경제력에 바탕을 둔 국력뿐 아니라 그 이슈에 얼마나 심각하게 대응하느냐 하는 중요도에 의해서도 결정된다.

표를 바탕으로 '남북한 가입' 대 '남한만 가입'의 대안 간 우열 관계를 살펴보자.

● 남북한 가입 = 일본 + 소련 + 중국 + 북한

       = 12 + 28 + 24 + 10 = 74

● 남한만 가입 = 남한 + 미국

       = 15 + 50 = 65

'남북한 가입'은 '남한만 가입'의 대안에 비해 경쟁 우위에 있다. 이렇게 계산하면, 영향력 분포에서 중간 입장인 '남북한 가입' 대안이 어떤 다른 대안과 일대일로 경쟁해도 승리하므로 최종적인 협상 결과로 예측할 수 있다.

1990년대와 달리 1970년대에는 예시와 같이 '남북한 동시 가입'이 중간 입장이 아니었으므로 동시 가입은 성사되지 못했다. 소련의 국력이 더 강했고, 또 소련과 중국의 입장이 '북한만 가입' 쪽으로 더 기울었었다. '남북한 불참', 즉 남북한 모두 정식 회원국이 되지 못하고 옵서버 자격만 갖는 상황이 1970년대 영향력을 감안한 선호 분포의 중간 입장이었다고 할 수 있다. 이런 상황이 남북한의 유엔 동시 가입으로 바뀌게 된 이유는 남북한의 새로운 합의보다 이해 관련국의 선호 변화 때문이라고 볼 수 있다.

1973년 동서독의 유엔 가입 역시 당시 이해 관련국의 영향력을 반영한 선호의 분포에서 중간 입장이었기 때문에 실현되었다고 할 수 있다. 동서독이 유엔에 개별 의석으로 동시에 가입하는 대안이 일방의 단독 가입이나 아무도 가입하지 않는 대안보다 더 큰 지지를 받았던 것이다. 1990년 동서독의 통일도 마찬가지이다. 서독이 기존 국경선을 확약하면서 동독을 흡수 통일하는 방안은 어떤 다른 대안보다 더 큰 지지를 받았다고 할 수 있다.

이런 공간 모델은 어떻게 최종 결과를 바꿀 수 있는지에 대해서도 알려준다. 중간 입장에 있는 국가나 집단을 움직일 수 있다면 중간 위치 역시 이동하기 때문에 판도를 바꿀 수 있다. 그들이 바로 압력을 가하거나 설득할 대상이다. 그런 설득은 상대방 국익과 부합한다는 점을 드러내는 것이지, 그냥 애원하는 것은 아니다. 중간 위치를 계산하고 또 중간 위치에 영향을 줄 특정 국가의 입장 변화 요인을 알아내 대처하는 일이 성공적 외교의 비결이다.

보다 혁신적인 외교는 자국이 중간에 위치할 수 있게 이슈 스펙트럼을 구축하는 것이다. 즉 자국이 갈등 축의 한쪽이 아닌, 중간의 중재자mediator로 자리하는 전략이다. 만일 불가피하게 한쪽 축에 있을 때에는 자국이 포함된 진영이 중간 위치까지 차지하도록 이슈 프레임을 짜야 한다. 이는 대세에 따라 힘 있는 쪽으로 자주 편승하라는 의미가 아니다. 편 바꾸기가 그렇게 쉬운 것도 아니며, 편을 바꿨을 때 오히려 곤욕을 치를 가능성이 있음은 여러 역사적 사례가 보여주는 경고이기도 하다.

같은 사건을 두고도 다른 이슈 프레임으로 각국의 입장을 다르게 배열할 수 있다. 외교 이슈를 선도할 수 있으면 국제 관계를 바꿀 수도 있다. 이슈 프레임을 바꿀 수 없을 때에는 관련 국가들의 선호와 영향력을 파악하고 그 분포를 정확히 계산하여 판세 분석에 따른 맞춤식 외교를 추진해야 한다. 중간은 승리에 더 다가갈 수 있는 전략적 위치다.

32. DJ의 우 클릭_산토끼를 찾아

좌우 정당 간 경쟁에서 중도로의 위치 변경은 도움이 될까? 좌로 이동하는 이른바 좌左 클릭이 보수 정당에 도움되고, 진보 정당의 우右 클릭이 자신에게 도움되느냐는 문제다. 좌우 대결에서는 중도가 지지하는 진영이 승리하기 때문에 중도는 늘 승리 연합에 낀다고 말할 수도 있다. 그렇더라도 진정한 중도 후보가 좌파 후보 또는 우파 후보보다 더 당선되는 것은 아니다. 좌파나 우파는 이미 조직화가 잘 되어 있기 때문이다. 킹은 되지 못할지언정 탁월한 킹메이커 역할을 할 수 있는 위치가 중도다.

한국 정치사에서 대통령급 정치 지도자 가운데 가장 오래 기간 진보적 이미지를 지녔던 이는 김대중이 전前 대통령이다. 네 차례 대통령 후보 시절의 DJ 이미지를 비교하면 1997년 시기에 가장 덜 좌파적이었고 이때 DJ는 대통령에 당선됐다. 1997년 대통령 선거 시기와 그 직전 선거인 1992년 선거를 앞두고 DJ가 어떤 색깔의 이미지를 만들었는지 비교해보자.

먼저, 1989년 8월 2일로 거슬러 올라가보자. 이날 DJ는 서경원 의원 북한 밀입국 사건 관련 국가안전기획부(국가정보원 전신)에 강제 구인되어 조사받았다. DJ는 서 의원의 방북 사실을 사전에 몰랐고 인지한 즉시 서 의원을 당국에 출두하게 했으며, 북한 자금을 받거나 서 의원 공천에 관여한 적이 없다고 주장했다. 강제 구인 이전인 6월에 이미 대국민 사과 성명을 발표하고 서 의원을 당에서 제명했다. 이를 두고 같은 편에서는 배신이라고, 상대편에서는 도마뱀 꼬리 자르기식 위장이라고 말한다. 색깔 문제로 피해를 본 정치인으로서 잘 수습했다는 평가도 있을 것이다. 평가가 어떠하든 DJ는 북한 밀입국 사건이라는 정치적 위기를 극복했다.

DJ의 좌파적 이미지는 1990년에 단행된 이른바 3당 합당으로 다시 짙어지게 되었다. 김영삼 민주당 총재와 김종필 공화당 총재가 노태우 대통령 측에 가담하여 민주자유당이라는 거대 보수 정당을 창당했기 때문이다. 1992년 대통령 선거는 그런 이념적 스펙트럼에서 실시됐다. 선거를 20여 일 앞두고 DJ는 전교조, 전노협, 전농, 전대협, 전빈련 등 민족 민주를 주창하는 단체의 총연합체인 전국연합과 연대했고, 범민주 단일 후보로 추대됐다. 집토끼(전통적 지지자), 즉 좌파 성향 유권자의 적극적 지지를 받아 대통령에 당선되려는 전략이었으나, 선거 결과 집토끼보다 훨씬 많은 산토끼(부동표, 浮動票)를 놓친 것으로 드러났다.

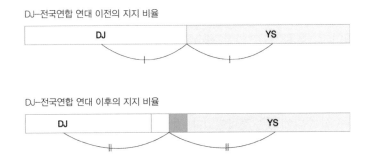

DJ-전국연합 연대 이전의 지지 비율

DJ   YS

DJ-전국연합 연대 이후의 지지 비율

DJ   YS

YS와의 대결 구도에서 DJ는 전국연합과 연대함으로써 좌측으로 이동했는데, 이동 전에 YS보다 DJ를 더 가깝게 여겼던 유권자 일부(■)는 DJ의 좌 클릭 후 DJ보다 YS를 더 가깝게 인식하게 되었다. 결과적으로 DJ는 자신이 좌측으로 이동한 거리의 절반을 YS에게 넘겨주고 804만 표33.8%를 얻었다.

1992년 선거 패배 직후 DJ는 정계를 은퇴했다가 1995년 7월 다시 정계로 복귀했다. 1997년 대통령 선거를 앞두고 DJ가 취한 선택은 우 클릭이었다. 1992년 선거에서 좌 클릭으로 낙선이 더욱 불가피했다는 지적을 수용한 듯한 행동이었다. DJ는 스스로를 온건 보수, 개혁적 보수로, 당시 여당인 신한국당한나라당을 수구 냉전, 보수 꼴통으로 불렀다. 실제 DJ가 개혁적 보수였는지 아니면 위장된 보수였는지는 호불호에 따라 다르게 평가되고 있음은 물론이다.

DJ는 1996년 여름부터 영남 지역과 보수 성향 단체에 구애를 펼치는 등 우파적 행보를 이어갔다. 8월 연세대 특강에서는 한총련이 민주 세력과 건전 통일 세력에 피해를 주니 자진 해산을 주장하기까지 했다. 9월 강릉에서 북한 잠수함이 좌초하고 탑승했던 무장공비가 도주한 사건이 발생하자 10월 내내 북한을 강하게 규탄하며 국방비 증액과 군인 사기 진작 등을 주장했다. 1997년 3월에는 노동자들의 임금 인상 요구를 자제해야 한다고 주장했다. 4월 미국 방문 때에는 주한 미군이 북한의 남침 억제뿐 아니라 북한의 위협이 소멸된 후의 동북아 평화 유지에도 필요하다고 역설했다.

결정적인 우 클릭은 DJP 연합, 즉 YS측에서 이탈한 JP와의 연대였다. 1997년 11월 3일 국회의원 회관에서 DJ와 JP는 대통령 후보 단일화 합의문에 서명했다. DJ와 JP의 가치관이 다르므로 두 진영 간 연대는 각 진영 지지자 일부의 이탈을 감수할 수밖에 없는 전략이었다. 집으로 들어올 산토끼추가될 지지가 집 나갈 집토끼빠질 지지보다 더 많다고 판단했기에 연대가 성사됐다.

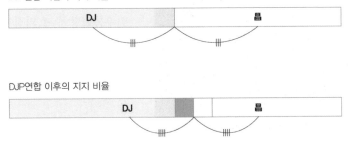

DJP연합 이전의 지지 비율

DJ   틈

DJP연합 이후의 지지 비율

DJ   틈

　1997년 대통령 선거를 앞두고 DJ는 이회창 후보와의 일대일 대결에서 밀렸다. DJ는 DJP 연합을 통해 우측으로 이동했는데, 본래 DJ보다 틈을 더 가깝게 여긴 유권자 일부(■)는 DJP 연합 이후 DJ를 더 가깝게 받아들였다. DJ가 우측으로 이동한 거리의 절반만큼 틈에게서 뺏은 결과가 되었다. 상대로부터 한 표를 뺏으면 득표 차는 두 표가 되므로 결국 이동한 거리만큼 득표 차 효과를 본 것이다. DJ는 1,033만 표40.3%를 얻었다.

　물론 1997년 대통령 선거 결과는 제3의 후보이인제와 외환 위기에도 영향을 받았다. 그렇지만 1992년 선거에서도 정주영 후보와 박찬종 후보라는 결코 무시할 수 없는 제3의 후보 등 다른 주요 요인들은 마찬가지였으므로 1992년 33.8%에서 1997년 40.3%로 6.5% 포인트 증가한 DJ의 득표율은 우 클릭의 영향이 지대했다고 말할 수 있다.

　2012년 총선과 대선은 양자 대결이었다. 공약 기준으로 보자면 미투이즘me too-ism이나 판박이로 표현될 정도로 유사했고 중도층의 지지를 얻으려는 노력도 있었다. 하지만 연대 파트너 기준으론 중간으로 간 것이 아니었다.

　민주통합당은 반MB 혹은 반 새누리당의 연합군 사령부를 자처하고 양자 대결 구도로 몰았다. 2012년 총선에서 민주통합당은 막말 파문을 일으킨 후보를 내치지 못했다. 또 통합진보당과의 연대 때문에 한미 자유무역협정FTA과 제주 해군기지 이슈에서 좌파적 입장을 표명했다. 2012년 대선에서도 통합진보

당은 민주통합당을 지지했다. 민주통합당에 호의적이던 유권자 가운데 일부는 민주통합당이 좌경화되었다고 생각했을 것이다.

새누리당도 대선을 앞두고 이인제 대표의 선진통일당과

1997년 11월 3일 국회의원회관에서 대통령후보 단일화 합의문에 서명한 후 악수하는 DJ와 JP

합당했다. 그렇지만 당명, 인사, 공약 등을 통해 좌 클릭의 모습을 보임으로써 민주통합당보다 더 중간으로 갔다.

민주통합당–통합진보당 연대 및 새누리당 좌클릭 이전의 지지 비율

민주통합당–통합진보당 연대 및 새누리당 좌클릭 이후의 지지 비율

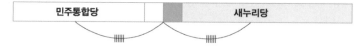

2012년 선거를 단순화한 위 그림에서 (■)는 민주통합당–통합진보당 연대 및 새누리당 좌 클릭 이전에 새누리당보다 민주통합당을 더 가깝게 받아들였던 유권자다. 이들은 두 야당의 연대 및 새누리당의 변신 후 민주통합당보다 새누리당을 더 가깝게 인지하여 새누리당에 투표했다. (■)는 3.5% 포인트라는 박근혜–문재인 두 후보 간 득표율 차를 설명하기에 충분한 크기다.

이런 선거에서 관찰되는 법칙 하나는 "투표자들을 한 직선 위에 이념 순으로 배열했을 때 그 중간에 위치한 후보는 다른 후보와의 일대일 대결에서 지지 않는다"는 '중간 투표자 정리'다. 유권자 모두가 투표에 참여하고 양당 가운데 하

나를 선택하는 상황에서는 중간으로의 이동이 승리의 길이다. 중간으로의 이동은 투표에 참여하고 싶은데 극단적인 후보가 싫어 누구를 찍을까 고민하는 유권자에게 구애 또는 연대하는 행위다.

좌파 정당에게 우 클릭이, 우파 정당에게는 좌 클릭이 각각 유리한 선택이 되려면 몇 가지 조건이 충족되어야 한다. 먼저, 좌우나 보혁 등 하나의 기준으로 유권자를 배열할 수 있어야 한다. 여러 기준으로 다차원 공간에 배열된다면 늘 유리한 위치는 존재하지 않는다.

둘째, 유권자는 입장이 달라도 가깝기만 하면 그 가까운 정당에게 투표해야 한다. 만일 자신과 아주 가깝게 위치한 후보가 없을 때 아예 기권하는 유권자가 다수라면, 중간 위치 대신에 가장 많은 유권자가 몰려 있는 위치로 가야 유리하다.

셋째, 기본적으로 양당제여야 한다. 새로운 유력 정당의 등장이 용이하다면 중간으로 가는 길은 위험을 수반하는 길이다. 우파 정당의 좌 클릭 혹은 좌파 정당의 우 클릭 후 생긴 빈 공간에 신당이 진입하여 기존 정당의 집토끼를 가져갈 수 있다면 중간으로 가기 전략은 오히려 불리할 수도 있다.

끝으로, 유권자가 정치인의 입장 변화를 수용해야 한다. 중간으로 가기는 일종의 박리다매薄利多賣다. 자신의 입장을 포기하고 다수의 지지를 받아 선거에 승리하려는 전략이다. 만일 타협에 대한 유권자의 거부감이 크다면, 오히려 자신의 입장을 고수함으로써 소신의 정치인이라는 평판을 얻는 쪽이 현명하다. 비슷한 생각을 가진 소수로부터 강한 지지를 받는 전략은 후리소매厚利小賣로 부를 수 있다.

정치 노선 변경은 자칫하면 의리 없는 정치인, 변절자, 철새, 사쿠라 등의 새로운 낙인을 가져다줄 수 있다. 또 당내 경선에서 취한 입장을 본선에서 바꾸기란 쉽지 않다. 뒤집어 말하면 본선에서 경쟁력이 있는 중간적 입장은 특정 이념이 중시되는 당내 경선을 통과하기 어렵다.

2002년 대선의 새천년민주당 당내 경선과 2007년 대선 본선에서 정동영 후보는 중간적 성향을 보여줬는데, 당시 상황은 중간 투표자 정리가 작동할 수 있는 조건이 아니었다. 이후 중간 투표자 정리가 통할 상황에서 정 후보는 오히려 한미 FTA와 대북 정책 등에서 과거보다 더 과격한 입장을 견지했다.

중도로의 이동이 유리한 상황도 있고 반대로 불리한 상황도 있다. 결선 투표제가 있으면 중도로의 이동이 유리할 수 있으나, 예선에서는 불리할 수도 있다. 특히 한쪽 진영에 참여하면 지지와 비난을 동시에 받지만 중간에 있으면 모두로부터 비난을 받는 상황에서는 중간으로의 이동이 합리적 선택은 아니다.

좌 클릭이든 우 클릭이든, 바꿀 때에는 새롭게 얻을 지지자 수와 이탈할 지지자 수를 정확하게 계산하여 비교해야 한다. 자신에 대한 지지 증감이라는 단순한 계산보다, 경쟁자와의 차이 변화라는 좀 더 복잡한 계산이 입지 전략 수립에 필요하다.

33. 신한민주당 창당_틈새와 블루오션에서

대한민국 정당 체제는 늘 가변적이다. 어느 민주 국가보다도 창당, 분당, 합당이 매우 잦다. 2021년 8월 현재, 원내 의석을 가진 정당 가운데에 가장 오래된 정당은 정의당으로 2013년 7월에 출범했을 뿐이다.

정당의 등장과 소멸이 빈발한 한국 정당사에서 가장 성공적인 창당은 1985년 1월 18일의 신한민주당 창당이다. 신민당의 주 구성원은 1984년 12월 정치 활동 금지에서 해제된 정치인들이었다. 김대중과 김영삼, 양 김 씨가 신민당 창당에 큰 역할을 수행했다. 당시 제1야당 민주한국당은 국민의 민주화 요구를 국정에 반영하지 못했다. 이런 요구를 배경으로 신민당이 창당됐다. 신민당은 정강 정책으로 반민주적 요소 제거, 대통령 직선제, 군의 정치적 중립,

언론 자유 등을 채택했다.

창당 후 20여일 만에 치른 1985년 2월 국회의원 선거에서 신민당은 제1야당으로 등극했다. 한 지역구에서 두 후보를 선출한 중선거구제하에서 신민당은 여당인 민주정의당보다 총 당선자 수에선 적었지만, 서울과 부산에서는 민정당보다 많은 당선자를 배출했으며, 대구와 인천에서는 민정당과 같았다. 선거 이후 민한당 소속 당선자 대다수가 신민당에 입당하면서 민정-신민의 양당구도가 형성됐다.

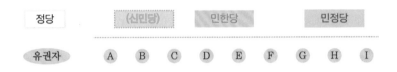

위 그림은 세 정당과 아홉 유권자의 입장을 하나의 스펙트럼상에 표시한 것이다. 유권자 G, H, I는 자신들과 유사한 입장의 민정당에, 유권자 D와 E는 민한당에 투표했다. 민정당과 민한당 사이에 있는 유권자 F는 두 정당에 대해 차별성을 느끼지 못해 기권했을 수도 있다. 유권자 A, B, C는 민정당보다 민한당에 더 가까운 입장이지만 민한당과 차이가 크기 때문에 신민당이 없었던 선거에서는 무소속 후보에 투표했거나 기권했을 수 있다. 신민당은 민주화를 갈망하던 유권자 A, B, C의 지지로 제도권에 성공적으로 진입했다.

실제 민정당의 1985년 득표율 35.2%는 1981년에서 불과 0.4% 포인트 감소한 수준이었다. 민한당은 1981년 22%, 1985년 20%를 득표했고, 한국국민당은 1981년 13%, 1985년 9%를 얻었다. 1985년 선거의 신민당 득표율 29%는 여러 야권 지지층에서 온 것인데, 특히 1985년 무소속 득표율 3%가 1981년의 11%에 비해 많이 줄었다는 사실에서 신민당의 지지자 상당수가 무소속 지지층에서 온 것임을 알 수 있다.

1985년 1월 18일 신한민주당 창당대회

한국 유권자들에게 지지 정당을 묻는 여론조사를 실시하면 '지지 정당이 없다'는 보기가 가장 많이 선택된다. '무소속연대'와 같은 당명이 사용되기도 하는 이유다. 지지 정당이 없다는 유권자를 다 모을 수만 있다면 제1당으로 올라서는 일은 어렵지 않다. 더구나 기존 정당의 지지자 가운데 신당으로 이탈할 유권자까지 감안하면 창당을 매우 낙관적으로 생각할 수 있다. 그렇지만 이런 낙관이 늘 현실화되는 것은 아니다.

유권자는 자신의 입장과 가장 유사한 정당이라고 무조건 투표하지는 않는다. 파급력과 흡입력이 있는 정당에게 투표하려 한다. 어떤 정당이 효과를 보면 유사 정당들이 등장해 표를 얻으려 하기 때문에 그 효과는 오래가지 않는다. 결국 자체 브랜드가 있어야 한다. 신민당의 경우 양 김 씨가 표를 끌어모으는 일종의 브랜드였다. 창당 후 한 달도 안 되었기에 역설적으로 선거 때까지 창당 바람이 지속될 수 있었고, 신민당의 공약에 공감한 유권자들은 지지를 주저하지 않았다.

신당 출현 가능성은 기존 정당의 행태에 큰 영향을 준다. 양당제가 정착된 나라에서는 좌파 정당의 우 클릭, 우파 정당의 좌 클릭으로 중도 수렴 경향이 강하게 나타난다. 이는 신당 출현 가능성이 높지 않으므로 가능한 현상이다. 신당이 자신의 지지 기반을 잠식할 가능성이 크다고 생각하면 기성 정당은 중도로 옮겨가는 방식을 자제한다. 새로운 정당의 진입 가능성은 특정 정책 이념을 표방해 온 기성 정당의 중도로의 이동을 억제시킨다.

기성 정당들은 신당에 어떤 반응을 보일까? 먼저, 신당과 유사한 기성 정당은 자신의 입지가 약화될 것을 우려한다. 민한당은 신민당의 창당 가능성에 미리 대처하지 못했다. 신민당의 선거 참여는 제1야당 민한당의 의석을 81석에서 35석으로 축소시켜버렸고, 그나마도 당선자들이 신민당으로 이적하며 의석 수 3석의 군소 정당으로 추락시켰다. 이는 신당신민당이 기성 정당민한당을 대체한 대체재였음을 의미한다.

신당은 대체재로서뿐 아니라 보완재로서의 속성도 지닌다. 한때 허니버터칩이라는 과자가 출시되어 인기를 휩쓸었다. 경쟁 제과업체들의 첫 반응은 자사 제품 매출액이 감소될까 하는 우려였다. 하지만 시간이 지나며 경쟁업체들은 곧바로 유사 제품 출시를 통한 매출액 증대라는 혜택을 공유했다. 이는 낙수 효과로도 불린다.

1985년 당시, 여당 민정당은 신민당 창당이 야권 분열로 연결되어 자신의 국정 운영에 오히려 도움될 것이라는 전망을 가졌던 것 같다. 그러나 신민당의 창당은 결과적으로 민한당 세력까지 통합한 강한 야당 출범으로 이어졌다. 신민당의 돌풍을 예측하지 못한 국가안전기획부국가정보원 전신 책임자는 선거 직후 경질됐다. 민한당의 입장에서 신민당은 민한당을 대체한 정당이겠지만, 민한당 소속 국회의원 당선자의 입장에서 신민당은 낙수 효과로 결국 자신의 입지를 보완해준 정당이라 볼 수 있다. 실제 한 지역구에서 두 명의 의원을 선출하는 1985년 선거에서 민한당 후보와 신민당 후보는 민주화를 위해 동반 당선돼야 한다고 호소하기도 했다.

창당 효과가 신당에게만 해당되는 것은 아니다. 기성 정당도 당명 변경으로 창당 효과를 볼 수도 있다. 심지어 해산된 정당도 헤쳐 모여 식으로 창당을 모색한다. 정당을 음식점에 비유하자면, 유권자는 고객에 비유될 수 있다. 각 음식점정당은 더 많은 고객유권자을 유치하려 한다. 좋은 위치에 자리 잡고 있던 음식점에 갑자기 고객이 줄거나 근처에 새로운 음식점이 개업했다면, 인테리어를 바꿔보기도 하고 더러운 주방이 노출되지 않게 또는 반대로 깨끗한 주방이 노출되게 리모델링할 수도 있다. 어떤 경우엔 풍수지리를 활용해보고, 새로운 메뉴를 개발하기도 한다. 또 종업원이나 심지어 주방장을 교체하기도 한다. 정당도 당사 건물이나 후보 자택을 풍수지리가 좋다는 곳으로 이전하기도 하고 정책, 당직자, 후보 등을 교체하기도 한다.

이런 정도의 노력으로 매출_{지지}이 늘지 않을 때에는 다른 음식점_{정당}과 연대하여 체인으로 운영하거나 기존 점포_{정당}를 폐업한 후 같은 위치에 새로운 이름의 음식점_{정당}을 개업하기도 한다. 이름이 바뀌면 과거와의 단절은 좀 더 쉬워진다. 새로운 당명의 사용 여부는 과거 당명의 브랜드 가치, 즉 기존 당명에 투표할 지지자의 수, 그리고 새로운 당명에 투표할 지지자의 수를 비교해 결정해야 한다. 단순 지지자 수보다 경쟁 정당 지지자 수와의 차이가 더 중요함은 물론이다.

상권의 변화로 이제는 소비자들이 이제 잘 오지 않는다면 다른 동네로 이전할 수도 있다. 소비자_{유권자}들이 여기저기 몰려다니는 문화에서는 매출_{지지}을 극대화하기 위해 여러 곳을 돌며 떴다방처럼 개점_{창당}과 폐업_{해산}을 반복하기도 한다. 물론 너무 멀리 옮기면 정치인의 평판에 악영향을 끼친다. 그렇다고 같은 장소 같은 간판을 고집한다고 다수의 소비자_{유권자}가 선호하지도 않는다. 70년이 넘는 대한민국 정치사에서 10년 이상 존속한 정당이 2021년 기준으로 민주공화당_{1963~1980년}, 신민당_{1967~1980년}, 한나라당_{1997~2012년}, 민주노동당_{2000~2011년} 네 개에 불과한 이유도 바로 유권자의 정치 문화 때문이고 동시에 정당의 미미한 브랜드 가치 때문이다.

창당의 성공 여부는 기성 정당들을 지지하지 않는 유권자들이 다수일 때 이들을 자신의 지지 기반으로 만들 수 있는지 여부에 달려 있다. 다른 정당의 지지자를 뺏어오는 것도 중요하겠지만 지지 정당이 없는 유권자의 지지를 확보하고, 또 그 잠재적 지지자를 투표하게 만드는 것이 훨씬 중요하다.

신당은 기존 정당들이 제대로 대표하지 못하는 곳을 공략해야 성공할 수 있다. 그렇게 대표되지 못한 시장이 작으면 틈새시장이고, 크면 블루오션이다. 정권 쟁취를 목표로 하는 기성 정치인은 블루오션에서만 창당하려 할 것이고, 작은 권력을 추구하는 정치인에게는 틈새시장도 창당의 동기가 된다. 틈새시장인

헨리 레가타의 브랜드화

창업이 성공하려면 차별되는 무언가가 있어야 한다. 예컨대, 1939년 영국 템스강의 작은 마을 헨리Henley에서 시작한 조정 경기regatta, 레가타는 출범 직후 성공한 것으로 평가되었다. 그러나 곧이어 근처 마을에서 너도나도 조정 경기를 개최하는 통에 중단 위기를 맞았다. 그러다 영국 왕실의 앨버트 공이 1851년 대회 후원자에 포함되어 HRR헨리 로열 레가타로 불리면서 다른 조정 경기들과 차별화되었다. HRR은 피에르 드 쿠베르탱이 국제올림픽위원회IOC를 설립할 때 모델로 삼았고 오늘날까지도 영국 왕실의 후원을 유지하며 브랜드로 자리 잡고 있다.

제6장
내다보기

_변화를 읽어야

34. 아사신 교도의 전설_킹핀을 제거하라

인간 역사에서 암살은 전쟁만큼이나 자주 등장한다. 암살의 역사는 정치 또는 전쟁과 함께 시작되었다 해도 과언이 아니다. '암살 목록'이라는 위키피디아 주제어 설명에 포함된 암살 사건은 무려 수천 건에 이른다. 극단적 인간 행동인 암살은 그만큼 보편적 현상 가운데 하나인 것이다.

암살 행위는 어떻게 규정되고 있고 또 어떤 효과를 낼까? 먼저, 암살이라는 용어의 뜻부터 살펴보자. 암살의 국어사전적 의미는 '몰래 죽인다'이다. 내부 사정이 잘 알려지지 않는 궁중 내에서 자행되는 왕 또는 왕위 계승자에 대한 암살은 자연사로 포장될 수 있어 암살 주모자가 소기의 효과를 얻기도 했다.

그렇지만 '몰래 죽인다'는 행위가 반드시 타인이나 대중에게 관찰되지 않음을 의미하는 것만은 아니다. 오히려 암살은 백주 대로에서 자행될 때가 많은데, 접근이 오히려 쉬울 수 있기 때문이다.

또 '몰래 죽인다'는 개념이 반드시 암살자의 정체가 드러나지 않는다는 의미도 아니다. 암살을 의미하는 영어 단어 'assassination'은 8~14세기 이란 북부 지역에서 이슬람 니자르 시아파의 비밀 조직 분파 아사신 교도들이 하시시대마초를 복용한 환각 상태에서 주요 인물을 살해한 후 도주하지 않고 죽음을 맞이했다는 이야기에서 유래한 용어다. 아사신 교도뿐 아니라 실제 여러 암살 사건에서 암살자가 스스로 자신의 행위임을 밝히기도 했다.

대부분 문헌은 제도적 절차에 따른 적법한 사형이나 국가 간 전쟁 대신 미리 준비한 비밀 계획에 따라 살인을 모의하는 행위를 암살로 본다. 『손자병법』은 지도자만 제거하면 상대에게 큰 타격을 줄 수 있는 하나의 방책으로 암살을 다루는데, 제13장 용간 편에는 '암살이 성공하려면 간첩 활동이 잘되어야 한다'며 그 준비성을 강조한다.

다른 한편으로 치밀한 사전 계획이 있어야만 암살이 발생하는 것은 아니다. 암살 사건으로 불리는, 특히 실패한 사례 가운데 다수는 증오하는 인물을 아무런 준비 없이 우발적으로 죽이려 한 사건이라는 집계가 있다. 더구나 현대 암살 사건 중에는 정신 질환자의 행위로 알려진 경우도 적지 않다.

암살인지 아닌지를 구분할 때 더 중요한 기준은 암살 대상이다. 일반인을 대상으로 자행되는 테러나 청부 살인은 암살이라고 하지 않는다. 영향력이 있는 인물을 대상으로 또 가담자 말고는 그 누구도 미리 인지하지 못하는 상황에서 기습적으로 자행되는 살인 행위만을 암살로 부른다.

종교적 신념이나 정치적 동기를 필수 요건으로 보기도 한다. 신념이 수반되지 않으면 청부 살인이다. 청부 살인의 가장 흔하고 단순한 동기는 돈을 노린 경우가 많다. 실제로 청부 살인 사건에서 가장 빈번한 범행 동기는 보험금을 노린 것으로 집계되고 있다.

사람들이 주목하는 암살은 주로 최고 권력자를 대상으로 했던 행위들이다. 권력이 집중될수록 최고 지도자 암살의 효과는 크다. 적대국 최고 권력의 갑작스러운 공백은 체제를 흔들어 그 행위의 효과를 기대할 수도 있다. 하지만 그에 따른 불안정이 오히려 도발로 이어질 수도 있으므로 경쟁국의 불안정을 무조건 반길 일은 아니다. 독재자가 암살되더라도 체제 변화로 이어지지 않고 권력자만 교체되고 지배 연합 자체를 변화시키지 못하는 경우도 있다.

권력이 분산된 민주 체제에서는 최고 지도자가 암살되더라도 권력 지분 자체의 변화 여지는 크지 않다. 최고 지도자 암살로 기대되는 변화의 폭이 작다고 그러한 일이 덜 발생하는 것은 아니다. 민주 체제에서는 암살 효과가 독재 체제보다 작지만 암살에 대한 대비가 느슨하므로 암살 빈도가 결코 낮다고 볼 수는 없다. 미국에서만도 대통령에 대한 암살 시도는 수십 차례로 집계되고 에이브러햄 링컨, 제임스 가필드, 윌리엄 맥킨리, 존 케네디 등 현직 중 암살된 대통령만 4명에 이른다.

암살 주모자는 집단 내부에서 나올 수도 있고 집단 외부에서 올 수도 있다. 먼저, 적대 세력의 지도자를 암살하는 경우를 보자. 이러한 경우는 『손자병법』 등 여러 고전에서 언급하는 병법의 일종이다. 세력 전체를 무너뜨리기에는 부족하지만 승리를 도모하는 하나의 방법이 상대 우두머리를 꺾는 것이다. 하천을 따라 내려가던 통나무들이 서로 얽혀 막혀 있을 때 이른바 '킹핀'이라는 특정의 통나무를 제거하면 얽혀 있던 통나무들이 다시 풀려 잘 흘러간다. 이처럼 상대 세력의 구심점인 킹핀 제거 목적에서 활용되는 전략이 암살이다.

제2차 세계대전 당시 체코슬로바키아를 통치하던 독일 보안본부장 하이드리히에게 총격을 가하는 모습. 테렌스 쿠네오 그림, 1942년

적대 세력의 지도자를 암살하여 타격을 가하는 전략이 표적 사살이다. 제2차 세계대전에서 영국 정부와 체코슬로바키아 망명 정부가 수행한, 이른바 '유인원 작전'이 바로 그 예다. 유인원 작전은 1942년 보헤미아—모라바 지역을 통치하던

독일 제국 보안본부장 라인하르트 하이드리히를 암살하려는 작전이었다. 하이드리히는 프라하에서 자동차로 이동하던 중 암살단의 폭탄 투척을 받아 부상을 입고 1주일 후 사망했다. 나치는 체코슬로바키아 마을 하나를 통째로 소각하고 수많은 체코슬로바키아인을 죽이는 등 대대적인 보복을 가했다. 체코슬로바키아는 단기적으로 암살 후폭풍을 겪었지만, 1945년 독일 패전 후에는 하이드리히 암살 사건이라는 전과에 힘입어 국경선 획정 협상에서 발언권을 얻기도 하였다. 강력한 상대 집단의 지도자급 인물을 암살하는 행위는 열세에 있는 자기 집단의 존재감을 고양하여 후일을 도모하려는 전략이다.

오늘날 상대 지도자를 암살하는 표적 사살은 주로 테러 집단을 대상으로 수행된다. 표적 사살이 국제법을 위반한다는 일부 주장이 있지만, 테러리스트와 범죄자에 대한 표적 사살은 방어적 선제공격으로 정당화되기도 한다.

다음, 내부자에 의한 암살이다. 아무리 최고 권력자라 하더라도 측근이나 몰래 잠입한 자객에 의해 암살될 가능성은 늘 있다. 암살 대상자의 권력이 크면 클수록 암살에 성공했을 때 취할 수 있는 전리품이 그만큼 더 크기 때문이다. 물론 실패했을 때 져야 할 대가도 전리품 이상으로 크다.

암살 도구의 발달에 따라 대응하는 방법 역시 진화를 거듭하여 왔다. 일본의 창검 시대에는 밟으면 소리가 울려 침입을 경고하는 우구이스바리 나이팅게일 마루를 사용하였다. 총포 시대에는 각종 방탄 시설, 오늘날은 각종 첨단 기술이 적용된 탐지 시설 등이 암살 도구 발전에 대응하여 진전되어 왔다. 그러나 그런 암살 방지용 시설로 모든 암살 시도를 막을 수는 없다.

마키아벨리는 『군주론』 제19장에서 권력자가 증오나 경멸을 회피하여 백성들을 만족시킨다면 자신의 안전을 확보할 수 있다고 강조한다. 모반의 음모에 대처하는 가장 강력한 방안은 백성들에게 미움을 사지 않는 것으로, 백성들이 권력자의 사망을 슬퍼할 환경이라면 음모자는 음모를 실행에 옮기지 않기 때문이라고 서술하였다.

　권력자 또는 우월적 힘을 가진 측이 자행하는 암살 또한 적지 않다. 권력자가 암살을 꾀하는 경우는 잠재적 경쟁자를 제거하거나 경쟁 상대에게 갈 자원을 없애버리는 의도에서다. 때론 '원숭이가 보는 앞에서 닭을 죽여 원숭이에게 주의를 준다'는 이른바 살계경후殺鷄儆猴의 의도에서 행하기도 한다. 1392년 이방원이 정몽주를 암살한 행위는 그렇게 기획되었다. 정몽주의 목을 높은 곳에 매달아 저항하던 나머지 세력의 기를 꺾었던 것이다.

　한편, 암살이 애초 의도와 정반대의 결과를 가져오는 경우도 있다. 1914년 6월 28일 일요일 사라예보에서 보스니아의 세르비아계 민족주의 단체가 오스트리아-헝가리 제국의 황위 계승자 프란츠 페르디난트 대공 부부를 저격하였다. 암살자들은 남슬라브 지역이 오스트리아-헝가리로부터 독립하는 것을 의도하였다. 암살 사건으로 사태는 의도와 달리 전쟁으로 전개되었다. 이 사건이 아니더라도 제1차 세계대전이 발발했을 것이라는 주장도 있지만, 적어도 제1차 세계대전의 도화선이었음은 분명하다. 이처럼 암살은 암살자가 바란 결과를 얻지 못하고, 증오 대상을 처단한 한풀이 굿에 불과할 때가 많다.

　끝으로, 암살이 의도와 관계없이 이후 상황에 아무런 영향을 미치지 못할 때도 있다. 2016년 6월 영국의 유럽연합 탈퇴 국민 투표를 며칠 앞두고 EU 잔류

제차 세계대전 발발의 계기인 프란츠 페르디난트 황태자 부부의 암살 장면을 묘사한 아킬레 벨트람의 그림. 이탈리아 주간지 〈도메니카 델 코리에레〉 1914년 7월 12일자 1면

를 주장한 조 콕스 하원의원이 EU 탈퇴론자로 추정된 50대 남성에게 피살되자 영국 국민의 다수 의견은 EU 잔류 쪽으로 돌아설 거라는 전망이 우세했다. 탈퇴론자의 과격한 행동을 비판하여 잔류론이 중대할 것으로 기대되었기 때문이다. 하지만 실제 국민 투표에서는, 심지어 콕스의 지역구에서조차 탈퇴 표가 잔류 표보다 많았다. EU 탈퇴론자들이 위기감을 느껴 조용히 결집한 결과로 해석할 수 있다.

이처럼 암살의 효과는 암살자의 의도대로, 또는 정반대로, 또는 의도와 상관없이 상황에 따라 달리 전개된다. 전략적 식견을 갖고 판단한 것이냐에 따라 다를 뿐이다.

35. 카이사르와 아키노 암살_순교자로 부활시키다

3월 15일을 조심하라Beware the ides of March!

기원전 44년에 한 점술가가 당시 로마 1인자인 가이우스 율리우스 카이사르에게 했다는 경고다. 율리우스 달력으로 이날 카이사르는 무방비 상태에서 혼자도 아니고 수십 명의 원로원 의원들에 의해, 그것도 몰래 지독히 비겁한 난도질로 암살되었다.

"3월 15일을 조심하라"보다 더 유명한 카이사르 암살 당시의 구절이 "브루투스 너마저Et tu, Brute"다. 카이사르가 죽으면서 했다는 말인데, 정말 그렇게 말했는지는 확실치 않고 셰익스피어 희곡에 등장하면서 유명해졌다. 카이사르가 그런 말을 했다면 믿었던 브루투스의 배신에 놀라 나온 말이라는 해석뿐 아니라 배신한 브루투스에 대한 저주로 뱉은 말이라는 해석도 있다.

원로원의 암살 주모자들은 자신들이 카이사르를 배신한 게 아니라 오히려 카이사르가 로마 공화정을 배신했다 여겼다. 그래서 독재자를 없앤 자기들의 '숭고한 거사'가 다수로부터 박수받을 것으로 생각하였다. 브루투스 등 일부 주모자들은 어떠한 후속 계획 없이 카이사르만 제거해야 자신들 행위의 순수성을 인정받을 수 있을 거라고 거사 전에 주장하였다. 원로원 귀족들끼리만 소통하다 보니 원로원 밖의 여론을 제대로 읽지 못했고, 또 카이사르를 비판하는 의견과 카이사르를 처참하게 죽여도 된다는 의견을 구분하지도 못하였다.

카이사르 암살 이후 전개된 로마 상황은 암살 주모자들이 전혀 예상치 못한 방향으로 흘러갔다. 카이사르파 핵심 인물 마르쿠스 안토니우스는 사건 직후 처음엔 원로원에 협조적이었지만 카이사르에 대한 평민들의 지지를 확인한 후 원로원 책임론을 공개적으로 밝혔다. 카이사르를 제거해야 한다고 생각했지만 거사에 초대되지 못한 키케로는 안토니우스를 카이사르와 함께 죽이지 못한 것이 큰 실수라고 지적하기도 했다.

BC 43년 원로원은 옥타비아누스를 부관으로 합류시킨 군대로 안토니우스를 처단하려 하였다. 원로원의 기대와 달리 옥타비아누스는 안토니우스 및 레피두스와 제휴하여 이른바 2차 삼두 정치를 결성했고, 삼두 연합은 카이사르 암살 관련자의 살생부를 작성하여 숙청을 실시했다. 특히 안토니우스 측에서 키케로를 죽일 때 옥타비아누스는 묵인할 수밖에 없었다. BC 42년 삼두 연합은 원로원파 군대를 격파했고 카이사르 암살 주모자 브루투스와 카시우스는 자살하였다. 암살 주모자들은 정권을 잡기는커녕 살해 위협에 시달리다 결국 자살이나 타살로 모두 생을 마감했다. 사건 후 관심은 원로원의 권력 강화나 공화제의 공고화가 아니라 누가 카이사르를 계승하느냐로 바뀌었다.

카이사르 암살은 독재자를 제거해 공화제를 지키려는 시도였지만, 결과적으

BC 44년 3월 15일 원로원 의원들에게 살해된 카이사르가 한 때 경쟁자였던 폼페이우스의 조각상 아래 쓰러져 있다. 카이사르 암살에 관한 여러 그림과 희곡 가운데 가장 사실적인 묘사로 평가되고 있는 장 레온 제롬의 그림. 1867년 작

카이사르 유령에 놀라 두려워하는 공화파 리더 마르쿠스 브루투스. 셰익스피어 희곡집에 삽입된 리처드 웨스털의 삽화를 동판화로 만든 에드워드 스크리번의 작품

론 오히려 공화정을 종식시켰고 왕정보다도 훨씬 더 권력이 집중된 황제정을 가져오고 말았다. 살아남은 귀족들은 황제 체제에 적극적으로 협조했다. 정치적 소신보다는 자신의 이해관계에 충실했던 것이다. 물론 옥타비아누스 체제는 표면적으로 원로원과 평민을 배려하는 모습을 띠기도 했으나 실질적인 권력관계에서는 공화정뿐 아니라 왕정보다도 훨씬 더 지배적이었다.

설령 암살자에게 순수한 의도가 있다 해도 상황이 암살자 의도대로 전개되지만은 않는다. 때론 피살자에게 순교자의 이미지가 씌워진다. 심지어 독재자가 암살로 인해 순교자가 되기도 한다. 암살 행위 자체가 정정당당한 방법이 아니기 때문이다.

카이사르 암살 직후 원로원 공화파들은 거사 성공에 흥분했고 공화정을 수호했다며 환호했다. 그러나 얼마 지나지 않아 평민의 반발과 카이사르파의 결집으로 수세에 몰려 모두 죽임을 당했거나 자살했다. 카이사르 암살은 로마 공화정을 바로잡으려다 결과적으로 공화정을 종식시킨 전형적인 교각살우矯角殺牛의 예다. 반면에 카이사르의 상속인 옥타비아누스에게는 전화위복轉禍爲福이 되어 옥타비아누스는 로마제국 최초의 황제가 되었다.

다음은 현대 아시아에서 발생한 암살 사건이다. 1983년 8월 21일 일요일 낮 1시경 필리핀 마닐라 국제 공항 활주로에서 여러 발의 총성이 울렸다. 미국에서 타이베이를 거쳐 필리핀으로 막 귀국한 베니그노 니노이 아키노 2세가 머리에 총상을 입고 활주로 위에 쓰러졌다. 충격 발생 몇 시간 후 필리핀 정부는 공산당원 롤랜도 갈맨이 필리핀 공산당의 지령을 받아 아키노 2세를 저격했고, 이에 군경이 갈맨에게 총격을 가했으며 두 사람 모두 사망했다고 발표했다.

아키노 암살에 관한 각종 음모론이 난무하자 1983년 11월 페르디난드 마르코스 대통령은 조사단을 출범시켰다. 1985년 살인 혐의로 기소된 25명의 군인과 1명의 민간인은 특별 법정에서 무죄를 선고받았다. 1986년 아키노 2세의 부인인 코라손 아키노가 대통령이 된 후에야 재조사가 실시되어 16명의 군인이 유죄를 선고받았다. 마르코스와 그의 부인 이멜다가 아키노 암살을 지시했다는 증

아키노 전 의원의 암살 현장. 암살을 자행한 마르코스 정권은 의도와 달리 붕괴의 길로 접어들었다.

아키노 2세가 암살될 때 입었던 의복. 현재 아키노센터에 전시되어 있다.

거는 발견되지 못했다.

실제 마르코스는 아키노 암살을 직접 지시하지 않았을 수도 있다. 왜냐하면 마르코스가 군이 나서지 않아도 주변에 그렇게 하려는 자들로 넘쳤기 때문이다. 이멜다는 아키노 2세에게 마르코스가 통제하지 못하는 일부 집단이 암살에 나설지 모른다며 귀국하지 말 것을 권고했다. 엔릴레 국방장관 역시 아키노 2세에게 암살 음모가 있으니 귀국을 연기하라는 전보를 보냈다. 필리핀 정부 조사와 재판 결과만 본다면 아키노 암살은 마르코스의 측근이 과잉 충성심에서 저지른 행위로 요약된다.

아키노 2세를 암살했거나 적어도 그의 암살을 방치한 행위는 도덕·윤리적 측면뿐 아니라 전략적 측면에서도 잘못된 선택이었다. 설사 암살 사건 당시 마르코스가 와병 중이라 암살을 지시할 수 없었다 하더라도 필리핀 국민 다수는 아키노 2세가 암살되면 무조건 마르코스 정권이 저지른 행위로 믿을 수밖에 없는 분위기였다.

샤워실 바보

내다보기는 사실 쉬운 능력이 아니다. 노벨 경제학상 수상자인 밀턴 프리드먼은 성급한 정책으로 경제를 망치는 중앙은행이나 경제부처를 '샤워실 바보fools in the shower'에 비유했다. 물이 뜨겁다고 갑자기 냉수로 바꾸고 또 물이 차다고 갑자기 온수로 바꾸는 행위는 드물지 않다. 냉온수 밸브 조절의 효과가 물이 수도관을 지나는 시간만큼 늦게 온다는 점을 인지하고 밸브를 조절해야 한다. 당장의 수온 대신에 수도관 통과 이후의 수온을 내다볼 수 있어야 그런 조절이 가능하다. 샤워실 바보는 샤워실 바보 수준의 지도자 주변에 많다.

설사 남이 저질러도 자신이 의심받을 수밖에 없는 상황에서 마르코스는 아키노 2세가 암살되지 않도록 조치했어야 했다. 그러나 마르코스는 그런 조치를 취하지 않았고 아키노 암살 사건으로 큰 위기에 빠지게 되었다.

아키노 2세와 관련한 마르코스 측의 전략적 실수는 암살 이전에도 있었다. 본래 아키노 2세는 마르코스와 유사한 노선을 밟던 정치인이었다. 마르코스보다 더 젊고 더 일찍 출세했다는 정도의 차이만 있었을 뿐, 20대에 시장과 주지사에 선출되었고, 30대에 최연소 상원의원이 되었다. 10대의 나이에 6·25 전쟁 종군 기자로 활동한 이력은 그의 친미적 성향 때문이었다. 미국과 관계가 좋지 않은 인도네시아 수카르노 정권에 대항하는 세력을 지원하기도 했다. 좌파들은 어떤 면에서 마르코스보다 더 친미적인 아키노 2세를 자신들과 함께할 수 없는 세력으로 인식했다. 이런 아키노 2세를 범야권 지도자로 만든 것은 마르코스 측이었다. 마르코스 정권은 1971년 선거에서 패배하자 1972년 계엄령을 선포하고 2,000명 이상을 체포했다. 아키노 2세도 계엄령 직후 체포되어 1977년 군사 법정에서 공산당 간부라는 혐의로 총살형을 선고받았다. 1980년 마르코스 측은 심장병을 앓던 아키노 2세를 질병 치료라는 명목을 내세워 미국으로 추방했다. 마르코스 측근이 행한 일련의 아키노 2세 탄압 조치는 의도와 달리 오히려 아키노 2세를 마르코스에 대적할 인물로 성장시켰다.

마르코스 측의 전략적 실수는 암살 사건 이후에도 계속되었다. 1985년 11월 마르코스는 1987년에 예정되었던 대통령 선거를 1986년 2월에 조기 실시하겠다고 밝혔다. 자신에 대항하는 세력이 결코 하나로 뭉칠 수 없고, 따라서 자신이 유일한 대안임이 선거로 재차 확인될 것이기 때문에 조기 선거를 정국 수습 전략으로 판단한 것 같다. 그러나 부정으로 얼룩진 선거 역시 마르코스 정권에게는 비수로 작용했다. 통제되지 않는 권력은 내다볼 수 있는 능력도 잃게 되어 있는 것이다.

연이은 전략적 실책을 반복하던 마르코스 정권과 달리, 반 마르코스 세력은 전략적으로 결집하여 독재 정권을 붕괴시켰다. 결집의 계기가 바로 아키노 암살 사건이다. 아키노 2세의 시신은 분장되지 않은 채 유리관에 안치되었고 약 200만 명이 장례식에 참가하여 그의 처참한 시신에 울분했다. 또 앞당겨진 대통령 선거의 야권 후보로 코라손 아키노가 급부상했다. 암살된 아키노 2세의 배우자라는 점에서 반마르코스 세력을 통합할 적임자였다.

반마르코스 운동에 여러 집단이 참가했다. 일련의 선거 거부와 반미로 필리핀 대중으로부터 멀어져 있던 좌파 진영은 아키노 세력과 여러 면에서 달랐으므로 아키노 진영에 가담하지 않았다. 그렇지만 한때 아키노 암살이 공산주의자의 소행이라고 발표된 상황에서 좌파 진영은 아키노 진영과 마냥 대립할 수만은 없었다. 그래서 선거 불참을 선언하면서도 반마르코스 운동에 적극적으로 동참했다. 이에 더하여 다수의 중산층이 반마르코스 진영을 지지했다. 군부 일부도 아키노 진영에 가담했다. 엔릴레 국방장관과 라모스 치안본부장이 이끈 반란군은 이른바 '방어적 쿠데타'를 단행하고 1986년 2월 대통령 선거의 결과가 코라손 아키노의 승리라고 밝히며 새로운 정권에 충성을 서약했다.

조기 선거와 군부 반란은 미국과도 관련이 있었다. 로널드 레이건 행정부는 반공 정권을 지원했지만 이란의 사례처럼 국민의 지지를 받지 못하는 독재 정권을 지원하는 일은 없다고 말하고 있던 차였다. 정국 안정을 위해 대통령 선거 조기 실시를 마르코스 정권에 요구하기도 했다. 아키노 암살 사건 이후 미국은 마르코스의 은닉 재산을 공개했고 또 필리핀 정부 대신에 필리핀 가톨릭교회를 통해 원조를 지원했다. 이에 마르코스가 미군 기지 철폐 등으로 반발하자 미국은 다시 필리핀 정부에 원조를 제공하는 방식으로 복원하기도 했다. 그러나 미국은 반미적 좌파 정권이 등장하지 않는 한 마르코스 정권에 연연할 이유가 없었다. 군사 반란을 주도한 엔릴레와 라모스 모두 미국과 가까운 군부 지도자였고, 마르코스 역시 미국의 설득을 받아들여 하와이로 망명했다. 이처럼 좌파에서 미국까지 아우르는 전략적 결집이 20년 독재 정권의 교체를 가능하게 만든 반면, 마르코스 정권의 연장을 위해 자행한 아키노 암살은 의도와 달리 오히려 정권의 종말을 앞당겼다.

근대에 들어설 무렵의 한반도만 봐도 정치적 암살이 난무했다. 물론 오늘날 민주 국가에서 정치적 암살은 드문 현상이 되었다. 암살의 빈도는 낮아졌더라도 일부 구성원의 과잉 충성이 조직이나 지도자에 누가 되는 현상은 과거보다 줄지 않았다.

권력자는 충성심을 갈구한다. 여러 부하에게 충성심을 경쟁시키는 보스도 있고, 또 보스의 그런 성향을 이용하는 부하도 있기 마련이다. 문제는 단맛과 쓴맛이 인간 건강에 미치는 영향이 복잡하듯, 충성이 지도자에게 반드시 좋은 결과를 선사하고, 또 배신이 반드시 나쁜 결과를 몰고 오는 것은 아니라는 점이다. 과도하게 충성하거나 아부하는 자는 보스와 자신을 일체화하는 경향이 있고, 따라서 남을 대할 때 마치 자신이 보스인 것처럼 호가호위狐假虎威할 때가 많아 결국 보스에 누가 되기 쉽다. 더구나 권력 집단 내 논의가 보스의 기분이나 의중 중심으로 이뤄질 때에는 권력 집단의 판단력 또한 떨어진다.

조직과 지도자의 운명은 배신뿐 아니라 과잉 충성에 의해서도 위협받는다. 자기 관리가 잘되는 권력자만이 충성의 적절성을 높여 권력의 지속 가능성을 높인다.

36. 초원복국 사건_의도치 않은 결과

1992년 12월 11일은 대한민국 제14대 대통령 선거 1주일 전이었다. 이날 아침 부산의 '초원복국'이라는 음식점에서 전현직 공공 기관장들이 모여 여당 후보를 당선시키기 위해 지역감정을 선동해야 한다는 대화를 주고받았다. 모임 주재자는 김기춘 당시 전 법무장관, 참석자는 부산직할시장, 부산지방검찰청 검사장, 부산지방경찰청장, 부산직할시 교육감, 국가안전기획부 부산지부장, 부산지구 기무부대장 등 정치적 중립을 지켜야 할 공공기관의 장이 대부분이었다.

4일 후인 12월 15일 정주영 후보의 통일국민당은 이 대화 내용을 녹음한 테이프와 여러 현장 사진을 폭로했다. 공무원이 선거 중립 의무를 지키지 않고 개입한 관권 선거, 그리고 지역감정을 선동한 지역주의 선거임을 보여주는 결정적 증거이므로 여당의 김영삼 후보에게 타격을 입혀 정 후보의 득표율을 끌어올릴 수 있다고 판단한 것이다.

대화록 공개 직후 노태우 정부의 이른바 현승종 중립 내각은 당시 임명직이던 부산시장을 해임하고, 부산지방경찰청장, 안기부 부산지부장, 부산지구 기무부대장 등 3인의 직위를 해제했다. 김영삼 후보 측은 자신이 피해자라면서 정부 측에 철저한 진상 규명과 엄중 문책을 촉구한다고 밝혔다.

초원복국 사건 공개 전에는 김영삼 후보가 무난하게 대통령 선거에서 당선할 것으로 보는 의견이 지배적이었으나 사건 공개 직후 김 후보의 낙선 가능성이 거론되었다. 예컨대 대통령 선거 당일 한 일간지는 "막판 '기관장 회의' 역전 최대 변수"라는 제목의 기사에서 "선거 전문가들은 이번 사건으로 김영삼 후보의 당락이 영향을 받을 수도 있을 것으로 보고 있다"고 보도했다.

사건 공개 3일 후인 12월 18일 실시된 선거에서 김영삼 후보는 42%의 득표율을 얻어 34%의 김대중 후보와 16%의 정주영 후보를 여유 있게 따돌리고 당선됐다. 막상 선거가 김영삼 후보의 낙승으로 끝나자 초원복국 사건이 김 후보 지지자들을 투표소로 나오게 한, 김영삼 후보 당선의 일등 공신으로 언급되기도 했다.

심지어 김영삼 후보 측이 도청 사건을 의도적으로 유도했다는 주장까지 불거졌다. 정주영 후보 측에서 도청하는 줄 알면서도 지역감정을 선동하기 위해 일부러 발언했다는 것이다. 초원복국 모임에 참석한 기관장들 대부분이 선거 1~2년 후 영전했기 때문에 그런 음모론이 힘을 얻었다. 기관장들의 모임과 발언 내용이 비록 여론에서는 부정적으로 평가되더라도 권력자에겐 충성심을 보여준 언행이었음은 사실이다. 그렇지만 1992년 12월 모임에 참석한 기관장들 개인에게 초원복국 사건은 지울 수 없는 큰 흠결이었다. 적어도 자신의 발언이 조롱받는 걸 원하지는 않았을 것이다. 혹여라도 여당 후보가 선거에 졌을 때 감수해야 할 불이익까지 감안하면 도청 사실을 알면서도 그러한 발언을 했다고 보기는 힘들다. 손자병법의 용어를 빌리자면, 적의 첩자를 역이용하는 이른바 반간계反間計까지는 아니다.

김기춘 전 법무장관은 당시 대통령 선거법 제36조선거운동원이 아닌 자의 선거운동 금지 위반으로 기소되자 해당 법률 조항이 '표현의 자유와 참정권'에 관한 헌법 조항을 위배했다며 위헌법률심판제청을 청구했다. 이후 헌법재판소가 위헌으로 결정하며 검찰 공소는 취하되었다. 오히려 도청에 관여한 통일국민당 관계자와 안기부 직원이 벌금형을 선고받았고, 정몽준 당시 통일국민당 정책위원회 의장은 도피 자금을 제공한 혐의로 선고 유예 판결을 받았다.

초원복국 사건이 실제 선거 결과에 미친 효과를 데이터로 따져보자. 이를 위해 활용할 수 있는 공개 자료는 한국갤럽 데이터뿐인 듯하다. 한국갤럽은 사건이 세상에 알려지기 바로 직전인 12월 12~15일 각 후보의 지지율을 조사했다.

이 지지율이 12월 18일 실시된 실제 선거 득표율에서 어떻게 변했는지 살펴봄으로써 초원복국 사건의 효과를 짐작할 수 있다.

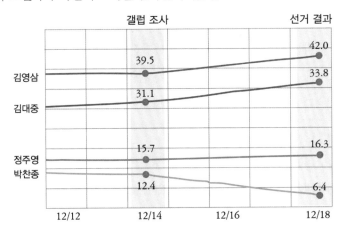

초원복국 모임 폭로 전후의 후보 지지율 변화

초원복국 모임 폭로 이후 지역별 후보 지지율 변화

지역권	김영삼			김대중			정주영			박찬종		
	실제 결과	갤럽 조사치	변화	실제 결과	갤럽 조사치	변화	실제 결과	갤럽 조사치	변화	실제 결과	갤럽 조사치	변화
수도권	36	33.1	2.9	34.8	30.6	4.2	19.8	19.4	0.4	6.6	15.5	-8.9
중부권	37.4	37.3	0.1	24.1	27.7	-3.6	26.4	22.4	4	8.1	11.8	-3.7
호남권	4.2	3.2	1	90.9	88.1	2.8	2.3	1.7	0.6	0.6	5.7	-5.1
경북권	61.6	66.4	-4.8	8.7	5	3.7	17	17.8	-0.8	9.5	9.4	0.1
경남권	72.1	64.1	8	10.8	12.3	-1.5	8.8	10.3	-1.5	6	12.4	-6.4

한국갤럽 조사에 따르면, 폭로 후 김영삼, 김대중, 정주영, 박찬종 후보는 각각 +2.5%포인트, +2.7%p, +0.6%p, −6.0%p 변화를 보였다. 김영삼 후보와 김대중 후보 간의 지지율 차이는 폭로 이후 거의 변화가 없었다. 양 김 후보와 정

주영 후보 간의 지지율 차이는 폭로 이후 오히려 더 벌어졌다. 즉 김영삼 후보를 찍을 유권자가 초원복국 모임 폭로로 정주영 후보를 찍었을 것이라는 주장은 사실이 아니었다.

지역별 효과는 조금씩 달랐다. 사건이 불거진 후 경남권 유권자의 선택은 김영삼 후보에게 좀 더 몰리는 변화를 보였다. 김영삼 후보가 사건 후 경남권에서 더 얻은 것으로 조사된 +8.0%p는 박찬종 후보가 경남권에서 잃은 것으로 조사된 −6.4%p가 주였음을 알 수 있다.

초원복국 모임에서 부산의 기관장들은 경남 지역의 단결을 강조하면서 동시에 경북 지역과의 경쟁의식을 표출한 바 있다. 김영삼 후보가 사건 이후 경북권에서 잃은 것으로 조사된 지지율 -4.8%p과 김대중 후보가 얻은 것으로 조사된 지지율 +3.7%p이 유사했다. 사건 후 호남권에서 지지율이 가장 크게 증가한 것으로 조사된 후보는 김대중 후보 +2.8%p였고 지지율이 가장 크게 감소한 후보는 박찬종 후보 5.1%p였다. 영호남이 아닌 중부권에서는 양 김 후보 대신 정주영 후보가 가장 약진한 것(+4.0%p)으로 조사되었다.

초원복국 모임의 대화 내용을 도청하여 폭로한 측은 자신에게 유리한 결과를 가져다줄 것으로 믿었기 때문에 감행했을 것이다. 하지만 도청 폭로는 소뿔을 고치려다 소를 죽이고만 이른바 교각살우에 가까운 행위였다. 반면에 김영삼 후보 측은 폭로를 당했음에도 일부 유권자들로부터 오히려 공작 정치의 피해자라는 면죄부를 받았다. 결국 별다른 손해 없이 전화위복에 가까운 결과를 얻었다.

누구나 교각살우의 우를 범하지 않으려 하나 확신하지 못하므로 고민한다. 잘 모를 때에는 정치적 이해타산을 넘어선 진정성이 있어야 후폭풍에도 날려가지 않고 일관된 가치를 실현할 수 있다. 심지어 다수의 의견에 반하는 행위조차 폐쇄적인 패거리의 사익 추구가 아니라 공익을 담보한 진정성 있는 행동으로 드러난다면 장기적으론 정치적 이익과도 부합할 수 있다.

초원복국 사건과 2016년 12월

초원복국 사건은 24년 후인 2016년 12월에 다시 회자됐다. 먼저, 당시 청와대를 둘러싼 국정 농단 사태에서 김기춘 전 비서실장의 책임론 때문이다. 최순실을 모른다는 김 전 비서실장의 발언은 초원복국 사건에서처럼 책임 회피 행위로 보는 시각이 있었다.

다른 한편으로는, 이른바 최순실 게이트와 탄핵 추진 과정에서 민심이 어떻게 전개될지 모른다는 기대와 우려에서 초원복국 사건이 다시 거론되었다. 초원복국 모임의 도청은 대선에서의 관권 개입과 지역감정 선동의 폭로였는데, 드러난 행위에 대한 법적 처벌이 없었을 뿐 아니라 민심마저 선거에서 이를 심판하지 않았다. 오히려 폭로한 측이 법적 정치적으로 처벌을 받았다. 최순실 게이트와 관련해서도 2014년 정윤회 국정 개입 의혹이 제기되었으나 당시 민심은 의혹에 반응하지 않았다. 오히려 청와대와 검찰은 사실무근으로 결론 내리고 보고서 작성자를 문건 유출 혐의로 처벌했다.

37. 대통령 탄핵 소추_성난 코끼리 등에 타다

2004년 3월 12일, 야 3당은 국회 경호권을 발동하며 노무현 대통령 탄핵 소추안을 가결했다. 탄핵 소추안 통과를 막기에는 의석수가 부족하여 의사당 단상을 점거하고 있던 열린우리당 의원들은 탄핵 소추안 가결에 망연자실했다. 이와 달리 야당 국회의원들은 자신들이 민주주의를 수호했다며 "대한민국 만세!", "자유민주주의 만세!", "16대 국회 만세!" 등을 외치며 환호했다.

그러나 불과 한 달 후 실시된 국회의원 선거에서 야 3당은 많은 의석을 잃었다. 특히 탄핵 소추를 주도한 62석의 새천년민주당은 9석을 건지는 데 그치며 몰락했다. 이에 비해 열린우리당은 과반의 의석을 획득했다. 한 달 후 헌법재판소가 탄핵 심판 기각 결정을 내림으로써 노무현 대통령은 대통령 업무에 복귀했다.

2004년 1월부터 새천년민주당과 한나라당은 대통령 탄핵 가능성을 언급했다. 노 대통령은 여당인 열린우리당의 지지율 증대를 위해 노력하고 싶다고 말했고, 중앙선거관리위원회는 노 대통령이 선거 중립 의무를 위반했다는 유권 해석을 내렸다. 하지만 노 대통령은 선관위 결정을 존중하지만 동의하지는 못한다고 밝혔다. 야당은 노 대통령이 사과하지 않으면 탄핵 소추안을 발의하겠다고 했지만 노 대통령은 부당한 압력에 굴복하지 않는다고 대응했다.

이런 상황 전개는 대통령과 야당에 의한 일련의 선택으로 정리할 수 있다.

[야당]탄핵 추진 가능성 언급 → [대통령]여당 지지 호소 → [야당]대통령 사과 요구 → [대통령]사과 거부 → [야당]탄핵 소추안 발의 → [대통령]강경 발언 → [야당]탄핵 소추안 가결 → [유권자]여당 선거 승리 → [헌법재판소]탄핵 심판 기각

이런 다단계 선택 상황에서는 최종 선택에서부터 시작하여 거꾸로 따져보면 최선의 전략을 계산할 수 있다. 즉 국민 다수가 탄핵에 찬성할 때의 헌법재판소 선택, 그리고 국민 다수가 반대했을 때의 헌법재판소 선택을 먼저 추정해야 한다. 대통령 파면 결정을 선고할 수밖에 없을 정도로 법리적 근거가 충분치는 않았다. 따라서 국민 다수가 탄핵에 반대한다면 헌법재판소는 탄핵 심판을 기각할 것으로 보였다.

당시 국민 여론은 대략 1대 2로 대통령 탄핵 찬성 비율이 반대 비율보다 낮았다. 반면에 대통령 사과가 필요하다고 생각하는 비율은 불필요하다는 비율보

다 대충 2대 1의 비율로 높았다. 대통령 사과가 필요하지만 탄핵에는 반대한다는 것이 다수의 생각이었다. 야 3당은 국민 다수가 탄핵 소추에 반발하고 또 헌법재판소가 탄핵 심판을 기각하는 상황은 발생하지 않을 것으로 예상하고, 탄핵에 찬성하는 국민이 점차 늘어나고 또 헌법재판소도 대통령 파면을 선고할 가능성이 높다고 기대한 것 같다.

집단 내에서만 소통하고 집단 밖과의 소통을 소홀히 할 때 오판을 범하기 쉽다. 같은 집단 내에서 생각을 하나로 통일하려는 '집단 사고groupthink에 의한 오판'이다. 그러다 보니 탄핵 소추안 가결 직후 야당 의원들은 불안한 기색 없이 만세를 불렀고, 의장석 확보 작전이 기발했느니 또 점괘로 표결 날짜를 잘 잡았느니 하는 논공행상까지 나왔다.

완력을 동원한 야당의 탄핵 소추안 가결은 무모했다. 결과론적 얘기지만 야당은 당시 소수 의석을 가진 열린우리당의 반대로 정상적인 국회 운영이 되지 않음을 보여줘 다가올 총선에서 의석 확보를 추구했어야 했다.

탄핵 소추안 가결에 대한 국민적 비판이 거세지자 노 대통령이 의도적으로 탄핵 소추를 유도했다는 주장이 나왔다. 노 대통령이 자신의 지지 세력을 결집하기 위해 사과를 거부하면서 탄핵 소추안이 가결되기를 기다렸다는 주장이다. 설사 함정을 파고 기다렸다 한들 그 함정은 상대에게 숨겨진 게 아니었다. 당시 상황은 자기 패만 알고 남의 패를 모르면서 진행된 그런 게임이 아니라 서로의 패가 다 드러난 게임이었다. 노 대통령의 정략에 당했다는 주장은 스스로 상황 판단에 문제가 있었다는 자인에 불과했다.

노 대통령은 국회의 탄핵 소추안 통과 직후 "지금 이 과정은 새로운 발전과 도약을 위한 진통이라고 생각하며 그저 괴롭기만 한 소모적 진통은 아닐 것"이라고 발언했다. 노 대통령은 야당의 탄핵 소추가 상식적으로 부당하다고 생각했을 것이고, 또 헌법재판소가 탄핵 심판을 기각할 것으로 판단했을 수도 있다. 국회 다수 의석을 확보하여 국정을 운영하고 싶지만, 탄핵 후폭풍으로 열린우리당이 압도적인 지지를 얻을 것이라고까지 확신하지는 않았던 것 같다.

노 대통령 탄핵 소추는 노 대통령의 계산된 전략이라기보다 탄핵 추진 세력의 어설픈 전략이었다고 평가할 수 있다. 야당의 탄핵 소추안 가결은 결국 소를 죽게 만들 쇠뿔 바로잡기, 즉 교각살우였고, 노 대통령에게는 나중에 좋은 결과를 가져다줄 당장의 어려움, 즉 전화위복이었다. 스포츠든 게임이든 사업이든 정치든, 자신이 잘해서 이기는 경우보다 상대의 실수로 이기는 경우가 더 많다. 정치적 행위를 선제적으로 감행한 측은 의도와 정반대의 나쁜 결과를 얻고, 방어에 실패한 측이 의도하지 않은 괜찮은 결과를 얻기도 한다.

민주 사회에서 성공의 관건은 대중의 마음을 읽는 데 있다. 대중의 마음 읽는 일이 쉬운 일은 아니다. 인기작을 만든 제작팀이 연이어 히트작을 만드는 것은 아니다. 대중 예술 전문가들이 기획했다는 영화, 드라마, 음악 가운데 대중의 반응을 제대로 예상하지 못해 흥행에 실패하는 일은 허다하다. 쪽박이나 리스크를 피

전략과 상식의 세계사

코끼리 등에 탄 기수

조너선 하이트Jonathan Haidt는 감성과 이성 간의 관계를 코끼리와 그 코끼리를 탄 기수騎手 간의 관계로 설명하면서, 대체로 기수이성의 의도대로 코끼리감성가 움직이지만, 서로 의견이 다를 때에는 언제나 코끼리감성가 이긴다고 규정했다. 대중과 지도자 간의 관계 역시 코끼리와 기수 간 관계에 비유할 수 있다. 코끼리대중와 친밀한 기수지도자조차 자신의 의도대로 코끼리를 움직일 수 없을 때가 있으며, 실제로 적지 않은 기수가 흥분한 코끼리에 이유 없이 희생당하기도 했다. 그만큼 대중의 마음을 늘 헤아릴 수 있는 것은 아니다.

하는 공식은 있어도 대박 혹은 흥행을 보장하는 공식은 존재하지 않는다. 전문적 시장 조사를 거친 후 출시한 신제품이 실제 시장에서 실패한 사례도 많다. 전문적 조사와 예측은 성공 가능성을 높일 뿐이지 성공을 보장하는 것은 아니다. 교각살우가 될지 전화위복이 될지 모를 때에는 차라리 진정성을 갖고 일관되게 추진하는 것이 교각살우의 가능성을 낮추고 전화위복의 가능성을 높이는 길이다.

2016년 박근혜 대통령 퇴진과 관련해 처음에 야당은 노 대통령 탄핵 소추의 후폭풍을 기억하여 박 대통령에 대한 탄핵 소추를 주저했다. 오히려 여당이 야당을 향해 탄핵할 테면 하라는 태도를 보이기도 했다. 그러다 노 대통령 때와는 다르다는 확신을 가진 야당이 적극적으로 탄핵과 퇴진을 추진하였다. 여당 내 비박계도 갈팡질팡하는 모습을 보이다 민심이 어디에 있는지를 확인한 후에야 행동 방향을 정했다.

노무현 대통령 탄핵 소추는 기존 민심의 흐름을 바꾸려 선도적으로 저지른 행위였으나 그 흐름을 바꾸지 못하고 꺾인 실패한 사건이다. 반면에 박근혜 대통령 탄핵 소추는 지배적인 민심에 편승한 행위였다. 대세만을 뒤따라가서는 앞으로 나서기가 어렵다. 서퍼surfer처럼 바람이나 파도를 뒤에 두고 탈 때에 앞으로 나아갈 수 있는 것이다. 이는 대통령 퇴진, 탄핵, 구속 수사 등을 선도적으로 주장한 일부 정치인의 지지도 급상승에서 알 수 있다. 실력 있는 기수는 성난 코끼리 뒤를 졸졸 따라다니기보다 감성 코끼리를 헤아려 인도한다.

38. 엠스 전보_미끼 던지기

근대적 의미의 통일과 분단, 그리고 재통일을 이룬 대표적 나라가 독일이다.

1989년 베를린 장벽이 우연한 계제에 갑자기 무너지고 이듬해 동서독이 통일되는 현실을 바라보면서 통일은 의지와 관계없이 그냥 닥쳐오는 것으로 생각하기도 한다. 그러나 동서독 통일 이전에 수많은 전략적 고려가 있었다. 어느 나라든 정교한 전략 없이 통일을 이루기란 쉽지 않다. 특히 독일과 같은 강대국의 통일을 주변국들이 그냥 방관하지는 않는다.

1870년에 발발한 프로이센–프랑스 전쟁보불 전쟁은 통일을 위한 프로이센의 치밀한 전략이었다. 보불 전쟁의 직접적인 계기는 이른바 '엠스 전보 사건'이었다. 1870년 7월 13일 아침 프로이센 국왕 빌헬름 1세는 독일 휴양지 바트 엠스에서 수행원들과 산책을 즐기고 있었다. 이때 프랑스 대사 베네데티가 방문하여 빌헬름 1세의 친척 누구도 스페인 왕위를 계승하지 않는다고 공표할 것을 빌헬름 1세에게 요구했다. 베네데티의 요구는 빌헬름 1세가 불쾌하게 받아들일 만한 내용이었다.

바트엠스 회담은 베를린에 있는 비스마르크 수상에게 바로 전보로 알려졌고, 비스마르크는 전보 내용을 자극적이고 간단한 문투로 바꿔 공개했다. 프로이센 여론은 일개 프랑스 대사가 프로이센 국왕을 모욕했다 생각했고, 프랑스 여론 역시 프로이센이 대국 프랑스의 요청을 무례하게 처리했다고 생각했다.

비스마르크는 독일 통일을 위해 독일의 여러 공국에 관여하고 있던 프랑스와의 전쟁이 불가피하다고 판단하던 차였다. 프로이센–오스트리아 전쟁1866년의 연장선에서 대프

1870년 7월 독일 바트엠스에서 산책 중인 프로이센 국왕 빌헬름 1세가운데 사람를 프랑스 대사 베네데티가장 오른쪽 보지 벗은 사람가 찾아와 만나고 있다가트 온 베르너의 1880년 목판화. 이 만남을 계기로 보불전쟁이 발발했고 전쟁 결과 독일은 통일했다.

랑스 전쟁의 불가피성을 인식하고 있었다. 이미 여러 군사 개혁과 대외 동맹을 성공적으로 이룬 프로이센은 프랑스와의 전쟁에서 승산이 낮지 않다고 판단하고 있었다. 독일 통일을 위해서는 여러 독일 공국들을 아우르는 분위기 조성이 필요했는데, 비스마르크는 독일 공국들에 관여하고 있던 프랑스를 통일 독일의 출범에 필요한 제물로 여겼다. 이처럼 엠스 전보의 자극적 공개는 독일 통일을 위한 비스마르크의 한 수였다.

이에 비해 프랑스는 사태 전개를 제대로 내다보지 못했다. 당시 프랑스 지도자는 1848년 대통령으로 선출됐다가 1851년 쿠데타로 의회를 해산한 후 1852년 황제로 즉위한 나폴레옹 3세였다. 한때 그는 국내 지지를 기반으로 국제 무대에서 주도적 외교를 펼치기도 했다. 집권 후반 여러 국내외 비판에 직면한 나폴레옹 3세는 앞으로의 유럽 질서, 또 프랑스 국내 정치를 주도하기 위해서라도 자신이 프로이센 국왕보다 우위에 있다고 천명하고 싶었을 뿐이다. 그래서 일단 프로이센에게 전쟁을 먼저 선포했다.

나폴레옹 3세는 오스트리아−헝가리와 함께 프로이센 지배하의 남부 독일 공국바이에른, 뷔르템베르크, 바덴으로 진격하여 그들을 독립시키려는 계획이었다. 오스트리아와 남부 독일 공국들은 프로이센과의 전쟁에서 패한 후 설욕을 벼르고 있었고, 전쟁이 발발하면 프랑스의 편에 합류할 것으로 기대했기 때문이다.

나폴레옹 3세는 프로이센이 엠스 전보를 적대적으로 공개했다는 사실에서 프로이센의 전쟁 의지와 승리에 대한 가능성을 높게 인지했어야 했다. 특히 프로이센이 주

1870년 9월 프랑스 스당에서 프로이센군에게 패배하여 포로로 잡힌 나폴레옹 3세가 비스마르크오른쪽 옆에 앉아있다. 빌헬름 캄프하우젠 그림, 1878년

변 강대국뿐 아니라 독일 내 여러 공국들과도 협력하고 있다는 사실에서 프랑스에 대한 프로이센의 태도가 결코 허세가 아님을 간파했어야 했다. 그렇지만 나폴레옹 3세는 프로이센의 군사력을 과소평가했고 또 주변국의 선호를 잘못 판단하여 프로이센의 신호 시그널를 단순한 엄포로 받아들였다.

나폴레옹 3세의 선전 포고는 비스마르크가 친 함정에 스스로 빠진 선택이라고 평가할 수 있다. 선전 포고 후 사태는 나폴레옹 3세의 기대와 전혀 다르게, 또 비스마르크의 기대 그대로 전개되었다. 프로이센군은 신속하게 동원되어 프랑스를 공격한 반면, 불과 몇 년 전 프로이센에게 참혹하게 패전한 오스트리아는 프로이센 공격을 주저했고 또 남부 독일 공국들은 프로이센의 편에서 참전했다.

9월 2일 프랑스 스당에서 나폴레옹 3세는 대패하여 포로가 되었다. 나폴레옹 3세는 독일 아헨에 포로로 머무는 동안 아헨 주민들로부터 "(다음 연금 장소인)카셀로 빨리 꺼져라 Ab nach Kassel, 압 나흐 카셀"는 야유를 받았다. 카셀과 관계없이 그냥 '꺼져라' 혹은 '서둘러라'는 의미로 오늘날 쓰이고 있는 독일어 '압 나흐 카셀'의 어원은 나폴레옹 3세가 이처럼 독일 국민을 결속시켰음을 보여준다.

1871년 1월 프랑스 베르사유궁전에서 개최된 독일제국 선포식. 안톤 폰 베르너 그림. 1877년

분단과 통일의 경계

통일 추진자의 정확한 판단과 통일 방해자의 잘못된 판단으로 통일이 이뤄진 사례뿐 아니라 잘못된 전쟁으로 분단된 사례도 있다. 독일은 1939년 일으킨 이차대전으로 1945년에 분단되고 말았다. 어떠한 무력 없이 동서독이 재통일을 이룬 1990년과 대비된다.

잘못된 전쟁으로 분단이 고착된 사례는 매우 가까운 곳에 있다. 바로 6·25 전쟁이다. 6·25 전쟁을 일으킨 김일성은 소련의 지원을 받으면서도 미국의 참전은 없을 것으로 판단했지만 미국은 즉시 개입했다. 심지어 남한 주민들이 북한군을 열렬히 반길 것이라는 잘못된 판단도 있었다. 김일성은 미국이나 남한 주민 등의 신호를 나폴레옹 3세만큼이나 잘못 읽었다. 이런 잘못된 판단으로 시작된 전쟁은 민족 통일은커녕 진정한 남북 교류조차 반세기 이상 불가능하게 만들었다.

프로이센의 통일 전쟁 대상은 독일 내 다른 공국들이 아니라 외부 세력 프랑스였다. 이에 비해 6.25 도발의 주 대상은 외부가 아니라 남한이라는 같은 민족이었다. 동포에게 총부리를 겨눈 섣부른 전쟁이 통일을 매우 어렵게 만든 것이다. 만일 6·25 전쟁이 없었더라면 오늘날 이미 남북한은 통일되었을 가능성이 높다. 주변국의 강한 견제를 받던 독일도 냉전 종식과 더불어 통일됐는데, 만일 남북한 간에 전쟁이 없었더라면 남북한 통일은 동서독 통일보다 먼저였을 것이다.

통일은 무작정 기다려 오는 것도 아니고 무모하게 추진해 이뤄지는 것도 아니다. 여러 수를 내다보는 전략적 준비와 추진이 있어야 통일은 실현될 수 있다.

스당 패전 이후 프랑스는 새로운 정부를 구성하여 전쟁을 계속 수행했지만, 결국 1871년 1월 수도 파리는 함락되었고, 프랑스가 자랑하는 베르사유궁 거울홀에서 성대하게 거행된 통일 독일 제국의 선포식을 바라봐야 했다. 이런 일련의 정책 결정 과정을 단계별로 살펴볼 수 있다.

전략 결정 게임

보불 전쟁의 전략 계산

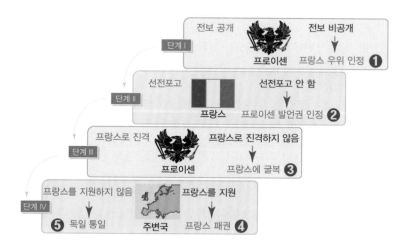

보불 전쟁의 정책 결정 분석도

다단계 전개 상황에서의 전략은 역순으로 따져보면 간단하다.

● **단계 IV:** 주변국은 프랑스가 승리하여 유럽 패권을 다시 갖는 결과를 원치 않으므로 프랑스를 견제할 독일의 등장을 차라리 더 나은 결과로 생각한다. 그러므로 주변국들은 프랑스를 지원하지 않는다.

- **단계 Ⅲ**: 이런 사실을 내다본 프로이센은 단계 Ⅲ에서 전쟁을 선택했다. 진격하지 않으면 프랑스에 굴복②, 진격하면 승리하여 독일 통일⑤을 이룰 수 있기 때문이다.
- **단계 Ⅱ**: 단계 Ⅳ에서의 전개 상황을 제대로 내다보지 못한 프랑스는 선전 포고 후 전쟁 승리로 패권 확보④, 또는 프로이센의 굴복⑥을 예상하여 단계 Ⅲ에서 프로이센의 발언권 인정②보다 선전 포고를 택했다.
- **단계 Ⅰ**: 엠스 전보 사건 직전의 단계 Ⅰ은 프로이센에겐 세 수를 내다봐야 하는 선택 단계였다. 전보 공개가 곧 독일 통일⑤ 또는 적어도 프로이센의 발언권을 확보②하는 결과로 이어지고, 이는 프랑스 우위를 인정하는 것①보다 낫다고 판단하여 전보를 자극적으로 공개한 것이다.

일련의 과정에서 프로이센은 몇 수를 내다보고 선택한 반면에, 프랑스는 프로이센의 전보 공개가 담은 신호를 잘못 해석하여 치욕적 패배를 겪었다. 프로이센은 프랑스 및 러시아와 협력한 상태에서 오스트리아와 일전을 벌였고, 또 여러 독일 공국들과 협력하여 프랑스와 전쟁을 치렀다. 주변국의 개입을 사전 조처했고 실제 어떤 국가도 프랑스를 돕지 않았다.

39. 로그롤링_받을 게 있다면 주기도

두 정파가 한 건을 주고 다른 한 건을 받는 사안별 주고받기를 로그롤링log rolling, 투표 교환vote trading, 짬짜미, 결탁이라고 한다. 로그롤링이나 결탁은 대체로 부정적 의미로 사용된다. 불가능한 최선 대신에 가능한 차선을 추구하여 획득한다는 점에서 이 또한 전략적 행위다. 오늘날 가장 존경받는 정치인 가운데

한 사람인 에이브러햄 링컨Abraham Lincoln도 로그롤링을 정치 행위로 보고 실천에 옮긴 바 있다.

링컨이 상대 안건을 서로 밀어주는 '로그롤링'으로 소수 의견을 통과시킨 대표적인 예가 1837년 일리노이Illinois 주도州都 이전 표결이다. 2월 28일 표결에서 링컨의 선거구인 스프링필드Springfield는 1차 투표에서 20표를 얻었으나 4차 투표에서 70표를 얻어 16표를 얻은 밴댈리아Vandalia를 꺾고 새로운 주도로 의결되었다. 교통망 확충과 주립은행 등 표결 중인 여러 안건에서 나눠먹기식으로 서로를 밀어준 결과였다. 좋게 표현하자면, 링컨이 다양한 이해관계 집단을 하나로 묶어 다수로 만드는 정치력을 발휘하여 주도 유치라는 선거구민의 뜻을 반영하였다.

대한민국 국회에서도 로그롤링은 관찰된다. 2019년 12월 23일 이른바 4+1 더불어민주당, 바른미래당, 정의당, 민주평화당, 대안신당 협의체는 '공직선거법 일부 개정 법률안'선거법 개정안 그리고 '고위공직자범죄수사처 설치 및 운영에 관한 법률안'공수처법안의 상정 처리를 합의하였다.

2019년 4월 24일 정의당, 더불어민주당, 바른미래당, 무소속으로 구성된 심상정 의원 등 17인은 선거법 개정안을 발의하였다. 또 4월 26일 더불어민주당과 바른미래당 소속의 백혜련 의원 등 12인은 공수처법안을 발의하였다. 공수처법은 여당인 더불어민주당이, 연동형 선거제도는 정의당 등 군소 정당들이 도입하고자 했던 안이었는데, 상대가 원하는 법

미국 스프링필드 일리노이주 의사당 앞의 링컨 동상. 1837년 링컨 의원은 상대 안건을 서로 밀어주는 방식으로 다른 의원들의 찬성표를 모아 일리노이 주도를 스프링필드로 이전하는 데에 성공했다.

안을 서로 통과시켜준 것이다.

군소 정당들의 요구로 선거법 개정안이 먼저 통과되었다. 12월 23일 바른미래당, 더불어민주당, 민주평화당, 정의당, 무소속으로 구성된 김관영 의원 외 155인은 선거법 본회의 수정안을 제출하였다. 다음은 27일 문희상 의장의 본회의 진행 발언이다.

이 안건의 투표 방법과 관련하여 국회법 제112조 제2항에 따라 심재철 의원 등 108인으로부터 무기명 투표 방식으로 실시하자는 요구와 이원욱 의원 외 128인으로부터 기명 투표 방식으로 실시하자는 요구가 각각 제출되었습니다. … 2건의 표결 방법 변경 요구가 모두 부결되었으므로 국회법 제112조 제1항에 따라 전자 투표 방식으로 의결하겠습니다. 그러면 국회법 제96조에 따라 수정안부터 먼저 표결하도록 하겠습니다. 김관영 의원이 발의하고 155인이 찬성한 공직선거법 일부 개정 법률안에 대한 수정안에 대하여 투표하여 주시기 바랍니다. 투표를 다 하셨습니까? 그러면 투표를 마치겠습니다. 투표 결과를 말씀드리겠습니다. 재석 167인 중 찬성 156인, 반대 10인, 기권 1인으로서 김관영 의원이 발의하고 155인이 찬성한 공직선거법 일부 개정 법률안에 대한 수정안은 가결되었음을 선포합니다. 수정안이 가결되었으므로 원안은 표결하지 않겠습니다. 그러면 공직선거법 일부 개정 법률안은 수정한 부분은 김관영 의원이 발의하고 155인이 찬성한 수정안대로, 기타 부분은 원안대로 가결되었음을 선포합니다.

4+1 협의체는 선거법 개정안 통과 이전에 공수처법안에 대해서도 합의하였다. 12월 24일 정의당, 더불어민주당, 바른미래당, 민주평화당, 민중당, 무소속으로 구성된 윤소하 의원 외 155인은 수정안을 발의하였고, 28일에는 바른미래당, 자유한국당, 무소속으로 구성된 권은희 의원 외 30인도 수정안을 발의하였

다. 30일 권은희 의원 수정안은 부결되고 윤소하 의원 수정안이 가결되었다. 다음은 문 의장의 회의 진행 발언이다.

2건의 표결 방법 변경 요구가 모두 부결되었으므로 국회법 제112조 제1항에 따라 전자 투표 방식으로 의결하겠습니다. … 국회법 제96조에 따라 나중에 제출된 수정안부터 먼저 표결하도록 하겠습니다. 그러면 권은희 의원이 발의하고 30인이 찬성한 고위공직자범죄수사처 설치 및 운영에 관한 법률안에 대한 수정안을 의결하도록 하겠습니다. … 재석 173인 중 찬성 12인, 반대 152인, 기권 9인으로서 권은희 의원이 발의하고 30인이 찬성한 고위공직자범죄수사처 설치 및 운영에 관한 법률안에 대한 수정안은 부결되었음을 선포합니다. 다음은 윤소하 의원이 발의하고 155인이 찬성한 고위공직자범죄수사처 설치 및 운영에 관한 법률안에 대한 수정안을 의결하도록 하겠습니다. … 재석 176인 중 찬성 159인, 반대 14인, 기권 3인으로서 윤소하 의원이 발의하고 155인이 찬성한 고위공직자범죄수사처 설치 및 운영에 관한 법률안에 대한 수정안은 가결되었음을 선포합니다. 윤소하 의원이 발의하고 155인이 찬성한 수정안이 가결되었으므로 원안은 표결하지 않겠습니다. 그러면 고위공직자범죄수사처 설치 및 운영에 관한 법률안은 수정한 부분은 윤소하 의원이 발의하고 155인이 찬성한 수정안대로, 기타 부분은 원안대로 가결되었음을 선포합니다.

더불어민주당은 연동형 비례대표 선거제도 도입을 굳이 원하지 않았다. 자당의 의석수가 줄어들 가능성이 크기 때문이다. 그러나 공수처를 도입하기 위해서는 군소 정당들의 도움이 절대적으로 필요했고, 따라서 그들이 원하는 선거법 개정에 협력했다. 군소 정당들은 더불어민주당의 약속 불이행을 걱정하여 선거법 개정을 먼저 통과시키자고 강력하게 요구하여 선거법 개정안, 공수처법안의 순서로 통과시켰다. 여기까지는 이른바 4+1 모두가 로그롤링에 성공하여 혜택을 볼 것으로 보였다.

법률 제·개정 단계 이후의 선거 운동 단계에 진입하면서 이른바 4+1은 호혜적 관계가 되지 못했다. 새로 도입된 준연동형 비례대표제에서의 전략은 위성 정당을 만드는 것이다. 더불어민주당은 미래통합당이 위성 정당을 만들면 자신도 만들면 된다는 생각에 선거법 개정에 협력했을 것이다. 군소 정당들은 공수처법에 별로 동의하지 않으면서도 선거법 개정을 얻기 위해 찬성하였다. 전략적 성공과 실패를 따져본다면 더불어민주당이 성공했고, 야당 특히 군소 정당들은 실패했다고 평가할 수 있다.

2020년 4월 14일 기준 정당별 국회의원 수는 여당인 더불어민주당[120]+더불어시민당+열린민주당[이] 129석, 제1야당인 미래통합당[2]+미래한국당[24]이 112석, 민생당 20석, 정의당 6석, 우리공화당 2석, 국민의당 1석, 민중당 1석, 친박신당 1석, 한국경제당 1석, 무소속 17석이었다. 4월 15일 국회의원 선거의 정당별 당선자 수는 여당인 더불어민주당[163]+더불어시민당[17]+열린민주당[3]이 183석, 미래통합당[84]+미래한국당[19]이 103석, 정의당 7석, 국민의당 3석, 민생당 0석, 무소속 5석이었다.

정의당은 이른바 '조국 사태' 정국에서 더불어민주당을 지원하는 무리수까지 두면서 선거법을 개정했음에도 선거법 효과를 보지 못하고 1석만 겨우 더 얻었을 뿐이다. 의석 기준으론 당선자를 1명도 내지 못한 민생당이 가장 참혹했다. 국회 교섭단체를 구성할 정도의 의원 수에서 원외 정당으로 몰락했다. 특히 선거법 개정안과 공수처법안의 통과에 결정적으로 기여한 손학규, 정동영, 김관영[무소속으로 출마] 후보 모두 큰 차이로 낙선하였다. 이들 중 일부는 선거 직후 여당의 협치 대상으로 거론되기도 했지만 실제 여당의 제의는 없었던 것으로 알려졌다. 여당을 제외한 정당들이 한 수 내다보기를 못한 전략적 사고 부족의 결과였다.

자신의 정치적 이익뿐 아니라 비례대표제라는 대의도 놓친 전략적 실책이었다.

로그롤링은 민주적 회의체 의사 결정 방식 때문에 가능하다. 복수의 안건이 아닌, 하나의 안건에서도 결탁이 발생할 수 있다. 현행 대한민국 국회법에 따라 전략적 투표가 발생하여 묵시적인 결탁이 이뤄지는 예를 살펴보자.

현행 국회법 제95조는 수정 동의에 대해 규정하고 있다. 의안에 대한 수정 동의는 찬성 의원 30인 이상이 연서하여 미리 의장에게 제출하여야 하며, 예산안에 대한 수정 동의는 의원 50인 이상의 찬성이 있어야 한다. 수정 동의는 원안 또는 위원회에서 심사 보고한 안의 취지 및 내용과 직접 관련성이 있어야 하나, 의장이 각 교섭단체 대표의원과 합의한 경우에는 그러지 아니한다. 위원회에서 심사 보고한 수정안은 찬성 없이 의제가 되고, 위원회는 소관 사항 외의 안건에 대하여는 수정안을 제출할 수 없다.

국회법 제96조는 수정안의 표결 순서를 기술하고 있다. 동일 의제에 대하여 수개의 수정안이 제출된 때에는 의장은 최후로 제출된 수정안부터 먼저 표결하고, 의원의 수정안은 위원회의 수정안보다 먼저 표결하며, 의원의 수정안이 여럿일 때에는 원안과 차이가 많은 것부터 먼저 표결한다. 수정안이 전부 부결된 때에는 원안을 표결한다. 수정안이 통과되면 원안은 바로 폐기된다.

대부분의 의회에서 수정안부터 의결하고 수정안이 부결되면 원안을 의결하는 방식을 채택한다. 최선의 결과가 실현될 수 없을 때 차선의 결과를 위해 최선의 결과를 포기하고 표결에 임하는 것이 결탁이다. 예컨대, 자신이 심각하게 반대하고 있는 원안이 가결될 것으로 생각될 때 수정 동의안에 만족하지 못하지만 원안 부결을 위해 수정 동의안에 찬성투표를 하는 것이다. 이처럼 다른 이해관계를 갖는 당사자 간에도 결탁이 이루어질 수 있다.

법안을 사수하라

정당 A가 특정 사안에 대한 원안을 발의했고, 이에 정당 B가 수정안 I을 발의했으며, 정당
C가 수정안 II를 발의했다고 하자. 국회 의석을 각각 1/3씩 차지하고 있는 정당 A, B, C의
선호도는 다음과 같다.

정당	선호도
A	원안 〉수정안 II 〉부결 〉수정안 I
B	수정안 I 〉부결 〉수정안 II 〉원안
C	수정안 II 〉원안 〉부결 〉수정안 I

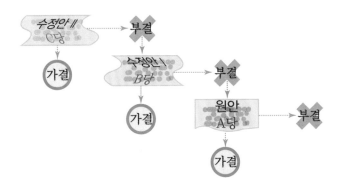

일반적 수정안 표결 순서

이 경우 보통 수정안 II부터 표결한다. 수정안 II가 가결되어 채택되면 그것으로 이 의제는
종결된다. 수정안 II가 부결되면 수정안 I을 의결한다. 수정안 I이 가결되어 채택되면 의제

표결은 종결된다. 수정안 I이 부결되면 마지막으로 원안에 대한 표결이 실시된다. 원안이 가결되면 채택되는 것이고, 부결되면 어떤 안도 채택되지 않게 된다.

일단 A, B, C는 전략적 사고가 별로 없다고 하자. 제1단계 표결에서 원안을 가장 선호하는 A와 수정안 I을 가장 선호하는 B는 수정안 II에 반대할 것이다. 제2단계 표결에서는 A 그리고 수정안 II를 가장 선호하는 C가 수정안 I에 반대한다. 마지막 제3단계에서는 부결보다 원안을 선호하는 A 및 C에 의해 원안이 채택된다. 이는 A와 C 간에 결탁이 이뤄진 것으로 해석된다.

만일 B에게 전략적 사고가 있다면 상황이 달라진다. 원안보다는 차라리 부결이 낫다고 생각하는 B는 제1단계에서 아예 C와 함께 수정안 II에 찬성하려 할 것이다. 이런 전략적 선택은 역순으로 계산하면 쉽다. 마지막 제3단계, 즉 원안에 대한 가부 투표에서 부결보다 원안을 선호하는 A와 C는 찬성, 원안보다 부결을 선호하는 B는 반대에 투표한다. 즉 원안 표결까지 가면 원안이 채택됨을 알 수 있다.

제2단계 표결, 즉 수정안 I에 대한 찬반 표결은 실제로는 수정안 I 대 원안의 대결로 이해해야 한다. 수정안 I에 대한 가부 투표에서 원안보다 수정안 I을 더 선호하는 B는 수정안 I에 찬성투표하지만, 수정안 I보다 원안을 더 선호하는 A와 C는 반대표를 던진다. 제2단계에 이르면 수정안 I은 부결될 것이다. 즉 제1단계에서 수정안 II의 부결은 곧 원안 가결을 의미한다.

수정안 II에 대해 투표하는 제1단계에서는, 원안을 가장 선호하는 A가 수정안 II에 반대한다. 수정안 II를 가장 선호하는 C는 수정안 II에 찬성표를 던진다. 여기서는 B의 선택이 전략적 결탁 행위다. B는 수정안 I을 가장 선호하기 때문에 제1단계 표결인 수정안 II에 반대표를 던져야 한다고 생각할 수도 있겠지만, 한 수를 내다보면 수정안 II에 찬성하는 것이 B에게 나은 선택이다. 만일 수정안 II가 부결되면 궁극적으로 B에겐 최악의 결과인 원안 채택으로 귀결되는 것이므로 B는 차악의 결과인 수정안 II에 전략적으로 찬성투표를 한다. 원안을 가장 싫어하는 B는 자신의 최선안인 수정안 I을 포기하고 수정안 II에 찬성하여 C와 행동을 같이한다. 즉 B와 C 간에 결탁이 이루어진다.

40. 당내 경선_최선이 어렵다면 차선을

1970년 9월 29일 서울시민회관. 한국 현대 정치사에서 두고두고 회자하는 역전극이 벌어졌다. 당시 제1야당 신민당의 대통령 후보 지명대회 얘기이다.

1차 투표에서 김영삼은 421표를 얻어 김대중에 앞섰지만, 투표자 885명의 과반수인 443표 획득엔 실패했다. 82표는 이철승을 포함한 다른 사람을 지지했던 무효표였다. 같은 날 2차 투표가 치러졌는데, 2차 투표를 앞두고 이철승 측 대의원들에 대한 양 김의 적극적 지지 호소가 있었는데, 특히 DJ가 적극적이었다. 자신을 대통령 후보로 지지해주면 해줄 약속을 명함에 적어 준, 이른바 명함 각서 등 많은 정치적 거래가 그 짧은 시간에 이뤄졌다. 몇 시간 후 실시된 2차 투표에서 총 투표 884표 가운데 DJ는 과반수인 458표를 얻어 410표를 얻은 YS를 눌렀다.

불과 몇 시간 만에 대의원들의 투표 선택이 바뀐 이유는 무엇일까. DJ의 기세였을까, 호남의 바람이었을까. 물론 그날의 상황을 그렇게 설명할 수도 있을 것이다. 하지만 그보다는 최선이 어렵다면 차선을 선택하는 전략적 고려가 작동했기 때문에 가능했던 결과다. 즉 2차 투표 당시 DJ가 자신에게 최선의 대안은 아니지만 적어도 YS보다는 나은 대안이라고 판단한 대의원들이 최소한 76명이 있었다는 의미다. 이들이 1971년 대통령 선거의 신민당 후보를 결정했다고 보면 된다.

그로부터 17년 뒤인 1987년 9월 29일, 서울 남산외교구락부. 이번엔 DJ와 YS가 제13대 대통령 후보 단일화 담판을 했지만 결렬되면서 두 사람 모두의 출마는 기정사실화됐고, 실제 둘 다 출마했다.

1987년 대통령 선거의 실제 득표율을 살펴보자. 노태우 36.6%, YS 28.0%, DJ 27.0%였다. DJ, YS 두 후보가 DJ로 단일화해 TW와 겨뤘다면 TW가 당선됐을 것이고, YS로 단일화했다면 TW가 낙선했을 것이라는 여론 조사가 있었다. 만일 그 조사가 정확했고 또 DJ가 그 조사 결과를 믿고 YS에게 양보했다면 YS 는 단일 후보가 되어 제13대 대통령으로 당선됐을 수도 있다.

야권 단일 후보 DJ가 TW에게 패하는 반면, 단일 후보 YS는 TW에게 승리하 게 되는 하는 유권자의 선호도 조합은 여러 가지다. 가장 간단한 조합의 예는 각 각 전체 유권자의 3분의 1씩 차지하는 세 후보의 지지 집단 D, T, Y의 후보 선호 순서가 다음과 같을 경우이다.

지지 집단	선호도
D	DJ 〉YS 〉TW DJ, YS, TW의 순으로 선호
T	TW 〉YS 〉DJ TW, YS, DJ의 순으로 선호
Y	YS 〉TW 〉DJ YS, TW, DJ의 순으로 선호

여기서 DJ와 TW의 일대일 대결이 벌어진다면 D만 DJ에게 투표하고 나머 지 T와 Y는 TW에게 투표하기 때문에 DJ는 TW에게 패배하게 된다. 반면 YS는 TW와의 대결에서 D와 Y의 지지로 TW에게 승리한다.

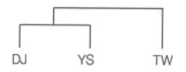

야권 단일화 국민 투표 후 대통령 선거 가상 상황

그림처럼 야권이 먼저 단일화를 추진하고, 이를 국민 투표에 의해 결정한다 고 가정해보자. 후보에 대한 선호도에 따라 투표한다면 DJ와 YS 간의 예선에서

유권자 집단 T와 Y는 YS에게 투표하는 반면, 유권자 집단 D는 DJ에게 투표할 것이다. 만일 YS가 예선에서 승리하여 TW와 최종 결선을 치르게 되면, 유권자 집단 D와 Y가 YS에게 투표하기 때문에 YS가 최종 승자가 된다.

이때 TW는 어떤 전략을 구사할 수 있을까. DJ와 YS 가운데 결선에서 자신에게 질 사람으로 단일화되도록 행동할 수 있다. 즉 TW를 지지하는 유권자 집단인 T는 DJ보다 YS를 더 선호하지만, 야권 후보 단일화 투표에서 자신들이 가장 싫어하는 후보인 DJ에게 투표할 수 있다. 그러면 TW가 최종 대결에서 야권 단일 후보인 DJ를 이기고 당선될 수 있다. 이는 TW가 자신의 천적인 YS를 DJ로 이이제이以夷制夷하는 셈이다. 이처럼 단순하게 자신의 선호대로 후보를 선택하지 않고 최종 결과를 염두에 두고 투표하는 것을 전략적 투표라 한다.

그렇다면 선거가 TW의 의도대로 진행될까. DJ가 결선에 가면 TW에게 패배한다는 사실을 유권자 집단 D도 안다면, D 역시 다르게 전략적으로 행동할 수 있다. D가 야권 후보 단일화 투표에서 자신이 가장 선호하는 DJ에게 투표하면 결국 자신에게 최악의 후보인 TW의 당선을 초래할 수 있음을 인지한다고 하자. 그렇다면 D는 예선에서 최선의 후보 DJ가 아니라 차선의 후보 YS를 지지함으로써 결선에서 YS가 최악의 후보 TW에게 승리하게 만들 수 있다. 이 또한 전략적 투표다. 유권자가 프로라면 D와 Y 모두 YS를 줄곧 지지하게 되는 것이다.

이 상황에서 DJ와 YS 간의 단일화 투표라는 예비 대결은, 한 수를 미리 내다보면 결국 DJ 대신 TW와 YS 간의 최종 대결인 셈이다. 즉 전략적 국민의 투표에 의한 야권 후보 단일화는 본선에서의 YS 당선이고, 그런 방식을 주장할 측은 바로 YS 진영이다.

물론 1987년 당시에는 선거 여론 조사가 잘 공개되지 않아 모든 유권자들이

이이제이와 전략적 투표

1997년 대통령 선거에서는 김대중, 이회창, 이인제 후보 간의 각축이 벌어졌다. 선거운동 기간 내내 이회창 후보 측은 "이인제에게 투표하면 김대중이 당선된다"고 강조했고, 이인제 후보측은 "이인제에게 투표하면 이인제가 당선된다"고 반박했다. 득표율은 김대중 40.3%, 이회창 38.7%, 이인제 19.2%였다. 이회창 후보와 이인제 후보가 얻은 표를 단순 합산하면 김대중 후보의 득표를 웃돈다. 당시 김대중 후보가 일대일로 대결해서는 이회창 후보나 이인제 후보에게 이기기 어려울 것으로 추정되었다. 그런 의미에서 1997년 대통령 선거는 DJ가 이인제 후보로 이회창 후보를 제압한 이이제이以夷制夷였다고 할 수 있다.

2012년 대통령 선거에서도 야권 후보 단일화 문제가 불거졌다. 당시 박근혜·문재인·안철수의 3자 동시 출마의 경우엔 박근혜가 가장 앞서고, 박근혜 후보와 문재인 후보 간의 양자 대결에서도 박근혜가 앞서며, 박근혜 후보와 안철수 후보 간의 양자 대결에선 안철수가 앞서고, 야권 후보 단일화 경쟁의 단순 지지도에선 문재인 후보가 안철수 후보를 앞선다는 여론 조사가 있었다.

만일 문재인 후보와 안철수 후보 간의 국민 경선이 치러졌다면 어땠을까. 물론 자신이 가장 선호하는 후보에게 투표하는 유권자가 많았을 것이다. 그와는 달리 안철수보다 문재인이 본선 경쟁력이 있다고 판단해 문재인에게 투표하는 안철수 지지자도 있었을 것이고, 반대로 안철수가 박근혜에게 승리할 후보라고 판단해 안철수에게 투표하는 문재인 지지자도 있었을 것이다. 또 두 사람 가운데 박근혜에게 패배할 가능성이 큰 후보에게 투표하는 박근혜 지지자도 있었을 것이다. 이 모두 전략적 투표다.

몇 수를 내다보고 투표할 여력이 없었다. 실제 단일화 투표나 여론조사를 실시하지 않았다. 유권자들도 자신의 선호나 지지 성향에 따라 투표했다. 하지만 지금은 선거 여론 조사 결과가 유권자들에게 속속 알려지고, 또 각 진영에서도 전략적 투표를 독려한다.

YS가 승리한 1992년 대통령 선거에서 일부 유권자들은 자신이 제일 좋아하는 후보에게 투표하는 대신 당선 가능한 차선의 후보에게 투표하기도 했다. 이 또한 전략적 투표다.

자신이 지지하는 후보가 당선될 가능성이 매우 낮다고 인식한다면 당선 가능성이 더 큰 차선의 후보에게 투표하는 전략적 투표 행위는 오늘날 민주 정치에서 흔히 일어난다. 전략적 투표는 겉으로 2등이나 3등, 심지어 꼴등이던 대안이 1등을 제치고 최종 승자가 되는 것을 가능하게 만든다. 전략적 투표는 유권자들로부터 강한 호불호를 받는 후보 대신에 차선으로 선호되는 후보에게 기회를 주어, 타협을 중시하는 민주 정치를 가능하게 만드는 행위이기도 하다.

41. 전략적 쏠림_호감 우선인가 비호감이 우선인가

당사자 또는 선수들의 선택이 아니라 남 또는 관중에 의해 실질적으로 대표 단일화가 이뤄지는 경우도 있다. 예컨대 선거에서 후보 간 단일화는 이뤄지지 않았지만 유권자들이 전략적 투표를 통해 실질적 후보 단일화 효과를 만들어내기도 한다. 대체로 후보들의 다자 대결이 청중, 대중, 유권자 등에 의해 양자 대결로 바뀌는 것에서 파생되는 전략적 쏠림이다. 여기서는 유권자의 전략적 투표로 살펴보자.

선거에서 당선 가능성이 희박한 특정 후보의 지지자들은 당선 가능성이 좀 더 높은 차선의 후보에게 표를 몰아주기도 한다. 이는 그 특정 후보를 실질적으로 사퇴시켜 후보를 단일화하는 것에 다름없다. 후보 단일화가 공식적인 대진표를 조정하여 선거 결과를 바꾸려는 후보자의 전략이라면, 전략적 투표는 실질적인 대진표를 조정하여 선거 결과를 바꾸려는 유권자의 전략이다.

후보 단일화가 이뤄지려면 여러 난관을 거쳐야 한다. 다른 후보에게 호감을 드러내는 후보가 거의 없기도 하고, 특정 후보나 특정 집단의 지지 선언이 오히려 감표 요인이 되기도 하기 때문이다. 더구나 후보 단일화 자체를 좋게 보지 않는 유권자도 많다. 2017년 대통령 선거 여론 조사에서 더불어민주당 문재인 후보에 맞설 후보의 단일화 반대 비율은 찬성 비율보다 높았다. 문 후보를 지지한다는 응답자는 말할 것도 없고, 심지어 국민의당 안철수 후보를 지지하는 응답자 가운데에서도 반대 비율이 찬성 비율보다 더 높았다. 대중은 선거 공학으로 보이는 인위적인 후보 단일화를 그렇게 좋게 보지는 않는다.

설사 그렇더라도 유권자 결집 현상은 피할 수 없는 현실이다. 1987년 국민이 직접 대통령을 선출하게 되면서 유권자 결집 현상은 더욱 강화되었다. 대통령 선거에서 노태우·김영삼 후보의 당선은 반 김대중 결집과 함께했다. 1997년 대통령 선거에서 이회창 후보는 반 김대중 결집만으로 대통령에 당선될 수 없었다. 오히려 김대중·노무현 후보가 반 이회창 결집으로 당선되었다. 2007년 이명박 후보의 당선에는 반 김대중·노무현 결집도 있었다. 2012년 대통령 선거에서 반 박근혜 결집을 시도한 문재인 후보는 낙선했지만 2017년 대통령 선거에서는 당선에 성공했다. 문재인 후보는 바뀐 게 거의 없었지만 반 박근혜의 상황이 전혀 달랐기 때문이다. 박근혜 대통령 탄핵 소추 이후 문재인 후보의 지지도는 급증했다.

선거에서 반감 또는 비호감의 효과는 호감 효과와 정반대라고 간단하게 규정할 수 있는 게 아니다. 유권자들이 느끼는 비호감 후보 순위는 호감 후보 순위와 정반대가 아닐 때가 많다. 좋아하는 유권자가 가장 많은 후보라고 싫어하는 유권자가 가장 적은 것은 아니다. 마찬가지로 싫어하는 유권자가 가장 많다고 좋아하는 유권자가 가장 적은 것도 아니다. 2017년 대통령 선거를 앞두고 실시된 여론 조사에서 "절대 투표하지 않을 후보"로 가장 많이 응답된 후보는 지지도 1위 후보와 2위 후보였고, 거부감이 가장 적게 조사된 후보는 지지도 꼴찌를 다투는 후보였다.

호감의 정도로 당선자를 결정하는 방식과 비호감 정도로 당선자를 결정하는 방식은 결과가 늘 일치하지는 않는다. 호감 정도로 선출하는 방식의 예는 토마스 헤어Thomas Hare가 제시한 단기 이양 투표 방식이다. 이 방식은 득표수가 제일 적은 후보를 제외한 후 다시 투표해 1인의 후보가 남을 때까지 계속 진행하는 방식이다. 여러 후보에 대한 선호 순서를 한꺼번에 기입하여 투표하면 한 차례의 투표로 당선자를 선출할 수 있다.

비호감 정도에 따라 당선자를 선출하는 방식의 예는 클라이드 쿰스Clyde Coombs가 제시한 투표 방식이다. 이는 싫어한다는 표가 제일 많은 후보를 제외한 후 다시 투표하여 최종적으로 남은 후보가 당선되는 방식이다. 호감이냐 비호감이냐는 차이 말고는 유사한 헤어 선거 방식과 쿰스 선거 방식은 서로 다른 당선자를 낼 때가 많다.

가장 혐오하는 후보 한 명을 선택하게 한 후 집계하여 최종 당선자를 선출하는 방식뿐 아니라 각 후보에 대해 호감/비호감을 선택하게 비호감 후보 모두를 그르게 하여 집계하는 선출 방식도 있는데, 그 방식에 따라 선거 결과가 달라짐은 물론이다. 중요한 것은 비호감이 적어도 호감만큼 후보 선택에 중요하게 작동하고 또 선거 결과에 영향을 끼친다는 점이다.

2017년 대통령 선거에서 전략적 투표는 주요 화두였다. A를 찍으면 B가 당선된다는 'A찍B'의 3글자로 이뤄진 여러 조어가 사람의 입에 오르내렸다. 선거 후보자뿐 아니라 박지원 국민의당 대표, 김정은 북한 노동당 위원장과 같은 외부의 인물까지 끌어들이는 표현들이 등장했다. B를 싫어하는 A 지지자들이 A 대신 C에게 투표하도록 유도하는 슬로건이다. 사실 이런 전략적 투표를 유도하는 구호는 오래전부터 있었다. 1997년 제15대 대선 과정에서 나왔던 "이인제 후보를 찍으면 김대중 후보가 당선된다"는 표현도 그런 예다.

반○○ 결집이나 전략적 투표는 모든 후보의 득표율 합이 100%인 선거의 제로섬적 속성에서 기인한다. 제로섬 관계는 경쟁 진영 간에는 물론이고 진영 내에서도 관찰된다. 상대 진영과 싸울 때 자신이 살아남으려면 자기 진영 내에서 일단 우위를 확보해야 한다. 아프리카 초원에서 피식자 동물들이 포식자 동물의 추격에서 벗어나려면 다른 피식자 동물보다 빨라야 한다. 동료보다 더 빠르면 살아남고 더 느리면 잡히기 때문이다. 실제로 안 후보의 지지도는 반기문 전 유엔 사무총장의 등장에 따라 낮아졌다가 반기문, 황교안 대통령 권한 대행, 안희정 충남지사의 불출마 선언 또는 경선 패배 직후 두드러지게 상승했다.

선거에서 표의 확장성은 같은 진영보다 거부감이 없는 근처의 다른 진영에서 더 쉽다. 자유한국당 홍준표 후보와 바른정당 유승민 후보 가운데 안철수 후보와 지지층을 공유하는 후보는 유 후보였다 그런데 홍 후보와 유 후보가 홍 후보로 단일화 유 후보가 사퇴하면 문 후보가 당선되는 반면에, 유 후보로 단일화 홍 후보가 사퇴하면 안 후보가 당선된다는 여론 조사가 있었다. 안 후보에게는 유 후보의 사퇴보다 홍 후보의 사퇴가 득표에 더 도움이 된다는 내용이었다. 안 후보와 중첩되는 유 후보의 지지층이 이미 얇아져 있어 안 후보가 유 후보로부터 새롭게 넘겨받을 표가 많지 않은 상태에서는 유 후보의 사퇴가 안 후보에게 크게 도움이 되지 않는다는 의미였다.

실제 유 후보 지지자보다 홍 후보 지지자가 더 반 문재인적이었다. 문재인, 안철수, 홍준표, 유승민, 심상정 후보의 5자 대결에서 홍 후보를 지지하는 유권자들은 문–안의 양자 대결에서 압도적으로 안 후보에게 쏠렸지만 유 후보의 지지자들은 그 쏠림 정도가 덜함을 여론 조사들이 보여주었다. 너무 달라도 또 너무 같아도 후보 단일화의 효과는 크지 않은 것이다. 서로 다른 주머니를 차고 있으면서도 그 주머니를 상대에게 넘길 수 있는 정도로 가까워야 후보 단일화는 성공한다. 양자 대결에서는 중원으로 진출하되 자신의 후방에서 지원해줄 세력을 확보해야 승기를 잡을 수 있다.

단일화 후보의 지지도는 대체로 단일화 전 후보들 지지도의 합보다 작을 수밖에 없다. 컨벤션, 여론 조사 발표, 전략적 투표 독려 등에 의한 결집이 있어야 지지도 증대가 가능하다. 전략적 투표는 사표(死票) 방지 심리에서도 나온다. 선두를 두고 치열하게 경쟁하는 후보에게 투표함으로써 선거 결과를 바꾸고 싶어 하는 유권자들이 많다. 선거에 무관심해 있다가 여론 조사에서 떠오르는 후보를 지지하게 되는 유권자도 있을 것이고, 또 당선 가능성을 염두에 두고 지지 후보를 바꾸는 유권자도 있을 것이다.

유권자는 경험과 학습을 통해 진화해 왔다. 인위적인 후보 단일화를 넘어 유권자의 자발적인 전략적 투표가 발현되기도 한다. 후보들에 대한 선호가 바뀌지 않아도 유권자는 자신의 표심을 다자 대결 또는 양자 대결이냐에 따라 다르게 드러낼 수 있다. 이는 유권자에 의한 실질적인 후보 단일화로 볼 수 있다.

42. 여론 조사_흐름을 읽다

아마존에 있는 한 마리 나비의 날갯짓이 미국 텍사스에 토네이도를 발생시킨다는 나비 효과카오스 이론는 작은 차이가 증폭되어 완전히 다른 결과를 가져다줌을 의미한다. 과연 조그마한 변화 하나가 세상을 뒤집을 수 있을까.

나비 날갯짓 하나로 토네이도를 만들기는 쉽지 않다. 오히려 토네이도가 몰아치기 직전, 나비 날갯짓 퍼포먼스를 통해 결과를 만들어낸 것처럼 보이게 하는 눈속임이 쉽다. 말하자면, 의도된 변화를 만드는 것보다 변화를 읽어 이용하는 게 더 쉽다.

경제가 장기 침체에 막 들어서는 시기에 침체의 부작용을 최소화한 경제 책임자보다는, 정책과 관계없이 경제가 호전될 수밖에 없는 시기의 경제 책임자가 대중에게 더 나은 평가를 받는다. 또 가능성이 전혀 없던 정치 지도자를 박빙의 선거로 아깝게 패배하게 만든 참모의 능력은 높게 평가되지 않는다. 대신에 실제 승리에는 아무런 기여도 없지만 결국 성공할 가능성이 있는 저평가된 정치 지도자에 미리 줄 선 참모가 더 나은 능력자로 평가된다. 바람이나 물길의 흐름을 인지하는 것 또한 전략이다.

흐름을 추정하는 방법은 시뮬레이션, 시나리오, 게이밍, 역술 등 다양하다. 선거에서 가장 많이 쓰이는 추정 방법은 부분을 갖고 전체를 추정하는 표본 조사다. 전체 모집단의 실제 비율은 무작위로 추출된 n 크기의 표본에서 조사된 비율 P로 추정하되 다음과 같은 95% 신뢰도의 오차 범위를 갖는다.

$$p \pm \frac{1}{\sqrt{n}}$$

예컨대 무작위로 추출된 100명의 표본에서 대통령 지지도가 50%라고 하면, 95% 신뢰도에서 국민 전체의 대통령 지지도는 50% ± 10% 포인트, 즉 국민 전체의 지지도가 40~60%일 가능성이 95%라는 의미다. 만일 3,000명의 표본이라면 95% 신뢰도의 오차 범위는 ±2% 포인트에 불과하다. 물론 통계학이나 조사 방법 문헌에서 소개하는 공식은 좀 더 복잡하지만 그 또한 몇 가지 가정들이 전제된 조건에서의 오차 범위일 뿐이다. 편의상 $\pm 1/\sqrt{n}$을 95% 신뢰도의 오차 범위로 계산해도 무방하다.

작은 표본도 정확하게 추출하여 조사하였다면 수천만 명 혹은 수억 명의 평균값을 추정할 수 있다. 표본 조사 방법을 신뢰하지 않는 사람들은 의외로 많다. 1992년 미국 대통령 선거를 앞두고 여론 조사에서 빌 클린턴 후보에게 뒤진 조지 부시 대통령은 유세에서 "여러분 가운데 여론 조사에 응한 사람이 있느냐"며 여론 조사 결과를 믿지 못하겠다고 발언한 바 있다. 또 국내에서도 종종 젊은 연령층인지를 묻고 아니라면 아예 조사를 진행하지 않은 전화를 받은 노년층들은 무슨 여론 조사가 젊은 층만 찾느냐며 여론 조사 결과를 믿지 않기도 한다.

선거 관련 여론 조사에서 가장 정확하다고 평가되는 것은 출구 조사다. 투표 기권자까지 포함할 수밖에 없는 사전 조사와 달리, 출구 조사는 투표소에서 투표를 마치고 나오는 유권자에게 시행하기 때문에 실제 선거 결과에 근접한 조사 결과를 보여줄 수 있다. 부재자 투표자 및 사전 투표자의 투표 선택이 투표소 투표자의 투표 선택과 다르지 않고 또 출구 조사 마감 이전과 이후의 투표자 선택이 서로 다르지 않다면, 출구 조사 표본은 전체 투표자를 잘 대표할 것이다. 출구 조사에서는 자신의 투표 결과를 알려주기 싫은 사람도 응답 내용을 보여주지 않고 바로 수거함에 넣기 때문에 솔직한 응답에 대한 부담감은 덜 하다. 제대로 수행된 출구 조사는 위 공식대로 실제 선거 결과와 아주 미미한 오차만을 보여줄 것이다.

2000년 4월 13일 대한민국에서 첫 출구 조사가 실시되었다. 물론 1996년 국회의원 선거에서도 500m 밖에서는 출구 조사를 실시할 수 있도록 선거법이 개정되었으나 500m 기준 때문에 출구 조사가 제대로 실시되지 못했다. 그러다가 2000년 선거법 개정으로 투표소 300m 밖이면 조사가 허용됨에 따라 방송 3사의 첫 출구 조사가 실시되었다. 그러나 최다 의석 정당을 잘못 예측하는 등 방송사의 출구 조사는 30여 개 선거구에서 당선자를 잘못 예측했다.

2004년에 개정된 선거법은 투표소 100m 밖이면 조사를 허용했다. 2004년 및 2008년 국회의원 선거의 출구 조사는 제1당의 의석수를 약 20석 틀리게 예측했다. 투표소 50m까지 조사가 허용된 2012년 국회의원 선거에서의 출구 조사도 20개 가까운 선거구의 당선자를 잘못 예측했다.

200명이 넘는 당선자를 예측해야 하는 국회의원 선거와 달리, 당선자 1명을 예측하는 대통령 선거나 16~17인의 당선자를 예측하는 광역 단체장 선거에서 출구 조사는 틀린 예측이 적을 수밖에 없다. 그렇지만 설사 당선자를 맞혔다 하더라도 실제 득표율이 예측 득표율과 큰 차이를 보인 경우는 허다하다. 투표소 공간의 특수성 때문에 법적으로 허용된 거리보다 더 가까이에서 조사한 곳도 있고, 또 틀렸을 경우 받을 비난을 피하기 위해 조사 예산에 책정된 표본보다 작은 표본으로 오차 범위를 계산하여 일부러 오차 범위를 늘린 조사도 있었다는 점을 감안하면 출구 조사의 성적표는 초라하다.

출구 조사의 가장 큰 문제점은 너무 늦게 예측한다는 점이다. 마라톤 경기에서 종착점을 몇 미터 앞에 두고 우승자와 우승 기록을 예측하는 상황에 비유될 수 있다. 출구 조사 결과를 실제 정치에 활용할 길은 별로 없다. 출구 조사의 용도는 주로 방송용이다. 남보다 이른 보도는 일종의 특종이기 때문에 출구 조사는 2000년 4월 이래 매 선거마다 시행되고 있다. 국내 개표 방송에서도 방송국들은 실제 개표보다 더 진전된 개표 상황을 보도한다. 왜냐하면 시청자들이 개표율이 높은 곳으로 채널을 돌리기 때문이다. 그래서 방송국 간 경쟁으로 각 후보의 득표수를 지나치게 올려 방송하다 이미 방송된 중간 득표보다 최종 득표가 적을까봐 개표 방송 관계자들이 노심초사한 적도 있다.

출구 조사든 사전 조사든 표본이 모집단을 잘 대표하도록 추출하는 것은 매우 중요하다. KT 집 전화번호, 집 전화 RDD무작위 생성 전화번호, 휴대 전화 RDD 등을 사용하여 추출된 표본은 모집단을 잘 대표하지 못할 때가 많다. 또 계층별로 지지 정당이 다를 경우, 사전 조사 표본의 무작위 추출은 실제 투표자를 잘 대표하지 않는다. 무작위 추출이 어렵다면 조사 내용과 관계있는 응답자 배경예: 연령, 지역의 각 비율을 모집단대로 할당하여 표본을 추출할 수 있다. 추출된 표본이 모두 솔직하게 대답하면 조사 결과는 정확해질 것이다. 그러나 실제로 많은 무응답자가 발생하기 때문에 이를 처리하는 방법이 정확한 예측 조사의 노하우 가운데 하나다. 응답자 다수가 편향된 답변을 하는 경우엔 과거 사례의 분석을 통해 보정할 수 있다.

예측 자체가 실제 결과에 영향을 줄 때도 있다. 정확한 예측은 예측의 효과까지 감안한 예측이다. 예측에 대한 신뢰가 높거나 부동浮動표가 많을 때, 그리고 정당보다 인물 위주의 선거, 다자 구도, 예비 선거, 작은 선거 등에서 선거 예측의 영향력이 크다.

여론 조사가 한국 선거에 깊숙이 개입한 계기는 2002년 노무현-정몽준 대통령 후보 단일화였다. 이회창 후보 지지자를 제외한 응답자에게 "한나라당 이회창 후보와 경쟁할 후보로 노무현 후보와 정몽준 후보 중 누구를 지지하십니까?"를 물은 후 그 조사 결과에 따라 노 후보로 단일화했다. 다른 질문이었다면 정 후보로 단일화됐을 수도 있었음은 물론이다.

2012년 야권 후보 단일화 협상에서 문재인 후보 측은 새누리당 지지자를 제외한 응답자에게 "박근혜 후보와 경쟁할 후보로 문재인 후보와 안철수 후보 중 누가 적합하다고 보십니까?"를 물어야 한다고 주장했고, 안철수 후보 측은 전체 유권자에게 "박근혜 후보와 문재인 후보가 맞붙을 경우 누구를 지지하십니까? 박근혜 후보와 안철수 후보가 맞붙을 경우 누구를 지지하십니까?"를 묻자고 주장했다. 결국 양측의 이견으로 단일화 여론 조사는 실시되지 못했다.

야권 후보 단일화 여론 조사에서 여당 지지자가 여당 후보에게 약한 야당 후보를 전략적으로 선택하는, 이른바 역선택 문제는 어떤 방식에서도 발생한다. 정도의 차이만 있을 뿐이다. 여당 지지자는 자신의 정파적 성향을 숨기고 야권 지지자의 야권 후보 단일화 조사에 참여할 수도 있다. 마찬가지로 야당 지지자도 여당 후보의 선출에 전략적으로 관여할 수 있다.

여론 조사는 이제 정당의 공천 과정에 활용되고 있다. 그러다 보니 공천 후보 결정을 위한 여론 조사에 부정적으로 개입하려는 시도도 있다. 예컨대 어떤 선거구에 1만 개의 유선 전화선이 있고 그 가운데 1,000개를 확보한다면 상대 후보보다 10% 포인트 앞서서 경쟁하는 것이다. 물론 이는 업무 방해죄가 적용될 수 있는 위법 행위다.

휴대전화 여론 조사의 조작도 가능하다. 신규 번호를 개통하여 조사 대상으로 추출될 가능성을 높일 수 있다. 아울러 휴대전화의 위장 전입도 이뤄진다. 실제 주민등록 전입 없이 이동통신사 콜센터에 가입자 주소를 변경함으로써 해당 지역의 유권자 조사 대상이 될 수 있는 것이다. 또 조사가 아직 진행 중인 연령대를 인지하고 그 연령대라고 응답하여 조사 결과에 영향을 줄수도 있다.

왜곡되지 않은 정확한 여론 조사는 국민의 마음을 드러낸다. 유권자 마음 읽기는 정치인의 득표 증대뿐 아니라 국민을 만족시키는 정책의 실현에도 필수적이다. 정확한 여론 조사로 정치인들은 유권자의 큰 흐름을 제대로 읽고 행동하여 정치적 이득을 얻고 동시에 유권자의 만족도도 증대되기를 기대해본다. 여론 조사나 공론 조사로 결정해서는 안 될 사안도 있음은 물론이다.

43. 블랙 스완_일어나서는 안 될 일이지만

여론 조사가 모집단을 잘 대표하는 표본으로 추정하는 공간적 방법이라면, 추이 분석은 과거부터 현재까지의 추이를 갖고 미래를 추정하는 시간적 방법이라고 할 수 있다.

두 가지 방법이 결합된 분야도 있다. 예컨대, 주식 가격은 과거부터 현재까지의 시간적 범위에 걸친 투자자라는 공간적 표본으로 조사된다. 두 가지 방법을 결합한다고 미래를 예측하는 최적의 방법이 되는 것은 아니다. 정보가 부족하여 남을 따라 하는 경우를 제외하고 회사의 펀더멘탈은 고정되어 있거나 무작위로 변동한다고 전제한다면, 주식 투자에서 다수의 의견을 좇는 행위야말로 좋지 않은 전략이다.

만일 다수 투자자가 주가 상승을 기대하면, 매수가 매도보다 많아 현재 주가는 오른다. 다수가 주가 상승을 기대하는 상승 국면에서 다수 의견을 좇는 투자자가 많다면, 주식 매수자가 더 많아져 주가는 더 오르게 되어 있다. 모든 주가 상승 기대자가 주식을 매수한다면, 현재 가격은 미래 기대 가격이 반영되어 과대평가될 수밖에 없다. 결국 다수 의견 추종자는 고평가된 가격으로 매수하게 된다. 반대로 만일 다수가 주가 하락을 기대하는 경우 다수 의견 추종자는 저평가된 가격으로 매도하게 된다. 따라서 적절한 매매 가격을 고려하지 않고 무조건 다수 투자자의 분위기에 편승해 매도와 매수를 결정함으로써 손해를 보게 되어 있다. 저평가된 가격으로 매도하고 고평가된 가격으로 매수하는 행위이기 때문이다. 이처럼 가격의 추이가 미래 가격을 정확하게 알려주는 것은 아니다. 주식시장에서 큰돈을 벌 가능성은 다수를 따르지 않을 때 더 크다. 물론 큰돈을 잃을 가능성도 있다. 리스크risk는 큰 이익뿐 아니라 큰 손실을 잉태한다.

5월 29일은 산악인에게 기쁨과 슬픔이 교차하는 날이다. 네팔과 중국티베트

간 국경선에 위치하여 네팔에서 시가르마타(하늘의 이마), 중국에서는 초모랑마(티베트어로 '하늘의 어머니', 珠穆朗瑪)로 각기 불리는, 해발 기준 세계 최고봉 에베레스트 등정에 최초로 성공한 날인데다 등정과 관련된 인명 사고가 발생한 날이기도 하기 때문이다.

1953년 5월 29일 영국 연방의 에베레스트 원정대 일원으로 참가한 뉴질랜드인 에드먼드 힐러리가 인도 국적의 셰르파 텐징 노르가이

1953년 5월 29일 힐러리와 함께 에레베스트를 등정한 노르가이. 힐러리 촬영

와 함께 기록상으론 인류 최초로 에베레스트 등정에 성공했다.

26년 후인, 1979년 5월 29일에는 한국 산악인 고상돈이 알래스카산맥의 매킨리산을 한국인 최초로 등정한 후 하산하다 빙벽에서 추락하여 사망했다. 고상돈은 한국인의 에베레스트 도전 6년만인 1977년 최초로 에베레스트를 등정한 인물이다. "여기는 정상, 더 이상 오를 데가 없다"는 유행어는 고상돈이 에베레스트 정상에서 무전기로 교신한 내용으로 알려져 있다.

다시 26년 후인, 2005년 5월 29일은 휴먼 원정대가 에베레스트 기슭에서 산악인 박무택의 시신을 수습하여 인근에 돌무덤을 만들어 묻은 날이다. 박무택은 2004년 5월 에베레스트를 등정한 후 하산하다 조난당했고 그를 구하러 간 백준호도 실종되고 말았다. 박무택의 시신은 엄홍길이 수습할 때까지 로프에 걸린 채 방치되어 있었다. 이는 영화 〈히말라야〉의 줄거리이기도 하다.

고산 등정은 리스크로 가득 차 있다. 리스크는 가급적 피하는 게 좋다. 하지

만 무조건 피하는 게 능사는 아니다. 모든 걸 피해서는 바라는 바를 이룰 수 없기 때문이다. 실패하여 목숨을 잃더라도 아예 시도하지 않는 것보다 나은 의미를 부여하기도 하지만, 대부분 사람에게 실패로 귀결될 리스크는 감수하지 않는 게 낫다. 결과론적으론 1953년 힐러리와 2005년 엄홍길의 리스크 감수는 현명한 선택이었고, 1979년의 고상돈과 2004의 박무택·백준호는 리스크를 피했어야 했다. 문제는 그런 조언을 사전에 주지 못하고 사후에야 한다는 점이다.

'예고된 인재人災'라는 표현은 사건 발생 전에 거의 없다가 사건 발생 후에 자주 등장한다. 만일 정말 예고되었으나 책임자가 그 예고를 무시했다면, 그것은 분명 책임자의 잘못이다. 그렇지만 재난 관리자의 입장에선 정말 명확하게 예고되었더라면 그 재난을 예방할 수 있었을 터인데 그렇지 않았기 때문에 그런 재난이 발생했다고 볼 것이다.

사건 발생 이후 등장하는 각종 논평은 인과 관계에 근거한 원인이 아니라, 결과 그 자체를 부연 설명하는 하나 마나 한 동어 반복에 불과한 경우가 허다하다. 특정 정당의 참패를 그 정당 지지자의 이탈로 불가피했다는 선거 직후의 설명이 그런 예다. 만일 그 정당이 승리했다면, 지지자가 결집하여 투표에 참여해 그랬다는 설명을 내놓을 것이다. 실제 선거 결과를 미리 알고 있었다고 강변하면서 내놓는 설명치곤 너무 궁색하다. 사건 발생을 관찰한 후에야 설명하는 것은 예측이 아니다. 결과에 영향을 미칠 실제 원인을 분석하거나 아니면 결과보다 앞서 발생하는 선행 현상을 관찰하여 사전에 제시하는 것이 예측이다.

당연한 결과였다고 사건 발생 후에 강변하는 사람들은 "미네르바의 부엉이는 황혼이 저물어야 그 날개를 편다"는 헤겔의 『법철학』 서문을 인용하며 심오한 철학적 해석이 사후적으로만 가능하다고 말할지도 모른다. '미네르바 부엉이' 운운 자체가 구체적 논증 없이 헤겔의 이름을 빌려 설득하려는 권위 이용의 논리적 오류에 불과하다.

9·11 테러, 냉전 종식, 소련 붕괴 등의 사건에서도 대다수 예측은 사후 설명에 불과했다. 물론 사전에 그런 사건 가능성에 대해 전망한 보고서도 있었다. 이런 경우조차 100% 적중했다고 말할 수는 없겠지만, 가능성을 사전에 명확하게 지적했다는 점에서 아무런 기록 없이 이미 알고 있었다고 사후에 강변하는 것보다는 신뢰할 만하다.

회사든 국가든 지도자에게 서로 다른 결과를 전망하는 여러 보고가 제출된다. 지도자와 그의 측근은 근거를 따져 여러 전망을 취사선택할 능력이 있어야 한다. 근거가 없는 추측을 '가슴으로 헤아린다'는 의미의 억측臆測이라고 한다. 말로 들으면 그럴듯한 내용도 다시 생각하면 억측에 불과한 경우가 많다. 올바른 정보와 논리적 추론 능력이 있어야 리스크 분포와 감내 범위를 추정할 수 있다.

과거 데이터는 가보지 않은 미래를 내다보는 원천이다. 다른 대안이 없는 한, 미래는 과거 추이의 연장선에서 예측할 수밖에 없다. 매년 성장이 전년도의 2배를 기록했다면 내년에는 작년의 4배 성장을 기대할 수도 있다. 이와 반대되는 추론도 가능하다. 이른바 평균 회귀의 원리다. 만일 평균적으로 연 10% 증가인데 작년 0% 증가였다면 올해에는 20% 증가를 추론하기도 한다.

미래에 대한 기대는 과거 데이터의 범위에 따라 달라진다. 국내 증시코스피, 코스닥, 선물 등, 해외 증시S&P 500, 항셍, 니케이 225, 유로스톡스 50 등, 시장 지표환율, 유가, 금시세 등에서 과거 데이터의 시간 단위와 범위에 따라 미래 추정치가 크게 달라진다. 예컨대 전일의 시간대별 추이선, 전월의 추이선, 전분기, 전년도, 지난 3년, 지난 5년, 지난 10년의 추이선은 미래를 각기 다르게 추정한다. 왜냐하면 극점極點, 정점이나 변곡점變曲點이 다르게 계산되기 때문이다.

심지어 과거의 데이터에서 현재과거의 미래를 설명할 때 자주 등장하는 '불가피했다' 또는 '당연하다'는 사후적 끼워 맞추기는 과거 데이터의 정확한 분석을 오히려 방해한다. 현재의 관점에서 과거를 바라보는 방식보다는, 과거의 관점에서 현재를 바라봐야 미래 추정이 더 가능하다. 과거 데이터에서 미래를 예측하는 노하우 자체가 전략인 것이다. 미래 예측에 도움이 되는 데이터는 신호, 방해가 되는 데이터는 소음이라고 부를 수 있다.

대부분 사람은 미래의 리스크 역시 해당 사건이 과거에 발생한 빈도로 전망한다. 과거에 어떤 특정 사고를 겪지 않은 사람은 앞으로도 자신에게 해당 사고가 발생하지 않을 걸로 믿는다. 과거 고산 등정 때 위기를 여러 차례 넘긴 산악인이 두려움 없이 등정을 계속하다 사고사당하는 경우도 있고, 오랫동안 유지된 정권이 아무런 대비 없이 붕괴되는 경우도 있다. 살아온 생애가 길수록 남은 생애는 짧듯이, 정권이나 체제도 오래 존속했다고 앞으로도 오래 존속될 보장은 없다. 반면에 심각한 사고를 겪은 사람은 사고의 재발 가능성을 주관적으로 높게 느끼는 경향이 있다. 당사자들은 신호와 소음을 구분하지 못하고, 오히려 외부자가 잘 구분하기도 한다.

실제 한 회사의 영업 실적이 올해 좋으면 내년에도 좋을 것으로 생각한다. 또한 정당이 어떤 선거에서 좋은 성적을 거두면 다음 선거에서도 좋은 성적을 얻을 것도 기대한다. 농구 경기에서의 슛처럼 여러 인간사에서 최근의 성공이 앞으로의 성공으로도 이어질 것이라는 기대를 '핫 핸드hot hand'라고 한다.

실제로 돈이 돈을 불러 명성과 간판으로 부익부 빈익빈이 되기도 한다. 흥행에 성공한 연예인이나 작가에게 고정 팬이 생겨 다음 작품의 흥행에 도움이 되는 선순환이 발생하기도 하고, 또 성공 잠재력이 큰 기업조차 지난해의 나쁜 영업 실적이 부도 소문으로 확장되어 결국 파산되는 악순환을 겪기도 한다.

실력뿐 아니라 운도 따라야 하는 주식 투자 경연 대회나 도박 대회에서 한 번 우승한 자가 다시 우승하기란 쉽지 않다. 토너먼트 방식에서의 우승은 한 번도 패하지 않아야 하는 매우 어려운 일이다. 하지만 무패無敗의 우승자는 반드시 나올 수밖에 없는 것 또한 토너먼트 방식의 특징이다. 실제 토너먼트 방식의 우승도 1팀이고, 리그 방식의 우승도 1팀이기 때문에 토너먼트 방식의 우승 확률과 리그 방식의 우승 확률은 동일하다. 그렇지만 토너먼트 방식에서의 우승이 훨씬 더 어렵다고 생각하기 쉽다. 실제 토너먼트의 우승이라는 희박한 확률을 이루어낸 우승자가 앞으로의 게임에서도 반드시 승리하는 것은 아니다. 2010년 남아공 월드컵 축구 경기에서 승리 국가를 성공적으로 예측했던 문어 '파울'은 이후 다른 예측에는 실패했다. 또 2014년 브라질 월드컵 경기에서 16강 진출 국가를 100% 정확히 예측했다고 알려진 '구글 클라우드 플랫폼'은 4강 진출 국가를 다 맞추지는 못했다.

잘 예측하지 못해도 자신의 예측이 적중했다고 그럴듯하게 말하는 사람도 있다. 다른 일로는 돈 벌지 못하는 사람이 돈 버는 방법을 인기리에 잘 설명하는 사람도 있듯이 예측 적중률도 말하기 나름이다. 그런 사후적 끼워 맞추기가 아니라 사전적 예측으로 족집게 도사로 인정받는 요령도 있다. 예컨대, 100가지 경우의 수 가운데 하나의 결과를 맞추는 게임에서 100가지 모두에 각기 다른 이름으로 베팅을 거는 것이다. 틀린 사람이 누구인지를 조사하지 않는 상황에서는 1%의 가능성을 맞춘 주인공으로 등극할 수 있다. 이것저것 다양한 결과를 모두 각기 예측해 놓으면 적중률 100%의 예측 하나는 건질 수 있기 때문이다. 물론 족집게 도사로 인정받은 이후 발생할 문제는 별개다.

무패의 신화도 계속 싸우다 보면 깨지게 마련이다. 예컨대, 미국 대통령 지지도가 조사된 이래 대통령 선거 1년 전의 현직 대통령 지지율이 50% 미만이면 야당 후보가 예외 없이 당선되었다는 신화가 얼마 전까지 존재했다. 그러나 2011년 11월 지지율이 40%대 초반에 머물렀던 오바마 대통령은 재선에 성공했다. 이후 그 신화는 단순 가능성으로만 치부되고 있을 뿐이다.

리스크를 통제할 수 없는 한 핫 핸드의 믿음은 오류다. 과거에 여러 차례 성공했다고 미래의 성공이 반드시 보장되는 것은 아니다. 마찬가지로 과거 특정한 쪽으로 쏠려 발생했기 때문에 고루 분포되려면 미래는 반대쪽으로 쏠릴 수밖에 없다고 믿는 것 또한 오류다.

자신의 과거 성공을 실력에 의한 것으로 믿고 과거 실패를 나쁜 운으로만 치부하는 사람은 실패를 다시 겪기 쉽다. 운이나 리스크는 무작위로 분포된다. 뒤집어 말하면, 무작위가 아니라 한쪽으로 쏠린 운 또는 리스크에는 실력에 가까운 무언가가 있다. 계속 행운을 몰고 다니는 사람은 천부적인 재능을 갖춘 실력자로 볼 수 있다. 그렇지 않은 대부분은 자신이 통제할 수 없는 리스크에 대비해야 실패를 줄인다.

리스크와 관련해 자주 거론되는 원리 하나는 1건의 큰 사고 발생 이전에 29건의 작은 사고, 그리고 300건의 전조가 나타난다는 이른바 '하인리히 법칙'이다. 이 법칙은 허버트 윌리엄 하인리히의 애초 주장과 다르고 또 하인리히 법칙의 여러 가설은 사실로 확인되지 못했다. 동일한 원인과 동일한 조건에서 다른 결과가 발생한다는 전제 자체가 비논리적이다. 큰 사고는 300번의 전조를 거친 후에 발생할 뿐 아니라, 한두 번만의 전조를 보인 후 바로 발생할 수도 있다.

유독 한국 사회에서 하인리히 법칙이 자주 언급되는 것은 그만큼 각종 재난 사고가 많다는 의미. 하인리히 법칙의 은유적 표현이 강조하는 점은 전조가 보임에도 불구하고 큰 사고가 발생하지 않았다면서 방심하다간 추후에 결국 큰 사고를 겪게 될 수도 있고, 반대로 전조를 심각하게 받아들여 대비한다면 큰 사고를 미연에 방지할 수도 있다는 사실이다.

매우 드물지만 발생하면 엄청난 효과를 갖는 사건을 '블랙 스완'이라고 한다. 블랙 스완이란 용어의 의미는 시대별로 조금씩 다르다. 블랙 스완이란 표현이 처음 등장한 걸로 거론되는 2세기 로마 시인 유베날리스의 시 구절에서는 그냥 매우 희귀함을 강조한 표현이었다. 16세기 영국에서는 블랙 스완이 '불가능성'을 의미하는 단어로 사용되었다. '검은 백조黑鳥'란 개념 자체가 모순되어 불가능함을 상징했다. 그러다 17세기 말 호주에서 네덜란드 조사단이 블랙 스완을 관찰한 후부터 블랙 스완은 불가능하다고 잘못 알려진 고정 관념의 의미로 사용되었다. 2000년대 나심 탈레브가 금융시장에 관한 책들에서 오늘날 의미로 사용하면서 일반화되었다.

가능성과 불확실성은 극단적 상황에서 더욱 중시된다. 치사율 또는 생존율의 인식 조사에서 0%와 3%는 크게 다르게 체감되고, 또 97%와 100% 역시 크게 다르게 체감되는 반면에 55%와 60%는 별로 다르지 않게 체감된다. 양극단의 3%p 차이가 중간의 5%p 차이보다 더 큰 비중으로 여겨지기 때문에 블랙 스완 논의가 활성화되어 있다.

있을 수 없는 일로 생각하면 대비하지 않아 큰 낭패를 겪을 수 있다. 백조를 그린다고 흰색 물감을 가져갔는데 검은 백조라면 낭패일 수밖에 없다. 검은 백조에 대비할 것인지, 아니면 발생 가능성이 희박하니 그냥 무시할 것인지를 선택해야 한다. 블랙 스완에 대한 대비 여부는 그 발생 가능성과 심각성 정도에 달려 있다. 가능성이 희박하지 않을수록, 또 가능성은 희박하지만 가져올 결과가 심각할수록 블랙 스완에 대비해야 한다. 조기 경보도 대비책의 일환이다. 유독성 가스에 약한 카나리아가 죽으면 바로 탄광에서 빠져나올 목적으로 탄광 속 카나리아canary in a coal mine를 배치하기도 한다. 각종 검사법도 적중률뿐 아니라 틀렸을 때의 심각성까지 감안하여 평가되어야 한다.

엄홍길은 등정을 '정복'이라고 표현하지 않는다고 했다. 아마도 자연에 대한 경외감에서 오는 태도일 것이다. 인간 생명의 존중, 자연 앞에서의 겸손, 치밀한 분석 등이 블랙스완 대비를 가능하게 한다.

44. 노스트라다무스_변화에 대비하게 만들다

1566년 7월 2일 아침, 프랑스의 예언가 노스트라다무스미셸 드 노스트르담가 자신의 침대 옆 바닥에 죽은 채 발견됐다. 전날 저녁 노스트라다무스가 "내일 해가 뜨면 내가 죽어 있는 것을 발견할 것일세"라고 했다는 그의 비서 장 드 샤비니의 말이 전해지면서 노스트라다무스는 자신의 죽음마저 정확히 예언했다고 알려져 있다. 노스트라다무스는 명성이 세기를 넘고 또 대륙을 넘어 이제 예언가를 상징하는 대명사로 되어 있다. 오늘날 한국에서도 노스트라다무스는 대입 수험서 책 제목으로 등장할 정도로 족집게 예언가로 통한다.

1503년에 태어난 노스트르담의 직업은 의사였다. 노스트르담은 1534년 아내와 두 명의 자식을 모두 잃고 여러 지역을 돌아다니다 1547년 재혼했다. 그는 이 무렵부터 초자연적 현상에 본격적으로 관심을 갖고 1550년 역서를 출간했는데 이때 사용한 필명이 바로 라틴어 '노스트라다무스'다. 노스트라다무스의 역서들에 관심을 가진 인물 가운데에는 이탈리아 귀족 출신의 프랑스 왕비 카트린느 드 메디치가 있었다. 불가사의한 주술에 관심이 많던 카트린느는 자신의 아들 가운데 두 번째로 왕이 된 샤를 9세의 고문관 겸 주치의에 노스트라다무스를 임명하기도 했다.

노스트라다무스의 예언서는 1555년 353편의 4행시로 처음 출간됐다. 오늘날 노스트라다무스 예언서는 그의 사망 2년 후인 1568년에 출판된 옴니버스 판을 기준으로 출판되고 있다. 42편으로 구성한 제7부를

노스트라다무스의 초상화. 역시 점성술사이자 의사인 그의 아들 세자르 드 노스트르담이 1614년경에 그렸다.

제외하곤 모두 100편씩 묶어 총 10부로 구성했다. 그래서 그의 예언서는 '백시선(百詩選, Centuries)'이라고도 불린다. 프랑스어뿐 아니라 이탈리아어, 그리스어, 라틴어 등의 알파벳과 단어가 등장하는 노스트라다무스의 4행시는 운을 맞추고 있다. 제1부 제35편의 4행시를 살펴보자.

> Le lyon ieune le vieux surmontera
> 젊은 사자가 늙은 사자를 이겨낼 것이네
> En champ bellique par singulier duelle
> 그것도 홀로 싸우는 경연장에서
> Dans cage d'or les yeux luy creuera
> 황금색 철창 속의 눈을 꿰찌를 것이고
> Deux playes vne, puis mourir, mors cruelle.
> 한 번에 두 곳 상처로, 참혹하게 죽는다네

이 4행시의 첫 번째와 세 번째 행은 era로 끝나고, 두 번째와 네 번째 행은 uelle로 끝난다. 1559년 6월 30일 앙리 2세와 젊은 귀족 몽고메리는 사자 문양의 방패를 갖고 마상 창 시합을 가졌는데, 몽고메리 창의 파편이 앙리 2세의 황금색 투구를 뚫고 눈과 뇌에 박혀 열흘

1559년 6월 30일 앙리 2세의 마상 창시합 모습. 노스트라다무스는 앙리 2세가 이 시합에서 다쳐 사망에 이르는 과정을 예언했다고 하여 유명해졌다. 16세기 독일 작가□□□의 삽화

을 앓다 사망했다고 한다. 이 사건은 노스트라다무스 예언 그대로 벌어졌다고 회자하면서 그를 생전에 유명한 예언자로 만들었다.

동아시아의 예언서들도 유사한 형식과 내용을 담고 있다. 음양의 12획으로 구성된 4,096괘를 각각 4구절로 정리한『초씨역림』도 그렇다. 다만 초씨역림은 구체적인 예언서라기보다 점치는 사람이 괘를 스스로 뽑고 그 괘에 해당하는 초씨역림 구절로 미래를 해석한다는 점에서 주역에 가까운 서적이다. 중국 사람들에게 잘 알려진 예언서로 당나라 때 작성됐다는『추배도推背圖』도 있다. 60개의 그림과 시를 묶은 것인데 60번째 그림이 등을 미는 모습이라 추배도로 불린다.

한국에서는『정감록』,『격암유록』,『송하비결』등이 일반인에게 잘 알려진 예언서다. 그 가운데 격암유록은 구체적인 시기를 특정하여 서술하고 있다. 예를 들면 다음과 같은 식의 서술이다.

青龍濟和元年 無窮辰巳好運 三日兵火萬國統合(末中運),

統合之年何時 龍蛇赤狗喜月也 白衣民族 生之年"(末運論)

오행의 배속 기준에 따르면, 청색의 천간天干이 갑을甲乙이니 청룡靑龍의 해는 갑진甲辰년이다. 현재 시점에서 앞으로 다가올 첫 갑진년은 2024년이다. 또 적색의 천간이 병정丙丁이니 적구赤狗는 병술丙戌을 의미한다. 용의 해와 뱀의 해에 병술월이 있는 다가올 해는 2025년乙巳년이다. 위 구절을 해석하면 다음과 같다.

갑진년2024년은 구제·조화 원년인데, 갑진년2024년과 을사년2025년의 좋은 운이 끝없는데, 3일 동안의 전쟁으로 만국이 통합한다.

통합의 해는 언제인가? 을사년2025년 병술월음력 9월이다. 백의민족을 살리는 해다.

학계에서는 이런 예언서들을 잘 인정하지 않는다. 무엇보다도 사건 이전에 미리 작성된 예언서가 아니라고 보기 때문이다. 남북한 분단과 6·25 전쟁을 구체적인 연월로 자세하게 예언하고 있는 오늘날의 격암유록은 조선 중기 남사고의 저작이 아닌, 1970년대에 작성된 위서僞書라며 격암유록에 등장하는 근대식 용어들을 그 근거로 제시한다. 앞서 소개한 노스트라다무스 예언서의 제1부 35번째 4행시 역시 그런 논란에서 벗어나 있지 못하다. 이 4행시가 앙리 2세 사망 후 55년이 지난 1614년 이후의 판본에서야 등장한다는 소수 의견도 제기되어 있다.

설사 예언서가 사전에 작성되었다 해도 예언이 과연 적중했는지는 회의적인 견해가 적지 않다. 동서고금의 예언서 대부분은 미래를 확실하게 알 수 없어서인지, 아니면 미래를 내다봤음에도 천기누설天機漏洩 미래 공개로 겪을 사회 혼란이나 예언자 자신의 핍박을 걱정해서인지 짧고 모호하게 서술되어 있다. 정반대의 해석이

전략과 상식의 세계사

10.26 사태의 파자 해석

파자破字를 통해 이름에서 결과가 필연적이었다는 해석도 그런 방식이다. 판문점板門店은 세 한자가 모두 여덟 획이라 38선을 재획정할 필연적 장소라는 해석은 정전 협정 체결 이전에 알려지지 않았다. 또 박정희朴正熙 대통령의 필연적 운명은 십팔十八=木, 1961~1979 년을 통치하라는 점ㆍ이 나왔음에도 일一 년만 더 하고 그만두겠다ㅣ고 하다가 신하臣下가 욕日하면서 총질하는ㅣ 것이라는 해석도 10·26 사건 이전에는 등장하지 않았다. 마찬가지로 1979년 초 박재완이라는 저명 역술인이 김재규 중앙정보부장에게 줬다는 초씨역림 점괘인 "풍표낙엽楓飄落葉 차복전파車覆全破"는 10·26 사건 후에야 "단풍나무가 낙엽을 날릴 때 차지철이 뒤집혀 죽고 전두환이 김재규를 파괴한다"고 해석되었다.

동시에 가능한 예언 구절들도 있다. 따라서 한 예언 구절을 두고서도 적중했다는 평가, 그리고 적중하지 못했다는 평가가 병존한다.

여러 가지 해석이 가능한 예언에서 하나의 해석을 선택하여 구체적인 사건을 미리 맞히기는 어렵다. 이와 달리 다양한 해석이 가능한 다수의 예언 가운데 실제 발생 사건에 딱 들어맞는 것을 찾기란 그다지 어렵지 않을 수 있다. 노스트라다무스의 4행시를 갖고 미리 예언하여 추후 적중한 경우는 별로 없다. 대부분은 이미 발생한 사건에 맞는 4행시를 찾아 새롭게 해석하는 방식이었다. 송하비결의 여러 구절도 사전에 적중했다기보다 사후에 실제 사건에 잘 맞게 해석되어 주목을 끌었다.

오늘날 과학적 예측도 유사한 방식으로 과장되기도 한다. 90% 이상 또는 100% 맞혔다고 주장하는 선거 예측 방정식 대부분은 과거 선거 데이터에 가장 적합한 방정식을 만들고, 그것으로 다시 과거 선거 결과를 맞히는 방식이다. 또 부동산 가격을 포함한 각종 경제 지표 방정식 대부분도 그렇게 해서 적중률이 높다고 주장하는 것이다. 방정식 추출 이후의 미래 사건을 같은 방정식으로 적중한 비율은 훨씬 떨어진다.

1994년 여러 언론에서 저자가 김일성 북한 주석의 사망을 미리 맞힌 예언가로 소개된 적이 있었다. 저자는 북한 지도자의 사망 가능성을 음양오행으로 해석했을 뿐이라, 과장 보도를 정정한다고 귀찮은 시간을 보내기도 했다. 나머지 다른 주장을 모두 기각시킬 확실한 근거가 부족한 특정 예언을 단정적으로 확신하는 것은 과학적 태도가 아니다.

예언에는 직업 또는 비즈니스로서의 측면도 있다. 무엇보다 예측의 내용이 실제 변화의 원인으로 작용할 수 있다. 한편으로, 특정 집단이 붕괴할 것이라는 전망은 그 집단의 실제 붕괴를 앞당기는 자기실현적 기능을 수행할 수도 있다. 다른 한편으로는, 붕괴할 것이라는 전망이 대비책을 마련하게 하여 붕괴

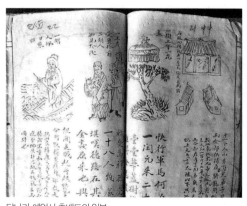
당나라 예언서 추배도의 일부

를 예방할 수도 있다. 마찬가지로, 붕괴하지 않고 존속할 것이라는 전망은 선순환적 경로로 집단의 지속 가능성을 증대시키거나 아니면 방심하게 하여 붕괴 가능성을 높일 수도 있다. 예언 자체가 미칠 영향까지 계산해야 예언의 적중률은 높아진다.

예측은 특정 행위자의 선택에 영향을 줄 수밖에 없다. 외부의 전망과 정반대로 행동하는 행위자의 경우, 예측 내용은 그 행위자 선택에서 배제되는 대안과 다름이 없다. 만일 예측이 행위자에게 가장 유리한 선택을 담은 것이라면 이에 공감하는 행위자는 예측 내용과 동일하게 행동할 수도 있다. 이러한 행동 성향까지 고려해야 예측 적중률이 높다.

또 평판 관리도 예언 직업인의 고려 대상이다. 적중하거나 적중하지 못했을 때의 효과는 실제 사건이 발생했을 때와 또 발생하지 않았을 때가 각기 다르다. 체제가 종식되면 잘못된 예언을 따질 겨를이 없다고 판단하는 영악한 예언가는 체제 종식의 위기가 오지 않는다고 예언할 것이다. 반대로, 위기론을 확산시키려는 다른 의도를 가진 사람도 있을 것이다.

오늘날 인터넷 검색에서 노스트라다무스 등 예언서와 관련된 주요 연관어 하나는 바로 북한이다. 미래가 불안할수록 예언에 의존하는 게 인간 심리다. 초씨역림, 추배도, 백시선, 정감록, 격암유록, 송하비결이 각각 처음 작성된 시점으로 추정되는 기원전 1세기 한나라, 7세기 당나라, 16세기 프랑스, 16세기 조선, 17세기 조선, 19세기 조선 모두 불확실한 미래로 혼란을 겪고 있었다. 오늘날 한반도는 예언의 연관 검색어로 등장하는 만큼이나 불안하다는 뜻일 게다.

사이비 예언으로 혹세무민惑世誣民하는 것뿐 아니라 운명, 숙명, 팔자 등으로 각인시켜 변화를 봉쇄하는 것 또한 바람직하지 않다. 잠재적 변화를 알려주고 이에 미리 대비하게 만드는 예언은 매우 유익한 정보다. 고대 전쟁에서조차 거북 등이나 별자리로 점을 쳐 작전을 수행하는 것이 아무런 전망 없이 무작정 싸우는 것보다 더 나은 결과를 가져다주었다. 위기를 극복하고 더 나은 세상으로 나아가려면 미래를 전망할 수 있어야 한다.

45. 진화론_변화와 균형

1809년 2월 12일은 에이브러햄 링컨Abraham Lincoln과 찰스 로버트 다윈Charles Robert Darwin이 태어난 날이다. 다윈과 링컨은 생일뿐 아니라 여러 공통점이 있다. 두 사람 모두 열 살이 채 되지 않아 생모를 여의었고 자녀도 어린 나이에 죽었다. 또한 링컨과 다윈은 턱수염을 기른 50대 초반 무렵부터 자신의 이름을 세상에 떨친 대기만성의 인물이다. 사주나 관상을 보는 사람이라면 각각 그들의 생일이나 턱수염으로 인생 역정을 설명할지도 모르겠다.

링컨과 다윈은 자신의 생각을 잘 정리하여 표현할 줄 알았다. 게티즈버그 연설을 비롯한 링컨의 여러 말들은 오늘날에도 명품으로 평가되고 있다. 다윈의 글 역시 과학적 서술이 아니라 문학적 언술로 봐도 될 정도로 전달력이 뛰어났다. 링컨과 다윈의 말과 글은 상대의 공감을 잘 이끌어냈던 것이다.

링컨은 진화론적 인식을 가졌다. 일리노이에서 링컨과 동업한 변호사 윌리엄 헌든에 따르면 링컨은 전문 서적에 별로 관심이 없었는데 유독 진화론 관련 서적만은 잘 읽었으며, 한 번은 다음과 같은 말을 했다고 한다.

> 내 철학에서 우연은 없고 모든 결과는 원인이 있다. 과거는 현재의 원인이고 현재는 미래의 원인이며 이것들 모두가 유한에서 무한으로 가는 끝없는 체인의 연결 고리다.

링컨에게 진화란 이런 체인의 연결에서 나오는 변화였다. 물론 링컨이 읽었다는 진화론 서적은 다윈의 것이 아니었고, 링컨의 연설문에는 진화라는 단어가 거의 등장하지 않았다. 링컨의 연설문에서 진화라는 단어가 등장한 것은 전쟁 전개를 언급할 때가 유일한데 그것도 보좌관이 작성한 것으로 보인다.

다윈은 노예제에 대한 혐오감을 여러 곳에서 드러냈다. 예컨대 미국의 식물학자 아사 그레이에게 보낸 1861년 6월 5일자 편지에서 다윈은 노예제를 "폐지해야 할 지구상 최대의 폐해"로 표현했다. 물론 다윈의 노예제 폐지론이 링컨의 것과 완전히 일치하지는 않았다.

다윈과 링컨의 세계관은 특정 시대에 머물지 않고 보편적이었다. 진화론과 노예제 폐지론이 그랬다. 사실 진화론과 노예제 폐지론은 상통한다. 인간과 동물의 기원이 서로 다르다는 기존 관념을 부정한 것이 진화론이라면, 노예제 폐지론은 백인과 흑인이 같은 인간일 수 없다는 기존 관념에 저항한 것이다.

인류사에 있어 진화론적 전개로 부를 수 있는 사건 가운데 하나가 노예 해방이다. 다윈과 링컨은 큰 변화의 방향을 진화적 관점에서 같은 곳으로 보고, 노예제가 진화의 논리대로 폐지의 수순을 밟을 수밖에 없음을 인지했다. 링컨이 주도한 노예 해방 선언, 남북 전쟁 승리, 연방 유지 등이 가능했던 이유는 그가 사회 진화의 방향을 인지했기 때문이다. 링컨은 연방에서 탈퇴한 남부 연합의 노예를 1863년 1월 1일자로 해방한다고 선언하여 남북 전쟁에서 승리할 수 있고,

이로써 연방을 유지할 수 있다고 생각
한 듯하다.

전략의 유전자적 효과를 설명하는
방식 중 하나가 진화론이다. 전략적이
지 못한 유전자는 도태되는 반면에, 전
략적인 유전자가 살아남아 오래오래
진화되었을 수도 있다. 그런 정형화된
행동 양식fixed action pattern, FAP도 유전자
범주에 속한다고 할 수 있다. 유전자 수
준에 입력되어 있는 FAP에 따라 생존
여부가 갈리고, 따라서 진화된 FAP는

링컨의 노예해방선언문. J. S. Smith & Co.의 1890년 10
월 인쇄본

특정 행동으로 유형화된다. 전략과 관련된 FAP는 특정한 전략을 행동으로 드
러낼 가능성이 크다.

종종 진화론을 윤리적이지 못하다고 여기기도 한다. 사회 다윈주의와 사회
진화론 등의 개념은 인종주의나 제국주의를 정당화하는 나쁜 이론으로 치부된
다. 사회 다윈주의를 설명하는 기준이 각기 다르고, 또 그렇게 분류된 학자 대부
분은 그 분류에 동의하지 않음에도 그렇게 받아들여지는 것이다.

한편으로 사회적 진화가 사회를 힘의 논리에 따라 변화하는 것이라고 보기
도 하지만, 다른 한편으로는 사회가 바람직한 방향으로 변화하는 것을 '사회적
진화'라고 부르기도 한다. 실은 진화란 옳고 그름을 떠나 적응해나가는 변화를
의미한다. 제국주의도 한때 진화된 결과였고 민주주의 역시 진화된 결과다. 인
간 선택에 의존하는 진화는 인간이 어떤 선택을 하느냐에 따라 다른 방향으로
전개될 수도 있는 것이다. 바람직한 진화의 예로 협력을 들기도 하는데, 협력
은 당사자들에게 바람직할 수 있겠지만 그들의 경쟁자에게는 상황이 악화된 것

다원을 원숭이로 묘사한 풍자 잡지 『라 프티트 룬』의
1878년 8월호 표지

일 수 있다.

살아남은 생명체를 진화의 결과로 해석하는 것이 진화론이다. 예컨대, 황소개구리가 국내에 유입되면서 생태계 파괴에 대한 우려로 군인과 학생을 동원해 황소개구리 소탕 작전을 전개한 적이 있다. 당시 진화론자의 우려는 그렇게 크지 않았다. 조만간 황소개구리의 천적이 등장할 것으로 보았기 때문이다. 실제 황소개구리에 맛을 들인 개체들이 등장하면서 황소개구리 개체 증가는 발생하지 않고 있다. 어떤 면에서 살아남음과 진화는 거의 동어 반복적이다. 하지만 진화 과정에는 중간 단계가 많아 동어 반복으로 치부할 수는 없다.

특정 유전자들의 소멸과 번성으로 이뤄지는 생물적 진화는 매우 느린 과정이다. 유전자만 추적하는 사람들에게 생명체는 유전자를 전달하는 운반체에 불과하다. 유전 정보는 DNA 속 약 30억 개의 염기성 물질이 배열되는 순서라고 볼 수 있는데, 염기 서열의 돌연변이가 다음 세대로 유전될 뿐 아니라, 변이 없이 생후 획득한 형질도 DNA 패킹으로 특정 유전자가 발현되지 못하는 방식으로 다음 세대로 유전되기도 한다.

자연 선택과 달리 인간 선택에 의한 진화는 상대적으로 짧은 기간에 이뤄진다. 한 인간의 생존 기간 중에 사회는 어떤 진화가 이루어졌다가 다시 새롭게 진화하기도 한다. 이제까지 사회 문화의 변질보다 더 오래 걸린 개인 유전자의

링컨 대통령 노예해방선언문의 제1차 독회, 프랜시스 카펜터의 유화, 1864년

변질이 앞으로 분자 생물학 등의 발달로 짧은 기간에도 이뤄질지는 지켜볼 일이다.

　다윈의 진화론은 전략의 선택으로 상황을 바꾼다는 게임 이론의 초기 모델로 여겨지기도 한다. 진화는 인간과 자연의 선택에 의해 균형을 이루어가는 과정이다. 전략적 선택이 유지되는 상황을 균형이라고 한다. 존 내쉬가 일컬은 균형 상태가 그 대표적인 개념이다. 균형은 변화하기도 하는데, 이를 진화로 부를 수 있다. 즉 진화는 균형이 바뀌는 것으로 여러 변화를 설명한다.

제7장
판 바꾸기

_영원한 승자는 없다

46. 지동설_관점을 전환하라

관점을 바꿔 문제를 해결하려는 시도는 인류 역사에 자주 등장한다. 기원
전 8세기 오늘날 터키 지역인 고대 프
리기아의 왕 고르디우스가 소달구지
를 신전 기둥에 묶으면서 매듭을 푸
는 자가 아시아를 정복한다는 신탁神
託을 전했다고 한다. 4세기가 지난 기
원전 333년, 마케도니아 알렉산드로
스 대왕이 매듭을 단칼에 잘라버리고
아시아를 정복했다는 스토리에서 고
르디우스 매듭Gordian Knot 또는 쾌도난
마快刀亂麻라는 전략적 개념이 등장한
다. 고르디우스 매듭은 셰익스피어 희
곡 『헨리 5세』에서 언급되었지만 그
역사적 사실 여부는 확인된 바 없다.

고르디우스 매듭을 자르는 알렉산드로스. 로렌조 데 페
라리 그림

유사한 전략적 개념으로 콜럼버스의 달걀이 있다. 콜럼버스는 자신의 새 해상 수송로 개척을 인정하지 않는 자들에게 달걀을 세워보라고 했다. 누구도 세우지 못하자 달걀의 한쪽 끝을 약간 깨서 세웠다. 남이 하는 걸 보고 나서는 간단하고 쉽지만, 그 이전에는 그렇지 않은 혁신적 아이디어를 '콜럼버스의 달걀'이라고 한다. 1565년 발간된 벤조니의 『신세계 역사』에 등장하는 스토리인데, 이 또한 역사적 사실로 여겨지지는 않는다.

사람들은 대부분 고르디우스 매듭 게임을 자르지 않고 푸는 것으로, 또 콜럼버스 달걀 게임은 깨트리지 않고 세우는 것으로 이해했을 것이다. 고르디우스 매듭이나 콜럼버스 달걀은 아예 기존 게임 규칙을 무시하라는 전략으로 이해할 수 있다.

고르디우스 매듭과 콜럼버스 달걀보다 더 사실적이나 덜 탈법적인 관점 바꾸기 스토리도 있다. 바로 '코페르니쿠스적 전환'이다. 코페르니쿠스적 전환의 기원은 1543년 3월 21일로 거슬러 올라간다. 지동설로 태양계의 궤도를 처음 이론화한 니콜라우스 코페르니쿠스의 『천체의 회전에 관하여』가 그날 혹은 그 무렵에 출간됐다고 추정되기 때문이다.

천문학자 코페르니쿠스, 신과의 대화. 안 마테이코 그림. 1872년

『천체의 회전에 관하여』 9쪽. 천체 회전의 중심은 지구가 아닌 태양임을 보여주고 있다.

사실, 지동설은 이미 고대 때에 등장했다. 더구나 코페르니쿠스가 지동설의 증거를 제시한 것도 아니다. 안드레아스 오시안더가 대신 작성한 것으로 알려진 『천체의 회전에 관하여』의 서문에서 지동설은 "반드시 사실이어야 한다거나 입증해야 하는 것은 아니다"고 언급하고 있다. 코페르니쿠스는 지동설이 사실이라는 점보다 천체를 간단하게 설명할 수 있다는 점을 더 강조했을 뿐이다.

지동설은 행성 운동이 원형 대신 타원형의 운동임을 밝힌 케플러, 망원경으로 천체를 관측한 갈릴레이, 만유인력을 발견한 뉴턴 등이 과학적 근거를 제시하면서 사실로 받아들여지게 되었다. 만일 공간을 접어 이동하는 축지(縮地)적 운동이 존재한다면 지동설 또한 수정될 수밖에 없음은 물론이다.

움직임에 대한 판단은 움직이지 않는다고 전제한 기준점을 중심으로 비교된다. 두 사물 간의 위치가 달라지면 적어도 한 사물은 움직였다고 인지된다. 예컨대 두 기차가 나란히 서 있을 때 차창 밖으로 보이는 옆 철로의 기차 모습이 바뀌면 옆 기차가 움직인 것으로 인식할 수도 있고, 아니면 자신이 탄 기차가 움직인 것으로 느낄 수도 있다.

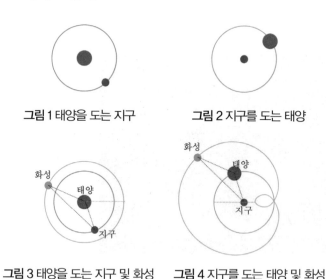

그림 1 태양을 도는 지구   그림 2 지구를 도는 태양

그림 3 태양을 도는 지구 및 화성   그림 4 지구를 도는 태양 및 화성

지구와 태양 간의 위치가 달라진다는 정보만 있다면, 지구가 공전公轉하는 [그림 1]뿐 아니라 태양이 공전하는 [그림 2]로도 그릴 수 있다. [그림 1]은 태양황색이 고정되어 있다고 전제한 후 태양에서 관찰되는 지구청색의 운동 궤도를 그린 것이고, [그림 2]는 반대로 지구가 고정되어 있다고 보고 지구에서 관찰한 태양의 궤도를 나타낸 것이다. 동일한 태양 ~ 지구의 위치 관계는 보는 관점에 따라 전혀 다르게 그릴 수 있다. 실제로는 자신이 남의 주위를 돌고 있음에도 불구하고 남이 자신의 주위를 돌고 있다고 인지할 수 있는 것이다.

어느 것이 움직였는지를 판단할 때에는 제3의 다른 사물 위치와 대조한다. 일반적으로 여러 사물 가운데 위치가 달라진 사물이 움직인 것으로 판단된다. 만일 하나만 움직이지 않고 나머지 모두가 동일한 방향으로 움직였다면 움직이지 않은 나머지 하나만이 움직인 것으로 오인하기도 한다. 그래서 다수가 주장하는 거짓이 참으로 받아들여지는 삼인성호三人成虎가 발생할 수 있다. 대중과 유사하게 인식하고 있었고 대중 인식의 극적 변화 이후에도 본래의 대중 인식을 그대로 유지하고 있는 지도자는 자신이 바뀐 게 하나도 없어도 극단으로 여겨진다.

[그림 3]과 [그림 4]는 다르게 보이지만 태양 ~ 지구 ~ 화성 간의 위치는 동일하다. 지동설의 [그림 3]에서 태양은 고정되어 있고, 지구와 화성이 각자 일정한 속도로 또 태양과 일정한 거리를 유지한 채 태양을 돈다.

천동설의 [그림 4]는 지구를 중심으로 [그림 3]을 다시 그린 것이다. 태양이 지구와 일정한 거리를 유지한 채 지구를 돌고, 또 화성도 태양지구가 아님과 일정한 거리를 둔 채 지구를 조금 복잡하게 돈다.

두 그림에서 태양 ~ 지구의 거리는 같다. 또 태양 ~ 화성의 거리도 두 그림이 일치한다. 검정 점선 삼각형으로 표시된 [그림 4]의 태양 ~ 지구 ~ 화성 간 거리 및 각도는 [그림 3]과 일치한다. 또 녹색 점선 선분으로 표기된 태양 ~ 지구 ~ 화성의 위치 관계도 두 그림이 같다. 천동설 관점에서 본 세 별 간의 위치

관계는 어떤 시점에서도 지동설 그림과 일치한다.

천동설이라고 별 궤도를 부정확하게 그린 것은 아니다. 천동설은 지구가 움직이지 않는다고 전제하고 하늘에 보이는 대로 정확히 그리고자 했다. 지구를 고정한 상태에서 나머지 별들의 움직임을 그렸다.

같은 움직임도 관점에 따라 다르게 그릴 수 있다. 같은 상황이 태양 중심 또는 지구 중심이냐에 따라 [그림 3]이 되기도 하고 [그림 4]가 되기도 한다. 태양 중심의 [그림 3]에서 화성의 궤도는 원 모양이지만, 지구 중심의 [그림 4]에서는 사과 모양의 궤도가 된다. 보는 관점에 따라 화성의 궤도가 뒤바뀌는 것이다. 자기 관점에서 보이는 게 다가 아니고 또 사실이 아닐 수 있다. 다른 모순된 요소 때문에 천동설은 결국 폐기되고 말았다.

지동설의 전략적 의미는 관점을 바꿈으로써 상황 자체를 바꿀 수 있다는 점이다. 인식이 대상의 속성에 따라 좌우되는 것이 아니라 인식에 따라 대상의 속성이 달라짐을 임마누엘 칸트는 '코페르니쿠스적 전환'으로 불렀다.

누구나 자기중심적 입장에서 바라보게 된다. 지구 위에서는 지구가 움직이고 있다고 느끼기 어려운 상황에서 [그림 4]처럼 지구를 중심에 두고 태양 등의 움직임을 살펴보는 것은 지극히 자연스러운 인식 방식이었다.

이에 비해 태양 혹은 태양계 밖에서 세 별을 관찰했다면 [그림 3]을 먼저 받아들였을 것이다. 지동설은 자기지구가 아닌 태양을 중심에 두고 자신을 포함한 여러 행성의 운동을 바라본 것이다. 그런 점에서 지동설은 기준점을 지구에서 태양으로 바꿔본 일종의 역지사지易地思之 관점이다.

선거판 짜기도 '코페르니쿠스적 전환'으로 모색할 수 있다. [그림 3]과 [그림 4]에서 중심이 집단 따돌림을 당하는 위치라고 가정해보자. 그렇다면 청색 점은 [그림 4]에서 벗어나기 위해 [그림 3]과 같은 판을 짜려고 노력하는 반면, 적색 점은 [그림 3]을 대체할 [그림 4]와 같은 판을 그리려 할 것이다. 판을 어떻게 짜

관점의 변화와 세상의 변화

근세는 자기 자신으로부터 탈피하여 관찰하는 것에서 시작했다. 코페르니쿠스의『천체의
회전에 관하여』는 비슷한 시기의 마키아벨리『군주론』처럼 근세를 출범시킨 고전이 되었
다. 있는 그대로를 말할 수 없던 중세 질서를 바꾸려는 시도였다.『군주론』과 마찬가지로
『천체의 회전에 관하여』도 교황청은 금서로 지정했고, 지동설을 주장하는 사람들은 종교
재판에 부쳐졌다. 갈릴레이는 고초를 겪다가 코페르니쿠스의 견해를 지지하지도, 가르치
지도 않는다고 서약하여 고난을 줄였다.

탈殿근대에 와서는 객관화만이 능사가 아니라는 인식도 증대했다. 그래서 '정치적 옳음
political correctness, PC'이라는 용어가 나왔다. 어떤 엘리트의 발언은 틀린 내용이 별로 없
고 대체로 맞는 내용이지만 대중은 이에 수긍하지 않는다. 두루뭉술한 언행이 문제를 일
으키지 않기도 한다.

선거 때가 되면 정치인들의 막말이 더욱 기승을 부린다. 대부분은 편을 가르고 증오심을
부추겨야 결집이 잘 되고 득표율도 올라갈 것으로 믿기 때문이다. 선거 유세 등에서의 선
동으로 지지율을 높이기도 하지만, 반대로 특정 세대, 성, 지역, 계층을 비난하다 곤욕을
치르곤 한다. '정치적 옳음'에 염증을 느낀 유권자들이 정치인의 막말 발언에 환호하기도
하고, 반대로 정치판 싸움에 지친 유권자들은 편을 가르고 증오심으로 결집하는 행위에
불쾌감을 드러내기도 한다. 이 또한 관점의 대결이다.

느냐에 따라 따돌림을 당하는 자가 뒤바뀐다.

물론 관점을 대체하려거나 혹은 확산시키려 한다고 반드시 이뤄지는 것은 아니다. 관점에 충실한 사실들이 수반되어야 관점은 받아들여진다. 더구나 정치에서 매우 중요한 타이밍의 계산은 경험적 관찰에 근거한 지동설과 같은 정돈된 그림에서 계산하기 쉽지, 천동설과 같은 복잡하고 주관적인 그림에서는 어렵다.

국제 관계에서도 역지사지의 관점이 필요하다. 함께 살아가야 하는 곳에서 아전인수我田引水의 관점은 갈등을 유발한다. 누가 더 가깝고 누가 더 멀고는 기준점에 따라 달라진다. 자기중심적 관점에서는 남들이 모두 자신과 멀게만 보인다. 타자의 관점에서 보면 남과 함께 갈 수 있는 공통분모를 쉽게 찾을 수도 있다. 코페르니쿠스의 시대뿐 아니라 모든 시대, 관점을 전환하면 세상이 바뀐다.

47. 좌우 통행_표준을 선점하라

2015년 국민안전처는 2007년부터 실시해오던 에스컬레이터 두 줄 서기 캠페인을 10월부터 폐지한다고 공표했다. 1998년부터 시행된 한 줄 서기 캠페인까지 감안하면 8~9년마다 에스컬레이터 통행 규칙이 바뀐 셈이다. 사소한 규칙에 신경 쓰지 않는 사람들은 그런 규칙 변경 역시 무심하게 받아들이겠지만, 자그마한 규칙 하나하나 지키려는 사람들에게는 잦은 규칙 변경이 큰 스트레스고 사회적으로도 큰 비용이다.

에스컬레이터 통행 규칙보다 더 중요한 통행 규칙은 좌측통행이냐 우측통행이냐 하는 것이다. 1905년 12월 30일 대한제국 경무청령 제2호 가로 관리 규칙은 가로에서 차마와 우마가 서로 마주친 때 서로 우측으로 피하여 양보하고,

성문과 교량 및 통행이 혼잡한 가로에서는 우측으로 통행해야 한다고 규정했다. 1921년 조선총독부 경무국은 우측통행을 폐지하고 좌측통행으로 변경했다. 1945년 일제 패망 직후 미국과 소련이 관리하면서 한반도의 통행 규칙은 우측통행으로 다시 바뀌었다. 2010년 대한민국 정부는 차량뿐 아니라 사람도 우측으로 통행한다고 고시했다.

좌우 통행의 기준은 고 · 중세까지 그 흔적을 찾을 수 있다. 고고학자들은 고대 로마 시대의 채석장 유적지에서 채석장 바깥으로 나가는 방향으로 왼편이 오른편보다 더 파여 있음을 발견했다. 가벼운 빈 수레가 채석장 안으로 들어가 무거운 광물을 싣고 밖으로 나왔을 것이기 때문에 채석장 출입 수레는 좌측통행을 했다고 유추했다. 즉 고대 로마 시대는 좌측통행이었다는 것이다.

좌측통행은 봉건 시대 기사 계급과 관련되어서도 설명된다. 오른손잡이 기사는 칼을 몸 왼쪽에 차야 재빠르게 대응할 수 있었는데 마주보고 걸을 때 칼끼리 부딪쳐 시비가 붙지 않도록 좌측통행을 했다는 해석이다. 칼을 왼손에 잡은 채 말을 탈 때는 말 왼편에서 타는 것이 편했고 또 말을 탄 채 평민들을 감독할 때에도 좌측통행을 해야 제압하기가 편했다는 것이다.

이런 통행 규칙은 근대화로 변화를 겪었다. 여러 말들이 끄는 수레에서 마부는 맨 왼편의 말에 앉아야 오른손으로 말채찍을 사용할 수 있었고 또 반대편에서 오는 말들과 부딪치지 않으려 우측통행을 했다는 것이다.

현재까지 발견된 최초의 우측통행 규칙 공식 문서는 러시아 엘리자베타 여왕의 1752년 칙령으로 알려져 있다. 또 18세기 말 미국은 독립 강화의 일환으로 펜실베이니아주를 시작으로 미국 전역에서 영국식 좌측통행 대신 우측통행을 실시했다. 혁명 전후 프랑스에서 좌측통행은 귀족이 말 위에서 오른손으로 칼이나 채찍을 잡고 평민을 감독하는 이미지였다. 이러한 이미지의 좌측통행 대신 우측통행이 혁명 이후 보편화됐다. 우측통행은 나폴레옹 보나파르트의 해외 정복으로 유럽 대륙 전체로 확산하였다.

영국 등 나폴레옹 1세에게 정복된 적 없는 국가들은 좌측통행을 유지했다. 일본도 영국과의 교류 속에 1872년 철도를 개통함에 따라 좌측통행이 보편화되었고 조선총독부의 좌측통행 결정도 그 연장선이었다. 오스트리아 등 유럽 대륙의 나머지 좌측통행 국가들은 나치 독일에 점령됨에 따라 우측통행으로 바꿨다. 대체로 좌우 통행 방식은 지배국의 방식을 따른 것에 불과했다. 일본에의 편입, 미군정, 일본으로 반환 등에 따라 좌측통행, 우측통행, 다시 좌측통행으로 바뀐 오키나와도 그런 사례다.

좌우 통행 규칙은 자동차의 표준에 영향을 준다. 좌우 통행에 따라 전조등, 윈도우 와이퍼, 방향등 스위치 등이 다르게 설치된다. 가장 중요한 차이는 좌측통행 차량의 운전석이 우측에, 우측통행 차량의 운전석은 좌측에 배치된다는 점이다. 물론 늘 그런 것은 아니다. 1960년대 우측통행으로 바꾼 스웨덴처럼 좌측통행 규칙에서도 많은 좌측 운전석 차량이 운행됐던 경우가 있다. 또 미국 등 우측통행 국가에서도 우편차 등 일부 차량의 운전석은 우측에 위치한다.

표준 변경은 쉽지 않다. 좌우 통행 규칙을 변경한 나라들은 복잡한 과정을 거쳤다. 바꾸고 싶어도 어려워 포기한 나라도 많다. 예컨대, 파키스탄은 우측통행으로 바꾸려 했지만, 좌측통행에 익숙한 야간 수송용 낙타들이 통행 규칙 변경에 적응하기 어려울 것으로 판단하여 우측통행을 포기한 바 있다. 한국에서도 2010년 우측 보행을 고시했지만, 에스컬레이터나 회전문의 방향 전환 비용이 부담스러운 곳에서는 여전히 좌측 보행을 유지하고 있다. 또 에스컬레이터에서 한 줄 서기를 없애려고 8년간 노력했지만 잘 실천되지 않았다.

표준은 그만큼 자체 생명력을 지닌다. 어떤 것을 추진하는 측에서는 그것을 표준으로 만들어 그 해체 비용을 높일 수 있다. 물론 반대하는 측에서는 그 표준화를 잘못된 '대못질'이라고 부르지만, 뭐라 불리든 박힌 대못을 뽑는 데에는 적지 않은 비용이 소요된다. 표준 구축은 이미 다른 표준이 있을 때보다 아예 없을 때 더 쉽다. 그래서 표준은 변경보다 선점先占으로 추구한다.

이른바 국회선진화법의 변경이 어려운 이유도 일종의 표준이 되었기 때문이다. 2012년 5월 제18대 국회 마지막 본회의의 국회선진화법 통과로 국회 의결에 필요한 찬성표가 50% 초과에서 60% 이상으로 바뀌었다. 60% 룰이 표준으로 정해진 결정은 50% 룰에 의해서였지만, 다시 50% 룰로 환원시키려면 60%의 동의가 필요하게 된 것이다. 이를 자기 구속적 표준화 전략으로 부를 수 있다.

북한을 통해 시베리아와 중국으로 연결하려는 철도 연결 사업은 북한 참여 문제뿐 아니라 표준화 문제도 극복해야 한다. 철로 폭, 에너지 공급 방식, 신호 체계 등 서로 다른 시스템이 간단히 연결되는 것은 아니다. 일차적으로 해결해야할 표준화 문제는 두 가닥 선로 사이의 폭이다. 근대 시절 프랑스나 독일의 접근을 우려하던 러시아는 철로 폭이 넓은 광궤를 깔았고 오늘날까지도 유지되고 있다. 표준궤와 광궤 모두에서 운행 가능한 열차 하단 장치가 발명되기도 했지만, 겸용 장치의 효율성은 아직 그다지 좋은 편이 아니다.

한국에서는 국철과 도시전철조차 단일 표준으로 운영되지 않고 있다. 코레일 운영 구간서울지하철 1호선 포함은 좌측통행이고 도시전철은 우측통행이다. 이는 표준을 일찍 통일하지 못했다는 점에서 실패 사례다. 표준화 타이밍을 이미 놓친 상황에서는 다른 극복 전략이 필요하다. 다음 예시를 통해 살펴보자.

전략 결정 게임

표준 간 연결과 표준의 해체

▶ 표준 간 연결: 좌측통행과 우측통행을 서로 어떻게 연결할까?

한 평면 위에서는 좌측통행과 우
측통행이 서로 연결될 수 없다.
그러나 입체적 연결이라면 가능
하다. 꽈배기 형태의 고가나 터널
이 그 예다. 실제 우측통행인 서
울 지하철 4호선과 좌측통행인
국철이 남태령–선바위 구간에서
그런 방식으로 연결된다. 전류 공

좌측통행의 홍콩과 우측통행의 중국본토를 연결하는 입체형
다리의 제안도 NL Architects.

급 방식이 변경되는 구간에서는 외부 전류 공급 없이 주로 관성으로 이동한다. 마카오, 홍
콩, 태국, 영국 등의 좌측통행 도로가 우측통행의 주변국과 연결될 때도 입체 도로를 이
용한다.

입체화는 협상이 잘 진척되지 않을 때의 타결 전략으로도 사용될 수 있다. 기존 의제에 막
혀 있을 때 다른 의제를 추가하면 협상이 주고받기식으로 타결되기도 한다.

▶ 표준의 해체: 철옹성을 해체하라

좌파와 우파의 일차원적 스펙트럼에 깨기 힘든 철옹성 같은 승자의 위치가 존재할 수 있
다. 어떻게 파고들 것인가?

[그림 1]의 일차원 공간에서 A, B, C의 3인 투표자가 후보 X와 Y 중 자신에게 가까운 후보
에게 투표하고 과반수로 당선자를 선출한다고 하자. 그렇다면 B에 위치한 후보 X는 다른
후보와 경쟁해 절대 지지 않는다. 예컨대 Y가 A와 B 사이에 위치한다면, A만 Y에게 투표
하고 B와 C는 X에게 투표하기 때문에 X가 승리한다. 즉 B에 위치한 X라는 표준의 교체는

불가능하다.

이제 세로축의 스펙트럼이 추가되어 A, B, C가 [그림 2]처럼 배열되어 있다고 하자. 이 경우에는 지배적 위치를 흔들 수 있다. 예컨대 X가 A, B, C 한가운데 위치한다고 하자. A를 중심점으로 X를 지나는 원 둘레는 A의 무차별 곡선이다. X를 포함하여 원 둘레 위의 어떤 점도 모두 A로부터 같은 거리에 있기 때문이다. 즉 A가 X보다 더 선호하는 위치는 A 중심의 원 내부이다. B와 C에서도 X를 지나는 원을 그릴 수 있다. A 원과 B 원이 겹치는

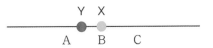

그림 1 일차원 스펙트럼상의 위치

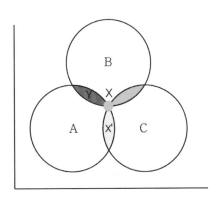

그림 2 이차원 공간에서의의 위치

붉은색 부분에 Y가 있다고 하자. Y는 A와 B의 지지로 X에게 승리한다. 이 외에도 B 원과 C 원이 중첩되는 푸른색 부분, 그리고 A 원과 C 원이 겹치는 노란색 부분도 X에게 이기는 위치다. X가 X을 포함한 어디에 위치하더라도 X를 무너뜨릴 수 있는 Y는 곳곳에 존재한다. 표준의 다차원화가 바로 표준 해체 전략이다.

3차원의 입체 공간을 2차원의 평면 그림으로 나타내면 착시 효과를 만들 수 있듯이, 어떤 차원의 추가 또는 삭제는 프레임(관점)을 바꾼다. 특정 차원의 중요도를 소멸시키거나 부각시켜 판을 바꿀 수 있다.

표준화의 극단적 형태는 의식화다. 표준화처럼 의식을 심는 작업과 그 의식을 지우는 작업은 전혀 다르다. 그림을 지운 후 그 종이에 다시 그리기보다는 기

존 그림 종이를 버리고 새롭게 그리는 것이 더 쉬움은 물론이다. 일체형 부품이 대량 생산되는 시스템에서는 일체형 부품을 통째로 바꾸는 일이 고장 난 부품만을 수리하는 일보다 훨씬 경제적이다.

한동안 대한민국을 시끄럽게 달구었던 역사 교과서 문제도 마찬가지다. 국정 교과서를 추진하는 측에서는 올바른 표준화로, 반대하는 측에서는 잘못된 획일화로 받아들였다. 국정이든 검인정이든 교과서 내용이 제일 중요할 텐데 그것보다 국정이냐 아니냐를 더 심각하게 여기는 이유도 국정화가 바로 의식의 표준화이기 때문이다. 표준화는 자기도 구속함을 숙지해야 한다.

 전략과 상식의 세계사

좌측통행과 일본 자동차 산업의 성장

패전 후 일본의 좌측통행 고수는 일본 자동차 산업 성장에 영향을 주었다. 미국 자동차에게 일종의 무역 장벽으로 작용했다. 미국 자동차 회사들로서는 미국보다 작은 시장인 일본과 영국 등에 수출하기 위한 좌측통행용 자동차의 생산 라인을 따로 만들어야 하니 생산 단가가 높아질 수밖에 없었다. 일본 내수 시장을 기반으로 성장한 일본 자동차 회사들은 1970년대부터 미국보다 훨씬 높은 생산성을 기반으로 미국 시장을 장악하기 시작했다. 1960년대부터 1980년대 초까지 일본 자동차의 국내 생산 대비 수입 비율은 거의 매년 1%에 불과했지만, 1960년대 10% 전후에 불과했던 일본 자동차의 국내 생산 대비 수출 비율은 1970년대 중반부터 거의 50%에 이르렀다.

경쟁국 상품이 들어오기 어렵게 표준을 이용하기도 하지만, 반대로 해당 상품을 생산하지 않는 국가로서는 표준을 바꿔서라도 수입품의 단가를 낮추려고 한다. 2009년 사모아 독립국은 좌측통행을 채택하고 있는 일본, 호주, 뉴질랜드의 값싼 중고차를 수입하기 위해 좌측통행으로 변경했다. 통행 규칙이라는 표준이 자동차 무역과도 영향을 주고받는 것이다.

48. 노예 해방 선언과 민족 자결 원칙_프레임을 바꾸라

아마도 에이브러햄 링컨은 훌륭한 대통령 모델로 가장 많이 언급되는 인물이다. 흔히 링컨을 도덕적 가치를 중시한 대통령으로 여기는데, 오히려 그는 실행 가능성을 우선에 둔 현실주의 정치가였다. 적절한 선언으로 상대의 동원력을 무력화했고, 새로운 의제를 설정하여 열세를 딛고 승리를 거뒀다. 링컨의 판 바꾸기 전략을 살펴보자.

링컨의 대표적 판 바꾸기 방식이 의제 설정 전략이었다. 링컨이 선거에서 의제 설정 전략을 사용한 사례는 일리노이 주를 대표하는 연방 상원의원직을 두고 민주당 소속의 현역 의원 스티븐 더글러스Stephen Douglas와 벌인 이른바 '1858년 대토론'이다. 8월 27일 프리포트에서 열린 2차 토론에서 링컨은 더글러스에게 주 경계선을 넘어 노예제 폐지를 강요하는 정책이 법적으로 가능한가 물었다. 더글러스가 불가능하다고 대답하면, 노예의 자유를 받아들인 일리노이 주에서는 링컨 자신이 연방 상원의원으로 선출될 것이라고 예상했다. 반대로 더글러스가 가능하다고 대답하면, 노예제에 찬성하는 남부 주들의 심기를 건드려 더글러스가 민주당 대통령 후보로 지명되기 어려운 상황이었다.

실제로 더글러스는 주 경계선을 넘는 노예제 폐지 결정이 가능하다고 대답했다. 덕분에 상원의원으로 다시 선출되었지만, 1860년 11월 대통령 선거에서는 낙선하였다. 링컨은 강력한 대통령 후보인 더글러스가 노예제 폐지 찬성 입장을 남부 주에도 공표하게 하였고, 이에 남부 민주당은 다른 후보를 공천하였다. 더글러스가 링컨의 영리한 덫에 빠진 것으로 오늘날 회자되는 사건이다. 정치학자 윌리엄 라이커는 링컨의 프리포트 토론이 다수의 지지를 받는 상대를 꺾은 가장 우아한 전략의 예라고 소개한 바 있다.

1863년 1월 1일자로 천명된 링컨의 노예 해방 선언 또한 판 바꾸기였다. 주의원 시절, 링컨은 노예제 유지에 관한 1837년 일리노이 주 결의안에 이의를 제기하였다. 링컨의 이의 제기에는 선거 불출마를 선언한 의원 1인만 동참할 정도로 당시 주 선거구민들은 노예제 유지에 찬성하는 분위기였다. 그리하여 의원 시절의 링컨은 무조건적 노예제 폐지가 노예를 실질적으로 해방하지 못한다고 말하면서 노예제의 즉각적 폐지에 반대하기도 하였다.

실제로 링컨의 1863년 노예 해방 선언은 당장 노예를 해방하지 않았다. 남부 연합의 노예가 해방 대상이었고 그것도 점령한 북부 사령관에 의해 실행되어야 가능한 일이었다. 링컨이 노예 해방 선언으로 바로 얻은 효과는 노예 해방이 아닌 군사·외교적 승리였다. 흑인의 이탈로 남부 연합의 전력이 약해졌고, 남부 연합을 지원하려는 유럽 국가들의 참전 명분 역시 사라졌다.

1858년 8월 프리포트 대토론 장면과 풍자 이미지. 링컨은 현역 상원의원 더글러스에게 노예제 문제를 질문하여 더글러스의 다수 지지 확보를 뒤흔든 것으로 평가되고 있다.

독립하려는 상대를 놓아주지 않고 통합을 강제적으로 유지하려는 링컨의 모습은 얼핏 반 자유주의자로 비판받을 수도 있다. 그러나 링컨의 행보는 자연과 인간의 선택을 인지하여 결과적으로 도덕을 실천하려는 전략적 행동으로 이해할 수 있다.

우리는 정치 외교에서 선한 지도자를 찾는 경향이 있다. 지도자가 정치적 이해관계를 따지면 비난받는다. 링컨의 노예 해방 선언이 상대를 약화시키고 자신의 세력을 강화하는 차원에서 나왔다고 폄하되지는 않는다. 국가 지도자는 단순히 선하다고 될 일이 아니라 선한 결과를 만들 전략적 사고를 갖추어야 한다. 진화적 관점에서 미래를 내다보면서 위기를 헤쳐나갈 지도자여야 한다. 무능한 지도자로 인해 국민이 치러야 할 대가는 결코 작지 않다.

1918년 1월 8일 미국 의회에서 토마스 우드로 윌슨 미국 대통령은 평화 14개조를 제안했다. 윌슨 선언의 핵심적 내용인 민족 자결 원칙은 피지배 민족의 연합국 지원을 끌어들였다. 민족 자결 원칙은 제1차 세계대전 직후 여러 식민지의 독립을 가능하게 만들었지만, 동시에 이러한 신생국 독립에 불만을 가진 독일 등이 제2차 세계대전을 일으키게 만든 요인이기도 하였다. 두 차례의 세계대전에서 대의명분뿐 아니라 현실적 동원력으로도 작동하였다. 실제 전쟁 종식 후 패전국 식민지의 독립은 바로 이루어졌으나, 승전국 식민지의 독립은 그 진척이 매우 느렸다.

자신에게 불리한 프레임을 자신에게 유리한 프레임으로 바꾸는 것이 전략인데, 그렇지 못한 정치인 발언은 드물지 않다. 1988년 미국 대통령 선거에서 마이클 듀카키스 민주당 후보는 죄수 가석방 문제로 조지 부시 공화당 후보로부터 공격을 받았다. 공화당 측은 매사추세츠 주지사 시절 듀카키스가 일급 살인자 가석방 금지 법안에 거부권을 행사했고, 듀카키스의 가석방 허가를 받은 재소자가 가석방 중 강간 및 폭행 범죄를 저지른 적이 있다고 비판했다. 10월 13일 후보 토론회 때 사회자인 버나드 쇼의 질문 "당신 아내 키티 듀카키스가 강간당해 살해되었다면 살인자를 사형시키는 것에 찬성합니까?"에 대해 듀카키스는 "아뇨, 내평생 사형제에 반대해온 걸 당신도 알고 있다고 생각합니다. 사형제보다 더 낫고 더 효과적인 방안이 있다고 생각합니다"라고 논리적으로만 답변하였다. 듀카키스의 답변은 위선자나 냉혈한의 이미지를 만들어 듀카키스 후보의 지지도를 떨어트린 걸로 평가되고 있다. 상대가 공격하는 부분을 역으로 자신의 강점으로 치고 갈 기회를 놓쳤다고 볼 수 있다.

1917년 4월 2일 미국 의회에서 우드로 윌슨 대통령이 대〔對〕독일 선전포고의 승인을 요구하고 있다.

2017년 한국 대통령 선거에서 안철수 후보는 문재인 후보에게 "제가 MB 아바타입니까?"라고 물었는데, 이는 상대 경쟁자가 만들려는 프레임을 더욱 강화한 것으로 평가된다. 실험 참가자들에게 흰곰을 생각하지 말라고 말했더니 흰곰을 떠올린 빈도가 오히려 증대되었음을 웨그너Daniel Wegner와 그의 동료들이 보여준 바 있다. 이른바 흰곰white bear 현상은 프레임 설정 또는 판 바꾸기에도 응용될 수 있다.

성공적인 판 바꾸기였다고 평가되는 후보 발언들도 있다. 2002년 4월 6일 새천년민주당 대통령 후보 인천 경선에서 노무현 후보는 장인의 좌익 활동 문제 제기를 다음과 같은 연설로 받아쳤다.

> 제 장인은 좌익 활동을 하다 돌아가셨습니다. 제가 결혼하기 훨씬 전에 돌아가셨는데 저는 이 사실을 알고 제 아내와 결혼했습니다. 그리고 아이들 잘 키우고 지금까지 서로 사랑하면서 잘살고 있습니다. 뭐가 잘못됐습니까? 이런 아내를 제가 버려야 합니까? 그렇게 하면 대통령 자격이 있고, 아내를 그대로 사랑하면 대통령 자격이 없다는 것입니까? 여러분, 이 자리에서 여러분께서 심판해주십시오. 여러분이 그런 아내를 가지고 있는 사람은 대통령 자격이 없다고 판단하시면 저 대통령 후보 그만두겠습니다. 여러분이 하라고 하면 열심히 하겠습니다.

선거 등 다수의 지지를 두고 제로섬으로 경쟁하는 상황에서는 프레임 설정이 승패에 지대한 영향을 미친다. 승패를 위한 이러한 경쟁 과정은 자신에게 유리한 프레임을 밀어붙이는 싸움이라고 할 수 있다. 스캔들은 일종의 판 바꾸기다. 스캔들은 그 흠결만큼 지지를 감소시키기 때문이 아니라, 판을 바꾸기 때문에 매우 파급적이다. 사실이 아니라고 밝혀진 스캔들조차 판세에 큰 영향을 끼친다. 이회창 후보의 자녀 병역 의혹이 사실이 아닌 것으로 밝혀진 후, 의혹 제기 이전에 얻었던 지지를 회복하지 못한 이유도 병역 의혹이 흠결을 가른 기준이 아니라 판 바꾸기였기 때문이다. 현 상황이 유리한 측은 어떻게 판을 유지할까 고민하고, 불리한 측은 새로운 프레임을 들고나와 판을 바꾸려 할 것이다.

49. 나는 고발한다_견고한 카르텔을 고발로 깨다

진실 공방은 어느 사회 어느 시기를 막론하고 있다. 당사자들은 마녀사냥의 무고한 희생자인 양 억울하다고 읍소한다. '고발'로 마녀사냥의 판을 바꿔버린 사건으로 마르틴 루터의 종교 개혁과 에밀 졸라의 드레퓌스 변론을 들 수 있다.

비텐베르크 교회 문에 97개조 논제를 붙이는 마르틴 루터, 카를 바우어 그림

1517년 10월 31일은 종교 개혁이 시작된 날로 기념된다. 이날 비텐베르크대학 교수이자 수도자였던 마르틴 루터가 비텐베르크 교회 문에 망치로 자신의 글 '95개조 논제'를 못 박아 붙였다고 알려져 있기 때문이다. '95개조 논제'가 교회 문에 붙여진 적 없다는 주장도 있어 실상 루터의 글이 벽에 붙었는지

보다 더 중요한 전략적 의미는 일종의 고발로 견고한 카르텔을 깼다는 점이다.

당시 교황 레오 10세는 성베드로 성당 신축을 위해 전 유럽에 면벌부~~면죄부~~를 판매하였다. 독일에서는 알브레히트 대주교가 3개의 교구를 차입하여 얻었기 때문에 면벌부를 남발하였다. 10월 31일 무렵, 루터는 헌금만으로 영혼을 구제한다는 면벌부에 반대한다는 내용의 '95개조 논제'를 대주교에게 편지로 보냈다. 1517년 처음 라틴어로 발간된 '95개조 논제'는 1518년 말까지 16판이 인쇄되었다. 1518년 1월에는 독일어 번역판도 나왔으며, 1519년까지 유럽 곳곳으로 전파되었다.

1520년 6월 교황은 루터에게 칙서를 보내 경고했고, 루터는 교황 칙서를 구겨버리는 대신 자신의 주장을 인쇄물로 전파하였다. 1521년 1월 교황은 루터를

전략과 상식의 세계사

인쇄술의 발달과 루터의 종교 개혁

루터의 종교 개혁은 인쇄술 발달과 그 궤를 같이하였다. 1445년 구텐베르크는 납으로 활자를 만들고 1450년 성경을 인쇄하였는데, 구텐베르크를 비롯한 인쇄업자는 금속 활자 인쇄술을 개발했지만 인쇄할 글이 별로 없어 파산을 겪던 차였다. 인쇄가 상대적으로 쉬워진 시기, 루터는 인쇄물을 매개로 본인의 생각을 유럽 전체로 전파할 수 있었다. 교황청을 비롯한 기득권 세력들도 자체 개혁을 추진하면서 인쇄물을 많이 활용하였는데, 주로 배포된 라틴어 인쇄물은 라틴어를 읽지 못하는 독일인에게는 의미가 없었다. 인쇄 산업도 종교 개혁으로 더욱 성장하였다. 인쇄 산업의 성장은 안경 산업의 수요를 증대시켜 렌즈 생산 기술을 높였다. 렌즈 생산 기술의 발전은 17세기 현미경 개발로 이어져 세균 관찰이 가능해졌고, 20세기 들어 전자 현미경이 개발되면서 생명 공학의 발전으로 연결되었다.

공식 파문하였다. 유럽 사회는 교황 지지파와 루터 지지파로 양분되었다.

1567년 교황 비오 5세는 면벌부 판매 금지를 공표했다. 독일이라는 변방 출신 루터는 족벌 정치와 금권 정치로 얼룩진 당시 로마 가톨릭 제국의 질서를 바꿔버린 인물로 자리매김하였다. 루터에 대한 부정적 시각이 오늘날에도 여전히 존재함은 물론이다.

마르틴 루터의 '95개조 논제' 공개 후 380년이 지나 이웃 나라 프랑스에서 에밀 졸라Émile Zola, 1840~1902년가 '나는 고발한다'라는 글을 공개하였다. 이른바 드레퓌스 사건에 대한 고발이었다.

1894년 12월 22일, 프랑스 군사 법정은 만장일치로 알프레드 드레퓌스Alfred Dreyfus, 1859~1935년 대위에게 종신 유배형과 공개 군적 박탈식을 선고했다. 유대계 프랑스 장교인 그가 적대국 독일에 군사 정보를 제공했다는 혐

1898년 1월 13일자 「로로르」 1면에 실린 에밀 졸라의 '나는 고발한다' 기고문. 반 드레퓌스 연대를 깨는 행동이었다.

의였다. 당시 헌법이 정치범 사형을 금지했기 때문에 종신형은 최고형이었다.

군적 박탈식은 선고 2주 후 집행됐다. 육군사관학교 광장에서 드레퓌스의 계급장, 단추, 바지 옆줄은 모조리 뜯겼고 군검도 조각났다. 군중들의 야유도 있었다. 태워 죽이지 않았다는 점 외에는 마녀 화형식과 별 차이가 없었다. 다시 2주 후, 드레퓌스는 유배지로 가던 도중에도 군중에 둘러싸여 폭행당하는 곤욕을 치러야 했다.

이렇게 끝난 것 같았던 드레퓌스 사건은 한 인물로 인해 새로운 국면에 들어갔다. 거짓을 보고 그냥 넘어가기 어려운 성격의 소유자 마리-조르주 피카르Marie-Georges Picquart, 1854~1914년 중령이었다. 피카르는 본래 드레퓌스의 유죄를 의심치 않던 인물이었으나 참모본부 정보부장 자격으로 첩보 자료를 보며 관련 혐

의자를 조사하던 중 드레퓌스 사건에 의구심을 갖게 되었다. 그냥 덮으라는 상관의 요구에 불응하고 조사를 계속하며 새로운 사실을 밝혀내기 시작한 그는 다른 지역으로의 전출을 강요당하고 심지어 나중에는 수감까지 당하기도 했다.

피카르보다 더 큰 파장을 불러일으킨 인물이 소설가 에밀 졸라다. 반유대주의를 비난해온 졸라는 1898년 1월 13일 '나는 고발한다'를 『로로르』에 게재했다. 본래 '대통령에게 보내는 편지'라는 제목을 발행인이자 편집인인 조르주 클레망소가 '나는 고발한다'로 바꿨다. 드레퓌스 사건에 연루된 군인과 필적 감정가 그리고 군사 기관의 실명을 거론하여 고발하면서 명예훼손죄 처벌까지 감수하겠다는 내용의 글이었다. 졸라의 글은 많은 사람의 성원을 얻었지만 동시에 졸라 자신은 각종 위협에 시달렸고 실제 징역형과 벌금형을 선고받았다.

드레퓌스파와 반드레퓌스파 간의 진실 공방은 정권 획득 경쟁과 밀접한 관련이 있었다. 1898년 5월 의회 선거에서 반유대, 반드레퓌스파가 승리했다. 졸라와 피카르가 곤욕을 치르던 시절이었다. 그러다 1902년 의회 선거에서 드레퓌스 지지를 매개로 사회당, 급진당, 공화좌파 등 좌파 연합이 승리했다. 이 선거의 승리는 드레퓌스파에게 정치적 보상과 동시에 드레퓌스 사건의 종결을 가져다주었다.

1903년 드레퓌스는 자신에 대한 판결의 재심을 요청했다. 1906년 통합 법정은 마침내 드레퓌스의 무죄를 선언하고 드레퓌스를 복권하였다. 드레퓌스는 기병대 소령으로 복귀했고, 군적박탈식을 당했던 육군사관학교 광장에서 훈장 수여 열병식을 받았다. 이 당시 프랑스 내무장관은 클레망소로 몇 달 후 총리가 되었다. 피카르도 군에 복귀하여 중령에서 준장으로 승진했고, 10월에는 클레망소 총리로부터 국방장관에 임명되었다. 1908년 졸라의 유해는 프랑스 위인들의 안식처 팡테옹으로 이장되었다.

드레퓌스 사건으로부터 유출할 수 있는 전략적 키워드로 마녀사냥, 사실 왜곡, 폭로, 결집, 진영, 양극화 등을 꼽을 수 있다. 먼저, 드레퓌스 사건은 유대인에 대한 반감에서 시작했다. 19세기와 20세기 전반 유럽 곳곳에는 실업자 수와 유대인 수를 같은 숫자로 표시한 선전 구호가 유행했다. 유대인 때문에 직장을 얻지 못한다는 선동 문구였다. 남들이 싫어하는 존재魔女가 있으면 이를 악용하려는 자가 있게 마련이다.

드레퓌스를 희생양으로 하는 마녀사냥이 성공하려면 잘못된 정보가 일단 사실로 받아들여져야 한다. 사실에 대한 왜곡은 실상 그리 어렵지 않다. 여러 실험 연구에서, 진실을 믿던 소수는 진실을 강경하게 부정하는 다수의 거짓 주장을 따랐다. '세 사람이면 없던 호랑이도 만들 수 있다'는 삼인성호三人成虎가 현실적으로 가능한 것이다. 진실은 결코 다수결로 정해질 수 있는 성질의 것이 아님에도 대중들은 간혹 다수결의 함정에 빠진다. 그렇게 드레퓌스 사건 초기 프랑스인 대부분은 드레퓌스의 유죄를 의심치 않았다.

엄밀히 말하면 애초 드레퓌스의 유죄를 확신했던 사람들은 다수가 아니었다. 비공개 군사 재판으로 진행되기 때문에 대다수는 모를 수밖에 없었다. 그 과정에서 목소리 큰 소수가 전체 의사를 대변했을 뿐이다. 그렇게 드레퓌스 사건 초기에는 목소리 큰 소수의 의견대로 드레퓌스가 유죄라는 여론이 확산되었다.

드레퓌스 사건은 당시 독일에 대한 프랑스의 콤플렉스에서도 연유했다. 1870년 프로이센에 먼저 선전 포고했으나 전쟁에서 지고 또 안방 베르사유궁전에서 독일 제국 선포식을 바라볼 수밖에 없었던 프랑스로서는 독일에 대한 감정이 좋을 리 없었다. 그렇지만 프랑스는 독일의 첩보 활동 처단을 위해 독일과의 전쟁까지 불사하려는 자세를 취하지는 않았다. 프랑스 군사력이 독일에 대항할 정도로 강하지 않았으며 독일과의 정면 승부 대

군중에게 둘러싸여 위협당하는 에밀 졸라. 앙리 드 그루 그림. 졸라는 고발 후 여러 고초를 겪었다.

신 국내 마녀사냥을 선택했다. 15세기 프랑스를 잉글랜드의 지배로부터 해방시킨 잔 다르크의 화형을 프랑스 국왕 샤를 7세가 방치했듯 국내 정치가 우선이었다.

드레퓌스의 결백을 밝히려는 행동은 집단적으로 방해받았다. 반드레퓌스파는 관련 자료에 대한 조사와 공개 자체가 프랑스 안보에 대한 위협이라는 주장을 펼쳤다. 마녀사냥에 동조하지 않으면 마녀 편으로 간주한다는 압력이었다. 어느 나라의 역사이건 군부 개혁은 적대국을 돕는 이적 행위라는 강한 반발이 나오게 마련이었다. 정상적인 과정을 통한 진실 규명이 어렵다보니 취한 선택은 폭로였다.

폭로가 폭로를 넘어 세 규합으로 연결되면 그 파급 효과는 크다. 당시 프랑스 사회는 졸라의 '나는 고발한다'를 계기로 드레퓌스파와 반드레퓌스파로 양분되었다. 드레퓌스를 옹호하는 세력의 결집이 시작되어 졸라의 '나는 고발한다'에 수천 명의 지지 서명이 뒤따랐고, 1898년 11월 『로로르』에 실린 피카르 옹호 탄원서에도 만 명이 넘는 지지 서명이 이어졌다. 반드레퓌스파도 각종 서명과 글로 결집했음은 물론이다.

조직화나 결집은 영향력을 극대화하는 효과적인 전략이다. 소셜 미디어가 발달한 오늘날 한국 사회는 마녀사냥도 쉽고, 이에 대항하는 측의 동원도 쉽다. 쿠데타 자체가 조직적 특정인들에 의해 추진되듯이 민주화 투쟁도 조직화된다. 진실을 밝히려는 측뿐 아니라 은폐하려는 측 또한 선악의 대결에서 자신이 선이라고 생각하면서 결집했다. 결집이 지속되면 진영이나 패거리로 불린다.

사전적 의미에서, 배신背信의 대상은 특정의 믿음이지 특정 집단이 아니다. 신념과 모순되거나 저버리면 '배신자'가 되겠지만, 우적友敵 관계가 바뀐다고 반드시 배신자로 불릴 이유는 없다. 하지만 한국 사회에서는 신념의 일관성보다 진영에의 맹목적 추종을 더 중시하여 배신 여부를 따지는 경향이 있다. 신념에 일관되게 충실해도 진영에서 이탈하면 배신자로 불린다. 친○○, 반○○ 등의 용어에서 ○○은 대체로 인물이나 집단이지, 신념 체계가 아니다. 이는 신념보다 개인 또는 집단이 결집에 더 중요한 기준임을 보여준다.

진영화 또는 패거리화의 대표적인 현상은 '내가 하면 로맨스, 남이 하면 불륜'이라는 이른바 '내로남불'이다. 본래 이념적 논의에서는 내로남불 사례는 아예 등장할 수 없다. 동일 행위에 대한 특정 이념의 평가는 시간과 공간을 초월하여 같아야 하는 게 원칙이기 때문이다. 특정 이념은 행위 주체에 관계없이 특정 행위에 대해 일관되게 비판 또는 장려해야 한다.

반면에 내로남불 인식은 시간과 공간을 초월한 일관성 조건을 중시하지 않아 모순을 모순으로 여기지 않는다. 인지 기능의 장애로 모순을 깨닫지 못할 수도 있고, 시시때때로 찰나에 마음을 쏟거나 자신을 남과 철저하게 구분하여 자신만의 주관적 관점을 중시하기 때문일 수도 있다. 그런 모순된 인식을 유지하기 위해 진영화를 추구한다. 진영화 속의 내로남불은 우리와 상대, 즉 피아의 구분으로 주관적 의견을 보편적 상식이라 강변하며 상식과 양심에 어긋나도 굳건히 삼인성호로 기만하려 한다.

한국 사회에서 내로남불 현상은 흔하다. 행동의 양태가 아니라 행동의 주체에 따라 지지 또는 비판이 정해진다. 여당일 때의 주장과 야당으로 변화된 후의 주장이 서로 모순되는 점은 이념화 대신 진영화의 현실을 보여준다. 마녀사냥과 사회 갈등이 해소되지 않고 확대·재생산되는 이유도 적극적 참여자의 대부분이 진영 논리로 움직이기 때문이다.

한국에서는 정치인이 대놓고 '내로남불'을 행해도 살아남는다. 어떤 경우엔 오히려 득세한다는 점에서 심각한 문제다. 진영에 집착하다 보면 양극화가 심해진다. 극단적 대립은 집단화될 때 심해지고 집단화되지 않을 때 완화된다. 어떤 실험 연구에서 특정 사안에 대한 참석자의 찬반 입장을 노출하지 않고 좌석도 무작위로 배치했을 때 타협의 빈도가 높았던 반면, 찬반을 미리 노출하고 그에 따라 좌석도 따로 배치했을 때 타협의 빈도는 현격히 떨어졌다. 계층 간 소통은 없고 계층 내 소통만 활성화되어 있을 때 양극화 경향이 나타나기 쉽다. 양극화된 진영 간 소통은 논리보다 기 싸움이다. SNS에서 다른 의견에 대해 "너 알바지?"라고 치부해버리는 대응이 바로 그런 예다. 이런 인신공격이 합리적인 인식 공유를 가져올 리 만무하다. 결집에 결집으로 대응하는 것은 진화된 모습이지만, 그런 양극화가 영구적인 것은 아니다. 냉전의 역사에서 보듯, 다극화되기도 하고 또 내부적 양극화로 대체되기도 한다.

결집 자체가 승리를 보장하지는 않는다. 성공적인 결집은 공동 이익뿐 아니라 진실이 담보되어야 한다. 다수 혹은 목소리 큰 소수가 진실을 호도한다 해도 영원히 진실을 호도할 수는 없다. 당장은 마녀를 편든다고 비판받더라도 그것이 진실의 편이라면 결집도 가능할뿐더러 정치적 이익 또한 획득할 수 있다. 오늘날 한국 사회에서 자주 전개되는 진실 공방 게임과 마녀사냥의 당사자들이 숙지해야 할 전략적 측면이다.

전략과 상식의 세계사

트럼프의 말, 오바마의 말

내로남불 현상은 다른 나라에서도 관찰된다. 2018년 6월 2일 미국 켄터키주 벨카운티 고등학교 졸업식이 열렸다. 졸업생 대표 벤 보울링이 "내가 구글에서 발견하여 감화를 받은 글귀가 있습니다. '단순 참여에 그칠 게 아니라 당신 자리를 위해 싸워라. 최고 자리를 위해 싸우면 더 좋다', 도널드 트럼프!"라고 연설하자 청중들이 환호했다. 이어진 보울링의 "농담입니다. 버락 오바마의 말입니다"라는 말에 일부 관중은 웃었지만 일부 관중은 야유를 보냈다. 공화당 텃밭인 이 지역 청중 중 일부는 트럼프의 글귀란 말에 환호했다 오바마의 말이라고 정정하자 정반대의 태도를 보인 것이었다. 말의 내용보다 누가한 말인지가 이들에게 더 중요하게 받아들여졌다는 사실을 확인할 수 있다.

50. 개헌_돌고 도는 국민의 뜻

한국에서 정치적 주장을 펼칠 때 가장 흔히 내세우는 명분은 '국민의 뜻'이다. 국민의 생각이 100% 똑같지는 않을 터인데, 생각이 어느 정도 공유돼야 '국민 전체의 뜻'이라고 말할 수 있을까.

1987년 10월 12일 국회는 개헌안을 대다수 찬성으로 통과시켰다. 재적 의원 272명 가운데 258명이 표결에 참여했고 254명이 찬성했다. 10월 27일 실시된 국민 투표투표율 78.2%에서도 투표자의 93.1%가 찬성해 현행 헌법제10호 헌법이 탄생했다. 이 정도면 국민의 뜻이라고 해도 별 이의가 없다.

민주주의 원칙에 어긋나는 유신헌법이나 제5공화국 헌법에 대한 국민의 뜻은 어땠을까? 1972년 11월 21일 실시된 유신헌법안 국민 투표투표율 91.9%에선 찬성표가 91.5%로 집계되었다. 1980년 10월 22일 제5공화국 헌법안 국민 투표투표율 95.9%에서도 찬성률이 91.6%이었다.

당시 국민이 그 두 헌법안을 최선으로 봤기 때문에 찬성한 것은 아니다. 그냥 국민 다수가 이전 헌법보다 새 헌법이 더 나을 거라고 판단한 데 불과하다. 헌법안에 대한 정당이나 사회인들의 의견 개진이 금지된 상황에서, 1972년의 국민 다수는 정국 불안정을 가져왔던 제3공화국 헌법보다 유신헌법이 더 낫다고 생각했고, 1980년의 국민 다수는 장기 집권을 노렸던 유신헌법보다 단임제를 못박은 제5공화국 헌법이 더 낫다고 생각했다는 것이다. 제5공화국 헌법 추진 세력은 국민 눈에 유신헌법보다 나은 헌법만 제시하면 된다는 전략적 판단을 했을 것이다. 이어 1987년의 국민 다수는 대통령을 직접 뽑지 못하는 제5공화국 헌법보다 직선제 대통령제의 현행 헌법이 더 낫다고 생각했다.

마찬가지로 언젠가는 현행 헌법 대신 내각제제2공화국형 헌법이나 대통령 중임제제3공화국형 헌법을 국민 다수가 선택할 가능성도 있다. 일부 여론 조사에 따르면 현재 5년 단임 대통령제보다 4년 중임 가능 대통령제가 더 높은 국민 지지를 받고 있다. 과거 국민의 압도적 지지를 받은 헌법이라 해도 시간이 지난 뒤엔 또 다시 국민 다수가 지지하는 새로운 헌법으로 교체될 수 있다. 국민 전체의 뜻은 돌고 돈다.

집단 의사뿐 아니라 개인 의사도 돌고 돈다. 여러 마케팅 실험은 소비자에게 보여주는 상품 순서에 따라 소비자가 선택하는 상품이 달라진다는 사실을 보여준다. 실제 부동산 중개인은 고가 매물이나 저급 매물을 먼저 보여준 후에 적정한 매물을 보여줘 거래를 성사시키는 전략을 택하기도 한다. 비교 상품이나 보기 순서를 바꿔 소비자 선택에 영향을 주는 경우는 적지 않다.

국민의 뜻으로 인정받으려면 얼마나 많은 국민이 동의해야 할까? 개헌이라는 국민의 뜻을 확인할 때 90%의 찬성이 꼭 필요한 것은 아니다. 과반수 투표와 투표자 과반의 찬성만 있으면 된다. 다만, 국민 투표 이전에 국회의원 재적 3분의 2 이상의 찬성이 있도록 규정하여 개헌 조건을 더 까다롭게 하고 있다.

개헌안 의결 외에 대통령을 탄핵 소추하거나 국회의원을 제명할 때도 재적의원 3분의 2 이상의 찬성이 필요하다. 또 재적 의원 과반수 찬성이나 출석 의원 3분의 2 찬성을 요구하는 사안도 있다. 나머지 대부분의 의결에는 재적 의원 과반수의 출석과 출석 의원 과반수의 찬성으로 의결하는 게 현행 헌법 49조의 내용이다.

'재적자 과반 출석, 출석자 과반 찬성'으로 전체의 뜻을 결정하는 것은 가장 흔한 민주주의 원칙이다. 이 다수결 원칙에서는 극단적인 경우, 재적 26%가 전체의 뜻을 결정할 수도 있다. 예컨대 재적 100명 가운데 찬성 26명, 반대 74명이라고 하자. 반대파 가운데 25명만이 출석하고 찬성파 26명은 전원이 출석한다면 26대 25로 통과된다.

국회 의결에 51% 대신 대략 60%의 동의가 필요하게 만든, 이른바 국회선진화법은 어떤가. 국회선진화법에 반대하는 사람들은 이 법이 헌법이나 법률에 특별한 규정이 없는 한 '재적자 과반 출석, 출석자 과반 찬성'으로 의결한다는 헌법 제49조에 위배된다고 주장한다. 통과에 많은 찬성을 요구하면 할수록 아무런 결정을 하지 못하는, 이른바 식물 국회의 가능성은 크다. 폭력 국회를 예방하기 위해 국회선진화법을 도입했다고 하지만, 사실 몸싸움 여부는 의결 정족수와 별 상관이 없다. 표결이 부당하다고 생각하면 49%뿐 아니라 20%도 몸싸움을 벌일 수 있다. 국회선진화법 이후 소수가 격렬히 반대하는 의안을 통과시키려는 시도가 없어 몸싸움이 없었는데, 그러다 2019년 '공직선거법 일부 개정 법률안'과 '고위공직자범죄수사처 설치 및 운영에 관한 법률안' 처리에서 39%의 반대로 과격한 몸싸움이 진행되었다.

레입하트 Arend Lijphart 같은 학자들은 다수결 제도의 문제점을 지적해 왔다. 인종, 종교, 언어, 출신 지역 등에 의해 다수 집단과 소수 집단 간 구분이 뚜렷한 사회에서는 소수 집단이 지배 집단에서 계속 제외되기 때문에 권력을 지지 비율만큼만 제공하는 것이 바람직하다는 주장이다. 제도권 내에서 자신의 의사를 반영시킬 수 없는 소수 집단은 폭동이나 시위와 같은 비제도적인 방식에 의존할 수밖에 없기 때문이다. 그래서 51%의 지지를 얻은 정파에 권력의 51%를, 49%의 정파에 권력의 49%를 부여하는 비례대표제나, 각 정파가 자치권을 갖고 전국적 이슈에는 거국적 합의로 추진되는 협의제 consociationalism 또는 합의민주제 consensus democracy 를 제안한다.

어떤 결정 방식이 민주적일까. 1972년 노벨 경제학상을 수상한 애로우 Kenneth Arrow 는 민주적 의사 결정 방식이 존재하지 않음을 수학적으로 증명한 바 있다. 애로우가 말한 민주주의 조건은 다음 다섯 가지다.

① 어떤 후보끼리도, 어떤 정책 대안끼리도 경쟁할 수 있어야 하고

② 그 경쟁의 결과는 제3의 후보나 정책 대안의 유무에 달라지지 않아야 하며

③ 후보나 정책 대안 간의 우열 관계는 순환되지 않아야 하고

④ 전원이 더 선호하는 후보나 정책 대안은 그렇지 않은 대안보다 우선적으로 선택되어야 하며

⑤ 집단의 선택이 특정 개인의 선호와 늘 완전히 일치해서는 안 된다.

애로우의 '민주주의 불가능성 정리'를 달리 표현하면, 어떤 방식이 위 ①, ②, ④, ⑤번의 네 가지 민주주의 조건을 충족할 때 그 방식에 의한 후보나 정책 대안 간의 우열 관계는 순환될 수밖에 없다는 것이다. 예컨대, 국민의 뜻이 대통령 중임제보다는 내각제를, 또 내각제보다는 대통령 단임제를 원한다면, 상식적으론 대통령 중임제보다 단임제를 원하는 게 국민의 뜻이어야 한다. 이것이 위 ③번의 비非순환성 조건인데, 현실이 늘 그렇지는 않다. 만일 국민이 단임제보다 중임제를 선호한다면, 이는 세 가지 권력 구조에 대한 국민 선호의 우열 관계가 순환되는 것이다.

심지어 만장일치제에서도 우열 관계가 돌고 돌 수 있다. 예를 들어 어떤 통일 이슈에 대해 여당·야당·북한의 주장이 각기 다르고, 그런 주장에 대해 국민이 각각 전체의 35%, 5%, 60%를 차지하는 A, B, C로 나뉘어 있다고 하자.

지지 집단	지지 비율	선호도
A	35%	야 〉여 〉북 (야당, 여당, 북한의 제안 순으로 선호)
B	5%	야 〉북 〉여 (야당, 북한, 여당의 제안 순으로 선호)
C	60%	여 〉야 〉북 (여당, 야당, 북한의 제안 순으로 선호)

만장일치제를 채택하는 경우, 여당안과 야당안 가운데 양자택일하는 결과는 무승부다여≡야. 국민 40%A+B가 야당안을 지지하고 국민 60%는 여당안을 지지하기 때문이다. 만장일치제에 의해 여당안과 북한안 가운데 양자택일하는 결과도 무승부다북≡여. 국민 95%A+C가 여당안을 지지하는 반면에 국민 5%는 북한안을 지지하기 때문이다. 이에 비해 야당안과 북한안 간의 대결에서는 야당안이 채택된다야≫북. A, B, C 세 집단 모두 북한안보다 야당안을 더 선호하기 때문이다.

위 세 가지 우열 관계를 종합하면 '여≡야≫북≡여'이다. 이는 순환되는 우열 관계다. 야당안은 북한안보다 만장일치로 더 선호되기 때문에 그 야당안과 비기는 여당안 또한 북한안보다 만장일치로 더 선호되는 것이 비순환적 우열 관계 조건이다. 이 조건은 충족되지 못하고 있다. 북한안은 야당안과 경쟁한다면 존속할 수 없겠지만, 여당안이 존재하기 때문에 나름 생명력을 갖는다. 이이제이以夷制夷와 같은 전략으로 결과를 뒤바꿀 수 있는 경우는 대체로 이런 순환 관계에서다.

사람이든 사물이든 약점은 있게 마련이다. 그 물고 물리는 관계는 대체로 돌고 돈다. 영원할 것 같았던 권력도 언젠가는 무너진다. 정치인들은 국민의 뜻이라는 단어를 자주 입에 올린다. 쿠데타의 주역들도 자신의 행위가 국민의 뜻이라고 말한다. 만장일치의 국민 뜻도 돌고 도는데, 하물며 다수결이나 특정 집단에 의해 결정된 뜻은 더더욱 무너지기 쉽다. 개인 의지의 총합과 구분되는 루소의 '일반 의지', 그리고 시대에 따라 달라지는 '시대정신'이니 하는 말도 절대적이지 않을뿐더러 언젠가는 바뀌는 법이다. 그런 상대성을 활용하여 세상을 바꾸는 것이 바로 전략이다.

오행의 상극 관계

고전적 순환 관계는 오행五行 간의 상극 관계이다.

수극화水克火: 물이 불을 끈다. 즉 물은 불의 천적이다.

화극금火克金: 불이 쇠를 녹인다.

금극목金克木: 쇠가 나무의 성장을 저해한다.

목극토木克土: 나무가 흙을 황폐화한다.

토극수土克水: 흙이 물을 흐리게 한다.

이에 따라 오행 간의 우열 관계는 다음처럼 순환된다.

… 〉水물 〉火불 〉金쇠 〉木나무 〉土흙 〉水물 〉….

물론 상극 관계가 절대적이지는 않다. 예컨대, '수극화'라 해서 모든 물이 불을 이기는 것은 아니다. 미미한 물은 거센 불에 힘도 쓰지 못하고 증발한다. 피식자被食者 성체가 포식捕食자 새끼를 잡아먹기도 하는 것이다. 상극 관계와 더불어 상생 관계도 존재한다.

목생화木生火: 나무가 불을 지핀다.

화생토火生土: 불탄 재가 흙을 살찌운다.

토생금土生金: 흙은 광물을 만든다.

금생수金生水: 광물은 좋은 물을 만든다.

수생목水生木: 물은 나무를 돕는다.

물이라는 천적을 둔 불은 어떻게 해야 할까. 土—水—火 삼각관계에서 불은 화생토火生土,
즉 자신이 도울 수 있는 흙土을 이용하여 물을 흐리게土克水 함으로써 물의 지배를 줄일 수
있다. 상생 관계로 천적을 극복하는 방식이다. 물의 지배를 받는 불은 순환적 상황을 이용
한 전략적 대처로 천적 물을 극복할 수 있다. 물水도 자신이 키우는 나무木로 천적 흙土을
극복할 수 있다. 흙土, 나무木, 쇠金 역시 유사한 전략을 구사할 수 있다.

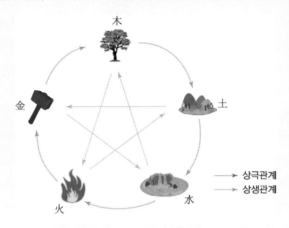

51. 1위 또는 꼴찌의 이탈_우열 관계는 승계되지 않는다

1등이 사라지면 그 자리를 누가 차지할까. 2등이 새로운 1등으로 등극하기도
하지만 그렇지 않은 경우가 더 많다.

1979년 10월 26일, 충격적인 사건이 발생했다. 현직 대통령이 시해된 것이
다. 시해된 절대 권력자를 이어 누가 새로운 권력자가 되었을까. 당시 정치권에
는 3김 씨를 비롯 여러 명의 대권 주자들이 있었고, 행정부 내에서도 최규하 총
리 등 후계자로 거론되던 인사들이 있었다. 10개월의 혼란을 겪은 후 실제 정권

을 잡은 사람은 그들이 아니었다. 10 · 26 사태 당시 국군 보안사령관을 맡고 있던 전두환 소장이었다.

박정희 대통령이 사라진 자리를 전두환 소장이 차지할 거라고 사건 발생 이전에 전망했던 사람은 없다. 박정희 대통령 살해의 주도자, 즉 당시 가장 많은 정보를 갖고 있었다는 김재규 중앙정보부장조차 전두환 소장의 권력 장악을 예상치 못했다. 이처럼 권력 공백 이후 새로운 패권은 애초 후보군에도 있지 않았던 쪽이 갖는 경우가 적지 않다.

10 · 26 사태 직후 3김씨는 대체로 낙관적인 모습을 보였다. 자신의 세를 확장하려 일부러 그랬는지 모르지만 같은 해의 12 · 12 군사 반란 이전과 이후 다 그랬다. 민주화는 8년이 더 연기되었고 자신들이 정권을 잡는 데까지 적어도 13년을 더 기다려야 했다. 특히 김재규 중앙정보부장의 행동은 스스로도 전혀 의도하지 않았을 전두환 정권의 등장을 초래했다. 세상을 바꾸긴 했지만 원했던 결과는 아니었다. 그에겐 전략적 사고가 없었다.

1등이 빠진 후의 판도 변화를 투표의 사례로 살펴보자. 2011년 10월 26일 서울시장 보궐 선거는 오세훈 당시 서울시장이 무상 급식 주민투표와 관련하여 시장직을 사퇴했고 이에 따라 서울 시정을 이끌 새 지도자를 선출하는 절차였다. 오 시장 사퇴 선언 직전의 여론 조사에 따르면 한명숙, 나경원, 추미애, 박영선 정도가 다음 서울시장으로 물망에 올랐다. 하지만 안철수 교수의 출마 가능성이 거론되면서 여론 조사들은 안철수, 나경원, 한명숙, 박원순 순의 지지도 결과를 발표했다.

오세훈 사퇴 직전의 여론 조사에서 2, 3, 4등을 달리던 정치인들은 오세훈 사퇴 이후 각각 1, 2, 3등으로 한 단계씩 오르지 않았다. 안철수와 더불어 각기 2, 3, 4등으로 평가받던 후보들이 안철수의 불출마 선언 이후 1, 2, 3등으로 오르지 않았음도 물론이다. 2011년 서울시장 보궐 선거의 당선자는 박원순 후보였다. 안철수의 불출마 선언까지 빅3에 포함되지 못했던 그가 서울시장으로 당선된 것이다.

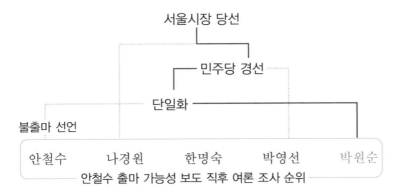

2011 서울시장 선거 과정 및 결과도

후보 간 경쟁 결과는 다른 후보의 존재 여부에 영향을 받는다. 특히 1인 1표의 다수결에서는 본래 특정 후보에게 갈 표가 대신 다른 후보에게 가기도 하고, 특정 후보에게 가지 않을 표가 별다른 후보가 없어 특정 후보에게 가기도 한다. 다른 후보의 존재 여부에 따라 각 후보의 득표가 달라지니 당선자도 달라질 수 있다.

사람들은 한 후보에게만 표를 주는 방식보다, 각각의 후보에게 차별화된 표나 점수를 주는 방식이 복잡하더라도 더 나은 방식이라고 생각한다. 왜냐하면 얼마나 좋고 싫으냐가 반영될 수 있고, 또 특정 후보의 존재 여부에 영향을 받지 않는다고 생각하기 때문이다. 이런 방식은 실제로 여러 경연대회 그리고 몇몇 나라의 의회 선거에서 채택되고 있다.

만일 각 유권자가 가장 덜 좋아하는 후보에게 0점, 그리고 각 후보에게 선호하는 순서당 1점씩 더 준 후 가장 많은 총점의 후보가 선출되는, 이른바 '보다 방식Borda count'으로 서울시장을 선출하는 경우를 가정했을 때, 안철수 불출마가 가져울 선거 결과는 어떨까. 2011년 서울시장 선거를 예시로 분석해보자.

전략 결정 게임

서울시장을 잡아라

설명의 편의상, 유권자가 10명이고 다음 표와 같은 후보 선호도를 갖고 있고 또 보다 방식
으로 서울시장을 선출한다고 가정하자. 10명이 3인의 후보에게 자신의 선호대로 점수를
부여하면 세 후보의 득점은 다음 표와 같다.

유권자 집단10명	선호도	후보의 득점		
		안	나	박
A1명	안 〉 나 〉 박	2	1	0
B3명	안 〉 박 〉 나	6	0	3
C3명	나 〉 안 〉 박	3	6	0
D3명	박 〉 나 〉 안	0	3	6
득점 합계		11	10	9

따라서 위 가정에서 세 후보가 출마했다면 득점 순위는 안철수, 나경원, 박원순 순으로 안
철수 후보가 당선되었을 것이다. 그러나 안철수는 출마를 접었다. 그렇다면 10명 유권자
의 후보 선호도는 안철수 불출마 결정 후 다시 다음과 같이 정리된다.

유권자 집단10명	선호도	후보의 득점	
		나	박
A1명	나 〉박	1	0
B3명	박 〉나	0	3
C3명	나 〉박	3	0
D3명	박 〉나	0	3
득점 합계		4	6

안철수가 빠진 이후 나경원은 [A + C]의 4명에게 1점씩 받아 4점을 얻고, 박원순은 [B + D]의 6명으로부터 각 1점씩 총 6점을 얻어 나경원에게 6 : 4로 승리한다. 안철수 출마 시 3등이었던 박원순이 안철수 불출마 선언 이후 2등을 역전하여 1등에 오른 것이다. 따라서 당선을 위한 박원순 후보의 핵심 전략은 안철수 교수의 불출마 자체였다. 실제 선거일 50일 전에 안철수와 박원순은 만나서 박 후보로의 단일화를 발표했다.

1등의 공백은 종종 '판 바꾸기'로 연결된다. 그 판 바꾸기로 기존 서열은 무너진다. 그렇다면 판 바꾸기는 애초에 불리한 측에게 더 유혹적인 전략이다.

2011년 서울시장 선거에서 나경원 후보의 1억 원대 피부 클리닉 출입 의혹이 제기되었는데, 그런 이슈가 선거 결과에 영향을 미친 이유는 나경원과 박원순 간의 양자 대결의 판을 바꾸었기 때문이다. 기존의 판에 극소수 특권층 대 나머지, 즉 1 대 99라는 새로운 이슈를 추가한 것이다.

억대 피부과 이슈 등장 이전, 두 후보와 10명 유권자의 입장을 기존 판인 가로축 위에 드러낸 선거판에서, 유권자 40%①,②,③,④가 박 후보를 더 가깝게 느꼈던 반면에, 60%⑤,⑥,⑦,⑧,⑨,⑩는 나 후보를 더 가깝게 생각했다. 즉 나 후보가 박 후보에게 6:4로 승리할 판세였다.

억대 피부과 이슈의 등장으로 기존 가로축 외에 세로축인 1대 99의 이슈가 추가되며 이차원 이슈의 경쟁 구도가 만들어졌다. 물론 기존 가로축에서의 유권자 입장에는 아무런 변화가 없지만, 새로운 이슈에서의 유권자 입장이 드러났다. 이 새로운 이차원 이슈의 선거판에서는 유권자 60%①②③④⑤⑥가 박 후보를 더 가깝게 느꼈다. 따라서 박 후보는 40%⑦⑧⑨⑩의 지지를 얻은 나 후보에게 6:4로 승리하게 되었다.

박원순–나경원 간 일차원 이슈의 경쟁 구도

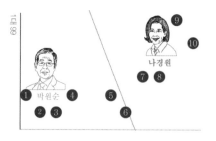

박원순–나경원 간 이차원 이슈의 경쟁 구도

당시 여론 조사들은 안철수와의 단일화로 급상승한 박 후보의 지지도가 조금씩 하강하는 추세였고 나 후보의 지지도는 조금씩 상승하는 추세였는데, 그런 추세들이 억대 피부과 이슈 등장과 함께 뒤바뀌었음을 보여준다.

억대 피부과 이슈는 일종의 스캔들이다. 그 스캔들은 흠결의 크기만큼 지지율 감소를 초래했다기보다 1대 99와 같은 새로운 이슈가 추가되며 판이 바뀐 것으로 이해할 수 있다. 나 후보가 피부 클리닉에 낸 액수가 수백만 원에 불과하다고 해명한 후에도 지지도를 회복하지 못한 이유가 바로 여기에 있다.

1등뿐 아니라 다른 사람의 공백도 새로운 1등의 향방에 영향을 준다. 앞서 가정한 서울시장 선거에서 박원순이 불출마하고 대신에 안철수와 나경원이 양자 대결을 한다고 가정해보자. 그렇다면 서울 시민 10명의 선호는 다음과 같이 재정리된다.

유권자 집단10명	선호도	후보의 득점	
		안	나
A1명	안 〉나	1	0
B3명	안 〉나	3	0
C3명	나 〉안	0	3
D3명	나 〉안	0	3
득점 합계		4	6

이 경우, 안철수가 [A+B]의 4명에게서 1점씩 총 4점을 얻고 나경원은 [C+D]의 6명으로부터 1점씩 총 6점을 받게 된다. 본래 2등이었던 나경원이 3등의 불출마로 1등이었던 안철수에게 승리하는 경우다. 물론 이는 가상 상황이다. 그렇지만 꼴찌의 이탈이 1, 2등 사이의 우열 관계를 뒤바꾸기도 한다. 1, 2위가 맞붙은 국내외 각종 선거의 결선 투표에서 1위가 패배하고 2위가 승리한 경우는 헤아릴 수 없이 많다.

다른 사건을 예를 들어 살펴보자. 1909년 10월 26일은 안중근 의사가 중국 하얼빈에서 이토 히로부미伊藤博文를 저격한 날이다. 안 의사의 의거가 일본 내 권력 향방에 어떤 영향을 주었을까.

이토가 권력에 가까이 가게 된 결정적 계기는 '오쿠보 정권'으로 불릴 정도로 막강한 영향력을 행사하던 오쿠보 도시미치大久保利通가 1878년 피살되었을 때다. 오쿠보의 자리를 새로 꿰찬 자는 오쿠보의 경쟁자들이 아닌, 이토였다. 이후 이토는 1885년 초대 내각 총리 대신을 시작으로 1901년까지 네 차례나 총리직에 올랐다. 그러다 1903년 이토는 큰 영향력을 행사하던 입헌정우회 총재직에서 밀려났다.

안 의사 의거 당시의 일본 정국은 가쓰라 다로桂太郎와 사이온지 긴모치西園寺公望, 두 사람이 번갈아 총리를 맡을 정도로 서로 1, 2등의 경쟁자이자 협력자였다. 굳이 분류하자면 사이온지는 이토와 함께 온건파로, 가쓰라는 강경파로 분류할 수 있다. 당시 사이온지의 정우회가 의회를 장악하고 있었기 때문에 1908년에 들어선 2차 가쓰라 내각의 수명은 짧을 수밖에 없는 상황이었다.

1910년 5월 다수의 사회주의자와 무정부주의자가 메이지明治 일왕을 암살하려 했다는 죄목으로 검거되었다. 이른바 '대역大逆 사건'이다. 안 의사 의거가 그 모의의 출발점이었다는 주장, 그리고 가쓰라 내각의 날조였다는 주장이 오늘날까지 제기되고 있다. 그 진실이 어떠하든, 이토의 피살은 결과적으로 2차 가쓰라 내각을 더 연장했다. 1, 2등 경쟁에 포함되지 않았던 이토가 사라지면서 1, 2등 간의 경쟁 판도가 바뀐 것이다.

1등이 빠지면 2등이 새로운 1등으로 되지 않는 상황을 봤고, 또 꼴등이 빠질 때 1등이 뒤바뀌는 상황도 보았다. 이런 집단적 선호의 우열 관계뿐 아니라 개인적 선호의 우열 관계도 비교 범위에 따라 달라질 수 있다.

여러 조사 기관에서 차기 대권 주자에 관한 지지도를 발표한다. 각 후보의 지지도는 부침을 거듭하고, 또 그 지지도 순위는 다른 주자가 있고 없음에 따라 크게 변동한다. 어떤 강력한 차기 후보가 다음 대권을 잡는다는, 이른바 대세론은 실현될 때도, 그렇지 않을 때도 있다. 대세론 주인공이야 판을 유지하려 하지만 쉬운 일은 아니다.

스캔들의 활용도 일종의 판 바꾸기다. 스캔들은 그 흠결만큼 지지를 감소시킨다기보다 판 자체를 변동시키기 때문에 효과적이다. 사실이 아니라고 밝혀진 스캔들조차 판세에 큰 영향을 끼친다. 현 상황이 유리한 측은 어떻게 판을 유지할지 고민할 것이고, 불리한 측은 새로운 프레임으로 판을 바꾸려 할 것이다.

보기 바꾸기 마케팅

댄 애리얼리Dan Ariely는 MIT 대학생들에게 『이코노미스트』를 구독하는데, ① 온라인 구독료 59달러, ② 오프라인 구독료 125달러, ③ 오프라인 + 온라인 구독료 125달러 가운데 하나를 선택하라고 하였다. 학생들이 구독을 선택한 비율은 ①번 16%, ③번 84%였다. 선거로 치자면 ③번이 당선된 결과였다. ②번이라는 선택을 제외한 두 가지 대안 가운데 하나를 다시 선택하라고 했을 때 학생들은 ①번 68%, 3번 32%였다. 선거로 치자면 ①번이 당선된 것이다. 즉, ②번 대안이 존재할 때 ③번 대안이 더 인기 있었다. 특정 대안에 대한 열등한 대안의 존재는 우등한 대안을 받쳐주기도 한다.

식당 메뉴에서도 보기를 바꿔 인기 선택 메뉴를 바꿀 수 있다. 예컨대, 코스 요리 가운데 중간 가격의 메뉴가 더 선택되는 극단 회피 상황에서는, 많이 판매하려는 코스를 가운데 두고 더 비싼 코스와 더 저렴한 코스를 배치하면 된다.

52. 후보 단일화_1 더하기 1은 2가 아니다

비록 여러 정파로 구성되어 있는 정당이라 하더라도 당내 후보 선출 과정은 1인의 후보를 결정하는 절차다. 경선 패배 후 탈당하여 출마하기는 쉽지 않기 때문에 당내 경선에 참여한 모든 정파는 경선 후에도 하나의 정당으로 유지하는

것이 일반적이다. 물론 당내 경선이 너무 뜨거워 후보 단일화는커녕 오히려 정
당이 갈라지기도 한다.

일반적으로 후보 단일화라고 말하면 당내 후보의 단일화가 아니라 서로 다른
정당의 후보들이 단일 후보로 협력하는 과정을 의미한다. 단일화 이전 개별 후
보의 지지를 유지하기 위해 후보 단일화라는 표현 대신에 연대라는 표현을 쓰기
도 한다. 1997년 대통령 선거를 앞둔 김대중 후보는 김종필 후보의 양보로 얻은
후보 단일화를 'DJP 연대' 또는 'DJP 연합'으로 불렀다.

대한민국 대통령 후보의 단일화 역사

선거 연도	등록 전후 사퇴 후보와 최종 후보
1963년	박정희 ‖ 윤보선(+허정+송요찬) | 오재영
1967년	박정희 ‖ 윤보선(+유진오+서민호)
1971년	박정희 ‖ 김대중(+김철+성보경)
1987년	노태우 | 김종필 ‖ 김영삼 | 김대중
1992년	김영삼(+김종필) ‖ 김대중 | 정주영 | 박찬종
1997년	김대중(+김종필) ‖ 이회창 | 이인제
2002년	노무현(+정몽준) | 권영길 ‖ 이회창
2007년	이명박 | 이회창 ‖ 정동영 | 문국현 | 권영길
2012년	박근혜 ‖ 문재인(+안철수+이정희)
2017년	문재인 | 심상정 ‖ 홍준표 | 안철수 | 유승민

* 당선자를 맨 앞에 표기했고, 득표율 3% 미만 후보를 생략했으며, 주요 경쟁 구도는 ‖로 표기하였음.

대한민국에서 대통령 선거 후보 등록 후의 후보 단일화는 제5대 대통령 선거
를 앞둔 1963년 10월 2일에 처음 등장했다. 당시 국민의당 허정 후보가 민정당

윤보선 후보를 지지하면서 제5대 대통령 선거 후보직을 사퇴한 것이다. 열흘 후에는 옥중 출마했던 자유민주당 송요찬 후보도 사퇴했다. 실제 선거에서 윤보선 후보는 45.1%를 득표하여 민주공화당 박정희 후보_{득표율 46.6%}에게 약 15만 표라는, 현재까지 역대 대선 가운데 가장 적은 표차로 패배했다.

이후 실시된 대통령 직선제 선거 모두에서 후보 단일화 시도가 있었다. 먼저, 당선 결과로 이어지지는 못했지만 후보 단일화가 있었던 선거를 살펴보자. 1967년 제6대 대통령 선거에서 신한당_{윤보선 후보}과 민중당_{유진오 후보}이 통합하여 신민당을 창당하면서 후보 단일화를 이뤘다. 이어서 민주사회당_{1967년 3월 대중당으로 개편}의 서민호 후보도 윤 후보의 지지를 선언하며 사퇴했다. 또 1971년 제7대 대통령 선거에서는 통일사회당의 김철 후보가 선거 3일 전에 정권 교체를 위해 후보직을 사퇴한다고 발표했고, 민중당의 성보경 후보 역시 야당 후보 단일화를 위해서라며 선거 전날 사퇴했다. 두 선거 모두 당선자는 민주공화당 박정희 후보였다.

2012년 제18대 대통령 선거에서는 문재인 민주통합당 후보가 안철수 무소속 후보와 단일화 협상을 전개했고 안 후보는 후보로 등록하지 않았다. 이정희 통합진보당 후보도 선거 이틀 전 문 후보를 지지하며 사퇴했다. 세 후보가 문 후보로 단일화했지만 선거 결과는 박근혜 새누리당 후보의 당선이었다. 문 후보는 자신의 본래 지지율에 안 후보의 것을 더한 만큼의 득표율을 얻지 못했던 반면에, 박 후보의 지지율은 안 후보의 사퇴 후 증가했다.

아예 후보 단일화를 이루지 못했던 선거를 살펴보자. 1987년 제13대 대통령 선거에서 김영삼 통일민주당 후보와 김대중 평화민주당 후보는 후보 단일화 협상을 추진하다 결국 각자 출마하여 노태우 민주정의당 후보에게 패배하였다. 1997년 제15대 대통령 선거에서는 한나라당 대통령 후보 경선에서 승리한 이회창 한나라당 후보, 그리고 경선에서 패배한 이인제 국민신당 후보가 각기 출마했고 김대중 새정치국민회의 후보가 당선되었다. 2007년 제17대 대통령 선거에서도 정동영 대통합민주신당 후보와 문국현 창조한국당 후보는 단일화를 해내지 못했고, 이명박 한나라당 후보와 이회창 무소속 후보 간에도 후보 단일화가 성사되지 못했다. 2017년 제19대 대통령 선거에서는 문재인, 홍준표, 안철수, 유승민, 심상정 등 원내 2석 이상을 가진 정당의 후보들은 정당 안팎에서 후보 단일화 압력을 받았으나 사퇴하지 않고 완주했다.

후보 단일화가 성공적 결과로 이어진 선거를 살펴보자. 1990년 민주정의당, 통일민주당, 신민주공화당의 민주자유당 합당은 1992년 제14대 대통령 선거에서 후보를 단일화를 위한 사전 정지 작업이었다. 합당 후 김영삼이 민주자유당 후보로 출마하여 대통령으로 당선되었다. 또 1997년 새정치국민회의와 자유민주연합 간의 이른바 'DJP 연합'도 제15대 대통령 선거의 승리에 일조한 후보 단일화로 평가되는데, 유사한 정파가 아니라 이질적인 정파끼리 후보를 단일화한 사례다.

후보 단일화를 통해 선거 판세를 뒤집은 것으로 각인된 대표적 사례는 2002년 제16대 대통령 선거다. 2002년 월드컵 폐막 직후 4개월 내내 각종 여론 조사에서 노무현 새천년민주당 후보는 이회창 한나라당 후보, 정몽준 국민통합21 후보에 이어 3위에 그쳤다. 이에 새천년민주당 내 반노무현 정치인들이 노무현-정몽준 후보 단일화를 주장했다.

2002년 11월 16일 노-정 두 후보는 후보 단일화 방식에 합의했다. 표면적으로는 여론 조사로 결정하자는 정 후보의 제안을 노 후보가 수용함으로써 단일화가 이루어진 것으로 알려져 있다. 하지만 실은 노 후보의 제안을 일찍 수용하지 않아 자신에게 유리한 후보 단일화 여론 조사 타이밍을 놓쳤고, 또 자신에게 유리한 후보 단일화 조사 질문을 제시하지 못했으며, 끝으로 여론 조사 결과를 제대로 예측하지 못한 정 후보 측의 전략적 실수였다. TV 토론 등을 거친 후 실시된 11월 24일 여론 조사 결과, 노 후보가 단일화 후보로 확정되었고 결국 대통령에 당선되었다. 당시 노 후보가 권영길 민주노동당 후보와 단일화를 굳이 추구하지 않은 점 역시 주목할 만하다. 노-정 후보 단일화 추진에 대해 이회창 후보도 대응했을 터인데 선거 결과는 이 후보의 대응이 효과적이지 못했음을 말해 준다. 이에 비해 노 후보가 자신에 적대적인 당내 계파의 요구대로 단일화를 추진한 것은 전략적 한 수였다.

이처럼 2017년까지 대한민국 국민이 직접 선출한 총 13차례의 대통령 선거를 살펴보면, 후보 단일화가 가끔 의도와 정반대로 전개된 때도 있지만 대체로 당선 가능성을 높였다. 제6공화국 헌법하에 실시된 대통령 선거의 당선자 노태우, 김영삼, 김대중, 노무현 후보는 각기 DJ-YS 분열, 3당 합당, DJP 연합(과 이인제 후보 출마), 노-정 단일화 등으로 상대의 후보 단일화를 막았거나 자기만의 후보 단일화를 이루었다. 이명박, 박근혜, 문재인 당선자의 경우엔 상대 진영이 효과적인 후보 단일화를 이루지 못했다.

합당한 정당의 지지도는 합당 이전의 정당 지지도 합보다 더 클 때도 있고 더 작을 때도 있다. 마찬가지로 후보 단일화 이후의 지지도가 단일화 이전의 지지도 합보다 더 클 수도 또 더 작을 수도 있다. 단일화의 목표는 1위 후보를 만드는 것이다. 설사 단일화 후보의 득표율이 단일화 전 후보들의 지지율 합보다 작더라도 경쟁 후보의 득표율보다 크다면 성공적 후보 단일화다. 후보 단일화 후 선호가 약해진 자신의 잠재적 지지자를 투표에 참여시키고 또 선거 결과의 불확실성으로 투표 참여 의지가 강해진 유권자를 끌어들이는 것이 관건이다.

후보 단일화의 입체적 효과

후보 단일화 효과는 대통령 선거와 국회의원 선거가 다르다. 민주통합당과 통합진보당이 야권 후보 단일화를 적극적으로 실천한 2012년 제19대 국회의원 선거와 제1야당이 더불어민주당과 국민의당으로 분당해 각자 후보를 낸 2016년 제20대 국회의원 선거를 비교해보자. 제19대 국회의원 선거에서 여당 새누리당은 지역구 의석 과반을 얻었다. 새누리당 후보는 수도권 112개 선거구 가운데 43곳에서, 야당 후보는 69곳_{61.6%}에서 당선되었다. 반면에 제20대 국회의원 선거에서는 여당 새누리당이 원내 제2당에 그쳤고, 수도권 122개 선거구 가운데 87곳_{71.3%}에서 야당 후보가 당선되었다. 야권 승률은 후보 단일화를 이루지 못했을 때 오히려 더 높았다. 정교하지 못한 후보 단일화는 오히려 나쁜 결과를 초래하기도 하는 것이다.

같은 선거의 선거구끼리 비교해도 비슷한 현상을 관찰할 수 있다. 야권 후보 단일화를 이룬 지역구에서 여당 후보가 당선되기도 했고, 반대로 야권이 후보 단일화를 이루지 못한 지역구에서는 여당 후보가 낙선하기도 했다. 물론 주로 여당 강세 선거구에서 야권 후보 단일화가 시도되기 때문에 단순하게 비교해서는 안 되겠지만, 야권 후보 단일화가 성사되면 야당이 승리하고 그 반대면 야당이 패배한다는 도식과 어긋난 결과임은 분명하다.

평면적으로 보면, 후보를 단일화한 경우의 당선 확률이 단일화하지 않은 경우보다 크지 않다. 단일화가 지지자 일부를 이탈시키고 상대 진영 지지자를 투표에 적극적으로 참여하게 만드는 역효과를 불러일으켜 결과적으로 자기 진영에 불리하게 작용할 때도 있다. 그렇다고 후보 단일화가 무조건 불리하게 작용한다고 봐서는 안 된다. 유리한 상황에서는 굳이 후보 단일화를 추진하지 않고, 반대로 불리한 상황이거나 선거 결과를 뒤집고자 하는 경우 후보 단일화를 추진하기 때문이다. 이처럼 후보 단일화의 효과는 입체적이다.

후보 단일화 방식으로는 당원 경선, 국민 참여 경선, 일반인 여론 조사, 후보 간 담판 등이 있다. 여론 조사만 해도 표본(역선택 방지를 위한 상대 지지자 제외 방식), 질문(지지도 또는 경쟁력), 오차 범위(후보 간 작은 차이로 무시할 조사 결과) 등을 어떻게 정하느냐에 따라 최종 선택 후보는 달라진다. 후보 단일화 경쟁에서는 거대 조직을 지닌 쪽이 유리하다. 예컨대, 조직이 있는 후보 측은 조사에 적극적으로 참여해 표본에서 자신의 의견이 과대 대표되게 할 수 있다. 후보 간에 유불리가 분명한 후보 단일화 방식일수록 잘 합의되지 않는다. 따라서 후보 단일화 협상에서는 여러 경우의 수를 갖고 임해야 한다.

물론 본래 1위를 달리던 후보가 수수방관하지만은 않는다. 후보 단일화 과정에서 탈락할 가능성 있는 후보에게 출마의 동기를 제공하거나 직접 매수하거나 이간질할 때도 있겠지만 대체로 당선 희망을 불어넣음으로써 후보 단일화를 저지하기도 한다. 혹은 자신과의 대결에서 패배할 가능성이 있는 후보로 단일화를 유도하거나, 아니면 자신도 다른 후보와 단일화하기도 한다.

전략 결정 게임

차원을 바꿔라.

유권자 7인이 자신과 유사한 입장의 후보에게 투표하는 일차원 선거 구도의 다자 대결에서 진보 후보인 A와 B는 각각 2표씩 받고 보수 후보인 C는 3표를 받는다고 가정하자. A와 B가 후보를 단일화하면 C에게 4:3으로 승리한다는 전제가 후보 단일화의 기본 취지다. 하지만 늘 그렇지는 않다.

이차원 선거 구도에서 세 후보가 진보–보수(가로축)뿐 아니라 출신 지역(세로축)에 따른 지

지 기반도 다르고, 특히 A와 B의 지지 기반
지역이 서로에게 대립적이라고 하자. 또 B
를 지지하는 ●는 A와 C 가운데 지역 연고
에 따라 C를 더 가깝게 여긴다고 하자. 만
일 B가 사퇴하고 A로 후보 단일화가 이뤄
지면 ●는 A 대신 C에게 투표할 가능성이
크다. 나머지 유권자의 선택이 그대로라면
단일 후보 A는 C에게 3:4로 패배한다. 이
는 후보 단일화로 인한 효과를 보지 못하
는 사례다.

일차원 선거 구도

이차원 선거 구도

보혁과 지역 기준 외에도 불평등, 안보와 같은 선거 프레임이 존재한다. 특히 개헌 이슈
는 보수–진보, 출신 지역, 사회 경제 정책, 대북 정책 등과 달리 후보들이 입장을 비교적
자유롭게 바꾸거나 정할 수 있어 기존 프레임에서 불리한 후보들이 적극적으로 제기할
수도 있는 이슈다.

　후보 단일화에 따른 당락의 변화는 유권자의 선호 분포에 따라 다르다. 유권
자의 선호는 후보 단일화 과정에서 그 방향과 강도가 바뀔 수 있으며, 또 유권
자 선호 분포는 선거 프레임에 따라 새롭게 그려질 수 있다. 유리한 단일화 파
트너후보 역시 선거 프레임에 따라 달라지고, 또 유리한 선거 프레임도 연대 후
보에 따라 달라진다.

　대선 시즌의 정계 구도는 대선 후보 구도와 다름없다. 개별 인물이 아닌 주요
정파만 6개라고 한다면, 이 6개 정파가 둘로 나뉘어 대통령 선거에 임하는 정계
구도의 종류만 수학적으론 31가지5계파 대 1계파의 6가지, 4계파 대 2계파의 15가지, 3계파 대 3
계파의 10가지나 된다. 여러 정계 구도 및 후보 연대, 그리고 선거 프레임 가운데 어

떤 조합이 특정 후보의 당선 가능성을 극대화하는지는 복잡하지만 계산할 수 있다. 과거 선거에서는 어설픈 계산으로 1, 2위 후보가 낙선하기도 했고, 진정성이 수반된 정교한 계산으로 3위 후보를 당선시키기도 했다. 연대는 다차 방정식이므로 해가 여럿이다. 전략적 후보는 그 가운데 자신에게 유리한 해로 귀결되도록 노력할 것이다.

선거마다 같은 당 후보끼리 또는 다른 당 후보 간 연정이니 연대이니 하는 논쟁이 등장한다. 과반이 되지 않더라도 가장 많은 표를 얻으면 당선되는 선거 제도, 그리고 정당 체제를 계속 바꿔야 살아남는 정치 문화에서 후보 단일화는 전략적 대응 가운데 하나일 수밖에 없다. 후보 단일화의 추진과 저지는 선거가 끝날 때까지 시도될 것이다. 자신의 연대를 멸사봉공滅私奉公과 구국救國의 결단으로, 상대의 연대는 야합野合으로 표현하면서 말이다.

제8장
거부권

_균형을 잡다

53. 코드명 트리너티_위협으로 방어하다

1945년 7월 16일 오전 5시 30분쯤, 미국 뉴멕시코주 '호르나다 델 무에르토Jornada del Muerto, 죽은 자의 여정' 사막에서 인류 최초의 핵무기 실험이 있었다. 맨해튼Manhattan 프로젝트의 책임자 로버트 오펜하이머Robert Oppenheimer가 '삼위일체Trinity'로 명명한 이 실험에서 약 6kg의 플루토늄은 거의 TNT 20,000톤에 해당하는 폭발을 일으켰다. 다음 달 6일과 9일 실제 핵폭탄이 각각 히로시마와 나가사키에 투하됐고 15일 일본은 항복했다.

1945년 7월 16일 미국 뉴멕시코 주 사막에서 실시된 인류 최초의 핵 실험 폭발 모습. 맨해턴 프로젝트에 참여한 공학자 잭 애비가 촬영한 것으로 폭발 모습을 제대로 담은 유일한 컬러 사진이다.

핵무기는 그 엄청난 파괴력으로 전쟁으로 세상을 바꿀 것이라는 주장, 감히 전쟁을 시작할 수 없는 세상으로 만들었다는 주장, 전쟁 발발 가능성과 아무런 관계가 없어 세상을 전혀 바꾸지 못했다는 주장 등이 다양하게 제기되었다. 핵무기는 1945년 등장하자마자 그 파괴력 때문에 이전 무기와 질적으로 판이한 '절대적absolute 무기'로 불리었다. 이전의 재래식 군사력이 상대국과 비교하여 얼마나 강한지 또는 약한지에 따라 상대적으로 평가되었다면, 핵무기는 상대국의 군사력 크기와 관계없이 절대적으로 일정한 효능을 갖는다고 평가되었다. 『절대적 무기』라는 책을 처음 편집한 버나드 브로디Bernard Brodie 등 전문가 다수는 핵무기가 국제 관계의 규범과 관행에 변화를 준 것은 사실이지만 그렇더라도 완전히 대체하지는 못했다고 정리한 바 있다. 핵무기를 사용한 전쟁의 결과는 참담할 수밖에 없고, 이에 따라 핵무기 등장 이후 정책 결정자가 전쟁이라는 대안을 더욱 부담스럽게 받아들이게 되었음은 분명한 사실이다. 핵전쟁으로 예측되는 참담한 결과로 핵보유국 간 전쟁 가능성은 줄었고 대신에 다른 국가에서의 대리전 빈도는 늘었다. 이런 맥락에서 핵무기는 그 의도가 좋건 나쁘건 현상 유지에 일조하여 세상이 덜 바뀌게 하기도 한다.

핵무기 출현으로 힘이 비슷balance of power해야 도발을 억제할 수 있는 게 아니라, 상대를 파멸시킬 수 있는 역량만 갖춘다면 도발을 억제할 수 있다는 이른바 '공포 균형balance of terror' 개념이 등장했다. 상대방과 동등한 힘을 가지지 않아도 도발을 억제할 수 있게 되었다. 즉 핵 억지nuclear deterrence는 쌍방이 상대의 선제공격에도 살아남아 상대를 파멸시킬 수 있는 군사력을 마주 갖는 상황이지 반드시 핵무기의 평형balance을 의미하지 않는다. 뒤집어 말하면, 도발하려는 의도 그리고 위험을 받아들이는 태도가 매우 비대칭적이라면 핵 군사력이 비슷하건 아니건 균형이 깨져 도발이 발발할 수도 있다는 얘기다.

핵무기 등장으로 공격력과 방어력의 구분이 뚜렷해졌다. 재래식 전쟁에서는 공격에 투입되는 군사력을 그대로 방어에도 투입할 수 있어 공격력을 방어력으로, 또 방어력을 공격력으로 전환할 수 있었다. 이와 달리 핵무기 시대에서는 상대 공격을 격퇴하는 군사력예: 고고도미사일방어, THAAD이 상대를 침공할 때 동원하는 군사력예: 대륙간탄도미사일, ICBM과 기술적으로 또 전략적으로 구분된다. 핵무기

고고도 핵폭발과 핵 전자기파

핵무기는 타국 영토가 아니라 자국의 고고도high altitude 영공에서 폭발하여 상대를 직접 살상하지 않으면서 상대 무장을 해제하는 방안으로 거론되기도 한다. 1962년 7월 9일 오전 9시 9초호놀룰루 시간 8일 오후 11시 9초. 하와이 서남서 방향의 존스턴 섬에서 고고도 핵 실험이 진행되었는데, 존스턴 섬 남서 31km 지점의 400km 상공에서 전개된 폭발은 대기권 밖 핵 실험 가운데 최대 규모인 TNT 1.44메가톤 규모였다. 폭발 모습은 하와이에서도 수평선 기준 약 10° 각도로 관측되었다. '최고의 불가사리'Starfish Prime 라고 불리는 이 실험은 '어항Fishbow 작전'의 5개 고고도 실험 중 하나였다. 실험 당시 1,445km 떨어진 하와이 지역의 가로등, 신호등, 도난 경보기, 통신사 중계기 등이 고장 나면서 핵 실험 사실과 그로 인해 발생한 핵 전자기파Nuclear Electromagnetic Pulse, NEMP가 대중에게 알려졌다.

NEMP는 다음과 같은 원리로 작용한다. 강한 에너지 상태의 감마선 광자와 낮은 에너지 단위의 원자핵이 충돌하면, 원자핵보다 작은 질량의 전자가 방출되어 감마선 광자의 에너지를 받아 이동한다. 이때 형성된 강력한 전기장과 자기장 과정에서 고에너지 전자가 진동 운동을 하며 강력한 EMP가 발생한다. EMP는 전자회로에 과부하를 발생시켜 전자회로를 파괴한다. 지구 자기장의 모양에 따라 최고 자장 강도 지역은 적도 방향으로 U자 모양이다. 예컨대 핵폭발이 북반구에 발생하면 남쪽으로 U자 모양이다. 이는 지리적 위치에 따라 상대에 대한 타격 정도가 달라짐을 의미한다. 오늘날 EMP는 인공위성, 첨단 무기, 에너지 생산 및 공급, 수송망, 금융 기록 등에 고장을 일으킬 수 있으며, 핵폭발 없이 EMP를 방출하는 장치도 개발되어 있다.

는 국내로 침공해오는 상대국 병력보다 상대국 본토에 투하하는 것이 더 효과적인 무기다. 그래서 상대국의 공격을 성공적으로 방어하기는 힘들어도 상대국을 공격하여 심각한 타격을 주는 일이 가능해졌다. 상대의 공격을 막아내는 대신 상대의 방어를 무력화하여 도발을 자제하게 만드는 방식이 주가 된 것이다.

재래식 무기보다 훨씬 큰 파괴력을 지닌 원자 폭탄의 등장만으로 세상이 바뀐 것은 아니다. 생산비 대비 파괴력이 훨씬 큰 수소 폭탄 등 후속 핵무기, 지리적 제약을 뛰어넘어 상대를 파멸시킬 수 있는 운반 수단, 적의 기습 공격에 살아남아 반격을 가능하게 한 기술, 적의 공격을 무력화하는 기술 등이 함께 개발되어 세상이 바뀐 것이다. 다시 말해 핵무기는 그 자체뿐 아니라, ICBM과 잠수함 발사탄도미사일SLBM 등의 운반 수단, 그리고 상호확증파괴mutual assured destruction, MAD 등의 전략적 사고가 더해지면서 게임 체인저가 되었다.

핵 위협이나 핵 억지가 상대에게 먹히려면 상대가 그 사실을 믿어줘야 한다. 도발하면 소련 본토에 직접적으로 대량 보복하겠다는 미국의 '대량 보복massive retaliation 전략'은 이에 대한 소련의 신뢰 여부 때문에 '유연 반응flexible response 전략'으로 교체되었다. 핵 억지도 MAD와 같은 핵전략의 공유로 가능하게 되었다. 핵전략에 대한 상호 이해가 없었더라면 핵 억지는 실패로 귀결되어 제3차 세계대전으로 치달았을 여지도 있다.

오늘날 북한은 실질적 핵보유국이자 ICBM 보유국으로 인정된다. 북한 외에 핵탄두 장착 ICBM을 보유한 국가는 미국, 러시아, 중국, 인도, 이스라엘 5개국에 불과하다. 핵무기, 생화학무기, 중장거리 미사일 등 북한의 대량살상무기WMD는 어제오늘의 문제가 아니라 앞으로도 심각한 문제로 여겨질 수밖에 없다. 북한이 우크라이나, 카자흐스탄, 이란, 리비아 등의 핵무기 포기 사례를 쉽게 따르리라 기대되지 않기 때문이다. 북한으로서는 재래식 무기에서의 열세를 뒤집기 위해서라도 핵무기에 의존하려는 동기가 크다.

실제 핵무기는 사용되지 않았을 때 그 효능이 인정되지, 사용하고 나면 그 효능은 오히려 준다. 핵 보유국끼리의 경쟁에서 핵무기를 사용한 측은 승패를 떠나 엄청난 피해를 감수할 수밖에 없으므로 핵무기의 사용 자체는 이미 실패에 가깝다.

북한은 이미 핵무기를 사용하지 않고도 그 효과를 보고 있다. 북한의 ICBM이 실전 배치되면 한미 동맹의 효능에 변화 가능성이 있다. 미국이 본토에 대한 직접적 핵 공격 위험까지 감수하며 한반도에 개입할 가능성이 없다면, 미국 핵무기의 억지력이 한국으로 확장되는 이른바 확장 억지extended deterrence는 불확실해지기 때문이다. 그렇다면 한국은 한미 동맹 외에 핵 무장을 포함한 자체 군사력의 증강을 시급히 서둘 것이다. 핵보유국의 확장 억지가 작동하지 않으면 핵확산금지조약NPT 체제는 붕괴할 수도 있으며, 이는 중국을 포함한 기존 핵보유국에도 위기 상황으로 전개될 수 있다.

핵무기는 대체로 상대에게 새로운 것을 요구하는 '강압compellence 수단'이라기보다 현상 변경에 저항하는 '억지deterrence 수단'이다. 강압 수단으로서의 핵무기는 미국이 독보적인 핵 우위를 점하고 있던 1950년대에서나 가능했다. 강압의 수단이 될지 억지의 수단이 될지는 핵 군사력의 월등한 차이뿐 아니라 전쟁의지에 따라서도 좌우된다. 전면적 교류나 개방을 원치 않는 정권의 속성상 경제 상황이 나쁠 수밖에 없는 북한은 기존 질서와 다른 새로운 변화를 주변국에 요구할 가능성도 있다. 그래서 북한의 핵무기는 지역 안정을 심각하게 위협하는 잠재적 요인이다.

북한 정권에게 핵은 고위험 고수익의 투자 상품처럼 대박이 될 수도, 또 쪽박이 될 수도 있는 선택 사항이다. 대외적으로뿐 아니라 대내적으로도 마찬가지다. 완벽한 담은 존재하지 않는다. 바깥의 담이 견고하면 견고할수록 내부의 담이 뚫릴 가능성은 크다. 핵무기가 정권 지속을 보장하지는 않는다. 핵무기를 지키려다 정권을 잃을 수도 있다는 의미다.

　북한과의 대화는 대화대로, 또 전쟁을 대비한 만반의 준비는 준비대로 해나가야 한다. 민방위 체계의 재정비를 비롯한 여러 핵전쟁 대비책은 평화적 타결의 측면 지원책이기도 하다. 무조건 반핵이니 무조건 북한 포용이니 하는 비전략적인 진영 논리로는 한반도 위기를 수습하지 못한다.

54. 미사일 방어_방어로 위협하다

　날아오는 미사일을 어떻게 방어하느냐는 것은 매우 전략적인 문제다. 상대가 던진 돌을 다른 돌로 맞혀 떨어뜨리는 일이 어렵듯, 날아오는 미사일에 대한 요격도 쉽지 않다. 그럼에도 미사일 방어 기술은 계속 발달하여 왔으며 또 미사일 방어 체계는 실전 배치 이전부터 이미 전략적 효과를 누린다.

　1972년 5월 26일, 미국과 소련은 탄도탄 요격 미사일을 제한하는 ABM조약Anti-Ballistic Missile Treaty에 서명하였다. 공격용 미사일에 대한 군비 경쟁을 놔둔 채 방어용 미사일을 제한하기로 한 것이다. 1983년 3월 23일, 로널드 레이건 미국 대통령은 탄도 미사일 공격 방어 계획인 '전략방위구상Strategic Defense Initiative, SDI'을 발표하였다. 그리고 2001년 5월 1일, 미국 대통령 조지 W 부시는 미사일 방어Missile Defense, MD 체계 도입을 선언했다. 12월 13일 미국은 ABM 조약의 서명국인 러시아에 이를 통고했고 6개월 후인 2002년 6월 14일 ABM 조약에서 탈퇴했다. 레이건 행정부 때인 1983년에 출범한 전략방어계획기구Strategic Defense Initiative Organization, SDIO는 1993년 탄도미사일방어기구Ballistic Missile Defense Organization, BMDO를 거쳐 2002년 미사일방어청Missile Defense Agency, MDA으로 개편했다.

2001년 5월 1일 미국 국방대학교에서 미국 대통령 조지 W 부시가 미사일 방어에 관해 연설하고 있다 UPI.

미사일 방어는 적의 미사일을 발견, 추적, 차단, 파괴하는 기술 및 무기 체계를 의미한다. 방어 범위와 요격 고도에 따라 세분하기도 한다. 미국 '국가 미사일 방어National Missile Defense, NMD'는 미국 본토 전체를, '전역 미사일 방어Theater Missile Defense, TMD'는 특정 전역戰域을 방어 범위로 둔다. 한국에서 논의되는 미사일 방어는 요격 고도에 따라 구분한다. 발사 직전에 해당 미사일을 요격하는 킬체인Kill Chain, 발사된 미사일을 종착 단계의 높은 고도에서 요격하는 사드Terminal High Altitude Area Defense, THAAD, 낮은 고도 진입 시 요격하는 패트리엇Patriot Advanced Capability, PAC 등이 있다.

한국 사회는 미사일 방어 시설 논의와 관련하여 갈등을 겪는다. 이제 미사일 방어는 전문가의 연구 주제를 넘어 주요 사회 현안으로 대두되었다. 한국 사회의 많은 논의에도 불구하고 미사일 방어의 기술적 수준과 전략적 효과에 관한 이해는 제대로 공유되지 않고 있다. 미사일 방어를 미사일 공격에 대한 반대 행위라고 단순하게 받아들이기에는 공격과 방어의 전략적 관계가 너무 복합적이다. 공격력과 방어력 간의 전략적 관계를 간단하게 정리해보자.

첫째, 방어력만으로는 상대의 도발을 억제할 수 없다. 예컨대 A국이 공격력 10개, B국이 방어력 10개를 갖추고 있으며, 방어력 1개는 상대 공격력 1개를 99% 막는다고 가정하자. 양국 간 분쟁이 있는 경우 A국은 B국에 대해 도발을 일으킬 가능성이 크다. 설사 해당 공격이 실패한들 B국의 공격 가능성을 낮게 보기 때문이다. 이처럼 방어력만 갖춘 상태에서는 상대의 도발을 억제할 수 없다. 안전은 상대의 공격을 잘 막아내는 '방어'보다 아예 상대가 공격을 시작하지 않게 만드는 '억지'에서 더 보장된다. 공격력의 안보 기여도는 방어력보다 더 높을 수 있는 것이다.

둘째, 지나친 방어력은 오히려 그 방어력을 보유한 해당국의 도발 가능성을 높이기도 한다. 흔히 공격 무기는 악, 방어 무기는 선이라는 이분론적 인식이 있다. 그런데 방어 능력에서 우위를 갖춘 측이 오히려 도발을 감행할 가능성이 클 수 있다. 예컨대 A국이 공격력 10개, B국이 공격력 1개와 방어력 11개를 갖추고 있으며, 방어력 1개는 상대 공격력 1개를 99% 막는다고 가정하자. A국은 B국을 공격하더라도 성공 가능성이 희박할뿐더러 B의 공격을 방어할 수도 없으므로 도발을 주저한다. 반면 B국은 자국의 피해 없이 A국을 공격할 수 있으므로 도발을 덜 자제한다. 방어력에 집중한 B국이 공격력에 집중한 A국보다 도발 가능성이 더 큰 것이다.

방어력은 상대의 공격력을 상쇄한다. 만일 방어력이 상대 공격을 무력화시킬 수 있을 정도로 강화되면 교전에 의한 전멸이 두려워 도발을 자제하는, 이른바 '상호확증파괴Mutual Assured Destruction, MAD'의 억지 전략은 작동하지 않는다. 이런 억지 체제의 필요성이 공감되어 1972년 5월 26일 미국과 소련은 방어용 무기인 탄도탄요격미사일을 제한하는 ABM 조약에 서명하였다.

셋째, 방어력은 상대의 공격력 증강을 유도하여 상대의 체제 불안정을 증대시킬 수 있다. 1983년 3월 23일 미국 레이건 대통령은 핵 공격으로부터 미국 국민을 보호할 방패에 대해 언급했다. 이것이 SDI, 일명 '별들의 전쟁'이었다. 소련 역시 탄도탄요격미사일 기술을 보유하고 있었으나 미국에 뒤처져 있었고 개발과 배치를 추진할 재정적 여유가 없었다. 따라서 소련은 미국의 방어 능력 향상에 따라 공격력을 더욱 확보해야 하는 압박감에 시달렸다. 소련은 과도한 군비 부담에 따른 경제 악화로 결국 체제 종말을 맞았다.

넷째, 공격과 방어의 상대적 우선순위는 기술 발전에 따라 엎치락뒤치락한다. 방어 중심의 정책은 공격 기술이 발전하면 외면되고 방어 기술이 발전하면 강화된다. 폭격기, 대륙간탄도미사일ICBM을 위한 지하 격납고, 탄도미사일 탑재 잠수함 등 운반 기술 등이 발전함에 따라 방어력에 대한 중시는 비교적 외면되었다. 1972년 ABM 조약은 다탄두 미사일Multiple Independently Targetable Reentry Vehicle, MIRV 개발에 따라 더 많은 탄도탄요격미사일을 배치해야 하는 상황에서 이뤄진 합의였다.

2001년 부시 대통령의 미사일 방어 선언은 미사일 방어의 기술적 문제가 어느 정도 해결되었다는 판단에 따른 것이었다. 상대 미사일이 대기권에 다시 돌입하는, 이른바 종착 단계의 고高고도에서 미사일을 요격한다는 사드의 개발은 미국 육군과 록히드 마틴 간의 계약에 따라 1992년부터 본격적으로 추진되었다. 하지만 실패를 거듭하다가 1999년 마침내 미사일 요격 실험에 처음 성공하면서 부시 정부의 미사일 방어 정책으로의 전환을 뒷받침했다. 기술적 문제의 극복에 따라 미사일 방어 중심의 정책을 채택하게 된 것이다.

방어력이 아무리 발전해도 모든 종류의 공격에 대비할 수는 없다. 100% 성공하는 창과 100% 성공하는 방패는 동시에 존재할 수 없다는 것이 '모순矛盾'인데, 그중 하나만의 존재 역시 불가능하기는 마찬가지다. 100% 성공하는 공격도, 100% 성공하는 방어도 존재하지 않는다. 부시 대통령의 미사일 방어 체제 도입 선언 4개월 후에 발생한 9·11사태는 미사일 외에도 미국 안보를 위협할 수 있는 다양한 수단이 존재함을 보여준 사건이다.

다섯째, 공격력이나 방어력의 공개는 상대에게 메시지를 전달하는 확실한 방법이다. 미사일 모습이나 발사 장면 등을 일부러 노출하는 것은 상대국에 어떤 인식을 심어주려는 목적에서다. 동시에 국내의 불안감을 잠재우려는 정치적 목적도 일정 부분 있을 것이다. 창과 방패를 갖고 싸우는 경쟁에서 자신의 무기 성능을 감추는 게 유리할 때도, 반대로 보여주는 게 유리할 때도 있다. 때로는 과장이 필요할 때도 있다. 자신의 공격력이나 방어력을 그대로 공개할 것인지, 아니면 속일 것인지는 전략적으로 결정할 사항이다.

여섯째, 방어력 증강의 필요성은 상대의 공격력보다 상대의 적대적 의도에 따라 제기된다. 미국과 소련이 탄도탄요격미사일을 제한하여 서로의 공격에 취약하게 만들어 어느 누구도 먼저 전쟁을 시작하지 않도록 하자는 합의의 기본전제는 쌍방 모두 공격받지 않는 한 공멸을 가져다줄 선제공격을 하지 않는다는 점이다. 2001년 부시 정부의 미사일 방어 대상도 러시아가 아니라 불량 국가임을 천명했다. 억지 체제는 어느 일방이 현상 유지 대신 새로운 요구를 위해 행동한다면 작동할 수 없는 것이다.

한반도는 핵 무장뿐 아니라 호전적 의도에서도 극심하게 비대칭적이다.

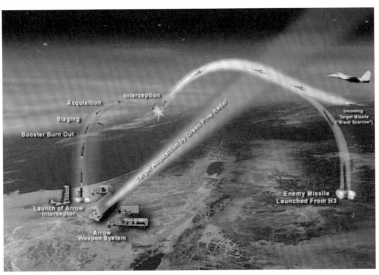

이스라엘 애로 미사일이 상대 미사일을 요격하는 모습 미국 미사일방어청

국제 사회는 북한의 핵 무장 의도에 의구심을 갖는다. 선제공격에 대한 억지 수단보다, 남한을 비롯한 주변국과의 협상에서 자신의 요구를 관철하기 위한 강압 수단이라는 인식 때문이다. 극단적 인식 가운데 하나는 북한이 남한을 침공할 때 미국 개입을 막기 위한 수단으로 핵탄두 장착 대륙간탄도미사일이나 잠수함발사탄도미사일을 활용할 수 있다는 내용이다. 실제 북한 매체의 보도 내용만으로 판단하자면, 북한의 의도는 억지 수위를 뛰어넘는 매우 도발적인 강압 수위를 보인다. 북한이 현상 유지에 반대한다는 인식은 북한 미사일에 대한 방어의 필요성을 증대시켜 실전 배치를 가능하게 한다. 북한이 남측의 방어력 증강을 원하지 않는다면 호전적 의도를 내비치지 말아야 한다.

최근 고체 연료, 잠수함발사탄도미사일 등 북한의 군사력 개발로 발견, 추적, 차단, 파괴로 이어지는 미사일 방어가 점차 어려워지고 있다. 고체 연료 사용 미사일은 액체 연료와 달리 발사 징후 파악이 어렵고, 미사일 탑재 잠수함도 수중이라 추적이 어렵기 때문이다. 그래서 점점 선제타격 능력으로 초점이 맞춰지는 상황이다. 북한의 침공 의도를 확실하게 인지할수록 대북 선제공격 가능성은 커진다. 북한은 자신을 보호하기 위해서라도 남한을 침공하려 한다는 오해를 주지 않아야 한다.

2001년 부시의 미사일 방어 선언은 남한 내에서 찬반 시위를 불러일으켰다. 2004년 패트리엇 한반도 배치 때에도 마찬가지였다. 2016년 사드의 한국 배치와 관련해서도 찬성과 반대 두 진영으로 나누어졌다. 당시의 조사 자료에 따르면, 사드 실효성과 같은 기술적인 판단이 유권자뿐 아니라 전문가 사이에서도 정치화되고 이념화되어 있었다.

미사일 방어 체계의 배치와 관련된 한국 내 찬반 논란은 전략적이고 논리적인 논의가 아니라, 남남갈등의 연장일 뿐이다. 미사일 방어는 중국까지 연루되니 더욱 그렇다. 특히 북한 정권이 불안정하고 한반도 상공 미사일 궤적이 짧다는 사실을 염두에 두고 논의해야 할 것이다. 공격과 방어의 전략적 관계를 이해하고 공유한 맞춤식 미사일 방어가 필요하다.

상대 도발을 막으려면 방어력만큼이나 공격력을 갖추어야 한다. 한편 도발 의도가 없는 상대의 억지력은 인정해줄 필요가 있다. 상대의 공격력이 이미 충분히 강할 때에는 방어력을 증대시킨다고 억지 체제가 와해되지는 않는다. 도발 의도가 있는 상대에 대해서는 억지력을 갖춘 상태에서 오히려 군비 경쟁을 통해 상대 내부의 정치 경제적 와해를 도모할 수도 있다. 궁극적으론 방어보다 억지, 또 억지보다 예방으로 가는 것이 바람직하다.

핵무기 효과처럼 미사일 방어의 효과도 사용되지 않을 때가 사용될 때보다 훨씬 더 크다. 싸우지 않고 방어하는 것이 싸워 방어하는 것보다 더 상책上策이다.

55. 주한 유엔군_유지에 효과적인 거부권

6·25 당시 북한의 월등한 군사력에도 남한이 존속할 수 있었던 요인 가운데 하나는 유엔의 개입이다. 유엔 안전보장이사회안보리 결의 제82호1950년 6월 25일자는 북한군이 38선 이북으로 즉시 철수하라는 요구였고, 제83호6월 27일자는 유엔 회원국이 북한군 격퇴에 필요한 원조를 남한에 제공하라는 권고였으며, 제84호7월 7일자에서는 북한군 격퇴 작전을 수행할 통합 부대가 유엔기를 사용하고 미국이 그 사령부를 구성한다고 결의하였다. 이런 안보리 결의를 통해 전무후무한 유엔군이 탄생했다.

주한미군 사령관이 사령관을 겸하고 있는 유엔군은 대체로 주한미군과 동일시되고 있다. 주한 유엔군은 유엔의 예산 지원을 받지 않고 또 안보리 대신에 미국의 통제를 받지만, 오늘날에도 주요 문제를 안보리에 보고하고 있다. 유엔이라는 공식 명칭을 사용하면서, 중화인민공화국 등 강대국을 상대로 치열한 전투를 3년 이상 수행했으며, 70년 이상 정전 체제하에서 여전히 존속하고 있다.

소련에 의결 거부권이 있는 안보리에서 유엔군 구성 결의를 얻어냈다는 점은 매우 이례적이다. 6 · 25 도발을 사전에 동의한 소련이 한반도에 파견될 유엔군의 결성에 찬성할 리 만무했다. 유엔군 결성은 소련이 안보리 회의에 결석했기 때문에 가능했던 일이었다. 당시 소련은 중공의 중국 대표권이 승인되지 않는다고 1950년 1월부터 안보리 회의에 불참하던 차였다.

안보리 결의는 상임 이사국의 거부권이 인정되고 이사국 3/5 이상의 찬성으로 이뤄진다. 제82호 결의에 11개 이사국 가운데 유고슬라비아만 기권했고, 상임 이사국 4개국을 포함한 9개 이사국이 찬성했다. 제83호 결의에는 유고슬라비아만 반대했으며, 회의에 참석한 인도다음 회의에서 수락을 발표했음와 이집트가 표결에 불참했고, 나머지 7개 이사국은 찬성하였다. 제84호 결의에 대해서는 유고슬라비아, 이집트, 인도의 3개국은 기권, 나머지 7개국은 찬성했다.

1965년 안보리 비상임 이사국이 10개국으로 확대된 이후에는 5개 상임 이사국을 포함한 9개국 이상의 찬성이 있어야 안보리 결의가 가능하다. 절차적 문제에 대한 표결에서는 상임 이사국의 거부권을 인정하지 않지만, 특정 사안이 절차적 문제인지 실질적 문제인지에 관한 의결에 대해서는 거부권을 인정한다. 따라서 이견을 보일 수 있는 모든 사안에 대해 실제 상임 이사국의 거부권이 인정된다.

소련은 자국이 1950년 6~7월 안보리 회의에 참석하지 않았으므로 주한 유엔군에 관한 안보리 결의는 무효라고 주장했다. 상임 이사국이 안보리 회의에 결

1950년 6월 27일 유엔 안보리 회의에서 소련 대표가 불참한 가운데 7개 이사국이 손을 들어 한국에 대한 군사 지원을 결의하고 있다.

1950년 12월 유엔 안보리에서 소련 대표가 손을 들어 중공군 철수에 관한 결의안에 반대하고 있다.

석하거나 기권한 경우는 동의하지 않은 것이라는 해석도 있기는 하다. 주로 불어본, 스페인어본, 중국어본 유엔 헌장의 표현에 근거를 두고 주장된다. 하지만 지배적인 해석은 결석과 기권을 거부 행위로 볼 수 없다는 것이다. 거부하려면 참석하여 반대표를 던져 반대 의사를 명확히 드러낼 수 있는데 굳이 그렇게 하지 않은 것은 명확한 거부가 아니라고 보기 때문이다. 실제로 상임 이사국이 결석하거나 기권했음에도 채택된 안보리 결정 가운데 이의가 제기된 예는 매우 드물다. 심지어 1973년에 통과된 한 안보리 결의는 5개 상임 이사국 모두가 결석 아니면 기권을 했음에도 이의는 제기되지 않았다.

다만, 소련이 6 · 25 전쟁의 당사자이므로 상임 이사국이라 하더라도 표결권을 인정할 수 없다는 해석은 잘 받아들여지지 않는다. 분쟁 당사국은 분쟁의 평화적 해결에 관한 결정에서 의무적으로 기권해야 한다는 유엔 헌장 규정이 있으나, 이 조항은 매우 제한적으로 적용되고 있기 때문이다. 더구나 강제 조치에 관한 결정에서는 분쟁 당사국인 상임 이사국의 거부권을 제한하지 않는다. 주한 유엔군에 관한 안보리 결의는 소련이 거부권을 행사할 수 있는 사안에 대해 거부권을 행사하지 않았기 때문에 가능했다.

안보리 결정에서 상임 이사국과 비상임 이사국 간 힘의 차이는 어떨까. 다음 [전략 결정 게임] 예시에서 계산해보자.

유엔 안보리 이사국 표의 결정력pivotal power은 자국을 제외한 나머지 이사국들이 무작위로 찬반 표결했고 자국 선택에 따라 통과 여부가 좌우될 확률이다.

먼저 상임 이사국의 결정력을 계산해보자. 상임 이사국의 표에 따라 통과 여부가 좌우되는 경우는 자국을 제외한 나머지 4개 상임 이사국이 찬성하고 비상임 이사국은 4개국 이상 찬성한 상황이다. 즉 4개국 이상의 비상임 이사국이 찬성한 경우의 수를 전체 경우의 수로 나눈 값이 상임 이사국의 결정력이며, 다음과 같이 계산할 수 있다.

● 상임 이사국

$$\frac{_{10}C_4 + _{10}C_5 + _{10}C_6 + _{10}C_7 + _{10}C_8 + _{10}C_9 + _{10}C_{10}}{2^{14}} = \frac{848}{16,384} \fallingdotseq 0.05$$

이제 비상임 이사국의 표 결정력을 계산해보자. 비상임 이사국의 선택에 따라 통과 여부가 좌우되는 경우는 5개 상임 이사국이 모두 찬성하고 자국을 제외한 9개 비상임 이사국 가운데 3개국만이 찬성한 상황이다. 자국 찬성으로 통과 여부가 바뀌는 경우의 수를 전체 경우의 수로 나눈 값이 비상임 이사국의 결정력이다. 다음과 같이 계산된다.

● 비상임 이사국

$$\frac{_9C_3}{2^{14}} = \frac{84}{16,384} \fallingdotseq 0.005$$

상임 이사국과 비상임 이사국 간의 표결 결정력 차이는 약 10 대 1 정도로 현격한 불평등이 존재한다. 그러나 그 차이가 5개 상임 이사국이 20%씩 총 100%의 결정력을 갖고 나머지 10개 비상임 이사국은 아무런 결정력이 없는 정도는 아니다. 7개 이사국이 반대하는 안보리 결의안은 통과되지 않기 때문에 10개 비상임 이사국 가운데 7개국이 의견을 함께하면 5개 상임 이사국 전체와도 맞설 수 있다.

거부권은 결의를 저지할 수는 있어도 통과를 보장하지는 못한다. 1개국이 거부하든 4개국이 거부하든 그 결과는 모두 부결이므로 상임 이사국 4개국의 힘은 상임 이사국 1개국의 4배가 아니다. 이처럼 거부권 제도는 다른 의결 방식보다 소수에게 결정력을 좀 더 배분하는 방식이다.

거부권이라는 막강한 영향력을 부여받은 소련은 1950년 안보리 회의에서 6·25 도발에 대한 추궁이나 도발 중단 압력이 우려됐더라도 회의 참석이 공산 진영으로서는 나은 선택이었을 텐데 불참은 전략적 실수였다. 이런 소련의 실수를 적극적으로 활용하여 유엔의 이름으로 정당성을 갖고 군사력을 제때 동원한 결과가 바로 유엔군 참전이다. 이후 소련은 안보리 회의에 적극적으로 참석하여 중공군 철수에 관한 12월 결의안에 거부권을 행사했다. 1951년 1월 안보리는 6·25 전쟁을 의제에서 제외하기로 하는 결의안 제90호를 11개 이사국 전원 합의로 의결했다.

6·25 전쟁 이후에도 유엔군을 포함한 외국 군대의 철수에 관한 공산 측 결의안, 그리고 자유 총선거로 한반도를 통일하자는 서방 측 결의안은 냉전 시대 내내 유엔 총회에서 표 대결을 벌였다. 총회 결의는 유엔군 지위를 바꿀 수 있는 법적 근거가 아님에도 불구하고 기 싸움의 차원에서 이루어졌다.

주한 유엔군의 법적 근거는 안보리 결의다. 유엔군은 안보리의 거부권 제도 탓에 존속되고 있다. 주한 유엔군을 해체하려는 안보리 결의는 미국을 비롯한 몇몇 상임 이사국의 거부권으로 아예 채택될 수 없기 때문이다. 변화보다 지속을 지향하는 거부권은 불가역을 활용한 전략적 수단인 셈이다.

오늘날 안보리에서 거부권 행사는 드문 편이다. 단순 표 대결이 아니라 물밑에서의 사전 교섭과 조율에 따라 거부권을 행사하지 않는 쪽으로 진화하고 있다. 냉전 종식 후 이러한 경향은 더욱 드러난다. 물론 관점에 따라 공식 토론 대신 밀실 거래로 보일 수도 있겠지만, 대체로 거부권을 행사하지 않는 모습이 훨씬 덜 대립적이고 더 타협적으로 보인다.

56. 낙선 운동_네거티브는 사라지지 않는다

제16대 총선을 앞둔 2000년 4월 3일, 총선시민연대는 86인의 후보를 낙선 대상으로 지목하였다. 그 가운데 실제로 낙선한 후보는 무려 59인에 이르렀다.

2000년 낙선 운동 대상자는 그 두어 달 전에 발표된 낙천 운동 대상자의 연장선이었다. 각 당의 총선 공천이 논의되던 2000년 1월 24일 총선시민연대는 공천에 반대하는 67명의 인사를 1차로 발표했고, 2월 2일에 다시 2차 공천 반대 인사 명단을 발표했다. 이어 4월 3일 낙천 운동 대상자 중에서 실제로 출마한 64명에 22명을 추가해 총 86명의 후보를 최종 낙선 운동 대상자로 발표한 것이다.

전통적 자유민주주의 체제에서는 각 정파가 자신의 후보나 정책을 내세워 당선 운동을 전개한 후 국민이 투표로 선택하는 방식이다. 정당이 아닌 시민 단체가 100인을 훨씬 상회하는 정치권 인사를 낙천 혹은 낙선시키겠다고 나선 2000년 낙선 운동은 유권자 개개인의 올바른 판단을 전제로 하는 전통적 자유민주주의 체제에서 관찰하기 힘든 현상이다. 낙선 운동은 대체로 공 대신에 과로 그 대상자를 선정하기 때문에 현역 정치인보다 신진에게 유리한 결과를 가져다준다.

2000년 낙선 운동에 대한 평가는 오늘날뿐 아니라 당시에도 논란거리였다. 정파적 이해관계를 지닌 특정 세력이 부당한 불법 행위로 민의를 왜곡했다며 홍위병에 비유한 비판이 그 대표적 예다. 그런 정권 유착설과 음모론, 그리고 실제 한계에도 불구하고 2000년 총선시민연대의 낙선 운동이 선거 결과에 영향을 미친 전략적 측면은 여러 가지로 볼 수 있다.

첫째, 정치권에 대한 국민의 불신이 매우 높았다. 총선시민연대 관계자의 표현대로 "대중의 불만이 풍선같이 차 있었을 때 단지 바늘을 갖다 대는 정도"로도 파급 효과를 낳았다. 공기가 꽉 차지 않은 풍선과 달리, 꽉 찬 풍선은 터뜨리기 훨씬 쉽기 때문이다. 신인 정치인보다 현역 의원을 대상으로 전개할 수밖에 없는 낙선 운동은 기존 정치권에 대한 불신이 팽배할 때 효과적이다.

둘째, 운동 목표의 초점을 특정 후보의 당선이 아닌 특정 후보의 낙선에 맞췄다. 'ㅇㅇ 심판론'은 낙선 대상을 지목하는 것이지 당선 대상을 언급하는 것은 아니다. 경쟁적 입찰이나 인사에서는 누구를 붙여주는 일보다 떨어뜨리는 일이 훨씬 쉽다. 대체로 긍정적이고 적극적인 포지티브 행동을 전제한 화이트리스트보다, 부정적이고 소극적인 네거티브 행동을 전제한 블랙리스트의 실행이 더 쉽다.

선거도 마찬가지다. 예컨대, 다섯 후보가 경쟁하고 있는 선거에서 각자의 조건이 같다면 당선 확률은 모두 20%다. 특정 후보를 당선시키는 행위는 20%의 당선 가능성을 100%로 만드는, 즉 80% 포인트를 올려야 하는 어려운 작업이다. 이에 비해 특정 후보를 낙선시키는 행위는 20%의 당선 가능성을 0%로 바꾸는, 즉 20% 포인트만 내리면 성사된다. 특히 공보다 과를 더 중시하는 한국 사회에서 더욱 그렇다.

셋째, 공천 부적격자와 낙선 대상자를 객관적 기준으로 선정했다는 여론을 조성했다. 2000년 총선시민연대는 부패, 선거법 위반, 헌정 파괴, 반인권, 지역

감정 선동, 의정 활동 성실성, 개혁적 태도, 선거관리위원회선관위 등록 사항의 진위 등으로 낙선 대상자를 선정했다고 발표했다. 세부 기준을 어떻게 해석하고 여러 기준을 어떻게 합산하느냐에 따라 대상자 명단은 바뀔 수밖에 없으므로 대상자 선정이 자의적이라는 반박도 있었음은 물론이다. 공정한 기준에 대한 사회적 합의가 제대로 없었다는 점에서 오늘날까지도 논란은 남아 있다.

넷째, 낙선 운동 추진 세력은 자신이 공정한 심판이라는 이미지를 내세웠다. 특정 정파와 친밀한 관계라고 비판받을까 봐 낙선 대상자 명단에 모든 주요 정당의 후보들을 적지 않게 포함했고, 또 낙선 대상자를 발표할 때 레드카드 퍼포먼스를 연출하기도 했다.

2016년 3월 15일 서울 프란치스코회관에서 2016총선넷이 공천 부적격자 2차 명단을 발표하고 있다.연합뉴스.

낙선 운동을 추진하는 자가 정파적 행위자로 인식되면 그 낙선 운동은 의도와 다르게 전개되기도 한다. 가만히 있는 게 도와주는 일임에도 섣불리 나서다 오히려 친구에게는 피해를, 경쟁 상대에게는 이익을 줄 수도 있다. 누가 특정 후보를 지지하거나 반대하면, 그를 싫어하는 사람들은 그와 정반대의 선택을 취하는 경향 때문이다.

다섯째, 때로는 여론이 법규보다 더 중요한 한국 사회의 특성을 활용했다. 당시 "아무리 목적이 좋다 해도 탈법 행위까지 용인받을 수 있는 무한 권력이 시민 단체에 주어진 것은 아니다"면서 합법적 노선을 견지한 다른 시민 단체들은 큰 주목을 받지 못했다. 이와 달리 총선시민연대는 합법성에 지고의 가치를 두지 않았다. 운동 효과를 높이려는 차원에서 때로는 법규를 준수했고, 때로는 불복종했다. 낙선 대상자 실명을 거론해서는 안 된다는 선관위 경고가 잇달아 나오자 낙선 운동 현장에서는 이름을 한 획씩 다르게 표기하는 방법으로 대응하기도 했다. 또 현장에서 낙선 운동을 벌이다 후보 지지자들과 무력 충돌이 야기되자 "때리면 맞는다, 뺏으면 뺏긴다"는 비폭력 운동의 원칙을 세우기도 했다.

출범 무렵 "낙천·낙선운동은 불법"이라는 지적이 일자 총선시민연대 측은 관련 법률 조항이 위헌이라 반박하며 '시민 불복종'이라는 논거 마련을 위해 다수 시민 단체들의 참여를 급하게 추진했다. 총선시민연대가 낙천·낙선 대상자 발표에 앞서 거대한 조직화를 추진하게 된 계기는 바로 불법 논란 때문이었다. 그러나 2000년 총선이 끝난 이후 낙선 운동 지도부 일부는 선거법 위반으로 벌금형을 선고받았고, 2001년 헌법재판소는 낙선 운동을 금지하는 공직선거법 조항을 합헌으로 판결했다.

2000년 선거 이후 총선시민연대는 낙선 운동이 성공적이었다고 자평했다. 2004년 제17대 국회의원 선거에서도 낙선 운동이 성공했다고 자평했다. 이와 달리 낙선 운동 대상의 낙선율이 그렇지 않은 후보보다 높지 않았다는 분석도 있음은 물론이다. 2008년 제18대 국회의원 선거에서는 성공률을 평가할 만한 본격적인 낙선 운동이 관찰되지 않았다. 2012년 19대 국회의원 선거의 낙선 운동은 이전보다 못한 평가를 받았다. 2016년 및 2020년 국회의원 선거에서 시민 단체의 낙선 운동은 그 존재감이 거의 체감되지 않았다.

낙선 운동의 성공 조건인 추진 세력의 탈정파적 이미지가 흔들리면서 그에 따라 거대 연대도 이뤄지지 못했다. 시민 단체 지도자가 정치 진영에 가담하여 활동하는 현상이 흔해졌기 때문이다. 따라서 시민 단체를 순수하고 탈정파적인 집단으로, 또 시민운동가를 정파와 무관한 사회 지도자로 보는 인식도 함께 줄었다.

다른 한편으로 시민 단체의 낙선 운동은 그에 대한 정치권의 대응이 진화하면서 쇠퇴한 측면도 있다. 들불을 끄는 방법 가운데 하나는 '맞불 놓기'다. '공격이 최선의 방어'라는 표현처럼, 양자 구도에서 한쪽에 대한 낙선 운동이 진행되면 낙선 대상의 효과적 대응은 상대 경쟁 후보에 대한 낙선 운동이다. 이는 일종의 물타기다. 즉 비판받지 않는 상대에 대한 비판을 유포함으로써 유권자에게 양비兩非론적 선호를 갖게 하는 것이다. 물론 잘못 계산된 맞불은 화재로 이어져 공멸을 가져다주기도 한다. 다자 대결에서의 어부지리漁父之利가 바로 그런 예다.

다자 구도에서 누구를 낙선시키는 전략과 누구를 당선시키는 전략은 다르다. 선두 주자의 낙선이 2등 주자의 당선을 보장하지는 않으며, 대신에 꼴찌 주자가 당선될 수도 있다. 또 꼴찌를 낙선시켰더니 선두 주자가 낙선하기도 한다. 싫다고 하

이정희 후보와 박근혜 후보의 토론, 의도와 결과 사이

2012년 12월 4일 대통령 선거 후보자 토론회로 돌아가 보자. 당시 새누리당 박근혜 후보가 통합진보당 이정희 후보에게 "민주통합당 문재인 후보와의 단일화를 주장하면서 토론회에 나오는 이유"를 묻자 이 후보는 "박근혜 후보를 떨어뜨리기 위한" 것이라고 대답했다. 이 후보는 선거일이 임박한 12월 17일 후보직을 사퇴했고, 이틀 후 실시된 대통령 선거에서 박 후보가 당선했다. 그러자 박 후보를 낙선시키려 했던 이 후보의 그간 언행이 기권하려 했던 박 후보의 약한 지지자들까지 투표하게 만들어 오히려 박 후보를 당선시킨 요인으로 작용했다는 분석과 평가가 나왔다. 새누리당이나 박 후보를 좋아하지 않았고 또 통합진보당에 대해 우려감이 컸던 일부 유권자들은 이 후보의 박 후보 공격을 보고 박 후보에 대한 거부감이 완화되기도 했다.

는 사람이 가장 많은 후보, 그리고 좋다고 하는 사람이 가장 적은 후보는 잘 일치하지 않는다. 다자 구도 속에서는 낙선 전략과 당선 전략의 절묘한 조합이 필요하다.

이간질에 익숙한 자들은 누구를 좋아하게 만들기보다 누구를 싫어하게 만들기가 더 쉽다고 여긴다. 특히 한쪽이 이기고 다른 쪽은 지는 정치 분야에서는 호감보다 증오를 만드는 일에 더욱 치중한다. 그런 증오 만들기는 주로 '친구의 적' 혹은 '적의 친구'를 적대시하는 경향을 이용해 이뤄진다.

적국이 쏘아 올린 미사일 한 기를 방어하려면 더 비싼 요격 미사일을 여러 기 쏘아야 겨우 성공할 수 있듯이, 비판에 대한 방어 역시 쉽지 않다. 한 마디의 비판은 순식간에 전파되기도 하지만, 여러 마디의 해명은 대중에게 제대로 전달되지 않기 때문이다. 여론 재판에서는 증거 유무에 상관없이 무죄 추정의 원칙이 작동하지 않는다. 네거티브가 사라지지 않는 이유다.

57. 주민투표와 정족수_투표보다 효과적인 기권

주민투표에서 찬성 의견이 반대보다 많다고 무조건 주민 의사로 인정되지는 않는다. 주민투표의 결과가 주민 의사로 수용되려면 투표 참여가 일정 수준 이상이어야 한다. 현행 대한민국 주민투표법은 투표권자 3분의 1 이상의 투표와 유효 투표수 과반의 득표로 주민투표에 부쳐진 사항을 확정한다고 규정하고 있다. 2006년 주민 소환 제도가 도입된 이래 2021년 7월 1일 현재까지 주민 소환의 '청구인 대표자 교부 신청'이 128건 있었고, 그 가운데 3건의 소환 투표가 있었으나, 모두 투표권자 3분의 1 미만의 투표로 개표조차 이뤄지지 않았다.

3분의 1 투표 참여 조항이 과도하여 주민 의사 판별에 지장을 준다는 견해

2011년 8월 24일 서울시 주민투표 포스터와
투표용지 모형

가 대두하고 있다. 지방자치단체의 장이 소
환 투표 불참 운동을 펼치는 상황에서의 투표
참여는 단체장 소환에 공개적으로 찬성하는
걸로 비치므로 단체장의 눈치를 보는 주민은
불참하게 된다는 것이다. 또 소환 투표 불참
은 결과적으로 소환 반대로 계산되고 있어 최
소 투표율 기준은 비밀 투표의 원칙에도 어긋
난다는 해석이다. 주민 소환 여부를 투표 참
여자의 단순 찬반 의견에 따라 결정해야 한다
고 주장되기도 한다.

사실, 최소 투표율 조항은 소수 의견이 전체 주민의 의사로 받아들여질 상황
을 원천적으로 막지는 못한다. 예컨대, 찬성하는 16.8%와 반대하는 16.7%는 모
두 투표에 참여했고, 나머지 66.5%는 별다른 의견이 없어 기권했다고 하자. 3
분의 1 이상이 투표에 참여하면 주민 의사로 인정되는 조건에서는 전체 유권자
16.8%의 찬성 의견이 전체의 뜻으로 결정된다. 하지만 기권은 새로운 변화보다
현재 상황을 선호한다고 볼 수 있어 기권한 66.5%는 찬성보다 반대에 더 가깝다
고 볼 수 있다. 특히 현직 단체장의 임기 전 조기 퇴임 여부라는 선택에서 기권
은 조기 퇴임에 반대하는 의견으로 봐도 무방하다.

최소 투표율 조건의 주민투표에서 각 진영은 어떤 전략을 취할 수 있을까? 찬
성 진영은 무조건 투표에 참여하여 찬성표를 던지는 것이 제일 나은 선택이다.
만약 전체 유권자의 51%가 찬성한다면 찬성 유권자들은 모두 투표에 참여함으
로써 가결의 결과를 무난히 얻을 수 있다. 찬성 유권자가 이보다 훨씬 적다면 어
떨까? 그렇더라도 찬성 유권자가 투표에 참여할 때의 가결 가능성은 불참할 때
보다 줄지는 않는다.

의사당 창문으로 탈출한 링컨

출석자 가운데 과반의 찬성이 확실할 경우, 반대파는 어떤 전략을 구사할 수 있을까. 출석자가 재적자 과반에 미달하여 의결 자체가 진행되지 않게 만드는 것이다. 아프거나 출장 중이라 결석하는 의원들은 늘 있게 마련이다.

출석자 과반의 찬성을 확보한 상대 진영의 의안을 막기 위해 시도한 방법으로, 에이브러햄 링컨이 정족수 미달의 전략을 사용한 예는 1840년 말 일리노이주 의회 휴회 표결이다. 당시 일리노이 주립은행은 교통망 확충 사업으로 인한 재정 문제에 직면했고 주 법률이 주립은행의 상환 의무를 주 의회 회기 동안은 유예해주고 있었다. 일리노이주 의회 제1당인 민주당은 공화당 전신인 휘그당이 주도한 주립은행에 지원을 중단하기 위해 휴회를 의결하려고 했다.

이에 휘그당은 휴회 의결을 저지시키려고 소속 의원들에게 의사당에 입장하지 말라고 당부했으며 실제로 정족수는 채워지지 못했다. 정기 회기 이틀 전 원내대표 링컨을 비롯한 3인의 휘그당 의원은 민주당이 호명 투표를 제대로 진행하는지 감시하고 또 민주당이 좌절하는 모습을 구경하기 위해 의사당 좌석에 앉았다. 그러다 자신들이 정족수 계산에 포함되고 있다는 사실을 뒤늦게 깨달았다.

민주당이 의사당 출입문을 봉쇄하자 창문 밖으로 뛰쳐나왔다. 하지만 이미 정족수 계산에 포함되어 휴회로 의결되고 말았다. 이 사건은 민주당이 휘그당을 조롱할 때 자주 사용하는 소재가 되어 링컨에게 모멸감을 주기도 했지만 동시에 다수당에 저항했던 링컨의 한 단면을 보여주는 사건이기도 했다.

반대 진영의 경우엔 투표에 참여해 반대표를 던지거나 아예 기권하는 전략을 선택할 수 있다. 찬성표가 이미 투표 정족수를 채울 거라 판단되면 투표에 참여해 반대표를 행사하는 게 낫고, 찬성표가 반대표보다 많으나 투표 정족수에는 이르지 못한다고 판단되는 경우라면 투표 불참이 낫다.

예컨대, 찬성 유권자 비율이 33%라고 하자. 만약 관심이 없거나 차별성을 느끼지 못하는 유권자 그리고 반대 유권자 모두를 기권으로 유도할 수 있다면 반대 진영은 반대 비율이 1%든 32%든 아예 불참함으로써 부결을 유도하는 것이 더 나은 전략이다. 극단적으로 반대 유권자가 1%에 불과하더라도 기권을 유도하여 가결을 저지할 수 있는 것이다. 이런 극단적인 예가 아닌 일반적인 상황에서는 찬성 투표자, 반대 투표자, 투표 불참자, 획일적 집단 행동자 등의 비율과 불확실성을 계산하여 찬반 진영 각각의 전략을 세울 수 있다. 기권은 거의 공개 투표에 해당한다는 점을 숙지하고 기권 전략의 선택 여부를 결정해야 한다.

2011년 8월 24일에 실시된 무상 급식 지원 범위에 관한 서울특별시 주민투표는 특정 안에 대한 가부가 아니라 소득 하위 50% 학생을 대상으로 단계적으로 실시한다는 제1안, 그리고 모든 학생을 대상으로 전면적으로 실시한다는 제2안 가운데 택일하는 투표였다. 몇몇 여론 조사를 종합해보면 당시 서울 시민의 선호는 제1안 20%, 제2안 15%, 무차별/무관심 65% 정도로 정리할 수 있다. 이 선호 그대로 투표했더라면 제1안으로 정리되었을 것이다. 그러나 실제 결과는 최종 투표율 25.7%로 개표 없이 무효로 결정되었다.

이에 한나라당은 2010년 서울시장 선거에서 오세훈 후보가 얻은 유권자 대비 25.4%한명숙 후보 25.1%, 기권/무효 46.4%보다 더 득표했기 때문에 사실상 자신의 승리라고 자평했다. 반면 야당은 주민투표가 부결되었으니 제2안으로 결정된 것이라고 주장했다. 이 주민투표는 양립 불가능한 대립적 의견을 하나의 결론으로 만들지 못했다. 소수 의견도 전체의 의사로 결정되게 만들 수 있음을 보여줬을 뿐이다.

대통령의 재의요구권

2015년 6월 25일 대통령 거부권이 발동됐다. 국회에서 의결된 국회법 개정안에 대해 박근혜 대통령이 행사한 것이다. 엄밀히 말하면, 이는 거부권이라기보다 재의요구권이다. 대통령의 재의 요구에 국회가 재적 의원 과반수 출석과 출석 의원 2/3 이상 찬성으로 전과 같이 의결하면 법률로 확정되기 때문이다. 즉 국회 내 지지가 2/3에 미치지 못하는 법률안에 대해 거부권을 행사할 수 있을 뿐이다. 만일 국회의원 300인 가운데 200인이 한목소리로 통일하여 행동하면 대통령의 뜻에 어긋나는 법률을 제·개정할 수 있다. 물론 대통령의 후속 의사 표명에 따라 재의 때 반대 표결하는 의원이 생길 수 있으므로 압도적 찬성으로 통과한 법률안조차 폐기되기도 한다.

국회의원 1인은 찬반 표결에서 찬성이 과반에 1표 모자라는 경우에만 결정력을 발휘한다. 예컨대 300명 전원이 기권 없이 표결할 때 찬성 150표, 반대 149표일 경우에만 1인이 표결 결과를 뒤바꿀 수 있다. 이에 비해 대통령은 법안을 의결할 수는 없지만, 찬성이 199표 이하이면 부결시킬 수 있는 것이다. 대통령은 공천 등 여러 경로로 국회의원들에게 영향력을 행사할 수 있으므로 그 영향력은 국회의원 1인에 비견할 수 없을 정도로 압도적이다. 만일 여당이 늘 대통령과 뜻을 함께한다면 집권 여당은 1/3의석33.4% 만으로 야당의 입법을 저지할 수 있다. 야당이 법률안을 통과시키더라도 대통령이 재의를 요구하면 재의결을 위한 2/3 이상의 찬성표를 얻을 수 없기 때문이다. 2016년 제20대 국회 초기에 129석43% 을 확보한 집권 여당 새누리당은 거부권을 가졌다는 의미다. 2017년 대통령 선거에서 문재인 후보가 당선하면서 집권 여당이 된 더불어민주당 역시 거부권을 가졌다. 제20대 국회 폐원 시점 기준 더불어민주당의 의석은 128석41.4% 이었다.

이에 비해 야당의 국회 내 거부권은 의결 방식에 따라 다르다. 출석 의원 과반수 찬성으로 결정하는 사안에서는 국회 의석 50%를 확보해야 법률안 거부권을 행사할 수 있고, 이른바 국회선진화법 상황에서는 대체로 의석 40%를 초과하면 거부권을 가진다고 할 수 있다. 재적 의원 2/3 이상 찬성이 필요한 대통령 탄핵 소추안에서 야당은 국회의 1/3 초과를 확보해야 이론적으로 거부권을 갖는다. 하지만 현실에서는 의미 없는 계산이다. 대통령 탄핵 소추는 여당보다 야당이 추진하기 때문이다. 2016년 박근혜 대통령 탄핵소추안 통과는 당시 여당 의원들 다수의 찬성표가 있었기에 가능했다.

정족수 문제는 대한민국 국회에서도 자주 등장한다. 현행 대한민국 헌법 제49조는 다음과 같다. "국회는 헌법 또는 법률에 특별한 규정이 없는 한 재적의원 과반수 출석과 출석의원 과반수 찬성으로 의결한다. 가부동수인 때에는 부결된 것으로 본다." 또 제63조는 "① 국회는 국무총리 또는 국무위원의 해임을 대통령에게 건의할 수 있다. ② 제1항의 해임건의는 국회재적의원 3분의 1 이상의 발의에 의하여 국회재적의원 과반수의 찬성이 있어야 한다." 제65조 ①항은 "대통령·국무총리·국무위원·행정각부의 장·헌법재판소 재판관·법관·중앙선거관리위원회 위원·감사원장·감사위원 기타 법률이 정한 공무원이 그 직무집행에 있어서 헌법이나 법률을 위배한 때에는 국회는 탄핵의 소추를 의결할 수 있다"고, ②항에서는 "제1항의 탄핵소추는 국회재적의원 3분의 1 이상의 발의가 있어야 하며, 그 의결은 국회재적의원 과반수의 찬성이 있어야 한다. 다만, 대통령에 대한 탄핵소추는 국회재적의원 과반수의 발의와 국회재적의원 3분의 2 이상의 찬성이 있어야 한다"고 규정하고 있다.

2012년 7월 민주통합당은 김황식 총리 해임건의안을 국회에 제출하였다. 7월 20일 국회 본회의에서 표결 선언 직후 새누리당 소속 국회의원들은 퇴장하였다. 결국 138명 의원만 표결에 참석했다. 강창희 의장은 다음과 같이 선언했다. "투표를 마치고 개표를 시작하겠습니다. (명패함 및 투표함 폐함) 먼저 명패함을 열겠습니다. (명패함 개함 명패 수 점검) 명패 수를 계산한 바, 총 138매로서 현재 투표하신 의원 수가 재적의원 과반수에 미치지 못하고 있습니다. 따라서 투표수는 집계하지 않고 의결정족수 미달로 이 안건에 대한 투표가 성립되지 않았음을 선포합니다."

국내 정치에서도 거부권 행사는 서로 대치한다는 의미다. 거부권을 행사하라고 그런 제도를 만든 게 아니라, 거부권을 포함한 여러 상황을 상정해 쌍방이 받아들일 수 있는 타협안을 미리 만들라는 게 원래의 취지다. 뒷거래와 대치에서 벗어난 투명한 타협이 필요하다. 그러려면 상대 진영의 일정 권리를 인정하는 합리적인 타협안은 정치인뿐 아니라 유권자가 받아들여야 한다.

58. 위헌 심판_일시적 다수를 견제하는 장치

1956년 11월 13일 미국 연방 대법원은 앨라배마주 몽고메리시의 인종 차별적 대중교통 법규가 위헌이라는 연방 지방법원의 판결을 확정했다. 이 연방 대법원 판결로 이른바 몽고메리 버스 보이콧 운동은 해결의 가닥이 잡혔다. 사회 갈등이 헌법 조항 및 그 해석으로 안정화된 것이다.

당시 몽고메리시의 버스 운행 법규는 약 10석의 앞좌석을 백인에게, 약 10석의 뒷좌석을 흑인에게 각각 배정하고, 약 16석의 중간 좌석은 백인이나 흑인이 함께 사용할 수 있지만 바로 옆좌석에 나란히 착석하지는 못하고, 백인이 앉을 좌석이 없으면 흑인 좌석 맨 앞줄부터 백인에게 양보해야 한다는 내용이었다. 백인보다 흑인 탑승자가 많았기 때문에 버스 좌석의 인종 분리 법규는 흑인에게 여러 불편을 주었다.

몽고메리 버스 보이콧의 발단은 1955년 12월 1일 백인 남성 제임스 블레이크가 운전하던 버스에 흑인 여성 로자 파크스가 탑승하고 있다 체포된 사건이다. 블레이크는 백인 승객 1인에게 자리를 주기 위해 파크스가 앉아 있던 중간 좌석 맨 앞줄의 4인 흑인 승객 모두에게 뒤로 이동하라고 요구했다. 파크스는 이를 거절했고 운전기사의 지시에 따르지 않은 혐의로 경찰에 체포되었다. 파크스는 블레이크가 1943년에도 백인 전용 앞문으로 탑승한 자신에게 흑인 전용 뒷문으로 다시 탑승하라고 말하면서 자신을 하차시킨 후 길에 두고 바로 떠나버렸다는 사실을 밝히기도 했다.

버스 보이콧은 파크스에게 벌금형이 부과된 1955년 12월 5일부터 시작하여, 버스 내 흑인 승객에게 좌석을 제한할 수 없다는 새로운 몽고메리시 법규가 시행되기 하루

인종 간 좌석 분리 법규의 폐기 첫날인 1956년 12월 21일, 몽고메리 시내버스에 탑승하고 있는 로자 파크스. 뒷좌석의 남자는 이를 취재한 UPI 기자다.

전인 1956년 12월 20일까지 진행되었는데, 무려 381일 동안 전개되었다. 몽고메리 버스 보이콧 운동 본부의 요구 사항은 버스 내 인종 분리선을 철폐하라는 것이 아니라, 먼저 탄 흑인이 나중에 타는 백인에게 좌석을 양보해야 한다는 법규를 철폐하라는 것이었다.

몽고메리 버스 보이콧에 동참한 사람들은 여러 어려움을 겪었다. 버스 보이콧 동안 출퇴근을 위해 카풀을 활용했는데, 카풀 운전자는 운전면허 말소, 자동차 보험 취소, 과태료 부과, 체포 등의 보복을 당했다. 버스 요금 정도의 금액만 받고 승객을 태워준 택시 기사들도 과태료 처분을 받았다. 당시 몽고메리시의 침례교회 목사로 재직 중이던 마틴 루터 킹 역시 버스 보이콧을 주도하다 업무 방해 혐의로 구속되었다. 버스 보이콧으로 전국적 평판을 얻은 킹 목사는 1968년 암살당할 때까지 흑인 민권 운동을 이끌었다.

몽고메리 버스 보이콧은 비폭력 운동이었다. 비폭력 운동은 인종 분리 정책이 위헌이라는 판결을 이끄는 데 기여하였으며, 인종 분리 필요성에 일정 공감하여 위헌 판결에 저항할 수도 있는 상대 진영의 명분을 제거하는 데 일조했다. 흑인 민권운동은 비폭력적이어야 미국에서 성공할 수 있다는 믿음을 주었다.

물론 연방 대법원 판결에 따른 몽고메리시의 법규 개정 후, 흑인과 흑인 민

권 지지자에 대한 폭력이 완전히 없어진 건 아니었다. 파크스는 살해 위협 때문에 몽고메리를 떠나 다른 곳으로 이사해야 했고, 몽고메리에 남아 있던 흑인들은 인종 분리 지정 좌석제를 받아들이기도 했다. 하지만 흑인에게도 동등한 민권을 보장해야 한다는 큰 흐름은 지속되었다. 그 큰 흐름은 인종 차별적 조치가 위헌이라는 연방 대법원 판결이 있었기에 가능했다.

헌법은 사회적 약자뿐 아니라 기득권층을 보호하기도 한다. 2008년 11

1955년 몽고메리 버스 보이콧이 시작될 무렵의 마틴 루터 킹과 로자 파크스

월 13일 헌법재판소 전원재판부는 종합부동산세종부세의 세대세대별 합산 과세에 대해 재판관 7위헌:2합헌로 위헌을, 또 주거 목적 1주택자 과세에 대해서는 6헌법불합치:1일부 헌법 불합치:2합헌로 헌법 불합치를 결정했다.

종부세 과세는 2005년 처음 시행된 이래 줄곧 일부 계층으로부터 비판받았다. 많은 세금을 부과받은 부동산 부자들은 대체로 종부세를 부당한 세금으로 받아들였을 것이다. 2006년부터는 부동산 가액을 세대별로 합산하여 종부세를 과세했는데, 가족 모두가 부동산 부자인 계층이 특히 반발했다.

반면에 별다른 부동산을 보유하지 않은 국민 다수는 국가 재정을 튼튼하게 해주는 제도로 종부세를 반겼을 것이다. 종부세 완화에 대한 여러 여론 조사들은 완화 반대와 완화 찬성이 대략 7:3 비율이라고 보고했다. 대체로 재산은 개인 단위보다는 가족 단위로 묶어 보는 것이 더 현실적이고, 또 1주택자라도 부동산 가격이 비싸면 종부세를 부담해야 한다고 인식했다. 그렇지만 헌법재판소가 세대별 합산과 1주택자 부과를 각각 위헌과 헌법 불합치로 결정하자 종부세를 강화해야 한다는 사람들조차 종부세 과세 기준 완화를 더 문제 삼지 않고 오늘에 이르고 있다. 이후 부동산 부자들은 절세를 위해 보유 부동산을 부부 간 분산 소유함으로써 종부세 세대별 합산 과세에 대한 위헌 결정이 결과적으로 남녀 간 보유 재산 격차를 줄이기도 했다.

대한민국 대다수 국민은 헌법을 존중한다. 헌법의 조항과 내용은 단순 다수결로 바꿀 수 있는 성질의 것이 아니다. 과반수가 선호하는 의견은 시간과 상황에 따라 바뀌게 마련인데, 그 일시적 과반수가 국민의 기본권을 침해하지 않도록 만든 장치가 헌법이다. 특정 시점에서는 소수 의견일지언정 그 시점을 초월해 대체로 합의할 수 있는 보편적 가치가 바로 헌법 정신이다.

현행 대한민국 헌법에 따르면, 헌법재판소는 대통령이 지명하는 3인, 국회에서 선출하는 3인, 대법원장이 지명하는 3인 등 총 9인의 재판관으로 구성하며 법률 위헌, 헌법소원, 탄핵 등을 재판관 6인 이상의 찬성으로 결정한다. 다수가 지지하여 결정된 법규도 헌법에 위배한다고 재판관 9인 가운데 6인이 판단한다면 무효다. 대통령이 직무집행에 있어 헌법이나 법률을 위배한 때에 국회는 재적 의원 3분의 2 이상의 찬성으로 탄핵 소추를 의결할 수 있다. 탄핵 소추의 의결을 받은 대통령은 탄핵 심판이 있을 때까지 그 권한 행사가 정지되나, 헌법재판소 재판관 9인 가운데 6인이 찬성하지 않으면 탄핵은 인용되지 않는다. 또 헌법 개정안은 국회의원 3분의 2 이상 및 (2분의 1 이상 유권자가 참여한)투표 유권자 과반수의 찬성을 얻어야 통과된다. 일시적인 다수가 헌법을 유린하지 않도록 하는 일종의 안전장치인 셈이다.

2016년 하반기 대한민국 사회는 박근혜 대통령 탄핵 여부를 둘러싼 일련의 사건으로 대혼란을 겪었다. 대통령이 스스로 하야해야 한다는 주장과 그것을 전혀 수용하지 않는 측 간 대립이 지속되었다. 쌍방 모두 국정 공백을 줄이기 위해서라고 말했다. 후자는 대통령이 하야하면 국정 공백이 불가피하므로 하야해서는 안 된다고 주장했고, 전자는 이미 진행 중인 국정 공백을 최소화하기 위해 즉각 사퇴해야 한다고 주장하였다. 대통령 측은 시간을 끌면 살아남을 가능성이 있다고, 야당은 이대로 끌고 가야 대통령 선거에서 승기를 잡을 수 있다고 판단했을지도 모르겠다.

사태를 정치적으로 해결할 수 있으면 굳이 법적 절차를 도입할 필요가 없다. 법적 절차에는 거래 비용이 수반되기 때문이다. 그러나 초헌법적 방식이 합의되어 추진된다 하더라도 그 동력은 지속될 수 없다. 불신이 가득하여 정치적 해법이 지지부진한 관계에서는 갈등이 심할수록 법적으로 해결하는 것이 옳다. 대통령 하야 문제도 정치적으로 해결될 기미가 없으면 법적으로 결정할 수밖에 없다. 탄핵 추진은 그 대표적인 법적 절차다.

탄핵 추진은 헌정 중단이라는 주장도 있는데, 부실한 수사와 불법 시위가 헌법을 어긴 것이지, 탄핵 절차 자체는 오히려 헌법에 부합한 것이다. 탄핵의 소추와 심판은 의견이 갈릴 때 일종의 표결로 결정하는 절차일 뿐이다. 비상시국을 합리적으로 헤쳐 나아가라고 탄핵 절차가 마련되어 있는 것이다. 1956년 몽고메리 버스 보이콧 운동 때 위헌 심판이 없었더라면 끝없는 인종 폭동과 갈등이 전개되었을 것이다. 노무현 정부 2년차의 정치적 혼란도 헌법재판소의 탄핵 심판 기각 결정으로 정돈된 바 있다.

지도자 진퇴와 국정 수습은 헌법 정신에 따라 결정해야 한다. 다만 헌법 정신을 각자 다르게 생각하고 있으니 헌법에 정해진 절차로 하루속히 결정하는 것이 바람직하다.

제9장
같은 투입, 다른 산출

_효과 극대화

59. 피뢰침_위험을 끌어들여 안전을 꾀하다

1754년 6월 15일은 피뢰침이 인류 역사에서 처음 설치된 날이라 할 수 있다. 이날은 합스부르크 제국 보헤미아 왕국의 체코 과학자 프로코프 디비스가 기상 관측용으로 40m 높이의 철봉을 세운 날이다. 피뢰침은 디비스의 발명보다 같은 시대 미국의 벤저민 프랭클린의 발명으로 오늘날 더 알려져 있다.

프랭클린은 미국 100달러 지폐의 초상화 주인공이라서 그런지 오늘날 미국 사람들에게도 인기가 있다. 프랭클린은 다양한 방면에서 탁월한 여러 업적을 남겼는데, 대체로 전략적 원리를 십분 활용한 아이디어였다. 피뢰침도 프랭클린의 그런 전략적 작품 가운데 하나다.

1749년 프랭클린은 낙뢰 피해를 피하는 피뢰침의 원리를 처음 발표했다. 18세기 산업 혁명의 물결 속에 건물이 높아지면서 건물에 벼락이 떨어지는 피해도 함께 늘었다. 높이 위치한 뾰족한 곳에 벼락이 많이 떨어진다는 사실에 착안하여, 구리 선으로 땅속까지 연결한 피뢰침을 건물 위에 세워 낙뢰가 다른 곳에 피해를 주지 않고 피뢰침을 통해 땅속으로 흐르도록 조처한 것이다. 프랭클린은 발명하면 곧바로 특허를 내던 당시 관행에 따르지 않고 피뢰침을 누구나 사용할 수 있도록 했다. 전략적이고 과학적인 사고로 공익을 실천한 것이다.

피뢰침에서 수직으로 60° 이하의 범위 내에 벼락이 떨어지면 피뢰침으로 흐른다. 피뢰침이 100m 상공에 설치되어 있다면 직경 346m 내의 지점은 낙뢰로부터 안전하다는 의미다. 그 범위 내에 떨어질 벼락을 피뢰침으로 유도하여 주변을 안전하게 하는 방식이다. 등잔 밑이 어둡듯 피뢰침 주위가 안전한 것이다. 전장에서 적이 계속 같은 곳을 겨냥해 포를 쏘지 않는 한 이미 적의 포탄이 떨어진 곳이 제일 안전하다는 주장도 같은 맥락이다. 피뢰침

하늘에서 전기를 끌어내는 벤저민 프랭클린. 벤저민 웨스트 그림, 1816년. 프랭클린은 연줄에 금속 열쇠를 달아 폭풍우 속으로 연을 날렸는데 열쇠에 튄 불꽃으로 번개가 일종의 전기라는 사실을 증명했다. 물론 연 실험은 만들어낸 이야기라는 주장도 있다.

으로 낙뢰를 끌어오는 행위는 얼핏 위험해 보이는 일이지만 오히려 안전을 위한 것이다.

벼락 발생을 막을 수 없는 한 (벼락의 빈도와 세기가 고정되어 있다면)피해가 가장 작은 공간에 벼락이 떨어지도록 하는 것이 전략이다. 이런 방식은 벼락뿐 아니라 화재나 홍수 등 자연재해에 대한 전략적 대응으로 활용된다. 피뢰침으로 벼락을 속여 전체를 살린다는 점에서 상대방을 속이기 위해 자기편을 고의로 해치는 계책인 고육계苦肉計의 원리와 같다.

'희생양' 전략도 피뢰침과 유사한 효과를 노린다. 피뢰침에 연결된 땅은 일종의 희생양인 셈이다. 인간의 죄를 염소에 전가하여 희생시키는 행위는 도덕적으로 옳지 않다. 하지만 대중 여론에 있어 유무죄 뒤바꾸기는 몰라도 관심 돌리기

는 가능하다. 비판 여론이 들끓다가도 더 큰 관심을 끌 만한 이슈가 등장하면 언제 그랬냐는 듯 그냥 넘어가는 경우가 있다. 특정인 또는 특정 사안에 대한 비난이나 관심을 다른 사안 또는 다른 사람에게 전가하는 것이다.

아프리카 초원에서 포식자는 피식자를 추격하다 사냥에 성공했을 때 비로소 사냥을 멈춘다. 그러니 사냥을 멈추게 하려면 피식자들이 협력하여 포식자에 전략적으로 저항하지 않는 한, 누군가는 잡혀줘야 한다. 피식자 관점에서는 동료 가운데 누군가 희생되면 나머지는 당분간 안심할 수 있는 묘한 상황이다. 이런 관점에서 보자면 경쟁은 포식자 대 피식자의 구도보다 피식자 대 피식자의 구도에 해당한다고 말할 수 있다.

심지어 동료 때문에 포식자에게 잡히기도 한다. 잘 숨어 있던 초식동물은 동료의 어설픈 행동으로 포식자의 눈에 띄어 죽음의 위기를 겪기도 한다. 주변 사람의 바이러스나 담배 연기 등 각종 유해 물질로 건강이 손상되는 것처럼 화(禍)를 부르는 자의 옆에 있다 화를 당하기도 한다.

주변과의 관계가 어떤 관계인지 잘 따져야 한다. 예컨대, 특정 업종에서 특정 업체의 리콜 사태는 동종 경쟁 업체의 판매 촉진으로 이어지기도 하지만, 그렇지 않기도 한다. 리콜된 상품과 부품, 원산지, 모델 등에서 차별되지 않는 경우엔 함께 판매 감소를 겪는다는 조사 보고가 있다. 정치권도 마찬가지다. 특정 정파의 잘못이 다른 정파의 지지로 연결되지 않고 기존 정치권 전체에 대한 비판으로 이어질 때도 많다.

피뢰침 설치에서 제일 중요한 작업은 접지다. 구리 선을 주위와 절연하면서 땅속에 잘 묻어야 낙뢰 피해를 피할 수 있다. 접지가 제대로 되지 않은 피뢰침은 낙뢰 피해 가능성을 오히려 키운다. 몸통과 희생양은 서로 붙어 있되 동시에 절연되어 있어야 한다. 몸통에 붙어 있으나 몸통과 언제든지 분리될 수 있는 도마뱀의 꼬리나 새의 깃털이 효과적인 희생양이다. 희생양의 원리는 피뢰침과 가깝되 절연되어야 낙뢰로부터 보호된다는 피뢰침 원리와 유사하다.

스포츠에서는 고의 사구 등 게임 룰로 인정하는 져주기 행위도 있다. 설사 져주기 행위가 합법적으로 인정된다 하더라도 의도한 결과가 나온다는 보장은 없다. 여러 불확실성이 개재된 사안에서는 의도대로 되지 않는 경우가 많다. 특히 사람의 훗날 마음이나 행동은 유동적이라 인사를 포함한 인생사는 불확실성을 잉태한다. 따라서 져주기 전략이 그렇게 흔하지 않은 것이다.

의도하지 않은 전화위복도 있다. 2016년 더불어민주당과 국민의당으로 분열된 야권의 상황은 새누리당의 위기의식을 둔화시키며 친박 비박 간 공천 파동을 불러와 결국 여소야대를 성사시켰다는 점에서 야권에는 일종의 전화위복이었다. 새누리당으로선 토끼 사냥이 끝나기도 전에 사냥개를 잡은 격이다.

여러 전투에서 승리했으나 전쟁 부담을 견디지 못해 결국 패망한 고대 그리스 에피루스 왕 '피로스의 승리', 입찰에서 낙찰받았으나 고가의 입찰가로 위험에 빠지는 '승자의 저주', '호미로 막을 것을 가래로 막는 것' 모두가 당장은 이겼지만 결국은 손실이 더 큰 소탐대실小貪大失의 사례다.

현재 이득이 미래 이득으로, 또는 현재 손실이 미래 손실로 가는 관계는 그렇게 주목받지 않는다. 대신에 작은 이득이 큰 손실로 전개되는 관계 그리고 작은 손실이 큰 이득으로 전개되는 관계의 전략적 측면을 분석한다. 두 관계 모두 작은 득실이 큰 득실로 바뀌는 나비 효과라는 측면에서 공통

스파르타를 공략하는 피로스 장 밥티스트 토피노 레브룬의 그림. 18세기. 고대 그리스 에피루스의 왕 피로스는 로마 등과 많은 전투에 승리했지만 피해가 쌓여 스파르타와의 전투 직후 패망하고 말았다.

점이 있으나 방향성에서는 정반대다. 각각의 전략적 함의를 담는 용어들은 대체로 다음과 같다.

이득
↓
손실

소탐대실 | 교각살우 | 피로스의 승리 | 승자의 저주
호미로 막을 걸 가래로 막기 | 빈대 잡자고 초가삼간 태우기

손실
↓
이득

고육지책 | 전화위복 | 읍참마속 | 희생양
속죄양 | 져주기 | 마중물 | 메기 효과

　특정 지역에서 전개되고 있는 전장에 병력을 축차적으로 투입하는 작전보다 예비 병력을 둔 채 화력을 집중·배치하는 작전이 대체로 승전에 도움 된다. 주식투자에서도 특정 종목에 시간 간격을 둔 물타기 매수보다, 여러 종목에 걸쳐 선택적 매매가 대체로 수익에 도움된다. 물론 늘 그렇지는 않기 때문에 상황에 맞는 맞춤식 전략이 필요하다.

　같은 투입으로도 산출은 달라질 수 있다. 산소$_{O_2}$와 오존$_{O_3}$은 같은 원소로 구성되어 있다. 그러나 배열 구조가 서로 달라 모양이나 성질이 전혀 다르다. 같은 원소로 구성된 서로 다른 물질은 동소체allotrope로 불린다. 다이아몬드, 흑연, 숯도 서로 동소체다. 같은 원소가 투입되어도 배열을 달리하면 매우 다른 물질이 산출되듯이, 투입 총량이 고정되어 있을 때 적재적소適材適所 즉 효과적 공간과 효과적 타이밍은 산출을 극대화할 수 있다. 모두가 같은 투입으로 더 좋은 산출을 만들려는 시도다.

져주기 전략의 실패와 성공

1984년 프로야구 한국시리즈는 6개 팀 가운데 전기리그 우승팀과 후기리그 우승팀 간에 펼쳐졌다. 이미 전기리그에 우승한 삼성 라이온즈는 후기리그에서도 우승하여 한국시리즈 없이 최종 우승을 하겠다는 목표를 가졌으나 무산되었다. 이후 이영길 삼성 감독은 한국시리즈 우승을 위해 어떤 팀의 후기리그 우승이 삼성에게 유리한지 살펴보고 있었다. 후기리그 2게임씩 남은 막바지에도 우승팀이 정해지지 않았다. OB 베어스와 롯데 자이언츠가 후기리그 우승을 경합하고 있었다. OB는 삼성팀이나 이영길 감독 개인과 여러 악연을 갖고 있던 차였다. 삼성은 전기리그에서 자신에게 9패 1승을 기록한 롯데를 OB보다 쉬운 한국시리즈 상대로 여겼다.

삼성은 막판 2연전을 롯데에 져주면 롯데가 후기 우승을 하게 되어 있어 결국 져주기 게임을 택했다. 안타 친 후 오버런으로 죽거나, 잦은 수비 실책을 보였다. 자기 팀 선수의 타격왕을 만들어주기 위해 롯데 선수를 고의사구로 출루시키는 등 각종 비난을 감수했다. OB의 후기리그 마지막 상대는 해태였는데, 롯데와 제과업계 경쟁사인 해태 타이거즈도 OB에 져주기로 일관했고 OB는 해태 선수의 도루왕을 노골적으로 밀어줬다. 삼성의 져주기 행동에 대해 당시 신문 기사는 "야구냐 야바위냐", "묘기 같은 실수", "조작극", "백구의 폭력" 등의 제목으로 보도했다.

84 한국시리즈는 무엇보다 최동원으로 시작해 최동원으로 끝난 경기로 기억된다. 1차전 완봉승롯데 승리, 2차전 불출전삼성 승리, 3차전 완투승롯데 승리, 4차전 불출전삼성 승리, 5차전 완투패삼성 승리, 6차전 구원승롯데 승리, 7차전 완투승롯데 승리 이 최동원의 1984년 한국시리즈 성적표다. 결국 삼성의 져주기 전략은 한국시리즈 우승이라는 의도한 결과를 얻지 못했다.

2008년 6월 4일 한화 이글스와 KIA 타이거즈 간의 경기에서도 져주기 게임이 진행되었다. 뒤지고 있던 한화는 우천 노게임을 노리고 수비 때 시간을 끌기 위해 상대에게 출루를 연이어 허용했고, KIA는 우천 콜드게임을 노리고 5회까지 경기를 마치기 위해 공격 때 고의 헛스윙으로 아웃되었다. 결국 7회 강우 골드로 KIA가 승리했으나, 두 팀 모두 KBO 징계를 받았고, 이날 경기는 오늘날 604대첩이라는 불명예스러운 이름으로 불린다.

성공한 져주기 게임도 있다. 불가리아와 체코의 농구 경기에서 불가리아는 5점 이상의 차이로 이겨야 결선에 진출할 수 있는 상황이었다. 종료 8초 전 시점에 2점 차로 이기고 있던 불가리아는 작전타임을 가졌는데, 감독은 추가 3점을 득점하여 5점 차로 이길 가능성이 크지 않다고 판단하고 다른 작전을 지시했다. 즉 작전타임 종료 직후 불가리아는 자기 골대에 자살골을 넣어 연장전으로 가게 했다. 불가리아는 연장전에서 6점 차로 이겨 결선에 진출한 것으로 알려져 있다.

공식 경기 기록이 남아 있는 자살골 사례로는 1994년 카리브 컵 축구대회를 들 수 있다. 바베이도스는 그레나다 및 푸에르토리코와 함께 같은 조에서 예선전을 치렀다. 3개국 예선 리그에서 푸에르토리코는 1승 1패 및 −1 골득실차, 그레나다는 1승 및 +2 골득실차, 바베이도스는 1패 및 −1 골득실차를 기록하고, 그레나다와 바베이도스 간의 마지막 경기만을 남겨두고 있었다. 그레나다는 −1 골득실차로 지기만 해도 다음 경기에 진출할 수 있는 상황이었다. 1월 27일에 치러진 마지막 경기에서 2 : 0으로 지고 있던 그레나다가 정규 타임 종반에 1골을 만회하여 스코어는 2 : 1이 되었다. 1골 차로 이기면 예선전 탈락이 되는 바베이도스는 연장전에서 승부를 가르기 위해 고의로 자살골을 넣어 스코어는 2 : 2가 되었다. 그러자 정규 시간 마지막 3분 동안 그레나다는 자신의 골대든 상대의 골대든 골을 넣어 3 : 2 또는 2 : 3으로 만들려 분주하게 노력하였다. 그러나 바베이도스는 양쪽 골대를 수비하는 데에 성공했고 연장전에 돌입했다.

정규 시간 90분 동안 무승부면 연장전 골든볼로 승패를 가려야 하고, 연장전 골든볼은 2골로 인정하는 것이 당시 게임 룰이었다. 결국 바베이도스는 연장전에서 골든골을 얻고 4 : 2로 승리하여 다음 라운드에 진출했다. FIFA는 아무런 제재를 가하지 않았고, 대신 골든골을 2점으로 계산하는 게임 룰이 폐지되었다.

DJ의 경기도지사 후보 공천 실패 – 전화위복

인생사에서 새옹지마塞翁之馬 또는 전화위복의 사례는 많다. 정치권에서도 종종 관찰된다. 굳이 예시한다면, DJ의 경기도지사 후보 공천 건을 들 수 있다. 1995년 6월 실시된 지방 선거에서 경기도지사 민주당 후보로 김대중 고문은 이종찬을, 이기택 총재는 장경우를 각각 밀었다. 김대중이 이기택의 고집을 꺾지 못해 결국 장경우 후보로 결정되었다. 이는 당시 DJ와 민주당 모두에 불리한 공천으로 평가되었다. 장경우 후보는 경기도지사 선거에서 민주자유당 이인제 후보에게 패배했다. 경기도지사 선거 승리를 디딤돌로 이인제 후보는 1997년 대통령 선거의 (민주자유당, 신한국당, 한나라당의 순서로 당명을 바꾼)한나라당 후보로 나섰으나 당내 경선에 불복하고 대통령 선거에 직접 출마하였다. 결국 이회창 후보와 이인제 후보 간의 표 분산으로 김대중 후보가 대통령으로 당선되었다. 경기도지사 선거의 민주당 후보 공천이라는 작은 경쟁에서의 패배가 대통령 선거라는 큰 경쟁에서의 승리를 가져다준 전화위복의 사례로 평가된다.

60. 백신_작은 손실로 큰 이득을 얻다

2020년 새해 벽두부터 한국을 포함한 지구촌은 코로나19 바이러스로 매우 심각한 곤욕을 치르고 있다. 무엇보다 유행 초기에 치료제나 백신이 없었기 때문이다. 인위적으로 만들어 인간에게 주사한 첫 백신은 루이 파스퇴르가 만든 광견병 백신이다. 1885년 7월 6일 의사 면허가 없던 파스퇴르 대신에 동료 의사가 광견에게 물린 조셉 마이스터에게 백신을 주사하였다. 파스퇴르는 입에 문 유리관으로 광견병에 걸린 불독의 침을 직접 추출하는 진정성을 보였다. 그렇게 치료받은 소년이 어떠한 광견병 증상의 발현 없이 치료되면서 백신을 발명한 파스퇴르와 그의 동료들은 인류를 구한 영웅으로 등극했다.

파스퇴르와 그의 동료들은 토끼 몸속에서 광견병 바이러스를 키운 후 신경 티슈를 건조하여 바이러스 독성을 줄인 백신을 만들었다. 파스퇴르의 광견병 백신은 광견에 물린 잠복기 환자에게 투여하여 항체를 만듦으로써 발병하지 않게 하는 방식이었다. 파스퇴르는 광견병 백신 이전에도 닭 콜레라와 탄저병 등 여러 가축 질환의 백신을 개발한 바 있다.

백신 개발 여부는 이해관계에 따라 좌우되기도 한다. 파스퇴르 등이 개발한 가축 전염병 백신은 당시 경제적 필요에도 부응했다. 백신이 개발되면서 축산업의 성장은 두드러졌다. 특정 바이러스 유행 당시 백신이나 치료제가 미리 만들어지지 않는 이유는 과학기술 수준이 못 미쳐서가 아니라 이전에 감염자가 많이 발생하지 않았기 때문이다.

대체로 바이러스의 전파력과 살상력은 서로 반비례한다. 살상력이 큰 바이러스는 숙주가 죽으면 자신도 살지 못하기 때문에 전파력은 대체로 약하다. 반면에 살상

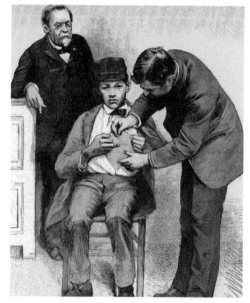

1885년 10월 파스퇴르의 의사가 광견을 제압하다 물린 양치기 소년에게 백신을 주사하고 있다. 1885년 12월 19일자 미국 잡지 Harper's Weekly에 소개된 프랑스 주간지 L'Illustration의 삽화.

력이 작은 바이러스는 숙주를 죽이지 않으므로 숙주를 매개로 오래 존속하며 전파력이 대체로 강하다. 살아남는 바이러스일수록 살상력은 그렇게 치명적이지 않다는 의미다.

병원체와 백신은 그 자체가 전략이다. 전략은 보통 창조적으로 만들어진다. 일반적으로 백신과 치료제는 발견되기보다는 발명으로 만들어진다. 완치 환자의 혈장에서 분리된 항체는 전통적인 원리를 이용한 방법이다. 인체에 주입할 백신으로는 독성이 약화 또는 제거된 바이러스, 몸의 면역 체계가 인식하는 바이러스 단백질 합성 조각, 무해 바이러스 운반체벡터에 끼운 바이러스 단백질 유전자예: 아스트라제네카, 얀센, 유전 정보를 담은 핵산 파편예: 화이자, 모더나 등 여러 방식으로 개발된다.

코로나19 바이러스의 증식과 그 치료에는 적에 대한 기만, 즉 속이기 전략이 숨어 있다. 먼저, 코로나19를 유발하는 사스코로나바이러스-2는 인체에 침투한 후 인체 세포의 자원으로 증식된다. 다른 새의 둥지에 몰래 알을 낳고 그 알이 부화하여 양육되는 뻐꾸기 새끼에 비유될 수 있다.

바이러스의 치료 역시 속이기 전략이 활용된다. 바이러스가 세포 내에서 게놈genome을 복제할 때 RNA 재료인 염기 분자를 조립하는데, 렘데시비르Remdesivir, 에볼라 치료제와 같은 유기 화합물이 신체에 투입되면 결합할 염기 분자 하나와 유사한 속성으로 변형된다. 그렇게 되면 바이러스가 RNA 효소를 복제할 때 렘데시비르 변형체와 결합하게 됨으로써 결국 복제에 실패하여 증식하지 못한다. 개발 중인 나노디코이nano decoy 역시 이름 그대로 바이러스를 유인하는 미끼 나노 입자다. 코로나바이러스가 인체 세포 표면 단백질ACE2 대신에 자신의 ACE2 단백질에 붙게 유인하여 증식하지 못하게 만드는 방식이다.

면역은 체내에 침투한 병원체를 없애기 위한 여러 염증 반응 과정에서 이루어진다. 병원체를 태우기 위해 체온을 높이기도 하고, 면역 세포 이동을 위해 혈관을 확장하기도 하며, 감염 부위에 면역 세포가 몰리기도 한다. 이런 염증 물질을 사이토카인cytokine으로 부른다.

면역 반응이 건강에 무조건 좋은 것은 아니다. 고열은 정상 세포의 단백질을 변형시켜 면역 세포의 공격을 받게 할 수 있고, 면역 세포의 집결은 장기 부종으로 다발성 장기 부전을 일으킬 수도 있다. 사이토카인의 지나친 분비를 '사이토카인 폭풍'으로 부른다. '적과 우리'라는 피아彼我를 구분하지 않고 공격하기 때문에 장기가 손상된다. 병원체의 관점에서는 정상 세포 간의 싸움을 유도하는 일종의 이간離間질인 셈이다. 이간질의 근본 원인은 병원체의 행동이 아니라 정상 세포의 속성에서 온다. 아토피도 지나친 면역 반응으로 해석되기도 한다. 하여튼 지나친 면역 발현 반응이 있는 경우 면역 반응을 억제해야 건강이 유지된다. 면역 과다 발현 억제 물질로 면역 발현을 줄이는 것 역시 전략적 발상이다.

백신은 치료보다 예방이 훨씬 간단한An ounce of prevention is worth a pound of cure 상황에서 효과적이다. 약한 자극으로 먼저 내성을 키워 강한 자극을 극복하는 방식이다. 만일 그 순서가 뒤바뀌면 면역력 형성 없이 질환에 걸려 죽음에 이를 수도 있다.

평소 지나치게 청결한 사람은 면역력이 떨어져 질병에 취약하다는 연구 결과도 있다. 인체 질환뿐 아니라 사람 간 관계에서도 마찬가지다. 예컨대 평소 배신을 당하지 않았던 사람이 사업이나 정치에서 큰 배신을 당해 돈과 권력을 잃고 심지어는 건강까지 잃거나 자살로 생을 마감한 사례도 있다. 그런 비극까지는 아니더라도 '자라 보고 놀란 가슴, 솥뚜껑 보고 놀라'는 트라우마를 겪기도 한다. 작은 아픔으로 먼저 내성을 키워 큰 아픔에도 견디거나 연착륙하는 것 또한 일종의 백신 과정이다. 대체로 높은 수준의 내공도 작은 수준의 산전수전山戰水戰에서 기인한다. 삶에서 늘 좋은 것만 누릴 수는 없으니 작은 불행으로 큰 불행을 막는 것이 전략적 행위다.

백신 개발의 역사

항체는 항원의 자극으로 만들어지는 당단백질 분자의 면역글로불린인데 응집 반응이나 침전 등의 방법으로 항원을 제거한다. 약하거나 죽은 세균·바이러스를 주입하여 가벼운 증상만 일으키면서 항체를 생성하여 면역력을 갖게 하는 백신의 원리는 파스퇴르 이전에 이미 인도, 오스만 등 여러 지역에서 알려졌었다. 1796년 영국의 에드워드 제너Edward Jenner, 1749~1823는 이런 원리에 주목하여 소젖 짜는 여인의 손바닥에 생긴 종기에서 고름을 채취하여 소년의 팔에 주입했다. 그 소년은 6주 후 진짜 천연두 고름을 주사했음에도 천연두에 걸리지 않았다. 우두의 천연두 예방 효과에 관한 1798년 논문에서 제너는 우두cowpox를 라틴어 '바리올라에 바키나에variolae vaccinae'로 표현했다. 1881년 파스퇴르는 제너를 기리기 위해 '백신vaccine'이라는 용어를 예방 접종의 의미로 사용하기 시작했다.

바이러스의 확산과 그에 따른 사망으로 백신 개발이 진행되더라도 동물 실험, 임상 시험, 허가 등의 절차에 수년의 시간이 걸리는데, 수년 후에도 여전히 시장성이 있는지에 대한 불확실성 때문에 메이저 제약사들이 적극적으로 나서지 않기도 한다. 코로나19처럼 전염력이 폭발적이면 개발 동기가 크다. 코로나19 백신은 이례적인 속도로 개발되었다.

우두를 맞은 사람들 몸에 소가 자라는 풍자만화. 제임스 길레이의 1802년 작품. 19세기 내내 우두 주사에 대한 불신이 있었다.

물론 백신 개발 성공률이 10% 정도밖에 되지 않기 때문에 백신 산업 자체를 효율적이라고 말할 수는 없다. 백신은 기존 세균이나 바이러스의 특정 구조를 전제로 개발된다. 만일 바이러스가 자신의 구조를 바꿔버리면 이전 구조에 맞춰 개발된 백신은 효과적이지 못하다. 세포 분열을 통해 생존하는 세균과 달리 바이러스는 유전 정보와 단백질로만 구성되어 있어 독립적으로 생존하기 어렵고 숙주에 의해서만 번식할 수 있다. 이중 나선 구조의 DNA에 유전 정보를 저장하여 돌연변이 가능성이 작은 다른 생명체에 비해, 코로나19와 같은 RNA 바이러스는 단일 나선 구조의 RNA에 유전 정보를 저장하여 돌연변이 가능성이 더 크다.

변종과 변이는 백신이나 치료제에 대응하는 바이러스의 생존 전략이다. 물론 살아남기 위해 스스로 선택적으로 변종·변이를 했다기보다, 변종·변이한 바이러스가 살아남았다는 표현이 더 정확할 것이다. 하여튼 종이 바뀐 변종은 기존 백신을 무력화시킨다. 변종까지는 아니더라도 변이도 기존 백신의 효과를 줄인다. 세균과 바이러스는 이미 개발된 여러 백신에 대해 내성을 갖는 구조로 변이하여 진화하고 있다. 풍토병으로 토착화되는 질병이 바로 그런 예다. 바이러스에 대해 오래 효과적인 백신이 적은 이유도 바이러스의 조합 다양성과 변이 가능성 때문이다. 그런 다양성과 변이성 때문에 특정 바이러스 대신 여러 바이러스의 공통된 구조에 반응하는 범용 백신도 개발되고 있다.

같은 물건이나 같은 행동도 시간과 공간에 따라 그 가치가 달라진다. 사람이건 물건이건 때와 장소가 맞아야 성공과 활용 가능성이 커진다. 야구에서 안타를 많이 치면 승리에 보탤 가능성이 크지만 늘 그렇지만은 않다. 안타 수나 타율보다 득점으로 연결된 타점이 승리에 더 중요하다. 또 득점에 연결된 모든 타점보다는 지고 있거나 동점 상황에서 승리로 이끈 결승타가 승리에 더 중요하게 여겨진다. 득점으로 연결되지 않는 안타를 남발한 선수보다 필요할 때 적시타를 친 선수가 팀에서는 더 높게 평가된다.

경우의 수를 고려한 결정력이나 영향력 계산은 전략적 효율성 추구에 도움이 된다. 만일 투입−산출에 관한 방정식이 존재한다면 효율적 전략의 계산은 미분을 통해 가능하다. 하나의 투입으로 기대되는 가치의 증대를 시점별로 계산하여 효과적인 타이밍과 투입량을 정할 수 있다. 이런 미분 계산이 산업 혁명과 기술 혁신을 가능하게 했다.

골든타임사고 수습이 가능한 초기, 마중물펌프로 물을 긷기 전에 부어야 하는 적은 물, 급격물실急擊勿失, better-now-than-later, 너무 늦기 전에 지금이 낫다, 예방 전쟁preventive war 모두 작은 대가를 지불하고 큰 혜택을 얻는 백신의 원리와 같다. 같은 투입에서도 다른 결과가 나올 수 있는 것이다.

감염 여부 검사에도 전략이 필요하다. 감염률이 높지 않을 때는 검체 하나씩 검사하는 방식보다, 여러 검체를 집단별로 혼합pooling 검사한 후 양성으로 나온 집단의 검체만 개별 검사하는 방식이 시간·금전 비용을 줄여준다. 또 검체 혼합체에 지그재그로 포함될 최적의 조합을 검사 의뢰자의 문진 데이터로 계산하여 가장 적은 검사만으로 검사 의뢰자 전체의 감염 여부를 검사할 수 있다. 검사 의뢰자가 10만 명이더라도 10만 회가 아닌, 훨씬 적은 검사 횟수로 10만 명 전체의 감염 여부를 판별할 수 있는 것도 전략에 의해서다. 물론 한 곳에 혼합할 최대 검체 건수는 검사 민감도에 따라 달라진다.

전염병 백신이 개발되지 않았을 때는 격리 등 감염 차단이 예방에 필수적이다. 접촉 여부, 감염률, 치사율 등을 입력하면 확산 정도와 사망자 수를 계산할 수 있는 정도가 되어야 최적의 차단 시간과 공간을 추론할 수 있다. 감정도 질환처럼 전염되므로 사회 심리적 요소도 반영해야 한다. 치사율 18%보다 완치율 82%에 공포를 덜 느낄 수 있으므로 표현 또한 중요하다. '같은 말이라도 아 다르고 어 다름於異阿異'을 인지한 넛지nudge 식 대처가 같은 투입으로 효과를 극대화하는 전략이다. 활성화된 교류로 전염에 훨씬 취약한 오늘날, 개인이든 사회든 전략에 더욱 의존할 수밖에 없는 세상이다.

61. 선거구 인구 편차_같은 1표의 다른 가치

정치와 선거는 수(數) 싸움일 때가 많다. 민주주의가 발달한 나라일수록 수리 계량적 연구 방법이 발달해 있다. 합법적 정치 공학의 모색뿐 아니라 규범적 목적에서도 규칙의 객관화가 필요하기 때문이다. 민주 사회에서 특정의 사안이 집단적 결정으로 채택되려면 객관적인 기준과 근거가 제시되어야 한다. 엄격한 객관성을 위해 숫자와 등식이 종종 사용된다.

유권자 1표의 가치가 선거구마다 다르다는 주장이 종종 제기된다. 왜냐하면 국회의원 1인을 선출하는 선거구의 유권자 수가 각기 다르기 때문이다. 현행 공직선거법에 따르면, 국회의원 선거의 경우 선거일 전 18개월부터 국회의원 선거구획정위원회를 설치하여 운영하며, 국회의원 선거구획정위원회는 선거구획정안을 선거일 전 13개월까지 국회의장에게 제출하고, 국회는 국회의원 지역구를 선거일 전 1년까지 확정해야 한다.

선거구획정위원회와 국회는 공직선거법에서 규정한 이 시한들을 지킨 적이 없다. 여야의 대표들은 선거구 획정을 특정일까지 최종 결정하기로 합의했다고 여러 차례 밝힌 바 있다. 하지만 그뿐, 합의 시한을 지키려는 모습은 전혀 찾아볼 수 없었다. 애초 선거구 획정 합의가 쉽지 않을 것을 알면서 발표하는 대국민 면피용에 불과했다. 실제로는 선거일 임박해 선거구 인구의 하한선과 상한선을 먼저 정하는 방식으로 선거구를 획정하였다.

2014년 10월 30일 헌법재판소는 국회의원 선거에서 인구 편차 상하 $33\frac{1}{3}$% 를 넘는 선거구 획정이 투표 가치의 지나친 불평등을 가져다준다고 보고, 허용 인구 편차를 최대 2:1로 결정하였다. 1995년 4:1 결정, 2001년 3:1 결정에 이은 투표 가치의 평등화 노력이다. 헌법재판소가 결정한 지방 선거에서의 최대 인구 편차는 2009년부터 4:1, 2018년부터 3:1로 점차 줄어들고 있다.

개별 선거구가 모두 이미 확정되어 있고 선출되는 대표 수만 정하는 경우, 인구 편차는 최대 2:1까지 벌어질 수 있다. 반면에 현행 대한민국처럼 하나의 행정구역을 여러 선거구로 분리할 수도 있고 또 여러 행정구역을 하나로 병합할 수도 있고 또 하나의 행정구역을 나눠 다른 행정구역과 결합할 수 있을 때는 개별 선거구 간 인구 편차를 2:1보다 훨씬 더 낮게 조정할 수 있다. 실제 선진 민주 국가들 대부분은 인구 편차가 높아봤자 1.5:1 이하다.

또 선거구 간 2:1 인구 편차 기준에서도 광역 지역 간 편차는 2:1보다 훨씬 낮게, 거의 1:1에 근접한 편차의 획정이 가능하다. 그렇지만 현행 선거구의 광역 지역 간 편차도 작지 않다. 허용 인구 편차 범위 내에서 농어촌 지역이 과대 대표되고 도시 지역이 과소 대표되는 것이 바람직하다는 주장과 그렇지 않다는 주장이 병립하고 있다.

반면에 지방의원 선거구의 인구 편차 기준을 다른 지방의원과 맞출 필요는 없다. 예컨대, 서울시의회 의원 1인이 대표하는 주민 수가 강원도의회 의원 1인과 다르다고 해도 평등 선거 원칙에 어긋나는 것은 아니다. 왜냐하면 서울시의회와 강원도의회가 대표하는 주민은 다르기 때문이다.

만일 특정 지역의 대표는 있어야 하는데 선거구 인구가 부족하다면 0.5표짜리 국회의원직을 만드는 방안이 있다. 해당 국회의원은 의결에 참여하되 1표 대신 0.5표로 행사하는 방식이다. 재적 의원 과반수 출석과 출석 의원 과반수 찬성으로 의결한다고 규정한 헌법 제49조는 "법률에 특별한 규정이 없는 한"이라는 단서 조항이 있으므로 법률 규정을 만듦으로써 0.5표짜리 국회의원도 가능하다. 헌법이 규정하는 의안에 대해서만 0.5표짜리 국회의원도 1표를 행사하면 된다.

선거구 간 인구 편차의 더 근본적인 문제는 인구 계산 기준이다. 현행 선거구 획정은 선거일 전 15개월이 속하는 달 말일의 주민등록표에 따라 조사한 인구를 기준으로 한다. 지역에 따라 거주 연령대 분포가 다르므로 인구 크기가 유권자 수를 정확히 반영한다고 볼 수 없다. 게다가 정치적 입장이 세대별로 달라서 지역 유권자의 투표 선택이 해당 지역 전체 인구의 정치적 의사를 제대로 대표한다고 말할 수 없다. 차라리 인구보다 유권자 수가 비례 대표성 계산에 더 적절한 기준이다.

사람뿐 아니라 지역도, 또 사람 수뿐 아니라 지역 면적도, 또 주민등록 인구뿐 아니라 군 장병과 같은 실제 거주자도 선거구 획정 기준에 반영되어야 한다는 견해도 존재한다. 분명한 것은 인구 비례성 외의 다른 가치 기준을 제기할 수 있어도 표 등가성(等價性) 자체를 대체할 수는 없다는 점이다. 표 등가성에 벗어나면 평등 선거 원칙에 어긋나기 때문이다.

여러 민주 국가에서 인구 비례로 대표되지 않는 지역 대표성을 양원제로 반영하고 있다. 그렇다고 10%에게 10%보다 더 큰 영향력을 제공하는, 즉 다수에 대한 역차별은 그 취지가 아님은 물론이다. 양원제 등의 지역 대표성 제도는 헌법 개정이라는 절차뿐 아니라 국회 교착 가능성 때문에 반대 의견도 있을 것이다. 현행 단원제하에서 인구 대표성과 지역 대표성을 동시에 해결하려면, 지역 특수성이 인정되나 인구가 부족한 지역으로의 유권자 유입을 허용할 필요가 있다. 주민등록지, 출생지 중에 선거구를 선택하게 하는 고향투표제도 그런 예다. 고향투표제의 정당성은 현재 시행되고 있는 재외국민 투표보다 더 인정된다고 볼 수 있다. 물론 주민등록제, 학군 및 입시제도 등 여러 제도를 함께 보완해야 한다.

이런 개방적 유권자 등록제는 지역 할거 정당 체제를 완화한다. 특정 정당이 지배하는 지역구에 전국의 지지자들이 등록하여 다른 정당 후보의 당선을 가능하게 할 수 있다. 현행처럼 이름도 모르는 자기 주소지 국회의원보다는 그간 활동을 주시해온 국회의원을 뽑는 것이 유권자 대표성에 있어 더 바람직하다. 국회의원은 지역 대표보다 국민대표라는 맥락에서다. 더구나 세금 납부 대상도 선거구민으로 등록한 지역으로 정한다면 개방적 등록제는 지방 재정에도 도움을 줄 것이다. 유권자의 선거구 등록을 개방적으로 조정한 후 선거구별 유권자 수가 1:1에 가깝게 최종 선거구를 획정하는 것이 공정성에 부합한다. 다만 조직화한 정치꾼들이 민심을 왜곡하는 것을 방지하는 장치도 함께 도입되어야 한다.

이러한 공정한 선거 제도가 도입되더라도 완전한 표 등가성은 불가능하다. 그래서 같은 한 표를 갖고도 더 큰 가치를 얻으려는 유권자와 정치인의 노력은 계속된다.

62. 게리맨더링_같은 득표로 다른 의석수를

모든 유권자의 투표 선택이 달라지지 않아도 선거 결과는 선거구 획정에 따라 달라질 수 있다. 1812년 미국 매사추세츠 주의회 다수당 민주공화당은 매우 어색한 모양의 주상원 선거구획정안을 통과시켰다. 같은 당 소속의 엘브리지 토마스 게리 매사추세츠 주지사가 이 어색한 선거구획정안에 주저하다 결국 서명하자, 3월 26일자 보스턴 가제트 신문은 에섹스 카운티 주상원 선거구를 괴이한 모습의 동물로 그려 넣으면서 전설의 도룡뇽salamander에 빗대 '게리-맨더'

라 명명했다.

같은 해 매사추세츠 주상원 의원 선거에서 민주공화당은 절반에 미치지 못하는 득표율로 70% 이상의 의석을 차지했다. 비정상적 선거구 획정으로 득표에 비해 많은 의석을 확보할 수 있었다.

긍정적 효과는 1812년 주상원 의원 선거에서뿐이었다. 민주공화당은 주하원 의원 선거와 게리 주지사가 출마한 주지사 선거에서는 패배하였다. 주지사 재선에 실패한 게리는 1813년 부통령 후보자로 지명된 후 당선되어 3월부터 부통령직을 수행하였으나, 1814년 11월 사망함으로써 정치 역정과 인생 역정을 모두 마감하였다. 게리 부통령의 사망 이후에도 왜곡된 선거구 획정은 미국에서 제리맨더링, 한국에서는 게리맨더링으로 불리고 있다. 기형적인 선거구획정안의 승인이 게리 자신의 선거 결과, 재임, 건강, 명예 모두에서 결코 나은 선택이 아니었다.

1977년 아일랜드 선거에서는 제임스 툴리 장관이 통일당과 노동당의 연립 정부에 유리하도록 선거구 획정을 변경하고 선거를 치렀지만, 이전의 선거구 획정보다 못한 선거 결과를 얻었다. 이를 계기로 툴리맨더링이라는 용어가 등장하기도 하였다.

1812년 3월 26일자 보스턴 가제트 신문에 등장한 게리-맨더 그림

오늘날 미국 선거에서도 게리맨더링은 등장한다. '버마재비'로 불리는 메릴랜드주의 한 선거구는 같은 선거구임에도 서로 연결되지 않은 모양을 띠고 있다. 2020년 1월 기준으로 25개 주에서는 주의회가 연방 선거구를 획정하는데, 대체로 주

지사의 승인을 포함한다. 주의회를 장악한 정당은 상대 정당의 지지자가 100%에 가깝도록 패킹(packing)하여 완벽하게 패할 소수의 선거구, 그리고 상대 정당의 지지자가 절반에 조금 못 미치게 크래킹(cracking)함으로써 근소하게 이길 다수의 선거구를 획정하려 한다. 비록 득표율이 상대보다 작더라도 상대보다 더 큰 의석비를 얻으려는 전략이다. 상대 정당의 현역 의원은 재선에 도움이 된다면 패킹되는 자신의 선거구 획정에 굳이 반대하지 않을 것이므로 패킹된 선거구의 획정안은 통과되기 쉽다. 물론 도가 지나친 게리맨더링은 연방대법원이나 주대법원에서 무효로 결정되고 있다.

한국 사회에서 게리맨더링 의미는 약간 다르게 사용되기도 한다. 표 등가성 왜곡 사례로 소개되고 있기 때문이다. 헌법재판소 판결문이나 고등학교 교과서에도 다음의 내용이 실려 있다.

> 평등 선거의 원칙은 … 투표의 성과 가치의 평등, 즉 1표의 투표 가치가 대표자 선정이라는 선거의 결과에 기여한 정도에 있어서도 평등하여야 한다는 원칙(one vote, one value)을 내용으로 한다. 뿐만 아니라, … '게리맨더링'에 대한 부정을 의미하기도 한다.

그렇지만 엄격히 말하자면, 게리맨더링은 선거구 간 표 등가성을 해치는 문제와 별개다. 오히려 등가성 기준을 맞추려다 발생하기도 한다. 소선거구제의 경우, 인구 편차 기준을 맞추기 위해 부자연스러운 선거구 획정이 등장하기도 한다. 다만, 게리맨더링은 선거구 획정에 참여할 수 없는 소수 정당이나 신생 정당에게 불공정한 결과를 가져다주어 비례성을 훼손할 여지가 크다. 또 유권자가 대표를 선택한다는 민주주의 원칙에 어긋나게, 대표가 유권자를 선택한다는 점에서 잘못된 것이다.

정당 의석비가 정당 득표율에 비례해야 한다는 비례성은 민주적 선거 제도에서 가장 중요하게 다루어지고 있는 규범적 기준이다. 정당이 얻은 1표가 의석으로 전환되는 비율이 다른 정당의 비율과 동일해야 한다는 기준이다. 달리 말하면, 정당의 1개 의석이 평균적으로 얻은 지지 유권자 수는 다른 정당과 같아야 한다. 득표율의 의석비 전환 비율을 정당 간 같게 만들려는 비례성은 정당 간 평등을 강조한다.

 전략 결정 게임

선거구 획정에 따라 비례성이 달라질 수 있음을 세 선거구에서 각기 1인의 의원을 선출하는 다음의 가상적 소선거구 상황으로 설명해보자.

A 정당의 총 득표수가 90이고 B 정당의 총 득표수는 60이라고 하자. 정당 A와 B의 의석비는 정당 득표율 비율 9:6에 비례하여 1.8:1.2, 반올림하여 2:1이어야 한다는 것이 비례성이다.

선거구	지지자 수	
	정당 A	정당 B
갑	3	2
을	3	2
병	3	2
합계	9	6

● A당 지지자　▲ B당 지지자

A당 : B당 의석비 = 3 : 0

선거구가 갑, 을, 병으로 획정되었다면, 정당 A와 B의 의석비는 3:0이다. 세 선거구에서 B 정당은 40%의 지지도에도 전혀 대표되지 않는다. 반면, 유권자의 지지 성향은 그대로인 채, 선거구 획정만 다음과 같이 정, 무, 기로 바뀌었다고 하자.

선거구	지지자 수	
	정당 A	정당 B
정	5	0
무	2	3
기	2	3
합계	9	6

● A당 지지자　　▲ B당 지지자

A당 : B당 의석비 = 1 : 2

이렇게 되면 정당 A와 B의 의석비는 1:2가 된다. 선거구 획정에 따라 의석비가 3:0에서 1:2로 바뀌는 것이다.

예시와 같은 극단적 상황이 아니더라도 의석비와 득표율 간의 괴리는 늘 발생한다. 지역주의가 매우 중요한 투표 선택 요인이었던 1990년대 선거에서, 비‍지역주의 정당은 여론조사 등에서 나타나는 지지도보다 더 작은 득표율을 얻었고, 또 득표율보다 더 작은 의석비를 얻었다. 반대로 지역주의 정당은 지지도보다 더 큰 득표율, 또 득표율보다 더 큰 의석비를 얻었다.

63. 1인 2표제_같은 지지로 다른 권력 지분을

'지지율 = 권력 지분'이라는 비례대표성은 간단하게 실현되는 것이 아니다. 현실은 '지지율 ≠ 득표율 ≠ 의석비 ≠ 권력 지분'이다. 지지율이 득표율에 그대로 반영되지는 않는 이유는 유권자들이 사표 방지 심리에 따라 전략적으로 투표하기 때문이다. 득표율이 의석비에 그대로 반영되지 않는 이유는 1

등만 당선되는 소선거구제 때문이다. 또 의석비가 권력 지분에 그대로 반영되지 않는 이유는 대통령제와 같은 다수제 권력 구조 때문이다. 설사 인구 10%의 지지를 받는 정당이 의석 10%를 얻는다고 해도 실제 영향력은 10%에 미치지 못한다.

정치에서는 지지율보다 득표율이 더 중요하고, 득표율보다 의석비가 더 중요하며, 국회 의석비보다 집권 여부가 더 중요하다. 그러다 보니 같은 지지도를 갖고도 더 높은 득표율을 얻으려는 전략, 또 같은 득표율로도 더 높은 의석비를 얻으려는 전략, 또 같은 의원 수를 갖고도 더 큰 정치 권력을 얻으려는 전략이 모색된다.

정치나 비즈니스에서 같은 지분이 같은 영향력을 행사하는 것은 아니다. 엄격한 과반수제에서 상대가 51%의 지분을 갖고 있을 때 내가 가진 49%의 영향력은 0이다. 이에 비해 다른 두 경쟁자가 각각 49%와 48%의 지분을 가진 상황에서 3%의 영향력은 33%에 이른다. 과반수 승리 연합은 49+48, 49+3, 48+3, 49+48+3의 총 네 가지인데 3%가 승리 연합에 낄 가능성은 49%나 48%와 같기 때문이다. 3%의 지분이 16배 큰 49%와 동등한 영향력을 행사하는 것이다.

어떤 경우에는 3%가 49%와 48%보다 더 큰 영향력을 향유하기도 한다. 만일 49%와 48%가 적대적이라 도저히 연합할 수 없는 상황이라면 3%의 선택이 승자를 결정지을 수 있어 3%는 누구보다도 더 큰 영향력을 행사할 수 있다.

1989년 제13대 국회 의석비는 민주정의당 43%, 평화민주당 24%, 통일민주당 20%, 신민주공화당 12%였다. 당시 국회 운영에 대한 의원들의 만족도 조사에서 민정당과 민주당 소속 의원들은 대체로 만족하지 못한다고 답변하였고, 공화당 의원들은 모두 만족한다고 응답한 바 있다. 의석수로 20:12의 차이가 있었던 민주당과 공화당은 결정력에서 같았기 때문에 의원 수가 적은 공화당이 더 만족했던 것으로 보인다. 제20대 국회의 4당 체제에서 각 정당의 의석수와 의석비는 매우 유동적이었지만 새누리당, 더불어민주당, 국민의당, 정의당, 무소속의 의석비를 기준으로 자신이 참여하면 과반이 되고, 불참하면 과반이 되지 않을 확률을 계산해보자. 설명의 편의상 소속 정당에 따라 일치단결하여 표결에 임하고 무소속은 각자 행동한다고 가정하자. 이 의석비 기준으로 단순 과반수제하의 결정력 크기는 다음과 같았다.

새누리당 = 더불어민주당 = 국민의당 〉 정의당 = 무소속

만일 129석의 새누리당이 특정 정당과 함께 과반을 만드는 상황이라면 38석의 국민의당도 새누리당을 대신해 과반을 만들 수 있었다. 이 점에서 국민의당은 서너 배의 의석을 가진 새누리당이나 더불어민주당과 동등한 결정력을 가졌고, 6석의 정의당은 그렇지 못했다. 60% 이상의 찬성을 필수로 하는 의사 결정 방식에서의 의결 결정력은 다음과 같았다.

새누리당 = 더불어민주당 〉 국민의당 = 정의당 = 무소속

새누리당과 더불어민주당의 의석은 각각 40%를 넘기 때문에 양대 정당 가운데 하나라도 제외하면 60% 이상의 찬성이 불가능했다. 즉 새누리당과 더불어민주당은 각각 거부권을 가졌다. 반면에 국민의당이 빠지더라도 60% 이상의 연대가 가능했다. 양대 정당이 연대하면 나머지 정당은 있건 없건 60% 확보에 아무런 영향을 미치지 못했다. 이런 점에서 국민의당 영향력은 무소속 의원 1인 정도에 불과했다. 이론적으로 국회선진화법 폐기를 가장 반길 정당은 국민의당이었다. 물론 정당 이념까지 고려하면 계산은 달라진다.

국회의원 선거에 있어서도 작은 득표율의 정당이 큰 득표율의 정당보다 더 많은 의석을 받을 수도 있다. 득표율과 의석비를 일치시키려는 선거 제도가 비례대표제다. 여기서는 같은 득표율에서도 다른 의석비가 나올 수 있는 전략적 측면을 살펴보자.

2001년 7월 19일 헌법재판소는 1인 1표로 지역구 국회의원뿐 아니라 비례대표 국회의원까지 선출하는 것이 헌법에 위배한다고 결정하였다. 이후 2020년 현재까지 대한민국 비례대표 국회의원 투표는 지역구 국회의원 투표와 별개로 집계되고 있다.

1인 1표제가 위헌이라고 결정한 이유는 유권자가 선호하는 지역구 후보자의 소속 정당과 유권자가 선호하는 정당이 서로 다를 때 그 유권자는 후보자와 정당 모두에 대해 자신의 의사를 나타낼 수 없다는 점 때문이었다. 이 위헌 사유는 1인 2표제로 해소될 수 있다. 하지만 다른 문제는 1인 2표제로 해결되지 않는다. 예컨대, 1인 1표제에서는 무소속 지역구 후보자에게 투표한 유권자의 표가 비례대표 의석에 반영되지 않아 불평등하다는 헌법재판소의 예시는 1인 2표제에서도 발생할 수 있다. 기존 정당을 혐오하여 무소속 지역구 후보에게만 투표한 유권자의 의사는 1인 2표제에서도 여전히 불평등하게 집계된다. 정당 득표율에 따라 의석을 배분하는 비례대표제 자체가 무소속 후보에게 불리하므로 기존 정당을 지지하지 않는 유권자에 대한 불평등은 1인 2표제로 해소되지 않는다. 또 만일 1인 1표제의 헌법재판소 위헌 결정을 그대로 인용한다면, 유권자가 정당 명부 등 후보자 공천에 충분히 관여하지 못하는 선거 제도 역시 위헌 소지가 있다고 해석될 수 있다.

부등가성이나 불비례성 문제는 1인 2표제로 완전히 해소되지 않는다. 의원 간 득표 부등가성을 쉽게 설명하기 위해 소선거구 지역구 의원 250인, 전국 단위 비례대표 의원 50인을 선출한다고 가정해보자. 전체 유권자가 선출한 비례대표 의원 50인의 각 1인은 전체 유권자의 1/50에 의해 선출된다고 볼 수 있다.

전략과 상식의 세계사

득표율에 이기고도 낙선하고, 득표율에 지고도 당선하는 미국 대통령 선거

2000년 11월 7일 실시된 미국 대통령 선거에서 조지 W 부시 후보가 앨 고어 후보에게 득표율에서는 47.9% 대 48.4%로 졌지만, 선거인단 수에서 271 대 266으로 이겨 대통령에 당선되었다. 선거 결과에 대한 불복 사태는 없었으나 제도 변경이나 선거 전략에 대한 논의는 있었다. 유사한 선거 결과가 대한민국에서 발생한다면 정치적 소요 사태가 없으리라 장담하지 못한다.

2016년 11월 8일 실시된 미국 대통령 선거에서도 유사한 결과가 나왔다. 도널드 트럼프 후보는 46.1%를 득표하여 48.2%를 득표한 힐러리 클린턴 후보에게 뒤졌으나 선거인단 수에서 304 대 227로 앞서 제45대 미국 대통령에 당선되었다. 전체 국민의 득표율이 낮은 후보가 선거인단 수에 앞서 당선된 미국 대통령은 2016년 선거가 5번째이다. 이러한 미국 대통령 선출 방식은 대통령을 의회가 선출하자는 주장과 국민이 선출하자는 주장의 타협안이었다.

반면에, 지역구 의원 250인 각각은 전체 유권자의 1/250에 의해 선출된다. 그렇다면 국회 내 표결에서 비례대표 의원 1인에게 지역구 의원 1인보다 5배 큰 권한을 부여해야 의원 1인이 대표하는 유권자 수가 비슷해진다고 볼 수 있다.

이런 지역구 의원과 비례대표 의원 간 대표 부등가성을 해소하지 않으면 정당 간 불비례성이 발생할 수 있다. 예컨대, 지역구 250석과 비례대표 50석의 선거 제도에서 지역구 선거에서는 전혀 득표하지 못하였지만 50석 비례대표 선거에서 전체 정당 표 절반을 얻은 A 정당이 유권자 50%의 지지로 25석의 의석만을 얻을 수 있다. 반면에 비례대표 선거의 정당 표를 전혀 얻지 못하였으나 지역구 선거에서 평균 30%의 득표율로 전체 지역구 절반에서 승리한 B 정당은 125석을 얻을 수도 있다. 정당 A와 B 간의 유권자 지지 비교는 50%:30%이지만, 두 정당의 의석수 비교는 역전된 25:125로, 의석수가 득표에 비례하는 정도가 두 정당 간에 현격히 다르다.

지역구 의원과 비례대표 의원 간 부등가성 문제와 이에 따른 정당 간 불비례성 문제는 다음 두 가지 방식으로 중 하나로 해소할 수 있다.

① 1인 2표제를 유지한 채 총 지역구 의석수와 총 비례대표 의석수를 같게 하는 것이다. 앞의 300석 상황으로 다시 설명하면, 지역구와 비례대표의 의석수를 각각 150석으로 설정하는 방식이다. 이 방식에서 각 유권자는 1표로 전국 유권자와 함께 총 150인의 지역구 의원을 선출하고, 다른 1표로 전국 유권자와 함께 총 150인의 비례대표 의원을 선출하므로 지역구 투표의 가치와 비례대표 투표의 가치는 같아진다. 즉 지역구 투표가 지역구 의석으로 전환되는 비율은 정당 투표가 비례대표 의석으로 전환되는 비율과 비슷하다. 이렇게 되면 지역구 의원과 비례대표 의원 간 대표 부등가성뿐만 아니라, 지역구 의석 중심의 정당과 비례대표 의석 중심의 정당 간에 발생하는 불비례성도 해소될 수 있다.

② 1인 1표제로 환원하되 지역구 및 비례대표를 포함한 전체 의석비가 정당 득표율에 비례하도록 비례대표 의석을 배분하는 것이다. 단, 1인 1표제의 투표용지에서 지역구 투표에 기권하면서 비례대표 의석 정당의 선택이 가능해야 지역구 선거에 출마하지 않은 정당의 지지자에 대한 불평등 문제가 해소된다.

전략 결정 게임

1인 2표제와 1인 1표제에서의 표의 가치를 비교해보자.

C와 D 두 개의 정당만 있는 1인 2표제에서 지역구 투표의 선택은 C, D, 무소속, 기권 네 가지 가운데 하나다. 비례대표 투표는 C, D, 기권 세 가지 가운데 하나다. 그렇다면 가능한 투표 선택의 조합은 열두 가지다. 이 열두 가지의 유권자 유형이 1인 1표제에서는 어떻게 투표가 이루어지는지를 보여주는 것이 다음의 표다.

1인 2표제에서의 투표 선택을 유권자 유형별로 살펴보자. 지지하는 정당이 없지만 지지하는 지역구 정당 후보자가 있는 유권자 3과 6은 1표만 행사할 수 있다. 또 지지 정당의 후보자가 지역구에 출마하지 않았거나 아예 지역구 후보자 모두를 싫어하는 유권자 10과 11도 1표만 행사한다. 즉 유권자 3, 6, 10, 11은 1인 2표제에서 1표만 행사한다. 이에 비해 1인 1표제에서는 모든 선거에 기권하는 유권자 12를 제외하곤 거의 동등한 선거권을 행사한다. 다만, 1인 1표제도 의석 배분 방식에 따라 불평등한 선거권을 갖는 유권자도 발생할 수 있다.

유권자 유형	1인2표제			1인1표제	
	지역구 선택 (인물 투표)	비례대표 선택 (정당 투표)	투표수	투표 선택	투표수
1	C	C	2	C	1
2	C	D	2	C 또는 D	1
3	C	기권	1	C	1
4	D	C	2	C 또는 D	1
5	D	D	2	D	1
6	D	기권	1	D	1
7	무소속	C	2	무소속 또는 C	1*
8	무소속	D	2	무소속 또는 D	1*
9	무소속	기권	1	무소속	1*
10	기권	C	1	C	1
11	기권	D	1	D	1
12	기권	기권	0	기권	0

* 무소속 후보를 선택한 경우엔 표의 실제 가치가 1 이하로 떨어짐

지지하는 정당이 없고 무소속 지역구 후보자에게 투표하는 유권자 9의 의사는 비례대표 의석에 반영되지 않는다. 하지만 1인 2표제에서도 유권자 9는 1표만 행사하여 불평등한 선거권을 받기는 마찬가지이다. 만일 1인 1표제에서 무소속 지역구 후보자를 선호하는 유권자 7과 8이 지역구 후보자 대신 지지하는 정당에 투표하면, 이는 온전한 선거권을 행사하는 것이 된다. 지역구 후보자와 정당에 대한 선호가 교차하는 유권자 2와 4는 1인 1표제에서 고민하게 된다.

유권자는 주어진 선택지에서 가장 나은 대안을 선택한다. 과거의 1인 1표제에서 어떤 유권자는 지역구 후보자에게 던진 표로 정당에 보너스 의석을 준다고 인지하며 지역구 후보자의 인물됨과 정당의 호불호를 종합·판단하여 투표를 선택하기도 했다. 선호하는 후보자의 불출마를 민주주의 원리와 직접 선거의 원칙에 위배한 것으로 볼 수 없듯이, 지역구 의원 선거와 비례대표 의원 선거를 종합적으로 판단하여 한 표를 행사한 것이 직접 선거의 원칙에 위배한다고 볼 수는 없다. 1표를 특정 정당의 지역구 후보자에게 투표하거나, 또는 무소속 후보자에게 투표하여 비례대표 의석 산정에 반영되지 않게 하거나, 또는 지역구에 출마하지 않은 지지 정당을 위해 아예 기권하거나, 또는 이 옵션이 가능하다면 지역구 투표를 포기하되 정당에는 투표할 수도 있다.

1인 1표제가 민주주의, 직접 선거, 평등 선거의 원칙에 위배한다고 단정할 수는 없다. 실제로 과거 1인 1표제 당시 군소 정당들은 비례대표 의석을 얻기 위해 전국에 걸쳐 지역구 후보자를 공천하기도 했으며, 또 무소속 후보자를 지지한 유권자 다수는 전략적으로 무소속 후보자 대신에 특정 정당 후보자에게 투표하기도 하였다.

1인 1표제든 1인 2표제든 자신의 표가 의석에 반영되는 방식을 유권자가 숙지하고 있어야 자신의 의도가 선거 결과에 반영될 수 있고 또 위헌 논쟁도 피할 수 있다.

현행 선거 제도에서 정당을 선택한 표의 가치는 지역구 후보를 선택한 표보다 훨씬 작다. 만일 지역구 의석과 비례대표 의석이 각각 250석과 50석이라고 가정하면, 전체 유권자의 평균 1/250에 해당하는 수의 유권자가 지역구 의원 1인을 선출하는 반면에 비례대표 의원 50인은 전체 유권자가 선출하게 된다. 즉 지역구 의석 표와 비례대표 의석 표 간의 가치는 5 대 1이다. 지역구 표와 정당 표의 가치 차이를 이와 다르게 인식하고 투표하는 유권자가 많다면 현행 1인 2표제는 유권자의 의중을 잘못 대표하는 방식이다. 2016년 실시된 9급 공무원 공개경쟁 채용시험 사회 과목에서 응시자 대다수는 당시 지역구 표의 가치가 당시 정당 표의 가치보다 약 5배의 크기라는 사실을 몰랐다. 일반인은 더욱 모른다고 볼 수 있다. 만일 유권자가 당시 1인 2표제의 정당 표에 따라 전체 의석비가 결정된다고 인식한다면, 2019년까지 시행된 국회의원 선거 제도뿐 아니라 2020년 새로 도입된 국회의원 선거 제도도 유권자의 의도를 제대로 반영한 선거 방식이 아니다.

정당 표에 의해 정당의 전체 의석비가 결정되는 방식이 비례대표제 취지에 더 부합되기는 한다. 물론 정당 표의 득표율 그대로가 아니더라도 절반 정도가 전체 의석비에 반영되어야 한다는 주장도 있다. 정당 표 득표율을 갖고 전체 의석비를 결정하는 방안은 유권자들이 비례대표 의석의 표 가치를 지역구 의석 표보다 훨씬 높게 받아들여야만 도입할 수 있다. 그렇지 않으면 위헌 소지가 있다.

지역구에서 높은 득표율로 낙선한 후보가 정당 표로 비례대표 의석에 당선될 수 있도록 하는 석패율제 또한 유권자가 표의 가치를 그렇게 인식하지 않고 투표한다면 마찬가지의 문제가 발생한다. 1인 1표로 지역구 의석과 비례대표 의석을 선출한 방식이 위헌이라고 2001년에 결정한 헌법재판소로서는 1인 2표로 1인의 국회의원을 선출하는 방식에 대해서도 위헌으로 결정할 소지가 크다.

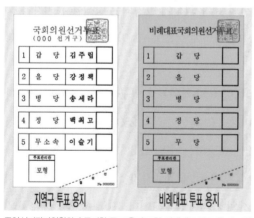

중앙선거관리위원회가 공지한 투표 용지 모형. 비례대표 투표 용지 모형에서 무당은 무소속이 아닌 정당의 이름이다.

불균형 비례의 정도를 나타내는 대표적인 지수가 갤러허(Gallagher 최소 제곱least square) 지수다. 각 정당의 득표율과 의석비의 차이를 제곱하여 합산하고 이를 2로 나눈 다음 제곱근 을 취한 값으로, 과소 대표된 정당들이 과소 대표된 비율, 뒤집어 말하면 과대 대표된 정당들이 과대 대표된 비율이다. 정당 표를 정당 득표율로 보고 계산하든 아니면 지역구에 투표한 정당 득표율로 보고 계산하든, 2020년 총선에서의 갤러허 최소 제곱 지수 값은 이 선거가 역대 최악의 불균형 비례 수준임을 보여준다. 물론 50% 전후로 계산되는 대통령 선거보다는 낮은 수준이지만 이전 국회의원 선거 제도보다 훨씬 나빠졌다.

미래통합당이나 미래한국당 지지자 일부는 정당 표를 가장 많이 얻은 지지 정당이 제1당이 되지 못하고 더불어민주당 의석의 절반도 받지 못한 선거 결과는 불공정하다고 주장하였다. 반면에 더불어민주당과 더불어시민당 지지자들은 비례대표 정당 득표율이 정당 지지율을 의미하지 않는다고 볼 것이다. 이전 국회의원 선거에서는 미래통합당 계열의 정당이 정당 득표보다 더 큰 의석비를 얻었기 때문에 여야가 서로 바뀌어 주장하는 셈이다.

사실 정당 표 득표율에 따라 의석비가 비례해야 비례대표성이 높다는 전제부터 검토해야 한다. 특히 대통령 선거와 같은 극심한 불균형 비례 선거 제도를 그대로 둔 채 국회의원 선거의 비례대표성만을 높이겠다는 접근 자체가 한계일 수밖에 없다. 대통령제에서 비례대표성을 높이기 위해서는 여당에 득표율보다 더 적은 의석을 배분하고 야당에는 득표율보다 더 많은 의석을 배분해야 한다는 극단적인 주장도 가능하다.

지역구 의원 선거에서 자신이 가장 선호하는 후보자에게 투표하는 유권자도 있고, 그 후보자의 당선 가능성이 작다는 이유로 당선 가능성이 어느 정도 되는 차선 또는 차차선의 다른 후보자에게 투표하는 유권자도 있다. 마찬가지로 자신이 이상적으로 생각하는 정당 판세에 맞추기 위해 지역구 의원 선거에서 투표한 정당과 다른 정당을 비례대표 의원 선거에서 선택할 수도 있다. 1인 2표제는 유권자가 1인 2표의 각 표 가치와 의석 환산 방식을 정확히 인지해야 정당화되는 것이다.

2020년 비례대표 선거의 이해득실

2019년 연동형 비례대표 선거제 도입을 가장 적극적으로 추진한 정치인들은 비례대표 계산이 복잡하다는 비판에 대해 국민이 몰라도 된다고 말했지만, 정작 본인들이 제도 효과를 이해하지 못해 2020년 선거에서 참패하였다. 2019년 12월 23일 선거법 개정안 합의에 참여한 이른바 '4+1' 가운데 더불어민주당을 제외한 바른미래당, 정의당, 민주평화당, 대안신당은 결국 비례대표성이라는 대의명분뿐 아니라 자신의 정치적 이익조차 전략적 판단 실수로 얻지 못했다. 자유한국당미래통합당 전신의 경우, 주어진 지지도에서 최대의 득표율로 만든 것에는 어느 정도 성공했으나, 득표율이 의석비로 전환되는 단계의 전략적 대응은 부족했다.

2020년 국회의원 선거의 비례대표 정당별 득표율은 미래한국당미래통합당의 비례 위성정당 33.84%, 더불어시민당더불어민주당의 비례 위성정당 33.35%, 정의당 9.67%, 국민의당 6.79%, 열린민주당 5.42%, 민생당 2.71%였다. 서울 지역구 선거에서 더불어민주당은 33.57%~64.45%를 득표했고, 미래통합당은 33.94%~65.38% 득표하였다. 서울 지역구 의석 가운데 더불어민주당이 41석83.7%이나 얻었지만, 미래통합당은 8석16.3%을 얻는 데 그쳤다. 전국으로 확대해 계산해도 득표율과 의석수 간의 불균형 비례는 심각하다. 더불어민주당을 제외한 나머지 정당들의 전략적 능력은 2020년 국회의원 선거 공천 및 선거 운동뿐 아니라 2019년 선거법 개정안 처리에서도 부족했다.

제10장
오월동주와 원교근공

_내부와 연대 아니면 외부와 연대

64. 군주의 전쟁_적이 가져다준 사다리를 타고

각종 경쟁에서 남과의 협력은 매우 필요하다. 전쟁이나 선거에서 판 바꾸기도 상대편을 분열시키고 그 일부를 자기편으로 만드는, 전선戰線의 위치를 바꾸는 전략으로 이해할 수 있다. 경쟁 상대는 외부가 아니라 내부에 있을 때도 많다. 『손자병법』 구지九地 편에 다음 구절이 서술되어 있다.

夫吳人與越人相惡也 當其同舟而濟過風 其相救也如左右手

서로 미워하는 오나라 사람과 월나라 사람이 같은 배를 타서 풍랑을 만나면 왼손
과 오른손처럼 서로 구한다.

경쟁 관계였던 I와 이웃 J는 외부의 K가 너무 위협적일 때 서로 협력하기도 하는데, 이는 I와 J의 오월동주吳越同舟이고, I와 J 사이에 있던 전선이 I·J와 K 사이로 이동했음을 의미한다. 물론, 춘추시대 오나라와 월나라가 나라 차원에서 협력한 사례는 별로 알려진 게 없고 따라서 오월동주는 가상적인 경구다.

경쟁적인 이웃끼리 손잡아 외부 위협을 극복한 사례가 오월동주로 표현된

다면, 협력하지 않아 패망하는 사례는 어부지리漁父之利로 표현된다. 전국시대 조趙나라가 연燕나라를 치려 할 때 소진蘇秦의 동생 소대蘇代가 조나라 혜문왕에게 들려주었다는 다음 이야기가 『전국책』에 등장한다.

새鷸 한 마리가 조개蚌 한 마리를 먹으려 했고, 이에 조개가 개의 주둥이를 물어 싸움이 계속되었는데, 마침 근처의 어부가 새와 조개를 모두 잡아갔다.

조나라와 연나라가 싸우면 강대국 진나라가 어부가 될까 봐 두렵다고 소대가 말하니, 혜문왕은 연나라 공격 계획을 취소하였다. 어부지리는 강 건너에서 불 구경하는 격안관화隔岸觀火, 산에 앉아 호랑이 싸움 구경하는 좌산관호투坐山觀虎鬥와 비슷한 의미다.

만일 I와 J 간의 반목과 대립이 너무 심하여 I가 외부의 K보다 이웃 J에 더 적대적이라면, I는 K와 협력할 수도 있다. 이때 I의 전략은 먼 곳과 협력하여 이웃을 공격하는 원교근공遠交近攻 또는 남의 칼을 빌려 다른 남을 죽이는 차도살인借刀殺人이라 할 수 있다. 특히 I가 이웃 J보다 약할 때 더 강한 K와의 협력은 I가 선택할 수 있는 대안 가운데 하나다. 포식자의 추격을 피하려 다른 피식자를 희생시키는 야생의 행위처럼, I는 K의 공격을 피하려 J와 단교하기도 한다. 원교근공 또는 차도살인은 친소親疏 구분의 경계선 위치를 I · J와 K 사이에서 I · K와 J 사이로 이동했음을 의미한다. 전선이 I · J와 K 사이에 있었을 때 I와 J는 같은 것을 추구하되 다른 것을 그대로 두는, 이른바 구동존이求同存異였는데 이는 원교근공의 등장과 함께 사라져 버렸다.

만일 J의 소멸 이후 K가 I를 공격한다면, 전선은 다시 I와 K 사이로 이동한 것이다. 이때 K의 전략은 '오랑캐로 다른 오랑캐를 제압'하는 이이제이以夷制夷의 차원을 넘어, '우나라 길을 빌려 괵나라를 정벌하고 돌아오는 길에 우나라도 정벌'하는 가도멸괵假道滅虢의 전략이다.

어떤 이슈 또는 위협은 풍랑이 되어 오월동주로, 또 위협 앞에서도 협력하지 않는 적전분열敵前分裂 또는 원교근공으로 이어지기도 한다. 오월동주와 원교근공 가운데 어떤 길로 전개되는지는 누구를 주적으로 여기느냐에 따라 달라진다. 일반적으로 내부의 적을 주적으로 여기면 원교근공, 외부의 적을 주적으로 여기면 오월동주가 된다. 오월동주는 서로 싸우더라도 같은 배를 탔다는 공감대가 있을 때 가능하다. 민족주의 등 둘을 묶는 정체감이 강할 때 오월동주가, 그런 정체감이 약할 때는 원교근공이 자연스러운 전략이다.

> 행운의 여신 포르투나는 군주를 위대하게 만들고자 할 경우, 군주에게 적을 만들어 적이 군주를 공격하게 만들며, 군주에게 적의 공격을 극복할 기회를 주어 적이 가져다준 사다리를 군주가 타고 높이 올라가게 해준다. 현명한 군주라면 노련하게 적대감을 조성 …

마키아벨리는 외부 적의 존재가 지배자에게 행운이라고 보며 『군주론』 제20장에서 서술한 내용이다. 역사 속 11월 9일에 등장했거나 소멸한 세 군주의 예로 살펴보자.

1799년 11월 9일은 프랑스 나폴레옹 보나파르트가 쿠데타를 통해 권력 전면에 등장한 날이고, 1867년 11월 9일 일본에서는 메이지明治가 에도江戸 막부로부터 권력을 돌려받아 거의 700년 만에 왕정으로 복고했으며, 1918년 11월 9일은 프랑스의 맞수 독일 빌헬름 2세가 강제로 퇴위당하여 유럽 전제 황권이 종식된 날이다.

시대와 장소를 달리하는, 이 세 군주의 등장과 쇠퇴에는 공통점이 많다. 무릇 권력은 세勢 규합에서 시작하는데, 세 규합이 걸림돌 없이 자연스럽게 이뤄졌다. 권력자는 권력 장악 이후 외부로부터 더 많은 자원을 획득해 배분함으로써 권력을 유지하려 한다. 나폴레옹 1세, 메이지, 빌헬름 2세 등 세 권력자 모두 집권 후 세계나 지역에서의 패권을 추구했다. 장기 집권의 기반인 외부와의 지속적인 경쟁, 특히 전쟁은 당시 기본적인 전략이었다.

먼저, 나폴레옹 보나파르트의 권력 장악을 살펴보자. 혁명 이후 성립된 프랑스 제1공화정은 반란과 쿠데타로 계속 불안했다. 특히 프랑스 혁명과 공화정에 대한 외부 위협이 드세었다. 1799년 들어선 5인 총재 정부를 이끌던 지도자는 시에예스Emmanuel Sieyès였다. 정국 운영에 어려움을 겪던 시에예스는 의회를 해산하고 헌법을 바꾸고 싶었다. 그 일에 적합한

브뤼메르 18~19일 쿠데타의 한 장면. 프랑수아 부쇼의 그림. 나폴레옹 보나파르트는 전쟁 수행을 통해 프랑스 국내의 지지를 얻었다.

군인이 나폴레옹이라 판단했다. 그는 야심가 나폴레옹을 경계했지만 나폴레옹이 황제로 즉위할 거라고는 전혀 예상하지 못했다. 시에예스와 나폴레옹은 11월 1일 만나 쿠데타를 모의했다.

1799년 11월 9~10일, 당시 혁명력曆으론 2월에 해당하는 안개브뤼메르달 18~19일, 나폴레옹의 장병들이 파리 교외 생클루의 원로원과 500인 의회를 포위하여 쿠데타를 감행하였다. 나폴레옹은 쿠데타 과정에서 몇 가지 실수를 저질렀다. 그래서 브뤼메르 18일 쿠데타는 나폴레옹이 거사에 성공한 날이라기

보다 시에예스의 브뤼메르파가 자코뱅파에 승리한 사건으로 당시엔 여겨졌다.

부르주아 공화국 수립을 원했던 브뤼메르파는 쿠데타 이후 나폴레옹을 다시 전장으로 보내거나 아니면 실권 없는 국가 원수 자리에 앉히려고 했다. 그러나 이후 전개된 일련의 정치 무대의 주인공은 그들이 아니었다. 시에예스는 나폴레옹에 더 저항하지 못하고 순순히 협조하는 길을 택했다. 대신에 원로원 의원직에 많은 돈과 영지를 받았다. 결국 브뤼메르파는 계급적 특권을 유지하는 대가로 나폴레옹 독재를 수용하게 된 셈이다.

1804년 12월 나폴레옹은 마침내 황제에 즉위한다. 자코뱅파를 제외한 거의 모든 세력이 정부 요직에 중용되었다. 전쟁이 낳은 영웅 나폴레옹은 전쟁이야말로 민심을 잡고 권력을 유지하는 좋은 수단이라고 믿었고, 따라서 재위 기간 내내 전쟁을 수행해나갔다. 나폴레옹이 전쟁에서 이기는 동안은 프랑스 내의 그 누구도 나폴레옹에 저항할 수 없었다. 뒤집어 말하면, 나폴레옹 정권의 붕괴는 국내 반란에 의해서가 아니라 외부와의 전쟁에서 패함으로써 이루어졌다.

무스히또睦仁, 즉 메이지明治의 경우를 살펴보자. 무스히또는 부왕의 급작스런 사망으로 1867년 1월 15세의 나이로 즉위식도 없이 덴노日王에 즉위했다. 당시의 일본 사회 역시 혼란과 암살이 자행되던 시절이었다. 당시 권력을 장악했던 에도 막부는 전국을 통제하지 못했고, 서남 지역 번藩, 지방제후의 영지들이 막부에 대항하던 정국이었다. 대외 개방 압력에 존왕양이尊王攘夷 구호가 자주 등장하였다.

막부의 마지막 쇼군 도쿠가와 요시노부德川慶喜는 일부 번들로부터 국가 통치권을 덴노에게 돌려준다는 '대정봉환大政奉還'을 제의받고 11월 9일 이를 수용한다고 발표했다. 다음 해 막부는 번들의 군사적 위협에 항복하고 스스로 해체했다.

왕정복고의 일등 공신인 여러 번들도 해체되는 수순을 밟았다. 1869년 영지領地와 영민領民에 관한 판적을 덴노에게 반환했고, 1871년에는 번을 폐지하고 대신 현을 설치해 중앙 정부가 직접 통제하도록 했다. 이른바 '폐번치현廢藩置縣'은 번의 주군들을 도쿄에 강제 이주시키고 대신 현령을 중앙 정부에서 파견하는 것이었으므로 1867년 대정봉환에 이은 제2의 왕정 쿠데타로 불리기도 한다. 또 메이지 정부는 1873년 사무라이 대신 국민 개병제를 도입했다.

이런 일련의 일들은 메이지 이름으로 시행되었으나 메이지가 기획하고 주도한 것은 아니었다. 번 출신의 메이지 유신 주체들은 따로 있었다. 막부 권한을 모두 덴노에 이양하는 것만으로 국내 불만을 잠재울 수는 없었다. 불만을 잠재우기 위해 뭔가를 줘야 하는데, 일본 내에서는 줄 게 별로 없었다. 그래서 대외 팽창이 조만간 필요했다.

정한의논도. 1877년 그림. 사이고 다카모리 등이 참석한 정한론 토론장 모습을 그렸다.

메이지 유신 3걸 가운데 1인으로 불렸던 사이고 다카모리西鄕隆盛는 지방 무사 계급의 반발을 무마하기 위해 조선을 정벌하는, 이른바 정한론征韓論을 주장했다. 그의 주장이 내치를 우선시하는 반대파들에 의해 받아들여지지 않자 사이고는 참의 직을 사퇴했다. 1877년 사이고는 세이난西南 전쟁을 일으켰고 정부군에 의해 진압되면서 자결했다.

조선의 대일 태도를 문제 삼아 제기된 정한론에 대해 메이지는 처음 동의하지 않았으나, 정한론 자체에 반대했다기보다 시기가 부적절할 뿐 정권의 안정적 운영을 위해 언젠가는 외국 진출이 필요하다고 생각했을 것이다. 실제 조선 개항, 청일 전쟁, 러일 전쟁, 한일 강제 병합 등이 모두 메이지 덴노 때의 일이다. 외부와의 전쟁 때마다 메이지는 대본영에서 직접 전쟁 준비를 챙겼다. 심각한 전쟁 패배를 겪지 않은 메이지는 죽을 때까지 권좌에 머물렀다.

빌헬름 2세 역시 1인 지배 권력을 전쟁과 함께했다. 부왕이 취임 100일을 넘기지 못하고 병사하자 1888년 29세의 나이로 독일 제국 황제직에 올랐다. 당시 독일 제국의 한 축이었던 재상 비스마르크를 해임하여 명실상부한 권력자가 되었다.

빌헬름 2세는 세를 규합해 새로운 권력을 획득하는 과정을 거치지 않고 세습으로 권력을 이어받았다. 그래서 빌헬름 2세는 대외 관계에서도 비스마르크와 달리 세 규합에 목메지 않고 동맹을 경시했다. 그러다 제1차 세계대전이라는 엄청난 늪에 빠지게 되었다. 패전이 임박해지면서 독일 내부에서 퇴위를 권유받고 버티다 결국 1918년 11월 9일 퇴위한 후 네덜란드로 망명해 지내다 1941년에 쓸쓸히 죽었다.

나폴레옹 1세, 메이지, 빌헬름 2세의 세 군주에게는 전쟁이 주요 외교 전략이었으며, 외교는 주요 권력 유지 전략이었음을 알 수 있다. 외부와의 경쟁이 권력을 공고히 할 수도 있고 반대로 권력을 와해시킬 수도 있는 것이다.

외부 적과의 경쟁에서 이기면 권력 유지가 쉽다. 외부와의 전쟁에서 패하더라도 패전의 책임을 경쟁 정파에 지울 수 있다면 패전 또한 권력 유지에 도움이 된다. 북한 김일성은 6·25 전쟁에서 승리하지 못한 책임을 박헌영과 남로당에 지우면서 자기 권력을 더욱 공고히 했다. 제1차 세계대전에서 패한 독일 군부는 좌파가 연합국 측의 부추김을 받고 반전주의와 혁명주의로 후방을 교란하면서 '등 뒤에서 비수'를 꽂았다며 좌파에게 패전의 책임을 돌렸다.

외부와의 경쟁에서 패배한 데다 그 책임을 내부 경쟁자에게 돌리지 못해 스스로 책임져야 하는 상황이라면 외부 위협을 조장하는 전략은 나쁜 수, 즉 패착이다. 나폴레옹 1세와 빌헬름 2세 모두 패전으로 정권을 잃었다. 나폴레옹 1세는 외부 점령자로 부터, 빌헬름 2세는 국내 경쟁자들로부터 책임을 추궁당했고 황제직 자체가 사라졌다. 이에 비해 일본 덴노는 1945년 전쟁 패배 후에도 살아남았다. 외부

빌헬름 2세에게 환호하는 독일 부상병들. 독일군 그림엽서. 빌헬름 2세는 전쟁으로 일시적인 국내 결속을 얻었지만 결국 패전으로 퇴위당하고 말았다.

경쟁자와 내부 경쟁자 모두 덴노에게 전쟁 책임을 묻지 않았다.

65. 성조기 결집_외부 적으로 내부 단속을

1991년 1월 17일 미국이 이끄는 35개국 연합군은 이라크와 전투를 개시했다. 2월 28일까지 전개된 이른바 사막의 폭풍Desert Storm 작전이다. 1990년 8월 이라크가 쿠웨이트를 침공하여 병합하자 유엔 안전보장이사회는 이라크에 각종 제재를 가했고 군사 작전은 5개월 후 돌입하였다.

전쟁이 성공적으로 진행되던 2월 중순, 조지 H. W. 부시 미국 대통령의 갤럽 조사 국정 지지도는 89%였다. 사막의 폭풍 작전 개시 전인 1월 3일의 국정 지지도 59%에서 30% 포인트나 상승한 결과였다. 물론, "바보야 문제는 경제야Its economy, stupid"라는 상대 후보 빌 클린턴 후보 캠프의 선거 운동 구절이 상징하듯, 부시 대통령은 미국의 나쁜 경제로 1992년 재선에는 실패하였다.

대외 위기로 인한 미국 대통령의 국정 지지도 상승 폭이 30% 포인트보다 컸

던 사례도 있다. 예컨대, 부시 대통령의 아들이자 역시 미국 대통령에 취임한 조지 W 부시의 경우, 2001년 9월 10일 갤럽 조사 국정 지지도가 51%였는데, 9·11 공격을 받은 후인 9월 15일 조사된 국정 지지도는 85%로 치솟았다. 무려 34% 포인트가 상승한 것이다.

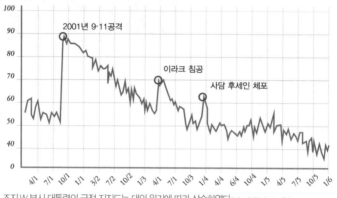

조지 W 부시 대통령의 국정 지지도는 대외 위기에 따라 상승하였다 (Gallup/USA Today Poll)

9·11 테러는 미국 대통령이 일으킨 것이 아니었으므로 미국 정부의 의도적인 위기 조장 행위는 아니었지만, 그만큼 외부 위기가 가져다주는 반향이 폭발적일 수 있음을 보여주는 사례이기도 하다. 조지 W 부시 대통령은 이후 전개된 이라크 침공과 사담 후세인 체포 때에도 작지 않은 지지도 상승효과를 보았다. 외부 세력이 상대 내부 세력의 단결을 의도한 것은 전혀 아니었지만, 결과적으론 내부 단결을 이끈 것이다. 이는 미국 국민이 국기인 성조기星條旗를 중심으로 결집한다는 '국기 결집rally-round-the-flag'으로 불리기도 하는데, 대외 위기 시 국민이 국가 지도자를 중심으로 똘똘 뭉치는 현상이다.

개들이나 사파리 곰들은 같은 우리에 있는 같은 종의 개체와 서로 앙숙으로 싸우다가도 더 강한 동물을 보면 서로 협력한다. 동물의 공격성은 영역 공격성과 동맹 공격성으로 구분되기도 한다. 자기 영역을 침범한 외부자를 공격하는 행동이 영역 공격성이라면, 근처에 친구가 없을 때는 외부자를 공격하지 않다가 친구가 있을 때 공격하는 행동은 동맹 공격성이다.

자기 영역을 침범한 침입자를 응징하려는 영역 공격성도 외부 위협을 강하게 인지한다는 점에서 오월동주 속성 가운데 하나이고, 또 친구가 있을 때 외부자를 더욱 공격적으로 대하는 동맹 공격성 역시 외부자보다 내부자를 더 가깝게 여긴다는 점에서 오월동주 속성 가운데 하나다. 제1차 세계대전 직전 오스트리아의 과도한 대응은 독일이라는 강력한 동맹국이 있었기에 가능했다.

인간 사회에서 오월동주는 보편적 현상이다. 여러 실험에서 어려움 없이 함께 있었던 집단보다 함께 어려움을 겪었던 집단이 서로 잘 협력하였다. 정쟁政爭도 국가가 위기에 빠지면 자의든 타의든 완화된다. 시위대 내의 내부 이견으로 지지부진하던 시위 양상이 경찰의 출동이나 진압이 들어오면 오히려 일사불란하게 전개되기도 한다.

흔들다리를 함께 건넜거나 공포 영화를 함께 관람한 커플이 안전한 다리나 무섭지 않은 영화를 함께 경험한 커플보다 서로 더 가까워졌다는 관찰 연구들도 있다. 이러한 현상을 '흔들다리suspension bridge 효과'로 부르기도 하는데, 첫 흔들다리 효과의 실험 연구 내용은 흔히 알려진 것과 약간 다르다. 캐나다 브리티시컬럼비아 대학의 연구자들이 남성 실험 참가자들에게 다리를 건너 다리 끝에 있는 여성 조사원의 설문 조사를 받도록 하였다. 한 실험 집단은 학교 근처 유명한 관광지인 140m 길이의 캐필라노 흔들다리를 건너서 조사받도록 하였고, 다른 실험 집단은 흔들리지 않는 다리를 건너 조사받도록 하였다. 실험 참가자들이 여성 조사원에게 다시 연락한 비율은 흔들다리를 건넌 집단이 50%=9/18, 흔들리지 않는 다리를 건넌 집단은 12.5%=2/16이었는데, 흔들다리를 건너는 두려움에서 온 과다 호흡 및 혈압 상승이 이성에게 매력을 느낄 때의 흥분과 혼동되어 나온 반응이었다는 것이다. 이런 효과가 오래가지 않는다는 후속 연구도 있다.

6.25 전쟁 중의 발췌 개헌

1951년 11월 이승만 대통령은 대통령직선제와 양원제를 담은 개헌안을 국회에 제출했다. 1952년 1월 18일 국회는 압도적인 반대로 정부 개헌안을 부결하였다. 4월 17일 내각책임제를 담은 개헌안이 재적 국회의원 3분의 2의 연서로 제출되었다. 4~5월 실시된 지방의회 선거에서 여당 자유당이 압승하였다. 5월 14일 이승만 대통령은 1월 부결된 정부 개헌안을 수정하여 다시 제출하였다. 이후 임시 수도 부산에서는 관제 데모가 연일 열렸고 7개 도의회는 국회 해산 요구를 결의했다. 25일 일부 지역에 공비 토벌 목적의 계엄령이 선포되고 연이어 국회의원들이 국제 공산당 혐의로 연행되는 등 국회 해산에 대한 압박이 거세었다. 6월 21일 정부통령 직선제, 양원제, 국회의 국무위원 불신임제 등을 담은 발췌 개헌안이 국회에 상정되었다. 7월 4일 밤 국회는 기립 표결로 발췌 개헌안을 통과시켰다. 발췌 개헌은 개헌안 미公고未公告, 일사부재의一事不再議 원칙 위배, 토론 및 의결의 자유 불허 등 여러 과정이 위헌으로 평가되고 있다. 하지만 전쟁 와중이라 비교적 높은 국민 지지로 통과된 것이다.

1952년 7월 4일 국회가 발췌 개헌안을 통과시키고 있다.

외부와의 전쟁은 내부 지배자에 대한 적대감을 둔화시킨다. 바이러스와의 전쟁도 마찬가지다. 코로나19 바이러스가 창궐한 국가들의 지도자 지지도는 이전에 비해 높게 조사되었다. 한국에서도 비슷했다. 코로나19 바이러스 확진자 수는 2020년 2월 20일 확진자 58명 및 사망자 1명을 기점으로 거의 매일 늘었는데, 한국 갤럽이 조사한 문재인 대통령 직무 수행에 대한 긍정적 비율은 2월 4주차 42%를 저점으로 4월 3주차 59%, 5월 1주차 71%까지 계속 상승하였다.

반면에 전쟁이라는 용어를 붙이기 어려운 사태에서는 오월동주가 쉽지 않다. 예컨대, 세월호 참사는 국기 결집은커녕 당시 집권 여당에 심각한 국민 이반 현상을 가져다주었다.

외부와의 긴장으로 내부를 단속하는 전략은 영구적으로 사용하기 어렵다. 여러 사례를 조사한 연구에 의하면, 대외 위기에 의한 지지도 상승은 4.5년 이후 그만큼 지지가 빠진다. 심지어 영국 처칠의 보수당 정권은 독일과의 전쟁에서 승리한 무렵에 실시된 1945년 7월 5일 총선에서 애틀리의 노동당에 패배하였다. 한국 선거에서 북한 위협론에 영향을 받는, 이른바 '북풍 효과'도 과거처럼 강하지 않다. 미국 등 서방 강대국과의 대립을 통해 정권을 비교적 오래 유지했던 이라크 후세인과 리비아 카다피 모두 권력을 영원히 누리지 못하고 불행한 죽임을 당했다.

외부와의 경쟁은 내부 분위기 조성의 측면에서 정권에 도움 된다. 그러나 그런 정서만으론 충분하지 않다. 길게 보면 부국강병에 의한 실리가 분배되어야 권력이 유지된다. 결국 외부와의 경쟁에서 얻은 걸로 전 국민은 아니더라도 적어도 지배 연합을 배부르게 해야 정권은 지속할 수 있다. 정서든 실리든 외부 경쟁은 내부 정치를 위한 신의 한 수이지만, 잘못 쓰면 패착이 될 수 있음은 물론이다.

66. 삿초 동맹_같이 탈 배가 있어야

사카모토 료마본명 나오나리는 오늘날 일본에서 가장 인기 있는 역사적 인물 중 하나다. 그의 일대기는 오늘날 소설, 드라마, 영화, 연극, 뮤지컬, 만화 등으로 일본 내에 널리 알려져 있다. 료마는 일본 체제를 부국강병의 길로 들어서게 하여, 결과적으로 훗날 한반도 식민 지배, 분단, 전쟁, 냉전 등 동아시아에도 영향을 끼쳤다. 짧은 활동 기간에 큰 변화를 이룬 것은 그만큼 료마의 활동이 전략적이었다는 의미다.

도사번土佐藩, 오늘날 고치현 지역 출신 료마의 전략적 행동은 사쓰마번薩摩藩, 오늘날 가고시마현 지역과 조슈번長州藩, 오늘날 야마구치현 지역 간의 이른바 삿초薩長 동맹의 주선에서 두드러졌다. 앙숙 간에 결성된 삿초 동맹으로 비로소 메이지 유신이 본격적으로 추진되었고, 또 각각 육군과 해군을 축으로 한 조슈 파벌과 사쓰마 파벌이 한동안 일본 정치를 지배하기도 했다.

조슈와 사쓰마는 지정학적으로 서로 경쟁자일 수밖에 없었다. 1860년대 전반 조슈의 주류는 '왕을 내세워 외세를 배척하자'는 존왕양이尊王攘夷를 내세웠 대항하는 행동이었다. 이에 비해 비슷한 을 지지하였다. 이런 차이는 일련의 사건 었다.

또는 '8월 18일의 정변'으로 불리는 사건이 가 도쿠가와 막부에게 외세 배격을 명하자, 막부는 그렇게 하겠다고 밝혔으나, 정작 조슈번만 계획된 날에 미국 상선을 포격했다. 이후 조슈는 미국, 영국, 프랑스, 네덜란드의 공격을 받아 피해를 크게 입었다. 교토

1862년 도사의 사카모토 료마. 조슈의 구사카 겐즈이, 사쓰마의 다가미 토우스치가 처음으로 삿초토 연합을 논의한 장소임을 알리는 비석. 1968년 메이지 유신 100주년을 기념하여 하기의 쇼인 신사 입구에 세운 비석의 글씨는 기시 노부스케아베 신조 총리의 외조부 전 일본 총리가 썼다.

조정 역시 위기에 직면하여 존왕양이파 귀족들을 실각시키고 대신에 '조정公과 막부武 간의 합체'를 강조하는 공무합체公武合体파 귀족들을 등용했다. 8월 18일以下 음력 조정은 조슈번의 경쟁자인 사쓰마번과 아이즈번의 병사들에게 황궁 경호를 맡기고 조슈 번사들을 교토에서 쫓아냈다. 이 사건으로 일부 조슈 번사들이 '사쓰마는 도적이고 아이즈는 간사하다'는 뜻의 '살적회간薩賊会奸' 네 글자를 신에 쓰고 다닐 정도로 사쓰마에 대한 조슈의 원한은 커졌다.

다음 사건은 '겐지의 변' 또는 '금문禁門의 변' 또는 '하마구리고몬蛤御門'의 변'으로 불리는 사건이다. 1864년겐지 원년 조슈 세력은 교토 수호직을 맡고 있던 아이즈 세력을 배제하려 거병했다. 조슈 세력은 교토 황궁에 진입했으나 칸몬禁門을 지키던 사쓰마 병력의 참전으로 전세가 역전되어 패배하고 말았다. 이런 사건들로 조슈와 사쓰마는 협력을 도저히 구축하기 어려운 관계로 나아갔다.

한편 이 시절 료마는 당시 중형으로 처벌되던 탈脫번을 감수하면서 일본의 여러 지역을 돌아다녔다. 1862년에는 조슈의 하기 지역을 방문하여 막번막부와 여러 번 체제를 폐지하고 하나로 결합해야 한다는 조슈 선각자들의 의견을 접했다. 요시다 쇼인이 내세운 일군만민一君萬民, 즉 '오로지 덴노만 인정하고 나머지는 모두 평등하다'는 주장도 그 가운데 하나였다. 같은 해 료마는 막부의 개국파 관료인 가쓰 가이슈의 제자가 되면서, 막번 체제 대신에 '존왕'을 추진하되 '양이' 대신 개화로 나아가야 한다는 믿음을 확고히 했다.

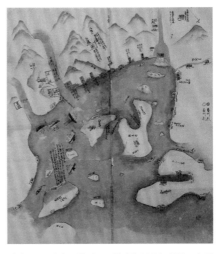

사카모토 료마가 그린 것으로 알려진 1866년 제2차 조슈 정벌 전쟁의 작전 지도. 이때 료마는 조슈를 지원하여 막부 세력과 싸웠고, 조슈가 실질적으로 승리했다.

1864년 가이슈가 외국 세력과 조슈 간 충돌의 중재자로 나가사키에 파견되었을 때 료마도 수행했다. 8월 료마는 가이슈의 사신으로 사쓰마의 사이고 다카모리를 면담했다. 11월 가이슈가 파직당하자 료마는 사쓰마로 망명했고, 사쓰마의 지원을 받아 일본 최초의 상사株式会社로 일컫는 가메야마 조합을 나가사키에 설립했다. 료마는 반反막부 세력이 단결해야 왕정복고가 가능하다고 믿었기 때문에 사쓰마 지도자들에게 조슈와의 숙적 관계를 청산하라고 권고했다.

1865년 5월 료마는 나가사키에서 조슈의 가쓰라 고고로木戸孝允로 추후 개명를 면담했다. 당시 조슈는 막부의 조치로 외국산 무기를 구할 수 없었다. 6월 료마는 조슈가 원하는 무기를 사쓰마의 이름으로 대신 구매해주는 방식에 대해 사이고의 동의를 얻었다. 료마의 도움으로 조슈는 사쓰마 명의로 군함을 포함한 여러 무기를 구매할 수 있었다. 대신 사쓰마는 조슈 지역에서 군량미를 조달할 수 있었다.

1866년 1월 21일양력 3월 7일 사쓰마와 조슈의 만남은 서먹했다. 료마가 교토 고마쓰의 저택 모임에 합류한 후에야 협상은 진척되어 사쓰마의 사이고, 조슈의 고고로가 6개 조항에 합의했다. 2월 5일 고고로의 요청에 료마는 고고로의 편지 뒷면에 합의 사실을 확인해주었다.

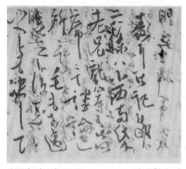

1866년 가쓰라 고고로木戸孝允 다카요시의 요청에 따라 료마가 이서한 삿초 동맹 합의서. 일본 궁내청 소장본

이 합의에 따라 사쓰마는 1866년 6월에 시작된 제2차 조슈 정벌에 불참했고, 료마는 조슈 측에 직접 참전했다. 조슈는 사쓰마의 도움으로 '조정의 적'에서 벗어났다. 1867년 11월 사쓰마 번주가 상경하여 조슈 세자와 출병 협정을 맺어 삿초 동맹을 공식화했다. 12월 교토를 장악한 삿초 동맹의 권고에 따라 메이지 왕

정복고가 선포됐다. 료마는 완전한 왕정복고를 보지 못한 채 32세를 맞는 생일음력 기준이기도 한 1867년 11월 15일양력 12월 10일 교토에서 자객의 습격으로 숨을 거뒀다.

료마 암살은 대체로 막부 자객이 행한 것으로 추정되지만, 다른 의견도 많다. 막부 인재도 활용돼야 한다는 생각에 료마가 막부의 완전 타도에 반대했으므로 이를 껄끄럽게 여긴 사쓰마번이 암살의 배후라는 설도 있고, 선박 충돌 사고로 료마의 무역상사에 배상금을 내야 했던 기슈번이 암살의 배후라는 설도 있으며, 도사번 내부에서 료마를 견제하여 암살했다는 설도 있다. 그만큼 료마는 누구와도 이해관계가 완전히 일치하지는 않았다.

그런 상황 속에서도 료마가 앙숙 간 동맹을 타결시킨 요인은 무엇일까? 첫째, 료마는 국내외 여러 세력과 밀접한 네트워크를 갖춘 허브와 같은 연결고리였다. 특히 글로버 등 열강 무역상과의 네트워크는 조슈의 무기 조달에 도움이 되었고, 이는 다시 사쓰마의 군량미 조달을 가능하게 했다. 료마는 사쓰마를 비롯한 몇몇 당사자의 에이전트라는 주장들이 제기된 바 있는데, 그만큼 료마가 여러 당사자와 밀접했다는 의미다.

둘째, 료마는 단순한 연결고리 이상의 신뢰를 받았다. 삿초 동맹의 당사자가 합의 후 아무런 공식 직함이 없던 료마의 이서를 요구한 것은 그만큼 료마가 모두의 신뢰를 받는다고 확신했기 때문일 것이다. 이러한 신뢰는 배척 대신에 주로 통합이라는 가치 추구에서 나왔다.

셋째, 료마는 삿초뿐 아니라 여러 번까지 아우르는 통합을 추구했다. 사실 사쓰마와 조슈 간에는 다른 점이 많았다. 막부에 대한 태도만 해도 그렇다. 막부를 철저하게 타도하려던 조슈와 달리 사쓰마의 타도 대상은 막부 제도라기보다 이른바 이치카이소一會桑 정권이었고, 그 가운데에서도 군사력이 별로 없던 히토츠바시一橋 도쿠가와 당주보다는 아이즈會津 번주와 구와나桑名 번주였다. 반면에 료마는 막부와 여러 번의 인재 등용이 필요하다고 봤다. 료마는 인물 척결보다 체제 변혁을 지향했다. 막부가 반 막부의 존왕양이파보다 개방을 지향했으나 위기 극복의 동력을 이미 상실했고 따라서 체제 변혁이 필요하다고 료마는 생각했다.

료마가 작성했다는 '신정부 강령 팔책'의 마지막 문단에 등장하는 "○○○ 스스로 맹주로 나서서 이 안을 조정에 올려 천하 만민에게 공포하며"라는 대목의 ○○○에 도쿠가와 요시노부를 비롯한 여러 인물이 거론될 정도로 료마는 여러 당사자가 함께할 여지가 있는 전략적 안을 마련했다.

넷째, 료마는 자신의 세속적 이해타산을 고려하지 않고 공공적 목적에서 삿초 동맹을 추진하고 신정부 강령 팔책을 기안했다. 료마는 주고받기식 사적 거래보다, 정책에 의한 공공재적 생산을 추진했다고 볼 수 있다. 사실 동맹은 제3자에게 나쁠 때가 많다. 배제된 측의 시각에서 동맹은 담합이나 악의 축에 불과하므로 악평받기 마련이다. 만일 특정 동맹이 체제 경쟁력을 높여 동맹 밖의 체제 구성원에게도 도움이 된다면, 동맹에 끼지 못했더라도 그 과실을 공유하는 동맹 밖의 체제 구성원도 호평을 보낸다. 일본을 부국강병의 길로 들어서게 한 삿초 동맹은 그런 점에서 일본 내에서 호평을 받는다. 물론 일본의 지배를 받은 일본 체제 밖 한국은 부정적으로 볼 수밖에 없는 일이다.

전통적인 연합 전략 이론에서는 자신의 몫을 극대화하기 위해 가급적 작은

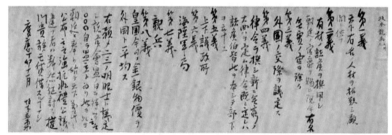

사카모토 나오나리(료마의 본명)가 작성한 신정부강령팔책. 이 안을 조정에 올리고 만민에게 공포할 인물은 ○○○으로 표시되어 있다.

연대, 즉 최소 승리 연합을 추진한다고 본다. 이에 비해 위기 상황에서의 료마식 연대는 사심보다는 공공성에 동기를 부여하여 분열적인 작은 연합이 아니라 통합적인 큰 연합을 궁극적으로 모색하고, 인물 교체보다 체제 변혁에 목표를 두는 전략이었다.

앙숙끼리의 협력은 언제나 어렵다. 무엇보다도 함께 탈 배가 있어야 가능하다. 정체감 또는 그런 정체감을 주도하는 개인이 있어야 한다. 정계 개편이든 국제 질서 개편이든 숙적 관계를 뛰어넘어 시스템을 바꿀 통합적 협력은 사심 없고 신뢰받는 주선자가 나설 때 더욱 가능하다. 21세기 한반도에서 료마를 찾을 수 있을까?

67. 독불 화해_1, 2등 때보다 3, 4등 때 더 쉬운 협력

1962년 7월 8일 샤를 드골 프랑스 대통령과 콘라트 아데나워 서독 총리가 프랑스 랭스 대성당의 미사에 함께 참여했다. 드골은 성당 바닥에 다음 내용을 프랑스어와 독일어로 새겼다.

'아데나워 총리와 나는 프랑스와 독일의 화해를 다짐하기 위해 당신의 성당에 왔습니다.' 1962년 7월 8일 일요일 11시 02분 샤를 드골

당시 언론은 두 정상의 서약을 '세기의 사랑' 또는 '세기의 결혼'으로 묘사했다. 이후 두 정상은 다시 1963년 1월 22일 프랑스 대통령 관저인 엘리제궁에서 만났다. 당시 파리 날씨는 추웠지만 훈훈한 광경이 연출되었다. 두 정상은 양

1963년 1월 22일 프랑스 엘리제궁에서 아데나워 서독 총리(정면으로 앉은 왼쪽)와 드골 프랑스 대통령(가운데)이 양국의 우호조약에 서명하고 있는 모습을 퐁피두 프랑스 총리(오른쪽)가 바라보고 있다.

국 관계를 정상화하는 우호 조약에 서명한 후 포옹하였다. 엘리제 조약은 두 정상의 의기투합이 맺은 결실이었다.

엘리제 조약으로 독일-프랑스 화해가 처음으로 공식화되었지만, 그 과정이 순탄치만은 않았다. 1951년 아데나워가 첫 서독 총리로 프랑스를 방문했을 때만 해도 프랑스와 독일은 서로를 불신했다. 드골은 대통령직에 오르기 직전 해인 1958년에 프랑스 총리 자격으로 아데나워와 첫 정상 회담을 개최했다. 오늘날 '브로맨스'라 불릴 두 정상의 우정이 시작된 것이다.

엘리제 조약으로 돈독해진 양국 관계는 오늘날 거의 아무도 적대적인 걸로 보지 않는다. 2003년 엘리제 조약 40주년을 기념해 양국은 공동 국적을 인정하고 각료를 교환하기로 합의했으며, 7년 후인 2010년에 프랑스 재무상이 독일 각료 회의에 처음 참석하였다. 또 양국은 조약 40주년 기념행사로 프랑스 베르사유 궁전 극장에서 합동 의원 회의를 개최했다. 자크 시라크 프랑스 대통령과 게르하르트 슈뢰더 독일 총리도 참석했다. 베르사유 궁전은 1871년 독일 제국 선포 때와 1919년 제1차 세계대전의 강화 조약 체결 때 독일과 프랑스가 치욕과 설욕을 주고받았던 역사의 현장이다. 또 2013년 조약 50주년을 기념해서는 독일 베를린에서 합동 각료 회의와 합동 의원 회의를 개최했다.

독일-프랑스 화해는 적대 관계를 바꿔버린 대표적인 사례로 오늘날 언급되고 있다. 지도자의 우정 외에도 적대 관계를 화해로 바꾼 전략적 요소가 엘리제 조약에 담겨 있다.

먼저, 과거사 인식의 공유다. 양국의 과거사 인식은 엘리제 조약 이전에는 잘 공유되지 못했다. 예컨대, 제2차 세계대전 때까지 나폴레옹 1세와 비스마르크는 각각 자국의 교과서에서 영웅으로 평가되어 있던 반면에, 상대국 교과서에는 원흉으로 서술되어 있었다. 또 나폴레옹 3세의 독일 견제 정책은 독일 교과서에 독일 통일을 방해한 부당한 간섭이자 위협으로 서술되던 반면에, 프랑스 교과서에는 자국 안전을 확보하려는 당연한 위기 대비책으로 평가되었다. 상대가 시작한 전쟁은 침략 전쟁이고 자국이 시작한 전쟁은 정당한 전쟁으로 묘사된 것이다.

프랑스 랭스 대성당의 바닥에는 불어와 독어로 각각 다음과 같이 새겨져 있다. "아데나워 총리와 나는 프랑스와 독일의 화해를 다짐하기 위해 당신의 성당에 왔습니다." 1962년 7월 8일 일요일 11시 02분 샤를 드골

엘리제 조약 이후 과거사 인식에 대한 양국의 공유가 적극적으로 추진되었다. 공동 역사 교과서 편찬은 그 대표적인 사업이다. 양국 역사 교과서 협의회의 '1987년 권고안'은 나치에 대한 독일인의 저항 활동을 담았다. 또 프랑스가 제2차 세계대전 이후 독일을 복구시키려는 미국 및 영국의 계획에 반대했으며 자르 지역을 독일에서 분리하고 루르 지역을 독일에서 빼앗으려 시도했다는 내용을 담았다. 이런 내용은 프랑스가 독일로부터의 재위협을 막으려 했다는 맥락에서 서술된 것이었다. 양국 정부 주도하에 2006년 출간된 첫 공동 역사 교과서는 각 부 뒷부분에 '독일-프랑스의 교차 시선'이라는 제목의 꼭지를 넣어 양국 간 견해 차이를 설명한다. 양국 간 인식 차이를 외면하지 않고 상대 입장을 좀 더 이해하려는 노력이었다.

독일과 프랑스 모두 참혹한 과거에서 벗어나 밝은 미래를 만들고 싶어 했다.

엘리제 조약에 따라 1965년 독일-프랑스 청소년사무소가 설립되어 양국의 청소년들이 교류했다. 50년 동안 약 1,000만 명의 청소년들이 참가했고, 약 30만 명의 청소년이 상대국에서 일했다. 양국의 합동 중고등학교와 연합 대학교도 설립되어 운영되었다. 과거를 외면하거나 망각하면 화해는 이뤄지지 않는다. 오히려 과거를 직시해 오해는 풀고, 서로 다를 수밖에 없는 견해차를 인정하며, 반성할 것은 반성하고 용서할 것은 용서할 때 비로소 이뤄지는 것이다.

국가 간 화해는 국내 정치와 법 제도로 보완되어야 지속이 가능하다. 프랑스는 많은 독일인 역시 나치의 탄압을 받았고, 나치에 희생된 독일인은 피해자이며, 프랑스의 적은 독일인이 아니라 독일을 짓눌렀던 권력과 이념이라고 천명했다. 통일 전 서독 정부와 통일 후 독일 정부는 확고한 국내 정치적 지지를 토대로 지금까지도 나치의 전쟁 범죄를 법률로 단죄하고 있다.

화해의 전략적 배경 가운데 하나는 새로운 경쟁자의 등장이다. 프랑스와 독일 간 적대 관계는 양국이 각자 유럽 패권을 차지하려던 19세기 후반과 20세기 전반 동안 100년에 걸쳐 유지되었다. 그래서 앙숙 또는 숙적 관계로 불린다. 그런데 숙적 관계는 오래된 적대 관계를 의미하지, 영원한 적대 관계를 의미하지는 않는다.

제2차 세계대전 후 독일과 프랑스는 이제 패권을 추진할 처지가 아니었다. 독일은 패전국이었고, 프랑스는 승전국 지위를 부여받았으나 전쟁 중 독일에 정복당해 심각한 타격을 입은 상태였다. 전후 질서에서 서방 진영의 지분을 높이기 위한 전략으로 미국과 영국이 소련의 반대에도 불구하고 프랑스를 전승 연합국에 포함했을 뿐이다. 유럽 대륙에서 패권국을 자처하던 프랑스와 독일은 미국과 소련이라는 초강대국의 등장으로 패권국 후보군에서 멀어졌다.

독일과 프랑스의 화해는 소련뿐 아니라 영국과 미국을 견제하려는 측면도 있었다. 특히 엘리제 조약은 미국으로부터의 독자성을 확보하려는 드골의 의도가 깔려 있었다. 조약 초안에 영국의 유럽경제공동체EEC 가입과 미국과의 북대서양조약기구NATO 협력을 언급하지 않은 탓에 미국의 반발을 산 서독은 조약 문건에 미국과 서독의 기존 관계가 엘리제 조약에 의해 침해받지 않는다는 단서 조항을 추가한 후에야 의회 비준을 받았다. 드골의 프랑스는 대서양 중심의 유럽보다 대륙 중심의 유럽을 더 원했다. 프랑스는 영국이 1962년과 1967년에 EEC와 유럽공동체EC에 각각 가입하려 했을 때 거부한 바 있다. 영국은 1973년이 되어서야 EC에 가입할 수 있었다. 물론 오늘날 영국은 스스로 EU 탈퇴를 선택했지만, 그러한 영국의 선택은 견제나 몸집 키우기가 아닌, 부담 줄이기의 일환일 뿐이다.

제2차 세계대전 직후만 해도 프랑스는 독일에 대한 악감정을 숨기지 않았다. 미국이 서독 루르 지역의 생산 규제를 해제하려 하자 처음에 프랑스는 반대했다. 그러다 1950년 로베르 슈망 프랑스 외무장관이 유럽을 결속하자는 취지에서 초국가적 기구를 통한 석탄과 철강 산업의 공동 관리를 선언했다. 이듬해 독일, 이탈리아, 베네룩스 3국이 이를 수락했으며, 1952년 유럽석탄철강공동체ECSC가 발족했다. ECSC는 EC를 거쳐 EU로 진전되었다. 독일-프랑스 화해는 유럽공동체의 진전과 그 궤를 함께했다. 이처럼 반反패권적 지역 공동체 설립이 추진될 때 양국의 숙적 관계도 잘 해소되는 것이다.

오늘날 동북아시아는 적대적 관계로 점철되고 있다. 적어도 지역 패권을 지향하는 의지와 힘을 갖춘 국가가 여전히 존재한다는 사실은 화해 진척을 가로막는 요소다. 이미 근대화 이전과 직후 각각 중국과 일본의 패권적 통합을 경험했으며, 이는 '과거사'라는 이름으로 오늘날까지 갈등의 주요 요소로 자리 잡고 있다. 국제 질서 속에서 반反패권적 동북아 공동체의 필요성은 더욱 크다. 한국은 개방 이전과 이후 중국, 일본에 예속되었던 역사적 경험이 있다. 화해는 피해자가 주도하는 것이 효과적이라는 점에서 한국이 중국과 일본 간의 이견을 조정하면서 동북아 공동체를 추진하는 전략이 필요하다.

그렇다고 과거를 무조건 덮어서는 안 된다. 독일과 프랑스의 화해 과정에도 역사 교과서 공동 집필, 기념일 공동 참석 등 과거를 기억하려는 적극적인 노력이 있었다. 상대의 화해 진정성은 그런 과정에서 드러난다.

과거사 문제는 피해 당사자의 의견이 제일 중요하다. 용서와 화해는 피해자가 하는 것이다. 정부, 시민 단체, 심지어 후손이 마음대로 결정할 수 있는 게 아니다. 자국민을 지켜주지 못한 정부도 반성해야 한다. 반면 가해자 측은 후손이나 정부가 반성 의지를 적극적으로 나타내야 한다. 예컨대 식민 지배에 직접적 관련 없는 후손들이 사과해야 하냐는 강변은 화해에 전혀 도움이 되지 않는다.

과거사로 현재 관계가 나빠지는 만큼이나 현재 관계의 악화로 과거사 문제가 심각해지는 경우도 많다. 미래의 나은 관계를 위해 현재 시점에서 할 수 있는 조처는 미리 해야 하고, 동시에 나은 미래 관계 조성에 노력하여 현재 상황이 새로운 갈등으로 되지 않도록 해야 한다. 과거를 정리하는 공동 동북아 역사 교과서 편찬 사업을 적극적으로 진전시켜야 한다. 동시에 미래 세대의 인식 공유를 위한 청소년 교류를 적극적으로 추진해야 한다.

독도, 위안부 문제 등이 부각할 때마다 강경파 아베 신조 내각의 일본 내 지지율은 더 높아졌다. 반 나치 정파가 독일 내에서 주도적 세력이 될 수 있게 프랑스가 행동했듯이, 일본 내에서 과거사를 반성하는 정파가 힘을 잃지 않게 한국도 합리적으로 대응해야 한다. 일본인 전체와 싸우려는 태도는 효과적이지 못하다.

양국의 우적 관계는 다자 관계 속에서 이해해야 할 때가 많다. 함께 협력해야 할 제3국뿐 아니라 함께 견제할 제3국의 유무도 중요하다. 드골은 미국과 소련의 양극 체제에서 독자 노선을 모색하던 중 독일과의 화해를 모색했다. 동북아에서도 전략적 제휴가 시급하다.

제휴 파트너의 가장 중요한 선택 기준은 위협 여부다. 프랑스-독일 사례에서도 상대가 자국을 위협하거나 도발할 이유가 없음을 깨달았을 때 화해가 진전되었다. 동북아 국가들은 타국을 위협하는 요인을 스스로 제거해야 자국에 대한 경계 또한 사라진다. 대한민국이 적대 관계를 벗어나 화해하거나 우호 관계를 돈독히 할 파트너는 대한민국을 위협하지 않는다는 필요조건을 충족해야 한다.

68. 걸프 전쟁_먼 나라 도움으로 이웃 침략을 이겨내다

오월동주가 외부의 적이 닥쳤을 때 내부끼리 협력하는 전략이라면, 멀리 떨어져 있는 외부와 협력하여 가까이 있는 적을 공격하는 전략은 원교근공이다. 같은 배에 탄 상대가 오월동주의 파트너가 아니라 나를 해칠 맹수라면, 외부의 사냥꾼과 협력하여 맹수를 제거하려 할 것이다.

오월동주의 기본적 인과 관계는 외부 위협이 원인이고 내부 단결이 결과다.

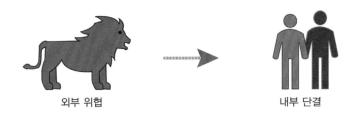

외부 위협   내부 단결

이러한 인과 관계가 작동하려면 몇 가지 조건이 충족되어야 한다. 집단이 하나의 단위로 인식되고, 구성원들이 집단의 존속을 가치 있는 것으로 인식하며, 집단의 결속력이 어느 정도 이미 존재하고, 외부 위협이 집단의 부분이 아닌 전체를 대상으로 한다고 인식되어야 한다. 나아가 내부 단결을 유도할 목적으로

일부러 외부 위협을 만들기도 한다. 이는 관심 돌리기|diversion|라 하기도 한다.

내부 분열   외부 위협 조장   내부 단결

이때의 외부 위협은 내부 분열의 결과이자 동시에 내부 단결의 원인이다. 표면적으론 외부 위협이 내부 단결을 가져다준 오월동주 상황이지만, 전략적으론 내부 경쟁자를 외부 위협에 바칠 희생양으로 만드는 것이기도 하다. 물론 정체감이 잘 공유되지 않는 집단에서 외부 위협은 내부 분열의 원인일 수도 있다.

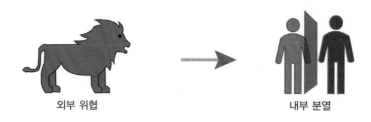

외부 위협   내부 분열

외부 위협의 결과가 내부 단결로 이어지는지 내부 분열로 이어지는지의 차이는 내부 간 적대감이 더 큰지 아니면 외부에 대한 적대감이 더 큰지에 달려 있다. 만일 집단 외부의 경쟁자를 집단 내부의 경쟁자보다 더 경계할 때는 오월동주를 도모함으로써 집단을 존속시키는 경향이 있으나, 내부의 경쟁자를 외부의 경쟁자보다 더 혐오한다면 집단은 존속하기 힘들고 너도나도 원교근공을 도모하게 된다.

이제 쿠웨이트가 이웃 이라크의 침공을 격퇴한 사례를 살펴보자. 쿠웨이트는 1961년 6월 19일 영국에서 독립했다. 이후 쿠웨이트 독립 기념일은 6월 19일로 지정되었다가, 독립을 주도했던 쿠웨이트 국왕이 사망한 1965년 이후부터는 그가 즉위했던 날인 1950년 2월 25일에 기념되고 있다. 쿠웨이트는 독립 기념일 바로 다음 날을 광복절Liberation Day로 정해 매년 이틀에 걸쳐 독립과 광복해 방을 경축하고 있다. 1991년 2월 이라크의 점령에서 벗어난 역사적 사건을 기념하는 것이다.

쿠웨이트는 인구수와 국토 면적에서 대략 세계 150번째 정도의 작은 나라다. 쿠웨이트는 거의 20배가 더 큰 이라크의 점령에서 어떻게 해방될 수 있었을까? 답은 강대국의 도움에 있었다. 사실 이라크의 점령 이전에도 쿠웨이트는 대부분의 시기를 큰 제국에 속했다. 1752년에 등장한 쿠웨이트는 오스만 제국 이라크주의 한 자치령으로, 또 1899년부터는 영국의 식민지로 존속했다. 쿠웨이트는 1961년 영국과의 불평등 보호 조약을 폐기하고 독립하면서 1962년 아랍연맹과 유엔에 회원국으로 가입했으나, 바로 인접한 사우디아라비아와 이라크의 간섭을 받을 수밖에 없는 처지였다.

쿠웨이트가 이라크와 좋은 관계를 유지한 시절은 이라크-이란 전쟁 기간이었다. 본래 쿠웨이트는 이란과 좋은 관계였으나, 호메이니 혁명 이후 아랍 왕정국가들에 혁명 수출을 시도하는 이란과의 관계를 끊고 이란의 경쟁국인 이라크와 협력했다.

이라크는 이란과의 전쟁으로 자국 경제 상황이 나빠지면서 쿠웨이트와 갈등하기 시작했다. 이란과의 전쟁 비용으로 쿠웨이트로부터 100억 달러를 넘게 빌린 이라크가 쿠웨이트에 부채 탕감을 요구했다. 자신들이 쿠웨이트를 대신해 이란과 싸워줘 혜택을 보았다는 이유를 대었다. 또 이라크는 쿠웨이트가 슬랜트경사 채굴 방식으로 이라크 영토의 원유를 도굴하고 있다고 주장하며, 그렇게 훔친 24억 달러를 배상하라고 요구했다. 게다가 쿠웨이트가 원유를 증산하는 바람에 유가가 떨어져 매년 100억 달러 이상의 손실을 보고 있다고 주장했다. 1990년 7월 25일 석유수출국기구OPEC가 쿠웨이트의 감산 약속을 발표했지만, 8월 2일

걸프전에 참전한 국가와 병력

이라크는 쿠웨이트를 전격적으로 침공했다.

　쿠웨이트로 진격한 이라크는 자신들의 행위를 '침공' 대신 쿠웨이트 '해방'으로 불렀다. 본래 쿠웨이트 지역은 오스만 제국의 일부로서 제국주의 시절 영국이 분리 독립시킨 것으로 쿠웨이트 왕권은 정통성도 없을뿐더러 국민의 지지를 못 받는 부당한 권력이기 때문에 자신의 행위는 곧 부당한 지배자로부터 쿠웨이트 국민을 진정으로 해방하기 위한 행동이라는 게 이라크의 주장이었다. 1990년 8월 이라크는 쿠웨이트를 이라크의 19번째 주로 공표했다.

　강대국 대부분이 이라크의 쿠웨이트 침공을 비난했다. 1990년 8월 3일 유엔 안전보장이사회(안보리)는 이라크의 무조건 철수를 결의했다. 이 외에도 안보리 결의문은 여러 차례 있었다. 11월 29일에는 이라크군이 1991년 1월 15일까지 쿠웨이트에서 철군해야 하고 만일 철군하지 않으면 안보리는 여러 제재를 가할 것이라고 결의했다. 결국 1월 17일 다국적 연합군은 이라크군을 공격했다.

　미국은 모로코, 바레인, 사우디아라비아, 시리아, 아랍에미리트, 오만, 이집트, 카타르 등 아랍 국가 다수를 쿠웨이트 지원군에 포함함으로써 이라크를 응징하는 '정의로운 전쟁'이라는 분위기를 조성했다. 이렇게 하여 한국을 포함한 35개국의 거의 100만 명에 이르는 연합군이 구성되었다. 물론 연합군의 4분의 3

이 미군이었지만 다국적군으로 부르기에 충분할 정도로 여러 나라가 참여했다. 헌법으로 파병이 금지된 독일과 일본은 직접적 참전 대신 재정을 지원했다. 이처럼 쿠웨이트 지원군은 냉전 이래 국제적인 연합군 가운데 최대였다.

이에 비해 이라크는 아랍 국가에서조차 별로 지원을 얻지 못했다. 예멘과 요르단 정도만이 이라크를 간접적으로 지원했다. 이라크는 반 이스라엘 성향 아랍 국가들의 도움을 기대하고 이스라엘을 공격했지만, 미국이 이스라엘의 과도한 반격을 자제시킴으로써 이스라엘 응징을 이유로 아랍 국가들이 이라크를 돕는 상황으로 나아가지는 않았다.

안보리 상임 이사국 모두가 동의한 군사적 개입은 대부분

걸프 전장에서 비행 중인 다국적군 전투기

쿠웨이트 지원군으로 참전한 여러 아랍국 군대

아시아 · 아프리카의 최빈국을 대상으로 이루어졌다. 최빈국을 제외한 유엔의 군사적 개입은 이라크의 쿠웨이트 침공 때가 거의 유일하다. 만일 오늘날 이라크가 쿠웨이트를 침공했다면, 안보리 상임 이사국 전원이 쿠웨이트를 지원하기는 어려울 것이다. 현재 주요 석유 수출국 중 하나인 러시아만 해도 이라크의 쿠웨이트 침공으로 중동산 유가가 오르면 자국으로서는 오히려 이익을 볼 수 있으므로 굳이 이라크 응징에 나서려 하지 않을 것이다. 현재 러시아는 아랍 지역에서 미국 및 유럽 국가들과 이해관계가 달라 반대편에서 대립하고 있다.

1991년 2월 27일 연합군의 공격을 견디지 못한 사담 후세인 이라크 대통령은 철군 명령을 내렸고, 조지 부시 미국 대통령은 쿠웨이트 해방을 선언했다. 이라크군은 철수하면서 약 700개의 쿠웨이트 유정에 불을 지르고 끄지 못하게 지뢰까지 설치했다. 적에게 넘어갈 만한 것은 다 태워버리는 이른바 초토화 작전이었다. 쿠웨이트 유전의 불은 1991년 11월에야 완전히 진화되었다.

작은 나라 쿠웨이트의 해방은 강대국 이해관계와 집단안보집단안전보장, collective security가 절묘하게 작동한 결과다. 사실, 집단안보는 집단방위집단방위동맹, collective defense와 여러 가지 점에서 구별된다.

첫째, 동맹에서는 응징 대상잠정적 도발국을 지정하는 반면에, 집단안보에서는 그 대상이 사전에 특정되지 않고 실제 도발을 일으킨 국가가 대상이 된다. 따라서 어느 나라가 도발국인지 합의할 수 있을 때 비로소 집단안보가 작동할 수 있다. 둘째, 동맹은 다자 대 다자의 대등한 전쟁으로 전개될 수 있는 반면에, 집단안보는 다수 대 소수의 일방적 제재로 추구된다. 국제 사회가 도발국에 대한 응징 의지를 갖고 있으며, 도발 세력보다 월등한 힘이 응징 세력에 모일 때 비로소 집단안보가 작동한다. 셋째, 동맹은 적대국의 패권 추구를 저지하고 자신의 패권을 추구하는 반면에, 집단안보는 현상 유지를 선호한다. 따라서 집단안보가 작동하는 체제에서는 국가 대부분이 도발을 자제하게 된다.

1990년 당시의 집단안보체제가 이라크를 미리 특정하여 설정된 것은 아니었다. 그 대상이 어느 나라든 현상을 깨뜨리는 대상을 응징하려는 체제일 뿐이었다. 강대국 대부분은 쿠웨이트 해방이 자국의 이익에도 부합하여 개입했다. 이라크 침공을 받은 쿠웨이트는 대의명분과 이해관계 모두에서 지원받을 여지가 컸다. 이처럼 주변 강대국들의 이해관계와 국제 여론을 자국의 이해관계와 일치시키는 게 외교에서는 매우 중요하다.

바로 인접한 국가가 자국보다 훨씬 강하고 위협적일 때 어떻게 안전을 확보할 수 있을까? 크게 두 가지 선택지로 추진할 수 있다. 먼저, 인접 강대국과 친밀해지는 것이다. 극단적인 친밀 관계의 하나가 아예 연방의 일원으로 속하는 것이다. 동북아시아의 과거사를 돌아봤을 때 이러한 방식은 거의 불가능하다. 과거 자국을 지배했던 외세에 다시 지배당한다는 민족의식을 불러일으키기 때문이다. 과거사 문제가 해결되지 않은 상태에서 인접 강대국에 거의 흡수되다시피하는 결정을 내리기는 쉽지 않다. 민족 문제뿐 아니라 언어, 종교, 문화 등을 기준으로 소수파로 전락할 가능성이 있는 국가는 합류가 더욱 어렵다.

민족주의적 문제가 해결된다 해도 연방적·연합적 통합은 늘 어렵다. 새롭게 합류하는 부유한 나라는 연방·연합 내에 있는 빈곤한 나라를 경제적으로 지원해야 하는 부담을 갖는다. 쿠웨이트 역시 이라크와의 유대에 있어 그런 어려움을 체감했을 것이다. 연방·연합에 합류하는 국가가 가난한 경우 역시 마찬가지의 문제가 발생한다. 예컨대, 어떤 가난한 나라가 미국 연방에 포함되기를 원한다고 해서 미국이 이를 쉽게 받아들이지 않는다. 영국의 유럽연합(EU) 탈퇴는 바로 그런 맥락에서 추진되었다. 이처럼 지리적으로 인접해 있다고 통합이 쉽게 이뤄지는 것은 아니다.

약소국의 다른 선택지 중 하나는 더 강한 역외 강대국과의 친교를 유지하는 전략이다. 원교근공의 원리에서 보자면, 지리적으로 가까이 있어 갈등의 소지와 내정 간섭의 여지가 큰 강대국에 비해 멀리 떨어진 강대국은 사사건건 영향력을 행사하려 들지 않는다. 그렇지만 그런 강대국이 지리적으로 떨어져 있는 동맹국을 얼마나 지원할지는 늘 문제다. 동맹국에 대한 지원은 자국의 이익과 맞아야 실천된다. 따라서 약소국은 강대국과 공동의 이해관계를 가질 필요가 있고, 따라서 비슷한 가치관을 가진 강대국과 동맹을 맺기도 하는 것이다.

역외 강대국과 역내 강대국 간의 갈등과 경쟁에서 약소국은 '고래 싸움에 새우 등 터지는' 어려움을 겪을 수도 있다. 두 강대국이 서로 우호적일 때조차 중간에 끼인 약소국은 곤란한 상황에 놓일 수 있다. 두 강대국이 약소국 희생을 기반으로 각각 자국 이익을 확보한 타협에 이르기도 하기 때문이다.

69. 삼국 시대 동맹_공동 적의 출몰에 따라

고대 한반도 삼국 시대의 동맹은 공동 적의 출몰에 따라 300년 동안 다음과 같이 여섯 단계를 거쳐 전개되었다.

첫 번째 단계: 백제 근초고왕 346~375년 시기

연과의 군사력 경쟁에서 밀린 고구려가 요동 지역 대신에 한반도로 남하하던 무렵이다. 이에 근초고왕은 당시 관계가 좋지 않던 신라와 우호 관계를 맺었다. 백제로서는 대고구려 전선에 집중하여 고구려의 남하를 막을 수 있었고, 신라는 전쟁을 피할 수 있었다. 백제-신라의 연합은 양국 모두에게 도움이 되었다.

4세기 백제-신라 대 고구려 판세

두 번째 단계: 고구려 광개토왕 391~412년 시기

백제의 독산성이 신라에 복속되면서 백제와 신라는 갈등을 빚었고 이에 신라는 고구려와 연합했다. 신라는 강자에게 편승한 외교를 택했다. 고구려 광개토왕의 세 차례 백제 공격 가운데 두 번이 신라를 돕기 위한 출병이었다. 고구려-신라 연합에 대해 백제는 가야 및 왜와 군사적 협력 관계를 맺었다.

고구려–신라 연합은 전쟁뿐 아니라 국내 정치에도 영향을 주었다. 신라는 동맹 준수의 의지를 보여주기 위해 고구려에 인질을 보냈다. 김 씨계 내물왕은 모계가 석 씨인 실성을 고구려에 보냈다. 김씨계 왕권 세습을 도모하던 내물왕으로서는 내치와 외교를 함께 고려한 선택이었다. 이후 고구려는 신라의 내물왕 사망, 실성

4~5세기 고구려–신라 대 백제–가야–왜 판세

왕 즉위 및 피살, 눌지왕 즉위 등에 깊숙이 관여한 것으로 보인다. 신라 내 여러 정파는 자국에 군까지 주둔시키고 있는 고구려를 내정에 이용하려 했다.

세 번째 단계: 고구려 장수왕 및 백제 무령왕 시기

427년 평양으로 천도한 장수왕은 북위와 우호 관계를 유지하여 남쪽 영토의 확장에 주력할 수 있었다. 고구려의 위협에 직면한 백제는 북위에게 고구려 정벌을 촉구했으나 북위는 고구려와의 우호 관계를 깨지 않았다. 그래서 백제는 신라와의 협력을 추진했다. 당시 신라도 고구려에 병합될까 우려하던 차였다. 결국 백제와 신라는 공동의 적을 두고 서로 동맹을 결성했다. '적의 적은 친구'라는 맥락에서 백제와

5세기 백제–신라–가야 대 고구려 판세

신라는 서로 친구가 되었다. 이는 균형 외교에 해당한다. 이 시기 백제와 신라는 혼인과 군사 교류로 돈독한 관계를 유지했다.

네 번째 단계: 신라 진흥왕540~576년 시기

6세기 고구려-신라 대 백제 판세

돌궐이 중흥하면서 고구려는 남쪽 국경에 집중할 수 없었다. 백제-신라-가야의 연합군이 고구려를 공격하여 백제와 신라는 각각 한강 하류와 상류 지역을 차지했다. 이에 고구려는 신라에 한강 상류뿐 아니라 하류 지역의 점유를 인정해주기로 밀약했다. 그리하여 백제-신라 동맹은 결렬되고 고구려-신라 동맹이 결성되었다.

다섯 번째 단계: 수隋의 중국 통일589년과 당의 건국618년 그리고 신라 선덕여왕 632~647년 및 무열왕654~661년 시기

7세기 전반 당-신라 대 고구려-백제-왜 판세

7세기 들어설 무렵 고구려는 돌궐 등과 제휴하여 북서 경계를 안정시킨 후 한강 지역 탈환을 위해 다시 남하했다. 백제와 신라는 고구려라는 공동의 위협을 맞은 상황에서도 손잡을 수 없었다. 감정의 골이 이미 깊을 대로 깊었기 때문이었다. 대신 양국은 중국을 통일한 수나라, 그리고 수가 망한 후에는 당나라에 접근했다. 백제와 신라는 고구려가 조공의 길을 막고 있으니 고구려를 응징해달라고 수와 당에 제의했다.

수와 당도 고구려를 남쪽에서 견제해줄 동맹국이 필요했다. '적의 적은 친구'라는 맥락에서 백제와 신라 모두를 친구로 받아들일 만했다. 그렇지만 백제와 신라가 서로 적대적인 상황에서 당은 두 나라와 동시에 화친을 맺기 어려웠다. 당은 '친구의 적'을 친구로 받아들이기 불편했고, 백제는 '적의 친구'를 친

구로 여길 수 없었다.

642년 백제 의자왕은 대야성을 비롯한 신라의 40여 성을 정복했다. 전투 직후 대야성 성주와 그의 가족들은 처참하게 죽임을 당했다. 그들은 바로 신라 김춘추의 딸, 사위, 손주였다. 김춘추는 고구려 연개소문에게 원병을 요청했다. 하지만 죽령 이북의 땅을 돌려달라는 고구려 요구로 고구려−신라 연합은 결성되지 못했다. 이미 그 이전에 고구려−백제의 연합이 이미 이뤄진 것으로 보인다. 643년 고구려와 백제는 신라와 당의 연결로인 당항성을 함께 공격하기도 했다. 물론 고구려−백제 연합이 실제로는 없었고, 신라가 당에 언급한 내용이 역사서에 그대로 기록되었을 뿐이라는 해석도 있다.

실제 고구려−백제 연합이 있었건 없었건 간에 이 시기 신라는 멸망의 위기를 체감했다. 그때까지 신라는 고구려나 백제 사이에서 늘 누군가와의 협력을 추구했고 자국이 배제된 고구려−백제 협력을 경험한 적이 없었다. 동맹을 중시한 신라의 선택은 강대국 당이었다. 648년 김춘추와 당 태종은 고구려와 백제를 정복하면 평양 이남을 신라가 차지하기로 약속했다. 이듬해 신라는 당과의 동맹을 공고하게 만들기 위해 자국의 연호를 폐지하고 당의 연호와 관복을 사용했다.

653년 백제는 고구려와의 연합에 왜를 포함했다. 이로써 당−신라 연합 그리고 고구려−백제−왜 연합이 대치하게 되었다. 양 진영 간의 여러 전투 이후 660년, 당과 신라는 백제의 수도 사비성을 함락시켰다.

백제가 나당 연합군의 공격을 받았을 때 왜군은 백제를 지원했으나 고구려군의 참전은 없었다. 나당 연합군의 백제 공격이 급박하게 이뤄져 고구려가 백제를 지원할 여유가 없었다. 고구려가 백제를 지원하지 못한 더 중요한 이유는 고구려와 백제 간에 공유될 만한 정체성이 약했기 때문이다. 고구려와 백제는 동병상린同病相憐의 결속력을 높일 수 있었음에도 실제 그러지 못했다. 고구려와 백제의 패망 후 전개된 나당 전쟁에서도 두 나라 유민들은 서로 다른 입장을 취했다. 백제 부흥 운동 세력이 친%당, 반%신라의 태도를 보였다면 고구려 부흥 세력은 반%당, 친%신라의 행동을 취했다.

정체성의 공유는 고구려와 백제 사이뿐 아니라 고구려 내부 그리고 백제 내부에서조차 부족했다. 백제와 고구려는 모두 멸망 직전 심각한 내분을 겪었다. 외부 위협이 내부 결속으로 이어지기는커녕 내부 분열이 가증될 정도로 정체성에 대한 공유가 미약했다. 그리하여 나당 연합군 침공에 혼연일체의 반격이 있을 수 없었다. 백제 없이 홀로 나당 연합군을 상대하던 고구려는 665년 연개소문이 죽으면서 내분이 더욱 심각해져 668년 결국 평양성이 함락되었다. 이로써 백제와 고구려는 소멸하였다.

여섯 번째 단계: 신라 문무왕661~681년, 고구려 멸망 이후 시기

당은 평양 이남을 신라에 할양하지 않고 도호부를 설치해 한반도 전역을 직접 통치하려 했다. 고구려를 점령한 당으로선 이제 신라의 도움이 필요 없었기 때문이다. 당의 행동은 승리가 확실하면 전리품을 더 많이 차지하기 위해 승리 연합의 크기를 줄이는 전략이다. 달리 표현하면 사냥이 끝난 후 불필요해진 사냥개를 잡아먹는 이른바 '토사구팽'이다.

7세기 후반 나당전쟁 직후 신라 영역

이런 토사구팽의 위기는 신라에 처음은 아니었다. 5세기 때 신라는 고구려군의 신라 주둔을 이미 경험한 바 있다. 신라는 강온强溫 양면 전술을 구사했다. 먼저 나당 연합의 상황을 나당 전쟁 태세로 전환했다. 고구려 유민을 받아들여 고구려 부흥 운동 세력을 지원하고, 670년 일본으로 국호를 개명한 왜와도 협력하며 당을 견제했다. 다른 한편으로 강수의 외교 문서 등을 통해 당 조정을 설

득하고 호소하는 전략도 병행했다. 토번이 당을 침공하여 당이 한반도에 집중할 수 없게 되는 운도 따랐다. 그리하여 신라는 대동강 이남의 전 지역을 지배하게 되었다.

당과 신라의 국력 차이는 비교되지 않을 정도로 컸다. 전쟁의 결과는 힘을 얼마나 투입하느냐에 따라 달라진다. 신라가 모든 힘을 다 쏟아부었던 반면, 당은 힘 일부만 그것도 먼 곳으로 출정할 수밖에 없는 환경이었으므로 압도적 군사력을 과시할 상황이 못 되었다. 당을 상대로 싸우던 신라는 하나로 똘똘 뭉쳤다. 당이 문무왕 책봉을 취소하고 김인문을 신라의 왕으로 봉했을 때 신라는 내분을 보이지 않았다. 외부 위협이 강할수록 내부가 더욱 결속되는 현상을 멸망 직전의 백제와 고구려에서는 찾아볼 수 없었던 반면, 신라에서는 관찰되었다. 리더십, 정치 문화, 사회 제도 등에 따라 삼국의 내부 결속 정도가 달랐다. 이런 차이는 외부와의 연대에서도 관찰되었다. 신라와 당의 동맹은 비교적 공고했던 반면 고구려-백제 연합은 느슨했다.

어려움을 공유할수록 정체성도 공유하게 되는데, 그 가운데에서도 생존 위협의 공유가 결속력 증진에 가장 효과적이다. 함께 고통을 겪은 집단일수록 결속력이 높고 서로 협력하는 현상은 여러 사회 실험에서 확인되고 있는 사실이다. 기업의 사원 연수 등에서 극기 훈련을 하는 이유도 그런 맥락에서다.

신라는 삼국 간 대립축의 중간에 자신을 위치시켰다. 따라서 대부분의 대립 구도에서 승리 연합에 속할 수 있었다. 협력의 상대 또한 백제, 고구려, 당, 고구려 유민 등 다양했다. 신라는 균형자로 또 편승자로도 행동했다. 그런 행동은 일차적으로 신라 존속을 위한 전략이었지만 결과적으론 한반도 패권을 안겨주었다. 이러한 결과는 한반도뿐 아니라 아시아 전체를 아우르는 시야가 있었기에 가능했다. "뭉치면 살고 흩어지면 죽는다"는 말처럼 외부와의 연대뿐 아니라 내부의 결속이 성패의 주요 결정 요인이다.

쿠웨이트와 신라의 전략이 원교근공의 성공이라면, 실패한 원교근공 사례가 19세기 말과 20세기 초에 걸친 조선大韓帝國에서 있었다. 1896년 2월 11일 이른 새벽, 여성용 가마 2대가 경복궁 서문인 영추문을 나섰다. 가마 일행은 궁을 나선 지 얼마 지나지 않은 아침 7시경 아라사俄羅斯, 러시아 공사관에 도착했다. 가마에서 내린 인물은 놀랍게도 조선 국왕 고종과 왕태자였다. 이들은 이후 약 1년 동안 아관러시아 공사관에 머물렀다. 아관파천은 타국 위협을 받는 국가 또는 왕조가 생존을 위해 다른 강대국과 연대하려는 시도였다.

19세기 말 조선은 러시아와 연대를 모색했다. 아관파천의 현장인 주한 러시아 공사관 모습이 호머 헐버트의 저서 『코리아 패싱』1906에 수록되어 있다.

아관파천은 일본이 조선 왕실을 겁박하던 중 터진 사건이다. 사실 일본은 조선의 독립을 강조했고, 1894년 오도리 가이스케 일본 공사는 고종의 황제 즉위를 제안하기도 했다. 갑오년1894년 청일 전쟁 외중에 세워진 조선의 친일 내각은 청과 명의 연호를 폐기하고 조선 개국을 기점으로 1894년을 개국 503년으로 표기했다. 또 '주상 전하', '왕비 전하', '왕세자 저하' 등의 호칭을 각각 '대군주폐하', '왕후 폐하', '왕태자 전하' 등으로 바꿨다.

일본이 청일 전쟁 승리 후 랴오둥반도를 할양받았다가 러시아, 독일, 프랑스의 삼국 간섭으로 청에 반납하자, 조선 내에서도 러시아를 끌어들여 일본을 막으려는 거일인아(拒日引俄) 정책이 부상했다. 이에 을미년(1895년) 8월(음력) 일본인 무리가 경복궁에 난입하여 거일인아 정책의 핵심 인물로 여긴 민 왕후를 처참하게 살해했다. 그리하여 1894년에 시작되었다 잠시 중단된 갑오개혁이 을미사변 직후 다시 추진되었다. 이를 3차 갑오개혁 또는 을미개혁으로 부른다. 양력 및 연호의 사용은 을미개혁 조치 가운데 하나였다. 밝은 미래와 양력을 시작한다는 뜻의 '건양'을 연호로 하고 1896년부터 양력을 사용했다.

하지만 왕후 시해와 단발령 등으로 일본 및 김홍집 내각에 대한 조선의 민심은 매우 나빠졌다. 이범진과 이완용 등은 일본을 견제할 열강이 필요하다고 봤고, 카를 베베르 러시아 공사가 이에 동조했다. 베베르와 그의 후임 알렉시스 슈페이에르는 함께 서울에 머물면서 아관파천에 관여했다. 을미사변을 겪은 고종은 신변이 보장되는 거처를 선호했다. 엄 상궁(홋날 황귀비로 책봉)이 고종에게 폐위 음모가 있으니 궁 밖으로 피신하는 게 좋겠다고 말하여 고종이 파천을 결행하게 됐다는 해석도 있다.

아관파천 이전부터 여성용 가마를 일부러 자주 궁 밖으로 출입시켜 친위대에서 가마 출입을 대수롭지 않게 여기도록 만들었다. 아관파천 당일에는 일본이 관리하던 친위대 병력 다수가 의병 진압을 위해 궁을 비우는 바람에 고종 일행의 탈출에 어려움이 없었다. 동학 농민 사이에서 불린 참요 가사 "갑오세 가보세, 을미적 을미적, 병신 되면 못 가리"에 영향을 받았는지, 갑오년을 보내고 병신년을 며칠 앞둔 을미년 12월 28일(음력)에 아관파천은 단행됐다.

아관파천 몇 시간 후 고종은 새로운 내각 구성을 단행했고, 친일파 대신들은 처형당하거나 일본으로 망명했다. 이후 조선의 국정은 일본 대신 러시아 중심으로 전개되었다. 러시아는 삼림 채벌권, 광산 채굴권 등 여러 경제적 이권을 얻었다.

아관파천은 그로부터 불과 16년 전인 1880년 청나라 주일 공사관 참찬관參贊官 황준헌黃遵憲이 작성하여 일본 파견 수신사 김홍집에게 주었다는 『사의조선책략私擬朝鮮策略』과는 정반대의 책략이었다. 황준헌은 방아책防俄策의 방법으로 친親중국, 결結일본, 연聯미국을 제시했는데, 청의 입장에서는 러시아가 지리적으로 가까운 나라이므로 결結일본 및 연聯미국이 원교근공遠交近攻에 해당하는 책략이었다.

아관파천 시절 조선은 러시아와의 동맹을 추진했으나 러시아가 받아들이지 않았다. 일본은 러시아와의 전쟁이 시기상조라는 판단으로 조선의 분할 지배를 제안했다. 러시아 역시 일본과의 전쟁이 부담스럽기는 마찬가지였다. 결국 러시아와 일본은 5월 베베르-고무라일본 공사 각서, 6월 로바노프러시아 외무장관-야마가타일본 육군 대신 협정에서 조선의 공동 관리를 합의했다.

1897년 2월 고종은 환궁하라는 국내외 요구에 따라 경운궁1907년 고종 퇴위 이후 덕수궁으로 불림으로 돌아왔다. 8월 고종은 연호를 광무로 바꾸고, 10월에는 황제로 즉위하여 대한제국을 국호로 선포했다. 또한 2년 전의 을미사변 때 살해당한 민왕후를 명성황후로 추존하고 장례식을 거행했다.

독자적 연호 발표와 황제 즉위, 즉 건원칭제는 당시 독립국의 상징이었다. 고종의 황제 즉위는 일찍이 1880년대 김옥균에 의해 주창되기도 했다. 1897년 광무 연호와 황제 호칭만으로 대한제국이 진정한 독립국인지 회의도 있었지만, 열강은 대한제국을 공식적으로 승인했다. 물론 속내는 복잡했다. 예컨대 19세기 후반 일본이 조선의 독립과 건원칭제를 주장한 이유는 다른 열강이 관여하지 않을 때 자국의 이익을 관철하기 쉽다고 판단했기 때문이다. 일본이 단독으로 조선을 지배할 수 있을 때는 굳이 조선 독립을 주장할 필요가 없었다. 일본뿐 아니라 청, 러시아, 프랑스, 영국, 미국 등 여러 열강도 자국 이익에 따라 조선 독립을 주장하기도 또 반대하기도 했다.

아관파천은 외세의 예속을 심화시켰다는 점에서 비판받는다. 하지만 힘이 없는 상황에서는 외세의 힘이라도 이용하는 것이 외교다. 아관파천은 오랑캐로 오랑캐를 누른다는 일종의 이이제이 시도였다. 소음을 누르기 위해 같은 주파수, 정반대 파형의 소음을 이용하는 노이즈 캔슬링noise canceling도 비슷한 전략이다.

다만 대등한 관계가 아닌, 먹잇감과 포식자가 명확히 구분된 상황에서는 쉽지 않다. 먹잇감이 포식자를 이용하여 다른 포식자를 제압하기란 말처럼 쉽지 않다. 먹잇감을 두고 전개되는 포식자 간의 경쟁 양상이 먹잇감의 뜻대로 전개되는 일은 잘 일어나지 않는다. 포식자의 공격에서 벗어난 먹잇감이 곧 다른 포식자에게 잡히기도 한다. 포식자 간 경쟁의 핵심은 누가 얼마만큼의 먹잇감을 차지하느냐의 문제이지, 먹잇감을 살려주는 선택 사항은 애초에 없다. 아관파천 전후 러시아의 관심은 조선의 존속이 아닌, 조선에서의 이익을 얼마나 많이 또 어떻게 확보하느냐는 데 있었다.

이이제이에 성공하려면 힘이 뒷받침되어야 한다. 당장 '이'를 제압하는 데 성공한들 힘이 부족하면 머지않아 다른 '이'에 당하기 쉽다. 중원이 변방의 이민족을 이이제이할 수 있었던 이유도 적절한 수준의 힘을 갖고 있었기 때문이다. 두 경쟁자의 우열 관계를 바꿀 수 있을 정도의 힘, 즉 경쟁자 사이의 힘 차이보다 더 큰 힘이 있을 때 먹잇감이 아닌 균형자로 존속할 수 있다.

군사 동맹 결성에 있어서는 힘보다 이념이나 상호 이해관계가 더 중요하다. 비록 힘이 미흡하더라도 이해관계가 서로 보완적이면 강대국의 지원을 받을 수 있다. 그런 점에서 이해관계의 파악과 조율은 약소국에 매우 중요하다.

내부 결속은 힘의 증대와 이해관계의 조율 모두에 필요하다. 약소국이 진정한 독립을 얻으려면 내부가 결속되어야 하는데, 대한제국은 독립을 선포했으나 내부 힘을 결집하지 못했다. 힘은 기존 체제를 그대로 둔 채 모을 수 없었기 때문이다. 독립이든 이이제이든 이는 선언만으로 이뤄지는 게 아니다. 자강(自彊)이 동반되어야 한다. 만일 내부의 가치관이 너무 이질적이면, 그 국가는 하나로 존속할 기반을 잃게 된다.

일본과 독일이 각각 유신과 통일로 부국강병의 길을 나아가던 시절, 조선은 쇄국과 정쟁으로 점철된 망국의 길을 걸었다. 국내 세력들은 정파적으로 대립하여 소모전을 펼쳤고, 외세를 동원하여 국내 정적을 제거하려는 시도가 연이어 나왔을 뿐이다. 더구나 근대화나 개방과 같은 근본적 부국강병 조치는 없었다. 오월동주, 즉 외세 위협 속에서 내부 결속을 이뤄낼 전략이 제대로 수립되지 못했다.

전략과 상식의 세계사

코리아 패싱

한국을 배제한 채 한반도 문제를 논의하는 이른바 '코리아 패싱' 우려가 제기되기도 한다. '코리아 패싱'은 1988년 클린턴 미국 대통령이 일본을 빼고 중국을 방문했을 때 이를 일본 언론에서 '재팬 패싱'으로 부른 데서 유래한 것으로 추정된다. 그래서 처음에는 영어권 원어민들이 '코리아 패싱'의 의미를 이해하지 못했다.

사실 '코리아 패싱'이라는 말은 대한제국 시절에도 있었다. 1906년에 출간된 헐버트Homer Hulbert의 책 제목이 『코리아 패싱The Passing of Korea』이다. 여기서 패싱은 오늘날 한국에서 해석되고 있는 건너뛰기가 아닌, 멸망을 의미한다. 건너뛰기가 잦으면 멸망에 이를 수 있다.

뒤늦게 아관파천과 대한제국 선포로 나름 외교를 모색했으나 원교근공, 즉 강대국들을 끌어드려 일본을 견제할 전략이 제대로 수립되지 못했다. 오히려 일본이 청일 전쟁, 영일 동맹, 러일 전쟁, 미일 테프트-가쓰라 협의 등으로 경쟁자를 하나씩 물리치며 대한제국을 수중에 넣는 원교근공을 실천했다.

71. 만주국_괴뢰를 내세워 침공하다

원교근공의 사전적 해석은 '근近'의 위치에 있는 두 존재 중 한쪽이 주도하여 다른 '근近'을 공격하는 것이지만, 현실에서는 '원遠'이 주도할 수도 있다. '원遠'이 주도한 원교근공 가운데는 실패 사례가 많다. 자발적 '원교'가 아니라 지나친 일방적 주도로 협력 효과를 보지 못한 경우다. '원遠'이 주도해 현지에 세운 괴뢰 정부가 이에 해당한다. 남이 조종하는 대로 움직이는 꼭두각시를 의미하는 '괴뢰傀儡'는 어떤 전략적 의미를 지닐까?

괴뢰 정부의 효능은 근대 이후에 더 커졌다. 근대 이전에는 조공 관계처럼 상대국 내정에 직접 개입할 수 있었으므로 굳이 괴뢰 정부를 세울 필요가 없었다. 이에 비해 내정 불간섭을 원칙으로 하는 근현대 국제 질서 속에서는 역설적으로 상대국 내정을 실제로 간섭하기 위해 괴뢰 정부의 필요성을 더 느끼게 된다.

근현대의 국가는 독립국임을 전제로 하지만 외세의 관여가 전혀 없을 수는 없다. 특정 정권의 성격이 괴뢰 정권인지 아닌지는 늘 논란의 대상이다. 예컨대, 제2차 세계대전 당시 독일의 프랑스 침공 후 수립된 프랑스 비시Vichy 정부는 괴뢰 정부라는 견해가 다수이지만 다른 한편으로 온건한 민주 정부였다는 평가도 있다.

이에 비해 논란의 여지없이 괴뢰국으로 받아들여지는 나라가 있다. 1932년 3월 1일 세워진 만주국이다. 만주국이 괴뢰국으로 공인되는 이유는 국제연맹의 유권 해석 때문이다. 중국의 제소로 발족한 국제연맹 리튼 위원회는 1932년에 만주국이 일본의 괴뢰국이며 만주국 지역은 중국의 주권 관할 지역이라고 보고 한 바 있다. 이에 일본은 이듬해 국제연맹에서 탈퇴했다.

만주국은 오족협화[五族協和]와 왕도낙토[王道樂土]를 기치로 내세웠다. 5족[만주족, 한족, 몽골족, 조선족, 일본족] 공생 국가를 표방하여 아시아판 미국을 지향했다. 또 공화정 대신에 왕정제, 그 가운데에서도 패도가 아닌 왕도를 표방했다. 만주국 경제는 일본의 지원으로 급속히 성장했고 인구도 가파르게 증가했다. 관동군의 개입을 비판하며 만주국의 독립을 주장하던 일본 내 목소리도 있었다. 만주국은 1945 년 패망까지 독일과 이탈리아를 포함한 여러 나라로부터 국가 승인을 받았다.

그렇지만 만주국이 기치로 내세운 다민족 왕도 정치는 전혀 실천되지 못했 다. 헌법에 상응하는 조직법에 입법원 설치가 규정되어 있으나 실제론 국무원 산하의 총무청이 거의 모든 정책을 결정했다. 만주국은 총무장관, 총무청 차장, 관동군 헌병대 사령관, 남만주철도 총재, 만주중공업개발 사장 등 이른바 2키[도 조 히데키, 호시노 나오키] 3스케[기시 노부스케, 아이카와 요시스케, 마쓰오카 요스케]로 대표되는 일본 인이 지배한 병참 기지에 불과했다.

만주국으로 이득을 본 일제는 내몽골, 난징, 베트남 등에도 왕족이나 고위 관 리를 내세워 각각 괴뢰 정부를 세웠다. 이에 따라 중국의 분열은 심해졌고, 이 는 일제가 의도하던 바였다. 당시의 국제 정세는 특정 국가가 중국을 독점 지 배할 수 없게 서로 견제하던 분위기였다. 다른 한편으로 민족 자결과 민주주의 라는 국제 여론이 힘을 받던 시기였다. 이런 상황에서는 직접적인 병합이나 강 제적 압박보다 괴뢰 국가나 괴뢰 정부를 앞세우는 편이 더 유리한 전략이었다.

만주국 건설의 배경에는 식민지 한반도를 효과적으로 통치하기 위한 목적도

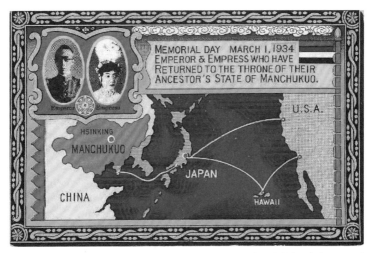

남만주철도주식회사(만철)가 푸이의 만주국 황제 즉위를 기념하여 발행한 그림엽서. 즉위 연도를 1933년에서 1934년으로 정정하는 스티커가 붙어 있는데 그만큼 즉위 시점이 불명확했다. 만주국이 오래전부터 있었던 왕조였음을 강조하는 문구가 적혀 있다.

있었다. 당시 만주 지역은 조선 독립운동의 배후 기지였으므로 만주국 건설은 일제의 한반도 장악에도 효과적이었다. 조선 총독부는 한반도 내에서의 수탈에 조선인을 앞장세웠다. 완장을 차면 완장을 채워준 자의 기대를 넘는 악랄한 지배를 일삼는 자는 어디에나 있게 마련이다. 앞잡이를 내세우건 괴뢰국을 세우건 이러한 행위는 간접 통치 전략에 해당한다. 간접 통치는 직접 통치보다 전략적이다.

실제로 종전 후 만주국을 상대로 제기된 여러 소송에서 일본은 만주국이 자기들과 관계없는 독립국이라며 책임을 회피했다. 극동국제군사재판에서도 일본은 만주국 황제 푸이가 중국 동북 지역 침략을 주도했다고 주장했다. 물론 푸이는 자신이 일제의 피해자라고 항변했다.

푸이가 만주국 황제로 즉위한 날은 1934년 3월 1일이다. 사실, 만주국 황제 즉위는 일제뿐 아니라 1906년생 푸이의 선택이기도 했다. 두 살(1908년)부터 여섯 살(1912년)까지 청나라 마지막 황제로 재위했던 푸이는 재위 기간 내내, 그리고 복벽 사건으로 잠시 황제에 재추대됐던 열한 살(1917년) 때도 섭정을 당해야 했다. 이런 과정에서 어떠한 실권도 없었던 자신을 왕조 패망의 책임자로 몰고 가는 상황에 불만을 가질 만했다. 따라서 만주국 황제 자리를 푸이가 굳이 마다할 이유는 없었다. 만주국 황제 자리는 만주족과 청 왕조를 부흥시키거나 자신의 정치적 위상을 제고시킬 수 있다는 측면에서 어쩌면 더 나은 대안이었다. 만주국 황제로 취임하더라도 더 나빠질 것은 없다는 판단도 작용했을 것이다.

차도살인借刀殺人은 칼을 빌려 다른 사람을 죽인다는 뜻이고, 차시환혼借屍還魂은 시신을 빌려 다른 사람의 혼을 불러온다는 뜻이다. 칼을 빌린 자나 칼을 빌려준 자 모두 이득을 보기도 하지만, 칼을 빌려준 자는 다치고 남의 칼을 빌려 쓴 자만 이득을 보기도 한다. 일제가 푸이에게 빌리고자 한 것은 칼보다 정통성이었다. 푸이는 1924년까지 청나라 황제의 칭호를 유지했는데, 일제는 푸이라는 청 왕조의 시신을 빌려 동북부 중국을 지배하려 했다.

시신이나 칼을 내어준 자가 적의 괴뢰로 여겨지는 순간부터 그 효능은 급격히 떨어진다. 중국에서는 만주국을 가짜 만주라는 뜻의 '위僞만주국' 혹은 줄여서 '위만'으로 부른다. 만주국이 일제의 괴뢰국으로 지칭되면서 일제가 얻고자 했던 효과는 반감됐다. 특히 괴뢰로 받아들여진 당사자는 비록 시신일지언정 채찍을 얻어맞는, 이른바 굴묘편시掘墓鞭屍를 당할 처지에 놓인다. 일본이 전쟁에서 패하자마자 만주국은 패망했고, 정치적 영향력을 발휘할 수 없게 된 푸이도 소련과 중국의 수용소에서 십 년 넘는 기간 고초를 겪었다.

하늘 아래 함께할 수 없는 불구대천의 원수가 조종하는 대로 움직이는 괴뢰라는 낙인은 치명적이다. 실제 적과 내통하지 않았다 하더라도 곤욕을 면할 수 없다. 남북한이 체제 우위를 경쟁하던 시절 정통성 확보를 명분으로 상대를 괴뢰로 불렀다. 물론 남한이 북한을 체제 경쟁자로 여기지 않으면서 또 북한이 주변국의 압력에도 불구하고 핵 개발을 추진하면서, 더 이상 북괴北韓傀儡라는 용어로 불리지는 않는다.

괴뢰를 내세우는 전략이 제국주의나 군국주의에서만 구사되는 것은 아니다. 민주 국가 역시 괴뢰국을 파트너로 선호한다. 파트너가 괴뢰 정부이거나 독재 체제일수록 대가를 받고 정책적 요구를 수용할 가능성이 크기 때문이다. 국민 이익에 충실한 민주주의 체제에서는 상대국이 의도하는 그러한 통제가 실현되기 어렵다.

다양한 정치적 통계들은 대외 원조를 많이 받은 나라일수록 민주화 진척도가 더디거나 이뤄지지 않았음을 보여준다. 원조 공여국은 원조 수혜국의 정책적 양보를 원하므로 정책적 양보를 쉽게 결정할 수 있는 독재 국가들이 더 많은 원조를 받고 따라서 정권 연장도 더 쉽다. 즉 대외 원조를 통해 더 오래 유지되는 나쁜 정부 탓에 원조를 받는 가난한 나라의 빈곤층 삶은 오히려 더 피폐해지게 된다.

국제적 개입은 민주주의를 증진할까?

민주화 지수를 이용한 각종 통계 분석은 전제주의 국가뿐 아니라 민주 국가나 유엔의 개입도 현지국 민주화를 오히려 악화시켰다는 사실을 보여준다. 미국 개입은 현지국 민주화 지수를 다른 국가들 개입보다 더 높였다고 보고되지만, 실상은 미국도 예외가 아니었다. 미국이 개입한 현지국 다수는 더 나빠질 수 없을 정도로 가장 낮은 민주주의 수준의 국가들이었을 뿐이다. 그런 사례들을 빼고 계산하면, 미국의 개입은 현지국 민주화를 평균적으로 후퇴시킨 것으로 나온다.

만일 공여국 국민이 수혜국의 민주화 혹은 빈민 구제를 진정으로 원한다면, 자국의 이익에 부합되는 정책을 수혜국 정부에게 강요하기보다 해당국의 민주화 혹은 빈민 구제 진전 등 인류 보편적 가치의 실현을 요구해야 한다. 민주 국가의 국민이 독재 국가의 국민보다 더 착한 것은 아니다. 인성과 정치 체제는 별개의 문제다. 정부 정책에 다수 국민의 입장이 중시되면 민주주의이고, 그렇지 못하면 독재일 뿐이다.

어떤 면에서는 동맹조차 남의 힘이나 명분을 빌리는 차도살인 혹은 차시환혼의 일종이다. 민주 정권이든 독재 정권이든 누구나 남의 힘이나 명분이 필요할 때는 빌리려 한다. 괴뢰라는 확실한 친구를 만드는 일, 남의 괴뢰가 되어서라도 이득을 좇는 일, 경쟁자를 괴뢰로 낙인찍어 무력화시키는 일, 이 모두가 바람직하지는 않지만 실존하는 전략적 행위다.

72. 미불 동맹_적의 적에게 도움을

'원'이 주도한 원교근공 가운데는 성공 사례도 있다. 18세기 후반 미국이 프랑스와 협력하여 영국으로부터 독립한 사건이 그런 예다.

오늘날 강력한 우방 관계를 맺고 있는 미국과 영국은 미국이 영국으로부터 독립할 당시는 매우 적대적인 관계였다. 1776년 7월 영국 식민지였던 미국의 13개 주가 영국으로부터의 독립을 선언했기 때문이다. 국제 사회의 도움이 절실했던 미국은 프랑스, 스페인, 오스트리아, 프로이센, 토스카나 등에 외교 사절을 보냈다. 그 가운데에서도 '프렌치 인디언 전쟁', 즉 '7년 전쟁'에서 영국에 패한 후 만회를 노리던 프랑스가 최우선 섭외 대상이었다.

미국의 단합을 강조하는 프랭클린의 만화. 〈펜실베이니아 가제트〉 1754년 5월 9일자

영국과의 독립 전쟁 초기 미국은 패전을 거듭했다. 무기 확보나 전술 구사에서 영국에게 뒤졌다. 프랑스는 미국을 도와 영국을 견제하고 싶었으나 전쟁에 필수적인 재정 상태가 좋지 않았다. 프랑스 국민은 대체로 미국 독립에 호의적이었지만 프랑스 왕실은 그렇지 않았다. 무엇보다도 미국이 영국 왕정 질서에 반기를 든 식민지 지역이었기 때문이다.

미국 대표단이 파리에 도착하였으나 바로 프랑스 외상을 면담할 수 없었다. 미국 대표단은 아직 영국 식민지 대표에 불과했기 때문이다. 1777년 1월 프랑스 외상 샤를 그라비에 베르젠과의 첫 번째 비공식 면담에서 미국 대표단은 최혜국 통상 조약 체결을 제안했다. 외교와 통상은 독립국 권한이므로 통상 조약의 체결은 곧 상대를 독립국으로 승인한다는 의미였다. 일주일 후 두 번째 면담에서 미국은 구체적 내용을 추가했다. 프랑스가 미국에 총, 탄환, 대포, 포탄, 화약 등을 제공하여 대영국 동맹을 결성하고 대신에 미국은 서인도 제도에 있는 프랑스 식민지를 영국으로부터 보호한다는 내용이었다.

프랑스는 미국-영국 전쟁에 관여하지 않고 독립 이후에 미국과 교류하는 것이 낫다고 표명했다. 이에 미국 대표단은 프랑스의 지원 없이는 미국 독립이 어렵고, 또 영국과의 전쟁에서 부담해야 할 프랑스의 비용보다 독립국 미국과의 통상에서 얻을 혜택이 훨씬 크다고 강조했다. 만일 프랑스가 미국을 도와주지 않으면 미국은 영국에 맞설 수 없어 완전한 독립을 얻지 못하고, 그리되면 영국은 식민지 미국의 풍부한 자원을 바탕으로 프랑스를 더욱 압도하게 될 것이라고 경고했다.

프랑스는 미국에 비공식적으로 군수 물자를 제공해주면서도 미국-프랑스 동맹의 공개적 체결에는 주저했다. 프랑스 외상 베르젠은 자신들의 도움으로 미국이 영국에 이길 수 있을지 확신하지 못했다. 당시까지의 전세는 영국에게 계속 밀리고 있기 때문이었다. 물론 프랑스는 동맹군의 승리 가능성에 대한 우려로 동맹 체결을 주저했을 뿐, 영국의 패배를 간절히 원하던 참이었다. 계속되는 전투에서 영국에 패하며 다급해진 미국으로서는 프랑스와의 동맹을 느긋하게 추진할 상황이 아니었다. 하지만 동맹은 상대가 동의할 때 이뤄지는 것이지 서두른다고 되는 게 아니다.

1777년 9~10월에 걸쳐 펼쳐진 새러토가 전투에서 미국이 영국에 대승을 거두자 마침내 프랑스는 미국과의 동맹을 서두르기 시작했다. 영국의 영향력을 축소할 절호의 기회라고 판단했기 때문이다. 미국 대표단은 1년 동안 지지부진하던 미국-프랑스 협상을 이제는 마무리해야 하고 프랑스의 비밀 지원 사실을 모르는 미국 국민 다수가 영국과의 타협을 요구할 수도 있으므로 프랑스의 의지를 바로 천명해야 한다고 설득했다.

그러는 동안 영국이 미국-프랑스의 관계 진전을 방치한 것은 아니었다. 12월 15~16일 영국은 미국에 통상 및 외교를 제외한 모든 권한을 주겠다는 화평안을 제의했다. 1778년 1월 6일 미국 대표 벤저민 프랭클린은 영국 대표 웬트워스와 회동했다. 이 자리에서 웬트워스는 영국이 미국 독립을 허용하지 않음을 재차 확인했다.

미국 독립을 불허한다는 영국의 입장을 인지하지 못한 프랑스는 영국이 미국의 독립을 허용하면서 관계 개선에 나서지 않을까 걱정했다. 미국이 영국에 우호적으로 기울면 프랑스에 우호적인 태도를 취하지 않을 거란 판단 때문이었다. 프랑스는 영국이 미국과 타협하기 전에 선수를 쳐야 한다고 판단했다. 1월 7일 프랑스 각료 회의는 미국과의 동맹 체결을 의결했다.

미국의 벤저민 프랭클린이 보는 앞에서 프랑스의 알렉산더 제라르가 미국-프랑스 동맹 조약 문서에 서명하고 있다. 찰스 밀스의 20세기 초 그림

2월 6일 마침내 프랑스 외무성에서 미국 대표 벤저민 프랭클린과 프랑스 대표 알렉산더 제라르가 미국-프랑스 동맹 조약 문서에 서명했다. 그리하여 영국은 미국뿐 아니라 프랑스와도 싸우게 되었다. 1781년 요크타운에서 영국군이 미국-프랑스 동맹군에 패배하면서 미국은 마침내 독립을 쟁취했다.

사실 프랑스 왕실로서는 미국과의 동맹에서 얻은 게 없다. 미국 독립 전쟁에 참전하면서 재정 적자는 심해졌고, 1789년 일어난 프랑스 혁명의 결과, 1793년 1월 루이 16세가 단두대에서 처형당하는 상황에 이르렀다. 같은 해 2월 프랑스 혁명 정부가 영국에 선전 포고하고 4월에 그 소식을 들은 미국이 한 달 후 대통령 조지 워싱턴의 이름으로 중립을 선언하면서 미국-프랑스 동맹은 사실상 와해하였다. 미국-프랑스 동맹은 협상을 이끌었던 프랑스 외상 베르젠의 이름을 버몬트 주 한 도시의 이름으로 새겨 기억되고 있을 뿐이다.

미국은 영국으로부터의 독립을 위해 영국과 숙적 관계인 프랑스를 활용했다. 이른바 '적의 적'의 도움을 받은 것이다. 이념적으로 보자면 미국과의 동맹을 체결한 루이 16세의 프랑스는 영국과 훨씬 가깝고 미국과는 오히려 이질적인 체제였다. 이념의 유사성보다는 3국의 경쟁 관계가 상호 우적 관계를 좌우한 것이었다.

미국-프랑스 동맹은 영국을 견제하려는 프랑스의 의도를 간파한 미국이 독립 전쟁의 성공 가능성을 프랑스에 확신시킴으로써 성사되었다. 전쟁이나 협상 모두 '지피지기 백전불태百戰不殆'인 경우가 많다.

73. 미중 수교_영원한 적도 영원한 친구도 없다

공동의 적을 설정하여 서로의 적대적 관계를 개선한 대표적 사례가 미국과 중국의 수교다. 1972년 2월 21일 리처드 닉슨 미국 대통령이 중국에 도착했다. 미국 현직 대통령이 처음으로 중화인민공화국을 방문한 역사적 날이다. 만리 장성 위에서 부인과 함께 찍힌 닉슨의 사진은 양극 체제의 와해를 상징하였다.

1950~60년대 미국과 중국은 서로에게 적대적이었다. 직접적인 전투 경험 없이 냉전에만 그쳤던 미국-소련 관계와 달리, 미국과 중국은 서로 열전hot war 을 주고받았다. 한반도를 비롯한 여러 곳에서 벌인 치열한 전투의 역사가 그것 이다. 당시 중국은 미국을 '세계 인민의 적'으로 불렀다.

이런 미ㆍ중 관계는 중국이 소련과 갈등을 겪으면서 변모했다. 1950년대 후 반과 1960년대 전반에 걸쳐 중국과 소련 간에는 치열한 이념 논쟁이 벌어졌다. 중국은 자본주의 진영과의 평화 공존을 추구하는 소련의 정책을 수정주의라고 비판하며 자본주의에 대한 적대적 태도를 견지했고, 소련은 이런 중국의 관점 을 교조주의라며 비판했다. 물론 중국은 이후 자본주의 진영과 여러 분야에서 협력했기 때문에 중ㆍ소 이념 대립은 단순 경쟁이었을 뿐 본질적인 신념 체계 의 차이는 아니었다.

본질적으론 중·소 갈등이 공산 진영 내 주도권 경쟁에 기인했다. 중국은 공산권 여러 국가의 내정에 간섭하는 소련에 불만이 있었다. 핵 무장화와 관련해서도 갈등을 빚었다. 중국은 소련이 중국의 독자적 핵 무장화를 지원하지 않는다고 생각했던 반면, 소련은 호전적인 중국의 핵 무장화를 지원했지만 중·소 국경 분쟁으로 후속 지원을 중단했을 뿐이라고 생각했다. 소련이 이제 우호적 지원국이 아니라는 중국의 인식, 그리고 협의 없이 독자적으로 행동하는 중국을 견제해야 한다는 소련의 인식이 병존했다.

중국과 소련은 국경이 길게 맞닿아 있어 갈등이 발생할 수밖에 없는 지정학적 위치에 있다. 1969년 국경에서의 무력 충돌은 중·소 관계를 악화시켰다. 지리적으로 가까운 나라와는 이해관계가 충돌할 수밖에 없으니 먼 나라와 협력하여 가까운 나라를 협공하는 원교근공 그대로였다. 이 무렵 중국은 소련을 제1 가상의 적으로 규정했다. 미국 역시 냉전 시대 내내 소련을 제1 가상의 적으로 간주했다. 미국과 중국에 있어 소련은 공동의 적이었다. 공동의 적이 있으면 서로 가까워지게 마련이다.

1972년 2월 24일 만리장성을 방문한 닉슨 미국 대통령 일행. 소련을 견제하는 미국-중국 간 연대의 모색이었다.

1970년 10월 중국 국영 통신사 신화사는 천안문 성루에서 마오쩌둥이 미국 기자 에드거 스노와 담소하는 모습을 보도했다. 이 무렵 마오쩌둥이 스노에게 닉슨의 중국 방문을 제의한 것으로 알려져 있다. 또 11월 베이징을 방문한 아히야 칸 파키스탄 대통령이 닉슨의 밀사 파견 의향을 중국에 전달하였다.

미·중 교류의 출발은 이른바 핑퐁 외교다. 1971년 3~4월 나고야 세계 탁구 선수권 대회에 참가한 미국 탁구 선수단은 중국의 초청을 수락하여 대회 직후 중국을 방문했다. 미국 탁구 선수 중 한 명이 나고야에서 실수로 중국 선수단 버스에 탑승하는 바람에 미·중 화해가 이뤄졌다는 얘기도 있지만, 스포츠 교류로 정치 군사 관계까지 좋아지는 것은 아니다. 1990년대 이래 미국 농구 선수들이 중국이나 북한에서 몇 차례 친선 시합을 가졌으나 이것이 양국 관계를 개선했다는 평가는 받지 못한다. 핑퐁 외교 때문에 미·중 관계가 좋아졌다기보다 미국과 중국 간 이미 공감하던 관계 개선의 필요성이 스포츠 교류를 통해 이루어졌다는 해석이 더 정확하다.

4월 미국 탁구 선수단의 중국 방문에 이어 같은 해 7월과 10월에 미국의 헨리 키신저 안보 보좌관이 중국을 방문하여 여러 협상을 진행했다. 이듬해 닉슨이 중국을 방문 중이던 2월 28일, 미국과 중국은 공동 선언문을 발표했다. 공동 선언문에서 미국과 중국은 양국을 포함한 어떤 국가도 아시아 태평양 지역의 패권을 추구해서는 안 된다고 천명했다.

그렇다고 중국과 미국이 소련을 공개적으로 적대시하지는 않았다. 미·중 공동 선언문에서는 소련을 포함한 어떤 국가도 경계 대상으로 언급되지 않았다. 오히려 미·중 관계 정상화가 양국뿐 아니라 타국과의 긴장도 완화한다고 언급했다. 중국 방문 3개월 후인 1972년 5월에 닉슨은 모스크바에서 소련과 정상 회담을 가졌으며 미·소 간 군축에도 합의했다.

미·중 공동 선언문에서 미국은 '하나의 중국One China' 정책을 인정하고 대만에서의 철군을 최종 목표로 한다고만 언급했다. 민감한 이슈를 구체적으로 언급하지 않음으로써 합의를 가능하게 했다. 키신저는 여기에 '건설적 모호성'이라는 이름을 붙였다. 미국으로서는 중국을 개방하여 다극 체제와 유동성을 확보하고, 소련과는 군축 등 데탕트를 추구하며, 중국과 소련이 북베트남에 대한 지원을 축소하고 압력을 행사하게 만들고자 했다. 당시 중국과 소련은 북베트남의 독자적 행동에 불만이 있던 상황이었다.

닉슨의 중국 방문 1년 후인 1973년 2월 22일 중국과 미국은 상호 연락 사무소 설치에 합의했다. 1978년 12월 미국은 중화민국과 단교하고 1979년 1월 중국과 수교했다. 1979년 4월 중국은 소련에 중·소 상호원조조약 폐기를 통고했다. 중국은 1980년 모스크바 하계 올림픽에 불참했지만 1984년 미국 LA 하계 올림픽에는 참가했다.

미국, 중국, 소련의 3자 관계 변화는 소련의 쇠퇴와 함께 찾아왔다. 1989년 고르바초프의 베이징 방문을 계기로 중·소 화해가 조성되었다. 소련의 붕괴 이후 미국과 중국 간에는 다시 치열한 경쟁이 시작되었다.

중국 공산당의 공동 전선은 주적을 타도하기 어려울 때 동조 세력을 확보하여 투쟁해야 한다는 레닌의 통일전선united front에서 시작했다. 1937~45년 중국 내에서 진행되었던 제2차 국공 합작도 일본 제국주의라는 공동의 적을 두고 결성된 것이었다. 1945년 일제 패망에 따라 국민당과 공산당의 합작은 자동으로 와해하였다. 국민당, 소련, 미국 등과의 중국 공산당 협력은 주적이 누구냐에 따라 바뀌어 왔음을 알 수 있다.

미국, 소련뿐 아니라 베트남과의 관계 역시 마찬가지다. 1975년 베트남 통일 이후 캄보디아 문제 등으로 베트남—중국 관계가 나빠졌다. 베트남은 이미 중·소 국경 분쟁에서 소련을 편들었다. 중국

1972년 2월 21일 베이징 공항에서 저우언라이 중국 총리의 영접을 받는 닉슨 미국 대통령 내외

적의 적은 친구

'적의 적은 친구'라는 경구는 고대로부터 전해오는 말이다. 현대 심리학에서는 인지認知가 부조화不調和할 때, 바꾸기 쉬운 것을 바꿔 인지를 조화하는 경향으로 설명한다. A와 B가 매우 친하다면 는 A와 B 모두를 친구로 여기거나 아니면 모두를 적으로 여겨야 인지가 조화된다.

만일 한쪽을 친구로, 나머지 다른 쪽을 적으로 여긴다면 이는 '친구의 친구'를 적으로, 또 '적의 친구'를 친구로 여기는 꼴이 된다. 이런 심리적 현상을 인지 부조화라고 한다. 이런 인지 부조화 상태에서 벗어나기 위해서는 둘 다 친구로 받아들이거나 아니면 둘 다 적대시해야 한다.

서로 적대적 관계인 C와 D에 대해서는 어떨까? 만일 I가 C와 D 모두를 친구로 받아들이면 '친구의 적'이 친구가 되고, 만일 모두를 적대시하면 '적의 적' 또한 적이 된다. 이런 부조화를 극복하기 위해 C와 D 가운데 한쪽을 친구로, 다른 한쪽은 적으로 받아들인다는 개념이다. 그렇게 해야 '친구의 적은 적이 되고, '적의 적'은 친구가 되기 때문이다. '적의 적'이 '친구의 적'이나 '적의 친구'보다 친구가 될 가능성은 더 크다. 즉 위협적인 공동의 적을 둔 상대끼리는 자연스럽게 우호 관계가 형성될 수 있다는 얘기다. 다만, '적의 적'이 친구가 될 가능성은 '친구의 친구'보다는 낮다.

과 베트남 양국은 1979년에 국경 전쟁을 치른 바 있고 오늘날에도 남중국해에서 영해 분쟁을 겪고 있다. 베트남 전쟁으로 오랜 기간 서로에게 적대적이었던 미국과 베트남은 1995년 국교를 정상화하여 관계를 돈독히 하고 있다. 이 또한 원교근공, 그리고 '적의 적은 친구'라는 관점에서 이뤄지고 있다.

멀리 있는 '원遠'과의 협력은 국내 정치에서도 관찰된다. YS김영삼는 한때 적대 세력이자 정치 계보상 먼 민주정의당과 손을 잡음으로써 대권 경쟁에서 DJ김대중에게 승리하였다. DJ 또한 30여 년 적대적 관계이자 이념적으로 매우 먼 JP김종필와 협력하여 이회창 후

1945년 9월 충칭에서 장제스와 마오쩌둥이 국공합작의 적국 일본의 패망을 함께 축하하고 있다. 일본 패망 직후 국민당과 공산당은 전면적인 내전에 들어갔고 공산당이 승리했다.

보에게 승리하였다. 물론 반反○○ 연대의 성공 조건은 따져봐야 한다.

국제 사회에서는 영원한 우방도 또 영원한 적국도 없다고 한다. 그만큼 우적 관계가 유동적이라는 의미다. 그렇다고 우적 관계가 아무렇게나 전개되는 것은 아니다. 우적 관계 전개에 중요하게 작용하는 요인 가운데 하나는 제3국과의 관계다.

제11장
토사구팽

_연대와 분열의 원리

74. 구천의 범려, 유방의 한신_사냥이 끝났으니

일대일로 싸워 이기지 못하는 다른 동물이 있음에도 사자가 백수의 왕으로 군림하는 이유는 군집 생활 때문이다. 사자 간 경쟁에서도 다수의 수사자가 연합한 무리가 그렇지 않은 무리를 물리치고 좋은 영역을 차지한다. 군집 생활로 생물계를 최종 지배하게 된 종은 바로 인간이다. 사람을 의미하는 한자어 人인이 서로 기대는 모습을 상형하고 있다. 연합은 그 자체가 전략이다. 혼자 힘으로 되지 않으니 무리에 기대어서라도 자신보다 강한 자에게 살아남으려는 진화적 현상이다.

하지만 오월동주이건 원교근공이건 협력이 오래가는 경우는 많지 않다. 승리를 위해 또는 권력 장악을 위해 많은 힘이나 인물을 규합했더라도 본래의 목적을 달성하고 나면 대개는 내부 경쟁 속에서 애초의 구성원들을 솎아내는 수순으로 나아가기 때문이다. 불필요해진 구성원이 연합 내에 계속 있으면 각각의 전리품 몫이 줄기 때문에 불필요한 구성원을 배제하여 배분의 몫을 크게 만들려 한다.

윌리엄 라이커의 '규모의 원리'에 의하면, 연합 구성원이 전리품 분배의 몫을 극대화하기 위해 승리에 불필요한 구성원을 배제하기 때문에 거대 연합grand coalition; coalition of almost everybody against almost nobody 대신 최소 승리 연합minimal winning coalition, MWC이 형성되기 쉽다. 연합은 손·발능력, 힘이 많을수록 또 거느린 입소비이 적을수록 좋다. 즉, 승리 연합 중에서도 작은 연합을 지향한다는 것이다. 토끼를 잡은 후엔 사냥개를 잡아먹는다는 '토사구팽兎死狗烹'은 일종의 최소 승리 연합의 과정이다.

BC 473년 범려는 문종文種과 함께 월나라 왕 구천句踐을 도와 부차夫差의 오나라를 멸망시켰다. 이후 범려는 구천이 '고난은 함께해도 영화榮華는 함께할 수 없는' 위인이라 평가하고 월나라를 떠나며 문종에게도 "나는 새가 없으면 좋은 활을 넣어두고, 재빠른 토끼가 죽으면 사냥개를 삶아 먹는다飛鳥盡 良弓藏, 狡兎死 走狗烹"며 월나라를 떠나라고 충고했다. 월나라를 떠나지 못한 문종은 결국 구천의 탄압에 자결을 선택했다사마천『사기』월왕구천세가 越王句踐世家. 구천에게 애초의 사냥 목표였던 오나라가 토끼라면, 범려와 문종은 사냥 후에 팽烹을 당한 사냥개였던 것이다.

사마천『사기』에 등장하는 또 다른 토사구팽의 당사자는 회음 출신 한신韓信이다. 젊은 시절 자신에게 시비 거는 불량배의 가랑이 밑을 기었다는 과하지욕胯下之辱의 주인공 한신은 본래 초楚나라 항량·항우의 진영에 참여했으나, 한漢나라 유방劉邦의 수하로 들어가서야 중용된 인물이다. 여러 전투에서 공을 세운 한신은 유방에게 임시代理 제나라 왕의 자리를 요구했다. 항우와의 전쟁에 한신의 도

토사구팽을 처음 언급한 인물로 문헌에 등장하는 경세가 범려의 초상화

불량배 가랑이 밑을 기는 젊은 한신 우타가와 쿠리요시 그림. 유방의 황제 등극에 기여한 한신은 결국 유방에게 토사구팽 당했다.

움이 절실했던 유방은 한신을 정식 제나라 왕으로 봉했다. 항우는 무섭武涉을 통해 한신에게 자신과의 협력을 제안하였다. 유방이 자신을 꺾고 나면 다음 차례는 한신이 될 터이니 유방의 밑을 벗어나 천하를 자기와 더불어 셋으로 나누자는 제안이었다. 괴철蒯徹 또는 蒯通으로도 불림 역시 솥 밑에 달린 세 개의 발, 솥발처럼 유방, 항우와 더불어 정립鼎立하는 게 낫다고 한신에게 조언하였다. 한신은 유방과 절연하지는 않았지만 그렇다고 일방적 충성심을 드러내지도 않았다. 항우를 적극적으로 공략하지 않는 한신에게 유방은 봉토를 약속하였다. 결국 한신의 주도로 항우의 초나라를 격퇴한 유방은 한신을 제나라 대신 초나라 왕으로 봉했다. 한신은 비록 병권이 없는 허울뿐인 왕이지만 초나라가 제나라보다 큰 데다 자신의 고향이라 초나라 왕에 만족하였다.

황제의 자리에 오른 유방은 여전히 한신에 대한 의구심을 거두지 않았다. 한신은 초나라에 들어와 연명하던 옛 친구이자 항우의 장수였던 종리말鐘離眜을 죽이면서까지 유방에게 충성심을 보이려 했으나 유방은 반란 공모죄를 붙여 한신을 왕에서 회음후로 강등했고, BC 196년 반란 가담죄로 참살했다. 회음후로 강등됐을 때 한신이 했다는 다음의 말이 전해진다.

狡兎死 良狗烹, 高鳥盡 良弓藏, 敵國破 謀臣亡 天下已定 我固當烹.

재빠른 토끼가 죽으면 쓸 만한 개를 삶아 먹고, 높이 나는 새가 사라지면 쓸 만한 활을 넣어두며, 적국이 망하면 지략가 신하가 망하고, 천하가 이미 평정되었으니 나도 당연히 팽을 당한다_사마천 『사기』 회음후淮陰侯열전

토사구팽에 대비하는 전략도 있다. 사냥개나 신하는 토끼나 적국이 여전히 남아 있게 만들어 자신이 필요한 상황을 지속시킬 수도 있다.

劉巨容卻說：「朝家多負人, 有危難, 不愛惜官賞, 事平即忘之, 不如留賊, 為富貴作地.」

巨容曰：「國家喜負人, 有急則撫存將士, 不愛官賞, 事寧則棄之, 或更得罪. 不若留賊以為富貴之資.」

유거용이 말하기를 "조정은 남에게나 맡기고, 위난이 닥치면 장수와 관리에게 관직과 포상을 아끼지 않으나, 사태가 평정되면 그들을 버리거나 죄를 뒤집어씌운다. 이는 도적을 남겨두어 부귀 밑천이 되게 하는 것보다 못하다."

_『자치통감』권253당기169

물론 도적을 살려주려가 더 크게 당할 수도 있다. 당나라 말 황소黃巢의 반란을 진압할 수 있었으나 환관 위주의 부패한 조정을 견제할 목적으로 황소를 살려주었다고 평가되는 유거용은 889년 12월 다른 반란군에 죽임을 당했다. 유거용은 조정이 아닌, 반란군에 당한 것이다.

당시 황소가 세운 나라 이름은 공교롭게도 한신이 한때 왕을 역임한 나라와 같은 제齊였다. 토사구팽은 적어도 주관적 인식의 차원에서라도 누구에게나 발생할 수 있는 보편적 현상이다.

75. 카이사르와 옥타비아누스_3자 연대에서 1인 지배로

가이우스 율리우스 카이사르는 공동 통치로 로마 지배를 시작했다. BC 60년 카이사르, 폼페이우스, 크라수스가 제휴한, 이른바 1차 삼두 정치First Triumvirate다. 1차 삼두 정치 3인의 지지 기반은 각각 평민, 퇴역 군인, 돈이었다. BC 54년 9월 카이사르의 딸이자 폼페이우스의 아내인 율리아가 출산 도중 사망하면서 카이사르와 폼페이우스 간 연결 고리도 약해졌다. BC 53년 5월 카이사르와 폼페이우스를 아우르던 크라수스가 전장에서 죽자 1차 삼두 정치는 붕괴하였다. 폼페이우스는 귀족파와 제휴했고, BC 49년 1월 10일 군대를 이끌고 루비콘강을 건너 로마로 진격한 카이사르는 종신 독재관에 추대되었다. 카이사르를 피해 이집트로 도주한 폼페이우스는 BC 48년 살해되었다.

내전 후 카이사르는 경쟁자였던 폼페이우스의 사람들을 사면하고 포용하였다. 이 사면에 카시우스가이우스 카시우스 롱기누스와 브루투스마르쿠스 브루투스도 포함되었다. 로마 귀족들은 카이사르에게 종신 독재관직을 부여하고도 공화정 수호자들의 반발을 유도하려는 의도였는지 카이사르를 왕이라고도 칭했다. 카이사르는 당시까지도 원로원 내에 포진해 있던 적대 세력에게 관용을 베풀었다. 자신의 통제가 없다면 로마는 내전 상태에 돌입할 수밖에 없을 것이므로 섣불리 원로원 의원들이 자신을 해치지는 못할 거라 믿었던 카이사르였지만 BC 44년 3월 15일 원로원에서 살해되었다. 카이사르 시해의 두 주역은 카이사르 자신이 사면했던 카시우스와 브루투스였다.

타인에 대한 무조건적 믿음에는 늘 위험이 따른다. 2014년 세월호 침몰 때 '객실 안에 그대로 있으라'는 안내 방송을 믿었던 승객들 다수는 희생되고 말았다. 믿지 못하는 상대의 습격보다 믿었던 상대의 습격이 훨씬 더 치명적이다. 원로원을 경계했더라면 카이사르는 죽음을 피할 수도 있었을 것이다.

이처럼 '사람을 쓰면 의심하지 말라'는 용인물의用人勿疑는 간혹 치명적인 결과로 이어진다.

카이사르 사후 그를 이을 첫 번째 권력자는 그의 유언이 공개되면서 등장했다. 카이사르는 유언에서 자신의 대를 이을 상속자로 누이의 손자였던 당시 18세의 옥타비아누스가이우스 옥타비우스를 지명했다. 유언에 따라 옥타비아누스는 카이사르의 성을 따 가이우스 율리우스 카이사르 옥타비아누스로 개명했다. 젊은 후계자의 등장이었다.

키케로는 카이사르의 실질적 후계자였던 안토니우스의 노련함을 경계하여 상대적으로 덜 위협적이라 생각되는 젊은 옥타비아누스를 지원할 수밖에 없었다. BC 43년 원로원은 옥타비아누스를 군대 부관으로 합류시켜 안토니우스를 처단하려 했다. 이런 원로원의 기대와 달리 11월 27일 옥타비아누스는 안토니우스, 레피두스와 제휴하여 이른바 2차 삼두 정치Second Triumvirate를 결성했다. 2차 삼두 정치는 1차 삼두 정치와 달리 공식 문서로 5년 단위 지배를 합의하여 두 차례 운영되었다. 2차 삼두 연합은 카이사르 암살에 관여한 자들의 살생부를

안토니우스왼쪽와 옥타비아누스가운데가 레피두스에게 살생부를 강요하고 있는 모습의 셰익스피어 희곡 〈율리우스 카이사르〉 삽화. 헨리 셀루스 작

작성하여 숙청을 단행했다. 이 과정에서 안토니우스파가 키케로를 살해할 때도 옥타비아누스는 묵인하였다. BC 42년 삼두 연합은 원로원파 군대를 격파하고 카이사르 암살 주모자를 모두 제거했다.

BC 40년 옥타비아누스는 여러 원로원 의원들과 기사들을 처형했다. 그중에

로렌조 카스트로(1664~1700)가 그린 BC 31년 9월 2일의 악티움 해전 안토니우스와 클레오파트라의 패퇴로 로마의 삼두 연합은 막을 내리고 옥타비아누스 1인 체제가 등장했다.

는 안토니우스의 동생도 포함되었다. 레피두스의 군대를 매수한 옥타비아누스는 BC 36년 9월 22일 레피두스를 연금하며 삼두 정치를 종식했다. BC 31년 옥타비아누스는 악티움에서 안토니우스를 격파하고, 이듬해인 BC 30년 이집트를 침공하여 안토니우스와 클레오파트라를 자살에 이르게 했다. 이로써 삼두 정치의 상대였던 안토니우스와 레피두스는 모두 제거됐다. BC 27년 원로원은 옥타비아누스에게 '아우구스투스' 칭호를 수여했다. 이로써 옥타비아누스는 최초의 로마 황제카이사르 아우구스투스가 되었다.

옥타비아누스는 카이사르와는 다른 방식으로 권력을 굳혀 나갔다. 토지개혁 등 카이사르가 추진했던 일련의 정책은 당시 귀족의 이익에 반하는 정책이었다. 카이사르 암살은 자신들 이익을 빼앗아 평민에게 분배하는 일련의 과정에 대한 귀족들의 저항이었다. 카이사르가 귀족의 이익에 반하는 정책으로 그들에게 암살당했던 반면에, 옥타비아누스는 그들의 이익을 인정함으로써 충성을 끌어냈다. 황제 체제든 공화 체제든 충성은 자신들이 받는 혜택에 대한 대응일 뿐이다. 한편 카이사르 암살을 경험한 옥타비아누스로서는 '용인물의用人勿疑' 대신 '의심스러운 자는 쓰지 않는다'는 의인물용疑人勿用에 충실하였다.

다른 한편으로, 삼두 정치는 옥타비아누스와 카이사르 모두 1인 지배자로 등극할 때 공통으로 등장한 중간 단계였다. 카이사르와 옥타비아누스 둘 다 삼두 연합으로 권력을 쟁취한 후 연합 파트너를 제거하여 최고 권력의 자리에 올랐다. 홀로 로마를 지배할 수 있을 때 굳이 제휴하여 권력을 나눌 필요는 없었다.

지배勝利할 수 있는 규모의 연합 만들기는 권력 장악의 필수 조건이며, 권력 장악에 성공한 후 불필요한 구성원 솎아내기 또한 필연적 현상이다. 즉 쪼개져 있을 때는 승리를 위해 합하고, 합해져 있을 땐 큰 몫을 위해 쪼개지기도 한다. 이것이 거대 연합 대신 최소 승리 연합MWC을 지향하는 이유다.

76. 스탈린_누구와도 손잡고 또 헤어지고

1917년 11월러시아가 1918년 초까지 채택한 율리우스력으로는 10월에 발생한 러시아 볼셰비키 혁명은 세계사에 커다란 족적을 남겼다. 하지만 그 진화의 모습이 자기모순적이라 세상을 근본적으로 바꾸지는 못했다. 진화의 변곡점은 1927년 11월 12일, 소련 공산당 중앙위원회가 레프 트로츠키본명 레프 브론슈타인와 그리고리 지노비예프 등을 공산당에서 제명한 사건이었다. 이는 이오시프 스탈린 1인 지배 체제의 출범이자, 공산주의 역사를 1인 장기 지배 체제로 점철되게 한 좋지 않은 관례의 시작이었다. 이렇게 시작된 1인 장기 지배 체제는 스탈린, 니키타 흐루쇼프, 레오니트 브레즈네프 순으로 55년간 이어진 후에 20년 가까이 주춤거리다가 다시 오늘날 블라디미르 푸틴으로 20년 이상 계속되고 있다.

1인 장기 지배 체제는 한순간에 무너질 수 있으나 구축에는 많은 시간과 노력이 들어갈 수밖에 없다. 스탈린 1인 지배 체제 구축은 결정적 순간마다 다수를 규합하여 경쟁자를 제거하며 완성되었다. '평화, 땅, 빵'이라는 슬로건을 내세운 볼셰비키 혁명 자체가 그랬듯, 다수를 동원했으나 그 출발은 언제나 소수였다.

1903년 런던에서 열린 러시아 사회민주노동당 2차 대회에서 표결로 이긴 레닌파는 자신을 '다수파'라는 뜻의 볼셰비키로, 상대인 마르토프 파벌을 '소수파'라는 의미의 멘셰비키로 불렀다. 사실, 당시 볼셰비키는 다수파로 불릴 정도의 광범위한 지지 기반을 갖추지 못했다. 스탈린이 직접 볼셰비키의 근거지로 마련한 그의 고향 조지아에서조차 그들은 소수에 불과했다. 직업적 혁명가 중심의 소수 정예 중앙 집권적 당 구조를 중시한 볼셰비키는 명칭을 통해 세를 더 확보하려던 것이었다.

1912년 레닌은 스탈린을 볼셰비키 중앙위원으로 위촉했다. 소수민족의 지지를 얻으려면 조지아 출신의 스탈린이 낫다는 생각 때문이었다. 스탈린은 볼셰비키 주간지 『즈베즈다별』를 일간 『프라우다진실』로 전환하는 임무를 맡으며 '이오시프 주가시빌리'라는 본명 대신 러시아어 '강철인'을 뜻하는 '스탈린'을 필명으로 사용하기 시작했다.

1922년 뇌졸중 후유증으로 병석에 누운 레닌은 스탈린의 국정 운영 방식을 우려하여 당 서기장에서 스탈린을 해임해야 한다는 뜻을 문서로 남겼다. 1923년 레닌이 병석에 있는 동안 스탈린은 지노비예프 및 카메네프와 함께 3두 체제를 형성했다. 좌파적 성향의 지노비예프와 카메네프는 이념적으로 트로츠키에 가까움에도 트로츠키의 '좌파 야권Left Opposition'이 분파주의적이라고 비판했고, 트로츠키 역시 지노비예프와 카메네프 등의 과오를 지적했다. 1925년 트로츠키는 결국 군사인민위원직에서 해임됐다. 지노비예프와 카메네프가 트로츠키를 당에서도 제명하려 했으나 스탈린은 이에 반대했다.

트로츠키 세력이 약해진 후 스탈린과 대립하기 시작한 지노비예프와 카메네프는 이전과 달리 트로츠키와 함께 반 스탈린 전선을 구축했다. 1926년 초 트로츠키의 '좌파 야권'과 지노비예프·카메네프의 '신야권New Opposition 또는 Opposition of 1925'이 '야권 연대United Opposition 또는 Joint Opposition'를 결성했다. 이 연대에는 레닌의 미망인 나데즈다 크룹스카야가 참가하기도 했다. 야권 연대는 당내 언론 자유와 탈관료주의를 주창했다. 이때 중도적 위치에 있던 스탈린은 부하린의 우파와 연대하여 다수 세력을 확보하고 1927년 11월 12일 트로츠키와 지노비예프를 공산당에서 제명했다. 트로츠키는 스탈린에게 계속 저항하였고 지노비예프와 카메네프는 스탈린에게 복종하여 다시 입당할 수 있었다. 주요 좌파 지도자들이 제거된 1929년, 스탈린은 이번에는 자신에게 복종하는 좌파와 연대하여 부하린 등의 우파를 축출하였다.

1인 지배 체제를 구축한 스탈린은 이후 개인숭배를 통한 장기 지배를 모색했다. 1929년 12월, 생일을 맞이한 스탈린은 자신의 출생연도를 1878년에서 1879년으로 바꿔 탄생 50주년을 기념하는 행사를 성대히 치르는 것을 시작으로 개인숭배 사업을 강화했다.

한편 스탈린은 공포 정치에 의한 장기 지배 체제로의 전환을 준비했다. 독재자일수록 권좌에서 물러났을 때의 상황을 의식해 무리하게 권력을 유지하는 방식을 동원한다. 자신의 경제 정책 실패로 나빠진 민심이 권력 교체로 향하는 것을 차단하려고 아예 대안으로 떠오를 만한 잠재적 경쟁자들을 모두 제거했다.

1936년 이른바 1차 모스크바 공개 재판에서 지노비예프와 카메네프 등 16인의 볼셰비키 혁명 동지들이 숙청되었다. 1938년 이른바 3차 모스크바 공개 재판에서는 부하린 등 21인의 동지들도 숙청되었다. 모스크바 재판의 증거는 대부분 조작된 것이었다. 심지어 망명 중인 트로츠키마저 1940년 멕시코에서 암살되었다. 부하린, 지노비예프, 카메네프 등은 사후 50년이 지난 1988년에서야 복권되었다.

레닌의 반대에도 불구하고 스탈린이 1인 지배 체제를 구축할 수 있었던 가장 큰 요인은 다수 승리 연합을 이끌 일련의 연대를 계속 도모했기 때문이다. 승리 이후에는 필요치 않은 상대에 대한 숙청을 주저하지 않았다. 이처럼 연대를 쉽게 결성하고 쉽게 깨려면 이념적 입장을 유연하게 가져야 한다.

왼쪽 하단 사진이 원본이다. 권력 투쟁에서 스탈린 옆의 인물이 하나씩 축출됨에 따라 사진에서도 하나씩 사라져갔다.

1917년 혁명 직후 소련 공산당 중앙위원 명단과 사인

이름	생몰연대	사망 원인	이름	생몰연대	사망 원인
A. Rykov	1881~1938	총살	A. Bubnov	1883~1940	옥사
N. Bukharin	1888~1938	총살	F. Dzerzhinsky	1877~1926	심장마비
Y. Sverdlov	1885~1953	장티푸스	M. K. Muranov	1873~1959	자연사
J. Stalin	1879~1953	뇌출혈	G. Lomov	1888~1938	총살
G. Zinoviev	1883~1936	총살	S. Shaumyan	1878~1918	전사(러시아 내전)
M. Uritsky	1873~1918	전사(러시아 내전)	J. Berzin	1890~1935	교살
L. Trotsky	1879~1940	암살	V. Milyutin	1884~1937	총살
L. Kamenev	1883~1936	총살	S. Artem	1883~1921	열차 사고
V. Lenin	1870~1924	뇌출혈	E. Stassova	1873~1966	자연사
A. Kollontai	1872~1952	심장마비	N. Krestinsky	1883~1938	총살
I. Smilga	1892~1938	총살	P. Dzhaparidze	1880~1918	전사(러시아 내전)
A. Joffe	1883~1927	자살	G. Sokolnikov	1886~1939	옥사
V. Nogin	1894~1926	자연사	A. S. Kiselov	1879~1937	총살

※표에 붉은색으로 표시된 13인은 스탈린의 명령에 의해 처형(총살, 옥사, 암살)되었다.

스탈린의 이념적 유연성은 국내 정치뿐 아니라 대외 정책에서도 관찰된다. 영구 혁명론 대신 일국 사회주의를 내세워 서유럽 사회주의 혁명 세력에 대한 지원을 끊었다. 소련이 서유럽 국가들로부터 국가 승인을 얻을 수 있었던 이유가 여기에 있다. 파시스트들의 공격에 노출된 위기에서는 독일-소련 불가침 조약을 맺어 우선 공격의 대상에서 벗어나기도 했다. 또 반≤일본제국 연합 전선인 국공 합작을 중국 공산당에 권고하기도 했다. 이러한 전략 모두 이념보다 생존을 우선시한 행보였다. 상황에 따라 적과도 연대할 정도로 스탈린의 이념적 위치는 유동적이었다.

1982년 소련 공산당 서기장으로 선출된 유리 안드로포프 역시 당내 이념 분포에 있어 중간적 위치였다. 협력 상대를 선택하는 데 제한이 없었으므로 무난히 선출될 수 있었다. 물론 중간적 또는 유동적 위치라고 늘 다수 승리 연합을 주도할 수 있는 것은 아니다. 스탈린과 안드로포프 모두 자신의 조직을 확실하게 관리하였다. 사적 혜택을 제공하고 충성으로 돌려받는 관계를 구축함으로써 지배 연합이 유지되었다. 트로츠키, 지노비예프, 카메네프, 부하린 등은 모두 당대 발군의 이론가로 명성을 날렸지만, 권모술수에서 스탈린을 따라가지 못해 경쟁에서 패배했을 뿐 아니라 결국 처형까지 당하는 신세가 되었다.

스탈린 1인 장기 지배 체제는 중국과 북한 등 사회주의 국가의 권력자들에게도 모델로 작동하여 마오쩌둥毛澤東과 김일성의 1인 장기 지배 체제를 가능케 하였다. 심지어 공산주의와 경쟁하는 체제에서도 1인 권력 집중을 가능하게 했다. 아돌프 히틀러의 권력 장악이 그런 예다.

오늘날 1인 장기 지배 체제는 흔하지 않다. 개방 체제에서의 1인 지배는 오래갈 수 없기 때문이다. 그렇다고 1인 장기 지배를 추구하는 지도자가 없는 것은 아니다. 특히 대한민국 주변에는 일당 독재에 기반을 둔 1인 지배자가 있고, 그런 현상은 서로 맞물려 있기도 하다. 2017년 유력한 차기 지도자로 꼽혔던 쑨정차이孫政才가 부패 혐의로 낙마한 사건은 시진핑習近平 국가 주석의 1인 장기 지배 체제 구축 과정으로 해석되기도 했다. 2017년 10월 일본 중의원 선거에서 아베 신조 총리의 자민당이 크게 승리한 데에는 분명히 북한 덕도 있었다는 아소 다로 부총리 발언은 아마도 당시 중국의 상황이 이면에 깔렸을 것이다. 2010년대 후반 북한, 중국, 러시아, 미국, 일본 등에서 강한 지도자의 등장은 서로 궤를 같이하였다.

2017년 100주년을 맞은 볼셰비키 혁명은 오늘날 북한과 중국, 심지어 러시아에서조차 별로 기념되지 않는다. 전 세계의 이목을 집중시켰던 2016~2017

년 박근혜 대통령 퇴진 촛불 집회도 이들 나라에서는 잘 보도되지 않는다. 대신 북한에서는 김일성, 중국에서는 마오쩌둥, 러시아에서는 스탈린이 다시 소환되어 기념되고 있다. 지도자 개인숭배가 집권자의 이해관계와 맞아떨어지기 때문이다.

1930년대 소련 사회와 전혀 다른 오늘날, 스탈린식 공포 정치가 통하기는 쉽지 않을 것이다. 그렇지만 다수의 세력을 결집하려는 스탈린 방식은 여전히 유효하다. 다수 승리 연합을 주도하기 위해 여러 차원의 연대를 모색하는 과정은 스탈린을 포함한 거의 모든 권력자가 보편적으로 행하는 방식이다.

77. 김일성과 박헌영_2인자의 고난

1953년 8월 7일, 주요 통신사들은 북한 부수상이자 로동당 공식 서열 2위인 박헌영이 출당 조치를 당했다는 북한 평양방송 보도를 타전하였다. 평양방송은 리승엽 일당이 미국에 군사 정보를 제공하였고, 북한 정권을 전복시키려 하였으며, 박헌영이 이에 관련되었다고 하였다. 6·25 전쟁과 관련한 북한의 대유엔 외교를 주도한 박헌영의 실각 가능성은 이미 서방 세계에 알려졌으나 이날 평양방송이 처음으로 공식화한 것이다. 실제 박헌영은 전쟁 중이던 1953년 3월 북한 당국에 의해 체포되었다.

권력 집단의 변화 양상은 크게 두 가지로 구분할 수 있다. 1인자가 바뀌는 권력 교체, 그리고 1인자가 주도하는 권력 숙청이 그것이다. 박헌영이 6·25 전범, 미국의 간첩, 불운의 혁명가 등 어떻게 불리건, 그의 숙청은 권력 교체 시도라기보다 정권의 1인자가 2인자를 내친 것이었다. 이 또한 권력을 더 가지려는 축소 지향의 연합으로 볼 수 있다.

1953년의 북한 내 권력 변화가 권력 교체가 아닌 권력 숙청으로 진행된 배경에는 김일성이 인민군이라는 물리적 폭력 수단을 이미 장악하고 있었다는 사실뿐 아니라, 북한 인민의 전근대적 정치 문화도 포함된다. 공화정을 겪어보지 못한 북한 주민으로서는 1인자의 교체에 결코 호의적이지 않았다. 더구나 북한에 영향력을 행사하던 소련과 중국이 1인자 중심의 권력 구조를 채택하고 있었기에 북한에서의 1인자 교체 현상은 받아들여지기 어려운 변화였다. 1인자에 의한 2인자 숙청은 어떤 전략적 계산에서 이루어질까?

첫째, 2인자에게 자신의 지위를 뺏길 수 있다는 위기감에서다. 2인자를 잠재적 도전자로 여기고 사전에 제거하려는 전략이다.

박헌영의 지지자들은 그를 1인자로 밀었다. 예컨대, 북한 정권이 수립되기 직전인 1947년 평양에서 리현상지리산 빨치산 부대장은 국내에서의 항일 투쟁 업적이 별로 없던 김일성 대신 국내에서 여러 공적을 쌓은 박헌영이 지도자가 되어야 한다고 주장하였다. 박헌영 지지자들은 1937년 함경남도 갑산군 보천면현재 북한 행정구역 기준으로 양강도 보천군 보천읍에서 벌어진 이른바 보천보 전투에 관련된 김일성의 공적을 부정하기도 하였다. 김일성의 입장에서는 그런 박헌영을 잠재적 위협으로 생각할 수밖에 없었을 것이다.

둘째, 권력 분산 주장에 대한 경계심에서다. 1인자는 권력 집중 구조에 대한 비판을 자신에 대한 반대로 여기고 권력 분산 요구를 탄압하는 경향이 있다. 예컨대, 전제 군주는 공화제 주장 자체를 자신에 대한 거역으로 받아들인다. 설사 자신을 해할 목적이 아니라 오히려 성공을 바라는 마음에 행하는 직언일지라도 1인자는 대개 그렇게 생각하지 않는다. 그 진정성이 어떻게 전달되느냐에 따라 충언 아니면 거역으로 받아들여질 뿐이다.

박헌영과 그의 세력은 대체로 김일성 1인 우상화에 거부감을 가졌다. 소련 정

1949년 3월 모스크바에서 김일성(앞줄 왼쪽부터), 미코얀, 그로미코, 박헌영, 홍명희 등이 의장
대 앞을 지나가고 있다. 6.25전쟁 후 김일성은 박헌영을 제거했다.

부의 신임을 받던 허가이는 정권 수립 당시에는 김일성의 집권을 도왔으나 김일성의 개인숭배가 북한 인민들에게 도움이 되지 않는다고 믿었다. 전쟁이 진행되는 동안 허가이는 박헌영과 가까워졌다. 1953년 7월 허가이의 시신이 발견되었는데 북한 당국은 자살이라고 발표하였다.

옳은 주장이라 할지라도 자신의 권위를 훼손한다고 여기면 권력자는 아예 발언 자체를 발설하지 못하게 막아버린다. 일찍이 마키아벨리는 『군주론』에서 누구나 마음대로 권력자의 뜻을 꺾는 직언을 할 수 있게 놔둔다면 권위가 서지 않으므로 직언은 특정 현자들, 그것도 묻는 사안에 대해서만 자유롭게 말할 수 있게 해야 한다고 설파하였다.

셋째, 자신에 대한 도전을 용서하지 않는다는 메시지를 각인시키고자 함이다. 1인자는 주변 인물의 특정 행동에 과도하게 반응하기도 한다. 원숭이가 보는 앞에서 닭을 죽여 원숭이에게 주의시킨다는 살계경후殺鷄警猴, 제갈량이 눈물을 머금고 마속을 참했다는 읍참마속泣斬馬謖, 모두 일벌백계一罰百戒의 효과를 노린 전략이다.

김일성은 유일 체제를 통해 정적들을 숙청하였고 또 정적 숙청을 통해 유일 체제를 강화하였다. 박헌영의 숙청은 그런 작업의 시작이었다. 다만, 개인숭배는 권력 공고화 과정의 일환이자 동시에 어느 정도 권력을 장악한 이후에나 가능한 일이다. 권력을 확고히 장악하지 못한 상황에서의 개인숭배는 오히려 견제 심리를 유발한다. 예컨대, 마오쩌둥의 후계자 화궈펑이 개인숭배를 추진하자 권력 내부뿐 아니라 민중들까지 거부감을 느꼈다. 화궈펑은 민심을 채 장악하지 못한 단계에서 개인숭배를 추진하다 역풍을 맞았다.

넷째, 1인자 자신의 기분대로 행동하여 권력관계를 명확히 드러내는 것이다. 서열 순서를 바꿀 수 없는 관계에서는 1인자가 미워한다는 이유만으로 숙청 대상에 포함되기도 한다. 같은 행동도 1인자 기분에 따라 달리 해석된다.

춘추시대 위衛나라 미자하彌子瑕는 자신이 먹던 복숭아를 영공靈公에게 바쳤다. 미자하의 이런 행동을 영공은 '맛있는 걸 혼자 먹지 않고 주군에게 바친' 충심으로 해석하였다. 어느 날 미자하가 영공의 수레를 타고 아픈 어머니에게 달려가자, 영공은 이를 효심으로 해석하였다. 그런데 미자하가 간신임을 뒤늦게 깨달은 건지, 아니면 미자하가 역린을 건드린 건지, 아니면 누군가 두 사람을 이간질한 건지, 영공은 미자하를 밉게 보기 시작하였다. 그리고 먹다 남은 복숭아를 군주에게 먹인 죄, 몰래 군주의 수레를 탄 죄를 물어 영공은 미자하를 내쫓았다.

괘씸죄에 걸리면 권력자가 권력을 잃기 전에는 탄압에서 벗어나기 쉽지 않다. 좋아하다 미워하기는 흔해도, 미워하다 좋아하는 일은 흔치 않은 게 인간사다. 만일 2인자의 생사여탈이 1인자 기분에 시시때때로 좌우된다면 2인자는 거짓을 동원하더라도 비위를 맞출 수밖에 없다. 따라서 그러한 1인 지배 체제는 오래 지속될 수 없다.

1인지하 만인지상

오랫동안 2인자의 지위를 안정적으로 누린 자들의 공통점은 1인자에게 '결코 당신의 자리를 넘보는 일은 없을 거'라는 인식을 계속 각인시켰다. 조선 시대 '일인지하 만인지상'의 위치에 있으면서 1인자를 대체할 수 없었던 영의정은 정치적 생명이 짧지 않았다. 반면에 1인자로 등극할 가능성이 높은 세자는 정작 1인자의 핏줄임에도 정치적 생명이 짧았다. 조선 시대 세자로 책봉되었던 왕자 가운데 실제 국왕으로 즉위한 경우는 절반 정도에 불과하다. 태조를 제외한 26인의 조선 국왕 가운데 선대先代 임금의 적장자嫡長子인 경우는 문종, 단종, 연산군, 인종, 현종, 숙종, 순종의 7인뿐이었고, 그나마 정상적으로 왕권을 펼친 적장자는 문종, 현종, 숙종 3인뿐이었다. 대한민국 국무총리 가운데 임기가 길었던 사람도 모두 대권에 뜻이 없음을 권력자에게 인지시킨 경우다. 2인자는 1인자를 대신하여 자발적으로 온갖 악평과 불명예를 감수함으로써 1인자에게 그 지위를 전혀 원하지 않는다는 메시지를 효과적으로 전달하기도 한다. 그런 2인자가 결국에는 1인자 지위를 빼앗는 경우도 있음은 물론이다.

김일성은 소련과 중국의 압력을 의식하여 유죄 증거가 불충분한 박헌영을 바로 처형하지 못했다. 1955년 12월에서야 박헌영에게 사형을 선고했다. 이후 소련과 중국이 서로 분쟁에 돌입하여 북한에 함께 일방적 압력을 행사할 수 없던 1956년 들어서야 박헌영에 대한 총살형을 집행했다.

다섯째, 자신을 대신하여 책임질 희생양을 만들기 위해서다. 철저한 책임 정치로 운영되는 민주 공화 체제에서 1인자가 결정한 사안은 1인자가 직접 책임진다. 이에 비해 전前근대적 왕정 정치 문화에서는 1인자가 져야 할 책임을 희생양이 대신하는 경우가 허다하다.

　김일성의 6 · 25 전쟁 실패 책임은 박헌영 등에게 전가되었다. 박헌영은 전쟁이 일어나면 남로당 지하 당원 수백만 명이 봉기할 것이므로 남한을 바로 평정할 수 있다고 말하였지만 실제로는 그렇지 않은 결과에 대한 자신의 책임을 인정하였다. 동시에 박헌영은 인민군 작전과 로동당 정책 등이 전쟁 실패의 주원인이라는 점에서 김일성 책임론도 주장하였다. 김일성과 박헌영은 1951년 11월 만포진의 임시 소련 대사관에서도 이런 언쟁을 벌였다. 이는 북한 내무성 부상을 역임한 강상호가 1993년 『중앙일보』에 연재한 글에서 박길용의 목격담으로 밝힌 내용이다. 실제 책임이 누구에게 있건 김일성은 심대한 피해를 가져다준 전쟁 실패의 책임을 박헌영 등에게 물었을 뿐 자신 책임은 인정하지 않았다. 이런 책임 전가는 전근대적 정치 문화에서나 가능한 일이다. 박헌영 등을 제거한 이후에는 6 · 25 전쟁을 '미 제국주의'와 싸워 이긴 전쟁으로 선전하고 있음은 물론이다.

전략과 상식의 세계사

사냥개로 사냥개를, 김일성의 토사구팽

사냥개를 잡을 때도 다른 사냥개가 필요하다. 박헌영을 숙청할 때 방학세 외에 또 다른 4인의 박씨, 즉 박금철갑산파, 1967년 숙청, 박영빈소련파, 1950년대 숙청 후 소련으로 망명, 박정애국내파, 1960년대 말 숙청 추정, 박창옥소련파, 1956년 숙청 등이 동원되었다. 이들 네 명 모두 성이 박씨인 까닭에 '사박가'로 불렸는데, 특히 박헌영 지지자들은 이들을 '개'를 의미하는 러시아어 '사바까'로 불렀다. 훗날 사바까 모두 팽　당했음은 물론이다. 박창옥은 소련파 내에서 허가이와 경쟁하고 있었는데, 김일성은 박헌영과 가까웠던 허가이를 제거한 후 박창옥의 소련파 도움으로 남로당파를 처단하였다. 김일성은 연안파 도움으로 소련파를 숙청한 이후 다시 연안파와 갑산파 등을 차례로 숙청하였다.

끝으로, 사냥이 끝난 후 불필요해진 사냥개를 잡아먹는 토사구팽이다. 이는 최소 승리 연합을 구성한다는 규모의 원리로도 설명된다. 권력 쟁취 과정에 필요했던 상대가 목표를 달성하고 나니 불필요해지자 자기 몫을 극대화하기 위해 제거하는 것이다.

고용된 관리자가 계속 그 자리를 유지하려면, 여전히 자신이 대체 불가능한 존재로 계속 필요하다는 사실을 주인에게 각인시켜야 한다. 그런 각인 가운데 하나가 '사냥은 아직 끝나지 않았다'는 사실을 강조하는 일이다. 김일성은 분단된 정전 체제에서 자신은 대체 불가능한 존재라는 사실을 북한 주민들에게 인식시키는 데 성공하였으나, 박헌영은 자기 존재의 필요성을 북한 주민과 김일성에게 설득하지 못했다. 김일성은 정권을 수립하고 전쟁을 수행할 때 박헌영과 남로당의 도움이 필요했으나, 휴전 후에는 불필요해졌다.

살계경후공포 정치, 토사구팽불필요한 파트너 제거, 희생양책임 전가 등이 권력을 공고화하는 작은 전략이라면, 큰 전략은 물리적 힘 그리고 무엇보다도 민심의 확보다. 이는 동서고금의 크고 작은 모든 조직에 적용된다.

78. 위화도 회군과 5·16 군사 정변_파트너를 축출하다

1388년 5월 22일음력, 요동 정벌군 좌군도통사 조민수와 우군도통사 이성계는 보름 동안 머물던 위화도에서 정변을 모의하고 회군을 시작했다. 그들은 열흘 후 고려 우왕과 팔도도통사 최영을 추포하고 정권을 장악하였다. 최영은 정권 실세 이인임 일당을 제거할 때 신흥 무장 이성계를 끌어들였었는데 이번에는 자신이 이성계에게 죽임을 당했다.

이성계는 조민수의 천거로 우왕의 아들을 왕창왕으로 내세웠다. 1389년 이성계는 창왕을 폐위시키고 참수하였으며, 조민수도 유배된 후 1390년 죽었다. 이성계는 정몽주 · 정도전 등과 함께 공양왕을 옹립하였다. 1392년 이성계는 5남 이방원이 정몽주 등을 제거하자 공양왕의 선위를 받아 조선 왕조를 열었다. 세자에는 정도전 등이 추거한 8남 이방석이 책봉되었다. 1398년 이방원이 처남 민무구, 민무질의 도움으로 정도전과 이복동생 이방번, 이방석을 죽이자제1차 왕자의 난, 이성계의 2남 이방과가 조선 제2대 국왕으로 즉위하였다. 1400년 4남 이방간을 물리친제2차 왕자의 난 이방원은 이방과로부터 왕위를 넘겨받았다. 1407년

태조 4년1396 공신도감에서 조선 개국 일등공신 이지란의 아들 이화상에게 부여한 특전이 기재된 녹권1395. 태조 원년에 개국 일등공신으로 책록된 16인 가운데 정도전 등 4인은 정변으로 피살되었고, 이후 이방원 등 3인의 왕자가 일등공신에 추록되었다.

태종 이방원은 민씨 형제 등을 처형하고 왕권을 강화하였다.

이처럼 고려 말에서 조선 초에 이르는 정권의 지배 연합은 승리를 얻기 위해 몸집을 키우는 동시에 연합 내 몫 배분에서 잠재적 경쟁자인 파트너를 축출하는 방식으로 진화하였다. 이인임, 최영, 조민수, 정몽주, 정도전, 이성계, 이방간, 민씨 형제 등 주요 인물들이 차례로 제거되며 지배 연합의 규모가 적정한 수준으로 유지되는 양상을 보였다. 권력 쟁탈전의 제거 대상에는 친구, 스승, 처남, 형제, 아버지 등도 예외일 수 없었다.

1961년 발생한 군사 정변에서도 유사한 이합집산이 전개되었다. 5월 16일 새벽, 2군 부사령관 박정희 소장이 이끄는 정변 주도 세력은 한강을 건너 서울의 주요 방송사와 기관을 점령했지만, 정변이 성공하려면 다른 세력의 협력이 필수적이었다. 정변 이전 또는 이후 정변 주도 세력에 합류했다가 이탈한 인물이 군부 내에서만 해도 적지 않았다.

1961년 5월 20일 계엄사무소 앞의 장도영 국가재건최고회의 의장 겸 내각 수반과 박정희 최고회의 부의장. 44일 후 장도영은 의장직과 수반직에서 해임되었다.

먼저, 5 · 16 당시 육군참모총장이던 장도영이다. 정변 직후 군사혁명위원회 5월 19일 국가재건최고회의로 개칭 의장으로 추대되었고 5월 20일에는 내각 수반의 자리에 올랐다. 그러나 7월 3일 의장직과 수반직에서 해임되고, 대신에 박정희와 송요찬이 각각 최고회의 의장과 내각 수반에 취임하였다. 7월 9일 장도영 등 44명은 반혁명 음모 혐의로 체포되었다. 8월 장도영은 강제 예편 후 1963년 무기 징역을 선고받았으나 형 집행이 면제되어 미국으로 가서 살다가 2012년에 사망하였다.

4 · 19 혁명 당시 육군참모총장을 지낸 송요찬은 미국에서 5 · 16 정변을 지지한다고 발표하였다. 귀국 후 그는 국방장관 겸 최고회의 기획위원장, 내각 수반 겸 외무장관 등을 거쳤다. 하지만 1963년 '최고회의 박정희 의장에 보내는 공개장'으로 박정희의 대통령 출마에 반대하다 8월 11일 구속되었다.

5 · 16 군사 정변 주도 세력 내에는 김종필계, 반김종필계, 경상도파, 함경

도파, 민정참여파, 원대복귀파 등 여러 계파가 있었다. 군사 정변 후 2년 7개월 동안 군정이 공식 발표한 반혁명 사건만 20여 건에 이른다. 적지 않은 5·16 군사 정변 주역들이 반혁명 쿠데타를 음모했다는 명목으로 권력 집단에서 축출되었다. 장도영 등 평안도파의 축출이 '텍사스 토벌 작전'으로 불렸다면, 김동하 등 함경도파 제거는 '알래스카 토벌 작전'으로 불렸다. 물론 축출된 인사들 다수는 추후 다시 회유돼 박정희 정권에서 각종 공직을 받기도 하였다. 1963년 1월 모든 공직에서 사퇴한다고 발표한 김종필 중앙정보부장은 정치 상황에 따라 사퇴와 복귀를 박정희 정권 내내 반복하였다.

이방원과 박정희가 지도자로 나아가던 과정뿐 아니라 각각 조선 태종1400~1418 그리고 최고회의 의장 및 대통령1961~1979이라는 1인자 지위를 유지한 18년 기간도 새로운 파트너의 영입과 기존 파트너의 축출을 통해서였다.

79. 3당 합당_힘과 가치관에 따라

예나 지금이나 새로운 정권이 들어서면 일반 대중을 만족시키려는 노력이 전개되고 또 지배 연합의 일부 구성원이 축출된다. 생사여탈 같은 야만적 행위가 없다는 점만 빼면 오늘날 민주주의의 권력 섭생 방식도 과거와 크게 다르지 않다. 민주화된 이래 노태우, 김영삼, 김대중, 노무현, 이명박, 박근혜, 문재인 등 새로운 권력은 직전의 정부를 계승할 때조차 신新여권이 구舊여권을 축출하려 했고 심지어 신여권 내에서도 소외된 계파가 있었다.

대통령 직선제 등 여러 민주적 요소가 포함된 제6공화국 헌법의 채택 이래 첫 거대 정당으로 불리는 민주자유당 역시 축소 지향의 연대 속성에서 벗어날

1990년 1월 청와대 대접견실에서 노태우 대통령, 김영삼 민주당 총재, 김종필 공화당 총재가 3당 합당 합의문을 발표하고 있다. 김영삼 정부에서 나머지 2인은 권력의 중심에서 멀어졌다.

수 없었다. 민주자유당의 1990년 탄생과 이후의 쇠락은 최소 승리 연합MWC 이론으로 설명된다.

1989년 상반기 당시 민주정의당민정, 평화민주당평민, 통일민주당민주, 신민주공화당공화의 의석 비는 각각 43.14%, 23.75%, 20.07%, 11.70%이었다. 의석 2/3 이상을 확보하는 승리 연합은 민정+평민, 민정+평민+민주, 민정+평민+공화, 민정+민주+공화, 민정+평민+민주+공화 등 다섯 가지다. 이 가운데 최소 승리 연합MWC 은 민정+평민 그리고 민정+민주+공화의 두 경우뿐이었다. 즉, 1990년 실제 발생했던 민정+민주+공화의 3당 합당은 의석 2/3 이상이 승리라는 기준에서 최소 승리 연합이었다.

정당 연합에서는 의석비뿐 아니라 정당 이념도 중요하게 작용한다. 최소 연결 승리 연합minimal connected winning coalition, MCWC 은 그러한 대표적 개념 가운데 하나인데, 이에 따르면 연합은 정책이 유사한 정당끼리 구성되고 불필요한 상대를 제외하면서 형성된다. 즉, 이념이 유사한 정당끼리 연합하되 승리에 필요한 연합이 될 때까지 차례로 정당을 합류시킨다는 것이다. 좌—우 이념 기준에서 정당 A, B, C, D 순으로 배열될 때 A+C 연합은 연결 연합connected coalition이 아니다. 이념적으로 A와 C를 연결하는 B가 빠져 있기 때문이다. 만일 A+B+C 승리 연합에서 A나 C가 빠지면 아예 승리 연합이 되지 않을 때 A+B+C는 최소 연결 승리 연합MCWC이 된다.

제13대 국회의원들을 대상으로 실시된 조사에서 보수 대 혁신 비율은 평민당 25%:29%, 민주당 58%:21%, 민정당 83%:0%, 공화당 89%:0%로 조사되었다. 따라서 좌우 이념 축에 4당을 평민—민주—민정—공화의 순으로 배열할 수 있다. 이러한 4당 체제에서 평민+민주+민정 연합은 2/3 이상의 최소 연결 승리 연합MCWC이다. 평민당이나 민정당이 빠지면 2/3 승리 연합이 되지 않고, 민주당이 빠지면 연결 연합이 되지 않는다. 따라서 평민+민주+민정 연합은 MCWC가 된다. 민주+민정+공화 연합도 2/3 이상의 최소 연결 승리 연합MCWC이다. 민주당이나 공화당 가운데 하나라도 빠지면 2/3 승리 연합이 되지 않고, 민정당이 빠지면 2/3 승리 연합도 연결 연합도 되지 않는다. 따라서 민주+민정+공화 연합도 MCWC가 된다. 최소 승리 연합MWC과 최소 연결 승리 연합MCWC 모두에 해당하는 연합은 민정+민주+공화이고, 이는 실제 1990년에 벌어진 3당 합당이다. 2/3 승리 연합에 불필요한 정당을 포함하지 않으려 하였고 또 연합 내부가 이념적으로 조화되도록 한 연합이었다.

이렇게 결성된 민주자유당은 반드시 2/3 이상의 의석을 확보할 필요가 없다는 지도부 판단에 따라 3당 합당의 한 축인 김종필계를 축출하면서 축소되어 1995년 결국 단순 과반수 승리 연합인 신한국당으로 대체되었다. 그렇지 않았더라도 약 75%의 의석을 1996년 선거에서도 얻는 것은 일당 독재의 공산국가가 아닌 곳에서 매우 어려웠을 것이다.

정당 간 합당이나 협력은 각 정당의 의석비 및 이념에 대한 정보로 전망할 수 있다. 구체적으론 최소 승리 연합이나 최소 연결 승리 연합의 계산을 통해서다. 2021년 8월 기준, 제21대 국회의 정당별 의석비는 더불어민주당 57%, 국민의 힘 34.33%, 정의당 2%, 국민의당 1%, 열린민주당 1%, 기본소득당 0.33%, 시대 전환 0.33%, 무소속 4%다. 의석비 60%라는 승리 기준에서 최소 승리 연합의 경우의 수 모두를 계산할 수 있고 또 각 정당의 이념 성향에 따라 최소 연결 승리 연합의 경우의 수 모두를 계산할 수 있다.

정치인 또는 정당에 의한 정당 연합뿐 아니라 유권자에 의한 정당 구도 변화 도 있다. 유권자가 선거를 통해 정계 구도를 바꾸는 방안이다. 아울러 다음 선거 에서의 유권자 선택을 의식한 정치인의 탈당 또는 입당 그리고 정당의 분당이나 합당도 있다. 이처럼 유권자 선택과 정당정치인 선택은 서로 맞물려 있는 것이다.

지배승리할 수 있는 크기의 연합 만들기는 권력 장악의 필수 조건이며, 이미 권력 장악에 성공한 연합에서는 불필요한 멤버 솎아내기 또한 필연적으로 나타 나는 현상이다. 쪼개져 있으면 승리를 위해 합하게 되고, 또 합해져 있으면 자기 몫을 늘리기 위해 쪼개지게 마련이다. 분구필합分久必合 합구필분合久必分의 말처 럼 이합집산은 매우 자연스러우면서도 매우 전략적인 현상이다.

제12장
전리품 나누기

_황금 분배

80. 민자당 계파 지분_배신을 응징할 공정 분배

연합을 유지하려면 어떻게 이익을 분배하고 비용을 분담하느냐가 매우 중요하다. 연합 구성원끼리 분배와 분담에 갈등이 생기면 연합은 깨지기 쉽다. 뒤집어 말해서, 연합을 깨서 더 큰 몫을 얻는 게 어렵다면 연합은 잘 유지된다.

규범적으로 바람직한 분배 방식은 여러 종류의 해解 solution 개념으로 논의된다. 공리주의적 해utilitarian solution는 모든 구성원 효용의 합을 가장 크게 만드는 분배 방식이다. 벤담Jeremy Bentham 이후 공리주의적 사고방식이 지배적 공익 기준이 되었다. 이와 대조되는 배분 방식이 평등주의적 해egalitarian solution다. 모두가 동일한 크기의 효용을 받도록 하는 방식이다. 공산주의가 아닌 자본주의 사회에서 평등주의적 해는 채택될 수 없었다. 이에 일종의 변증법적 타협으로 롤즈John Rawls의 정의justice론이 많은 주목을 받았다. 각각의 분배 방식에서 가장 열악한 구성원의 효용 크기를 비교하여 그 효용이 가장 큰 배분 방식을 택하는 것이다. 이 외에도 각 구성원 효용의 곱이 최대가 되는 배분 방식인 내쉬 홍정의 해Nash bargaining solution도 있다. 구성원 효용의 합이 정해져 있을 때는 효용의 크기가 서로 비슷해야 곱의 값이 커지는 속성을 활용하여 고루 분배하려는 해법이다.

감투와 같은 전리품은 공유할 수 없다. 누군가가 100% 향유하면 다른 누군가는 향유할 수 없다. 이런 재화를 경합적rival이라고 한다. 권력 역시 함께 향유하면 각자의 몫이 줄어들 수밖에 없다. 전리품이 경합적 속성을 지니는 한 절대적인 안정적 분배 방식, 즉 특정 승리 연합의 구성원이 다른 승리 연합에 합류하여더 큰 이익을 얻는 경우를 원천 차단하는 분배 방식은 존재하지 않는다.

관계가 돈독한 연합은 구성원들이 이타적이어서 배신하지 않는 것인가? 아니면 계산적이어서 배신하지 않는 것인가? 모든 연합은 구성원들이 참여로부터유무형의 즐거움과 이익을 얻거나 아니면 적어도 불편하지 않아야 구성되고 존속한다. 일방적 희생을 강요당하는 구성원은 이탈하게 되고 그 조직은 와해하기쉽다. 즉, 패거리는 참여에 대한 적절한 분배가 이뤄져야 잘 유지될 수 있다. 편먹기 게임에서 이탈의 동기를 완전히 봉쇄하는 분배 방식은 존재하지 않지만,상대적으로 안정적인 분배 방식은 존재한다.

분배 방식은 승리 연합 안정의 핵심이다. 안정적인 분배 방식은 이바지한 만큼 분배하는 것이다. 지나친 몫의 요구는 승리 연합에서의 퇴출 또는 승리 연합자체의 와해로 이어질 수 있다. 의원내각제에서의 연립 내각도 의석비에 기초한기여도에 따라 분배될 때 안정적이다.

황금 분배 또는 배분의 황금비라 함은 승리 연합에서 이탈하려는 행위자를 억제하는 안정적 분배 방식을 말한다. 흥정 집합bargaining set은 그러한 황금비 가운데 하나다. 흥정 집합이란 승리 연합의 한 구성원이 더 큰 이익을 얻기 위해 이탈하여 기존 승리 연합에 속하지 않은 자와 함께 제2의 승리 연합을 시도할 때, 기존 승리 연합의 나머지 구성원이 배신자를 배제하고 제3의 승리 연합을 구성할수 있는 기존 승리 연합의 분배 방식이다. 여기서 제3의 승리 연합의 분배 방식은 새로운 구성원에게는 배신자가 제안한 몫제2의 승리 연합에서의 분배보다 더 큰 몫을 제공하면서도 자신들의 몫은 기존 승리 연합에서의 몫 그대로여야 현실적인 응징이 된다. 다시 말해, 어떤 조직의 구성원 중 누가 배신하려 한다면 조직 외부의 배신자 파트너에게 배신자가 제공하기로 한 이익 이상을 제공하여 배신자를 응징할 수 있어야 한다. 이러한 제3의 승리 연합이 역제안될 수 있을 때 잠재적 배신자는 배신의 성공 가능성이 작다고 생각하여 배신을 자제하게 된다. 만일 배신에 대해 제3의 승리 연합을 역제안할 수 없다면, 기존의 분배 방식은 흥정 집합에 속하지 않고 기존 승리 연합 또한 불안정하다고 말할 수 있다.

전략 결정 게임

배신의 유혹

A, B, C의 3인 가운데 과반수, 즉 2인 이상으로 구성된 승리 연합을 구축한다고 하자. 각자 가진 배신의 유혹을 차단할 수 있을까?

배신의 유혹 ①

① A와 B가 전리품을 1/2씩 나누기로 합의하고 A+B의 승리 연합을 구축했지만, C가 B에게 2/3를 약속하고 자신은 나머지인 1/3만 가지겠다고 제안하면 B+C라는 새로운 승리 연합이 태동할 수 있다. 다른 승리 연합 역시 마찬가지로 와해의 유혹은 반드시 있게 마련이다. 연합의 어떠한 분배 방식도 이탈이나 배신의 유혹을 원천적으로 막을 수는 없다.

배신의 유혹 ②

② A+B의 연합이 각각 1/2씩 분배하기로 했는데, B는 승리 연합에서 제외된 C에게 1/3을 제공하고 자

신은 2/3를 갖는 새로운 승리 연합을 추진할 수도 있다. 이에 대해 A는 자신의 기존 몫 1/2을 그대로 유지한 채 C에게 1/3보다 더 큰 1/2을 역제안할 수 있다. A의 역제안 가능성을 인지한 B는 기존 승리 연합에서 이탈을 자제하게 된다. 따라서 A와 B가 1/2씩 나누는 방식에서는 이탈의 동기가 상대적으로 낮다.

③ A와 B가 승리 연합을 구성하여 2/3 : 1/3 분배하고 있다고 가정하자. 이때 B는 더 큰 이익을 위해 C에게 1/2 : 1/2로 분배하는 새로운 승리 연합을 제안할 수 있다. 이후 A는 기존 자신의 몫 2/3를 그대로 유지한 채 C에게 역제안할 수 있는 몫이 1/3을 넘지 못한다. 이미 B에게서 몫 1/2을 제안받은 C는 A의 역제안을 수용하지 않을 것이다. 즉 A는 새로운 승리 연합의 분배 방식으로 B의 배신을 응징할 수 없다. 따라서 A와 B가 2/3 : 1/3로 분배하는 방식은 불안정한 분배 방식이다.

배신의 유혹 ③

홍정 집합에 해당하는 분배 방식은 이미 결성된 조직의 유지 가능성을 높여준다. 왜냐하면 누가 배신하면 '조직의 쓴맛', 다시 말해 배신자를 배제한 새로운 연합으로 배신자를 혼내주기가 가능하기 때문이다. 반면에 홍정 집합에 속하지 않는 방식으로 몫 분배가 이루어지면 그 연합은 잘 지속하지 못한다. 조직에서 배신하는 자를 혼내줄 수 없기 때문이다. 이탈하여 일차적으로 더 큰 이익을 얻는 게 아예 불가능한 절대적 안정의 분배 방식은 존재하지 않지만, 이탈자에게 이차적 손실을 입히는 게 가능한 상대적 안정의 분배 방식은 존재하는 것이다.

홍정 집합 개념으로 1990년 3당 합당 전후의 배분 비율을 계산해보자. 평민+민주+공화 야 3당 과반 승리 연합에서는 각각의 이득을 1/3씩 균등하게 분배하는 방식이 홍정 집합에 속했다. 만일 상대적으로 의석수가 많은 평민당이나 민주당이 1/3보다 더 큰 2/5를 취하고 공화당에 1/3보다 작은 1/5만을 분배한다고 하자. 이러한 분배 방식에 불만을 품은 공화당이 민정당과 1/3_{공화}+2/3_{민정}로 분배하는 새로운 과반 승리 연합을 추진한다면, 평민당이든 민주당이든 기존에 자신이 받았던 2/5를 유지한 채 배신한 공화당을 배제하고 민정당에 2/3를 분배할 방법은 없다. 1990년 당시의 평민+민주+공화 야 3당의 공조 분열과 민정+민주+공화 3당 합당은 야 3당 간 분배 방식에 관한 이견으로 시작되었을 수 있다.

1990년 합당 후 민주자유당_{민자당}의 계파 간 분배는 흥정 집합에 충실하였다. 민자당 당무회의 구성에서 민주계는 당무회의 구성비를 민정, 민주, 공화 각각 9:7:4의 비율로 이미 합의했다면서 이의 시행을 주장했다. 9:7:4의 분배는 흥정 집합에 속하지 않는 불안정 분배 방식이다. 민정계가 9:7:4의 분배에 불만을 품고 평민당과 새로이 손잡고 10:10으로 분배하기로 했을 때, 민주계와 공화계는 각자의 몫인 7과 4를 유지한 채 평민당에 10을 줄 수 없으므로 민정계를 배제하고 평민당과 새로운 연합을 구성할 수 없다. 이처럼 9:7:4의 분배는 와해하기 쉬운 불안정한 분배 방식이었고, 아예 시행도 되지 못했다.

1990년 6월 20일 임기가 시작된 국회 상임위원장 가운데 평민당 몫 4석을 제외한 나머지 12개의 민자당 상임위원장 자리는 민정 6, 민주 4, 공화 2로 할당되었다. 3당 합당 직후 일찍이 민자당의 3개 계파는 상임위원장직을 독식하여 민정 8, 민주 5, 공화 3으로 분배한다고 합의하였으나 실력 저지도 불사한다는 평민당 반발에 밀려 결국 6:4:2로 배정하였다.

또 1991년 9월 2일 민자당이 발표한 30인 신규 당직자 인사는 민정 12, 민주 11, 공화 7명으로 구성되었는데, 교체되지 않은 실·국장을 포함한 전체 실·국장의 계파별 비율은 민정, 민주, 공화 각각 5:3:2의 수준을 유지하였다. 또 시도 지부장 인선은 7:4:3의 비율로 분배하였다.

6:4:2, 5:3:2, 7:4:3 모두 민정계에 50%를 분배하고 나머지 50%를 민주+공화에 분배하는 방식이다. 만일 민정계가 50%보다 더 많이 얻으려고 민정+평민

연합을 추진한다면, 민주계와 공화계는 자신들 몫의 합인 50%를 유지한 채 민정계를 배제하고 민정계가 평민당에 제안한 몫 이상을 평민당에 제공하는 평민+민주+공화의 연합을 추진할 수 있게 된다. 따라서 민정계로서는 자신의 이탈이 성공하지 못할 것을 알기에 이탈을 추진하지 못한다.

마찬가지로 민주+공화가 50%보다 더 큰 몫을 얻고자 평민당과의 연합을 추진한다면, 민정계 역시 자신의 몫인 50%를 유지한 채 민주+공화가 평민당에 제의한 몫 이상을 평민당에 제공하는 민정+평민 연합을 추진할 수 있다. 따라서 민정계에 50%를 분배하는 방식에서는 민자당의 각 계파가 평민당과 새로운 연합을 결성하여 자신의 몫을 더 증대시키기 어려웠다. 이러한 분배 방식으로 민자당은 민정+민주+공화 연합의 와해를 억제하여 승리 연합을 유지할 수 있었다. 하지만 5:3:2, 6:4:2, 7:4:3이라는 민자당 내 계파별 분배는 갈수록 잘 지켜지지 않았다. 이에 공화계가 1995년 탈당하여 자유민주연합을 창당했다.

의원내각제 국가에서 관찰되는 선거 후 연립 내각과 달리, 선거 직전의 분당, 합당의 주목적은 당선자를 많이 내는 것이다. 2014년 3월 안철수 의원의 새정치연합과 민주당이 합당하여 새정치민주연합을 창당했다. 126석의 민주당과 2석의 새정치연합이 지분을 5:5 정신으로 한다고 했다. 하지만 자신의 의사가 충분히 반영되지 않는다고 판단한 안 의원은 2015년 12월 탈당하여 2016년 2월 국민의당을 창당했다. 이에 따라 2015년 12월 새정치민주연합은 더불어민주당으로 당명을 변경했다. 2016년 4월 국회의원 선거에서 더불어민주당과 국민의당이 얻은 의석수 합계는 분당 전 의석수보다 더 많았다. 합당 후 A+B 의석수가 합당 전 A 의석수와 B 의석수의 합보다 더 클지, 또 A+B가 분리 후 각자도 생겨 얻은 A와 B의 의석수 합이 분리 전 A+B의 의석수보다 더 클지는 각 정파가 대응하기 나름이다.

정치권에선 늘 정파 간 합종연횡이 진행된다. 연합에 참여했던 정파가 이탈하여 연합 밖의 다른 정파와 연합을 추진할 때 연합의 나머지 정파들이 그 연합 밖의 정파에 이탈자의 제안보다 더 큰 몫을 역제안하여 이탈자를 배제할 수 있다면, 본래의 연합은 잘 유지된다. 그러한 몫에 실리적 이익뿐 아니라 대의명분, 신념, 가치 공유, 집단정체성 등도 포함됨은 물론이다.

81. 북한의 지배 연합_소수의 충성을 큰 보상으로 사다

정치권력은 어떻게 구성될까? 선출인단electorate 이론은 전체 인구, 명목nominal 선출인단, 실질real 선출인단, 지배 연합winning coalition, 파벌bloc, 지도자leader 등으로 구분하여 설명한다.

권력자 선출 과정에 전체 인구가 참여하는 것은 아니다. 국가 지도자 선출에 참여할 수 있는 유권자 집단이 선출인단인데 전체 인구 가운데 일부다. 예컨대 1987년 개정되어 현재 시행 중인 대한민국 제10호 헌법은 모든 국민이 법률이 정하는 바에 의하여 선거권을 가진다고 규정하며제24조, 2020년 1월에 개정되어 시행 중인 현행 공직선거법은 18세 이상의 국민에게 대통령 선거권이 있다고 규정하고 있다제15조 ①항. 그렇다면 대한민국 정치권력의 명목 선출인단은 18세 이상의 국민이다. 2017년 5월 제19대 대통령 선거일 기준에 따르면, 인구 51,716,959명에 선거인당시 법률에 따라 19세 이상 42,479,710명으로 인구 대비 선거인 비율은 82.0%였다. 하지만 선출인단 이론에서 말하는 전체 인구는 주로 성인 인구를 의미하므로 현재 대한민국의 명목 선출인단 크기는 인구 대비 100%에 가깝다고 말할 수 있다.

명목 선출인단 모두가 지도자 선출에 참여하는 것은 아니다. 그래서 실질 선출인단은 명목 선출인단보다 작다. 대한민국의 경우, 실질 선출인단은 투표자로 간주할 수 있다. 대통령 후보자가 1인일 때에 그 득표수가 총선거권자의 3분의 1 이상이 아니면 대통령으로 당선될 수 없다는 현행 헌법 제67조 ③항을 고려하면, 실질 선출인단은 적어도 명목 선출인단의 3분의 1 이상으로 볼 수 있다. 1987년 대통령 직선제가 재도입된 이래 대통령 선거 투표율은 89.2%_{1987년}, 81.9%_{1992년}, 80.7%_{1997년}, 70.8%_{2002년}, 63.0%_{2007년}, 75.8%_{2012년} 등이었다. 2017년 대통령 선거의 투표 참여자는 32,807,908인으로 선거인 42,479,710인 대비 77.2%였다. 현재 대한민국의 실질 선출인단 크기는 명목 선출인단 대비 약 70~80%로 이해할 수 있다.

실질 선출인단 모두가 정권 창출에 힘을 보태는 것은 아니다. 다른 후보를 지지한 투표자가 적지 않기 때문이다. 정권의 창출과 유지에 선출인단보다 더 중요한 집단은 정권에 지지를 보내는 사람들이다. 선출인단 이론에서는 여러 집단 가운데 정권의 지배 연합을 가장 중시한다. 대개 지배 연합의 충성을 유지할 수 있다면 지도자는 권력을 유지할 수 있다고 본다. 대한민국 제6공화국 역대 대통령 당선인의 득표율은 36.6%_{노태우}, 42.0%_{김영삼}, 40.3%_{김대중}, 48.9%_{노무현}, 48.7%_{이명박}, 51.6%_{박근혜} 등이었다. 2017년 대통령 선거에서 문재인 후보의 득표는 13,423,800으로 투표자 32,807,908명 대비 40.9%였다. 대통령 당선인의 득표율이 50% 전후에 달했던 선거가 대체로 양자 대결로 조정된 판세였단 점을 고려한다면, 현재 대한민국 지배 연합 크기는 실질 선출인단 대비 약 40%로 볼 수 있다. 끝으로, 정권을 실제 운영하는 파벌bloc은 지배 연합 전체가 아니라 그 일부다.

정부 정책의 양태는 정권적 속성으로 설명될 수 있다. 다수에게 혜택을 주는 데 적합한 재화 그리고 소수에게 혜택을 주는 데 적합한 재화는 서로 다르다. 재화 대부분은 남이 소비하면 그만큼 내가 소비할 수 없는, 즉 경합적rival 재화다. 다수가 경합적인 재화를 향유하려면 그 재화의 양은 매우 많아야 한다. 따라서 무한정 공급될 수 없는 경합적 재화인 사유재private goods로 대규모 집단을 만족시키기는 쉽지 않다.

반면에 비경합적nonrival 재화는 설사 남이 소비하더라도 내가 소비하는 데는 아무런 지장을 주지 않는다. 여러 사람이 공유하기 쉬운 비경합적 재화는 비록 한 단위의 생산에 비용이 크게 들더라도 다수를 만족시키기에 적합한 재화다. 비경합적 재화의 대표적 예는 공공재public goods이다. 다수를 만족시키려면 대체로 공공재적 공공 정책이 효율적이다.

민주 체제의 지도자는 다수가 함께 공유할 수 있는 공공 정책을 통해 다수 국민을 만족시키려는 경향이 있다. 큰 규모의 지배 연합을 만족시키려면 공공재적 공공 정책이 효율적이기 때문이다. 이와 달리 독재 국가에서는 정권 유지를 위해 만족시켜야 할 지배 연합 구성원이 그렇게 많지 않으므로 지배 연합 구성원에게 돈과 같은 사유재를 직접 제공하는 방식이 누수 없이 효과를 보는 효율적 권력 유지 방안이다. 즉 비민주적 권력자에게는 사유재가 효율적 통치 수단이 된다. 현금이나 고가 명품 등은 그런 사유재의 대표적인 예다. 통치 자금이니 충성 자금이니 하는 사유재가 민주 국가보다 독재 국가에서 더 활용되는 이유다.

북한의 인구 대비 명목 선출인단 크기는 70% 정도로 추정된다. 북한의 지배 연합 크기에 대해서는 다양하게 추정되고 있다. 부에노 데 메스키타의 연구팀은 2천만 북한 주민 가운데 적으면 250명, 많으면 2,500명에 불과한 군부 지도자, 당정 간부, 김씨 일가 등이 북한 정권을 받치고 있다고 추정한 바 있다. 즉, 북한 정권의 지배 연합 크기를 북한 인구의 1만분의 1도 되지 않는 것으로 보았다. 부에노 데 메스키타는 이후 북한 정권의 지배 연합 크기를 9~250명으로 다시 추정하기도 했다. 통일부에서 발간하고 있는 『북한 주요 인물 정보』 2020년 판에 수록된 북한의 주요 생존 인물 수는 295명이다.

선출인단 이론과 독재정

선출인단 이론에서는 민주정이냐 아니면 독재정이냐를 선출인단 또는 지배 연합의 크기로 구분한다. 부에노 데 메스키타Bruce Bueno de Mesquita 연구팀은 여러 국가의 성인 인구 대비 명목 선출인단 및 지배 연합의 크기를 조사한 바 있다. 러시아의 명목 선출인단의 크기는 거의 성인 인구에 육박한다. 민주적 선거를 통해 정치 지도자를 선출하는 한국, 미국, 일본 등과 유사한 수준이다. 반면에 인구 대비 지배 연합의 크기는 미국이나 일본보다 작은 것으로 조사되었다. 그리하여 러시아는 푸틴대통령의 장기 집권이 가능하다. 선출인단 이론 문헌에서 중국의 성인 인구 대비 명목 선출인단 크기는 거의 0에 가깝다. 전체 인구가 아닌, 공산당에서 국가 지도자를 선출하기 때문이다. 중국은 마오쩌둥毛澤東, 덩샤오핑, 시진핑의 약 30년 단위의 1인 지배 체제가 지속되고 있는데, 이는 선출인단 및 지배 연합의 크기에 기인하는 현상으로 이해할 수 있다.

작은 지배 연합으로도 정권 유지가 가능한 이유는 국민의 선거권이나 관심도가 평등하지 않기 때문이다. 그 불평등은 정치 제도뿐 아니라 정치 문화에서도 기인한다. 독재가 더 쉽거나 반대로 그렇지 않은 정치 문화가 있다는 얘기다.

전체 인구 가운데 지배 연합이 차지하는 비율이 높을수록 민주정이다. 독재정에서는 만족시켜야 할 국민 비율이 민주정보다 작다. 물론 포퓰리즘처럼 국가 지도자가 엘리트 집단을 배척하고 대중과 연대하는 체제에서도 만족시켜야 할 국민의 수가 많을 수 있다. 하지만 포퓰리즘 체제에서의 지배 연합 크기는 민주 국가의 지배 연합보다 대체로 작다. 선전선동을 수행하는 행동대원들은 지배 연합에 포함되지만, 단순히 선전 선동의 대상에 불과한 일반 대중은 지배 연합에 포함되지 않기 때문이다.

북한 권력자가 정권 유지를 위해 계속 지지를 얻어야 한다고 판단하는 북한 주민의 규모는 크지 않을 것이다. 소수의 충복으로 이미 무력을 독점하고 있고, 또 대체할 수 있는 다른 지도자가 존재하지 않는다는 사회적 분위기를 3대에 걸친 70년 이상의 통치로 형성해놓았기 때문이다. 물론 견고한 통치 구조 속에서 새로운 지도 체제의 필요성이 공감되지 않더라도 정변의 가능성이 완전히 배제되는 것은 아니다.

정권과 같은 배를 탔다고 생각할 북한 주민이어야 외부 세계와 접촉하더라도 정권에 해가 되지 않을 것이다. 2018년 4월 1일 평양 동평양대극장에서 열린 남측 예술단의 공연에는 김정은 국무위원장을 비롯한 약 1,500명의 관객이 참석하여 중간중간 노래를 따라 부르거나 기립 박수를 보내는 등 뜨겁게 화답했다. 관객석은 평창 올림픽 당시 한국을 방문한 삼지연관현악단 등 북한 체제를 선전하는 악단 관계자 그리고 해외 거주 경험이 있는 주민들로 채워진 것으로 알려졌다. 체제로부터 이탈할 기회가 있어도 실제로 이탈할 동기는 거의 없는 사람들이 북한 정권 지배 연합의 주요 구성원이다.

북한 정권의 지배 연합 크기를 최대로 해석하자면 200만 명까지 볼 수도 있을 것이다. 북한 체제가 '평양공화국'으로 불리듯 그 지배 연합을 평양 시민으로 상정한 계산이다. 그렇게 계산하더라도 북한 정권의 전체 인구 대비 지배 연합 크기는 민주 국가보다 현격히 작다. 따라서 북한 정권에게는 다수를 만족시킬 공공재적 정책 대신 소수를 만족시키는 데 효율적인 사유재가 주로 활용된다고 봐야 할 것이다.

앞서 얘기한 부에노 데 메스키타 연구팀은 과거 김정일 정권이 북한 국내 총생산Gross Domestic Product, GDP 120억 달러 가운데 12억 달러를 정권 유지에 사용했고, 2,500명 이하의 지배 연합 구성원은 각자 적어도 평균 50만 달러씩 받았거나 썼다고 추정했다. 당시 국민 1인당 소득 약 600달러에 비해 엄청나게 큰 혜택을 받은 지배 연합 구성원은 지도자에게 충성할 동기가 충분하다고 보았다.

북한 체제의 자금 흐름은 대개 통치자, 군부, 내각, 지하 경제의 네 가지로 구분된다. 배타적 목적의 비밀 자금뿐 아니라 반란 예방을 위한 '부패의 묵인'까지 통치 자금에 포함된다. 군부의 단위별 재정 자립과 정부의 유사 재정 운용은 각각 군부와 관료의 주요 재원인데, 이 역시 통치자의 동의하에 이뤄진다는 점에서 넓은 의미의 통치 자금에 포함될 수 있다. 일반 주민의 생계 수단인 장마당 자금만이 통치 자금과 무관하게 통용되고 있을 뿐이다.

미국 재무부는 2010년에 조선대성은행과 조선대성무역총회사를, 2013년에 조선무역은행을, 2016년에 금강은행, 고려신용개발은행, 동북아은행을 제재 대상 기관으로 지정한 바 있다. 2017년 국제은행간통신협회Society for Worldwide Interbank Financial Telecommunication, SWIFT는 조선대성은행, 조선광선은행, 동방은행, 조선무역은행, 금강은행, 고려신용개발은행, 동북아시아은행의 자금 유통을 차단했다.

2017년 12월 유엔 안전보장이사회안보리는 결의 2397호를 채택하면서 북한이 추가 핵실험이나 ICBM급 미사일 발사를 행하는 경우 유류 제한 조치를 추가한다는 트리거trigger 조항을 명문화했다. 특히 북한 정권의 주요 외화벌이 창구인 해외 파견 노동자의 24개월 이내 송환 조치를 포함했다. 안보리 결의 2397호에 따라 2017년 12월 북한 선박과 유류 거래를 한 혐의로 홍콩 국적 선박 라이트하우스윈모어Lighthouse Winmore호가 여수항에서 억류된 바 있다. 미국 정부는 대북 제재를 위반한 선박을 몰수하고 있다. 2019년 미국 정부는 북한 석탄을 운송한 북한 선박 와이즈어네스트Wise Honest호를 압류하여 매각하였으며, 또 2019년 8~12월 북한 선박에 석유를 넘긴 싱가포르 국적 선박 커레이저스Courageous호는 2000년 캄보디아가 억류하고 미국 정부가 몰

자원의 저주와 북한의 충성 자금

천연자원이 생산되는 곳에서는 통치 자금이 풍족하므로 오히려 독재가 유지되기 쉽다. 그래서 천연자원이 풍족한 곳에서 민주주의와 경제가 발전되지 못한다는, 이른바 '자원의 저주resource curse' 현상이 발생한다. 천연자원이 풍족하지 않은 북한의 통치 자금은 천연자원 대신에 주로 충성 자금으로 충당된다.

북한의 통치 재원은 해외와 국내 모두에서 조달된다. 해외에서 외화를 버는 근로자들에게 거둬들이는 일종의 세금은 충성 자금으로 불리는데, 연간 5억~50억 달러, 한화로 약 6천억~6조 원에 이를 것으로 추정되기도 한다. 또 재정경리부 2,000만 달러, 30호실 2,000만 달러, 당 행정부 2,000만 달러, 군 총정치국 1,000만 달러, 인민무력부 1,000만 달러, 보위사령부 1,000만 달러, 정찰총국 1,000만 달러, 국가안전보위부 1,000만 달러, 73종국_{과거 금수산 경리부} 1,000만 달러, 기타 핵심 권력 기관_{당 경공업부, 작전부, 평양시 등} 평균 200만 달러 등 상납금 규모가 연간 1~2억 달러에 이른다는 추정도 있다.

권력 승계에 있어 통치 자금은 중요하다. 2011년 12월 17일 김정일 국방위원장의 사망 당시, 2009년에 이미 후계자로 내정된 김정은 인민군 대장은 2012년 7월 공화국 원수 칭호를 받는 등 권력 승계에 따른 별다른 어려움은 없었다. 그러나 지속적 통치를 위해서는 통치 자금의 지속적 확보가 필요했다. 2013년 12월 12일 장성택 국방위 부위원장이 처형된 이유 가운데 하나도 통치 자금 문제 때문일 것이다. 상납금을 거둬 통치 자금으로 재분배하는 구조에서 상납과 조달에 문제가 생기면 충성 유지에 어려움을 겪는다.

수하였다.

유엔 대북 제재는 2018년 3월 북한-중국 정상 회담 이후 중국 부분에서 느슨해진 것으로 알려져 있다. 지배 연합의 크기 및 구성, 충성 자금 모금 및 통치 자금 분배, 정권의 내구력 등으로 이어지는

조선로동당 중앙위원회 건물

연결에서 스마트 제재smart sanctions가 어떤 영향을 줄지 지켜볼 일이다.

82. 로마의 공동 황제_책임을 나누다

서기 161년 3월 7일율리우스력, 마르쿠스 아일리우스 아우렐리우스 베루스 카이사르마르쿠스가 제16대 로마 황제에 취임했다. 혈통에 의해 세습된 황제들은 나빴던 반면, 혈통과 관계없이 지명된 다섯 황제는 좋았다고 니콜로 마키아벨리가 언급한, 이른바 오현제五賢帝의 마지막 황제다.

161년 3월 7일 로마 황제로 함께 즉위한 마르쿠스 아우렐리우스원편와 루키우스 베루스 대영박물관 소장 조각

안토니누스 피우스 황제가 사망하자 원로원은 마르쿠스를 단독 황제로 옹립하려 했다. 이에 마르쿠스는 혼자가 아니라 자신과 같은 처지였던 전임 황제의 양자 루키우스 아일리우스 아우렐리우스 코모두스루

키우스 또한 동등한 권력을 가져야만 황제직을 수락하겠다고 했다. 결국 원로원은 루키우스에게 임페리움, 호민관, 아우구스투스 등의 호칭을 수여했다. 마르쿠스보다는 작은 권력이었다. 그리하여 마르쿠스는 카이사르 마르쿠스 아우렐리우스 안토니누스 아우구스투스라는 이름으로, 루키우스는 카이사르 아우렐리우스 베루스 아우구스투스라는 이름으로 최초의 공동 황제가 되었다. 두 사람은 '형님 먼저 아우 먼저'의 관계였다. 물론 루키우스가 마르쿠스에게 독살됐다는 주장이 제기되기도 하지만, 실제 그랬을 가능성은 크지 않다.

'하늘 아래 태양이 둘일 수 없다'고 생각하는 사람들에게 공동 황제는 매우 낯선 제도다. 특히, 단독으로 황제에 오를 수 있었음에도 다른 사람과 권력을 나누려던 마르쿠스의 의도는 작은 권력에도 한 치의 양보 없이 목숨 거는 사람들에게는 이해하기 힘든 일이었다. 권력 지향적인 사람들은 대체로 감투가 주는 권력에만 관심이 있지, 권력에 따르는 책임에는 무관심하다. 이와 달리 감투를 주저하는 사람들은 대체로 권한보다 책임의 막중함을 더 느낀다.

로마 황제의 권력에는 책임이 따랐다. 당시 로마는 홍수 등 자연재해에 따른 기근과 이민족의 계속된 국경 침범으로 혼란스러웠다. 이런 난제를 해결해야 할 책임이 황제에게 있었다. 마르쿠스와 루키우스 모두 전쟁을 무척 싫어했다. 마르쿠스는 자신에게 지워질 부담을 나누고 싶어 했다. 루키우스는 공동 황제 취임과 동시에 자신의 금고를 열어 군인들의 급여를 대폭 인상하여 지급했을 뿐 아니라 전장에도 직접 참가했다. 마르쿠스와 루키우스의 치세 동안 로마에서는 황제를 풍자한 희극이 공연될 정도로 언론의 자유를 만끽했다.

마르쿠스와 루키우스 이후에도 로마에서 공동 황제는 여러 차례 등장했다. 3세기 후반에서 4세기 전반에 걸친 테트라키아1두 체제처럼 공동 황제가 4명이었던 시기도 있었다. 공동 황제의 체제는 양보의 미덕이 돋보이는 아름다운 통치였을까? 공동 황제 간의 관계는 다양했다. 공동 황제 중 한 명이 다른 황제를 암살한 후 단독 황제로 즉위한 사례도 있고, 또 공동 황제끼리 결속하여 군부나 원로원을 견제한 사례도 있다. 마르쿠스와 루키우스의 공동 황제는 서로 싸우거나 다른 세력으로부터의 위협도 없었던 거의 유일한 사례다. 마르쿠스가 말년에 공동 황제로 옹립한 아들 코모두스조차 마르쿠스 사후에 실정을 거듭하다 교살되고 말았다.

공동 황제 방식은 당시 로마 제국이 처한 위기를 극복하게 한 측면도 있었으나 로마 제국의 부흥을 가져다주지는 못했다. 로마 제국이 이미 쇠퇴의 길로 접어든 시기에 등장한 공동 황제 방식은 제국이 그만큼 불안정한 체제라는 사실을 자인하는 것이었다.

오늘날 민주주의에서 권력 나누기는 흔하다. 의원내각제 국가에서 어떤 정당도 의회 다수 의석을 확보하지 못했을 때 몇몇 정당이 연합하여 연립 내각을 구성하여 권력을 나눈다. 입법부와 행정부가 따로 있는 체제에서도 권력은 분점된다. 이원집정부제 국가에서 대통령과 내각을 서로 다른 정당이 차지하면 그 자체가 권력 분점이다. 또 다수제 성격의 대통령제 국가에서 의회가 여소야대일 때 인위적으로 연립 정부를 시도하여 권력을 분점하기도 한다. 노무현 대통령의 연정 제안은 실현되지 못했고, 남경필 경기도지사의 연정은 성사되었다. '경기도 연합정치 실현을 위한 정책합의문'에 따라 사회통합 부지사를 도지사 소속 정당이 아닌, 다른 정당에 맡기는 방식이었다.

독재자를 흔히 다수 의견을 무시하고 독단적으로 국정을 운영하는 자로 여기는 경향이 있다. 실제 다수의 지지 없이 밀어붙이는 데는 한계가 있을 수밖에 없다. 단순 다수의 의견과 반대되는 방향으로 밀어붙이는 독재보다 더 심각한 결과를 초래하는 경우는 단순 단수의 지지를 바탕으로 전체의 뜻을 왜곡하는 독재다. 대표적인 사례가 히틀러다. 특정 시기 단순 다수의 경향에 편승해 해당 시기 소수의 의사와 다른 시기 다수의 의사를 깡그리 무시했기 때문에 독재자로 불렸다. 소수의 지지에 기반을 둔 독재자로서야 다수에게서 조금씩 재화를 박탈하

마르쿠스 아우렐리우스 황제의 유언 외젠 들라크루아 그림. 1844년. 아들이자 공동 황제인 코모두스(오른쪽 붉은 토가)는 다른 참석자와 달리 마르쿠스의 유언을 심각하게 듣지 않는다. 이런 코모두스의 자세는 곧 닥칠 로마의 쇠퇴를 암시한다.

빵을 나눠주는 마르쿠스 아우렐리우스. 조제프-마리 비앙 그림. 1765년

여 소수의 지지 집단에 배분하므로 다수 집단에 속한 개인은 자신의 피해가 크다고 느끼지 않을 수도 있다. 반면에 다수의 지지를 등에 업은 독재자가 다수를 위해 소수로부터 기회를 박탈하게 되면 소수는 피해를 크게 입을 수밖에 없다.

애로우의 '민주주의 불가능성 정리'에서 언급된 독재자는 오히려 플라톤이 말한 철인에 가깝다. 책임감을 무겁게 느끼는 관조적 가치관이 없다면, 혼자서 독점할 수 있는 권력을 타인과 나누지 않는다. 마르쿠스의 『명상록』은 스스로 그런 관조적 가치관을 지녔음을 보여주는 증거다.

권력 분점의 성공 여부는 파트너에 따라서도 달라진다. 지분에 대한 의견이 같다면 큰 문제가 없지만, 지나친 권력욕은 심각한 문제를 일으킬 수 있다. 무능하면서 무한한 욕심을 가진 자는 언제든 문제를 일으킨다. 특히 권력자 스스로 유능하다고 자신할 때 문제가 발생하기도 한다. 실제 권력욕은 겉으로 보이는 것과는 다를 때가 많다. 권력욕이 없어 보여 권력을 가질 수 있었던 자가 추후 무자비한 권력을 휘두른 사례는 많다. 권력 분점이 성공하려면 권력자가 관조적이어야 한다.

애로우의 민주주의 불가능성 정리와 독재자 불가피론

민주주의 이론가들은 종종 권력 분점으로 모든 문제가 해결되지는 않는다는 사실을 지적하며 공화정의 민주주의가 과대평가되어 있다고 주장한다. 고대 플라톤이 주창한 철인 정치 역시 그런 맥락의 주장이고 케네스 애로우의 민주주의 불가능성 정리 역시 마찬가지다. 애로우는 다섯 가지 민주주의 조건을 만족시키는 의사 결정 방식이 존재하지 않는다는 가설을 수학적으로 증명한 바 있다. 애로우가 말한 다섯 가지 민주주의 조건은 다음과 같다.

① 어떤 후보, 어떤 정책 대안끼리도 경쟁 가능해야 하고

② 그 경쟁의 결과는 제3의 후보나 제3의 정책 대안의 유무에 따라 달라지지 않아야 하며

③ 후보나 정책 대안 간 우열 관계는 순환되지 않아야 하고

④ 전원이 덜 선호하는 후보나 정책 대안은 최종 선택되지 않아야 하며

⑤ 집단의 결정이 특정 개인의 선호와 늘 일치해서는 안 된다.

애로우의 증명은 집단의 의사 결정 방식이 ①, ②, ③, ④ 네 가지 민주주의 조건을 모두 충족시키려면 선호가 집단의 결정과 늘 일치하는 개인, 즉 독재자가 존재해야 한다는 주장이다. 마르쿠스와 루키우스의 공동 황제정은 마르쿠스의 선호와 로마 제국의 결정이 일치했고 ①~④의 네 가지 민주주의 조건을 나름 충족시켰다고 볼 수 있다. 다르게 표현하면, 마르쿠스가 ①~④의 네 가지 민주주의 원칙을 믿고 준수했다고 볼 수 있다.

애로우의 정리는 독재자가 존재하면 ①~④의 민주주의 조건이 잘 충족된다는 주장은 아니다. 실제 독재자의 선호는 대체로 즉흥적이고 스스로 모순되는 경우가 많아 국가 정책 또한 순환적이고 제3의 대안에 따라 뒤바뀐다.

권력 분점 자체는 여러 한계를 지닌다. 서로 대치하는 권력 분점은 비효율적일 수밖에 없다. 나눠먹기식 결과가 특정 결과보다 모두에게 못할 때도 있다. 그렇다고 독재를 받아들일 수는 없다. 독재는 더 큰 문제를 발생시키기 때문이다. 권력이 분점되어 있더라도 국가 정책은 지도자의 합리적이고 일관된 원칙에 따라 정해지는 방식이 결과적으로 더 나은 민주주의다.

국가뿐 아니라 모든 조직이 마찬가지다. 한편은 전권을 받았다거나 혹은 받아야 한다고 주장하며, 상대편은 분점해야 한다고 주장한다. '형님 먼저, 아우 먼저'의 권력 분점에 '형님'의 철학적 독재를 가미할 수 있는 조직이라면 대외 경쟁력 그리고 구성원 만족도를 모두 극대화할 수 있을 것이다.

83. 르노-닛산 제휴_약점을 보완해주다

1999년 3월 27일, 프랑스 자동차 회사 르노와 일본 자동차 회사 닛산이 전략적 제휴를 맺었다. 인수·합병 형태 대신 주식의 교차 보유를 통해 르노-닛산 얼라이언스를 구축했다. 르노가 닛산 주식의 약 1/3을 매입했고, 닛산은 프랑스 국내법상 거의 국영 기업인 르노의 지분 약 1/7을 의결권 없는 주식으로 취득했다.

르노-닛산 얼라이언스는 양측이 보유한 주식이 대등하지 않으므로 르노가 닛산을 인수한 것에 불과하다는 해석도 있었다. 하지만 닛산이 독립 브랜드로 유지되고, 또 공식 명칭이 얼라이언스라는 점에서 인수라 부르기도 어렵다. 실제 르노-닛산 얼라이언스는 괄목할 만한 경영 성과를 이루었고 다른 나라 자동차 회사 간 제휴의 성공 모델로 자리매김하고 있다.

르노와 닛산의 전략적 제휴는 양사 모두 그 필요성을 느꼈기 때문에 가능했다. 무엇보다도 닛산은 쌓여 온 적자로 재정난에 허덕이던 차라 자금 지원이 간절했다. 또 르노는 차량 판매의 80~90%가 유럽에서만 이뤄지던 터라, 세계 시장에 진출하려면 일본 회사와의 협력이 필요했다.

유럽과 아시아 기업은 지리적으로 멀리 떨어져 있어 판매 시장이 다르다는 점뿐 아니라 생산과 판매 방식도 서로 달라 제휴에 따른 변화가 기대되었다. 두 회사는 각자 보유한 개발 모형, 플랜트, 플랫폼, 부품 가운데 더 나은 것을 선택하여 공유했다. 생산뿐 아니라 판매에서도 선적, 통관, 보관 등을 공유하여 비용을 절감했다.

얼라이언스 출범 전 닛산의 임직원 출신 대학 비율은 도쿄대 출신이 가장 많았다. 다수의 도쿄대 출신 임원들이 퇴직 후 닛산 계열사로 옮겨가면서 본사 및 계열사의 임원들이 서로 학연으로 얽혀 있었다. 따라서 닛산 계열 내의 거래는 영업 이익에 충실하지 못했다. 내부의 인물이 이를 바로잡으려면 배은망덕하다는 비판과 반발에 직면할 수밖에 없다. 그런 점에서 외부 인물이 주도하여 내부

르노와 닛산의 전략적 제휴

적폐를 척결할 필요가 있었다.

르노-닛산 얼라이언스의 첫 경영 책임자 카를로스 곤은 비용 절감의 귀재로 평가받던 인물이었다. 브라질에서 태어나 조부의 고국인 레바논에서 어린 시절을 보내고 프랑스에서 학교 교육을 마쳤다. 브라질, 레바논, 프랑스의 삼중 국적자인 곤은 도쿄대 학연이 지배하던 닛산의 의사 결정 시스템을 과감히 척결하지 못할 이유가 없었다. 더구나 르노가 닛산을 거의 지배하는 관계였으므로 닛산의 임원들은 곤의 구조 조정에 저항할 처지도 아니었다. 곤은 본사와의 거래에만 의존하던 닛산 계열사를 대폭 정리하면서 '계열사 킬러'라는 별명을 얻었다. 곤은 거의 20년 동안 르노-닛산 얼라이언스의 최고 경영자로서 구조 조정과 제품 개발을 주도하였을 뿐 아니라 각종 여론 조사에서는 레바논 대통령감이나 일본 총리감으로 언급될 정도의 평판을 얻기도 했다.

제휴가 성사된 1999 회계 연도1999년 4월 ~ 2000년 3월에 약 60억 달러의 적자를 보였던 닛산은 다음 회계 연도에 약 30억 달러의 흑자를 기록했다. 2002년 닛산의 순부채는 제로가 되었다. 2016년 르노-닛산 얼라이언스는 경영난을 겪던 미쓰비시를 동맹에 합류시켰다. 르노-닛산-미쓰비시(-르노삼성) 얼라이언스는 2017년 매출액 기준으로 폭스바겐 그룹에 이어 세계 2위를 기록하였다.

이후 르노-닛산의 전략적 제휴에 변동 가능성이 나타났다. 2018년 9월 19일 일본 요코하마의 닛산 사옥에서 개최된 이사회에서 곤 회장은 르노-닛산 간 전략적 제휴 관계 대신 합병을 추진하겠다는 의사를 드러낸 것이다. 일본인 임원들은 르노가 자사보다 더 나은 실적을 내고 있던 닛산을 갖겠다는 의도로 읽었다. 최대 주주가 프랑스 정부인 르노 이사회가 곤 회장에게 연임의 조건으로 합병을 거론했다는 소문도 나오던 터였다. 얼마 후 일본인 최고 경영자 사이카와 히로토 사장 측은 곤을 비리 혐의로 일본 검찰에 고발했다. 11월 19일 일본 검찰은 하네다 공항에 착륙한 곤의 개인 제트기에서 곤을 체포하여 도쿄 구치

소에 수감했으며, 22일 닛산자동차 이사회는 곤을 최고 경영자 자리에서 해임하였다. 체포와 석방을 네 차례나 반복하던 곤은 2019년 12월 비밀리에 레바논으로 도주하였다.

전략적 제휴의 균열 배경에는 상황 변경이 있다. 닛산의 실적이 전략적 제휴 체결 이전보다 더 나아져 이제는 닛산이 르노보다 더 우량 기업이 되어 있었다. 2017년 기준, 판매 대수가 닛산의 2/3에도 미치지 못한 르노의 순이익 가운데 54%가 닛산에서 온 것이었다. 프랑스는 르노가 닛산을 합병하는 방안을, 일본은 닛산의 독립성을 더 선호할 것이다. 그렇지만 양측 모두 전략적 제휴의 철회에서 올 손실도 작지 않았다. 2019년 3월 르노-닛산-미쓰비시 3사 공동 협의체는 현행 지분을 그대로 유지한 채 르노 회장이 얼라이언스 회장직을 맡되, 닛산 및 미쓰비시의 회장직은 맡지 않으며, 3사 얼라이언스 이사회 이사 비율을 르노 2, 닛산 1, 미쓰비시 1로 조정하여 일본과 프랑스가 동등한 비율로 구성한다고 발표하였다. 이후 르노 이사회는 닛산과의 협력을 강조하고 이에 걸맞은 인사를 단행하였다. 전략적 제휴는 제휴 단절에 따르는 여러 비용이 클 때 존속하는 경향이 있다.

84. 꿩섬 공유_내 것도 아니고 네 것도 아닌

각종 갈등은 분배 과정에서 발생하기 쉽다. 이런 분배 갈등을 원천적으로 해결하기 위해 갈등을 유발하는 소재나 전리품을 공유하기도 한다. 영토는 배타적 속성을 지니므로 공유하는 경우가 희박하지만 없지는 않다.

1659년 11월 7일, 스페인과 프랑스 간 국경인 비다소아강 한가운데 위치한 꿩섬Pheasant Island, (프랑스어 Île des Faisans, 스페인어 Isla de los Faisanes, 바스크어 Konpantzia)에서 프랑스 루이 14세와 스페인 펠리페 4세는 30년 가까이 치러진 양국 간 전쟁을 종결짓는 피레네 조약을 체결하였다.

이 조약에는 공유적 성격의 합의 내용이 포함되었다. 루이 14세가 펠리페 4세의 딸 마리아 테레사와 혼인한다는 내용도 이에 해당하지만, 좀 더 공유적인 성격의 합의는 조약 체결의 장소를 공유하기로 했다는 점이다. 길이 약 200m, 폭 40m의 작은 섬 꿩섬을 두고, 양국은 거버넌스governance를 반 년마다 바꾸는 공동 주권에 합의하였다. 1659년 11월 프랑스가 먼저 약 3개월 동안 주도적으로 꿩섬을 관리했고, 1660년 2월 1일부터 7월 31일까지는 스페인이 주권을 행사하였다. 같은 해 8월 1일부터 1661년 1월 31일까지 다시 프랑스가 주권을 행사하는 방식으로 360년 이상 이어지고 있다.

사실 꿩섬은 양국이 주권을 동시에 공동으로 행사하는 영토가 아니다. 순차적으로 주권을 번갈아 가며 행사하기 때문에 꿩섬은 엄격한 의미의 공동 영토가

스페인과 프랑스가 공유하고 있는 꿩섬. 사진 위쪽이 프랑스 영토이고, 사진 아래쪽이 스페인 영토다.

아니라는 주장도 있다. 하지만 꿩섬은 모젤강, 브로치코행정구, 아비에이, 남극 대륙, 폰세카만, 카리브해 공동 관리 지역, 콘스탄스호 등과 함께 10개가 채 되지 않는 현존 국제법적 콘도미니엄, 즉 공동 영토로 인정되며, 그 가운데 가장 오래된 공동 영토다.

현재 프랑스-스페인 사이의 꿩섬은 그렇게 잘 활용되고 있는 편이 아니다. 지구 온난화 등으로 비다소아강 유수량이 늘고, 꿩섬 토양이 점차 유실되어, 꿩섬이 작아지고 있음에도 양국은 적극적으로 대응하지 않는다. 바스크 독립 세력 등과 관련된 복잡한 사정도 얽혀 있어 변화를 추구하지 않는 경향이 있는 것이다. 간조 때 스페인 영토에서 배 없이 들어갈 수도 있지만 특별한 날이 아니면 일반인 출입은 금지되고 있다. 꿩섬은 별로 사용되지 않기 때문에 360년 이상 합의가 지켜지고 있는 것일 뿐, 누구나 사용할 수 있게 했거나 고가의 천연자원이라도 발견되었더라면 분쟁이 발생했을 수도 있다.

경합적 재화에는 배타적으로 향유되는 사유재private goods도 있고, 비非배타적으로 향유되는 공유재common-pool resources도 있다. 경합적 재화를 공유하면 '공유지의 비극tragedy of commons'과 같은 현상이 발생한다. 경합적인 공유지는 남용되기 쉬워 오래 버티지 못한다.

남이 향유하더라도 내 몫이 줄어들지 않는 비非경합적 재화에서는 분배의 갈등이 별로 없다. 비경합적 재화는 향유에서 남을 배제할 수 있는 클럽재club goods와 배제할 수 없는 공공재public goods로 구분할 수 있다. 대중 상대의 정치는 비경합적 재화를 활용할 수밖에 없는데, 그 전리품이 일부 집단을 위한 클럽재이냐 아니면 대다수를 위한 공공재이냐가 다를 뿐이다.

한강 하구는 콘도미니엄인가

국제법 문헌에서 콘도미니엄 사례로 거론되지는 않지만 이에 해당하는 지역이 한반도에 도 있다. 1957년 7월 27일 체결된 6·25 전쟁 정전 협정은 한강이 임진강을 만나는 지점부터 시작하여 말도에 이르는 한강 하구Han River Estuary 수역에 군사분계선Military Demarcation Line, MDL 을 설정하지 않았다.

정전 협정 제5항은 남북이 각각 남측 강안河岸과 북측 강안을 통제할 뿐, 쌍방의 비무장민간 선박은 한강 하구에서 항행할 수 있고 또 자신의 측이 군사적으로 통제하고 있는 육지에 정박할 수 있다고 규정하고 있다. 1953년 10월 3일 군사정전위원회 제22차 회의에서는 남북의 통제 지역과 한강 하구 수역 간의 경계선을 밀물 때 강과 뭍이 만나는 선으로하고, 상대의 통제 수역 및 강안뿐 아니라 상대 경계선으로부터 100m 이내에 들어가지 못한다는 규정을 비준하였다. 군사정전위원회가 제한한 구역을 제외한 나머지 한강 하구는법리적으로 공유되고 있다고 할 수 있다. 하지만 실제 한강 하구 수역은 공유 수역이라기보다, 출입이 거의 불가능한 금지 수역이다.

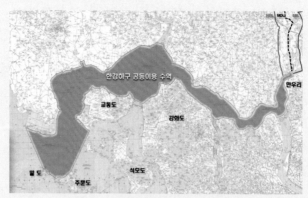

한강 하구 수역국방부

제13장
공공재 정치 대 클럽재 정치

_누구를 위하여 종은 울리나

85. 첫 번째 시민_1인자는 엘리트보다 대중에 가까이

정권의 획득과 유지에 소수의 지지만 필요하다면 그 소수에게 금은보화 등의 사유재를 제공하는 방식이 효율적이다. 반면에 다수의 지지가 필요할 때는 사유재로 감당하기가 어렵고 오히려 비경합적 재화가 효율적인 방식이다. 경합적rival이지 않고 또 배제적excludable이지 않은 공공재는 대중 정치의 주요 수단이다.

고대 그리스 폴리비오스는 정치 체제가 군주정(과 왕정) → 전제專制정 → 귀족정 → 과두寡頭정 → 민주정 → 중우衆愚정의 주기로 순환된다고 주장하였다. 1인에 의한 지배, 소수에 의한 지배, 다수에 의한 지배의 순서로, 또 그 사이사이에 권력을 남용하게 되는 정치 체제를 추가하여 만든 것이다. 폴리비오스는 순환에 따른 부작용을 완화하는 대안으로 혼합정을 제시했고 혼합정의 예로 로마 공화정을 들었다.

실존했던 정치 체제 가운데 1인자나 엘리트 없이 순수 대중이 스스로 권력을 장악한 사례는 없으므로 '1인자 → 엘리트 → 대중 → 1인자'의 정치 지배 세력 순환 과정보다 '직접 민주주의 강화1인자와 대중 → 대의 민주주의 강화엘리트 → 직접 민주주의 강화'의 순환 과정이 더 보편적이다.

고대 로마와 근대 프랑스는 선구적으로 도입한 공화정을 폐지하고 제정帝政을 채택한 나라다. 제정은 엘리트보다는 대중의 지지에 힘입어 출범한다. 고대 로마나 근대 프랑스에서 제정을 도입할 당시 엘리트 계급은 이에 저항했다.

로마의 경우 공화파와 반反공화파가 내전을 벌였고, 율리우스 카이사르의 상속자인 옥타비아누스가 대중 지지를 기반으로 초대 로마 황제로 등극했다. 옥타비아누스는 '프린켑스 세나투스princeps senatus, 첫 번째 의원' 대신 '프린켑스 시비타티스princeps civitatis, 첫 번째 시민'라는 칭호를 원했다. 제정에서는 다수에게 공공재적 재화를 제공하면서 체제를 유지하였다.

근대 프랑스에서도 나폴레옹 보나파르트가 대중 지지를 기반으로 제1공화정을 붕괴시켜 제1제정의 황제나폴레옹 1세로 즉위했다. 루이 나폴레옹 보나파르트는 프랑스 제2공화정 대통령 때인 1851년 쿠데타를 통해 공화정을 붕괴시킨 후, 1852년 국민 투표에서 압도적 지지로 제2제정 황제나폴레옹 3세에 즉위했다. 공화정을 무너뜨리고 황제로 즉위할 때는 모두 대중의 전폭적 지지를 업었다. 즉 공화정이 엘리트 이익을 대변한다고 생각될 때 대중은 제정의 도입을 적극적으로 지지하는 것이다.

제정이 대중의 지지에서 멀어지면 경쟁 세력의 권력 장악 시도에 취약할 수밖에 없다. 경쟁 세력은 내부뿐 아니라 외부에서도 올 수 있다. 1인자가 국내 정치의 주도권을 잃지 않고 또 외부의 적에게 완패당하지 않을 상황이라면, 외부 위협은 오히

455년 반달족이 로마를 약탈하는 모습. 칼 브륄로프의 그림. 1830년대

려 내부 질서 장악에 도움이 될 수 있다. 이와 달리 국내 정치에서 주도권을 이미 상실했거나 외부 세력에게 치명적 패전을 당한 상황이라면, 1인자 정치 생명

은 물론 체제 자체의 붕괴로 이어지기도 한다.

서로마 제국도 그런 예다. 476년 9월 4일율리우스력 폐위된 마지막 황제 로물루스 아우구스투스는 '로물루스 아우구스툴루스'라고도 불린다. 전설 속 로마 건국의 주인공 '로물루스'와 소년 황제어린 아우구스투스라는 의미의 '아우구스툴루스' 두 이름을 합친 호칭이다. 475년 10월, 오레스테스가 반란을 일으킨다. 그는 반란을 피해 도망친 황제 율리우스 네포스를 폐위하고 당시 15세이던 자기 아들을 황제로 추대했다. 그가 바로 로물루스 아우구스투스다. 이듬해 8월 게르만족 용병 대장 오도아케르가 다시 반란을 일으켜 오레스테스를 살해한 후 9월에 로물루스 아우구스투스를 퇴위시켰다. 재위 10개월 만이었다.

오도아케르는 스스로 서로마 황제를 자처하다 동로마 제국의 황제 제논에게 제위를 넘기고 제논의 위임으로 이탈리아 왕이 되었다. 오레스테스의 반란을 피해 도망쳤던 네포스 또한 자신의 본거지인 달마치아지금의 크로아티아에서 서로마 황제를 자처했다. 따라서 마지막 서로마 황제를 로물루스 아우구스투스가 아니라 네포스 또는 오도아케르로 보는 해석도 있다. 하지만 오도아케르는 로물루스 아우구스투스를 폐위시켰지만 서로마 제국의 여러 왕국으로부터 명목상의 황제

로물루스 황제가 오도아케르에게 황제의 관을 바치는 모습. 19세기 작가 미상의 그림

1870년 스당 전투에서 항복한 나폴레옹 3세가 빌헬름 1세에게 칼을 바치고 있고 이를 비스마르크와 재복가 지켜보고 있다. 석판화

지위조차 인정받지 못했다. 이와 달리 로물루스 아우구스투스는 재위 당시 서로마 황제의 휘장을 정식으로 사용했고 오도아케르가 반란에 성공한 후 로물루스 아우구스투스의 황제 휘장을 동로마 제국으로 보냈다는 점에서 로물루스 아우구스투스가 서로마 제국의 마지막 황제라고 할 수 있다. 마지막 황제가 누군지에 대한 이견이 존재할 만큼 서로마 제국 말기의 황제는 허울뿐인 존재였다. 황제직 찬탈이 반복되던 제국은 결국 몰락하게 되었다.

마지막 서로마 제국의 마지막 황제가 폐위된 지 딱 1394년 후인 1870년 9월 4일에는, 프랑스 제국의 마지막 황제 나폴레옹 3세가 폐위되었다. 나폴레옹 3세의 인기는 1850년대에 높았다가 1860년대 들어 재정 문제에 휩싸이며 하락했다. 나폴레옹 3세는 비스마르크의 이른바 엠스 전보 사건에 분개하여 프로이센에 먼저 전쟁을 선포했다가, 직접 출전한 스당 전투에서 프로이센군의 포화를 견디지 못해 항복하고 포로로 붙잡히고 말았다. 프랑스는 나폴레옹 3세를 폐위하고 제정을 종식하며 프로이센군에 대항했으나 파리의 함락을 막지는 못했다. 다시 채택된 프랑스 공화정은 제3공화국, 제4공화국, 제5공화국으로 150년 이상의 역사를 이어가고 있다.

제정이나 왕정은 지배자의 세습을 기본으로 하고 공화정은 그렇지 않다는 차이가 있으나, 역성혁명이 아니더라도 한 왕조에서 세습에서 벗어난 왕위 계승은 종종 있었다. 지배자의 세습 여부보다 더 중요한 왕정과 공화정 간 차이는 지배자가 1인인지 아니면 집단인지에 있다.

권력 행위자를 크게 1인자, 엘리트, 대중으로 구분할 수 있다. 물론 완전한 집단 지도 체제에서는 1인자가 엘리트 집단의 한 구성원에 불과하고, 또 완전한 1인 독재 체제에서는 엘리트 역시 대중과 다를 게 없다.

1인자, 엘리트, 대중의 3중 권력 구조

하지만 비록 존재감이 미미하더라도 1인자 지위는 존재하고 또 대중과 구별되는 엘리트 집단도 있게 마련이므로 권력 행위자는 1인자, 엘리트, 대중 세 가지로 구성된다고 볼 수 있다.

개인 차원의 권력 서열은 1인자, 엘리트, 대중의 순이다. 그런데 행위자 수는 대중, 엘리트, 1인자의 순이므로 집합적 차원의 권력 서열이 늘 1인자, 엘리트, 대중의 순이라고 말할 수는 없다. 봉건 체제의 집합적 권력 서열이 1인자, 엘리트, 대중의 순이라면 민주 체제에서의 집합적 권력 서열은 대중, 엘리트, 1인자의 순이다.

1인자, 엘리트, 대중 간 연대의 경우의 수는 1인자-엘리트 연대, 엘리트-대중 연대, 1인자-대중 연대의 세 가지다. 이 가운데 엘리트-대중 연대는 찾기 어렵다. 엘리트끼리 서로 협력한다는 '엘리트 간 연대'로 민주 정치의 안정성을 도모하는 협의제consociationalism에서는 엘리트가 자신의 소속 집단 이익을 적극적으로 반영하고 대표하는 엘리트-대중 연대를 전제한다. 하지만 이 엘리트-대중 연대는 전체 엘리트와 전체 대중 간의 연대가 아니다. 진정한 엘리트-대중 연대는 1인자만 배제하는 것이기 때문에 보편적인 현상이 아니다.

오히려 1인자-엘리트 연대가 쉽게 관찰된다. 선출인단 이론에 따르면 권력자의 주요 기반은 혜택을 제공하는 대가로 충성을 받아내는 지배 연합의 구축이다. 이 지배 연합이 1인자-엘리트 연대의 예다.

여기서 주목하고자 하는 보편적인 연대는 1인자-대중의 연대다. 고대 로마의 공화정이 엘리트와 대중 사이의 경계를 뚜렷이 하였다면, 제정은 1인자와 엘리트 간 경계를 높게 만들었다 할 수 있다. 근대 프랑스에서 왕정이 무너지고 공화정이 도입되면서 1인자, 엘리트, 대중 사이의 두 가지 경계가 모두 무너질 것으로 기대했지만 실상은 그렇지 않았다. 대중은 1인자-엘리트 간 경계가 무너지면서 엘리트-대중 간 경계가 오히려 더 강화된다고 느꼈고, 따라서 대중과 연대한 1인자를 내세우면 엘리트-대중 간 경계를 낮출 수 있다고 기대했다. 즉 대중은 1인자-엘리트 간 구분을 전제로 하는 제정을 지지한 것이다. 고대 로마와 근대 프랑스 모두 소수 엘리트가 지지한 공화정은 다수 대중이 지지한 제정으로 대체되었다. 그러다 제정 말기 들어 1인자가 대중을 제대로 챙겨주지 못하면서 1인자-대중의 연대가 약해졌고 제정은 외부 세력의 공격에 붕괴하고 말았다.

예나 지금이나 독재 정권 출범 당시에는 소수에게 많이 뺏어 다수에게 조금씩 나누는 방식을 취한다. 이는 1인자-대중의 연대다. 시간이 흘러 정권 유지 시기에는 다수에게 조금씩 뺏어 소수에게 많이 나누는 방식을 채택하는 경향이 있다. 주로 무력이나 여론을 장악한 소규모 지배 집단에게만 혜택을 주며 권력을 유지한다. 이는 1인자-엘리트의 연대다.

이에 비해 민주 국가에서는 소규모 지배 집단만 챙길 때 정권 장악이나 연장이 쉽지 않고, 또한 엘리트와 대중 간 혜택 격차를 크게 유지할 수 없다. 1인자를 지향하는 지도자든 정권을 쟁취하려는 정파이든 더 많은 대중을 대표하려 경쟁한다. 다만 제도 변경의 게임에서 대중성이 있는 정치인을 확보한 측에서는 대통령제를 주장하고, 그렇지 않은 측에서는 의원내각제를 주장할 뿐이다. 현대 민주주의에서 대중주의와 엘리트주의는 자신을 잘 대표하는 정치인이 대통령인지, 아니면 지역구 국회의원인지에 따라 구분하기도 한다.

종종 1인자는 대중이 생각하는 이상으로 정치 엘리트를 혐오하기도 한다. 1인자는 엘리트보다 대중과의 연대를 중시하고 대중에 의존하려 하며, 이를 통해 엘리트의 부적절한 관여를 무력화시킬 수 있다. 대한민국에서도 1인자에게 권력을 몰아주는 구조로의 개헌에는 모두 대중의 동원 또는 동조가 있었다. 이와 달리 엘리트와 대중, 누구와도 연대하지 않으려는 1인자는 정치적 경쟁력이 낮을 수밖에 없다. 대통령을 포함한 1인자가 민심대중의 지지에서 멀어지면 권력의 기반 자체를 잃는 것이다.

나폴레옹 3세, 노동자 파업권을 최초로 인정하다.

나폴레옹 3세는 젊었을 때 사회주의 운동에 적극적으로 가담했다. 세계 최초의 노동자 파업권 인정은 그의 치세 때 나왔다. 물론 제한적인 파업권이었고 또 그가 파업권을 인정하지 않으려 했다는 주장도 있지만 정치 엘리트보다 대중에게서 인기를 얻으려 노력했음은 분명하다. 나폴레옹 3세는 정치 엘리트와 거리를 두고 대신 다른 전문가들을 중용하여 산업 및 도시 개발에 집중했다. 이처럼 제정 초기에는 공화정과 달리 1인자가 대중과의 연대를 중시한다고 말할 수 있다.

제왕적 대통령제

대한민국大韓民國, Republic of Korea은 헌법과 국호에 공화정을 명기하고 있다. 그런데 한국 대통령 앞에 종종 '제왕적'이라는 형용사가 붙는다. 한국 대통령은 제왕적이지 않다는 주장도 있지만, '제왕적 대통령제Imperial presidency'라는 용어를 처음 본격적으로 사용한 아서 슐레징거가 언급한 미국 대통령제에 비하면 한국 대통령제는 헌법 조문과 정치 문화의 측면 모두에서 대통령 1인에 권력이 매우 집중된 제왕적 대통령제다. 단임제라는 점 말고는 매우 제왕적이다. 그런 맥락에서 대통령제를 공화정보다는 제정에 가까운 권력 구조로 보고, 대통령제 대 의원내각제 논의를 제정 대 공화정 논의로 전개하기도 한다. 디지털 시대에는 공화정이 강화될 것 같지만 오히려 약해지는 경향도 아울러 존재한다. 중국이나 러시아에서처럼 권력자가 인터넷을 통제할 수 있을 때는 제정적 성향이 강화된다.

다른 한편으로 한반도에는 오늘날 세계에서 찾기 힘든 독보적인 1인 지배 체제가 있다. 바로 북한이다. 만일 조선민주주의인민공화국Democratic People's Republic of Korea이라는 이름에 걸맞게 인민을 챙기지 못해 내부 민심이 이반하고 외부 세력의 압력마저 더해진다면, 1인 지배 체제는 위험하게 된다. 체제 유지를 위해 민심을 더 헤아려야 할 쪽은 1인 지배자다.

86. 노변담화_대중과 소통하다

1933년 2월 미국 은행들이 예금 인출 사태를 겪기 시작하자, 3월 6일 루스벨트Franklin Delano Roosevelt 미국 대통령은 은행 영업을 정지시켰고, 9일 미국 연방 의회는 비상은행구제법Emergency Banking Act, EBA을 통과시켰다. 1933년 3월 12일 일요일 밤 10시 백악관에서 루스벨트가 라디오로 13분짜리 담화문을 발표했다. 루스벨트의 라디오 담화 다음 날인 13일, 영업을 재개한 은행들의 예금 인출 사태는 진정되었다. 미국 국민은 개인적으로 보관하고 있던 현금을 은행에 예치했고, 미국의 증권 시장은 폭등을 기록했다.

은행 영업 정지 전의 미국 상황은 너도나도 예금 인출에 나서며 금융 시장 파탄의 길로 나아가고 있었다. 예금은 은행 파산 전에는 인출이 가능하지만, 파산 후에는 제대로 돌려받을 수 없다. 당시 대공황 상황에서 은행들의 파산 가능성이 거론되었고, 예금을 바로 인출하지 않았다가는 날릴 수 있다는 판단에 너도나도 먼저 인출하려 했다.

예금주들이 불필요한 자금을 인출하지 않아야 금융 시장은 정상화된다. EBA 및 그 후속 조치와 같은 제도적 장치만으로는 충분하지 않았다. 국민의 불안 심

1933년 2월 28일 미국의 한 은행 현관 앞에서 예금주들이 예금 인출 제한에 반발하고 있는 모습

1933년 3월 12일 미국 백악관에서 첫 노변담화를 행하는 프랭클린 루스벨트 대통령

리를 잠재울 대책이 필요했다. 이에 루스벨트는 라디오로 직접 국민에게 호소했고, 미국 국민은 루스벨트의 담화를 진솔하게 받아들였으며, 예금 인출 사태는 해결되었다.

1933년 5월 7일 일요일 밤 라디오 방송에서 루스벨트는 뉴딜 정책에 대해 설명했다. 방송 직전 미국 컬럼비아방송사 CBS가 이를 두 번째 노변담화爐邊談話, fireside chat로 부르면서 이후 루스벨트 대통령의 라디오 연설 이름은 노변담화가 되었다. 노변담화는 1933년 3월부터 1944년 6월까지 총 30차례에 걸쳐 짧게는 11분유럽 전쟁과 관련된 1939년 9월 방송, 길게는 45분무기한 국가 비상 상태 선포에 관련된 1941년 5월 방송 동안 방송되었다. 평균 청취율은 평시에 약 20%, 전시에 약 60%로 집계되었다.

물론 루스벨트나 미국 국민이 실제로 화로火爐 옆에 앉아 말하거나 들은 것은 아니다. 마치 늦은 밤 화로 옆에서 대화를 나누는 분위기라는 의미에서 노변담화로 불렀다. 루스벨트의 노변담화는 대통령과 국민을 각기 'I'와 'you여러분'로 지칭하였다. 권위적이지 않으면서 일반인이 이해하기 쉬운 말투였다. 담화 내용 또한 국정에 관한 중요한 정보 그리고 국민에 대한 격려와 부탁으로 채워져 있었다.

노변담화는 거짓 소문을 가라앉히고 정부 정책에 대한 국민의 이해와 수용을 이끌어 루스벨트에 대한 미국 국민의 신뢰를 높이는 데 크게 보탬이 되었다. 노변담화를 청취한 미국 국민은 자신이 개인적으로 루스벨트와 친밀한 관계라거나 정책 결정 집단의 일원이라는 착각을 했다고 평가된다. 루스벨트가 결혼 생활 등 여러 문제점을 안고 있었으나 미국에서 독재자에 버금가는 전무후무한 네차례 대통령 선출의 배경에는 노변담화가 있었던 것으로 보기도 한다. 이후 미국 대통령들은 대 국민 담화를 국정 수행의 중요한 수단으로 받아들이기 시작했다. 도널드 트럼프Donald Trump가 대통령 당선 이후에도 트위터를 계속했던 이유는 대통령 당선 과정에서뿐 아니라 대통령직 수행에도 도움이 된다는 판단 때문이었을 것이다.

전략과 상식의 세계사

루스벨트의 첫 노변담화

친애하는 국민 여러분, 나는 은행에 대해 몇 분간 이야기를 나누고 싶습니다. 은행 메커니즘을 잘 이해하는 소수의 국민뿐 아니라, 특히 단순히 은행에 돈을 넣고 빼는 대다수 국민과 말입니다. 최근 며칠 동안 어떤 조처가 이뤄졌고 또 왜 그렇게 했는지 그리고 앞으로 어떻게 진행될지 말하고 싶습니다. … 우리나라 금융 시스템의 재정비에서 돈보다 또 금보다 더 본질적인 요소가 있습니다. 바로 국민 신뢰입니다. 신뢰와 용기가 우리 계획의 성공에 본질적인 요소입니다. 국민 여러분은 믿음을 가져야 합니다. 소문과 의혹에 선동되지 말아야 합니다. 합심하여 공포를 떨쳐냅시다. 우리나라 금융 시스템을 복구할 제도가 마련되었습니다. 그걸 작동하게 하는 것은 여러분의 몫입니다. 그것은 내 문제이면서 여러분의 문제입니다. 함께라면 실패할 리 없습니다.

사실 미국 대통령의 첫 라디오 연설은 루스벨트의 노변담화가 아니다. 루스벨트의 전임자인 허버트 후버 대통령은 1929년과 1931년에 걸쳐 라디오 연설을 했다. 다만 후버는 내용이나 분위기에서 국민을 설득하는 정도가 루스벨트보다 못했을 뿐이다.

루스벨트 자신도 대통령직에 오르기 전에 이미 라디오 연설을 한 바 있다. 루스벨트는 뉴욕 주지사 시절인 1929년 4월 3일 처음으로 라디오 담화를 방송했다. 당시 뉴욕주 의회는 반대 정파인 공화당이 다수당이었는데, 루스벨트는 자신이 원하는 법안이 주 의회에서 통과되도록 뉴욕 주민들이 의원들에게 직접 압력을 행사해 달라고 호소했다. 대통령 시절의 노변담화도 당시 미국 신문들이 공화당 의견에 가까운 의견을 내던 상황에서 나왔다. 즉 국민과의 대화 필요성은 엘리트의 협력을 얻지 못할 때 더욱 체감되는 것이다.

엘리트를 거치지 않고 다수의 대중에게 직접 호소하는 방식은 라디오 개발로 더욱 효과적일 수 있었다. 노변담화가 시작된 1933년 3월은 독일에서 파울 요제프 괴벨스가 라디오 방송을 우정국 산하에서 계몽선전부 산하로 옮겨 직접 관장하기 시작한 시절이다. 아돌프 히틀러의 연설은 라디오를 통해 독일 국민에게 생생히 전달되었다. 라디오는 히틀러와 독일 대중을 연결하는 주요한 매체 가운데 하나였다. 루스벨트나 히틀러 모두 대중의 지지를 받기 위해 라디오를 적극적으로 활용한 1인자라는 공통점이 있다. 다만 루스벨트의 라디오 활용은 소통의 수단으로, 히틀러의 것은 선동의 수단으로 구분되고 있을 뿐이다.

사실 소통과 선동은 작동 방식에서 매우 유사하다. 그래서 같은 광장의 정치를 두고 옹호하는 사람들은 소통으로, 비판하는 사람들은 선동으로 부른다. 하지만 소통과 선동은 여러 점에서 서로 다르다. 소통은 선동과 달리 쌍방향성을 전제한다. 선동이 대중에게 일방적으로 전달되는 것이라면, 소통은 대중으로의 방향뿐 아니라 대중에게서 나오는 방향을 포함한다. 소수의 의견을 무시하고 다수에게서 나오는 의견만을 중시하는 것 또한 올바른 소통이 아님은 물론이다. 다수의 뜻을 중시하되 소수의 의견도 반영하는 것이 소통이다. 소수의 생각도 그 크기만큼 반영하는 것이 소통이라면, 선동은 대체로 겉으로 드러난 다수 의견을 전체 의견으로 단정한다. 또 소통이 갈등을 해소하려는 행위라면, 선동은 '배 아픔의 심리'를 이용하는 행위다. 그래서 소통은 국민 화합을 지향하는 반면, 선동은 국민 증오심을 부추겨 이를 이용한다. 소통과 달리 국민의 뜻을 왜곡하는 선동에는 언젠가 후폭풍이 뒤따르게 마련이다.

대통령과 국민 간의 소통은 대통령 당선 전보다 취임 후에 더욱 필요하다. 국가 지도자는 루스벨트 노변담화처럼 자신에 대한 국민의 신뢰 수준을 소통으로 높여야 한다. 소통과 리더십 방식은 정보 기술 발전에 따라 진화할 수밖에 없는데, 오늘날의 방식은 쌍방향 기능이 강화된 것이라 그 운용이 단순하지 않다. 국가 지도자는 제도적 조치가 동반된 합리적 설득으로 국민의 협력과 통합을 이끌어 국정을 운영해야 한다.

87. 국민 투표_대중에게 결정권을 주다

공식적으론 프랑스 식민지 지위가 아니었고 프랑스에 속했던 알제리가 독립한 시점은 제2차 세계대전이 끝난 지 17년이 지난 1962년이었다. 알제리 독립 문제는 당시 프랑스 국내 정치의 심각한 갈등 요소였다. 프랑스 군부와 알제리 거주 프랑스인의 지지를 받아 1959년 프랑스 대통령에 취임한 샤를 앙드레 조제프 마드 드골이 알제리 독립을 추진하자 그의 지지자들은 거세게 반발했다.

1958년 9월 개헌 국민투표에서 승리한 다음 달 드골이 알제리를 방문하고 있다.

에 대한 드골의 전략은 국민 투표였다.

1961년 1월 8일 "알제리 주민의 자치 및 알제리 통치 기구에 관한 프랑스 대통령의 제안을 승인하느냐?"를 묻는 프랑스 국민 투표에서 75%가 찬성했다. 다음 해 에비앙 협정알제리 전쟁 휴전에 관한 4월 국민 투표와 알제리 독립에 관한 7월 국민 투표알제리 거주 프랑스인 참여에서 드골의 제안이 모두 통과됨에 따라 알제리는 프랑스에서 마침내 독립하였다.

드골은 1958년 제5공화국 헌법 도입에 관한 국민 투표를 시작으로 여러 차례 자신의 정책 추진 동력을 국민 투표로 끌어올렸다. 1962년 9월 드골은 대통령 직선제를 내용으로 하는 헌법 개정을 추진했는데, 10월 초 의회가 불신임 표결을 하자 드골은 의회를 해산하였다. 10월 말 국민 투표에서 대통령 직선제 헌법은 63%의 찬성으로 통과되었다. 1965년 12월 선거에서 드골은 7년 임기로 다시 대통령에 당선되었다.

국민 투표가 권력자에게 만능은 아니다. 드골의 정계 은퇴 역시 국민 투표에 의해 이루어졌다. 1969년 드골은 상원과 지방 정부에 대한 자신의 개혁안이 국민 투표를 통과하지 못하면 대통령직에서 사임하겠다고 밝혔다. 고령의 드골을 사임시킬 필요성에 공감하던 프랑스 유권자들은 국민 투표에서 반대 표를 던졌고 드골은 자신의 제안이 48% 대 52%로 받아들여지지 않자 결국 사임했다.

1969년 국민 투표는 드골이 정치적 난국을 타개하려고 실시했으나 오히려 역풍을 맞은 사건으로 보기도 한다. 국민 투표로 흥한 자가 국민 투표로 망했다는 평가다. 사실 드골은 자신의 진퇴 여부를 국민 의사에 따라 결정하고 싶었을지도 모른다. 독선적이라는 비판과 동시에 공사를 구분하고 강직하다는 평가를 받는 드골은 권력을 장악하거나 연장할 때뿐 아니라 물러날 때도 국민 의사를 확인하여 결정한 것이다. 권력의 근원을 국민에게서 찾는 일관성을 보여주었다.

국민 투표는 헌법의 규정 여부에 따라 다른 명칭을 부여받기도 하는데, 나라마다 시대마다 다른 의미로 사용된다. 그만큼 국민 투표는 매우 정치적인 속성을 지녀 1인자가 사용할 수 있는 전략 가운데 하나다. 1인자가 엘리트 집단과 권력을 공유할 수 없을 때 의존할 수 있는 대상은 국민이기 때문이다.

국민 의사를 확인하고 이에 따라 국가 정책을 결정하는 국민 투표는 궁극적으로 어떤 의견이 다수이고 어떤 의견이 소수인지를 판정하는 절차다. 종종 자신의 의견만이 국민 의사라고 주장하는데, 말 없는 다수 대신 목소리 큰 소수의 의견이 국민 의사인 양 잘못 받아들여지기도 한다. 이에 정확한 국민 의사를 확인하기 위해 국민 투표를 시행한다.

어느 정도 다수의 의견을 국민 의사로 볼 수 있을까? 프랑스의 혁명 발발 후 첫 국민 투표는 모든 성인 남성이 참가하는 보통 선거였고 99%의 찬성으로 헌법을 채택했는데, 사실 투표율은 26%에 불과했다. 더구나 그 헌법은 혁명의 와중이라 작동하지도 못했다.

독일-오스트리아 합병에 관한 국민 투표를 앞두고 1938년 3월 비엔나에서 히틀러가 연설하고 있다.

다수의 의사로 확인된다 해서 모든 사안이 다 받아들여져서는 안 된다. 8월 2일 힌덴부르크 독일 대통령이 사망하자, 아돌프 히틀러는 독일 권력을 한 손에 쥐었다. 1934년 8월 19일, 히틀러는 국민이 이를 승인하는지 국민 투표에 붙였다. 투표율이 95.7%이었고, 찬성 비율은 88.1%이었다. 이 국민 투표는 히틀러가 총리직과 대통령직을 겸직하여 절대 권력을 갖는 합법적 근거로 이용되었다. 이처럼 일시적 다수에게 무한한 권한을 부여하면 국민 투표 역시 독재 권력을 정당화하는 도구에 불과하다. 그래서 제2차 세계대전 종전 직후, 강력한 전체주의적 독일 정권의 재등장을 원치 않은 연합국은 비례대표제 중심의 정치 제도를 독일에 도입했다.

대한민국에서도 1972년 유신 헌법은 국민 투표로 채택되었다. 1975년 박정희 대통령은 유신 헌법의 존속을 국민 투표에 부치고 그 결과를 자신에 대한 신임 투표로 받아들이겠다고 밝혔다. 2월 12일 실시된 국민 투표에서 80%의 투표율, 73%의 찬성률이라는 선관위 공식 집계로 유신 헌법은 존속으로 가결되었다. 유신 헌법의 도입과 존속 모두에서 다수의 찬성이 있었지만, 다수가 소수의 기본권까지 박탈할 수 있는 권한까지 부여받은 것은 아니었다.

현행 헌법 제72조는 대통령이 필요하다고 인정할 때는 외교, 국방, 통일 기타 국가 안위에 관한 중요 정책을 국민 투표에 부칠 수 있다고 규정하고 있다. 2003년 10월 노무현 대통령은 자신에 대한 재신임 국민 투표를 12월에 실시하자고 제안했는데, 2004년 헌법재판소는 현행 헌법이 대통령의 재신임 국민 투표를 허용하지 않는다고 결정했다. 중요 정책이든 재신임이든 국민 투표에 무관심한 국민을 어떻게 이끄느냐에 따라 국민의 뜻은 다르게 나타날 수 있는 것이다.

88. 돌아가는 삼각지_공공 건축물로 다수를 만족시키다

대체로 지배 연합이 사유재적 특권을 제공하여 유지되는 것이라면, 일반 지지층은 공공재적 서비스로 유지된다. 여기서 말하는 공공재와 사유재는 각각 공익과 사익이 아니라, 비경합적 · 비배제적 서비스와 경합적 · 배제적 서비스를 의미한다. 대다수를 만족시키려면 나눠주기식 사유재가 아니라, 모두에게 제공될 공공재적 서비스를 추진할 수밖에 없다.

공공재적 서비스의 대표적 예는 공공 건축물이다. 서울시의 사례를 보자. 2015년 12월 크리스마스 페스티벌 첫날인 12일, 청계천 복원 10주년을 기념하여 이명박 전 대통령이 직접 인솔하는 투어가 있었다. 같은 날 밤 24시를 기해 서울역 고가 도로는 박원순 서울시장이 추진하는 공원화 사업을 위해 차량 통행이 전면 금지됐다.

종종 이명박 시장의 청계천 복원 사업과 박원순 시장의 서울역 고가 공원화 사업이 비교되곤 했다. 고가 도로를 철거 또는 폐쇄하여 공원화하는 조성 방식, 지역 상인 및 중앙 정부의 공원화 반대 의견, 차기 대권 주자이면서 야당 소속 서울시장이라는 사업 주체, 대통령 선거 1~2년 전의 완공 시점 등에서다. 두 사업 모두 정치적 목적으로 추진되었다는 주장이 제기된 바 있다.

무릇 정치는 동원으로 세력화되고, 정치적 동원은 감성으로 동력화되며, 원

1969년 일부 구간이 완공된 청계 고가 도로의 모습. 2003년 7월 1일 청계천 복원 공사 기공식. 청계천 복원 사업은
고가 도로는 박정희 정부의 공공재적 서비스로 유 이명박 서울시장의 공공재적 서비스로 유권자들에게 받아들여
권자들에게 받아들여졌다 서울시청 서울도시계획 관 졌다.
련 사진집.

초적 감성은 보이는 걸로 증폭된다. 눈에 보이는 토목 구조물이 정치적 상징 효
과를 가지는 근거다.

　고가 도로의 해체가 정치저 상징 효과를 가진다면, 마찬가시로 고가 도로의
건설도 정치적 상징 효과를 가졌다는 의미다. 청계 고가 도로는 박정희 대통령
의 재선 직후인 1967년 광복절에 착공해 1969년 3월에 일부 구간인 삼일고가
도로가, 또 1971년 광복절에 전체 구간이 개통 추가 구간은 1976년 광복절에 완공되었다.
서울역 고가 도로는 박정희 대통령의 3선 직전인 1970년 광복절에 개통하였다.

　고가 도로는 시민들이 도시 한복판에서 체감할 수 있는 산업화의 가시적 조형
물이었다. 대한민국 최초의 고가 도로는 1967년 12월 27일 개통된 삼각지 입체
교차로다. 1967년 대통령 선거 직전에 착공해 그해 말에 개통했다.

　'삼각지'란 명칭은 일제가 경부선 철도와 한강로를 개설하면서 생긴 한강, 서
울역, 이태원 방면의 세 가지 길에서 유래한다. '철의 삼각지'와 같은 세모 모양
땅의 의미가 아니라, 길이 세 곳으로 나뉘어 각이 3개인 땅이라 그렇게 불렸다.
1994년 철거된 입체 교차로는 오늘날 삼각지에서 볼 수 없다.

경복궁과 조선 총독부, 그리고 나폴레옹 3세의 파리 개조

조선 총독부는 경복궁의 중심인 근정전 바로 앞에 총독부 청사를 건립했다. 이런 일제 강점기 건축물들은 한국인의 마음을 얻지 못했다. 1945년 광복 직후 총독부 청사는 독립 선포와 제헌 국회1948~1950의 터전이 되었다. 대한민국 중앙청1962~1970과 국립중앙박물관1986~1996으로 사용되다 광복 50주년인 1995년 광복절에 철거가 시작되어 1996년 11월에 완료되었다. 상징 효과는 하나의 건축물뿐 아니라 건축물 간의 배치로도 추구할 수 있다. 북악산, 총독부 청사, 경성부 청사서울시 청사, 조선신궁남산 신사의 배치를 하늘에서 내려다보면 대일본大日本이라는 한자어를 형상화한 모습이라는 주장이 제기되기도 했다. 건축 당시의 실제 의도와 관계없이 그런 말이 회자되는 자체가 정치적 파급 효과를 갖는다. 계획적으로 조성된 근대 도시는 파리가 처음이다. 나폴레옹 3세는 즉위하자마자 파리 개조 사업에 착수했는데, 불로뉴 숲 공원을 파리시에 양도하고 미술 전시회에도 관여하는 등 시각적 효과를 중시하였다. 그러다 1870년 9월 프로이센과의 전쟁에서 포로로 잡히고, 1871년 1월 자국 베르사유 궁전에서의 독일 제국 선포식을 감수해야 하는 수모를 겪었다. 프랑스 제3공화정이 모멸적 패전에서 받은 국민의 정신적 충격을 위안하려던 그 수단 또한 건축물이었다. 바로 몽마르트 언덕 위의 사크레쾨르 성당이다. 국민 모금으로 30여 년에 걸쳐 건축되었으며 제1차 세계대전에서 독일이 항복한 직후 헌당식을 치렀다.

1871년 프랑스가 프로이센에게 모멸적으로 패전한 후 건축에 착수하여
1914년 독일 항복 직후에 헌당식을 치른 사크레쾨르성당

삼각지 입체 교차로 이전에 만들어진 가요 '돌아가는 삼각지'는 입체 교차로 개통과 함께 덩달아 인기를 얻었고, 곧이어 같은 이름의 영화도 상영되었다. 대중문화에서 '돌아가는 삼각지'를 소재로 다루면서, 기획되었건 그렇지 않건 삼각지 입체 교차로는 서울 시민뿐 아니라 국민 전체에 체감되는 토목 구조물이 되었다.

삼각지, 서울역, 청계천, 경복궁에 이르는 도심의 구조물은 정치적 상징 효과에 따라 변천했다. 특히, 경복궁은 조선 왕조가 출범한 직후 역성혁명을 가시화했던 건축물이다. 왕자의 난을 비롯한 여러 정변으로 바로 왕궁으로 활용되지 못하다 태종과 세종에 이르러 왕궁으로 자리 잡았다.

조선 개국의 상징물 경복궁은 조선 왕조 패망 무렵에도 활용이 시도되었다. 각종 개혁으로 민심을 얻던 흥선대원군은 임진왜란 때 파손돼 방치되던 경복궁을 1865년부터 1872년까지 중건했다. 왕족 중심 권력 구조로의 상징 효과를 노린 것이었다. '원해서 내는 기부금'이라는 뜻의 원납전願納錢을 거두었으나, 실제로는 강제 징수로 백성의 원성을 사서 원납전怨納錢으로 불렸다. 또 흥선대원군은 당백전을 발행했고 이에 따라 물가가 폭등했다. 경복궁 중건은 사업 추진 과정에 있어 흥선대원군의 권력 기반을 강화하기도 했지만, 토목 공사에 따른 국가 재정난이 1873년 흥선대원군 실각의 주요 요인으로도 작용했다.

정치적인 공간 배치에는 광장이 포함된다. 광장은 민주 정치와 대중 정치의 상징 공간이다. 광장은 고대 그리스와 로마의 정치에서 중요 기능을 수행했다. 봉건 시대와 식민 시대의 광장은 지배층에 불편한 장소였다. 전체주의 체제에서는 오히려 광장이 필요했다. 히틀러, 무솔리니, 스탈린 등이 건축한 도시에는 광장이 매우 중요한 위치를 차지하고 있다.

집회와 선동이 주요 정치 수단인 북한 체제에서도 광장은 필수 구조물이다. 그런데 6 · 25 전쟁 이전의 평양은 상징 효과를 얻을 수 있는 도시 구조가 아니었다. 전쟁 와중에 미군 전투기의 폭격으로 도시 전체가 파괴됨으로써 비로소 체계적으로 도시 전체를 설계할 수 있었다. 평양의 도시 모형은 김일성 광장을 중심으로 부도심으로 기능하는 여러 광장 간의 연결이다.

북한의 광장은 기념탑이나 동상 건립으로 선전 효과를 높였다. 상징 효과의 극대화를 위해 대형화했다. 15만 명의 수용 능력을 자랑하는 평양 5·1경기장은 잠실종합운동장의 2배가 넘는 세계 최대 규모다. 류경호텔 또한 105층의 세계 최대 호텔로 추진되었다. 대동강 변의 주체사상탑은 170m로 세계에서 가장 높은 석탑으로 만들어졌다. 김일성 동상 또한 인물 입상 가운데 세계에서 가장 크고 가장 많은 것으로 알려져 있다.

북한 체제에서는 공원과 유원지도 정치적 기능을 한다. 공장의 공원화 사업은 노동자 천국 이미지를 위해서다. 1977년에 개장한 대성산 유희장은 1973년 개원한 서울 어린이대공원을 의식하여 조성되었음은 물론이다. 전란과 경제난에도 불구하고 북한 정권이 70년 이상 권력을 유지하고 있다는 사실은 그만큼 체제의 상징 효과가 오늘날까지 지대했음을 의미한다.

토목 구조물은 일종의 공공재다. 공공재의 비경합성, 즉 누가 누린들 다른 사람이 누리는 데 지장을 주지 않는다는 점에서 사회적으로 효율적인 재화다. 그래서 다수가 누릴 수 있는 장소에 세워졌다. 만일 토목 구조물을 누리는 사람 수와 빈도가 낮다면, 이는 비효율적인 재원 집행에 해당한다. 어떤 경우엔 비싼 토목 공사보다 복지 수당이 더 효율적일 수 있다. 현금은 부의 누수가 작은 효율적인 가치 이전이기 때문이다.

정치적 목적으로 추진되는 사업은 허다하다. 특히 지방 선거가 도입된 이래 선거를 의식한 지방자치단체장의 정치성 사업은 매우 많아졌다. 정치적 의도가 있다고 무조건 나쁘게 볼 필요는 없다. 사실 인기 영합은 국민을 만족시키려는 노력이라는 점에서 민주주의에 충실한 태도다. 유권자 표를 얻으려는 정치적 행위가 기만 없이 유권자 다수를 장기적으로도 만족시킬 수 있다면, 정치 공학이라 불리더라도 민주주의와 부합하는 행위다. 공공서비스는 공공재든 사유재든 적은 비용으로 큰 효과를 내는 방식으로 추진되어야 한다.

89. 음악 다운로드와 조리돌림_모두가 누려 아니면 우리만 누려

공공재는 재화 생산에 이바지한 자와 이바지하지 않은 자 모두 누릴 수 있으므로 공공재의 생산 비용을 직접 부담하려는 사람이 적다. 이렇게 무임승차가 많아지면 공공재는 생산되기 어려울 수 있다. 이를 피하려 공공재적 혜택 대신에 클럽재적 혜택을 운용하기도 한다. 클럽재는 경합적이지 않다는 점에서 공공재와 같으나, 혜택을 누릴 자와 그렇지 못할 자를 구분한다는 점에서 공공재와 다르다. 클럽재 정치는 상대편과 우리편, 즉 피아彼我를 구분한다.

라디오헤드의 〈인레인보우〉 앨범 커버

2007년 10월 10일, 영국의 록밴드 라디오헤드Radiohead는 자신의 일곱 번째 스튜디오 앨범 〈인레인보우In Rainbows〉를 특이한 판매 방식으로 출시하였다. 누구나 라디오헤드 웹사이트에서 다운로드할 수 있되 요금은 이용자 마음대로 정해 지불하는 방식이었다. 무료 다운로드가 가능했기 때문에 공공재적 마케팅으로 볼 수 있다. 다만, 무료로 다운로드받는 소비자에게는 금액란에 '0'을 입력하게 하여 무료 다운로드에 약간의 부담감을 느끼게 하였다.

약 두 달 동안 진행된 다운로드 판매 방식에서 유료 소비자는 절반 정도였다.

이를 두고 무료 다운로드라는 공공재적 마케팅이 성공했다는 평가도 있지만, 사실 〈인레인보우〉 앨범은 출시 전부터 특이한 판매 방식에 관한 언론 소개로 대중의 주목을 받아 성공한 측면이 더 컸다. 즉, 마케팅 성공은 다른 부수 효과에 의한 것이었지, 무료 다운로드라는 공공재적 마케팅에 의한 것은 아니었다.

상품 가격을 소비자가 마음대로 정해 매매하는 방식은 'PWYW Pay What You Want'라고 한다. PWYW는 인류 역사에서 오랫동안 등장해온 마케팅인데, 조선 시대 길거리 이야기꾼 전기수傳奇叟와 오늘날 유행하는 버스킹busking 모두 그런 예다.

PWYW 판매 방식으로 성공한 상품은 전부 비경합적 재화다. 음악도 다운로드받는 사람이 한 명이건 1억 명이건 판매자의 총생산비에는 별 차이가 없다는 점에서 비경합적 서비스다. 한계marginal 생산비용이 적은 클럽재는 비록 무료 판매가 많더라도 유료 판매도 늘기만 하면 그만큼 생산자 이윤이 증대된다.

대규모 이윤은 비경합적이라는 이유만으로 창출할 수 있는 것은 아니다. 무임승차를 하지 않으려는 소비자가 많아야 한다. 무료 다운로드 대신에 유료 다운로드 옵션을 선택한 소비자는 음악 다운로드 행위를 소비消費에 그치지 않고 소유 또는 정체성으로 확대하여 해석했을 수 있다. 여기에는 생산비용을 직접 부담하여 질 좋은 재화의 생산에 기여한다는 의식까지 포함된다. 따라서 PWYW로 거래되는 서비스가 유료 소비자에게는 클럽재로 재분류될 수도 있다. 클럽 소속감은 클럽의 다른 회원과 함께한다는 동조 심리 그리고 클럽 외부인과 다르다는 차별 심리 또는 스놉snob, 고상한 체하는 자 심리로 구성된다. 이 두 가지 심리가 상대편과 우리편, 즉 피아를 구분하는 것이다.

얼리 어답터early adopter, 얼리 테이스터early taster, 팬심fan心, 신앙심, 선민의식, 시민 의식 등으로 연결되는 각종 활동 참여는 클럽재 구매로 해석될 수 있다. 실제로 중세의 면벌부는 대표적인 클럽재였다. 면벌부를 1장 만들건 1만 장 만들건 총생산비는 비슷하지만, 면벌부를 구입해야만 얻는 혜택이 있다고 생각한 신도

1961년 5월 21일 공수특전단 군인들의 감시 속에 이정재를 필두로 한 조직폭력배들이 덕수궁에서 출발하여 서울 시내거리로 행진하면서 조리돌림을 당하고 있다 (국가기록사진집).

들이 면벌부를 구입했던 것이다.

개혁 서비스 또한 공공재적 개혁과 클럽재적 개혁으로 세분할 수 있다. 개혁의 과실을 모두가 누리면 공공재이고 특정 집단만 누린다면 클럽재다. 특히 막 출범한 정권으로서는 지지층을 확보하지 못하면 정권을 지속하지 못할 수 있다.

한국에서 1961년 쿠데타 세력도 일반 대중의 지지를 얻으려 노력했다. 1961년 5월 21일 서울 시내에서 손이 묶인 일련의 사람들이 "나는 깡패 입니다 국민의 심판을 받겠읍니다"라는 현수막을 들고 공수특전단 군인들의 감시를 받으며 행진하였다. 그날 치안국은 용공분자 2,000여 명과 깡패 4,200여 명을 검거했다고 발표했고, 그해 혐의자들이 처형됐다. 이런 조직폭력배의 조리돌림은 인권 침해 사례가 적지 않았지만, 인적 청산을 가시적으로 보여줌으로써 당시 국민 다수의 지지를 얻었다.

1980년 신군부도 약 3,000명을 군법 회의에 회부하고 약 40,000명을 군부대로 보내 삼청교육을 시켰다. 2007년 국방부 과거사진상규명위원회는 삼청교육대의 설치가 불법이며 교육 과정에서 지나친 인권 유린이 있었다는 보고서를 발표한 바 있다. 부당한 사례가 많으면 많을수록 조리돌림이나 마녀사냥의 공공재적 효과는 줄어들 수밖에 없다.

근대 이래 가장 큰 규모의 조리돌림은 제2차 세계대전 당시 적대국에 부역한 자에 대한 처단이다. 여러 나라에서 나치 독일, 파시스트 이탈리아, 제국 일본에 부역한 인사들이 다수 처벌되었는데, 유죄로 판결된 건수가 100만 명이 넘고, 사형이 집행된 건수는 수천 명에 이른다. 독일 남자와 성관계를 가진 프랑스 여

성 2만여 명이 공개 삭발을 당하는 모습을 촬영한 사진
들은 오늘날에도 인터넷 사이트에 게시되어 있다. 부역
자 숙청이 나름 일관된 기준에 의해 추진된 공공재적
서비스였다는 해석도 가능하고, 공정하게 추진되지 않
아 정치적으로 이용된 클럽재적 이벤트였다는 해석도
가능하다. 부역자 처벌은 상징적이라는 점에서 비경합
적 재화이지만, 공정성 시비로 공공재 대신에 피아(彼我)
구분의 클럽재로 운영되기도 한다.

독일군과 관계를 가진 이유로
삭발 당하고 있는 프랑스 여인

 '아(我)'자에 싸움을 의미하는 '과(戈)'자가 포함되어 있듯, 피아 구분은 대체로 싸
움을 동반한다. 대의명분의 의(義)라는 비경합적 서비스는 내(我)가 희생양(羊)을 머리
에 이고 있는 모습이듯 클럽재로 활용되기도 한다.

90. 홍위병과 나치 돌격대_일시적 다수가 전체의 이름으로

 1966년 5월 중국에서는 '무산 계급 문화 대혁명'(이하 문혁)이 시작되었다. 부르
주아 반동을 폭로하고 비판하여 문화의 영도권을 탈취하자는 내용의 '중국 공산
당 중앙위원회 통지' 이른바 '5 · 16 통지'가 발표된 것이다.

 문혁은 1962년 '사회주의 교육 운동'의 개시, 1964년 마오쩌둥 어록(紅寶書, 소홍
서)의 발간, 1965년 마오쩌둥을 간접적으로 비평한 역사극 〈해서파관(海瑞罷官)〉에
대한 비난 등에서 이미 진행 중이었다고 볼 수도 있다. 하지만 권력 1인자의 기
획이라는 문혁 특성을 고려하면 문혁은 1966년 5월 16일 마오쩌둥이 주도한 중
국 공산당 정치국 확대회의에서 출범했다고 말할 수 있다.

당시 마오쩌둥은 '대약진 운동'에 실패하여 권력에서 한 발짝 물러서 있었고, 이 상황을 틈타 엘리트 세력들이 마오쩌둥의 권력을 대체하려던 형국이었다. 이러한 권력 교체 시도 움직임에 대한 마오쩌둥의 대응은 대중과의 연대였다. 대중 가운데에서도 지도자와 일체감을 가지고 폭력적으로 행동하는 군중과의 연대였다. 폭도에 가까운 홍위병紅衛兵을 통해 마오쩌둥은 정치적 경쟁 세력을 숙청했다. 홍위병은 마오쩌둥의 지원과 지도를 받아 자본주의적 가치 척결을 기치로 내걸었다. 문혁은 지도자 개인의 권력 장악을 위한 성공적인 한 수였던 반면, 국가적 차원에서는 10년 이상 발전을 저해시킨 나쁜 수였다.

권력과 시장 간 관계에서 군중이 늘 권력에 편드는 것은 아니다. 권력, 시장, 군중의 3자 간 연대 양태는 다양하다. 먼저, 시장-군중 간의 비非정부 연대다. 이 연대는 권위주의 정권에 대한 저항일 때도 있고 무정부주의처럼 극단적일 때도 있다. 다음, 권력-시장 간의 비非대중 연대다. 정경 유착은 권력이 공익 대신 영리를 추구하는 부정적 엘리트 연대의 예다. 끝으로, 권력-군중 간의 비非영리 연대다. 이는 민관民官 거버넌스와 같은 긍정적 기제로 작동하기도 하고, 또 실제 영리를 추구하면서도 겉으로는 비영리 가치를 내세워 자율적 시장을 파괴하기도 한다. 중국의 홍위병은 권력과 연대한 군중이 시장적 가치를 훼손한 부정적 사례다.

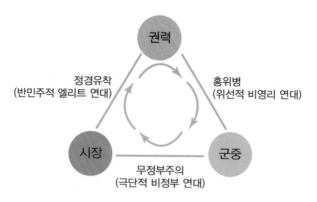

권력, 시장, 군중 간의 부정적 연대 조합

권력자가 엘리트 지배 연합 대신 맹목적 충성도가 여전한 군중과 손잡는 전략은 독재 강화의 단계에서 자주 관찰된다. 일찍이 고대 로마 공화정 시대에 대중적 인기를 누린 권력자들이 자주 활용했다. 조선 말 고종이 일찌감치 개화파나 농민 세력과 손을 잡았더라면 왕위를 지킬 수 있었을지도 모른다. 지배 계급에 대한 미련을 버리지 못하다 친일파 엘리트에 둘러싸여 1907년 강제 퇴위를 당할 수밖에 없었다.

　　마오를 위한, 마오에 의한, 마오의 문혁은 엘리트 집단 내부의 경쟁에서 밀린 지도자가 대중을 동원하여 거꾸로 지배 엘리트를 물갈이한 사건이다. 권력 1인자의 교체를 가져다준 다른 혁명들과 달리 문혁은 오히려 1인자의 권력 강화를 위해 나온 것이었다. 오랜 기간 대규모로 동원되는 군중 폭력은 권력자의 지원 없이는 불가능한데, 독일 나치즘 정도만이 문혁에 겨우 비견될 정도다. 마오쩌둥은 한 세대 앞선 블라디미르 레닌뿐 아니라 같은 세대인 아돌프 히틀러의 군중 동원에 대해서도 인지하고 있었을 것이다. 마오쩌둥과 히틀러의 군중 동원은 여러 가지 면에서 유사하다.

　　첫째, 나치와 문혁 모두 선동이 쉬운 경제 불황에서 발생했다. 1차 세계대전 패전 후 독일인 다수는 독일 경제 문제를 의회 민주주의 같은 대의제로 해결할 수 없다고 생각했다. 1921년 히틀러는 제대한 우파 군인을 중심으로 나치 돌격대Sturmabteilung, SA를 만들어 운영했다. 대공황으로 실업자가 대량 발생하면서 1933년 SA의 규모는 200만 명에 이르렀다. 제1차 세계대전 패전 후 법적으로 10만 명을 넘지 못하는 독일 정규군을 압도하는 규모였다. 1922년 SA의 청소년 조직으로 출범하여 개편한 히틀러 청소년단Hitlerjugend, HJ도 강제적 가입에 힘입어 800만 명에 이르는 대규모 조직이었다. 나치는 독일 경제의 불황이 유대인 탓이라며 증오의 대상을 만들었는데, SA는 유대인 탄압을 행동으로 옮긴 돌격대였다. 독일인 일부는 유대인 탄압에 환호했다.

1960년대 전반의 중국 역시 흉작과 경제 정책 실패로 아사자가 증가했다. 분배할 경제적 재화가 충분하지 못했고 대신에 정서적 유대감이 더욱 필요한 상황이었다. 1963년부터는 중국이 외국과 직접적 전쟁이 없던 시기로 공공의 외부적이 뚜렷하지 않았다. 남의 불행을 고소하게 여겨 행복감을 느끼게 만드는 국내적 샤덴프로이데 말고는 당장 가능한 게 별로 없었다. 홍위병은 엘리트 집단을 공개 처단함으로써 한풀이식 순간적 희열을 공감했다. 세력 얻기는 관용보다 혐오를 내세울 때 더 쉽다. 동시에 혐오로 흥한 자 대부분은 혐오로 망한다.

둘째, 군중 동원의 방식에서도 나치와 문혁은 유사했다. 나치가 전 국민에게 라디오를 보급하여 선전을 강화하고 정권을 유지하였듯이 문혁도 1950년대 후반부터 전국에 보급된 라디오를 적극적으로 활용했다. 분서갱유焚書坑儒와 같은 공개 행사도 있었다. 1930년대 독일대학생협회 주도로 나치즘에 반하는 서적을 공개적으로 불태우는 이벤트를 행한 것처럼 홍위병은 명·청 시대의 유골과 서적을 공개적으로 훼손했다.

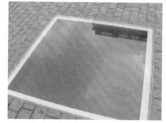

1935년 나치 정권이 수만 권의 책을 불태우는 모습과 베벨광장의 지하에 설치된 빈 서가 모습의 기념물. 증오와 배척을 통한 대중 동원은 결국 자멸로 이른다.

셋째, 권력자가 군중 조직으로 권력을 장악한 이후 해당 조직이 자신을 위협하면 바로 해체했다는 점 역시 유사하다. 히틀러가 1934년에 독일 정규군으로 편입하려는 SA의 지도부를 처형했듯이, 마오쩌둥도 인민해방군을 동원하여 1968년 홍위병을 해체하고 농촌으로 보냈다. 히틀러가 독재 체제를 완성하면서 SA 지도부를 처형했다면, 마오쩌둥은 정치적 경쟁자 제거를 완료하면서 홍위병을 해체했다.

넷째, 정치 체제는 겉으로 안정되었으나 경제 등 대외 경쟁력은 급격하게 떨어졌다. 1인자에 대한 충성심은 어처구니없는 수준이 되어야 받아들일 정도가 되면서 체제 내에서 합리적 견해는 철저히 무시되고 생산성 기준은 도외시되었다. 독일은 자신이 일으킨 전쟁에서 패배했으며, 중국은 경제 발전이 10년 이상 늦게 진행되었다.

끝으로, 나치와 문혁 모두 초기에 좋은 평가를 받기도 했다. 나치의 군중 동원을 독일 국민의 적극적 참여로 보는 견해가 있었다. 영국 엘리자베스 2세가 공주였던 7세 때인 1933년 왕실 가족과 함께 나치식 거수경례를 하는 사진에서 알 수 있듯이, 나치에 대한 초기 인식은 좋았다.

전략과 상식의 세계사

샤덴프로이데

여객기에서 이코노미석 기내 난동 빈도는 항공기 앞문에서 탑승하여 퍼스트석이나 비즈니스석 객실을 통해 이코노미석에 착석하는 경우가 그렇지 않은 경우보다 높다. 여러 실험에서 참가자들은 자기 몫이 크더라도 남의 몫이 더 커서 상대적 박탈감을 느끼는 상황보다 자기 몫이 작더라도 남의 몫이 더 작아 상대적 박탈감을 느끼지 않는 상황을 더 선호했다. 남의 고통Schaden을 나의 기쁨Freude으로 여기는 '샤덴프로이데Schadenfreude'가 인간의 본성에 가깝다는 얘기다. 고대 그리스부터 언급되어 온 선동에 대해, 오늘날 뇌 과학은 전전두엽 피질Prefrontal Cortex의 기능이 퇴화하면 쉽게 선동된다고 설명한다.

3인의 어린 홍위병이 펜과 마오쩌둥선집을 들고 있다. 1971년 광시성 초등학교 교과서 표지.

1935년 중국에서 캠프 참가 중인 히틀러청소년단. 30년 후 중국에는 마오쩌둥 홍위병이 등장한다. 독일연방아카이브.

1966년 천안문광장 홍위병 집회에서의 마오쩌둥

1933년 독일 도르트문트의 나치돌격대 집회에서 연설하는 히틀러

　　문혁 역시 초기엔 바람직한 새로운 민주주의의 실험이라고 언급되었다. 1968년 프랑스 '68 혁명' 때 학생들은 중국 홍위병처럼 마오쩌둥 어록을 갖고 시위에 참여하기도 했으며, 장 폴 사르트르를 비롯한 유럽 지식인들 상당수는 스스로 마오주의자로 칭하기도 했다. 문혁이 관료주의를 척결하고 만민 평등을 실천한 진정한 시민 혁명이라고 평가하기도 했다. 문혁을 긍정적으로 평가한 1960년대 후반의 외국 문헌을 10년 지나 구해 읽고 1970년대 후반과 1980년 전반에 걸쳐 한국 내에서 문혁을 극찬하여 소개한 해프닝도 발생했다. 하지만 문혁이 끝난 이후의 평가는 '대혁명'이 아니라 '대소란'이었다는 게 중국과 국제 사회의 평가다. 중국에서는 문혁이 시작된 해1966년부터 마오쩌둥이 사망하고 4인방이 체포

된 해1976년까지를 '십년동란十年動亂'이라고도 한다.

권력자와 대중과의 연대가 무조건 나쁜 것은 아니다. 대중과 전혀 소통하지 않는 것보다 민주주의에 더 부합한 행위다. 하지만 다수 대중을 동원한 히틀러와 마오쩌둥의 방식은 자신과 의견이 다른 쪽을 공공의 적으로 만들어 말살하려 했기 때문에 반反민주적이었다고 평가된다. 일시적 다수 쪽이 진실, 진리, 도덕, 선이고 소수 쪽은 그 반대라는, 거짓 민주주의를 내세워 자신과 남을 선악으로 구분한 것이다. 이는 개방에 대한 혐오감을 심어주어 폐쇄적 체제를 유지했기 때문에 단기적으로만 가능했다.

최근 중국에서 문혁 때가 좋았다는 목소리가 일부 나오기도 한다. 오늘날 중국 청년 인터넷 부대 샤오펀훙小粉紅에서 홍위병이 연상된다. 중국 내 빈부 격차 증대와 부, 학벌, 당직의 세습이 그런 인식을 다시 불러일으키고 있다. 반反엘리트주의는 일종의 포퓰리즘이다. 엘리트가 기득권층일 때도 있고 어떤 경우엔 포퓰리즘에 기반을 둔 권력자가 더 큰 정치적 기득권자일 때도 있다. 지배 엘리트 내의 경쟁에서 밀린 파벌이 대중을 끌어들이는 전략은 민주주의 체제에서 나올 수밖에 없다. 그래서 국민이 깨어 있어야 민주주의는 지속한다.

91. 페론주의_다수/소수의 편 가르기

아르헨티나 역사에서 6월 4일은 가장 유명한 정치 지도자가 군부 쿠데타의 일원으로 정계에 등장했고, 또 3년 지나 대통령에 취임한 날이다. 쿠데타로 정권에 몸담았으나 쿠데타로 정권을 잃기도 하면서 대통령 임기 중 사망할 때까지 근 30년 동안 아르헨티나 정치의 중심에 있었던 후안 도밍고 페론Juan Domingo

Perón, 1895~1974이 그 주인공이다.

1943년 6월 4일 쿠데타 직후 현역 대령 페론은 국방부에 근무하며 노동사회보장처 창설을 거의 주도하여 6개월 후 노동사회보장처 장관직을 맡았다. 당시 노동사회보장처는 정부의 마이너 부처로 여겨졌으나, 페론이 주도한 첫 아르헨티나 사회 보장 제도는 그를 대중적으로 인기 있는 정치 지도자로 우뚝 세워주었다. 페론은 최대 근로 시간, 재해 보상, 유급 휴가, 최저 임금, 상여금, 퇴직금 등을 법제화하고 해고 조건 강화, 노조 설립 지원, 노사 분규 조정, 집세 동결 등 여러 노동·사회 복지 정책을 시행했다. 1944년 1월 산후안 지역에서 지진이 발생하자 페론은 국민 동원 능력을 마음껏 보여주었다. 그리하여 1944년 2월부터 국방부장관직을, 7월부터는 부통령직도 겸직했다.

1945년 9월 페론은 "아르헨티나 국민이 사람답게 살 수 있도록 사회 개혁을 이뤘다"고 연설했다. 1945년 10월 군부 내 페론의 경쟁 집단은 페론을 모든 공직에서 해임하고 구속했다. 이에 에비타에바 두아르테 등이 그의 석방을 요구하는

1945년 10월 17일 아르헨티나 부에노스아이레스의 정부 청사 앞에서 후안 페론의 석방을 요구하는 데스카미사도셔츠가 없는 빈곤층을 일컫는데 시위 참가자 대부분은 셔츠를 입고 있었다의 시위 모습. 이날 페론은 석방되었고 아르헨티나 '로열티 데이'의 기원이 되었다.

민중 시위를 전개했다. 10월 17일 석방된 페론은 밤 11시 10분 정부 청사 발코니에서 30만 청중을 상대로 아르헨티나를 '강하고 정의로운 국가'로 만들겠다고 연설했다. 오늘까지 아르헨티나는 이날을 '로열티 데이'로 기념하고 있다. 첫 번째 아내와 사별한 페론은 석방 5일 후 에비타와 결혼했다. 에비타의 합류 후 페론의 주 지지층은 노동자와 여성으로 더욱 뚜렷해졌으며, 대통령 선거를 대비해 더욱 조직화 되었다.

1946년 2월 대통령 선거에서 페론은 투표자 과반의 지지를 얻어 6월 4일 대통령에 취임했다. 1951년 11월 아르헨티나 여성에게 처음으로 참정권을 부여한 대통령 선거에서 페론은 압도적 표 차이로 당선했다. 이듬해 6월 4일 페론은 두 번째 대통령 임기를 시작했지만, 7월 에비타의 사망 이후 국정 운영에 어려움을 겪었다. 이어 1955년 발생한 군부 쿠데타로 대통령직을 잃고 17년 동안 스페인 등지에서 망명 생활을 했다.

1973년 3월 페론의 출마가 봉쇄된 채 실시된 대통령 선거에서 페론이 지명한 후보가 대통령에 당선되어 5월에 취임했으나 7월 페론을 위해 사임했다. 페론은 9월에 실시된 대통령 선거에 출마하여 당선됐고 10월에 세 번째 대통령 임기를 시작했으나 9개월도 채우지 못하고 병사했다. 부통령이자 세 번째 부인인 이사벨 페론이 대통령직을 승계했으나, 1976년 군부 쿠데타로 정권을 잃었다.

페론은 국민 인기를 얻는 데에 뛰어난 소질을 보였다. 특히, 사생아로 태어나 여러 고난을 겪은 두 번째 부인 에비타의 도움이 컸다. 에비타는 소탈하고 파격적인 언행으로 저소득층을 의미하는 '데스카미사도Descamisado, 셔츠가 없는'에게서 깊은 공감을 얻었다. 에비타를 시성諡聖, 성인으로 추앙하자는 아르헨티나 사람 편지 약 4만 통이 그의 사후에 바티칸으로 쇄도하기도 했다.

후안 페론에 대한 평가는 오늘날에도 양극화되어 있다. 페론이 한때 베니토 무솔리니와 아돌프 히틀러를 동경했고, 나치 전범의 아르헨티나 거주를 허용했다는 사실에서 페론의 정치를 파시즘으로 설명하기도 한다. 또 페론이 마오쩌 둥을 직접 언급했고 체 게바라나 살바도르 아옌데 등과 교류했다는 사실에서 사회주의자로 설명하기도 한다. 실제로 페론과 에비타를 추종하는 페론주의자들 가운데에는 극우와 극좌가 모두 있다. 좌와 우를 일직선 대신 편자horseshoe나 원 모양의 곡선 위에서 분류하는 관점에서는 페론주의를 파시즘과 공산주의 모두 와 유사하게 분류한다.

　페론 집권 시절의 아르헨티나는 산업화를 성공적으로 수행했고 이에 따라 중산 층이 두꺼워졌다는 주장이 있지만, 그 반대로 아르헨티나 국가 경제를 망가뜨렸고 포퓰리즘의 늪에서 헤어 나오지 못하게 만들었다는 평가가 주류를 이루고 있다.

　포퓰리즘은 사람마다 다른 의미로 사용되기도 하지만, 대개 대중의 단기적 인기에 영합하는 행위를 뜻한다. 자신의 술 대신 계주의 술로 생색내는 계주생면契酒生面에 비유될 수 있다. 정치인의 선심 대부분은 계주생면에 불과하다. 포퓰리즘은 아침에 3개 저녁에 4개를 주는 대신, 아침에 4개 저녁에 3개를 주는 것으로 눈속임하는 조삼모사朝三暮四로 여겨지기도 한

누마 아이린하크가 그린 페론 부부의 1948년 공식 초상화. 부인을 대동한 유일한 아르헨티나 대통령 공식 초상화로 알려져 있다. 노동자 · 여성이 페론의 주요 지지층이었다.

다. 사실 이 정도의 조삼모사는 큰 문제가 아니다. '아침 3개 저녁 4개'와 '아침 4개 저녁 3개'는 실제 원숭이들에게 별 차이가 없기 때문이다. 유권자가 '아침 3개 저녁 4개'보다, '아침 4개 저녁 1개'에 더 끌리는 수준이라면 심각한 문제다.

국민의 인기를 얻으려는 노력 자체는 민주주의적이다. 실제 혜택을 적게 주면서 눈속임하는 행위가 나쁜 것이다. 대체로 포퓰리즘은 생산적이지도 않고 또 지속 가능성을 중시하지도 않기 때문에 결국 국가 건전성을 악화시키는 나쁜 행위로 여겨진다. 현실 세계에선 고기를 잡는 방법의 전수가 아닌, 고기만을 주는 방식은 자립을 어렵게 만들 수 있기 때문이다. 정치적 민주주의가 발달했다는 인도에선 각종 무상 증여 공약이 실천되어 결국 저발전을 지속시켰다는 평가가 있다.

포퓰리즘이 공격하는 대상은 주로 기득권, 엘리트, 다원주의 등이다. 특히, 자원·노동에서 오는 특정 계층의 가치를 빼앗아 다른 특정 계층에게 이전하는 행위는 결코 민주적이지 못하다. 포퓰리즘은 다수와 소수로 편 가르기를 하여 공공정책을 공공재가 아니라 클럽재로 만드는 경향이 있다.

물론 사회적 약자의 배려는 공동체의 임무다. 다만 어느 정도까지 배려해야 하는가는 가치관의 문제이므로 사람마다 또 처지에 따라 다를 뿐이다. 실제 정책 방향의 결정은 그런 공동체적 가치관보다 정치적 수지 계산에 의해 선택된다. 예컨대, 최저 임금 정책은 집권 여당에 정치적 이익을 가져다주는 정책으로 이해되고 있다. 최저 임금이 오르면 오를수록 실직자 수가 증가하지만, 임금이 오른 취업자 수는 훨씬 더 증가하므로 정치적 지지자 수로 보자면 이익이라는 것이다. 실제 득표로의 전환 효과는 물가 및 상대적 박탈감 등 여러 요소를 계산해야 한다.

불평등이 옳고 그름을 떠나 포퓰리즘은 불평등에 기생한다고 볼 수 있다. 불평등할수록 평등으로 끌고 가려는 정치적 힘이 존재하고, 이를 이용하려는 것이 포퓰리즘이다.

부자와 가난한 자의 구성비가 9:1로 나뉜 상황 그리고 1:9로 나뉜 상황 중 어떤 상황이 포퓰리즘이 잘 통할까?

90%의 부자가 십시일반으로 10%의 빈자를 도와주는 방식은 부자에게는 부담이 작으면서도 빈자에겐 큰 도움이 된다. 이에 비해 10%의 부자가 90%의 빈자를 돌보는 방식은 부자에겐 큰 부담이 따르면서도 빈자에게는 별 도움이 되지 않는다. 따라서 부자 1, 빈자 9의 상황보다 부자 9, 빈자 1의 상황일 때 재분배가 더 잘 이루어질 듯싶지만, 선거와 같은 현실 정치에서는 정반대다. 오히려 재분배를 원하는 사람이 다수인 1:9 상황에서 재분배 가능성이 더 크게 나타난다.

세금 징수 및 재정 분배의 구조는 복잡하다. 누진세로 징수되는 데다가, 분배되지 않고 정부가 쓰는 몫이 크며, 또 재분배가 특정 집단에 집중되기 때문이다. 여기서는 단순한 설명을 위해 부자에게서 세금을 더 징수해 정부가 쓰지 않고 가난한 자 중심으로 재분배한다고 가정해 보자. 그렇다면 평균 소득 이하의 계층은 포퓰리즘의 잠재적 수혜자이고, 따라서 잠재적 지지자다. 만일 상위 10%의 소득이 전체 소득의 50%를 차지한다면, 포퓰리즘의 잠재적 지지자는 90%라고 추정할 수 있다.

포퓰리즘은 평균 소득 이하의 사회 구성원이 많으면 많을수록 잘 통한다. 중위 소득자는 소득 기준으로 국민을 절반씩 나누는 경계선이다. 만약 중위 소득이 평균 소득보다 많으면, 평균 소득 이하의 국민이 절반에 미치지 못하므로 포퓰리즘의 잠재적 지지자는 소수이고, 따라서 포퓰리즘은 파급 효과가 작다. 앞 예시의 9:1 상황처럼 가난한 사람은 극소수이고 나머지 대부분은 평균을 상회하는 소득을 갖는다면, 포퓰리즘은 그다지 효과를 발휘하지 않는다는 얘기다.

반대로 만약 중위 소득이 평균 소득보다 적다면, 소득이 평균 이하인 잠재적 포퓰리즘 지지자는 전체 국민의 과반이 되고, 따라서 포퓰리즘이 통할 가능성은 크다. 대개 중위 소득은 평균 소득보다 적다. 중위 소득이 평균 소득보다 적으면 적을수록, 포퓰리즘의 잠재적 지지자는 증가한다. 즉 포퓰리즘이 잘 통할 국가와 시대는 중위 소득과 평균 소득의 격차에 따라 판별할 수 있다.

포퓰리즘을 피하려면 무엇보다도 불평등 구조를 제거하면 되는데, 동서고금을 다 살펴봐도 완전 평등이 이뤄진 예는 없다. 대신에 불평등하더라도 계층 간 이동이 쉽다면 포퓰리즘이 통할 여지는 줄어든다. 정치 문화도 포퓰리즘 확산 여부에 중요하다. 특히 디지털 시대에는 포퓰리즘이 정치 경제적 계층 기준 외에 이념적 진영의 기준으로 전개되기도 한다. 포퓰리즘의 부정적 장기 효과에 대해 사회적 합의가 있으면 포퓰리즘이 자리를 잡기 어렵다.

대다수 정치인은 포퓰리스트로 불리는 것을 원치 않는다. 선거 공약은 실현성과 효율성을 심도 있게 따져봐야 하는데, 단순 재분배 방식보다는 진정성 있는 공공 마중물로 생산성을 높이는 방식으로 추진되어야 할 것이다.

일부에게만 베푸는 선심성 정책은 나머지 구성원에게 손해다. 소수만 희생되고 다수가 수혜자인 선심성 정책은 대체로 선거에 도움을 준다고 생각한다. 물론 반드시 그렇지는 않다. 만일 어떤 선심성 정책이 다수에게 손해이더라도 그 손해가 각각 체감되지 못할 미약한 수준이고 소수의 수혜자는 큰 이익을 얻고 그 이익을 투표로 갚는다면, 오히려 소수를 배려하는 정책이 정부 여당에 유리하다.

선심성 정책은 아예 그 대상이 되지 않는 계층뿐 아니라 수혜 계층조차도 장기적으론 손해인 경우가 많다. 계주생면이나 조삼모사는 '계 탔다고 좋아하다 집까지 팔게 되는' 계원 그리고 '조삼모사와 조사모삼을 구분 못 하는' 원숭이에게나 가능하고, 현명한 국민에게는 잘 통하지 않는다. 대중의 우매함을

불평등과 지니 계수

불평등을 나타내는 지표는 여럿이다. 전통적인 지표는 지니 계수다. 가로축에 소득이 낮은 사람부터 높은 사람 순으로 누적 인구 비율을, 세로축에 소득 누적 점유 비율을 나타낼 때, 소득이 완전히 균등하면 기울기가 45인 대각선이 된다. 이 선과 실제 소득 누적 선 로렌츠 곡선으로 둘러싸인 면적이 불평등 정도를 보여준다. 실제 소득 누적 선이 45°완전 균등이면 그 면적은 0이 되는데, 소득이 완전히 불균등한 1인이 모든 소득을 차지한 ◿ 모양의 면적을 1로 하여 소득 불평등 정도를 계산한 것이 지니 계수다. 지니 계수 외에도 상위 10%의 소득을 하위 10%의 소득으로 나눈 10분위 배율, 또 상위 20%와 하위 20%를 비교한 5분위 배율도 불평등 정도를 나타내는 지표다.

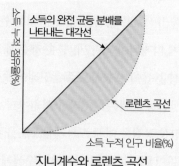

지니계수와 로렌츠 곡선

국민을 소득 순서로 배열했을 때 딱 중간에 있는 소득자가 중위 소득자다. 소득이 중위 소득의 절반이 되지 않는 계층의 비율을 나타내는 상대적 빈곤율도 불평등 정도를 보여주는 지표다. 또 상위 1%, 5%, 10% 등의 소득이 전체 소득에서 차지하는 비율인 소득 집중도도 있다. 그런데 이런 불평등 지표들은 정치적 역동성을 잘 보여주지 못한다.

이용하는 정치적 행위의 효과는 그 행위에 대한 의심으로 반감된다. 조사모삼의 모삼을 미리 드러냄으로써 그 효과를 줄일 수 있다. 정치적 의도를 지적하고 거론하는 일은 조삼모사 효과를 없애는 길이기도 하다. 유권자는 긴 안목으로 깨어 있어야 한다. 민주주의 시대의 훌륭한 국가 지도자는 훌륭한 국민이 만든다.

92. 베르사유 시위_집단행동 불참의 위험을 높여라

집단행동의 역사는 인간 역사만큼이나 오래되었다. 근대적 의미의 첫 대규모 여성 집단행동이 1789년 10월 프랑스에서 일어났다. 당시 프랑스는 흉작과 사회 불안정을 겪고 있었는데, 그런 민중의 고통에 아랑곳없이 10월 1일 호사로운 베르사유 궁전 파티에서 궁전 근위병들이 만취하여 프랑스 혁명의 상징인

첫 대규모 여성 시위로 평가되는 1789년 10월 베르사유 행진의 모습. 창검, 빈 대포, 부르주아 복장의 여성, 남성으로 의심되는 참가자 등이 포함되어 기획 및 선동 가능성을 암시한다.

삼색 장식을 던져 밟고 방뇨했다는 소문이 돌았다. 10월 5일 높은 물가와 빵 부족 사태로 어려움을 겪던 파리의 여성 수천 명이 이에 격앙해 베르사유까지 장장 6시간을 행진한 것이다.

시위대는 창검뿐 아니라 포탄 없는 대포도 가지고 행진했다. 물론 시위대 뒤에는 수만 명의 민병대가 있어 언제든지 폭동으로 전개될 수 있는 상황이었고, 실제 폭력 사태가 발생했다. 시위대 대표를 만난 루이 16세는 왕실 창고의 식량을 분배하기로 약속했고, 일부 시위대는 자신들의 목적을 달성한 것으로 받아들였다. 그러나 시위 참가자 다수는 왕후 마리 앙투아네트가 그 약속을 무효로 만들 것이라는 생각에 왕과의 만남을 만족스러워하지 않았다. 그러던 중 베르사유 궁전에 잠입한 시위대 한 사람이 스위스 용병으로 구성된 궁전 근위대의 발포로 사망하자 시위대 다수가 궁전에 난입하게 되었다. 난입한 시위대는 근위병들을 살해하고 그 시신을 도려내어 창끝에 효시하는 광기의 모습을 보였다. 이런 위협적 시위대의 요구에 따라 왕실과 의회는 다시 파리로 옮겨졌다. 루이 16세 부부는 3~4년의 유폐 후 1793년 1월과 10월에 각기 단두대에서 처형되었다. 베르사유 시위는 이미 잠재적으로 평민 쪽에 기울어진 권력의 무게 중심을 만천하에 공개적으로 드러낸 사건이다. 이리하여 베르사유 시위에 참여한 여성들은 '국민 엄마'라는 별칭을 얻었다.

스위스 루체른의 한 절벽에 새겨진 사자상. 창에 찔려 괴롭게 죽음을 맞는 사자는 프랑스혁명 때 참살된 근위병을 상징한다.

시위는 불만의 집단적 표출이다. 베르사유 시위 직전에는 귀족들이 빵값을 올리려 일부러 빵 공급을 줄인다는 음모설이 파다했다. 빵 부족과 물가 폭등이 가뭄 등에 의한 천재天災가 아니라, 국왕을 비롯한 지배층에 의한 인재人災로 본 것이었다.

각종 매스컴이 발달한 오늘날보다 사실 확인이 더 쉽지 않은 시절에는 한 번 퍼진 소문은 하나의 사실로 대중에게 각인되는 경우가 많았다. 특히 간단한 문구로 표현되는 내용일수록 더 그랬다. 당시 왕후 마리 앙투아네트가 말했다는 "빵이 없으면 케이크를 먹으면 될 것 아니냐"는 구절은 군중을 격앙시키기에 충분했다.

물론 마리 앙투아네트가 실제 그런 말을 했다는 객관적 근거는 없다. 어떤 왕후가 그런 말을 했다는 장−자크 루소의 『고백록』 구절이 그 근거로 주장되기도 하는데, 『고백록』 저술 시점의 마리 앙투아네트 나이가 10대 초반이었고, 더구나 그녀가 프랑스로 오기 전이었기 때문에 루소가 말한 왕후가 마리 앙투아네트일 가능성은 희박하다.

'빵 대신 케이크' 발언 외에도 보석과 섹스 등 마리 앙투아네트에 관한 소문은 많았다. 주로 왕후가 민중의 궁핍을 전혀 아랑곳하지 않고 사치에 빠져 있음을 비치는 내용이었다. 심지어 현대 한국 사회에서 '마리 앙투아네트'를 '말이 안 통하네'라는 불통不通의 의미로 쓸 정도다. 마리 앙투아네트에 관한 소문 다수는 지어낸 말에 불과했다.

실제 마리 앙투아네트가 그런 말이나 그런 행위를 하지 않았다 하더라도 철없고 사치스럽다는 이미지는 이미 프랑스 국민에게 박혀 있었다. 그녀가 프랑스와 오랜 세월 경쟁했던 오스트리아 합스부르크 왕족이라는 사실 또한 그녀에 대한 프랑스 국민의 반감을 높이는 데 일조했다. 각기 다른 이유로 루이 16세 체제를 싫어하던 세력들은 마리 앙투아네트에 관한 말을 재생산하고 전파했다.

'아니면 말고' 식 중상모략에 대한 응징은 공권력이 무너진 상태에서 불가능했다. 오히려 마녀사냥식 한풀이 굿으로 진행되면서 일부 군중은 소문이 중상모략의 가능성을 알면서도 동참하여 집단적 카타르시스를 즐기려 했다. 루이 16세 부부는 민중과 소통했어야 했는데, 불신과 불통이 정권과 목숨을 앗아갈 줄 몰랐던 건지 과감한 개혁은 시도조차 못 했다.

베르사유 시위는 루이 16세의 사촌인 오를레앙 공작 루이 필리프 2세가 왕위 찬탈을 노려 기획한 것이라는 주장도 있다. 오를레앙 공작은 입헌 군주제가 채택되면 국왕으로 취임할 유력한 후보였는데, 왕정 시기 내내 루이 16세의 견제를 받다가 루이 16세가 처형된 1793년 11월에 그 자신도 처형되고 말았다. 오를레앙 공작이 얻은 게 없으므로 그의 개입은 없었을 거라는 주장도 있지만, 기획했다 실패한 음모도 많다.

베르사유 시위는 루이 16세 체제의 붕괴를 원했던 여러 행위자가 직간접으로 개입하여 시작되었고 또 그렇게 전개된 것이다. 베르사유 시위대에는 반 상제적으로 참가한 부르주아 여성 그리고 여장하여 참가한 남성도 있었다는 주장이 있다. 베르사유 궁전 점거 아이디어는 시위 발생 이전에 이미 공공연하게 거론되고 있었다. 누가 어느 수준의 시나리오를 갖고 베르사유 시위를 추진하고 전개했는지는 알 수 없지만, 적어도 주요 인물들이 각자의 손익 계산에 따라 베르사유 시위를 유도 혹은 방치하였음은 분명하다.

선동가들은 절차적 진실성보다 실질적 변화로 자신의 거짓 행위를 정당화한다. 진실 자체는 중요한 것이 아니며 세상을 바꿀 다수의 힘을 동원하기 위해서는 약간의 진실 왜곡을 감수해야 한다고 믿는다. 그렇지만 약간의 거짓을 수용한 세상 바꾸기의 시도가 과연 누구를 위한 세상 바꾸기인지 의문일 때가 많다. 만일 선동이 올바른 사실을 전달하여 체제를 바로잡는 행위라면 긍정적 기능을 수행한다고 볼 수 있겠지만, 거짓 정보로 선동할 때가 적지 않기 때문에 선동 또한 부정적으로 받아들여진다.

선동이 집단행동으로 이어지는 게 늘 쉬운 일은 아니다. 고양이 목에 방울 다는 행위에 비유된다. 고양이 목에 방울을 달면 움직임을 미리 파악할 수 있어 좋겠지만, 목숨 걸고 방울을 달고자 하는 쥐는 없다. 이것이 바로 집단행동의 어려움이다. 민주화라는 혜택은 민주주의 쟁취에 도운 사람이나 돕지 않은 사람이나 모두 누릴 수 있는, 즉 비배제적 혜택이므로 개인적 희생 없이 무임승차를 하려 하고, 따라서 공공적 집단행동이 어렵다는 것이다.

집단행동은 불참자가 누릴 수 없는 잿밥이나 콩고물 등 사적 혜택을 참가자

데마고그

오늘날 선동 정치가를 의미하는 '데마고그demagogue'의 어원은 고대 그리스 도시 국가에서 '평민의 지도자'라는 뜻의 긍정적 의미로 시작된 용어였다. 고대 그리스는 급진적 변화 대신 숙의를 통해 정책 변화를 도모하던 체제였다. 따라서 급격한 신분 상승이 어려웠던 하층 계급 출신 데마고그들은 즉각적 집단행동을 유도하기 위해 감정에 호소했다. 하나하나 이성으로 따지다 보면 행동으로 이어지기 어렵지만, 감정은 바로 행동으로 표출될 수 있기 때문이다. 감정에 호소하다 보면 과장하기 마련이다. 이에 따라 데마고그의 뉘앙스도 점차 부정적으로 바뀌게 되었다.

'선동'의 어원 역시 마찬가지이다. 선동은 남을 부추겨 움직이게 하는 행위다. 선동가로서는 잘못을 알려 남들을 옳은 방향으로 유도하려는 정당한 행위다. 강물이 좁아지는 곳에서 통나무들이 서로 뒤엉켜 하류로 내려가지 못할 때 특정 통나무 하나를 제거하면 통나무 전체가 잘 흘러간다. 이 통나무는 여러 통나무 얽힘의 중심이라는 점에서 '킹핀'이라고 한다. 볼링에서 맞히면 한 번에 모든 판을 쓰러뜨릴 가능성이 큰 한가운데의 핀 또한 킹핀이라고 한다. 선동은 기존 질서의 중심인 킹핀을 지목하고 제거하려는 행위다.

에게 제공할 때 더 잘 실현되기도 한다. 문제는 대규모 시위의 참가자 모두에게 사적 혜택을 제공할 수 없다는 점에 있다. 더구나 사유재적 제공이 그렇게 참여 동기가 되지 않을 때도 많다. 예컨대, 전문가의 봉사 활동 참여율은 소액을 지급 받는 경우보다 무료일 경우가 더 높았다. 여러 사례에서는 푼돈보다 명예 또는 기분이 훨씬 중요한 참여 동기였다.

집단행동에는 불참자가 누릴 수 없으나 참가자 모두가 함께 누릴 수 있는 클럽재적 혜택이 집단행동에 효과적이다. 클럽재는 비 경합적이라는 측면에서 공공재와 유사하지만, 재화의 향유를 일부 집단에게만 허용할 수 있다는 점에서 공공재와 다르다. 클럽재는 참여자와 불참자를 차별하기 때문에 집단행동의 효과적 수단이다.

그런 배제적 혜택의 제공은 집단행동의 공공성이 약할 때 가능하다. 역설적으로, 권력의 공공성이 약한 사회일수록 집단행동 참가자 규합이 쉽다. 정치권의 줄서기와 패거리 현상은 정치 권력의 공공성이 부족하다는 증거다.

오늘날 시위에 참여하면서 부담해야 할 희생은 크지 않다. 사실 1789년의 베르사유 시위도 참가 자체에 위험 부담이 컸던 것은 아니다. 이미 반 왕정이 대세였다. 오히려 친 왕정의 행동에 훨씬 큰 대가가 뒤따랐다. 대세를 간파하지 못하고 자신들에게 주어진 임무를 충실히 수행하다 처참하게 죽임을 당한 스위스 출신 근위병들이 그런 예다.

군중 심리는 양면적이다. 먼저, 다수에 동조하여 심리적 안정을 꾀한다. 이미 그렇게 믿고 많은 말과 행동을 해왔던 군중은 새로운 진실에 불편해할 수 있다. 그래서 진실보다 다수의 믿음에 따르기도 한다. 여러 사회 실험은 본인이 직접 목도한 사실조차 주변 다수의 의견에 따라 부인하는 결과를 보고한다. 남과 다른 믿음으로 심리적 갈등을 겪기보다 남과 같은 믿음으로 심리적 안정감을 얻는다. 더구나 진위에 대한 복잡한 분석 대신 다수의 믿음을 그냥 따르는 행위가 훨씬 더 효율적일 때도 있다. 교차로에서 행인과 운전자가 신호등을 직접 확인하지 않은 채 다른 행인과 차량의 움직임을 따르는 행위가 그런 예다.

군중은 다수에 대한 동조뿐 아니라 남과 다르다는 선별적 자존감도 추구한다. 시위 참가자는 소수라는 맥락에서 선별적이고 선구적인 행위자다. 대의명분이 있는 시위 참가는 선별적 자부심을 제공한다. 이처럼 대세를 따르되 남을 선도하려는 성향은 시위 동원 기법뿐 아니라 줄 세우기 마케팅 기법에서 활용되는 주요 요소다. 이런 선별적 자존감 역시 클럽재의 하나다.

93. 동맹 휴학_집단행동 참여의 위험을 낮춰라

1957년 4월 9일 서울대학교 법과대학 학생 500여 명은 긴급 학생 총회에 참석했다. 민의원 의장 이기붕의 아들이자 이승만 대통령의 양자인 이강석이 서울 법대에 부정하게 편입했다는 소문에 따라 소집된 회의였다.

총회에서 학생들은 이강석을 포함한 부정 편입생들의 입학 취소와 당일 오후 3시까지 이에 대한 학교 측의 확답이 없을 시 전교생 등교 거부를 만장일치로 결의하였다. 5개 항목으로 된 구체적 결의 내용은 다음과 같았다. ① 문제에 관련된 학생 대표의 구속이나 퇴학 문제가 나올 시는 계속 동맹 휴학을 결행할 것이며 외부와의 교섭을 일체 중지한다. ② 요구가 관철될 때까지 학교 출석을 일체 거부한다. ③ 학장 또는 교수의 사임이 있을 시는 계속 맹휴를 단행한다. ④ 강의실은 물론 도서관, 이발관, 식당 등을 일체 사용하지 않는다. ⑤ 학교 측과 절충이 되었을 경우에도 학교 당국의 출석 요청에는 불응하고 학생 대표의 정식 통고가 지상에 보도된 다음에야 각자 행동을 취한다.

학생 총회 다음 날인 4월 10일 1,200여 명의 학생들은 6·25 전쟁 이후 첫 동맹 휴학에 돌입했다. 서울대 총장은 이강석의 입학이 합법적이며, 학생들이 계속 결석할 경우에는 단호하게 처벌하겠다고 말했다. 3개 조항으로 요약되는 서울대 총장 담화 내용은 다음과 같다. ① 입학 졸업 등에 관한 사항은 총장의 결정 권한에 속하는 것인데 신중을 기하기 위해 법과대학 교수회 및 학장회에서 완전 합의를 보고 입학을 허가한 것이다. ② 종전부터 순국열사의 자녀, 명예 제대 군인 및 외국인 등에 대해 특별 고려한 예가 있으므로 일국의 행정 수반이며 또한 일생을 조국 광복을 위해 몸을 바치신 이승만 대통령의 자제를 국립대학교에서 특별 고려하는 것은 당연하다. ③ 총장은 학생의 자격과 학력 등 수학 능력을 판단하여 입학을 허가하는 것인데 이강석의 경우는 서울대학교에 입학할 충분한 자격과 학력을 구비하고 있다.

이강석 편입 문제와 관련하여 학생 측, 학교 측, 정부 측 모두 법과 원칙을 강조했는데 각자의 결론은 정반대였다. 먼저, 문교부장관은 학생들의 입학 취소 요구가 총장의 권한을 침해하는 불법 행위이며, 집단적 힘으로 해결하려는 것은 전제 국가에 있을지 모르나 민주주의 사회에서는 있을 수 없고, 주동 학생의 처벌 여부를 학교 당국에서 처리할 것이라고 말했다. 맹휴에 주동적인 역할을 했다고 알려진 교수와 학생들을 경찰이 내사하고 있다는 소문이 나돌자 치안국장은 진상을 알아보는 데 불과한 것이며 경찰은 일체의 학원 문제에 간섭하지 않는다고 천명했다.

학생 측에서도 법치주의를 강조했다. 한 일간지에 실린 학생 측 글에서는 "특권의식의 유무가 민주사회와 전제사회 내지 봉건사회를 구별하는 가장 본질적인 징표"라면서 "(이강석 입학은)법의 지배에 우선한 사람의 지배"라고 비판했다. 이어 "법을 공평하게 집행해서 사회질서를 바로 잡아야 할 임무를 띤 권력층의 인사들이 법을 깨뜨리고 사리를 추구하는 소행을 우리는 묵인해도 좋은

가? 특권의식이 횡행하는 사회를 우리는 민주사회라고 부를 수 있는가?"라고 국민 여론에 호소했다.

동맹 휴학 3일째인 4월 12일, 학생 지도부와 학교 간 타협안이 마련되었다. 동맹 휴학의 주도자나 가담자를 처벌하지 않고 또 이강석의 입학을 취소하지 않는 대신, 앞으로 정당한 수속을 밟지 않고는 입학 허가를 않을 것이라는 내용이었다. 학생 지도부는 타협안이 학생 총회에서 추인되어야 한다고 설명했고, 학교 측은 학생 총회 소집에 동의했다.

4월 13일 학생 총회는 약 1,000명의 참석 학생들에게 무제한 발언의 기회를 주어 7~8시간 동안 진행되었다. 회의 처음에는 타협안을 반대하는 발언들이 이어졌으나 학생들은 긴 회의에 지쳐 분노가 가라앉았다. 총회 의장 남재희는 총장의 제안을 받아들이느냐 아니면 학생회 임원의 일괄 사표를 받느냐는 양자 가운데 하나를 박수로 가결하자고 제안했다. 학생회 임원진을 교체하고 싶지 않은 학생 대다수는 총장의 제안을 받아들일 수밖에 없었다. 훗날 남재희는 논란의 소지가 있는 의사 진행 때문에 오히려 사태를 해결할 수 있었다고 회고한 바 있다. 결국 학생들은 총장의 재발 방지 약속을 받아들이고 4월 15일부터 등교를 재개했다.

1957년의 동맹 휴학은 얼핏 실패한 행동으로 생각하기 쉽다. 이강석의 입학이 취소되지는 않았기 때문이다. 그러나 길게 보면 대한민국 정권의 향방에 적지 않은 영향을 끼친 동맹 휴학이었다. 지배 세력의 특권 의식을 부각하여 자유당 정권의 몰락에 영향을 주었다. 결국 이강석은 같은 해 서울대학교를 자퇴하고 다시 사관학교와 미국 보병학교 등에서 군사 교육을 받아 군인의 길을 걸었으며, 편입 사태 3년 후에는 가족을 권총으로 쏘고 본인도 자살하는 불행한 생을 마감하고 말았다.

동맹 휴학은 근대에 와서야 발생한 현상이 아니다. 조선 시대 성균관 유생들이 자신들의 요구를 관철하기 위해 성균관이나 식당에 일제히 출입하지 않던 공관(空館) 또는 권당(捲堂)도 일종의 동맹 휴학이다. 조선 총독부 자료에 따르면, 일제 강점기였던 1920년대의 동맹 휴학은 400건이 넘게 집계될 정도로 많았다. 직접 시위를 주도하거나 참여하면 그에 따르는 위험 부담이 큰 상황에서 소극적으로나마 할 수 있는 집단행동이 동맹 휴학이었기 때문이다. 뒤집어 말하면 적극적인 시위 참여에 큰 어려움이 없으면 동맹 휴학의 빈도와 효과는 낮아질 수밖에 없는 것이다.

동맹 휴학은 외국에서 더 오랜 역사를 갖고 있는데, 대학의 역사와 궤를 같이한다. 대체로 1229년 파리대학교 사태를 최초의 동맹 휴학으로 본다. 소요가 사회를 휩쓴 동맹 휴학으로는 1968년 5월 프랑스 사태가 대표적이다. 교육이 공립학교들로 운영되는 나라에서는 동맹 휴학으로 수업 일수를 채우지 못하면 특정 학년만의 낙제 또는 부실에 그치지 않고 사회 전반에 걸쳐 여러 차질이 발생

2014년 홍콩 대학생들의 동맹 휴학 모습

하므로 동맹 휴학을 심각하게 받아들인다.

유럽과 달리 미국에서는 동맹 휴학이 매우 드물다. 1970년 봄 미국의 캄보디아 침공과 4명의 켄트주립대 학생 피살 사건 직후 전개된 동맹 휴학이 최대이자 최근의 것으로 기록되고 있을 뿐이다. 미국 대학생들은 동맹 휴학을 시위의 한 수단으로 생각하지 않는 경향이 있다. 등록금이 비싼 사립학교 중심의 교육 시스템에서 수업 불참은 곧 경제적 불이익으로 연결되기도 한다. 더구나 동맹 휴학에 동참

하지 않고 수업에 출석하는 학생들이 많다면 동맹 휴학 참가자는 결석으로 인해 성적에서 불이익을 받을 수 있다. 이처럼 집단행동이 어려운 상황에서는 동맹 휴학조차 어렵다.

동맹 휴학을 영어로는 스트라이크strike로 표기하기도 한다. 스트라이크의 전형적 의미인 노동자 파업은 회사 이윤을 줄이고 또 앞으로 더 줄일 수 있음을 회사 측에 보여줘 양보를 얻으려는 행위다. 반면에 동맹 휴학은 학교 측의 재정 수입을 줄여 학교 측을 압박하려는 행위가 아니다. 학교 측의 수입을 줄이려면 등록금 납부 거부나 자퇴가 효과적일 수 있으나 학생들이 브랜드 가치를 제공해줄 학적을 포기하기란 어렵다. 그래서 집단적 항의인 동맹 휴학을 노동자 파업과 구분하여 클래스 보이콧class boycott, 수업 거부으로 부르기도 한다.

현행 대한민국 헌법 제31조는 교육을 국민의 권리이자 의무로 규정한다. 학부모가 주도한 초등학생의 등교 거부 행위는 교육 의무를 거부할 수 있느냐 하는 논쟁을 제기할 수 있다. 또 학벌이라는 위계적 브랜드와 반 특권적 민주 질서가 양립 가능하냐는 문제도 있다. 실제로 민주화의 견인차로 평가되는 동맹 휴학들뿐 아니라 기득권 수호라고 비판되는 동맹 휴학들도 있었다. 분명한 것은 입시 위주의 교육열 때문에라도 학내 문제가 학내에만 머물 수 없다는 점이다.

1957년 이강석의 서울 법대 입학 사태는 60년 후 다시 거론된 바 있다. 박근혜 대통령 최측근의 딸 정유라가 이화여대에 입학하고 재학하는 과정에서 특혜를 받았다는 의혹 때문이다. 유무죄가 판결되지 않은 의혹 단계에서 이미 권력자의 지지 기반을 흔들었다. 이어 터진 대통령과 최측근에 관한 후속 폭로로 대통령 퇴진을 요구하는 일련의 촛불 집회와 몇몇 대학의 동맹 휴학이 전개되었다. 집단행동 참가에 수반되는 부담보다 권력자에 대한 분노가 훨씬 컸기 때문에 집단행동이 쉽게 이루어졌다. 결국 대통령은 파면되고 구속되었다.

동맹 휴학과 같은 보이콧은 약자의 집단행동으로 활용되어왔다. 시위가 적극적 집단행동이라면, 보이콧은 소극적인 비폭력 집단행동이다. 집단행동 참여에 따른 위험은 소극적 행동보다 적극적 행동에서 더 크다. 베르사유 시위와 같은 적극적 집단행동이 불참의 위험을 높여 성공적으로 동원한 것이라면, 동맹휴학과 같은 소극적 집단행동은 참여의 위험을 낮췄기 때문에 성공적 동원이 이뤄졌다. 참여에서 오는 위험을 줄이고 불참에서 오는 위험을 늘이는 것이 집단행동의 성공 비결이다.

 전략과 상식의 세계사

찰스 보이콧

보이콧의 어원은 1880년으로 거슬러 올라간다. 영국의 퇴역 장교 찰스 보이콧은 아일랜드 한 지역의 토지 관리인으로 근무했는데, 소작인과 갈등을 겪자 9월부터 지역 사람들이 모든 서비스에서 보이콧을 조직적으로 배척하였다. 심지어 배척하다ostracise는 단어 대신에 보이콧하다boycott는 단어를 쓰자는 제안까지 있었다. 12월 1일 결국 보이콧은 아일랜드를 떠났다. 이후 '보이콧'이란 단어가 일반 동사로 사용되기 시작했다.

찰스 보이콧의 캐리커쳐

제14장
감성 정치
_마음 얻기

94. 괴벨스_진실보다 신뢰를 따른다

· 우리 행동을 국민에게 강요해서는 안 되고, 국민이 위임한 후 우리는 행동해
  야 한다.
· 정치란 불가능한 기적을 일궈내는 것이다.
· 위기를 성공으로 이끄는 선전이야말로 진정한 정치 예술이다.
· 우리는 모든 시대에 걸쳐 가장 위대한 정치인으로 역사에 남을 것이다. 아니면
  역사상 가장 악랄한 범죄자로.

히틀러와 괴벨스

누구의 어록일까. 존경받는 저명한 민주 지도자의 발언일까? 그 반대다. 1930년 4월 26일 아돌프 히틀러가 나치당 선전 책임자로 임명한 요제프 괴벨스의 말이다. 민주주의와 전체주의는 그 뿌리가 비슷함을 알 수 있다.

괴벨스는 나치당이 제2당, 또 제1당으로 부상하는 데에 크게 기여했다. 1928년 5월 선거에서 3%에 불과했던 나치 득표율을 1930년 9월 선거에서 18%로 끌어올리는 데 지대한 공을 세웠다. 1932년 대통령 선거에서 비록 히틀러를 당선시키지는 못했지만 결선 투표에 진출시켰다. 1932년 제국 의회가 해산된 직후 실시된 7월 총선에서 나치당은 37%의 득표율로 제1당에 올라섰고, 11월 총선에서도 제1당의 자리를 유지했다. 1933년 1월 총리에 취임한 히틀러는 3월에 "제국 정부의 정책과 조국 독일의 민족적 재건에 대해 국민을 계몽하고 선전"할 제국선전부를 설립하고 그 장관에 괴벨스를 임명했다.

괴벨스의 선전 방법론은 그의 어록으로 쉽게 이해된다. "선전은 쉽게 학습될수 있어야 하고, 간단한 용어나 슬로건으로 명명하는 것이 좋다"는 괴벨스의 소신대로 그의 어록 또한 간단명료하다. 물론 오늘날 전해지고 있는 괴벨스 어록은 전부가 그의 것인지 불확실하지만 오늘날에도 적용될 내용이 적지 않다. 몇가지 살펴보면 다음과 같다.

첫째, 대중의 인식과 행동은 고정된 것이 아니다. "대중은 이해력이 부족하고 잘 잊어버린다"는 괴벨스의 말대로 국민 뜻은 가변적이다. 어쩌면 대한민국 정치인들도 자신들은 변한 게 하나도 없는데 국민 지지가 극단적으로 오락가락한다 생각할지 모른다.

민주주의는 유권자가 가장 나은 정치인과 정책을 선택한다는 전제하에서 신성시된다. 정치인 가운데 옥석을 가리는 판단이 쉽지 않지만, 유권자 다수는 스스로 그런 판단을 할 수 있다고 생각하며 자신의 판단을 확신한다. 선전에 흠뻑빠져 있음에도 그 사실을 전혀 알지 못하게 사람을 사로잡는 것이 진짜 선전이라고 괴벨스는 강조했다. 선동당하는 대중 대부분은 자신이 주인이고 자신의 의지대로 결정한다고 생각하지만 정작 남에 의해 조정될 뿐이다.

대중이 선동 대상이었던 괴벨스 시대와 달리, 디지털 시대의 대중은 선동의 주체도 될 수 있다. 선동을 주도할 정치적 의도가 없다면 심리적 동기라도 있게 마련이다. 자신이 소셜네트워크서비스에 직접 올린 정보가 사회적 파장을 가져다줄 때 느끼게 되는 자기 존재감이 그런 예다. 정보 전달 행위의 심리적 동기 역시 아날로그 시대건 디지털 시대건 감정 공유를 매개로 하는 큰 네트워크에 포함됨으로써 영향력 집단에 속했다는 안도감이다.

둘째, 선전은 이성이 아니라 감성과 본능을 자극하는 것이 더 효과적이다. 여러 선거와 전쟁 때 괴벨스가 활용한 도구는 확성기 연설, 신문, 포스터, 유니폼, 음반, 라디오, 영화, 취주 악단, 합창, 횃불 행진, 대규모 집회 등으로 주로 감성을 자극하는 방식이었다.

특히 영화는 나치 정권이 공을 들인 선전 수단이었고, 나치 때 제작된 영화들은 오늘날에도 효과 면에서 영화사의 한 획을 긋는 작품으로 인정받고 있다. 영화나 TV 프로그램은 있는 그대로 방영하기보다 편집이 더 큰 감동을 준다. 실제 다큐멘터리나 사건 보도에서도 그런 설정이 시청률을 높이기 위해 이용되기도 한다. 오늘날 한국 사회에서 이미 종료된 이슈가 영화나 TV 프로그램으로 다시 이슈화되면서 재수사되어 새로운 조치를 가져다주기도 한다.

1935년 히틀러와 괴벨스가 당시 세계적인 독일 영화사인 유니버설영화사에서 영화를 살펴보고 있다.

사람은 타인뿐 아니라 자기 선입관에 의해서도 휘둘린다. 믿고 싶은 것만 믿기도 한다. 특히 선호는 이성보다 감성에 좌우될 때가 많다. 이성은 남을 이해할 때보다 남과 싸울 때 더 사용된다는 주장도 있다.

셋째, 대중을 조정하는 일은 감성 가운데에서도 불안, 공포, 증오라는 것이 괴벨스의 해석이다. "좌절감을 이용하되 줄여주어야 한다"는 괴벨스 말처럼 바이

마르공화국 실패로 좌절감이 이미 팽배했기 때문에 선동이 통했다.

좌절감은 증오로 연결된다. 대중의 분노는 전염성이 강하다. 대중은 선거에서 네거티브 캠페인에 대체로 부정적 반응을 보인다. 그렇지만 포지티브 캠페인보다는 네거티브 캠페인에 의해 동원되기 쉽고 투표 선택에서도 지대한 영향을 받는다. "분노와 증오는 대중을 열광시키는 가장 강력한 힘이다"고 말한 괴벨스는 1927년에 주간지『공격 Der Angriff』을 창간하여 반유대주의를 활용했다. 나치당 선전 책임자로 부임한 1930년에는 『공격』을 주간지에서 일간지로 바꿔 발간했다. 독일인들을 불행하게 만든 탓을 만들어야 했는데 그 대상이 유대인이었다. 감성적 대중은 악인의 모든 것이 나쁘다고 생각하기 쉬우므로 증오는 쉽게 증폭된다. 특정 집단을 증오하면서 독일 '민족 공동체' 의식과 '투쟁 공동체' 의식을 강화했다.

오늘날 일본에서도 일부 극우 집단은 자신들의 불행이 재일 한국인을 비롯한 외국인 탓이라고 선동한다. 대내적으로도 탓 만들기는 존재한다. 한국의 역대 대통령들 임기후반 때 나쁜 일만 생기

1933년 4월 베를린 이스라엘백화점 앞에서 전개된 유대인 업체 불매 운동. 나치돌격대(SA) 요원의 표지판에는 "독일인이여! 자신을 보호하라! 유대인에게 구매하지 말라!"고 적혀 있다.

면 모두가 인기 없는 대통령 때문이라고 하는 것 또한 탓 만들기 일종이다.

분노는 결국 분출한 자로 향한다. 부처의 경구처럼, 분노라는 뜨거운 석탄을 남에게 던질 때 가장 먼저 화상을 입는 사람은 그것을 집은 자신이다. 분노는 피해의식에서도 나온다. 스스로는 이타적 동기에서 행한 행동이 그렇지 못할 때 적반하장을 더 느낀다. 고대 로마의 루키우스 세네카는 『화에 대하여 De Ira』에서 화

가 치솟을 때는 거울을 비춰보라고 조언한다. 그래도 분노가 조절되지 않으면 분노조절장애이거나 혹독한 분노 요인 때문이다.

증오 대상을 지나치게 확대함으로써 스스로 사면초가에 빠지는 일은 전략적이지 못하다. 나치 독일은 서로에게 적대적일 수밖에 없었던 볼셰비키와 앵글로색슨 모두를 적대시함으로써 '적의 적은 친구'라는 맥락에서 맺어진 미·영·소 연합군에게 결국 패배하고 말았다.

증오와 함께 희망이 제시되어야 한다. 희망은 미래 가치로 현재 고통을 감내하게 하는 것이다. 물론, 실현되지 않을 헛된 희망으로 오히려 고통스럽게 만드는, 이른바 '희망 고문'이 될 수도 있다.

넷째, 악마가 등장하면 필연적으로 영웅도 출현한다. 나치의 증오감 고취에는 히틀러 카리스마와 신화 구축이 뒤따랐다. "대중은 지배자를 기다릴 뿐, 지유를 줘도 어찌할 바를 모른다"며 괴벨스는 대중이 아래로부터의 결정보다 위로부터의 지배를 더 편하게 느낀다고 봤다.

남이 정해주거나 선택을 좁혀주기를 대중이 원하는 현상은 소비자 마케팅 연구에서도 관찰된다. 6종류의 잼을 진열한 판매대와 24종류의 잼을 진열한 판매대의 200여 명 고객 관찰 연구에서, 방문 비율은 40%6종류 대 60%24종류이었으나 구매 비율은 30% 대 3%였다. 선택 가지 수가 적을수록 실제 구매 비율이 높았다. 또 초콜렛을 선택하게 한 실험 연구에서는, 6가지 초콜렛 가운데 하나를 고르게 한 집단의 만족도가 30가지 초콜렛 가운데 하나를 고르게 한 집단의 만족도보다 높았다. 심지어 실험 참가자들에게 초콜렛과 5달러 가운데 답례품을 선택하라고 했을 때 초콜렛을 선택한 비율은 6가지 선택지의 집단이 30가지 선택지의 집단보다 더 높았다. 교육 프로그램 선택에서도 일반 학생들은 각자 자유롭게 프로그램을 이수하는 자기주도적 방목형 교육 방식을 그다지 좋아하지 않는다.

선택지가 많으면 대중의 불만이 커진다. 이는 후회 최소화 성향과도 관련이 있다. 자신이 실제 선택한 대안과 최선의 대안 간의 만족도 차이가 후회의 크기라고 할 수 있는데, 선택지가 많을수록 최선의 대안을 선택할 가능성이 그만큼 작아지며 아울러 기대 후회도 평균적으로 커진다.

영웅의 출현은 불확실한 상황에서 더욱 요구된다. 여러 마케팅 실험에서 희소 상품에 대한 선호는 평상시보다 불경기 상황에서 증가했는데, 마찬가지로 특이한 지도자에 대한 지지는 평상시보다 불확실한 위기에서 더 크다.

오늘날 대중은 정보를 접하기 어려웠던 괴벨스 시대의 대중과 약간 다르다. 한국 사회에서 정치인이든 연예인이든 자신을 낮춰야 지도자로 남을 수 있다. 괴벨스도 비슷한 말을 하긴 했다.

> 대중이란 여성과 같다. 금발의 푸른 눈을 가진 거구보다 신체적 약점을 지닌 사람에게 모성애를 보인다.

대중은 정치인에게 존중받길 원한다. 경쟁자가 대중을 모멸했다고 인식시킬 수 있다면 대중을 쉽게 선동할 수 있는 것이다. 한국 사회에서는 지도자를 무작정 따르려는 경향 그리고 국민을 신처럼 숭배하라는 경향이 동시에 존재한다. 권력 집중형 정치 문화에서 가능한 현상이다. 권력 분산형 정치 문화에서는 지도자를 무작정 따르려 하지도 않을뿐더러 국민을 무조건 받들라고 요구하지도 않는다.

1936년 2월 올림픽에서 히틀러(왼쪽에서 세 번째)와 괴벨스(맨 왼쪽)가 캐나다인과 독일인에게 사인해주고 있다. 당시 나치는 대중의 인기를 누렸다.

대중을 존중하는 태도는 언론 보도에서도 관찰된다. 종종 언론 매체들은 선거 결과를 힘 몰아주기 또는 황금 분할로 표현한다. 어떤 선거 결과가 바람직하다고 선거 전에 밝힌 적도 없으면서 선거가 끝나면 당선 결과 또는 의석비 결과를 숭고한 국민의 뜻이자 명령으로 표현한다. 바람직하다고 유권자 전체가 동의할 선거 결과는 존재하지 않는다. 만일 실제 선거 결과가 힘 몰아주기 또는 황금 분할이라 하더라도 수천만 명의 유권자가 미리 조율해 그렇게 만든 것은 아니다. 유권자의 같은 투표 행태에서도 전략적 운용에 따라 당선자 또는 의석비에서 다른 선거 결과가 나올 수 있다.

다섯째, 선전에서는 내용이 진실이냐 거짓이냐의 여부보다 신뢰를 받느냐 아니냐의 여부가 더 중요하다. 좋아하는 사람을 좋은 사람으로 여기고, 또 싫어하는 사람을 나쁜 사람으로 보는 경향이 있기 때문이다. 악마는 모든 부문에서 악마이고 또 영웅은 모든 분야에서 영웅이라고 받아들인다. 선한 사람의 행동 모두는 선할 것이고, 악한 사람의 행동 모두는 악할 것이라고 믿는다. 싫어하는 사람이나 물건을 '나빠'로 표현하는 일은 성인보다 유아에게 더 관찰된다. 대중의 단순한 호불호를 증오로 전환하고 또 증오를 공격적 행동으로 바꾸는 데에 주력한 괴벨스는 다음과 같은 말로 거짓 선동이 매우 효과적일 수 있음을 강조했다.

승리한 자는 진실을 말했느냐 따위를 추궁당하지 않는다. … 이왕 거짓말을 하려면 될 수 있는 한 크게 하라. 대중은 작은 거짓말보다는 큰 거짓말을 잘 믿는다. … 사람들이 거짓말을 듣게 되면 처음에 절대 아니라고 생각하다가 다음에는 의심만 하게 되고, 다시 계속 듣다 보면 진실이라고 믿게 된다. … 거짓과 진실의 적절한 배합이 100%의 거짓보다 더 큰 효과를 낸다. … 선동은 문장 하나로도 가능하나 그것을 해명하려면 수십 장의 문서와 증거가 필요하다. 해명할 때면 이미 대중은

SNS에 떠도는 거짓 정보를 언론이 SNS에서 돌고 있는 내용이라고 보도만 해도 사람들은 진실로 받아들이기도 한다. 이후의 진실 규명 행위는 기억 못 한다.

잘못된 믿음 자체는 생명력을 갖는다. 과거 믿음과 행동을 자기기만을 통해서라도 합리화하려는 경향이 있기 때문이다. 예컨대, 1988년 도널드 로리Donald Lowry가 여성 사칭 우편 사기 혐의로 피소되었을 때 피해자 다수는 법정에까지 출두하여 오히려 로리를 옹호했다.

교각살우처럼 나쁜 쪽으로 일이 전개된다고 주관적으로 믿는 심리를 머피의 법칙Murphy's law이라고 한다. 이와 반대로 샐리의 법칙Sally's law은 전화위복처럼 일이 좋은 쪽으로 전개된다는 주관적 심리다. 샐리의 법칙과 같은 긍정적 인식은 개인이나 소규모 집단 차원에 필요하다. 업무 분장은 그대로인 채 직함만 바꿔 직원의 업무 만족도와 소속감을 높였다는 경영학 연구에서 보듯 조직의 사기士氣 진작은 종종 추진된다. 그런데 이런 긍정적 심리가 특정 지도자에 대한 무조건 지지로 변질하면, 국뽕 또는 루쉰의 『아큐정전阿Q正傳』에 등장하는 정신 승리법으로 불린다. 주관적 믿음이 객관적 진실을 지배하기 때문에 가능하다.

거짓이 좋은 결과를 가져줄 때도 있긴 하다. 잘못된 믿음이 좋은 결과를 가져다주는 플라시보placebo 효과가 그 대표적 예다. 하지만 선의의 거짓말white lie조차 종종 나쁜 결과를 초래한다. 잘못된 믿음이 나쁜 결과를 가져다주는 노시보nocebo 효과는 그 반대인 플라시보 효과보다 더 흔하다고 할 수 있다. 잘못된 믿음의 소유자는 베이즈Bayes 추론하에서도 그 믿음이 진실일 가능성이 제로일 때 비로소 그 잘못된 믿음을 바꾸기도 한다.

객관적 사실에 대한 인지조차 주변 다수에 영향을 받는다. 컴퓨터가 고장 났는데, 주위 사람들이 컴퓨터 고장에 전혀 관여되지 않은 특정인을 지정해 그가 고장 내는 장면을 보았다고 말하자 참가자 다수가 혐의를 인정한 실험 결과가 있었다. 또 길이가 서로 다른 선분 세 개를 받은 참가자 대부분은 '네 번째 선분과 길이가 같은 것을 고르라'는 질문에 대해 정답을 맞혔지만, 실험 주관자가 의도적으로 배치해둔 주위 사람들이 모두 틀린 답을 말하자 정답을 맞혔던 참가자 중 ¾이 응답을 바꾸었다는 실험 결과도 있다.

　다수가 거짓을 진실이라고 말하면 나머지 사람들도 그 거짓을 진실로 받아들이기 쉽다. 세 사람이 없던 호랑이를 봤다고 말하면 호랑이 존재가 진실로 받아들여진다는 전국책戰國策의 삼인성호三人成虎가 그런 예다. 오늘날 인터넷 댓글 부대를 활용하는 이유도 삼인성호가 가능하다고 믿기 때문이다. 선거 결과가 공표된 후 실시되는 설문 조사에서는 당선자의 득표율이 실제 결과보다 더 높게 집계된다. 당선자에게 투표한 유권자들이 조사에 더 응했을 수도 있고, 또 당선자에게 투표하지 않은 유권자가 착각 또는 거짓으로 대답했을 수도 있는데, 이러한 편승bandwagon 현상이 삼인성호의 배경이다. 거짓도 자꾸 듣다 보면 진실로 받아들일 수 있다. 이는 시간적 의미의 삼인성호, 즉 삼시성호三時成虎라고 할 수 있다.

　상식common sense은 사람들이 알고 있거나 알아야 하는 식견인데, 목소리 큰 일부의 생각이 상식이라는 이름으로 강요되기도 한다. 급진 세력과 반동 세력 모두 자신의 의견이 상식이라고 주장한다. 진실과 상식은 일치하지 않을 때도 많다. 다수 생각이 무조건 옳다고 받아들여질 때 포퓰리즘과 인민재판식 심판이 횡행한다. 다수의 생각이 늘 옳다는 생각은 옳지 않고 또 위험하다. 다수의 지속적인 생각은 대부분 옳았으나, 특정 시점에서의 다수의 생각은 잘못되었을 때가 많다. 오늘날 독일 국민은 나치에 대한 당시의 인식이 잘못되었다고 인정한다. 획일보다 다름이 진실에 더 가깝다.

　괴벨스식 선동과 선전은 정권 장악에 도움이 됐다. 그렇지만 선동과 선전만으로 정권을 지속할 수는 없었다. 결국 전쟁을 일으켰고 비참한 최후를 맞이했다. 괴벨스 부부는 자신의 여섯 아이를 독살하고 본인들도 자살했으며 시체는 타다 말았다. 거짓에 의존한 선동과 선전은 결국 본인에게 더 큰 좌절감을 줄 수 있다.

독일 국민의 지지로 출범한 나치 정권은 민주주의의 치명적

괴벨스 가족과 본인의 비참한 최후

약점을 활용했다. 이처럼 민주주의는 자기 파멸의 방법을 잉태하고 있다. 선악이나 증오의 감정이 지배하는 민주주의는 위험하다. 오늘날에도 선동과 부화뇌동이 난무할 때면 깊게 드리워진 괴벨스의 그림자가 보인다.

95. 드라마 〈우주 전쟁〉_픽션을 팩트처럼, 팩트를 픽션처럼

1938년 10월 30일, 뉴욕과 샌프란시스코를 비롯한 미국의 여러 도시에서 교통 혼잡과 전화 혼선이 발생했다. 외계인이 지구를 공격하고 있다는 라디오 방송을 직간접적으로 접한 미국인 수천 명이 자동차를 몰거나 경찰서로 전화했기 때문이다. 그 라디오 방송은 CBS가 할로윈데이 특집으로 허버트 조지 웰스Herbert George Wells의 1898년 소설 『우주 전쟁The War of the Worlds』을 각색한 드라마였다. 1시간짜리 드라마 가운데 처음 3분의 2는 긴급 뉴스 형식이었다. 중간 광고 없이 방송되다 보니, 도입부를 놓치고 도중에 청취한 청취자들 다수는 드라마 속의 외계인 침공을 실제 상황으로 받아들였다.

허버트 웰스의 소설 '우주 전쟁'에서 화성의 전투 기계를 상대로 싸우는 장면을 묘사한 엔히크 알빔 코레아의 1906년 삽화. 이 소설을 원작으로 각색된 라디오 드라마가 방영되었을 때 일부 청취자는 실제 상황으로 받아들이는 소동이 벌어졌다.

DAILY NEWS FINAL

FAKE RADIO 'WAR' STIRS TERROR THROUGH U.S.

"War" Victim

"I Didn't Know"

뉴욕 타임스퀘어에서 연기 난다는 라디오 방송을 듣고 거리로 달려가다 넘어져 팔을 골절한 여성. 방송 직후 발생한 사건은 의도하지도 예상하지도 않았다고 밝히는 오슨 웰즈. 화성에서 온 기계를 연상시키는 사진 등을 게재한 1938년 10월 31일자 데일리뉴스

　당시 미국 사회는 나치 독일의 도발적 행동 때문에 세계대전의 발발을 우려하던 시절이었고, 따라서 누가 침공했다는 말을 듣는 순간 사실로 믿는 분위기였다. 게다가 TV 방송이 아직 보편화되지 않은 시절이라 라디오 청취자들은 각자의 상상대로 방송 내용을 받아들이는 경향이었다. 〈우주 전쟁〉의 감독, 각본, 내레이션을 모두 맡았던 조지 오손 웰즈George Orson Welles는 관심을 끌기 위해 실제 상황인 것처럼 편집했다는 비판을 받았다. 방송 다음 날 웰즈는 그렇게 의도하지도 않았고 또 그런 소동을 예상하지도 못했다고 해명했다. 의도가 있었든 없었든 23세의 웰즈는 이 사건으로 유명 드라마 제작자라는 명성을 얻었고 후속 작품을 연이어 흥행시켰다. 〈우주 전쟁〉의 청취자가 많지 않았음에도 불구하고 사회 혼란이 발생한 것은 수수께끼라고 말하지만, 어떤 면에서는 청취자가 많지 않았기 때문에 픽션fiction이 팩트fact로 둔갑해 전파되는 게 가능했다.

　팩트와 픽션은 서로 섞여 있을 때 효과적이다. 먼저, 픽션이 가미되지 않은 팩트는 잘 전달되지 않는다. 사실과 논리에만 의존하여 설명하다 보면 무미건조해지기 십상이다. 대중은 모든 문장이 엄격하고 정확히 서술된 기계적인 글이나 말보다 인간 감성에 충실한 자연스러운 글이나 말을 더 잘 읽고 더 잘 들

고 더 잘 기억한다. 역사 교과서의 한 페이지보다 사극의 한 장면을 더 잘 기억하게 되는 이치이다. 다큐멘터리가 감흥을 주기 위해 드라마적 상황을 인위적으로 설정하고 이는 다시 팩트에만 근거한 다큐멘터리보다 더 잘 기억되어 종종 논란을 일으키기도 한다.

팩트를 뇌 속에 저장하고 끄집어내는 것이 기억이다. 팩트를 다르게 생각해내는 착각, 그리고 없던 팩트를 생각해내는 환각 모두 감정 이입이 있을 때 잘 발생한다. 아예 팩트를 도로 생각해내지 못하는 망각증세은 감정이 전혀 개입하지 않을 때 잘 발생한다. 기억 저장은 감성이 동반될 때 잘 이뤄지기 때문에 기억의 정확성이 늘 문제 되는 것이다.

다음, 팩트가 아니라는 게 너무 명백한 픽션 또한 파급력이 낮다. 내용과 표현이 새롭고 풍부한 순수 픽션 작품보다 역사적 사건이나 현재 상황을 소재로 하는 픽션 작품이 사람들을 더 움직인다. 또 사람들은 철저하게 팩트에 근거한 애니메이션보다 인간 배우가 출연한 픽션 드라마를 훨씬 더 현실적인 내용으로 받아들이고 더 잘 기억한다. TV 리얼리티 프로그램도 팩트처럼 구성되기 때문에 시청률이 높다. 하지만 이런 프로그램은 출연자들에게 캐릭터, 특히 악역을 인위적으로 배정하여 진행한다는 점에서 대부분 픽션이다. 이처럼 픽션은 팩트처럼 서술하고, 팩트는 픽션처럼 설명해야 호응을 얻는다.

팩트와 픽션을 구분해 기억할 거라는 기대와 달리, 실제 사람들은 잘 구분하지 않고 같은 곳에 저장하며, 따라서 뒷날 잘 구분하지 못한다는 연구도 있다. 소설이나 영화가 픽션뿐 아니라 약간의 팩트도 전달하므로 픽션은 팩트와 함께 기억된다. 픽션 작품의 시작과 끝에서 픽션임을 강조했다 하더라도 픽션을 기억에서 끄집어낼 때는 팩트와 잘 구분하지 못하는 것이다.

오히려 픽션이 팩트보다 더 사실로 받아들여질 때도 있다. 픽션성 정보는 애초부터 검증 장치를 해제하고 접하면서, 팩트성 정보는 검증한 후 받아들이기도 한다. 그래서 픽션에 몰입한 관객이나 독자는 픽션 내용의 모순과 허위를 아예 보지 못하게 된다. 따라서 팩트로 받아들여질 수도 있는 픽션에 의도가 가미되면 그 파급력은 클 수밖에 없다. 역사적 사건을 소재로 하는 영화의 관객 다수는 영화 속 이야기를 역사적 사실로 이해하는 오류를 범하기도 한다.

진정성과 진실이 늘 같은 것은 아니다. 진정성을 느낄 수 있는 픽션도 있고, 진정성을 느낄 수 없는 팩트도 있다. 사실, 삼국지에 등장하는 삼고초려三顧草廬는 팩트가 아니다. 유비가 제갈량의 초가집을 세 번 찾아간 것이 아니라, 제갈량이 스스로 유비에게 찾아갔다. 그렇지만 삼고초려는 진정성을 의미하는 용어로 사용되고 있다. 바로 진정성을 드러내는 스토리가 있기 때문이다.

고대 그리스에서는 논리로고스와 이야기미토스를 서로 대비시켰다. 구슬은 꿰어야 보배이듯 팩트도 잘 꿰어야 진정성을 전달할 수 있는데, 그 대표적 방식이 스토리이야기다. 팩트를 일종의 스토리로 엮은 것이 히스토리역사다. 어떤 면에서 정사보다 야사가 더 공감을 받는 것은 구성이 더 스토리적이기 때문이다. 픽션 역시 팩트보다 훨씬 더 스토리로 구성되기 때문에 강하게 공감되어 전달된다.

스토리가 사람들의 관심을 끌려면 구체적 인물과 구체적 상황으로 구성되어야 하고 기승전결과 같은 전개가 있어야 한다. 관객은 알지만 등장인물 일부가 모르는 상황 설정은 흥미를 끄는 요소다. 등장인물과 관객 모두가 모르면 '서프라이즈'가 되지만, 관객은 알기에 '서스펜스'가 되어 몰입도를 높인다. 스토리 앞 내용을 알기에 뒤 내용이 더 궁금한 것이다. 재미있는 영화를 중간부터 보면 그 재미가 반감된다. 세상의 팩트는 기승전결 스토리로 전개되지만은 않기에 흥미를 만족시키지 못하는 경우가 많다. 시간적 발생 순서와 관계없이 스토리로 전개하면 더한 감흥을 줄 수 있다. 왕에게 죽임을 당할 여인이 매일 밤 이야기보따리를 풀어 살아남았다는 『천일야화』도 스토리이기 때문에 왕은 다음 이야기가 궁금했고, 또 픽션이라서 1,001일 동안의 이야기가 가능했다.

스토리를 말하는 자와 듣는 자는 서로 유사한 뇌파를 갖는다는 연구가 있다. 또 직접 경험한 작은 트라우마보다 픽션에서 간접 경험한 큰 트라우마를 더 심각하게 기억한다는 연구도 있다. 남이 하는 행동을 보기만 해도 직접 행할 때와 동일하게 뇌가 반응한다는 관찰에서 거울 뉴런이 존재한다는 주장도 있었다. 기능성 자기공명영상fMRI과 같은 장비가 개발된 후에는 소설을 읽는 독자나 영화를 보는 관객의 뇌 반응이 그 소설이나 영화 속 주인공의 상황에서 관찰되는 뇌 반응과 같다는 사실이 밝혀졌다. 정조 14년1790년에 일어났던, 임경업 장군 이야기에 몰입한 관객이 전기수이야기꾼를 살해했던 사건도 그런 감정이입 현상으로 설명할 수 있다. 이런 공감은 대체로 옥시토신 호르몬의 분비를 동반한다.

픽션을 즐기는 사람일수록 사회성 혹은 공감 능력 점수가 높다는 주장도 있다. 그래서 픽션은 '사회적 시뮬레이터'라고도 한다. 스토리로 공감이 증대되면 집단 정체성 또한 증대되는 것이다. 픽션 가운데에서도 역설과 반전의 기법을 활용하는 희극보다 비극이 더 큰 공감을 가져다준다.

일찍이 아돌프 히틀러와 요제프 괴벨스는 픽션의 사회적 파급을 인지하고 실천했다. 픽션을 중시하면서도 경계한 나치가 금서로 지정하여 불태운 분서焚書 목록에는 픽션 도서가 많았다. 그 분서 가운데 하나인 하인리히 하이네의 희곡 『알만조르』에 등장하는 "책을 태운 곳에서는 결국 인간도 태울 것이다"는 대사 그대로, 나치는 사람들을 가스로 죽이는 갱유坑儒와 같은 픽션적 행동을 실천하여 결국 팩트로 만들었다.

이처럼 픽션은 사회에 부정적 효과를 내기도 한다. 나치와 같은 전체주의 사회뿐 아니라 민주주의 사회에서도 발생하는 음모론이 그 대표적 예다. 음모론자에게 우연은 없다. 모든 게 시나리오에 의해 의도적으로 이뤄진다고 본다. 각각의 행위와 전환점이 필연적이었음을 보여주지 않아도 일련의 스토리로 구성되면 공감을 얻을 수도 있다. 대체로 주인공이 다른 등장인물과 적대적이거나 경

이야기하는 인간, 호모 나랜스

'이야기하는 인간'을 의미하는 '호모 나랜스homo narrans'는 스토리텔링이 인간의 진화된 본성임을 나타내는 용어다. 스토리는 상품 마케팅에서도 활용된다. 두 개의 사과를 그 예로 들면, 애플사와 합격 사과가 있다. 2000년대 초 애플사의 스티브 잡스는 청바지에 검은 셔츠 차림으로 신제품 출시를 발표했는데, 세계 시장을 대상으로 행한 스토리텔링 마케팅으로 기억되고 있다. 1991년 일본 아오모리현에서 태풍으로 수많은 사과가 떨어졌다. 태풍에도 떨어지지 않은 사과에 '합격 사과'라는 이름의 스토리를 입혔고, 비싼 가격에도 소비자들은 크게 호응했다.

스토리라 해서 반드시 말로 해야 하는 것은 아니고 내용만 있으면 된다. 또 스토리라고 해서 처음부터 끝까지 완결될 필요는 없다. 예컨대, 누군가가 걸인의 "난 장님입니다 도와주세요I'M BLIND PLEASE HELP" 표지판을 "오늘은 정말 아름다운 날이네요. 저는 그걸 볼 수가 없네요IT'S A BEAUTIFUL DAY AND I CAN'T SEE IT"로 바꿨더니 너도나도 걸인을 도와주었다는 스토리는 한 문장만으로도 스토리가 될 수 있음을 보여준다.

쟁적인 관계를 갖는 스토리가 인기를 얻듯, 악당을 설정해 마녀사냥으로 전개되는 스토리가 훨씬 잘 전달된다. 팩트를 도외시한 채 픽션에만 기초한 스토리는 사회 갈등을 증폭시킬 수 있는 것이다.

팩트와 픽션을 결합한 신조어 팩션faction이 등장한 지 이미 오래다. '실화 픽션(기법)'으로 번역될 수 있는 이 단어에 '파벌 싸움'이라는 뜻도 있음은 우연이 아니다. 실화 픽션과 파벌 싸움은 서로 관련되어 있기 때문이다. 역사적 사건이나 인물뿐 아니라 오늘날 사안에 대해서도 밝혀진 내용보다 상상만 할 수 있는 내용이 훨씬 많은데, 어떤 부분을 드러내느냐에 따라 독자나 시청자에게 전혀 다른 뉘앙스를 전달한다. 자신의 파벌 입맛에 맞는 내용을 드러내는 경향이 있다는 점에서 실화 픽션은 파벌 싸움에 사용하는 주요 수단 가운데 하나다. 상대 진영 주장에 대해 완벽한 일관성과 철저한 증거를 요구하면서 막상 자신은 아무런 근거 없는 내용을 주장한다면 이는 갈등 해결에 도움 되지 않는다.

오늘날 한국 사회는 픽션 같은 팩트 또는 팩트로 받아들여지는 픽션으로 들끓고 있다. 막장 드라마 같은 사건이 실제로도 발생하기 때문에 음모론이 흥행한다. 생산적 공감을 가져다줄 스토리가 아쉬운 시절이다.

96. 제노비스 사건과 보천보 전투_각색하여 악당과 영웅을 만들다

스토리는 악마를 만들어 사회의 잘못을 스스로 깨닫게도, 또 영웅을 만들어 세상을 바꾸기도 한다. 제노비스 사건은 정확하지 않은 기사가 여러 신드롬을 불러일으킨 사례다.

1964년 3월 13일 이른 새벽 뉴욕시 퀸스 큐 가든스의 한 아파트 근처에서 살인 사건이 발생했다. 키티라 불리던 28세의 캐서린 수잔 제노비스가 자신

제노비스 사건을 최초에 다룬 뉴욕타임즈 기사. 네모 안 인물은 범인(왼쪽)과 제노비스(오른쪽)

의 집 근처에서 살해된 것이다. 며칠 후 뉴욕타임스의 한 임원이 뉴욕경찰청장과

함께한 점심 식사 자리에서 이 사건에 대해 전해 듣고 후속 보도를 지시하였다.

사건 발생 2주 후인 3월 27일 뉴욕타임스는 "살인을 목격했으나 경찰에 신고하지 않은 38인"본래 제목은 37인이었으나 기사 본문에는 38인으로 설명되었고 추후 제목도 38인으로 수정되었음이라는 제목으로 기사화하면서 '제노비스 신드롬' 또는 '방관자 효과' 등의 이름으로 심리학 분야에서 개념화되었다. 제노비스 신드롬은 긴급성 여부, 모호성, 문화 차이, 책임 분산 등 여러 요인으로 설명되기도 한다.

2000년대 들어 뉴욕타임스는 해당 기사의 오류 가능성을 언급하기 시작했고 2016년 4월 마침내 기사가 과장되었다고 시인했다. 제노비스가 살해되는 전 과정을 목격한 사람은 한 명도 없었고, 일부를 목격한 두 사람은 경찰에 신고했으며 다른 한 목격자는 구급차가 올 때까지 제노비스를 안고 있었다고 보도했다. 과장 보도로 퀸스 거주자들은 온갖 비난을 겪어야 했다. 다른 한편으로는 긍정적인 면도 없지는 않았다. 제노비스 사건의 과장 보도는 전국 단위의 911 긴급 신고 체계가 도입되는 계기가 되었다고 평가되기도 한다. 물론 그런 의도치 않은 긍정적 결과가 있었다고 부정확한 보도가 정당화되지는 않는다.

스토리는 악당뿐 아니라 영웅도 만든다. 김일성이 대중에게 알려진 계기는 보천보 전투다. 1937년 6월 4일 밤 함경남도 갑산군 보천면 보천보현재 양강도 보천군 보천읍에 동북항일연군조선인민혁명군 제1군 제6사 그리고 갑산군 내 조국광복회 소속 무장 조직원들이 들이닥쳤다. 보천보는 일본 순사가 5인에 불과한 작은 마을이었다. 일본 민간인 두 명이 사망하고, 다음 날 파견된 경찰 추격대와 동북항일연군 수십 명이 사망하거나 부상한 사건이다. 이 사건 후 일본의 대대적 토벌은 동북항일연군을 거의 궤

보천보 전투를 보도한 1937년 6월 5일 동아일보 호외

멸하였으며 남은 인원은 소련으로 넘어갔고 조국광복회 조직은 거의 무너졌다. 보천보는 작은 마을이었지만 일제가 전 국토를 장악한 시절이라 비록 일시적이더라도 습격에 성공했다는 점에서 큰 주목을 받았다.

6월 5일 동아일보는 총독부의 보도 통제를 우회하여 두 차례에 걸쳐 발행된 호외로 사건을 보도하였다. 기사 제목에 '김일성일파金—成—派'라는 표현이 등장하며 김일성의 전국적 인지도를 한층 높였다. 김일성이 당시 보천보에 없었다는 주장, 보천보의 김일성은 북한 주석을 지낸 김일성과 다른 인물이라는 주장, 보천보 전투는 주민에 대한 약탈이었을 뿐이라는 주장 등이 제기되어 왔다.

북한 정권은 김일성이 항일 투쟁 등에서 축지법으로 날아다니며 모래로 쌀을 만들고 솔방울로 수류탄을 만드는 등의 여러 기적을 보였다는 우상화를 추진하였다. 우상화는 권력과 함께 세습된다. 1996년 왕재산경음악단에서 발표한 가요 "장군님 축지법 쓰신다"의 가사 일부를 소개하면 다음과 같다.

…

구름타고 오르신다 최전연고지最前沿高地 우에

수령님 쓰시던 축지법 오늘은 장군님 쓰신다

…

험산준령 비켜선다 번개도 뒤따른다

장군님의 지략으로 승전고 울린다

…

축지법 축지법 장군님 쓰신다

이런 우상화가 오히려 부정적인 효과를 가져온다는 판단이었는지, 2020년 3월 김정은 국무위원장은 제2차 전국 당 초급선전일꾼대회에 보낸 서한에서 수령의 혁명 활동과 풍모를 신비화하면 진실을 가리게 된다고 밝혔다. 또 2020년 5월 20일 로동신문은 "축지법의 비결"이라는 제목의 다음 기사에서 축지법은 실제 불가하고 인민 대중의 지지라고 보도했다.

주체34(1945)년 11월 어느날 당시 룡천군의 소재지였던 룡암포를 찾으신 위대한 수령님께서는 … 다음과 같은 이야기를 들려주시였다. "… 일제놈들은 유격대가 축지법을 쓰고 신출귀몰한다고 비명을 올리곤 하였다. 사실 사람이 있다가 없어지고 없어졌다가 다시 나타나며 땅을 주름잡아다닐 수는 없는것이다. 우리가 항일무장투쟁시기에 발톱까지 무장한 강도 일제와 싸워이길수 있은것은 인민대중의 적극적인 지지와 방조를 받았기때문이다. 만일 《축지법》이 있다면 그것은 인민대중의 《축지법》일것이다." … 조선인민혁명군의 신비스러운 축지법의 비결이 결국은 인민 대중과 일심일체가 된데 있다는 어버이수령님의 뜻깊은 가르치심은 연회 참가자들의 심금을 세차게 울려주었다.

거짓 뉴스나 소문이 특정인을 권력의 반열에 올리기도 하고 권력에서 떨어뜨리기도 한다. 그런 의도가 없더라도 화자話者는 청자聽者가 듣고 싶은 스토리를 전달하려는 경향이 있으므로 거짓 스토리를 원천적으로 막기는 어렵다.

97. 차우셰스쿠와 나폴레옹 3세_망각과 기억의 사이

성탄절엔 '메리 크리스마스', 또는 종교적 이유로 '해피 홀리데이즈'라는 인사말을 주고받는다. 대체로 사랑과 축복이 가득한 날로 여겨지는데, 간혹 증오와 저주로 얼룩진 적도 있다.

1989년 12월 25일 오후 루마니아 수도 부쿠레슈티 인근 군부대에서 1시간짜리 특별 군사 재판이 열렸다. 여기서 대통령이자 공산당 서기장인 니콜라에 차우셰스쿠와 그의 부인이 사형을 선고받았다. 선고 이후 곧바로 약 120발의 총탄이 차우셰스쿠 부부에게 퍼부어졌는데, 수많은 총알 가운데 일부는 촬영을 위해 부부의 시신에 다시 쏜 것들이었다. 차우셰스쿠 총살 이후 루마니아에서는 사형제가 폐지되었다.

차우셰스쿠는 1965년 루마니아 노동당 서기장으로 선출된 이래 24년 동안 루마니아를 통치했다. 그는 북한의 주체사상과 중국의 문화혁명에 많은 관심을 가졌고, 김일성과 마오쩌둥을 자신의 롤 모델로 삼았다.

1989년 12월 22일 루마니아 시민의 시위 모습

주체사상에 관한 서적을 루마니아어로 번역하여 루마니아 전역에 배포했고, '미니 문화혁명'으로 불리는 운동을 전개했으며, 무엇보다도 김일성 개인숭배를 벤치마킹했다. 그러나 차우셰스쿠의 개인숭배 정책은 주변 민주 국가의 사례를 익히 알고 있던 루마니아 국민에게 제대로 통할 수 없었다.

1989년 동유럽에 몰아친 혁명의 물결은 1인 독재 체제인 루마니아에 더욱 거세게 몰아쳤다. 국민 다수가 권력에 소외되어 있다고 생각하는 상황에서 반 차우셰스쿠 대열은 쉽게 집결했다. 그 대열에는 정규군, 경찰, 공산당도 포함되었다. 심지어 차우셰스쿠 부부의 국선 변호인조차 차우셰스쿠를 변론하지 않고 사형 선고를 종용했다.

차우셰스쿠는 군사재판부 구성과 사형 선고가 모두 헌법에 어긋난다고 항변

1989년 12월 루마니아 혁명 당시의 거리 모습. 취재 도중 피격되어 숨진 프랑스 언론인에게 바친다는 취지로 저작권이 포기되어 공개된 여러 사진 가운데 하나이다.

헌화가 있는 차우셰스쿠의 묘지

했다. 재판에서 차우셰스쿠의 혐의에 대한 증거는 제시되지 않았고 당시 언론에 보도된 의혹만으로 사형이 선고되었다. 당시 법령이 사형 선고 후 10일 이내의 형 집행을 금지하고 있음에도 사형은 즉각 총살로 집행되었다. 친차우셰스쿠 세력의 반격을 우려하여 처형을 서둘렀을 것이다.

당시 루마니아 국민 다수는 차우셰스쿠이 처형이 최고의 그리스마스 선물이라고 말하기도 했지만, 오늘날 반대로 말하는 루마니아 국민이 적지 않다. 차우셰스쿠 처형 20년 후인 2010년에 실시된 루마니아평가전략연구소IRES 조사에 따르면, 이미 처형당한 차우셰스쿠가 대통령에 출마하면 지지했을 것이라는 응답자 비율은 41%에 이르렀다. 차우셰스쿠 통치 시절의 삶이 조사 당시인 2010년보다 더 나았다고 응답한 비율, 그리고 더 못했다고 응답한 비율은 각각 63%와 23%였다. 2014년 IRES 조사에서는 차우셰스쿠를 지지한다는 비율이 46%에 이르렀다.

1989년 국민 저항으로 권좌에서 물러난 독재자의 평가가 20년 후 긍정적으로 돌아선 이유는 무엇일까? 여러 요인 가운데 하나로 그가 맞이한 비참한 죽음을 들 수 있다. 잘못을 저질렀다 하더라도 그 종말이 일반 대중에게 비극적인 모습으로 각인되면 세월이 지난 후 동정심을 불러일으킬 수 있다.

권력자에 대한 대중의 이러한 감정 변화는 역사 속 다른 인물에 대해서도 찾을 수 있다. 프랑스 마리 앙투아네트는 왕비로 지낼 동안 프랑스 국민 밉상으로 표현될 정도로 온갖 나쁜 소문으로 곤욕을 치르다가 1793년 남편의 뒤를 따라 단두대에서 처형된 인물이다. 오늘날에는 앙투아네트를 프랑스 혁명 와중의 희생자로 보는 견해가 지배적이고, 여러 문학예술 작품에서 그를 추모하기도 한다.

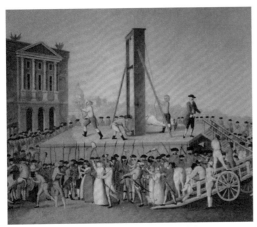
1793년 마리 앙투아네트의 단두대 처형 장면. 작가 미상

나폴레옹 3세의 정부 마르그리트 벨랑제가 나폴레옹 3세를 갖고 논다고 풍자한 폴 아돌의 1870년 만평

마리 앙투아네트가 미움을 받고 처형된 후 명예 회복의 길을 밟았다면, 정반대의 길을 밟은 프랑스 지도자도 있다. 나폴레옹 3세(샤를 루이 나폴레옹 보나파르트. 이하 루이 나폴레옹)는 대중에게 호감을 얻다 급격히 비호감으로 바뀐 대표적 지도자다. 그의 아버지는 나폴레옹 1세(나폴레옹 보나파르트)의 동생이자 홀랜드 초대 국왕을 지낸 루이 나폴레옹 보나파르트이고, 어머니는 마리 조제프가 나폴레옹 1세와 결혼하기 전에 첫 번째 남편 알렉상드르 드 보아르네 자작과의 사이에서 낳은 딸, 오르탕스 드 보아르네다. 그의 부모는 1807년 첫째 아들이 죽자 별거 중에 임신하여 1808년 셋째 아들을 낳았는데 그가 바로 루이 나폴레옹이다. 족보상, 루이 나폴레옹은 나폴레옹 1세의 조카(동생의 아들)이자 외손자(딸의 아들)인 셈이다.

1815년 나폴레옹 1세가 몰락하면서 루이 나폴레옹은 여러 지역을 떠돌며 살았다. 이탈리아 비밀 결사대 카르보나리 활동을 함께하던 형이 1831년에 홍역에 걸려 죽고, 1832년에는 나폴레옹 1세의 정식 외아들마저 사망하면서 나폴레옹 1세를 계승할 유일한 혈통은 루이 나폴레옹밖에 없다는 인식이 프랑스 사회에 퍼졌다. 1839년 루이 나폴레옹은 『나폴레옹 이념』을 출간했다. 1848년 2월 혁명 발생 후 우파 정당의 지지를 받아 그해 12월 대통령 선거에서 당선된 그는 1852년 국민 투표로 제2제정을 도입하면서 황제 나폴레옹 3세로 즉위했다.

1870년 9월 스당 전투에서 항복한 나폴레옹 3세가 비스마르크 옆에 앉아 있다. A.C. 미하엘의 그림. 1876년

1870년, 비스마르크에 의한 이른바 엠스 전보 공개로 프랑스에서는 프로이센을 응징해야 한다는 여론이 일었다. 이에 나폴레옹 3세는 프로이센에 선전 포고했고 여러 질환을 앓던 상황임에도 스당 전투를 직접 지휘했다. 그러나 정교하지 못한 군사 작전 탓에 프로이센군의 포화를 견디지 못하고 항복하여 포로 신세가 되었다. 파리에서 이 소식을 들은 황후가 "노! 황제는 포로가 될 수 없다! 왜 자결하지 않았나! 치욕임을 알지 못할까?"라며 치욕스러워했다는 말이 전해진다.

이후 프로이센군은 파리를 점령하여 프랑스가 자랑하는 베르사유 궁전에서 독일 제국 선포식을 거행했다. 나폴레옹 3세는 영국으로 망명하여 생을 마칠 때까지, 또 생을 마친 후에도 온갖 조롱을 들어야 했다.

카를 마르크스는 『루이 나폴레옹의 브뤼메르 18일』영어판 제목 『루이 보나파르트의 브뤼메르 18일』 서문에서, 역사는 반복되는데 한 번은 비극으로 다른 한 번은 웃음거리로 등장한다며 나폴레옹 1세를 비극으로, 나폴레옹 3세를 웃음거리로 규정한 바 있다. 비극으로 마감한 권력자의 후광을 받는 세력은 권력을 잡을 가능성이 크고, 또 그렇게 등장한 후광 권력은 웃음거리로 전락할 가능성도 크다.

형장의 이슬로 사라진 마리 앙투아네트를 추모하는 프랑스 국민은 오늘날 많지만 나폴레옹 3세를 추모하는 프랑스 국민은 많지 않은데, 이는 퇴진 양상의 차이 때문일 것이다. 온갖 증오와 위협 속에도 나름의 위엄으로 단두대에서 죽음을 맞이한 왕비, 프로이센과의 전쟁에서 치욕적인 항복으로 목숨을 부지한 황제라는 차이다. 국민에게 존중으로 기억되는 지도자들은 비극적 종말을 맞이한 경우가 많다.

사람들은 전 기간보다 극단적 순간과 마지막 순간을 기억하고 평가하는 경향이 있다. 1993년 카너먼Daniel Kahneman과 그의 동료들은 흥미로운 실험 결과를 보고하였다. 첫 번째 실험에서는 참가자들에게 섭씨 14도의 냉수에 60초 동안 한 손을 담그도록 하고, 두 번째 실험에서는 나머지 손을 마찬가지로 섭씨 14도

전략과 상식의 세계사

보나파르티즘

오늘날 과거 지도자를 잇는 후계 정권은 나폴레옹 혈통을 의미하는 보나파르티즘으로 불리기도 한다. 대중에게 보나파르티즘은 혈통에 의한 후광 효과와 다름없다. 역설적으로 나폴레옹 3세가 실제 나폴레옹 1세의 조카가 아니라는 주장이 오늘날 제기된다. 남성 염색체의 Y-STR 분석 결과, 나폴레옹 3세와 그의 아들은 'I2a2 하플로' 집단에 속하나, 그의 아버지와 큰아버지 나폴레옹 1세는 'E1b1b 하플로' 집단에 속하는 것으로 조사되어 나폴레옹 3세가 나폴레옹 1세의 혈통이 아니라는 주장이다. 이런 사실을 알 수 없었던 당시에는 나폴레옹 1세의 친조카라는 믿음이 제2제정의 출범과 나폴레옹 3세의 즉위를 가능하게 했음은 물론이다.

의 냉수에 60초 동안 담갔다 뺀 다음 30초 동안 섭씨 15도의 냉수에 담그도록 하였다. 그리고 첫 번째와 두 번째 실험 가운데 하나를 골라 한 차례 더 냉수에 담그라고 했더니, 실험 참가자 다수가 두 번째 방식을 선호했다. 두 번째 방식은 첫 번째보다 불편의 총량이 더 크지만, 마지막 순간에 대한 기억은 첫 번째보다 더 좋았기 때문이다. 전체 기간의 총량보다 마지막 순간의 상대적 변화 방향을 더 중요하게 체감하고 기억하는 것이다.

권력에 대한 인간의 싸움은 망각에 대한 기억의 싸움이다. 이는 밀란 쿤데라 Milan Kundera가 1970년대 후반 체코슬로바키아에서 프랑스로 망명하면서 출간한 소설에서 언급한 구절이다. 1989년 체코슬로바키아 공산 정권의 붕괴를 보면서 기억이 승리했다고 말한 것으로 알려져 있다. 죄 모두가 바로 처벌되지는 않지만, 언젠가는 처벌되는 경향이다. 살아생전이 어렵다면 시후에라도.

과오를 저지른 의혹이 있는 정치 지도자에 대해 당장 체포하여 구속해야 한다는 주장부터 아무런 죄가 없으므로 처벌해서는 안 된다는 주장까지 상반된 의견이 제기된다. 당나라 시절 최치원은 황소의 난을 일으킨 황소에게 춘추전을 인용하면서 경고한 다음의 문구를 남겼다.

> 세상이 착하지 않은 자를 돕는 것처럼 보이는 것은天地假助不善
>
> 복을 내리는 게 아니고非祚之也
>
> 그 흉악을 더 크게 만들어 벌을 내리기 위함이다厚其凶惡而降之罰.

지금 죗값을 치르지 않으면 후악강벌厚惡降罰, 즉 죄가 쌓여 더 크게 처벌될 수도 있는 것이다. 죄를 지었으면 법적이든 정치적이든 상응하는 대가를 치러야 해결되지, 당장 처벌을 받지 않는다고 앞으로도 처벌되지 않을 것으로 생각해서는 안 된다. 오히려 지나치다고 생각될 정도로 처단될 때 부활할 수 있다. 어떤 면에서 부활은 육신이 짓밟힐수록 정신과 명예는 살아남음을 의미한다. 물론 벌을 달게 받는다는 게 누구에게도 쉽지 않은 것 또한 사실이다. 본래 벌이란 죄지은 만큼만 주는 것이다. 처벌이 과한 것과 부족한 것 모두 미래를 위해선 바람직하지 않다.

98. 빌 클린턴의 사과_진정성 전달하기

소셜 미디어가 발달한 요즘 정치, 경제, 문화 등 여러 분야에서 지도층 인사가 사과를 요구받거나 직접 사과하는 모습이 꽤 많아졌다. 특별히 잘못이 많아졌다기보다 공개적으로 잘 드러나는 환경이 조성되었고, 그러한 상황에서 사과하지 않으면 더 큰 어려움을 겪기 때문일 것이다.

1998년 8월 17일 밤, 빌 클린턴 미국 대통령이 백악관 인턴이던 모니카 르윈스키와의 스캔들에 대해 4분짜리 사과 연설을 했다. 클린턴 연설은 새로운 위기를 불러오지 않고 스캔들을 마무리 국면으로 전환했다고 평가된다. 연설 직후 미국 유권자를 대상으로 실시된 각종 여론 조사에서 대통령직 사임이나 탄핵에 찬성한 비율은 1/4에 불과했다. 다수는 클린턴이 대통령직을 사임할 필요는 없으며, 대통령의 사과 연설로 르윈스키 스캔들은 마무리됐으므로 대통령 사생활을 더 문제 삼지 말아야 한다고 생각했다.

클린턴 연설은 대통령 직무 수행 지지율을 높이지도 낮추지도 않았다. 대통령 직무 수행 지지율은 연설 이전과 마찬가지로 60% 정도를 유지했다. 사실 르윈스키 스캔들은 발생 때부터 클린턴 직무 수행 지지율에 별 영향을 미치지 않았다. 물론 클린턴의 연설이 그의 결백을 확신시켜 준 것은 아니었다. 클린턴이 대배심

원단에 진실을 말했다고 생각한다고 응답한 비율은 1/3에 불과했고, 자신에 대한 수사를 방해하지 않았다는 클린턴의 주장에 대해서도 믿는다는 응답보다 믿지 못한다는 응답이 더 많았다. 클린턴이 법을 위반했다고 생각한 비율은 대략 절반에 달했다. 심지어 클린턴을 좋아한다는 미국인 비율은 연설 직후 더 떨어졌다.

클린턴 연설을 계기로 스캔들 논란이 종식돼야 한다고 생각한 미국인 가운데에는 클린턴을 지속적으로 좋아한 사람뿐 아니라 클린턴을 나쁘게 보지만 아이들 앞에서 공공연하게 다룰 주제가 아니거나 너무 오래 다룬 지겨운 이슈라고 생각한 사람도 포함됐다. 그런 점에서 클린턴 연설은 정서적, 윤리적 측면에서 상황을 호전시키지는 못했더라도 정치적, 법률적 측면에서는 르윈스키 스캔들에 종지부를 찍는 데 성공했다. 4분짜리 연설에서 클린턴은 르윈스키와의 부적절한 관계를 인정하고 자기 책임을 강조하면서도 자기방어를 소홀히 하지 않았다.

먼저, 거짓말을 한 적이 없다고 했다. "르윈스키와 성관계를 갖지 않았다"

1998년 1월 26일 빌 클린턴 미국 대통령이 모니카 르윈스키와의 섹스를 부인하고 있다.

는 1998년 1월 해명이 "법적으론 정확한 진술이었다"고 주장했다. 클린턴의 1월 해명은 여러 문헌에서 거짓말에 수반되는 코 만지기 행동 사례로 소개될 정도의 거짓이었다. 8월 연설에서 클린턴은 자신의 1월 발언이 거짓이었다는 말 대신에 "사람들을 오도했다"거나 "그릇된 인상을 줬다"고 표현했다. 또 위증이나 증거 은닉 같은 불법 행위를 저지르지 않았다고 강조했다.

클린턴의 사과문에는 주어가 없었다. '실수'나 '잘못됐다'고 표현했지, '미안하다'거나 '사죄한다'는 단어도 없었다. 오히려 "대통령에게도 사생활이 있다"며 항변했다. 특히 정치적 의도가 담긴 '너무 오랜' 조사로 '너무 많은 무고한 사람들'이 피해를 보고 있다고 하소연했다.

클린턴은 사과문을 다음의 내용으로 맺었다. 미국에는 "잡아야 할 기회", "해결해야 할 문제", "당면한 안보 문제"가 있으니 "과거 7개월의 구경거리에서 벗어나서" "21세기 미국에 다가올 도전과 미래에 다시 집중하자."

클린턴 연설문은 대체로 사과문의 정석을 따랐다. 가족과 주변 사람들의 피해가 크고, 또 국가의 당면 과제를 시급히 처리해야 한다고 언급했다. 실제로 힐러리 클린턴의 남편 옹호가 빌 클린턴의 정치적 위기 극복에 큰 도움이 됐다.

사과문은 과거 행위의 사과, 현재 상황의 수습, 미래 재발의 방지, 무고한 피해, 다른 당면 위기 등 다섯 가지 요소로 구성될 때 잘 받아들여진다. 언제나 문제가 되는 것은 사과의 진정성 여부다. 잡아떼기보다 과잉 사과가 오히려 더 큰 동정을 받는다. 잘못을 반성하는 모습의 사과이어야지, 잘못을 숨길 수 없어 하는 사과는 효과를 보지 못한다. 상대에게 사과의 진정성을 느끼게 하려면 '…라면', '…지만' 등의 유보적 단어가 없어야 한다. 정작 잘못을 느끼지도 못하면서 '요구하니 사과한다'는 식의 메시지는 차라리 안 하느니만 못하다. 진정성을 의심받을 말과 행동은 조심해야 한다. 소셜 미디어의 발달로 단어 하나 표정하나 모두 생생히 전달될 수 있기 때문이다.

대중은 잘못의 경중보다 사과의 진정성에 반응하기도 한다. 특히 대중이 잘못의 경중을 판단하지 못할 때 큰 잘못보다 사소한 잘못이 결과적으로 더 큰 어려움으로 이어질 수 있다. 큰 잘못을 저질렀을 때는 진지하게 사과하는 반면, 사소한 잘못의 경우엔 진지하게 생각 않거나 사과를 생략하게 되는데, 대중은 진지하게 사과한 큰 잘못보다 오히려 사과하지 않은 작은 잘못에 더 민감하게 반응하여 질책이나 응징에 나서기 쉽다.

2015년 표절 의혹이 불거진 유명 작가는 특정 언론 매체를 통해 사과의 변을 밝혔다가 오히려 역효과를 봤다. 공개 석상에서 곤란한 질문을 받는 상황을 피하려 그런 방식을 선택했겠지만 인터뷰 방식부터 비판받았고 남 일인 것처럼 말하는 '유체 이탈 화법'의 '주어 없는 사과'였다는 혹평을 받았다. 또 예행연습까지 하면서 준비한 유명 문화계 원로의 '미투' 사과 기자회견도 좋은 반응을 얻지 못했다. 진정성은 리허설로 채워지는 것이 아니기 때문이다.

사실, 자신의 잘못을 인정하는 일은 경제인이나 문화인보다 정치인에게 더 어렵다. 특정 상황에 대한 정치인의 사과를 분석하면 대체로 주변이나 집단의 잘못일 때가 많고 자신의 직접적 행동을 인정하는 경우는 드물다. 자신의 잘못을 인정하는 순간, 당장에 사임하라는 요구를 접할 수 있기 때문이다. 길게 보고 차차기를 노리는 정치인이라면 사과는 곧 새로운 도약을 위한 포석일 수 있지만, 지금 자리에 연연할 수밖에 없는 정치인에게 잘못을 인정하는 사과는 곧 정계 은퇴로 이어지기도 한다. 단임제에서의 대통령 역시 마찬가지다. "미안하다는 말이 가장 어렵다Sorry seems to be the hardest word"라는 엘튼 존Elton John의 노래 제목처럼 사과는 정치 지도자 입에 잘 오르지 않는다. 이 노래의 가사처럼 사랑, 배려, 필요, 경청 등을 필요로 하는 사람의 입에서 미안하다는 말은 표현하기 어려울 수 있다.

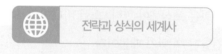

여백의 힘

2011년 1월 12일 애리조나대학교에서 버락 오바마 미국 대통령은 총기 난사 사건의 희생자를 추모하는 연설을 34분 동안 행했다. 연설의 거의 마지막 부분에서 희생자 정신을 되새기는 각오를 다짐하면서 50초 동안 침묵했다. 이 침묵이 이날 오바마 연설의 백미로 꼽히고 있다. 연설에 침묵을, 음악에 정적을, 프리젠테이션에 빈 슬라이드를 포함하여 공감을 얻기도 한다.

1998년 8월 연설에서 클린턴의 표정과 말투는 사과하는 모습이 아니었다. 만일 위증이나 매수 등의 잘못을 인정했다면 탄핵을 당했을 수 있다. 클린턴은 법적 처벌을 감수하는 무조건적 사과 대신 모호성을 유지했다. 미국인 대부분은 '소리 sorry'라는 말을 자주 내뱉지만, 법적 책임이 있는 경우엔 그런 표현을 거의 쓰지 않는다.

정치 지도자에겐 비굴하지 않다는 이미지도 중요하다. 실제 클린턴은 동정심을 유발하려 하지 않았다. 스캔들이 나쁜 계부 등 불우한 성장 환경에서 기인한 것이라는 동정을 얻었다 한들 정치적 지지까지 얻을 수 있는 것은 아니었다. 동정과 표를 주는 것은 별개의 행위다. 동정심을 갖고 표를 한 번 줄 수는 있어도 계속 주지는 않는다. 지속적인 지지가 필요한 정치 지도자에게 동정심은 그리 유용하지 않다.

정치인의 거짓말은 늘 논란거리다. 밝혀지지 않을 거짓말이라면 주저하지 않고 하지만, 곧 밝혀질 거짓말이라면 잘 하지 않으려 한다. 발각 가능성이 불확실한 때에는 아예 모른다고 해야 거짓말 논란을 피할 수 있다. 정치인의 말 바꾸기도 그 연장선에 있다. 이런저런 약속을 많이 하다 보면 지키지 못할 약속이 생길 수밖에 없다. 그래서 다변多辯보다 침묵이 유리할 때가 많다. 이는 '입 안에서 당신의 노예인 말이 입 밖으로 나오면 당신의 주인이 된다'는 표현으로도 알 수 있다.

한국 정치사에서 민정 이양이나 정계 은퇴 약속은 늘 조롱거리였다. 당사자들은 거짓말이 아니라 약속을 지키지 못한 것이라고 항변할 것이다. 거짓말은 이미 진위가 판명된 과거사에 대한 발언인 반면, 약속은 진위가 아직 확정되지 않은 미래사에 관한 발언이다. 시간이 지나야 약속이 허언虛言, 즉 말 바꾸기인지 아닌지 판명된다. 애초에 지킬 의사 없이 임시방편으로 기만한 약속도 있고, 지키려 했으나 능력이 없어 지키지 못한 약속도 있다.

그런 점에서 말 바꾸기와 거짓말은 각각 오십보五十步와 백보百步다. 그 차이는 '오십보백보'라는 맹자의 고사성어처럼 거의 없는 것으로 동아시아에서 인식되는 반면, 서구 사회에서는 차이로 받아들인다. 말 바꾸기와 거짓말에 대한 사과 요구와 사과 효과도 문화에 따라 달라진다. 사과 눈물의 효과도 마찬가지다. 문화에 따라 사과의 정석도 달라진다.

어떤 문화에서든 서로 미워하는 상대에게 진술한 사과란 쉽지 않다. 한쪽은 꼬투리를 잡아 사과를 요구하고 또 한쪽은 버티려는 기 싸움일 뿐이다. 물론 기 싸움의 결말, 즉 사과 여부는 어느 쪽 입장이 더 보편적이냐에 따라 좌우된다.

99. 브란트의 무릎 꿇기_마음을 비워 마음을 얻다

대한민국에서 8월은 '사죄'라는 단어가 자주 등장하는 달이다. 일제 강점에서 광복한 달이기 때문이다. 2015년 8월 12일 서대문 형무소에서 무릎 꿇고 사죄한 하토야마 유키오 전 일본 총리는 소수의 사례이고, 일본 지도자 다수는 일본 정부가 사죄를 이미 충분히 했다고 인식한다. 과거형이자 3인칭 주어로 표현된 사과는 진정성이 없어 역효과를 낸다는 사실을 모를 리 없는 일본 지도자는 외국에 비굴하지 않고 또 책임지지 않기를 원하는 일본 내 지지층의 목소리를 대변한 것으로 해석된다. 일본 내 특정 집단 지도자의 행동이라면 나름 성공적이겠지만, 동아시아 지도자로서의 행동이라면 사과의 정석과는 동떨어진 내용이다. 2013년 인기리에 방영된 일본 블랙코미디 영화 〈사죄의 왕謝罪の王様〉에 등장하는 머리와 허리를 조아리고 굽히는 각도와 시간은커녕 영화에서 강조한 사죄의 진정성과도 거리가 멀다.

일본은 자국의 과거사가 독일 나치의 그것과는 전혀 다르다고 여긴다. 패전 후 지도부가 전면 교체된 독일과 매우 다르다. 그래서 더욱 한국에서 일본의 과거사 반성 태도와 자주 비교되는 나라가 바로 독일이다. 과거사 사죄의 전환점을 보인 독일 지도자는 빌리 브란트다.

1970년 12월 7일, 폴란드 바르샤바 게토유대인 격리 지역의 희생자 추모비 앞에 내리던 비가 그친 후 서독 총리 빌리 브란트가 무릎을 꿇었다. 브란트가 추모비 앞에서 억울한 죽음들을 애도할 거라고는 예상됐었지만 축축한 바닥에 무릎까지 꿇을 거라곤 예상치 못했다.

이런 브란트의 행동은 서독 내에서 거센 반발을 불러일으켰다. 브란트의 지지자들조차 무릎 꿇은 행동을 비판했다. 그렇지만 브란트 행동은 두 번이나 세계대전을 일으킨 독일에 대한 경계심을 누그러뜨리는 데에 큰 보탬이 되었다. 주변국에선 젊은 시절 나치에게 저항하다 박해받은 브란트가 나치와 독일 국민을 대신해 사죄한 것으로 받아들였다. 이런 진정성 있는 사죄가 있었기에 훗날 주변국들은 독일의 재통일을 허용했다.

전략과 상식의 세계사

무릎 꿇은 히틀러

브란트가 무릎을 꿇은 바르샤바 게토에서는 2012년 12월 초 아돌프 히틀러가 무릎을 꿇었다. 실제 살아 있는 히틀러가 아니라 이탈리아 예술가 마우리치오 카텔란Maurizio Cattelan이 히틀러 얼굴을 재현하여 만든 조각상이었다. 이에 유대인 유족들이 반발했다. 희생자를 모독하는 상업적 행위에 불과하다며 작품 철거를 주장해 결국 다음 해에 철거되었다. 중요한 것은 무릎 꿇는 행위가 아니라 진정성이다.

1970년 12월 7일 바르샤바 게토에 무릎 꿇은 빌리 브란트 서독 총리

2012년 12월 바르샤바 게토에 전시된 무릎 꿇은 히틀러. 마우리치오 카텔란의 조각상이다.

1970년 12월 7일 빌리 브란트의 바르샤바 게토 방문을 기념하는 바르샤바 게토의 동판

사실, 독일은 오늘날 폴란드 서부 접경 지역을 역사적이고 국제법적으로 자국 영토라 주장할 수 있다. 그런데 독일은 이런 정치적 영유권에 집착하지 않았다. 그 결과, 독일은 다시 통일할 수 있었고, 또 유럽연합이 확대됨에 따라 과거 독일이 한때 점유했던 지역들은 자연스럽게 독일 경제권역에 포함되었다. 주변국 방문 때 무릎 꿇은 독일 총리는 빌리 브란트뿐이 아니었다. 앙겔라 메르켈 총리의 폴란드 방문 그리고 콘라트 아데나워 총리의 프랑스 방문 때도 그런 행위는 있었다. 모두 진정성을 인정받았다.

사마천은 상대의 마음 얻기를 신의로 이해한 듯하다. 『사기』 관안열전管晏列傳 편에 의하면, 노나라 장수 조말은 제나라 왕 환공을 칼로 위협하여 노나라 땅을 돌려주겠다는 약속을 받아냈다. 환공은 추후 약속을 파기하려 했으나, 다른 나라들과의 관계를 위해서라도 조말과의 약속을 지켜야 한다는 관중의 조언에 따라 노나라 땅을 돌려주었다. 이후 관중의 예상대로 다른 제후국들이 제나라에 귀의했다는 이야기다.

여기서 '주는 것이 얻는 것임을 아는 게 정치知與之爲取 政之寶也'라는 말이 등장한다. 제나라가 노나라에 보여준 신의는 다른 제후국들에 그대로 전파되었고, 제나라는 노나라에 양보한 이상으로 훗날 더 큰 보상을 받았다.

설문 조사 결과에 따르면 다른 나라 사람들로부터 대체로 신뢰를 받는 특정 국가들이 있고, 반대로 다른 나라 사람들로부터 대체로 불신을 받는 특정 국가들이 있다. 신뢰와 매력은 국가 간에도 존재한다. 신용이 개인적 자본이라면 사회 신뢰는 사회적 자본, 대외 신뢰는 외교적 자본이다. 독일이 폴란드와 유대인에게 보여준 양보, 화해, 사죄는 다른 주변국의 마음을 샀고 독일 통일에 대한 주변국의 동의로 연결되었다.

싸워서 얻는 것보다 싸우지 않고 얻는 것이 더 나음은 너무도 당연하다. 손자병법은 백전백승百戰百勝 대신에 싸우지 않고 양보받는 게 不戰而屈人之兵 최선이라고 말한다. 실제 이기기를 좋아하는 자는 질 때가 있을 수밖에 없다.

싸우지 않고 얻는 전략 가운데 하나는 상대에 대한 존중이다. 사실 존중은 도덕이나 윤리 차원의 개념이 아니라 전략적 개념이다. 상대를 존중함으로써 자신도 더 나아질 때가 많기 때문이다.

상대 마음을 사기 위해서는 뭔가를 주어야 한다. 그것은 실리적 물건일 수도 있고, 또 아무런 혜택 제공 없이 상대를 편하게 만들어 주는 서비스일 수도 있다. 그 정서적 혜택은 말로만 하는 립 서비스일 때도 있다. 진정성 없이 상대를 존중하는 체할 수도 있는데, 생색낼 수 있는 일은 본인이 직접하는 계주생면契酒生面 또 남을 아프게 할 일은 다른 이에게 시키는 차도살인借刀殺人 모두 남의 기분을 의식한 행위다. 이간질이나 이이제이以夷制夷 모두 차도살인의 범주에 속한다.

이와 달리 상대를 위해 자기를 희생한다 해도 말로써 상대에게 모욕감을 느끼게 한다면 악의 없는 행동이라 할지라도 미움을 받아 손해 보기 십상이다. 특히 진실이 다수에게 아픈 상처를 주는 경우, 다수는 불편한 진실보다 편한 거짓을 더 선호하는 경향 탓에 세련된 거짓을 진실로 받아들이기도 한다. 지동설처럼 진실을 믿거나 주장한 소수가 박해를 받았던 역사적 사례는 무수히 많다.

실제, 존중과 아부는 구분이 어렵다. 민주주의에서는 권력자에 대한 아부만큼이나 유권자에 대한 아첨도 심각하다. 기만과 아첨에 의한 인기 영합은 나쁜 것이나, 인기 영합의 행위자들은 자신의 행동이 유권자를 존중하고 함께 공감하는 것이라고 말할 것이다.

개인이나 집단의 행위는 복잡한 전략적 계산 없이 '그냥 좋아서' 혹은 '그냥 싫어서'라는 감정에 좌우되는 경우가 많다. 나은 결과를 얻기 위해서는 상대 마음을 사는 것이 가장 효과적이다. 상대 마음을 사려면 자신의 마음부터 바꾸어야 할 때가 많다. 자신의 마음을 바꾸면, 그 바뀐 마음대로 무엇이든 얻게 된다. 마음을 비우는 것이 곧 마음대로 얻게 되는 지름길이다.

제나라 환공과 노나라 조말의 협상

제나라 환공은 이미 인질에서 풀려난 상태임에도 조말과의 약속을 지켰다. 이는 '주는 것이 곧 얻는 것'이라는 전략에 해당한다. 마찬가지로 노나라 조말이 땅을 돌려준다는 구두 약속만을 받고 환공을 풀어준 행위도 '주는 것이 곧 얻는 것'이라는 전략에 해당한다. 결국 노나라는 땅을 돌려받았기 때문이다.

인질 전략이 늘 효과적이지는 않다. 만일 테러범이나 납치범과는 협상이나 대화 자체를 절대로 하지 않는 상대라면, 그 상대에게 어떤 요구를 관철하기 위한 테러나 납치는 시도하지 않게 된다. 그래서 일부 나라에서는 테러나 납치를 예방하기 위해 그들과 협상하지 않는다는 정책을 고수한다. 조말의 행위는 엄밀한 의미의 인질 전략이 아니다. 약속에 대한 아무런 보장 없이 환공의 말만 믿고 환공을 풀어주었기 때문이다.

노나라는 힘으로 땅을 되찾을 수 없었고, 남은 방법은 제나라에 읍소하여 애원하거나 아니면 인질을 잡아 요구하는 방법 두 가지뿐이었다. 읍소만으로는 통하지 않을 것이다. 제나라가 모든 나라의 모든 읍소를 다 들어줄 수는 없기 때문이다. 또 인질로 요구하는 내용도 어느 정도 타당해야 한다. 타당하지 않은 요구는 제나라에 약속 번복의 구실을 제공할 것이다.

칼로 위협하여 받은 약속을 곧이곧대로 믿고 인질을 풀어주는 행위는 대의명분과 큰 목표를 가진 상대에게나 통할 전략이다. 말 바꾸기를 밥 먹듯 하는 상대에게는 통하지 않는다. 협상 시 백지 수표를 제시하는 전략도 상대를 봐가며 구사해야 한다.

100. 슈바이처와 이태석_이타심으로 모두가 행복해지다

독일 바이마르의 공원에 세워진 알베르트 슈바이처 박사의 동상

가봉 랑바레네에 위치한 알베르트 슈바이처 박사의 묘비

슈바이처의 저서 『물과 원시림 사이에서』를 형상화한 것으로 알려진 가봉의 국기

1875년 1월 14일은 알베르트 슈바이처 박사가 태어난 날이다. 오늘날 '슈바이처'는 어려운 곳에서 어려운 이를 돕는 의사의 대명사다. 다른 해 같은 날인 2010년 1월 14일은 '수단의 한국인 슈바이처'로 불린 이태석 신부가 사망한 날이기도 하다. 슈바이처 박사와 이태석 신부 모두 성직자이자 의사로서 아프리카 오지의 주민들 삶에 헌신했다.

슈비이처는 젊은 나이에 철학, 신학, 음악 등 다양한 분야에서 박학다식을 보여줬다. 30대 후반에는 의사가 되어 프랑스령 적도 아프리카의 랑바레네(오늘날 가봉 공화국 내)에 병원을 세워 의료 봉사를 실천했다. 독일 국적의 슈바이처는 제1차 세계대전 중 구금됐다 유럽으로 송환되었고, 전쟁 직후 출신 지역 알자스가 프랑스로 귀속되면서 국적을 프랑스로 바꿨다. 그는 자신의 저서 『물과 원시림 사이에서』로 아프리카 원조의 필요성과 그의 활동을 널리 알렸고, 다양한 모금 활동으로 랑바레네 병원을 운영했으며, 1952년 노벨 평화상을 수상했다. 슈바이처는 식물을 포함한 모든 생명을 도울 수 있으면 돕는 것이 인간 윤리라는 '생명의 외경' 사상을 제시했다. 반세기 넘게 인류애를 실천한 후 1965년 랑바레네 병원

앞 자신이 만든 십자가 묘비 아래 영면했다.

수단의 톤즈 아이들과 함께 있는 이태석 신부

신학에 먼저 입문한 후 뒤늦게 의사가 된 슈바이처와 반대로, 이태석은 의과대를 졸업하고 군의관 복무를 마친 후 수도회 입회와 신학과 편입을 거쳐 신부가 되었다. 이태석이 선택한 선교 지역은 전쟁과 가난으로 얼룩진 수단의 톤즈였다. 톤즈 사람들은 이태석을 세례명 '요한'과 그의 성 '이'가 합쳐진 '쫄리 신부'로 불렀다. 슈바이처처럼 음악적 재능을 지닌 이태석은 한센인을 포함한 지역 주민의 의료 지원뿐 아니라 총칼을 녹여 악기를 만든다는 취지에서 음악 교육 등 여러 봉사 활동을 수행했다. 그렇게 열정적으로 봉사하던 중 2008년 한국을 잠시 방문했을 때 대장암 판정을 받았다. 투병 중 출간된 『친구가 되어 주실래요?』 그리고 사망 직후 방영된 『울지마 톤즈』로 그의 봉사 활동이 한국 내에 널리 알려지게 되었고, 그의 사후에도 한국인들의 톤즈 지원은 이어지고 있다.

선교나 봉사의 해외 활동에 대해 비판의 목소리도 있다. 선교사를 제국주의의 첨병으로 해석하는 견해도 있고, 또 해외 원조가 현지국의 정권 교체를 막아 민주주의 발전을 저해한다는 분석도 있다. 2016년 박경리 문학상 수상자인 케냐 출신 작가 응구기 와 티옹오의 소설 『울지마 아이야』 그리고 『강 사이』만 해도 제목이 비슷한 『울지마 톤즈』나 『물과 원시림 사이에서』와는 전혀 다른 색깔을 띤다. 그렇더라도 슈바이처와 이태석의 헌신적 활동이 아프리카 현지 주민들의 삶에 크게 기여했음은 모두가 동의하는 바이다.

이기심을 전제하는 사회과학에서 이타적 행동의 설명은 늘 논란거리다. 내세에서의 보상이나 신앙적 안도감으로 설명되기도 하는데, 이에 동의하지 않는 사람도 많다. 내세관이나 종교를 믿지 않아도 이타적인 사람이 있기 때문이다. 흔히 이타심의 반대 개념으로 이기심을 말하지만, 엄격히 보자면 시기심이 이타심의 반대말이다. 남을 나쁘게 만들려는 시기심은 남을 좋게 만들려는 이타심과 함께하지 못하기 때문이다.

시기심의 공멸적 특성은 이솝 우화에도 등장한다. 유피테르 신은 서로를 시기하는 이웃이 서로 잘 지낼 수 있도록 소원을 들어주되 동시에 그 소원의 두 배만큼 이웃에게 해주겠다고 약속한다. 그러자 상대를 시기하던 자는 결국 상대의 두 눈을 없애기 위해 자신의 눈 하나를 없애달라고 소원했다는 이야기다. 슈바이처는 두 배가 되는 유일한 것은 사랑이라고 말했다.

주변의 행복을 시기하는 자가 있으면 그 집단은 피폐해질 수밖에 없다. 시기하는 자는 선동당하기도 쉽다. 정치 지도자는 실제 아무런 혜택을 제공하지 않으면서 다른 소수의 행복만 박탈함으로써 다수에게 일시적 행복감을 줘 권력을 쟁취하거나 유지하는 것이 가능하다. 행복하던 타인의 고통샤덴, Schaden이 불행하던 나의 기쁨프로이데, Freude이 되는 일종의 '샤덴프로이데Schadenfreude'가 인간의 본성에 가깝다는 사회 실험 결과들도 있다.

시기심은 경쟁심과 구분되기도 한다. 인간관계에서 라이벌 의식은 대칭적이지 않을 때도 많다. A는 B를 라이벌로 여겨 험담하지만, 정작 B는 A에 대해 경쟁의식도 느끼지도 않고 험담하지도 않는 경우다. B는 A에 대해 아예 관심조차 두지 않는 우월한 무관심자이거나 그냥 해를 가하는 천적일 수 있다.

시기심과 달리 자신을 이롭게 하려는 이기심은 남을 이롭게 하려는 이타심과 양립할 수 있다. 자신의 이익 추구가 결과적으로 남에게 도움이 되기도 하고, 또 남에게 베풂으로써 결과적으로 자신에게 더 나은 결과를 얻기도 한다. 특정인이나 특정 업체의 성장이 주변인과 주변 업체의 성장을 가져다주는 사례가 전자에 해당한다. 꿀벌의 이기적 먹이 활동이 식물 번식에 도움 되는 관계도 마찬가지다.

후자의 사례로는 슈바이처 효과나 마더 테레사 효과를 들 수 있다. 슈바이처 박사와 테레사 수녀는 보건 환경이 열악한 곳에서 봉사 활동을 하면서도 오히려 인류 평균 수명보다 훨씬 더 오래 살았다. 이에 착안하여 남에게 봉사하면 호르몬 변화 등으로 인해 건강이 증진된다는 사실을 드러낸 조사와 실험이 있다.

그렇다고 이타적으로 봉사하는 사람이 그렇지 않은 사람보다 더 건강한 것만은 아니다. 열악한 보건 환경 속에서 사랑과 봉사를 펼친 이태석 신부는 이른 나이에 건강을 잃고 선종했다. 오히려 이타적이기는커녕 나쁜 죄를 짓고도 양심의 가책을 느끼지 않는 뻔뻔한 자가 오래 살기도 한다. 그래서 마더 테레사 효과는 악한 마음보다 선한 마음을 가질 때 건강하다는 것이지, 체질적으로 선한 사람이 체질적으로 악한 사람보다 꼭 건강하다는 의미는 아니다.

이타적 행동은 남을 도와주는 데서 오는 행복감뿐 아니라 물질적 보상을 가져다주기도 한다. 2011년 미국 프로야구 경기에서 관중석으로 날아 온 공을 받은 소년이 그렇지 못해 울고 있는 아이에게 공을 양보했는데, 이 선행 장면이 TV로 생중계되어 그 소년은 나중에 더 큰 선물을 받기도 했다.

이타적 행동과 이기적 결과는 어떻게 전략적으로 연결될 수 있을까? 보은이건 보복이건 되갚음pay back은 그런 연결 가운데 하나다. 단순한 되갚음은 보복의 악순환에 빠질 수 있다. 그렇지 않으려면 먼저 상대를 배려해야 한다. 이후에는 상대가 나의 협력을 얻기 위해 나에게 협력할 것이므로 나의 선도적 협력은 결국 나 자신에게도 배려로 돌아올 수 있다는 계산이다. 이런 계산된 이타적 행동이 이기적 기준에서 합리성을 가지려면 몇 가지 조건이 충족되어야 함은 물론이다.

사실, 이기심은 진화의 결과이기도 하다. 이기주의자와 이타주의자 간 경쟁에서 이타주의자보다 자신의 생존을 더 중요하게 생각하는 이기주의자가 잘 생존해왔기 때문이다. 하지만 개인 단위가 아닌 집단 단위의 경쟁이라면 이야기가 달라진다. 구성원들이 미래에 대한 고려도 없고 철저하게 당장의 자기 이익만을 위해 행동하는 집단은 서로 협력하지 않아 공멸하여 도태하기 쉽다. 반면에 이타적이거나 네트워크를 형성해 함께하는 집단은 오히려 대외 경쟁력을 갖춰 살아남는다. 해밀턴의 법칙Hamilton's Rule을 빌리자면, 유사한 유전자의 개체 간에는 이기심보다 이타심이 더 진화된 결과일 수도 있다. 이타심은 집단화나 네트워크화로 진화하기도 하는 것이다.

집단화나 네트워크화의 전략적 연결의 하나가 '내리 갚음pay forward'이다. 무료로 식사하되 다른 사람의 식사 값을 지불하는 카르마 식당, 그리고 무료로 커피를 마시되 다음 사람의 커피 값을 지불하는 릴레이 커피숍은 내리 갚음에 의해 이타적 행동과 이기적 결과가 연결되는 예다. 이타적 행동은 감성에 그치지 않고 전략적으로 추진될 때 지속할 수 있다.

이태석의 삶 역시 다른 위인의 삶에서 연유한 면이 있다. 하와이 몰로카이섬에서 한센인에게 봉사하다 49세 나이로 생을 마감한 벨기에 출신 다미안 신부의 일대기를 그린 영화 〈몰로카이〉가 이태석에게 가장 큰 영향을 주었다고 친형 이태영 신부가 기억한 바 있다. 마찬가지로 이태석과 슈바이처의 활동과 정신은 그들이 사망한 이후에도 여러 사람의 활동과 정신에서 이어지고 있다.

지역과 인종을 초월하여 랑바레네와 톤즈라는 작은 마을에서 행한 슈바이처와 이태석의 봉사는 이타적 행위를 지구촌 곳곳에 확산시키는 데에도 공헌했다. 작은 로컬 행동이 큰 울림을 통해 글로벌 효과를 가진다는 점에서 세상을 바꾼 전략이라고 말할 수 있다. 우리 사회에 편 가르기와 위선 대신에 진정성 있는 이타적 행동이 자주 관찰되고 널리 알려졌으면 한다.

내리 갚음의 사회적 효과

이타적 행동의 사회적 효과는 되갚음보다 내리 갚음일 때 더 크다. 예컨대 A가 B에게 1개를 기부하면서 언젠가 다른 C에게 그대로 갚으라고 했다고 하자. 사회 구성원 모두가 확실히 내리 갚음을 하면 1개의 기부만으로 사회 구성원 모두가 그 혜택을 볼 것이다. 만일 내리 갚을 확률이 50%밖에 되지 않더라도, 1개의 기부는 사회적으로 2개 1개 + 0.5개 + 0.25개 + …의 효과를 누린다. 만일 1개의 기부를 받아 성공한 후 여유가 생겨 2개를 기부하는 구성원이 많아지면, 그 사회적 효과는 배가되는 것이다.

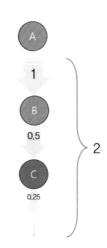

내리 갚음의 효과

여러 연구에서 남의 이타적 행동으로 혜택을 보거나 아니면 이타적 행위를 관찰만 하더라도 그렇지 않은 경우보다 제3자에게 더 이타적으로 행동한다고 밝혀졌다. 마찬가지로 남의 이기적이거나 잘못된 행위를 관찰한 집단은 그렇지 않은 집단보다 그런 행위를 더 행한다는 연구 결과도 있다. 이는 뇌의 거울 뉴런mirror neuron이나 가스트린 분비 펩타이드gastrin-releasing peptide 단백질로 설명되기도 한다.

김재한

서울대학교 외교학과를 졸업했고 미국 Rochester대학교에서 정치학박사를 취득했다. Journal of Conflict Resolution을 비롯한 국내외 저명 학술지에 100편 이상의 논문을 발표했고, 100여 종의 저서를 집필하였다. 그중 12종의 도서가 대한민국 학술원, 문화체육관광부, 출판문화산업진흥원 등에서 우수도서 및 세종도서로 선정되었다. 미국 Stanford대학 Hoover연구소 National Fellow, 교육부 국가석학으로 선정되었다. 현재 한림대학교 교수로 재직 중이다.

전략으로 승부하다
호모 스트라테지쿠스

발 행 일 | 2021년 9월 30일 초판 1쇄
지 은 이 | 김재한

발 행 처 | 아마존의나비
발 행 인 | 오성준 **편집** | 김재관 **디자인** | 주명석

출판등록 | 제2020-000073호
주   소 | 서울 은평구 통일로73길 31
전   화 | 02-3144-8755, 8756 팩스 | 02-3144-8757
웹사이트 | info@chaosbook.co.kr
정   가 | 28,000원
I S B N 979-11-90263-15-3 03340

아마존의나비는 카오스북의 인문 사회 임프린트입니다.